工商管理经典译丛
市场营销系列

Business Administration
Classics·marketing

战略品牌管理

创建、评估和管理品牌资产

Strategic Brand Management

Building, Measuring, and Managing Brand Equity

| 第 5 版 |

Fifth Edition

凯文·莱恩·凯勒 (Kevin Lane Keller)
沃妮特·斯瓦米纳坦 (Vanitha Swaminathan)

— 著 —

何 云 吴水龙

— 译 —

中国人民大学出版社
·北 京·

图书在版编目（CIP）数据

战略品牌管理：创建、评估和管理品牌资产：第 5 版 / 凯文·莱恩·凯勒，沃妮特·斯瓦米纳坦
著；何云，吴水龙译 . -- 北京：中国人民大学出版社，2020. 9
（工商管理经典译丛 . 市场营销系列）
ISBN 978-7-300-24917-9

Ⅰ.①战… Ⅱ.①凯… ②沃… ③何… ④吴… Ⅲ.①品牌战略－企业管理 Ⅳ.① F273.2

中国版本图书馆 CIP 数据核字（2020）第 150662 号

工商管理经典译丛·市场营销系列
战略品牌管理——创建、评估和管理品牌资产（第 5 版）
凯文·莱恩·凯勒 　　　 著
沃妮特·斯瓦米纳坦
何 云 吴水龙 译
Zhanlüe Pinpai Guanli —— Chuangjian、Pinggu he Guanli Pinpai Zichan

出版发行	中国人民大学出版社			
社　　址	北京中关村大街 31 号		邮政编码	100080
电　　话	010 - 62511242（总编室）		010 - 62511770（质管部）	
	010 - 82501766（邮购部）		010 - 62514148（门市部）	
	010 - 62515195（发行公司）		010 - 62515275（盗版举报）	
网　　址	http://www.crup.com.cn			
经　　销	新华书店			
印　　刷	北京宏伟双华印刷有限公司			
规　　格	185mm×260mm　16 开本		版　　次	2020 年 9 月第 1 版
印　　张	30.5 插页 1		印　　次	2024 年 5 月第 6 次印刷
字　　数	725 000		定　　价	89.00 元

凯勒品牌思想简析

卢泰宏

中山大学教授，中国营销研究中心（CMC）创始人。菲利浦·科特勒营销理论贡献奖大中华区首位获奖者。

在当今全球品牌学术界，**凯勒（K.L.Keller，1956—　）**被公认是执牛耳者。他的《战略品牌管理》（SBM）一书，被誉为"品牌圣经"，凯勒本人在该书序言中亦标榜了品牌圣经的光环。这种当仁不让的气势，确有其实力和底气支撑。谷歌学术的论著被引用率统计显示，凯勒的被引用次数高达近16万次（2019），在全球品牌学术领域高居首位并且遥遥领先，位列第2的高被引学者的被引用次数只及凯勒的一半左右。

凯勒是品牌领域的科特勒，他在品牌领域的影响力和地位，可与现代营销之父**科特勒**（P.Kotler，1931—　）相比。这两位学者都有誉满全球的标志性经典著作：科特勒有《营销管理》（MM），凯勒有《战略品牌管理》（SBM）。21世纪之初，科特勒遴选凯勒为《营销管理》第二作者（2006年第12版起）。凯勒在这本经典的营销管理著作中，强有力地注入了新的板块"第4篇　创建强势品牌"，此举具有里程碑意义，表明品牌在营销学科中的战略地位得以确认和确立。专业之外，这两位开宗学者也都自有情趣，科特勒酷爱艺术品收藏，凯勒则迷恋音乐演奏。然而，两位的学术胆略和气质并不尽相同，这一点将在本文结尾提到。

凯勒从36岁开始在品牌学术界崭露头角，一飞冲天，历20余年的耕耘和创新，树立起品牌思想史上最恢弘的里程碑，开辟了品牌领域的凯勒时代。修炼品牌功夫，首先需要深入了解凯勒的品牌思想，它的精髓所在，及其形成和发展。在大变局的今天，凯勒的局限和不足亦不可不察。本文拟从两个方面略作勾勒——凯勒品牌理论的解析和其述学文体的选择。①

---

① 更详细的分析，可参见卢泰宏著. 品牌思想简史. 北京：机械工业出版社，2020.

凯勒之前，摆脱纯粹经验思维、对品牌思想的理性之光的追求如夜空中的流星时有显现。特别在 1950 年代，两位最杰出的先驱学者发端了品牌的理论思维，他们是美国的**列维（S.J.Levy，1921—）**和**帕克（C.W.Park，1944—）**。其理性思考围绕的中心问题是：品牌与产品到底有什么区别？1955 年列维等在哈佛商业评论（HBR）上发表了后来被奉为经典的"产品与品牌"一文，迈出了关键的第一步。该文最长远的贡献是创立了**"品牌形象"**（brand image）这一概念，并且几乎立即在广告界掀起了新思想的狂风巨浪和更新策略工具的时尚追捧。帕克继续深入探究这一问题，1986 年和合作者提出的品牌三维结构的重要结果，其论文"战略品牌概念"（BCM）发表在著名的《营销学报》（JM）上。① 帕克等提出品牌概念理论框架具有三个维度：**功能的（functional）/ 体验的（experiental）/ 象征的（symbolic）**，这个框架赋予品牌以独立的价值，具有强大的解释力和长远的有效性，因而成为经典。

1980 年代随资本市场的迫切需求而风生水起、登上前台的品牌学术界，充满拓荒新大陆的学术激情。1988 年美国营销科学研究院（MSI）确立了品牌学术**以"品牌资产"（brand equity）**为核心，犹如竖起了一面指引方向的大旗，之后的品牌学术就是围绕"品牌资产"这个焦点，"何谓品牌资产""如何发展品牌资产""如何测量品牌资产"上升成为中心问题，并由此打开了通向现代品牌理论的大门。

在开拓奠基阶段，对创建现代品牌理论作出开创性贡献的学者，首推美国的**阿克（D.Aaker，1938—）**和法国的**卡普菲勒（J.N.Kapferer，1948—）**，他们的奠基性研究极大催熟了现代品牌理论，也为凯勒后来自立门户提供了基础和参照。

比凯勒年长一辈的阿克，可谓现代品牌理论叱咤风云的开山学者，被誉为"品牌资产的鼻祖"。1991 年他的《管理品牌资产》（Managing Brand Equity）一书，率先揭开了"品牌资产"的面纱，书中提出的著名的品牌资产"阿克模型"，使得品牌资产这一主体核心概念得以生根和深入。因为他的《建立强势品牌》（Building Strong Brands，1996）一书，强势品牌成为品牌世界的主旋律。因为他的《品牌领导》（Brand Leadership，2000）一书，品牌管理被推升向上，登上战略的平台。

卡普菲勒是现代品牌思想的源头之一，是欧洲品牌学界的宗师。他比凯勒更早提出"战略品牌管理"这一高屋建瓴的构念，他在 1991—1992 年率先出版了法文版和英文版的《战略品牌管理》（SBM）一书。他在品牌识别、奢华品牌、品牌战略等方面捷足先登，开疆拓土，最先启动了建立品牌理论体系的尝试，并且长期坚持和发展品牌化的企业视角和文化驱动，以及将产品作为品牌之基等具有欧洲特色的品牌思想。

在阿克、卡普菲勒和列维、帕克等人的基础上，凯勒是如何标新立异，开创出现代品牌理论的凯勒时代的呢？一言以蔽之，凯勒在 MSI 的"品牌资产"大旗指引下，认定开创学术新局面的关键在于回到"品牌资产"这个原始点，重新思考如何解码"品牌资产"这个核心问题。

当时大的思想格局是，卡普菲勒和阿克各居一方。凯勒是幸运的，他在起步阶段跟随阿克教授，对阿克的学术思想了如指掌。卡普菲勒博士毕业于美国的西北大学凯洛格商学院，他发扬欧洲传统的偏好也给了凯勒另辟蹊径的新机会。

卡普菲勒在其代表作《战略品牌管理》的序言中开宗明义宣布，他的战略品牌管理

---

① Park C W, Jaworski B J, MacInnis D J. Strategic Brand Concept-Image Management. Journal of Marketing, 1986, 50（10）：135-145.

是企业的立场，他的著作通篇反映出他的企业视角，特别是品牌识别的建构。

阿克虽然没有明确的表白，但他的论著显示出，阿克既有顾客的视角，也有企业的视角。例如阿克在 1991 年提出的品牌资产模型要素中，"品牌联想"是顾客要素，"企业专有资产"是企业要素，"认知质量"是兼顾两者的要素。2011 年阿克的《品牌相关性》著作中，如他所言，品牌相关性有"两个维度"："（子）品类相关性"和"活力相关性"。即品牌相关性具有双重视角：企业视角 + 顾客视角。前者驱动新品类创新，后者驱动品牌活力维系与消费者的相关性。

凯勒另立山头，选择了与卡普菲勒和阿克都不同的学术立场：基于顾客的视角创新重构全部的品牌概念和理论。这恰如现代品牌理论的开疆版图，出现了全新的格局：卡普菲勒将目光投向（企业）内部；阿克一只眼睛向外（市场），一只眼睛向内（企业）；凯勒则双目都注视外部（顾客）。

问题是，凯勒为什么能够后来居上？"好风凭借力，送我上青云"，这离不开现代营销思想的大势，具有压倒一切的决定性因素是，顾客至上正是现代营销的不二法门和主流思想。**李维特（T.Levitt，1925—2006）**在 1960 年提出的经典的"营销近视症"（marketing myopia），不就是批判企业没有向外看而开创了现代营销思想之先河吗？所以，凯勒的新思想是"顶天"的，但是，顶天的思想如何"立地"呢？这还得靠凯勒的学术真功夫。

"顾客导向（驱动）"是现代营销的根本思想，**凯勒的"基于顾客"就是将"顾客导向"思想贯彻到品牌领域**。但光有一个空中的理念是不够的，如同阿基米德的"可以撬动整个地球的支点"在哪里？凯勒的高明，在于他创新发现了"基于顾客"的理论"支点"或切入点，进而成功地推演出整个品牌活动的理论新逻辑，并且相应设计出基于顾客的整套品牌化战略，完成了将品牌领域的顾客导向推向极致的使命。

1993 年 1 月，36 岁的凯勒处在创造力最旺盛的阶段，他在核心期刊《营销学报》（JM）的首篇位置上独立发表了品牌思想史上最富原创性的种子论文——**《基于顾客的品牌资产：概念模型、测量和管理》（Conceptualizing, Measuring, and Managing Customer-Based Brand Equity）**[①]，首次提出了 CBBE 的核心概念。这篇论文被引用次数至今不少于 2 万次（谷歌学术搜索，2020），这在营销学文献中是非常惊人的世界级学术纪录。二三十年过去了，凯勒的这篇论文在品牌科学的文献库中，依然是名列第一的种子论文，其经典地位举世公认。

凯勒理论的切入点，就是基于顾客的"品牌联想"（brand association）。探索其源，品牌联想并不是凯勒的原创发明，它引申自心理学中的"联想网络记忆模型"（associative network memory model）即"心理联想图"。凯勒之前，李奥·贝纳（Leo Burnett）曾提出"品牌符号即品牌身份所产生的某种心理图像"，阿克在品牌资产模型中也已将品牌联想列为五个要素之一。**凯勒的创新在于，他赋予了品牌联想更关键的意义和创新理论的功能，将其提升为品牌理论的原点或支点。**这与凯勒雄厚的心理学背景和勇于自立门户都大有关系。

以这个支点为杠杆，凯勒改写了"何谓品牌"和"如何品牌化"的基本答案，撬动

---

① Keller K L. Conceptualizing, Measuring, and Managing Customer-based Brand Equity. Journal of Marketing, 1993，57（1）：1-29.

了整个品牌世界。凯勒对"品牌""品牌资产"做出了基于顾客的新阐述。他将"品牌"理解演绎为"顾客心理的联想集合"。将"基于顾客的品牌资产"（CBBE）定义为"顾客品牌知识所导致的对品牌营销活动的差异化反应"，进而展现出凯勒的品牌科学新逻辑：从顾客"品牌联想"出发，形成顾客的品牌意义而产生"品牌知识"，再通过顾客的"品牌知识"导向"品牌资产"的终极目标。这意味着，品牌理论需要按新的逻辑重新审视和重构，例如，品牌营销应该着眼于顾客的品牌联想和提升其品牌知识；品牌战略应该立足于顾客的心智和响应；品牌资产的评估也应该将顾客要素放在首位。

更进一步，凯勒深入探究"品牌如何创造价值"这一核心的科学机理问题，并且在2003 年取得了突破，他与合作者提出了创新的答案——品牌价值链模型（**BVC**）。**品牌价值链是基于顾客的品牌资产（CBBE）这个根基与价值链思想结合的产物**。品牌价值链模型以顾客品牌知识为关键点，由"营销投入—顾客知识的改变—市场业绩—资本市场收益"四个阶段完成，前为因，后为果。其结论是，品牌价值来源于顾客的品牌知识的变化。

揭示品牌科学机理的同时，更具影响的是，凯勒**为"如何品牌化"描绘出了新的战略路线图**。

首先，他从目标到内涵，全面重新定义重新整合了"品牌营销"。凯勒的品牌营销不仅是品牌传播，也不是简单地追求品牌美誉度和销售等等，而是"创建品牌元素（品牌识别）＋整合营销传播＋丰富品牌联想"的有序整合。在凯勒看来，品牌营销就是创建（和发展）品牌资产的过程，而其落地点都是顾客的"品牌联想"。

其次，凯勒立足于顾客知识，以顾客共鸣为最高目标，提出了整合理性感性两条路径的**"品牌共鸣模型"**（brand resonance pyramid），从而在理论上重新回答了"如何创建品牌"的路径问题。

最后，凯勒在第 4 版中将 3 个品牌模型关联整合成为实施品牌化的完整战略地图，即从品牌定位模型（brand positioning model）到品牌共鸣模型（brand resonance model），通过品牌价值链模型（brand value chain model）的逻辑实现品牌价值的持续增长。

至此，凯勒在品牌科学的理性逻辑和品牌战略的实施两大方面都可谓独树一帜，大功告成。回顾凯勒品牌学术思想的进程，其发展脉络呈现 3 个关键的时间点，每 10 年迈出了一大步：

1993 年凯勒迈出了决定性的第 1 步，确立了他品牌理论的根基——一切建立在基于顾客基点之上的"基于顾客的品牌资产"（CBBE），并且在 1998 年以著作《战略品牌管理》开始建立其独树一帜的品牌理论体系。

10 年后的 2003 年，他迈出了关键的第 2 步，在其《战略品牌管理》（第 3 版）中从理论上回答"品牌如何创造价值"，提出了品牌价值链（BVC）。

20 年后的 2013 年，凯勒的第 4 版迈出了关键的第 3 步，明确了其理论核心和整体性，即品牌价值链模型＋品牌共鸣模型＋品牌定位模型。整合模型提供了面向实践的理论框架和实战流程。

注目详端，凯勒的品牌思想体现出了**两个最鲜明的特色：完全的顾客视角和注入科学逻辑**。在品牌思想史上，笔者认为，凯勒的主要贡献在三个方面：

1. 确立了主流的理论范式。他提出的"基于顾客的品牌资产理论"，已经成为现代品牌理论的主流和核心。

2. 提升了品牌学科方法。将科学（特别是心理学）注入品牌领域，显著强化了品牌理论的科学性和严谨性。

3. 建立了更严谨的品牌知识体系。他整合提出了清晰的现代品牌理论的逻辑和结构，即以"基于顾客的品牌资产（CBBE）"理论为根基，以"创建品牌资产—发展品牌资产—评估品牌资产"为三大主题，以知识推进问题解决为宗旨。

这既得益于凯勒深厚的心理学背景和胜人一筹的学识和学养，更因为凯勒学术创新的高明之举——**在新的基础上重构。**"海日生残夜，江春入旧年"，凯勒在前人的品牌知识积累中注入了新生命，使之开出灿烂的新花。"品牌识别"这个企业视角色彩浓厚的主题被凯勒淡化了，但他加进了"品牌真言"（brand mantra，也译为"品牌精髓"）这一含义深远的概念。"品牌""品牌资产""联想""定位""品牌营销""品牌元素""整合营销传播""价值链""品牌资产评估"等都是已有的概念，凯勒站在另一至高点上，用新的眼光重新解读它们，翻新了其内涵。例如，品牌形象（brand image）以前被视为由企业或设计者主观塑造的产物，在凯勒的品牌词典中，被刷新为"顾客对品牌的视觉联想"，即品牌形象是指消费者对品牌的形象感知和偏好，由消费者记忆中品牌联想的不同类型来衡量。又如品牌定位在以往只是关注"差异性"，凯勒的品牌定位则考虑3个要素："差异点""相似点"和"类别"。再如"品牌资产评估"的模型方法，如典型的 Interbrand 评估方法，也因为凯勒理论的影响而不断修改，显著强化了"顾客因素"的权重。

可以说，经过凯勒的甄别、修正、改写、重组的系统创新，凯勒创建了具有全新意义的、逻辑因果自洽的新体系，即他的《战略品牌管理》（SBM）。这个标杆著作高屋建瓴，令人耳目一新，影响巨大。凯勒的学术之路，正是：

新风吹自心理学，生面别开巧立基。

一气贯通闯数关，直上凌峰树旌旗。

在解析凯勒理论思想的基础之上，我们转向凯勒品牌思想的另一个重要方面——他的代表著作《战略品牌管理》（SBM）的表达结构，即此书的述学文体。所谓述学文体的选择，是指如何书面表达思想学问。凯勒在写这部代表作时，面临以下的选择：科学论文式的纯理论版本；或者兼顾实战的管理版本。这一选择问题，科特勒在为1967年出版的标志性著作《营销管理》准备时也遇到过，据科特勒自传，科特勒开始想写成一本"理论性"的著作，后来接受出版商的建议，写成了如读者所见的知行合一的教科书，并且命名为"营销管理"，结果取得了意外的大成功。

凯勒最终选择的是"知行合一"的文体，即以科学内核和科学逻辑为本，以面向解决企业品牌战略问题，提供指南或准则为目标。正如读者所见，凯勒的《战略品牌管理》一方面逻辑充分、反映新的研究进展、文献引证极其完备，另一方面提出了完整的"战略品牌管理准则"，全书的叙说逻辑都贴近实战的脉络，操作流程、执行方法、案例展示、问题讨论遍布全书。凯勒的这一选择，其实也受到了阿克的影响，阿克的学术风格深深烙印在其著作之中，战略的取向和面向企业解决问题的立足点都格外鲜明和显著。

笔者以为，凯勒（及其他学者）的《战略品牌管理》确立了品牌思想述说的一种规范。这种规范体现出品牌学术的重大进步：

1. 强化确立了品牌领域"知行合一"的学风，促使学术和实战两者珠联璧合、交相辉映成为一种学术传统。

2. 强调在"战略"层面，而不是战术层面；突出"品牌资产"，而不只是品牌；主张管理导向，而不是闭锁在象牙塔中。

由此，还应说及凯勒为这本书写的篇前语（第 2 至第 4 版），中译本中是一篇作者"小序"。它不满半页，却是意味深长，至为关键，不可忽略。凯勒借用他与父亲的对话，看似不经意却直指该书的根本，点明了品牌学科之特质："**品牌不是精密科学**"。在品牌学术领域，凯勒是开科学风气之先、讲究科学逻辑、注重科学方法最具代表而最有力度的学术大家，他对品牌学术性质之界定，却并没有走到极端。在学术与实战的两极之间，凯勒固然是学术凤毛麟角之象征，却也并没有沉浸在象牙塔之中。他也兼任了好些全球知名公司的咨询顾问，并以此为荣。

凯勒在世纪之交实现了"确立根基"和"架构体系"的两大理论使命，他的著作代表了美国品牌学界和全球品牌理论的主流。凯勒的学术使命似乎圆满了，但一切都在变化之中。或许不应该忘记科学史的启示：19 世纪末的物理学，辉煌无比的经典物理学大厦令人叹为观止，未想到晴空万里上空飘来的一二朵乌云，竟然最终导致了物理学的伟大革命，由此诞生的相对论和量子力学，将物理学带进迥然不同的新理论范式。

凯勒的品牌理论大厦面临两大挑战：品牌理论视角创新的挑战和技术驱动触发新理论范式问世的挑战。 凯勒的基于顾客的品牌资产理论固然有强大的生命力，但不可能独步天下、万古长青。种种迹象表明，基于企业的品牌理论并没有消失，反而出现了上升的趋势。此外，基于文化的品牌理论亦在兴起之中。更大的变数是，2010 年代白热化的数字智能技术正在引发前所未有之变革浪潮。

前面的论述表明，1990 年代年青的凯勒曾挺立品牌学术的潮头，是一位引领新潮流的弄潮儿。大胆的思想、另辟蹊径的勇气、重构品牌逻辑的能力、科学涵养的底气，成就出非同凡响、精美可叹的凯勒品牌理论大厦。20 多年之后，在"山雨欲来风满楼"的关键时刻，年过六旬的凯勒是否宝刀未老，依然引领开创学术的新格局？

2019 年，比预定时间（每隔 5 年出新版）推迟问世的凯勒《战略品牌管理》英文版第 5 版出版了。该版两个最主要的显著变化是：增加了第二作者斯瓦米纳坦（V. Swaminathan）；以新搭建的第 7 章"数字时代的品牌化"强化数字品牌化的主题。新的第 7 章最重要的贡献是凸显和提升了"品牌浸合"（brand engagement）的重要性，但数字化品牌战略的新内容几乎仅仅局限在数字化传播和数字化渠道这两个方面。在第 5 版第 16 章的"未来展望"部分，作者虽然亮出了未来品牌战略的变化及最大挑战是什么和 21 世纪怎样才能成功创立品牌等挑战性问题，其答案却与第 4 版（2013）相差不大，看不出作者对品牌战略的未来有何前瞻引领性的新思想或大构想。

处在技术和市场日新月异的大变局中，领先企业的品牌化战略创新生机盎然，品牌实践再次领先理论，人们对战略品牌管理的新版本充满期待、寄予厚望。在这一背景下，第 5 版关于数字化的新内容显得裹脚滞后和分量不足，苛求而言，未免有失期望。

著名的科学哲学和科学史家**库恩**（T.Kuhn, 1922—1996）在其名著《科学革命的结构》中指出，科学的进程是常规科学与科学革命的交替，当科学革命来临之时，科学家面对两个基本的选择：或修补旧范式以应对"反常"，或创立新范式开拓未来。凯勒面对无可回避的数字化挑战，采取了小修小改、调整补充原有体系以应对新变化的保护性策略。这似乎意味着要接受这样的假设：凯勒并没有认为他的品牌理论正面临"革命"。

　　年龄当然不是绝对的因素，年近九旬的现代营销之父科特勒就是一个榜样。这位大学者最强调变化之道，《科特勒自传》充分表明，科特勒的精神气质首先是探索冒险的勇气和激情（参见笔者《科特勒为何称其自传为"冒险"？》）。若将科特勒与凯勒比较，笔者以为，科特勒作为现代营销学的宗师，是一位开创宏图伟业的战略思想家。科特勒的思想更加开放大胆，具备更加高屋建瓴的气势和智慧，有更不受束缚的学术想象力和勇于冒险的气魄。凯勒则更像一位创新大工程的总设计师。凯勒善于驾驭整体大局，他的创新构思独具匠心、美轮美奂，他精心、严谨、扎实、有效。凯勒也有想象力，只是他更加小心，甚至保守，在大变局的激荡中，凯勒的迟疑和固守更被显露出来。

　　毋庸置疑，在现代品牌思想史上，凯勒建树了迄今最雄伟的里程碑，他的《战略品牌管理》值得我们学习再学习。凯勒引领我们进入一座结构严谨、构思精巧的品牌理论大厦，令我们脑洞大开，功力倍增。置身其内，可充分领略到以顾客为基的品牌资产战略的魅力和威力，更可获得品牌战略和品牌营销的行动指南，还有种种得心应手的品牌管理工具和启发印证的鲜活个案。居高临下，品牌学术的新进展也大都尽收眼底。只是，再完美的品牌知识大厦也是相对的。在学习和创新之间保持必要的张力，才能胜人一筹。倘若被这座大厦过分迷恋而走不出去，特别是，如果对数字化掀起的惊天之变必然波及品牌理论缺乏足够的敏锐和创新意识，对新兴品牌基于文化的品牌化创新的强烈召唤关注不够或有所忽视，就难免会被新的变革巨浪击败或淹没，失去创造全新未来的历史机遇。

　　让我们真正理解凯勒，并努力站在凯勒的肩上！

喜欢武侠故事的人都知道，对武功秘籍的争夺几乎是每场江湖恩怨的缘起和核心。故事中的主角往往都会因为各种机缘得到了武林秘籍，最终成为绝世高手。那么，对于以建立和管理强势品牌为目标的人而言，什么才是《射雕英雄传》中的"九阴真经"、《倚天屠龙记》中的"乾坤大挪移"？

凯文·莱恩·凯勒教授的代表作《战略品牌管理》行销全球，被誉为"品牌圣经"，作为品牌学习和管理者的"武功秘籍"当之无愧。它是从事品牌研究的学者的必读书，国内众多的品牌管理相关教材的框架也大多源自于此。对埋头于眼前事务的管理者而言，本书基于消费者的品牌资产形成和管理的框架是寻根溯源的提醒，也是指引——毕竟，赢得顾客是一切的根本。

它通过基于顾客的品牌资产管理框架，利用感性和理性的两条路径塑造和发展强势品牌，将理论前沿讲解和最新案例的剖析结合起来，兼顾了学术界和实业界的需求。它的理论性和引用充分、标注准确的文献让书中的案例分析脱于肤浅，而典型案例又让理论不再晦涩和冰冷。理所当然地，从中国人民大学出版社引进凯勒教授的这本书以来，就获得了来自学术界和企业界的高度认可。

凯勒教授目前任职于位于美国东北部的常青藤大学达特茅斯学院，是公认的对战略品牌管理进行综合研究的国际先驱者之一，是最负盛名的品牌管理研究的中生代学者。虽然此前我们已经翻译过第3版和第4版，但在翻译第5版时依然诚惶诚恐，小心翼翼。我们希望尽量保证对凯勒教授及其第5版的合作者沃妮特·斯瓦米纳坦教授文中原意的正确理解，同时还能通过自己的文字准确地表述出来。比如，对学术研究成果的表达要准确、严谨，对案例的讲解要尽量亲和，甚至生动。但数十万字的翻译都能做到我们追求的"信、达、雅"并不容易，尤其是某些概念和新名词，要精确地用中文表达实属不易。所以，我们总是在翻译期间向前辈请教，并一查再查，一改再改，一校再校。尽管如此，依然避免不了会有些不尽人意的错漏，在此，恳请大家的谅解，如果能记录下来并反馈给我们，我们将不胜感激！

最后，要特别感谢我们的老师卢泰宏教授对我们"通过翻译顶尖教材为社会做专业贡献"的引导和支持，感谢中山大学管理学院的硕士生李枭，博士生高雪姬，本科生陈元燊、丛榕，以及北京理工大学管理与经济学院的硕士生车越等在翻译中付出的努力。感谢何佳讯教授、蒋廉雄教授、周志民教授和王静一教授、陈增祥教授等对书中专业名词翻译给予的意见，感谢中国人民大学出版社的信任。

最后，要感谢你，感谢你将这本书捧在手中，和我们一起开始一段品牌管理学习的旅程。

何　云　吴水龙
2020 年 5 月于广州

本书的目的

本书是关于品牌管理的著作，说明品牌为什么重要，品牌对消费者意味着什么，以及公司应该如何正确管理品牌。正如许多公司高管所认识到的，公司最具价值的资产之一，或许就是它投资开发的品牌。品牌带来的无形资产可能价值无限，但创建和培育一个强大的品牌却面临着相当大的挑战。

本书的主要目的在于：就品牌、品牌资产和战略品牌管理主题，提供最全面、最前沿的知识。战略品牌管理是指通过营销计划和活动，建立、评估和管理品牌资产。本书的重要目标之一是为管理者提供概念和方法，以提高品牌战略的长期盈利性。书中从学术界和产业界吸收了有关品牌的最新思想和研究成果，并将理论与实践相结合，帮助人们进行日常管理决策和长期的品牌管理。书中穿插了大量美国和世界范围内的品牌案例并做出具体分析。

本书试图解决以下三个重要问题：

1. 如何创建品牌资产？
2. 如何评估品牌资产？
3. 如何维护品牌资产以拓展商业机会？

》本书与众不同之处

虽然已有大量关于品牌的优秀著作，但是没有一本书能真正在广度、深度和实用性等方面做到尽善尽美。本书开发了一个品牌资产的管理框架，阐释了品牌资产的定义、来源和结果，并提供了建立、评估和管理品牌资产的策略指南。本书从消费者的视角来阐述品牌问题，并将这种框架定义为基于顾客的品牌资产（CBBE）。

》谁应当阅读本书

很多人都能从本书中受益，包括：

● 学生：进一步了解品牌的基本原理，并参与当代杰出品牌的案例分析；
● 品牌经理或分析师：关注日常营销决策对品牌绩效的影响；
● 高级经理或企业主：关注品牌的特许经营、产品或服务组合的长期成长；
● 营销从业者：对营销战略与策略运用中的新思想抱有兴趣。

本书阐述的观点与各种类型的组织（公共/私人、大型/小型）都有关，所提供的案例涵盖了多个行业和领域。

第5版的修订策略

众所周知，市场营销正在经历一场彻底的变革。数字技术和移动技术的发展使消费者能够以前所未有的速度和规模相互联系。在当今世界，信息的获取已经十分便捷，品牌营销者正在使用大量的新数字渠道与消费者进行联系，这既为品牌创造了令人兴奋的新机遇，同时也为品牌带来了令人生畏的新挑战。

» 新：更加关注数字品牌

在此背景下，第5版希望通过"数字化"对品牌管理和实践进行全新的审视，同时保留传统品牌管理中仍然重要的内容。为了达到这一目标，我们更新了现有的材料，并增加了最新的案例资料，以期纳入品牌实践的最新进展。更重要的是，增加了全新的第7章"数字时代的品牌化"，概述了改变品牌世界的关键变化，并整合各类新案例以强调这些变化，提出通过"品牌融入度"这一创新变量来评估品牌对消费者的影响。第7章对主要的数字渠道进行全面的概述，并分析了它们的优缺点。

» 新的案例包

第5版强调了品牌管理功能的许多变化，并在所有章节中加入相关的最新内容，增加重要例子或主题的新材料。所有案例几乎全部更新，补充了新的资料和观点。第5版专注于数字领域的新品牌，以及那些经历了重大变革的品牌。书中为哈雷 - 戴维森和博柏利在内的创新品牌描绘了公司成长的时间表，这些时间线将帮助读者追踪这些品牌历史上的关键发展。

» 品牌的新主题

第5版提供了一些有关品牌化的新主题，如：
- 归因建模
- 社会倾听
- 影响者营销
- 在线品牌融入
- 品牌营销者的新能力
- 数字平台品牌
- 数字原生垂直品牌
- 二元文化下的消费者营销
- 社交媒体时代的品牌危机管理

解决教与学的挑战

本书的目标读者既包括那些专注于品牌管理的学生，也包括那些对这个话题充满好奇的学生。围绕品牌管理课程教学的主要挑战，可以概括为学生提出的四个问题：

1. 这些概念与现实世界有何关联？

2. 我们怎么知道这是真的呢？我们有任何证据证明这种现象存在吗？

3. 这里提出的框架如何才能对经理的决策有用？

4. 如何确保评价本书框架时应用批判性思维？

书中的两个专栏可以解决适用性问题：一是穿插于正文中的小案例，用以说明当时讲述的核心观点；一是"品牌备忘"专栏，是内容更丰富的真实案例，旨在通过将关键概念带入生活中的实例，提高学生对特定主题的理解。

读者经常遇到的另一个问题是：如何知道这些品牌对消费者有什么影响？证据是什么？为了解决这一问题，书中通过"品牌科学"专栏展示学术界最新的品牌研究成果。为了让学术界和实业界的读者都能理解，我们尽量用通俗易懂的语言进行阐述。

章末多附品牌专题，深入探讨与品牌相关的特定主题，如品牌审计、自有品牌以及品牌相关的法律问题等。

提高品牌从业者的能力

品牌管理正经历着一场变革，第 5 版着重介绍品牌管理的各个方面内容以及品牌管理者角色的转变。许多管理品牌所需要的技能也是公司和组织中领导角色所需要的技能。在本书第 16 章，对其中一些关键技能进行了强调和阐述。

序 言
译者序
前 言

PART 1
第 I 篇 总 览

第 1 章 品牌和品牌管理

1.1 什么是品牌 \\ 004

1.2 品牌为什么重要 \\ 008

1.3 一切都可以品牌化吗 \\ 011

1.4 哪些是最强势的品牌 \\ 021

1.5 品牌化的挑战和机会 \\ 023

1.6 品牌资产的概念 \\ 026

1.7 战略品牌管理流程 \\ 027

PART 2
第 II 篇 制定品牌战略

第 2 章 基于顾客的品牌资产和品牌定位

2.1 基于顾客的品牌资产 \\ 038

2.2 创建强势品牌：品牌知识 \\ 041

2.3 品牌资产的来源 \\ 042

2.4 识别和确立品牌定位 \\ 047

2.5 品牌定位指南 \\ 053

2.6 定义品牌真言 \\ 062

第 3 章 品牌共鸣和品牌价值链

3.1 创建强势品牌的四部曲 \\ 071

3.2 品牌价值链　\\ 088

P A R T 3

第Ⅲ篇　品牌营销活动：设计与执行

第4章　选择品牌元素创建品牌资产

4.1 选择品牌元素的标准　\\ 102

4.2 品牌元素的选择战术　\\ 107

4.3 整合所有品牌元素　\\ 123

第5章　设计营销方案创建品牌资产

5.1 营销新视野　\\ 130

5.2 整合营销　\\ 131

5.3 产品策略　\\ 136

5.4 定价策略　\\ 139

5.5 渠道策略　\\ 145

第6章　整合营销传播创建品牌资产

6.1 媒体新环境　\\ 159

6.2 三种主要营销传播方案　\\ 161

6.3 品牌放大器　\\ 175

6.4 制定整合营销传播方案　\\ 176

第7章　数字时代的品牌化

7.1 数字化时代品牌化的关键问题　\\ 186

7.2 品牌融入　\\ 196

7.3 数字化传播　\\ 199

7.4 社交媒体付费频道概述　\\ 202

7.5 移动营销　\\ 206

7.6 影响者营销和社交媒体名人　\\ 207

7.7 内容营销　\\ 208

7.8 付费渠道的利弊及整合的必要性　\\ 209

7.9 品牌管理结构　\\ 211

第8章　利用次级品牌联想创建品牌资产

8.1 杠杆作用的过程原理　\\ 217

8.2 公司 \\ 219

8.3 原产地和其他地理区域 \\ 222

8.4 分销渠道 \\ 225

8.5 品牌联盟 \\ 227

8.6 许可授权 \\ 233

8.7 名人背书 \\ 236

8.8 体育、文化或其他活动 \\ 240

8.9 第三方资源 \\ 241

P A R T 4

第Ⅳ篇 评估和诠释品牌绩效

第9章 品牌资产评估和管理系统的建立

9.1 新的责任 \\ 247

9.2 品牌审计 \\ 248

9.3 设计品牌追踪研究 \\ 256

9.4 大数据和营销分析仪表盘 \\ 260

9.5 建立品牌资产管理系统 \\ 261

第10章 评估品牌资产的来源：捕获顾客心智

10.1 定性研究方法 \\ 277

10.2 定量研究方法 \\ 287

10.3 社交媒体聆听和监测 \\ 292

10.4 基于顾客的品牌资产综合模型 \\ 299

第11章 评估品牌资产的成果：获得市场业绩

11.1 比较法 \\ 309

11.2 整体法 \\ 313

11.3 品牌估价：主要方法回顾 \\ 317

P A R T 5

第Ⅴ篇 提升和维系品牌资产

第12章 设计和执行品牌战略

12.1 形成品牌架构战略 \\ 329

12.2　品牌组合　\\ 334

12.3　品牌架构　\\ 338

12.4　公司品牌化　\\ 348

12.5　建立品牌架构指南　\\ 359

第 13 章　新产品导入、命名及品牌延伸

13.1　新产品和品牌延伸　\\ 365

13.2　品牌延伸的优点　\\ 368

13.3　品牌延伸的缺点　\\ 373

13.4　理解消费者如何评价品牌延伸　\\ 376

13.5　评估品牌延伸机会　\\ 381

13.6　基于学术研究的品牌延伸原则　\\ 385

第 14 章　长期品牌管理

14.1　强化品牌　\\ 396

14.2　激活品牌　\\ 405

14.3　调整品牌组合　\\ 411

第 15 章　跨区域与细分市场的品牌管理

15.1　区域市场细分　\\ 417

15.2　其他人口与文化细分市场　\\ 417

15.3　品牌国际化　\\ 420

15.4　创建和管理全球品牌战略　\\ 425

15.5　全球品牌在本地市场的定制化营销组合要素　\\ 428

15.6　发展中市场与发达市场中消费者的营销　\\ 430

15.7　创建基于顾客的全球品牌资产的十大戒律　\\ 430

P A R T 6
第 VI 篇　展　望

第 16 章　进一步的探索

16.1　战略品牌管理准则　\\ 443

16.2　什么造就了强势品牌　\\ 448

16.3　未来展望　\\ 451

STRATEGIC BRAND MANAGEMENT

第 1 篇

总 览

第 1 章　品牌和品牌管理

.... | 第1章 | ....

品牌和品牌管理

学习目标

» 厘清品牌的定义，认识品牌和产品的区别，并理解品牌资产的含义。

» 了解品牌之所以重要的原因。

» 理解现实中的万事万物如何品牌化。

» 理解创建品牌的机遇与挑战。

» 辨析战略品牌管理的步骤。

品牌可以是一个人、一个组织、一个地方或一个公司。

·········| **本章提要** |·········

越来越多的公司和组织开始认识到，最有价值的资产之一是与各种产品和服务相联系的品牌。在越来越复杂的环境中，虽然个人与公司面临的选择越来越多，但选择的时间似乎越来越少。强势品牌的价值无限，它可以简化决策、减少风险和形成期望。因而，创建可以履行承诺的强势品牌，以及长期保持和强化品牌能力就成为管理中必须面对的主题。

本书旨在帮助读者更好地理解如何创建品牌，其基本目标是：

1. 探索品牌规划、品牌实施和品牌评估等重要的品牌战略问题；
2. 为优化品牌决策提供适当的概念、理论、模型以及工具。

为更好地进行品牌决策，我们尤其强调个体层面或组织层面的心理学基本知识。本书的内容涉及各类相关组织，而不局限于公司的规模大小、业务性质或利润导向。[1]①

围绕上述目标，在第 1 章将定义什么是品牌，从顾客和公司的视角讨论为什么品牌对两者都很重要。我们将讨论哪些产品可以品牌化，而哪些不能；还将认识一些目前世界上最强大的品牌；最后介绍品牌资产的概念以及战略品牌管理流程。品牌专题 1.0 讨论源于网络的数字原生品牌。

1.1 什么是品牌

将品牌作为一种区分不同制造商产品的工具已有几个世纪的历史了。事实上，"品牌"一词来源于古斯堪的纳维亚语"brandr"，意思是"燃烧"。它曾经是，现在依然是牲畜所有者用以识别其牲畜的工具。[2]

根据美国市场营销协会（AMA）的定义，**品牌**（brand）是一个"名称、专有名词、标记、符号，或设计，或是上述元素的组合，用于识别一个销售商或销售商群体的商品与服务，并且使它们与竞争者的商品与服务区分开来"。因此，从理论上说，只要营销者创造了一个新的名称、标识或者新的产品符号，也就创造了一个品牌。

然而，许多有经验的经理认为品牌不止于此——它还在市场上创造了一定程度的知名度、美誉度和显著度等。正是大众产品和独特产品之间的区别造就了品牌。所以，美国市场营销协会和企业界对"品牌"的定义是有区别的，前者是以小写字母 b 为首的品牌本身"brand"，而后者是以大写字母 B 为首的品牌内涵"Brand"。认识到这种区别很重要，因为对品牌原理或品牌战略的不同理解通常都与品牌定义的不同内涵相关。

品牌元素

根据美国市场营销协会的定义，创建品牌的关键在于选择名称、标识、符号、包装设计，或其他有助于识别产品并使其与其他产品区别开来的属性。形成品牌识别并使之差异化的这些不同部分称为**品牌元素**（brand elements），第 4 章将探讨品牌元素的多种不同形式。

---

① 请登录中国人民大学出版社官网 www.crup.com.cn 搜索本书页面，即可下载本书注释。

以品牌命名战略的差异化为例。有的公司将公司名称用于所有产品，如通用电气公司和三星公司；有的公司为新产品设计了与公司名称毫不相干的品牌名称，如宝洁公司的汰渍、帮宝适、潘婷等产品品牌等；还有些零售商根据它们的商店名称或其他因素创立品牌，例如，梅西百货（Macy's）有自己的品牌，如 Alfani，INC，Charter Club 等。

产品命名的方法多种多样。[3] 品牌名称可以来自人名（如雅诗兰黛化妆品、保时捷轿车以及 Orville Redenbacher 爆米花）、地名（如 Sante Fe 科隆香水、雪佛兰 Tahoe 越野车以及英国航空公司）、动物或鸟的名字（如野马汽车、多芬香皂以及灰狗公共汽车），或其他实物（如苹果牌计算机、壳牌石油以及三花淡奶）。

有些品牌名称与产品的意义有关（如 Lean Cuisine、Ocean Spray 100% Juice Blends 以及 Ticketron），或暗示产品的重要属性和利益（如 DieHard 汽车电瓶、Mop & Glo 地板清洁器以及 Beautyrest 床垫）。有些新的品牌名称含有代表科学、自然或荣耀的前缀和后缀（如雷克萨斯汽车、英特尔微处理器和伟世通汽车零部件等）。

与品牌名称一样，其他品牌元素诸如标识和符号多半也用人名、地名、物名以及抽象的形象等不同方式来命名。总之，在创建品牌时，营销者有许多品牌元素可供选择，以利于人们识别其产品。

品牌与产品

品牌和产品有何区别？**产品**（product）是市场上任何可以让人注意、获取、使用，或能够满足某种消费需求和欲望的东西。因此，产品可以是实体产品（如麦片、网球拍或汽车）、服务（如航空公司、银行或保险公司）、零售商店（如百货商店、专卖店或超级市场）、人（如政治人物、演员或体育运动员）、组织（如非营利组织、贸易组织或艺术团体）、地名（如城市、州或国家），或思想（如政治或社会事件）。本书采纳这一含义广泛的定义。本章将详细讨论品牌在这些不同品类中的作用，并且会在第 16 章进行更为详尽的阐述。

产品具有五个层次的意义[4]：

1. **核心利益层**（core benefit level）是指消费者通过消费产品和服务来满足其基本的需求与欲望。

2. **一般产品层**（generic product level）是指产品的基本外观，包括对于其功能来说绝对必要的那些属性特征，但不是显著的特性。这是一个基本的、朴素的、能够圆满地实施产品功能的产品外观。

3. **期望产品层**（expected product level）是指购买者在购买产品时，期望能获得的一系列产品属性或特征。

4. **延伸产品层**（augmented product level）是指产品区别于竞争对手的其他属性、利益或与之相关的服务。

5. **潜在产品层**（potential product level）是指产品最终将要经历的各种延伸和转变。

表 1-1 以空调为例说明这些不同的产品层。在许多市场中，竞争主要发生在产品的延伸层，因为大多数企业能够在期望产品层提供满意的产品。哈佛大学特德·李维特教授（Ted Levitt）同意此观点并提出理由："新的竞争不在于由哪家公司的工厂进行生产，而在于它们可以提供的产品包装形式、服务、广告、对顾客的忠告、融资、配送安排、仓储，以及其他为大众所重视的因素。"[5]

表 1-1 产品的不同层次示例

产品层次	空调
1. 核心利益	制冷和舒适。
2. 一般产品	足够的制冷功能，可接受的电力效率，充分的通风排气功能等。
3. 期望产品	《消费者报告》指出，对于一台典型的大型空调来说，消费者希望它至少有两种制冷速度、可伸缩的塑料挡板、可调的百叶窗、可拆除的空气过滤器、排气扇、适中长度的电线、R-22 制冷剂（相对于其他制冷剂，R-22 对地球臭氧层的破坏较小）、整机一年质保以及制冷系统五年质保（包括零部件更换及免费维修维护）。
4. 延伸产品	可选择的功能还可能包括电子触摸遥控、显示室内外温度的显示屏、恒温器、根据恒温器设置的温度以及室内温度自动调节风速的模式、免费顾客服务热线等。
5. 潜在产品	静音、制冷均衡、节能。

　　品牌远比产品的含义广泛，因为品牌具有不同维度，这些维度使之能区别于产品，并能满足顾客的需求。品牌与产品维度的差异可以是理性的、有形的（与品牌的产品绩效相关），也可以是具有象征意义的、情感的、无形的（与品牌代表什么相关）。

　　承接上述举例，一个品牌化的产品可以是如家乐氏玉米片、王子牌网球拍或福特牌金牛座汽车这样的实体产品，如达美航空公司、美洲银行或泛美保险公司这类服务，如 Match.com、声田（Spotify）或 iTunes 这样的数字化产品和服务。它也可以是线上或线下的商店（如亚马逊、布鲁明戴尔百货商店、美体小铺专卖店或西夫韦超市），人物（如奥普拉·温弗瑞、泰勒·斯威夫特或汤姆·汉克斯），地名（如伦敦市、加利福尼亚州或澳大利亚），组织（如红十字会、美国汽车协会或滚石乐队），或思想（如企业责任、自由贸易或言论自由）。

　　一些品牌依靠其产品的业绩创造了竞争优势，例如吉列、默克，以及几十年来在一定程度上依靠不断创新而在其产品领域领先的一些其他品牌。能不断开发出最先进的产品，得益于在研发方面的持续投资，而精心组织的营销实践则确保了在消费品市场中对最新技术的快速吸收。许多媒体根据公司的创新能力对其进行排名。表 1-2 列出了 10 家最具创新性的公司。

表 1-2 10 家最具创新性的公司

序号	公司	序号	公司
1	苹果	6	Patagonia
2	网飞（Netflix）	7	CVS Health
3	Square	8	《华盛顿邮报》
4	腾讯	9	声田
5	亚马逊	10	NBA

资料来源：Based on Fast Company's 2018 List of Most Innovative Companies.

　　其他一些品牌则通过与产品不相关的方式创造了竞争优势，例如可口可乐、香奈儿五号香水；还有一些品牌通过洞察消费者的各种动机和要求，为产品创造了相关且具有吸引力的各种形象。通常情况下，这些无形的形象联想是在产品类别中区分不同品牌的唯一途径。

品牌，尤其是强势品牌，具有许多不同种类的联想。因此，营销者必须在制定营销决策时考虑周全，否则，品牌经理会深受其害，付出惨重代价。品牌备忘 1-1 描述了可口可乐公司由于没有充分考虑可口可乐品牌形象的各个方面而在导入"新可乐"时遇到的麻烦。

品牌备忘 1-1

可口可乐公司的教训

1985 年 4 月，可口可乐公司以新配方替换它的旗舰可乐品牌。此时，发生了一个最典型的营销失误。品牌替换背后的动机主要是竞争。百事公司的"百事挑战"促销活动已对可口可乐公司的可乐市场霸主地位构成了强有力的威胁。这项促销活动最初开始于得克萨斯州，它涉及广告和店内样品展示，以及顾客对百事可乐与可口可乐产品进行的随机口味测试。毫无疑问，百事可乐赢得了这场测试。可口可乐公司担心如果这场促销发展成全国性的活动，会使可口可乐公司的销量大大受损，特别是可能失去年轻的顾客。可口可乐公司感到必须要采取行动了。

可口可乐公司的战略是改变配方，使之更加接近百事可乐稍甜一点的口味。为了调出新配方，可口可乐公司测试的顾客人数惊人地达到了 19 万！测试结果很明显："绝大多数"顾客偏好新配方而不是老配方。至此，可口可乐公司满怀信心地大力宣传新配方。

消费者对此反应迅速，却与公司预料的恰恰相反。在西雅图，已退休的不动产投资家盖伊·马林斯（Gay Mullins）成立了"美国可口可乐老顾客"协会，并且为那些愤怒的顾客开通了热线电话。一位贝弗利希尔斯的酒商购买了 500 箱"葡萄酒可乐"并以高价出售。与此同时，可口可乐公司总部每天差不多收到 1 500 个电话以及大量的信件，事实上所有的来电和信件都谴责可口可乐公司的行为。最后，在几个月的销量下跌后，可口可乐公司宣布在使用"新"可口可乐配方的同时，在市场上重新启用名为"经典可口可乐"的老配方。

新可乐的大溃败使可口可乐公司遭受了一次重大、公开的打击，但同时也使该公司在品牌方面接受了一次很好的教训。显然，可口可乐并非仅仅被顾客看作软饮料或提神解渴的饮料，而更多的是美国形象。它的大部分吸引力不仅在于原料成分，而且在于其所表现的美国文化、怀旧情结、传统以及与顾客的关系。的确，可口可乐品牌形象中含有情感的成分，顾客对该品牌有着强烈的感情。

尽管可口可乐公司在导入新品牌时犯了一系列的错误，但是它最大的失误是忽视了该品牌整体对顾客所具有的含义。对品牌的心理反应和生理反应是同等重要的。与此同时，美国的消费者也上了一课——他们认识到了可口可乐品牌的重要价值。可口可乐营销失误的结果便是：无法预计从现在起，供需双方是否会对对方采取一种想当然的态度。

资料来源：Patricia Winters, "For New Coke, 'What Price Success?'" *Advertising Age*, March 20, 1989, S1-S2; Jeremiah McWilliams, "Twenty-Five Years Since Coca-Cola's Big Blunder," *Atlanta Business News*, April 26, 2010; Abbey Klaassen, "New Coke: One of Marketing's Biggest Blunders Turns 25," April 23, 2010, www.adage.com.

品牌联想具有多种类型，而且创建这些品牌联想的途径也多种多样——不但包括有助于消费者理解品牌和评估品牌的全面营销策略，也包括在营销人员控制之外的其他因素。

通过利用品牌化创造产品的感知差异、发展忠诚顾客，营销者能实现价值创造，并转变为企业的利润。事实上，许多公司最有价值的资产也许不是有形资产，如厂房、设备和不动产等，而是无形资产，如管理技巧、营销、财务和运营等专长，最为重要的是品牌本身。担任苹果公司联合创始人和首席执行官的史蒂夫·乔布斯（Steve Jobs）曾经说过：“在这个复杂而喧嚣的世界里，实际上很少有机会让其他人牢牢记住我们。”他认为，让人们形成记忆正是品牌营销的精髓所在。[6]乔布斯说：

> 我们的用户想要了解，“苹果是什么？它的立场如何？在全球处于什么地位？”苹果不仅仅是帮助大众完成工作的机器——尽管在这方面它做得堪称完美，甚至在某些情况下做到了最好，但苹果的能力远远不止这些。苹果的核心价值观在于，相信富有激情的人能让世界变得更美好。这就是苹果的信仰。

正如 1922—1956 年间在桂格燕麦片公司任 CEO 的约翰·斯图亚特（John Stuart）的名言所述：“如果公司被拆分，我愿意给你厂房、设备等有形资产，而我只需要品牌和商标。相信我一定会比你经营得更好。”[7]接下来讨论品牌为什么如此重要。

1.2　品牌为什么重要

一个显而易见的问题是：品牌为什么这么重要？品牌的什么功效使其对营销者来说如此重要？我们将从不同视角剖析品牌对消费者和公司自身的价值。表 1 - 3 列出了品牌对消费者和公司所起的不同作用。

表 1 - 3　品牌的作用

品牌对消费者的作用	品牌对公司的作用
识别产品的来源	简化处理或追踪的识别工具
追溯制造商责任的依据	合法保护产品独特性的工具
减少风险	满足顾客质量要求的标志
降低搜寻成本	赋予产品独特联想的途径
产品质量的承诺、契约	竞争优势的源泉
象征意义	财务回报的来源
质量信号	

消费者

与“产品”概念相对应，本书的**消费者**（consumer）也采用广义的概念，是指包括个人及组织在内的所有消费者。对于消费者来说，品牌具有重要的作用。品牌指明了产品的来源或生产商，使消费者能明确辨识具体生产商或经销商。最重要的是，品牌对于消费者具有特殊意义。基于对产品的既有体验以及多年的购买经验，消费者知道哪些品牌能满足他们的需求，哪些品牌不能。因此，品牌成为顾客简化购买决策的捷径。[8]

消费者如果知道某个品牌，并且对它有一定了解，那么在选择产品时就不必再多作思考或分析有关信息。所以，从经济学的角度来看，品牌在两方面降低了顾客搜寻产品的成本：内在方面，顾客不必过多思考；外在方面，顾客无须到处搜寻。在对品牌既有的了解基础上（包括产品质量、产品属性等），消费者可以对有关此品牌的一些他们可能不了解的方面做出推断，形成期望。

品牌所具有的意义非常深远。品牌与消费者之间的关系可以视为一种合同或协定。消费者对品牌的信任和忠诚暗示着他们相信这一品牌会有一定的表现，且该品牌会通过产品的一贯性能、合理的定价、促销、分销计划和行动为他们提供效用。当意识到购买这一品牌的好处及利益时，并且只要他们在使用产品时有满足感，消费者就很可能会继续购买下去。

这些利益在实际中不仅仅体现在功能性方面。品牌还具有象征作用，能让消费者投射自我形象。当品牌与某些特定类型的人联系在一起时，便能反映不同的价值观或特质。消费这种产品是消费者与他人、甚至是他们自己交流信息的一种手段——他们是什么类型的人或他们想成为哪种类型的人。[9]

一些品牌学者认为，对某些人而言，有些品牌甚至能起到宗教性的作用，并有益于强化其自我价值的体现。[10] 品牌的文化影响渊源深厚，并在消费者文化和品牌之间代际传承。[11]

品牌还有一个极为重要的作用，就是向消费者表明产品的某种特点。研究人员已经把产品和与它相关的属性或者利益分成了三类：搜寻类产品、经验类产品和信任类产品。[12]

● 对于**搜寻类产品**（search goods），如杂货店商品，可通过视觉观察来评价它的产品特质（例如，牢固程度、大小、颜色、风格、设计、重量以及产品成分等）；

● 对于**经验类产品**（experience goods），如汽车轮胎，则不容易直接通过视觉观察和评价，必须通过产品的试用和使用才能对其进行评价（例如，耐用性、服务质量、安全性、方便使用性等）；

● 对于**信任类产品**（credence goods），如保险的责任范围，消费者较少知道这些产品的属性。

由于很难评估和了解经验类产品和信任类产品的属性和利益，所以品牌就成为消费者判断这些产品的质量及其他特点的一个尤为重要的信号。[13]

品牌能够降低制定购买决策时的风险。在购买和使用一种产品时，消费者可能会感知到多种不同类型的风险 [14]：

● 功能上的风险：产品的性能达不到对它所抱有的各种期望；

● 身体上的风险：产品对用户或其他人的身体状况或健康构成威胁；

● 财务上的风险：产品本身并非物有所值；

● 社交上的风险：产品可能导致他人的尴尬；

● 心理上的风险：产品影响了用户的精神状况；

● 时间上的风险：产品未能发挥作用而导致寻找另一满意产品的机会成本。

尽管消费者有多种不同的方法来应对这些风险，但是他们理所当然会采用的一种方法就是只买名牌，那些过去使用过令人满意的品牌的消费者更是如此。因此，品牌是一个重要的应对风险的手段，特别是在 B2B 交易中，这些风险的影响很大。

总而言之，对于消费者来说，品牌所具有的特殊含义能改变他们对产品的感知和经验。依靠对品牌的认同或对赋予品牌的特质的理解，消费者对同样的产品可能会得出不同的结论。对于每一个消费者而言，品牌都有其独特的含义，这让消费者的日常活动更加简单，生活更加丰富多彩。当消费者的生活变得越来越复杂、紧张和仓促时，品牌简化决策以及减少风险的作用就更大。

公司

对于公司来说，品牌也有许多极具价值的作用。[15] 最根本的是，它起到了识别的作用——使处理产品或追查公司更加简便。从实践上讲，品牌有助于建立和组织库存及会计记录。品牌也使公司能够对产品的独特性能或其独到之处进行法律保护。品牌享有知识产权，这让品牌拥有者具有法律权利。[16] 通过商标注册可以保护品牌，通过专利可以保护生产工艺流程，通过版权和设计可以保护包装。这些知识产权保证公司可以安全可靠地投资于其品牌，并从这个有价值的资产中获利。

对品牌进行投资可以赋予产品以独特的联想和意义，从而使之与其他产品区别开来。品牌能"发射"高质量产品的信息，从而便于满意的消费者轻而易举地再次选择这种产品。[17] 这种品牌忠诚度能为企业的需求提供预期性和安全性，形成进入壁垒，从而使其他公司难以进入这个市场。

尽管产品生产的工艺流程以及产品设计极易模仿，但多年的营销活动以及使用产品的经验在消费者心目中所留下的持久印象是难以复制的。例如，佳洁士牙刷、耐克鞋、李维斯牛仔裤等品牌，是伴随着消费者成长起来的。从这个意义上讲，树立品牌实际上是一种确保竞争优势的有力手段。

简而言之，对于公司来说，品牌代表了一份价值连城的合法资产。该资产能够影响消费者的行为，能够进行买卖交易，并能够为未来稳定的收益提供安全保障。[18] 由于这些原因，在并购过程中，企业为收购品牌支付了巨额资金，这些资金往往是品牌收益的数倍。通过并购，企业可以找到被低估的品牌，并将其与收购方现有的产品组合结合起来，从而为企业带来更高的收益和利润表现。

多数公司品牌交易中的价格溢价都是基于品牌能够持续带来额外利润。不过，这些溢价品牌的培育不仅耗资巨大，而且都几经磨难。表1-4 显示了在选定的这组顶级品牌中，品牌价值占公司总价值的百分比（以其股票市值衡量）。该表显示，公司的绝大部分价值来自无形资产和商誉，而品牌可以提供高达60%的无形资产。

表1-4 品牌价值在公司价值中的比例（2017年）　　　单位：10亿美元

公司	品牌价值	公司价值	品牌价值在公司价值中的比例（%）
苹果	184.1	868.88	21
谷歌	141.7	729.1	19
微软	79.9	659.9	12
可口可乐	69.7	195.5	36
亚马逊	64.7	563.5	11
三星	56.2	300	19

续表

公司	品牌价值	公司价值	品牌价值在公司价值中的比例（%）
丰田	50.3	188.2	27
脸书	48.2	420.8	11
奔驰	47.8	79.3	60
IBM	46.8	142	33

资料来源：Based on Interbrand, "Best Global Brands 2010." Yahoo! Finance, February 11.

1.3　一切都可以品牌化吗

　　显然，品牌能为顾客和公司都带来好处。那么一个显而易见的问题是：品牌是如何建立的？如何将一种产品品牌化？尽管公司的营销和其他活动为品牌的产生提供了原动力，但最终的品牌才是在消费者心目中安家落户的东西。品牌是一个认知的实体，它源自现实，同时也反映了消费者的认知，甚至反映了消费者的特质。

　　要将一种产品品牌化，就必须告诉消费者这个产品是"谁"——给产品取一个名字，并利用其他品牌元素帮助人们识别它——以及产品是"做什么"的，消费者"为什么"应该注意它。换句话说，要将一种产品或服务品牌化，就必须向消费者提供产品的一个标签（比如，"你应如何识别这个产品？"），以及这个品牌的意义（比如，"下面告诉你这个特别的产品能为你做些什么，它为何特殊，为何与其他品牌的产品有所不同"）。

　　品牌化是一个涉及建立思维结构和帮助消费者建立起对产品或服务认知的过程。这个过程可以帮助消费者明确自己的决策，同时为公司创造价值。品牌化过程的关键是要让消费者认识到品类中不同品牌之间的差异。品牌间的差异可以与品牌自身的属性或利益相关，或者与无形的形象因素相关。

　　消费者随时随地都处于购买的决策之中，而品牌的影响在购买决策中至关重要。无论消费者何时决策，营销人员都可以从品牌化中获得利益。想想消费者每天都面临众多购买决策，因此，品牌化如此盛行就丝毫不足为奇了。品牌备忘 1-2 就是一个一次性商品如何创建品牌的例子。

　　品牌化的普遍性可从不同产品的应用中略见一斑。如上所述，产品的定义十分广泛，包括有形商品、服务、零售店、在线交易、人、机构、地方或者想法等。对于这些各式各样的产品中的每一种，我们都要审视一些基本考虑要素并且给予解释说明（在第 16 章将对一些内容进行更详尽的论述）。

品牌备忘 1-2

商品品牌化

　　商品（commodity）本身很普通，它自己也不会在消费者脑海中变得与众不同。但久而久之，当品类中出现一些强势品牌后，曾经普通的商品就变得高度差异化了。典型的例子有：咖啡（麦斯威尔）、食盐（莫顿）、香皂（象牙）、面粉（金牌）、啤酒（百威）、燕麦（桂格）、腌菜（Vlasic）、香蕉（奇基塔）、鸡肉（珀杜鸡）、菠萝（都乐），甚至水（巴黎水）。

这些产品形成品牌的方式各有特色。但是，每一个品牌成功的关键要素都是：消费者开始相信同类产品并不完全相同，而是存在重大差别。对于有些产品而言，营销者让消费者相信产品并不是物品，它们在质量上有着很大的差异。在以上的品牌例子中，品牌都被认为是消费者可以信赖的同类产品的高质量代表。在另一些例子中，如瓶装巴黎水，由于产品的实际差异并不存在，因此，品牌是通过形象或者其他与产品无关的因素创建起来的。

时尚商品中品牌化的最佳案例是钻石。1948 年，戴比尔斯（De Beers）集团在广告活动中增加"钻石恒久远，一颗永流传"的醒目标语。该公司始创于 1888 年，销售全球大约 60% 的钻石产品，意在通过"钻石恒久远，一颗永流传"的传播，增加珠宝、钻石产品购买中的感情色彩和象征意义。"钻石恒久远，一颗永流传"后来成为广告界最负盛名的口号，并对美国市场每年价值 250 亿美元的珠宝钻石行业的发展起到了重要的促进作用。

多年成功的广告活动使其在整个钻石行业中一举成名后，戴比尔斯集团开始关注其自主品牌，该公司 2009 年的广告重点宣传了新的 Everlon 产品线。部分原因是为了应对经济衰退，戴比尔斯公司的营销活动开始致力于长期价值和钻石的市场生命力，新的广告语包括"Fewer Better Things"和"Here Today，Here Tomorrow"。事实上，这些口号体现了戴比尔斯希望通过广告活动传递的情感，阻止人们转售它的宝石。正如这个例子所示，品牌可以通过图像或者其他与品牌无关的想法来创建。戴比尔斯品牌，传达着强烈的情感和象征价值（永恒的爱）。

资料来源：Theodore Levitt，"Marketing Success Through Differentiation—of Anything，" *Harvard Business Review* (January-February 1980): 83-91; Sandra O'Loughlin，"Sparkler on the Other Hand，" *Brandweek*, April 19, 2004; Blythe Yee，"Ads Remind Women They Have *Two* Hands，" *The Wall Street Journal*, August 14 2003; Lauren Weber，"De Beers to Open First U.S. Retail Store，" *Newsday*, June 22, 2005; "De Beers Will Double Ad Spending，" *MediaPost*, November 17, 2008, https://blog.hubspot.com/marketing/ diamond-de-beers-marketing-campaign, accessed April 7, 2018.

有形商品

有形商品通常会与品牌联系在一起，其中包括许多闻名遐迩、备受推崇的消费品（比如梅赛德斯 - 奔驰、雀巢和索尼）。越来越多销售工业品或耐用产品的公司意识到建立强势品牌的好处。以前从不做广告的产品也开始出现品牌。品牌科学 1 - 1 简述了品牌化的历史。

品牌化已经应用在各个行业中。我们先看一下 B2B 产品和高科技产品品牌化的作用。

品牌科学 1 - 1

品牌化的历史

品牌以各种各样的形式已经存在几个世纪了。品牌化的初衷是手工艺人和其他人用以标识他们的劳动成果，以便顾客能轻而易举地认出它们。品牌（或至少是商标）最早可以追溯到古代的陶器和石匠的标记。它们被标在手工商品上，以说明其来源。由于陶器或泥制灯有时是在距离出产地很远的地方出售的，所以购买者会寻找高水平的陶艺人的标记以确保质量。1266 年通过的一项英国法律要求面包师在出售的每一块面包上作记号，目的是如果有人短斤缺两，马上就可以知道他是谁。

当欧洲人开始在北美定居时，他们也带来了品牌化的传统和实践。专利药品生产者和烟草制造商是早期美国品牌化的先驱。早在美国内战之前，诸如 Swaim 的灵丹妙药 Panacea、Fahnestock 的杀虫剂、Perry Davis 的植物止痛剂等药品就已家喻户晓。专利药品被包装在小瓶子里。由于当时人们没把它们当作生活必需品，所以生产商必须积极地开展促销。为了进一步吸引消费者在商店里选购产品，这些药物生产商印制了精美独特的标签，通常将自己的画像放在标签的中心位置。

17 世纪早期，烟草制造商就开始出口了。到 19 世纪早期，成捆烟草的包装上都有诸如 Smith's Plug 和 Brown and Black's Twist 这样的标签。在 19 世纪末 20 世纪初，大批量生产的包装商品在很大程度上代替了本地生产的散装商品。公司所有者和高级管理层在很大程度上主宰了这些品牌的开发和管理。例如，全国饼干公司的第一任总裁就与 1898 年 Uneeda 饼干的推出密切相关。这是第一种以品牌形式在全国范围内推出的饼干。公司的决策之一是为这个品牌创造一个图形符号，即 Uneeda 饼干淘气男孩，并将其应用于广告支持活动中。亨利·约翰·亨氏（H. J. Heinz）通过生产创新和促销活动创立了亨氏品牌。阿萨·坎德勒（Asa Candler）密切注视可口可乐公司庞大的分销渠道，他的努力使可口可乐成为一个家喻户晓的品牌。到 1915 年，美国的制造商品牌已经在本地甚至全国享有良好的声誉。

1929 年的大萧条给制造商品牌带来了新的挑战。更大的价格敏感性使权力的钟摆偏向零售商，它们推出自己的品牌，放弃了表现不佳的制造商品牌。在此期间，宝洁公司建立了第一个品牌管理体系，为每个品牌分配一名经理，以便该品牌能取得良好的业绩。在此品牌管理体系中，品牌经理拥有该品牌的管理权。此外，品牌经理负责为品牌制定和实施年度营销计划，并寻求新的商业机会。在内部，品牌经理可能得到来自制造、销售、市场研究、财务、研发、人事、法律和公关代表的协助；在外部，可能得到来自广告公司、研究供应商和公关机构的代表的协助。

1940—1980 年间，人们被压抑的对高品质品牌的需求导致了商品销量激增。个人收入随着经济复苏而增长，市场需求随着人口爆发而增长。由于新产品大量涌现，中产阶级不断壮大，人们对国产品牌的需求飙升。在此期间，各企业相继采用了品牌管理体系。

20 世纪 80 年代中期的并购热潮，激发了高管和其他董事会成员对品牌价值的兴趣。人们开始认识到品牌管理作为宝贵的无形资产的重要性。与此同时，越来越多不同类型的企业开始看到拥有强势品牌的优势和弱势品牌带来的劣势。在过去的 20 年里，随着越来越多的公司接受了品牌这一概念，人们对品牌的兴趣和应用出现了爆炸式的增长。

21 世纪，品牌化已经见证了数据驱动的营销方法的增加，以及通信和分销对数字渠道的日益依赖。正如在品牌专题 1.0 中所讨论的，Warby Parker 和 Bonobos 等本土数字品牌的成长为品牌直接面向消费者创造了一种新的模式。随着越来越多不同种类的产品被直销或推销给消费者，现代营销实践和品牌化得到了更进一步的推广。

资料来源：Adapted from George S. Low and Ronald A. Fullerton, "Brands, Brand Management, and the Brand Manager System: A Critical-Historical Evaluation," *Journal of Marketing Research* 31 (May 1994): 173-190; Hal Morgan, *Symbols of America* (Steam Press, 1986); Steven Wolfe Pereira, "Are You Building a 21st Century Brand?," Advertising Age.com, March 5, 2018, http://adage.com/article/quantcast/building-a-21st-century-brand/312554/.

B2B 产品　B2B 市场占全球经济的比重甚大，一些享有全球盛名和尊贵形象的品牌位属其列，如 ABB、卡特比勒、杜邦、联邦快递、通用电气、惠普、IBM、英特尔、微软、甲骨文、SAP 和西门子等。

B2B 品牌化是将公司作为一个整体，创建积极的公司形象和企业声誉。良好的品牌声誉将给企业带来更多的销售机会和更多的利润。强势品牌让顾客更相信企业，他们甚至将自己的前途乃至未来的生涯也交付给企业。因而，强势品牌可以创造牢固的竞争优势。

然而，有些 B2B 企业认为顾客购买是因为其对产品有专业的了解，并掌握了足够的信息，而不是因为品牌的吸引力。精明的企业营销者拒绝这种推理，他们既认识到品牌的重要性，也认识到必须在一定程度上做好执行才能获得市场成功。

波音公司生产从商用飞机到卫星系列的诸多产品，实施了"一个公司"的品牌战略，把所有不同的经营单元整合为单一品牌文化。该战略一定程度上是"三重螺旋"的代表：（1）企业愿景（波音为什么存在）；（2）精准性能（波音如何做到）；（3）定义未来（波音作为公司意味着什么）。[19]

另一个成功的 B2B 品牌推广的例子是思科。思科是一个网络通信设备制造公司，早期在低端市场通过大量投入研发和营销资源寻求增长。这里的低端市场是指中小规模的企业。为更好地了解客户行为，思科公司根据网络经费和购买模式把中小规模的企业市场分为四类：第一类和第二类企业把互联网业务视为核心，这两类企业比重占整个中小规模企业的 30%，但占整个互联网业务的 75%，第三类和第四类则占市场规模的 70%，却对互联网技术投入较为犹疑。基于对市场的分析，思科公司能专门针对不同的目标市场提供产品和服务。品牌科学 1-2 介绍了 B2B 品牌化过程中一些尤其重要的原则。

品牌科学 1-2

了解 B2B 品牌

由于 B2B 的购买决策复杂，并且通常伴随较高风险，因此，B2B 市场的品牌化极其重要。B2B 市场有以下六条具体指导性原则（后面章节会更加详尽阐述）。

1. 确保整个组织理解并支持创建品牌和品牌管理的相关工作。所有部门的各级员工对公司的品牌愿景必须具有全面、及时的理解，并予以支持。销售部是尤其关键的部门，个人推销通常是 B2B 企业的利润利器。销售团队必须齐心协力，这样销售部才能更加高效地履行和强化品牌诺言。如果企业建立了合适的品牌，那么销售部门就应确保让目标客户认识到品牌的益处，并支付与该品牌潜在价值相当的价格。

2. 如果可能，就创建公司品牌战略，并规划清晰的品牌架构。由于产品或服务组合的宽度及复杂性，B2B 企业更多的是强调公司品牌（如惠普、ABB 或 BASF 等）。理论上讲，这些企业会直接以介绍性的产品修饰词连接在公司品牌名称后面，建立子品牌，如放在 EMC 或 GE 的后面。但是，如果公司产品线很特殊，那么就需要另外建立更多有区别性的子品牌，如 Praxair 的 Medipure 医用氧气品牌、杜邦的 Teflon 树脂品牌以及英特尔的 Centrino 移动技术。

3. 设计价值感知。由于 B2B 市场竞争激烈的特点，营销必须确保顾客能完全感知到品牌的差异性。当品牌给顾客留下好的印象时，就对价值感知进行了设计。设计价值感知就像通过营销确保顾客认识到品牌的所有利益一样简单，或者以不同方式对顾客购买、使用和处置产品的经济性感知主动介入进行改变。这需要了解顾客当前对品牌的想法，以及顾客如何选择产品或服务，然后决定顾客应该怎样看待和选择品牌。

4. 对非产品相关品牌联想进行关联。在 B2B 市场中，可能在产品功效之外的因素方面形成差异，如良好的顾客服务或令顾客倍受尊重等。另外一些相关的品牌形象可能影响企业的规模或类型。例如，微软和甲骨文也许被视为"开拓进取"的公司，而 3M 和苹果则被看作"勇于创新"的企业。形象也许也是公司出售的一种"功能"，例如，顾客也许认为，具有多数消费者的企业是市场的领导者。

5. 找到品牌相关的情感联想。B2B 企业总是忽视创建品牌过程中情感的作用。安全感、社会认同感及自尊感等相关的情感联想，不但和品牌有关联，而且是品牌资产的重要来源。也就是说，通过提高顾客的安全感从而降低风险，是消费者购买决策的重要影响因素，并且因此成为品牌资产的重要源泉。在一流的企业工作，也许会被视为成功人士，激励对组织的认同感，并获得他人尊重和认可。因此，决策者会因为在一流企业为一流品牌工作而感觉更加满意。

6. 对公司内外的顾客进行细分。在 B2B 市场中，企业内外都可能有不同的顾客细分。在内部，不同角色人群在购买决策过程中都可能产生影响：发起者、使用者、影响者、决策者、批准者、顾客及门卫等。在外部，业务会因为行业和企业规模有所不同，还包括使用的技术及其他能力、购买政策甚至风险和忠诚度等。在品牌创建和营销计划制定中，必须把这些不同细分因素都考虑进去。

7. 利用数字技术和社交媒体进行营销。在 B2B 环境下，数字营销在帮助企业以有效的方式锁定当前和潜在客户中发挥着越来越重要的作用。将数字渠道纳入整体营销工作极大地优化了营销组合。具体来说，领英、推特和脸书是 B2B 使用最广泛的社交媒体工具，营销人员使用这些工具来展示自己的产品，并与受众互动。即除了可以作为一种产生潜在客户的工具，社交媒体还可以让企业与受众互动，并加强与当前客户的关系。内容营销是与消费者建立联系的另一种有效方式，B2B 公司越来越多地使用视频内容与消费者互动。

资料来源：James C. Anderson and James A. Narus, *Business Market Management: Understanding, Creating, and Delivering Value*, 3rd ed. (Upper Saddle River, NJ: Prentice Hall, 2009); Kevin Lane Keller and Frederick E. Webster, Jr., "A Roadmap for Branding in Industrial Markets," *Journal of Brand Management*, 11 (May 2004): 388-40; Philip Kotler and Waldemar Pfoertsch, *B2B Brand Management* (Berlin-Heidelberg, Germany: Springer, 2006); Kevin Lane Keller, "Building a Strong Business-to-Business Brand," in *Business-to-Business Brand Management: Theory, Research, and Executive Case Study Exercises, in Advances in Business Marketing & Purchasing* series, Volume 15, ed. Arch Woodside (Bingley, UK: Emerald Group Publishing Limited, 2009), 11-31; Kevin Lane Keller and Philip Kotler, "Branding in Business-to-Business Firms," in *Business to Business Marketing Handbook*, eds. Gary L. Lilien and Rajdeep Grewal (Northampton, MA: Edward Elgar Publishing, 2012); IBM.Com, (2017), "IBM Delivers First Cognitive Services Platform to Transform Business," https://www-03.ibm.com/press/us/en/pressrelease/52781.wss, accessed May 2, 2018; Dave Chaffey, "Using Social Media Marketing in B2B Markets?," www.smartinsights.com/b2b-digitalmarketing/b2b-social-media-marketing/b2bsocialmediamarketing/, accessed May 1, 2018; Douglas Burdett, "The 3 Social Media Networks That Are Best for B2B Marketing," www.artillerymarketing.com/blog/bid/195560/the-3-social-media-networks-that-are-best-for-b2b-marketing, accessed May 1, 2018; Olsy Sorokina, "9 B2B Social Media Marketing Tips for Social Media Managers," February 12, 2015, https://blog.hootsuite.com/b2b-social-media-marketing-tips/, accessed May 1, 2018.

高科技产品 许多高科技公司一直在为品牌而烦恼。由于受制于技术专家，这些公司经常缺乏相应的品牌战略，甚至简单地认为品牌就是给自己的产品命名而已。然而在许多这类产品市场上，企业并不仅仅是通过技术革新，或者通过"最新、最伟大"的产品规格和特性取得成功的。在其成功的过程中，营销技巧起着越来越重要的作用。

技术产品生命周期的短暂性和更替的快速性，对品牌化提出了独特的挑战。顾客的信任尤其关键，顾客不仅仅购买产品，而且会考虑公司的相关情况。尽管营销预算可能很少，高科技产品公司还是增加了营销费用，采用了一些常规的消费品营销手段。

服务

尽管知名的服务品牌已经存在多年，例如美国运通、英国航空公司、丽思卡尔顿酒店、美林集团以及联邦快递等，但服务品牌化的普及程度和复杂程度是在过去十年中得到快速发展的。

服务品牌化的意义　营销服务业的挑战之一是：相对于产品，营销服务是无形的，并且在质量上可能会有所变化，这取决于提供具体服务的人。因此，在服务型公司处理无形的、多变的问题的过程中，品牌化就显得尤为重要。与此同时，品牌符号也特别重要，因为它们有助于将抽象的服务变得更加具体。品牌能帮助识别公司所提供的各种各样的服务并赋予它们一定的意义。比如，金融服务业需将无数种新的服务以消费者能够理解的方式整理、标注出来。在该服务行业中，服务品牌化就显得尤为重要。

服务品牌化也是一种向消费者表明公司已经设计了一种特殊的、名副其实的服务项目的方式。例如，英国航空不仅将公务舱额外服务命名为"俱乐部世界"，还将经济舱服务命名为"世界旅行家"。公司通过这种聪明的方式向常旅客传递的信息是：他们在某种意义上也是特殊的，而且，他们的光顾也并不是想当然的。显然，品牌已经成为服务业的竞争利器。

专业服务机构　专业服务机构是指为其他企业或组织提供专业技能或支持的公司，如管理咨询行业的埃森哲，投资银行业的高盛，会计事务业的安永会计师事务所和法律咨询业的 Baker Botts 等。专业服务机构创建品牌，是 B2B 品牌和传统消费行业品牌两者相结合。

在专业能力、可信度和吸引力等方面，公司诚信是关键。对专业服务机构而言，产品易变性是一个重要课题，因为相比传统消费品服务企业（如 Mayflower 或 Orkin 瘟疫防控公司）而言，咨询管理公司的服务产品较难进行标准化。此外，长期的客户关系亦至关重要，失去一个大客户将损失惨重。

专业服务机构另一较大不同在于，员工个人在公司拥有较大的个人品牌，并且通常以个人名义拥有自己的品牌。因此，挑战也在于，要通过员工个人言行举止才能创建公司品牌，要确保公司至少能留住某些员工（尤其是资深员工）的品牌资产便至关重要。

由于专业服务产品极其抽象和具有主观性，因此，参照物和证明物便极具价值。而在安全感和社会认可方面，情感因素也不可或缺。对专业服务领域的竞争对手而言，进入壁垒较高，转换成本也极其高昂。然而，为了个性化的解决方案，客户却具有讨价还价的机会，并且经常这样做。

零售商和分销商

对于零售商或其他分销产品的渠道人员而言，品牌提供了一些重要的功能。在商店里，品牌可以激发消费者的兴趣、光顾和忠诚，因为顾客对特定品牌和产品抱有期望。
"你卖什么决定了你是谁。"在一定程度上，品牌有助于为商店树立一种形象并为其定位。
通过把一些独特的联想添加在自身的服务质量、产品的分类和销售，以及定价和信用政
策中，零售商也可以树立自己的品牌形象。最后，品牌的吸引力会带来更大的价格差异，
增加销量并带来更丰厚的利润。

零售商可以用自己的店名创造一个新名字，或者将两者（生产商和零售商）结合起来
推出自己的品牌。因此，许多分销商，尤其是在欧洲的分销商，确实推出了它们自己的
品牌。它们除了销售生产商的品牌外，也推销自己的品牌，有时候甚至代替了生产商的
品牌。这些被称作**"商店品牌"**（store brands）或是**"自有品牌"**（private label）的产品又为
零售商开辟了一条道路，赢得了更多的忠实顾客，并创造了更大的财富和利润。

2016 年，商店品牌销售达到约 1 181 亿美元，这大约是美国 15% 的消费品总销售额。[20]
在英国，以英佰瑞（Sainsbury）和乐购为首的五六家食品杂货连锁店自有产品的销量约占
英国食品和包装商品销量的一半。[21] 一些美国零售商也强调了自有品牌（第 5 章将更详细
讨论商店品牌和自有品牌）。

近年来，互联网技术对零售业改变甚大，零售企业已在经营中采用电子商务模式与
方法。或者，大多数情况下，零售企业转型为仅通过网络销售的电商企业。无论哪种情
况，要具有在线竞争力，大多数零售业都设立线下顾客服务代理，不断改善其在线服务、
发货速度、订单追踪和自由退货政策等服务。

在线品牌

近年来，在线品牌已成为最强势的品牌，亚马逊、谷歌、脸书和推特是其中最负盛
名的品牌。当然，也并非所有互联网企业都获得了成功，在互联网刚兴起之际，许多在
线品牌营销者犯了严重甚至致命的错误。有些人将品牌流程过于简化，比如将品牌建立等
同于浮华和怪异的广告。尽管这些营销活动偶尔也可以吸引顾客的注意力，但在大多数情
况下，它们并不能创立品牌所代表的产品或服务形象。为什么这些产品和服务与众不同？
更重要的是，为什么消费者应该购买这些品牌的产品或服务？

在线品牌的营销者已经意识到创建品牌的重要性。首先，对任何一个品牌而言，创
建品牌的独特要素至关重要。这些独特要素对于消费者具有重要影响，比如便捷、价格、
种类等。同时，品牌也需要在其他领域表现良好，比如顾客服务、可信度、个性化等方
面，例如，顾客在浏览网页的过程之中和之后都对品牌提出了越来越高的要求。

成功的在线品牌必须能够恰当定位并找到独特方式来满足顾客的潜在需要。品牌专
题 1.0 对在线上诞生的直接面对消费者的原生垂直品牌现象进行了深入探讨。通过为客户
提供独特的产品和服务，最强势的在线品牌能避免泛而无用的广告和没有意义的营销活
动，而更多依赖于口碑效应。

● Hulu 视频网站让顾客能很方便地观看经典和流行的电视节目。

● 声田允许用户根据他们喜欢的乐队和类型定制在线电台，同时了解用户可能喜欢
的其他音乐。

● 网上百科全书维基百科则为用户提供了广泛的、即时更新的，可自己编辑的信息
百科全书。

爱彼迎（Airbnb）也许是成功创建互联网品牌的经典案例。

爱彼迎

爱彼迎是一家成立于 2008 年的公司，在不到 10 年的时间里就建立了一个拥有 4 000 万用户的庞大平台。该公司将短期出租的房东与寻求临时住宿的游客配对。据报道，爱彼迎年收入 9 亿美元，拥有 2 000 名员工，业务覆盖 34 000 个城市。尽管有人称爱彼迎正与连锁酒店展开竞争，但该公司并不认为其增长影响了酒店的业务。

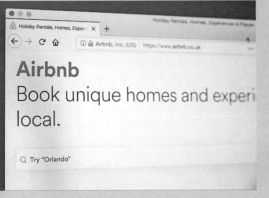

爱彼迎通过讲故事来传达其信息，并与顾客建立强烈的情感联系。

爱彼迎进行的一项内部研究量化了品牌建设对企业的影响。该公司的首席营销官是可口可乐的前任高管，他让人们更深刻地理解到情感联系在科技公司品牌价值增值方面的贡献。爱彼迎必须克服品牌不能带来价值，只有技术本身是价值驱动因素的思维模式。通过研究，爱彼迎已经克服了这个思维障碍，建立起一个强大的品牌。[22]

爱彼迎用讲故事的方式传达信息，关注那些拥有这些房屋的人以及旅行者。公司描述了这些联系对品牌价值的重要性，以及品牌如何实现这种联系。爱彼迎还创立了一本名为 *Pineapple* 的品牌杂志，该杂志被称为爱彼迎大家庭分享故事的平台。这本杂志让读者看到今天的人们正在如何生活并建立联系。[23]

在线品牌也意识到线下活动对吸引顾客的重要性，包括在线下销售新产品，或获得实体分销渠道。例如，亚马逊的一款产品 Echo 就是在实体店售卖的。而且，亚马逊对全食超市的收购为其提供了进入实体店的机会，主页网址或 URL 开始出现在全食超市的宣传资料和营销材料上。当在线品牌之间建立网络伙伴关系和链接时，合作就显得很关键。它们也开始针对特定的顾客群体——通常地理上是分散的——提供独特的价值主张。这将在第 6 章详细讨论。网站的设计可以最大限度地实现互动性、定制化和适时性，以及从提供信息到销售的一条龙服务。

人与组织

当产品是人或者组织时，品牌的命名通常是很直接的。人与组织通常具有定义准确的形象，这些形象为他人所理解、喜欢或不喜欢。一些公众人物尤其如此，如政客、娱乐界人士或专业运动员等。所有这些公众人物，从某种意义上讲，都在争取公众的认可和接受，并且从传达这种强大的、令人向往的形象中获利。

但是，并不一定只有知名或著名人士才能被视为一种品牌。当然，事业成功的关键是要某些人（如同事、领导甚至是公司或组织以外的重要人物）知道你是谁，知道你在技术、天赋、态度等方面如何。一个人在生意往来中建立起声誉，实际上就是在创立自己的品牌。[24]恰到好处的知名度和形象是无价之宝，人们会根据它来对待你，评判你的一言一行。[25]

同样，组织也因为它的计划、行动和产品而具有一定的含义。Sierra 俱乐部、美国红十字会、大赦国际（Amnesty International）等非营利组织，也日益强调营销的重要性。保护儿童的非营利组织——联合国儿童基金会（UNICEF）近年来已实施了许多营销活动和计划。

联合国儿童基金会

联合国儿童基金会 2007 年实施公益募捐行动"Tap Project"，要求纽约市的用餐者为一杯水捐出 1 美元，该募捐资金用于基金会的洁水项目。这也是 50 多年来基金会首次推出消费者活动。2006—2011 年，巴塞罗那足球队的队服印上了基金会的标识，该足球队每年向基金会捐款 200 万美元。

2010 年 2 月，基金会在英国发起了另一项消费者活动，这个为期 5 年的"Put it Right"活动由基金会授予明星大使，旨在保护儿童人权。与基金会保持最好关系的公司当属宜家。宜家非常重视儿童权益，直接向基金会捐款，每年举办玩具活动，活动收入直接帮助基金会的有关项目。[26] 2016 年，宜家与联合国儿童基金会合作，发起了"Let's Play for Change"倡议，希望筹集资金，促进玩耍在帮助幼儿大脑发育方面的作用。[27]

像联合国儿童基金会这样的非营利组织，需要强大的品牌和现代营销手段来帮助它们筹集资金，并满足它们的组织目标和使命。

资料来源：ton koene/Alamy Stock Photo.

体育、艺术和娱乐业

在体育、艺术和娱乐业中，人和组织的品牌化是营销的一个特例。近年来，传统的营销方法在体育营销中已经运用和发展得非常成熟。许多体育队伍已经不再满足于由胜败决定的观众出场率和财务收入，他们通过诸如广告、促销活动、赞助、直邮等多种传播方式营销自己。无论队伍表现好坏，这些体育经营者都能通过建立知名度、树立形象、赢得观众的支持，实现预期的门票收入目标。特别是品牌标识和符号，通过签订许可合同的形式，已经为职业体育做出了重大贡献。

在艺术和娱乐业（如电影、电视、音乐和图书），品牌的作用尤为突出。这些都是体验类商品很好的例子。购买者无法通过直接观察来判断质量，而必须借助于其他线索，比如有关联的人、项目所包含的概念或基本原理、口碑、重要的评价等才能做出自己的评判。

以电影产品为例，它的"成分"就是情节、演员和导演。[28] 有些电影如《詹姆斯邦德》《变形金刚》和《星球大战》等将这些元素组合，形成一个吸引观众的模式，并且发行续集（实际上是品牌延伸），从而把自己塑造成为有影响力的品牌。多年来，在一些最有价值的电影中，总是有不断重复出现的角色或是不断发展的故事。近年的许多电影续集都是成功的例子。它们的成功是由于观众从电影名称、有关人名（演员、制作人、导演等）中就知道他们将会看到什么。这就是品牌化的经典应用。

过去的美好体验使这些名字给人们带来了强烈的感受，甚至是某种特殊的感情。因此，娱乐业的强势品牌价值连城。尽管被冠以 Led Zeppelin[①] 的创建成员，但罗伯特·普兰特（Robert Plant）新发行的唱片很可能在市场上激不起什么波澜。然而，若的确以 Led

① Led Zeppelin（齐柏林飞艇），英国摇滚乐队，1968 年组建于伦敦，是 20 世纪 70 年代的销量王。很多人认为，这支摇滚乐队在世界音乐界流行程度之重、名气之大、传播之久、影响力之广都是数一数二的。——译者

Zeppelin 的名义发行，赚足媒体眼球并获得巨额票房则不在话下。

哈利·波特

很少有品牌能像《哈利·波特》那样在全球范围内获得如此高的消费者忠诚度和企业利润。

资料来源：WARNER BROS. PICTURES/Album/Newscom.

改编于同名系列小说《哈利·波特》的电影，已和《星球大战》并驾齐驱。所有七部小说改编的电影风靡一时。美泰公司（Mattel）推出哈利·波特玩具的第一年，就获得了 1.6 亿美元收入。2010 年，环球影城（Unversial Studios）以《哈利·波特》小说为原型，建立佛罗里达主题公园。由于深谙营销的精髓，哈利·波特团队颇受赞誉。他们对营销精髓的理解是：要有一个好的产品让顾客在情感上投入，运用口碑进行促销，"戏弄性"营销和保持品牌的一致性等。一些分析人士指出，截至 2016 年，哈利·波特的品牌价值已达 250 亿美元[29]，包括 70 亿美元的电影销售收入和同等数额的书籍销售收入。除此之外，美泰和孩之宝（Hasbro）在与《哈利·波特》系列相关的玩具和游戏上总计赚取大约 70 亿美元。NBC 环球（NBC Universal）以高达 2.5 亿美元的价格从华纳兄弟公司获得了直到 2025 年的《哈利·波特》和《神奇动物在哪里》的电视转播权。其他公司如强生、可口可乐、Fossil Group 和 Electronic Arts 也生产了各种带有哈利·波特商标的产品。《哈利·波特》也衍生出大量的产品线，为顾客提供了体验哈利·波特品牌的新途径。例如，除了哈利·波特主题公园，该品牌在百老汇也有演出。这些扩展允许品牌留存，同时不断更新在消费者心目中的形象。总而言之，哈利·波特品牌在未来很长一段时间内仍将继续存在。

地理区域

随着人类和商业的流动性逐渐增强，旅游业蓬勃发展，使地理区域营销呈上升趋势。城市、州、地区和国家，如今都在通过广告、邮件和其他传播方式积极地向外界推销自己，以提高当地的知名度，塑造积极的品牌形象，从而吸引个人或商业机构前来短期参观或是长期居住。尽管这些品牌的名称通常是当地的地名，但创建区域品牌仍要考虑不同情况。

想法和理念

最后，许许多多的想法和理念也相继品牌化了，尤其是在非营利组织中。这些想法和理念可能仅由一个短语或者口号甚至符号就实现了有效传播（如宣传防治艾滋病的红丝带）。品牌在使想法和理念变得更加可见和具体方面功不可没。正如第 12 章将要阐述的，公益营销开始采用先进的营销实践，力图提醒或说服消费者接受与公益相关的事件。

▎1.4 哪些是最强势的品牌

从上面的例子中可以清楚地看到，实际上可以将任何事物品牌化。那么，哪些品牌是最强势的？或者说，哪些品牌是最著名的或者最受人推崇的？表 1-5 列示了 2017 年基于 Interbrand 品牌估价法（见第 11 章）评选出来的世界上最具价值的 25 个品牌，这同时也发布在其年度"全球最佳品牌"报告中。[30]

表 1-5 25 个最具价值的全球品牌

2017 年排名	品牌	领域	公司价值（百万美元）	品牌价值变动百分比	2017 年排名	品牌	领域	公司价值（百万美元）	品牌价值变动百分比
1	苹果	技术	184 154	+3%	14	迪士尼	媒体	40 772	+5%
2	谷歌	技术	141 703	+6%	15	英特尔	技术	39 459	+7%
3	微软	技术	79 999	+10%	16	思科	技术	31 930	+3%
4	可口可乐	饮品	69 733	−5%	17	甲骨文	技术	27 466	+3%
5	亚马逊	零售	64 796	+29%	18	耐克	体育用品	27 021	+8%
6	三星	技术	56 249	+9%	19	路易威登	奢侈品	22 919	−4%
7	丰田	汽车	50 291	−6%	20	本田	汽车	22 696	+3%
8	脸书	技术	48 188	+48%	21	SAP	技术	22 635	+6%
9	奔驰	汽车	47 829	+10%	22	百事	饮品	20 491	+1%
10	IBM	商业服务	46 829	−11%	23	H&M	服装	20 488	−10%
11	通用电气	多元服务	44 208	+3%	24	Zara	服装	18 573	+11%
12	麦当劳	餐饮	41 533	+5%	25	宜家	零售	18 472	+4%
13	宝马	汽车	41 521	0%					

资料来源：Based on Interbrand, "The 100 Most Valuable Global Brands," 2017.

当然，沿着超市的货架走一走，很容易发现一些著名品牌，也很容易发现一些其他品牌，它们具有惊人的持久力，几十年来一直处于各自品类市场中的领先地位。品牌仍然是公司所拥有的最有价值的资产之一。

如表 1-4 所示，一个公司价值的 60% 来源于品牌这样的无形资产。许多品牌都经受住了时间的考验。例如，许多早在 1933 年便成为英国第一的品牌，至今仍名列前茅，如 Hovis 面包、Stork 黄油、家乐氏玉米片、吉百利巧克力、吉列剃须刀、Schweppes 搅拌器、Brooke Bond 茶、高露洁牙膏以及胡佛吸尘器。这些品牌经过了多年的发展，也经历了许多变化，甚至许多品牌已与最初的样子毫无相似之处。

但与此同时，一些看似不可战胜的品牌，如 Montgomery Ward、宝丽来和施乐等都遇到了困难，在市场上的出色表现也发生了变化，甚至是一去不返。虽然这些失败与一些不受企业控制的因素有关，如技术进步、消费者偏好改变等，但是，在其他情况下，这些失败可能要归咎于品牌营销者的错误行动或是未采取行动。一些营销者没有正确对待不断变化的市场条件，坚持用"千篇一律"的态度经营企业。有时甚至更糟，他们明知必须改变，却无能为力或是采取了不适当的行动。

显然，保持品牌的相关性和差异化对一个品牌的成功至关重要。品牌科学 1-3 提供了一些关于品牌相关性和品牌差异化的学术观点，并总结了不同作者对这些主题的新颖观点。

品牌科学 1-3

品牌相关性与品牌差异化

品牌相关性对于赢得市场的重要性

品牌相关性对于在市场中赢得并留住客户具有关键作用。差异化也是品牌价值的关键和品牌成功的核心。相关性和差异化对本书中提出的模型以及本书后面描述的其他品牌建设和品牌资产模型都很重要，例如 Young & Rubicam 的品牌资产评估框架。尽管相关性和差异化在各种品牌建设模型中都很重要，但对它们的解释和观点却多种多样。我们首先描述戴维·阿克（David A. Aaker）对品牌关联性的观点，然后回顾拜伦·夏普（Byron Sharp）及其同事的观点，这与一些关于差异化的作用及其对品牌价值重要性的观点形成了对比。

阿克认为品牌相关性包含多个阶段。首先，消费者选择一个类别，然后在类别中选择一个品牌集合以供进一步选择。随后，基于品牌在功能属性上的独有优势或传达情感或自我表达的能力，消费者进行品牌选择。最后，用户基于体验形成品牌评价。

值得注意的是，由阿克提出的品牌相关性——尽管并非不一致——与传统的品牌相关性概念并不完全相同。传统意义上品牌相关性指的是一个品牌是否由于消费者觉得它提供了一些对自身有用的好处而值得考虑。在阿克看来，品牌相关性结合了品类选择和品牌选择两个阶段，且认为品牌在品类选择和品牌选择阶段都扮演着至关重要的角色。品牌的知名度越高，就越有可能提升消费者对整个品类的认知度。

例如，优步（Uber）从 2009 年开始以拼车服务闻名，人们可以通过移动应用程序方便地使用这项服务。三年后，竞争对手来福车（Lyft）同样推出拼车服务。优步在约车服务领域的突出地位无疑吸引了新的竞争对手。尽管如此，作为先行者，优步成为一个典范品牌，并在约车服务领域发挥主导作用，从而增强了它的相关性。爱彼迎、Zappos 和特斯拉（Tesla）等其他创新公司和品牌也是如此，它们都从根本上改变了自己所处的行业，并在行业中占据主导地位。基于此，阿克认为："品牌偏好也会影响品牌相关性。如果一个品牌由于其引人注目的品牌主张、强大的个性特点、令人满意的用户体验以及积极的顾客关系成为消费者的首选，随后它将因此影响消费者的看法，甚至正向推动消费者对该类别或其子类别的态度。"

品牌的产品或服务是否具有创新性，可能决定了其在一个类别或子类别中是否能够占据主导地位。高认知度、形象好的品牌可以提升所处类别的声望，从而增加该类别被消费者选择并进入消费者考虑集的可能。阿克认为，这种类型的"品牌相关性"在当今环境中十分重要。

增长战略，细分市场和大众营销的作用

夏普等人关于品牌成长的研究为管理者提供了非传统建议，并列举了来自各种包装消费品行业的证据来支持他们的观点。书中的两个关键点如下所述：（1）夏普等人批评过分强调顾客忠诚度，并提出获得新顾客可能更重要。他们进一步指出，大品牌和小品牌之间的差异主要源于品牌渗透率而非平均购买量。洗发水和洗衣粉等类别的数据也支持这一观点。（2）夏普等人认为"品牌差异化"不值得过分强调，它并不能带来不同品牌之间的顾

客差异。他们认为，不同竞争对手的顾客之间缺乏差异就意味着"差异化"没有发挥作用。相反，他们主张品牌把注意力集中在一个一致的主题上——也就是说，更多地关注大众营销，而不是细分市场。

细分市场营销包括将营销重点放在特定的市场上，该市场具有特定的需求；与此相反，大众营销包括通过标准化产品、分销方式和广告活动来吸引整个市场。哪种营销方式更有效？有哪些条件对一方有利而对另一方不利？品牌营销者可能需要提出一系列关键问题，这些问题的答案将决定大众营销或细分市场是否更适合特定类别和品牌生命周期的特定阶段。这些问题包括：

1. 是否有一种强烈的价值主张能够吸引特定人群？

2. 这个目标市场是否愿意为一个没有差异化的产品支付溢价？

3. 与细分市场打交道和向更广的受众提供一种没有差异化的产品，哪个更经济有效？

4. 与细分市场相比，大众营销策略的竞争优势是什么？市场上是否存在使用这些营销策略的企业？企业的资源和文化是否支持大众营销或细分市场营销方法？

资料来源：David A. Aaker, *Brand Relevance: Making Competitors Irrelevant* (John Wiley & Sons, 2010); Byron Sharp, John Gerard Dawes, Jennifer Therese Romaniuk, and John Scriven, *How Brands Grow: What Marketers Don't Know* (Oxford University Press, 2010); Frederick F. Reichheld, *The Loyalty Effect* (Boston: Harvard Business School Press, 1996).

无论品牌过去曾经如何强大，品牌的底线是不能经受低劣的品牌管理。在下一节中将讨论在今天的环境下管理品牌为何如此之难。品牌专题 1.0 描述了一种诞生于网上、直接面向消费者的原生数字垂直品牌。随着企业开始借助数字营销来加强与顾客的联系，这类品牌很可能会带来一系列独特的挑战和机遇。

1.5　品牌化的挑战和机会

虽然品牌对于消费者而言仍然非常重要，但品牌管理可能比以前更难。近年来的一些发展使营销实践更为复杂化，并对品牌经理提出了新的挑战（见表 1-6）。[31]

表 1-6　创建品牌的挑战

新信息和新技术获取便捷化	去中介化和再中介化
物价下行压力	产品质量信息的其他来源
网络连接的普及与消费者抵触	"赢者通吃"的市场
共享信息和商品	媒体转型
意想不到的竞争来源	顾客中心的重要性

新信息和新技术获取便捷化

当今技术已经能够帮助人们访问几乎任何主题的大量信息。类似谷歌搜索算法，在求知者和解答人之间扮演着中间人的角色。由于消费者需要在互联网上搜索信息，营销人员能够将搜索词作为了解消费者想法的窗口，并通过搜索广告进一步明确消费者的需求。

随着技术发展并应用于社会生活，搜索信息已成为人们生活中的一个重要方面。[32]

例如，博物馆可以采用新的数字工具，在许多方面加强博物馆的体验。博物馆的一些新技术例如增强现实（AR）技术，为游客配备智能助手，提供有关艺术品的补充信息，并将其传递给智能手机以增强游客体验；或 3D 技术，让消费者复制、拥有和感受一个标准复制品。[33] 今后，这些技术将更加通用化，品牌营销者就能找到利用这些创新为顾客设计更好品牌体验的契机。

物价下行压力

随着信息搜索成本的降低，消费者更容易比较价格，只需点击几下就可以找到最便宜的商品。这一趋势可能会推动产品和服务进一步大众化，而第三方购物比较网站（如 Kayak、Vayama for travel）进一步加大了品牌保持差异化和价格优势的难度。[34]

网络连接的普及与消费者抵触

数字技术的发展为消费者提供了使用多媒体移动服务等技术进行全天相互连接的能力。随着网络连接的增加，它也分散了消费者的注意力，他们更容易受到侵扰。因此，消费者越来越抗拒营销人员，可能会出现消费者抵触现象，从而导致各种类型对抗通信侵扰的软件出现。苹果公司最近推出了一项技术，可以防止消费者开车时用手机接收短信。广告拦截服务也已经存在一段时间，为消费者提供了一种独特的方式去摆脱侵扰性广告。因此，虽然营销人员可以获得众多接触消费者的渠道，但消费者可能会保护自己，并找到一些躲避无关信息的方法。

共享信息和商品

新技术使消费者越来越多地分享信息和商品。这种趋势导致了两种现象。社交媒体平台已经成为消费者联系和分享信息的载体。这些平台提供各种类型的功能，让消费者成为在线朋友，并以各种格式（图片、文本、视频等）分享信息。消费者成为内容的生产者。脸书和照片墙（Instagram）等社交平台是在线社交互动的推动者，鼓励用户实时更新自己的日常活动。像 YouTube 这样的平台，进一步提高了用户向全球观众以文本、音频、视频等各种形式进行传播的能力。

这些平台为营销者获取目标受众的精确信息提供了便利，包括政治观点和娱乐偏好，从而全方位地了解消费者。不过，这些平台正日益受到监管机构的严格审查，它们担心如果平台不受约束地访问，顾客隐私会受到侵犯。过去美国社交媒体公司通常不需要获得使用顾客数据的许可，但最近擅自使用顾客详细信息的脸书受到了议员们的长时间审查。[35] 欧洲已经开始实施隐私法，要求公司在将顾客数据用于营销之前必须获得顾客明确的许可。

其他类型的平台支持特定类型的商品共享。Napster 允许点对点文件共享，而爱彼迎、Zipcar 和优步等平台则允许拥有特定商品（出租房屋或汽车）的个人与其他消费者共享商品，并收取一定费用。

意想不到的竞争来源

数字世界的动态性让公司更容易进入新的类别，而不必面对通常存在于现实世界中的进入壁垒——例如，需要一个完善的分销系统。这意味着新的竞争者可能会在意想不到的地方突然出现，而数字品牌必须时刻对新竞争者保持警惕。[36] 例如，当亚马逊电影开始向顾客提供流媒体服务时，它就与网飞和苹果 iTunes 等展开了直接竞争。

去中介化和再中介化

互联网的迅速崛起伴随着两个趋势——去中介化和再中介化。去中介化是指从分销渠道中减少或消除中介，包括代理、经纪人和批发商等实体。例如，旅游行业对旅行社的需求大幅下降，这些旅行社曾通过提供咨询服务、帮助游客预订来收取少量费用或佣金。再中介化是指引入新的中介机构，这些中介机构在分销渠道中执行相同功能或扮演额外角色。此外，专注于提供评论以帮助消费者决策的新型中介机构也出现了显著增长。这些信息中介包括在线评论网站 Yelp、在线消费者指南、有影响力的博客等。在线网站猫途鹰（TripAdvisor）是再中介化的一个例子，它提供了过去旅行社提供的服务，成为旅行者获取信息的宝贵资源。

产品质量信息的其他来源

随着互联网的发展，大量关于产品和品牌的在线信息具有可用性，这使消费者可以通过许多新方式了解产品质量。表 1-7 显示了现在消费者收集信息的一些方式。随着越来越多的消费者基于在线口碑和评论进行决策，生产者和消费者之间的信息不对称逐步减小。[37]产品质量信息的增加减少了消费者对作为质量标志的品牌的依赖。

表 1-7　消费者信息来源的可信度

信息来源	受访者认为该消息来源可信的百分比
朋友 / 家庭	83%
电视广告	63%
新闻广告	60%
杂志广告	58%

资料来源：Andrew McCaskill, "Recommendations from Friends Remain Most Credible Form of Advertising Among Consumers; Branded Websites Are the Second-Highest-Rates Form," Press Room, September 28, 2015.

毫无疑问，互联网的发展以及在线评论和信息的可用性在某种程度上改变了品牌的角色。品牌现在必须做得更多，而不仅仅是作为质量的标志。品牌必须紧跟潮流，根据顾客品味的变化及时采取行动。此外，考虑到消费者能够快速了解产品的实际质量——或被一些人称为"绝对价值"，品牌投入大量资金创造非凡的顾客体验也是非常重要的。后面章节将重点介绍几个这样的例子。

"赢者通吃"的市场

有关产品质量的大量信息表明，消费者可能对质量变得更加敏感。在市场上被消费者视为高品质的、处于领先地位的品牌更有可能得到消费者的青睐。由于准确的质量信息可以较低的成本获得，消费者将倾向于选择质量最高、差异性最小的品牌。这将加速那些在某一类别中不占据领导地位的品牌的退出。因此，品牌将面临更大的压力，要么提供高质量的产品，要么在某一特定领域，如价格及售后服务中占据市场主导地位。这种"赢者通吃"的竞争，在体育和娱乐行业很典型，在其他行业也变得越来越普遍。[38]

这一现象也出现在许多其他行业中，如航空公司、汽车、石油生产商、欧洲半导体工业、婴儿食品等。[39] 我们预计，由于消费者能以较低成本获得广泛的产品质量信息，未来排名前三的品牌达到主导地位所花的时间将显著减少，对较弱品牌的淘汰步伐则会加快。

媒体转型

市场环境的另一个重要变化就是，传统广告媒体的没落，以及互动和非传统媒体、促销活动及其他传播方式的兴起。正如第6章所述，由于媒体成本、媒介混乱和媒体碎片化等原因，传统的广告媒体，尤其是电视网络，对营销者不再有吸引力了。第7章将进一步探讨媒体碎片化对数字和社交渠道的影响。

由于多年来用于广告的预算一直在减少，营销者开始更多地使用非传统的沟通方式进行品牌传播。这些通过互联网的社交平台进行沟通的效率越来越高，如线上的意见领袖形成的口碑。

让我们看一下宝洁公司近年来是如何大幅改变其营销传播的。宝洁公司的广告节目一度主宰了白天的电视肥皂剧栏目，而现在，该公司已经完全改变了这种传播品牌的方式，不再在肥皂剧中投放广告，而代之以社交媒体传播。宝洁公司现在通过脸书卖帮宝适，通过iPhone应用程序销售女性产品，并可以让女性顾客监测月经周期和互动问答。同时，它还运用社交媒体销售传统上针对男性顾客的个人保健产品老香料（Old Spice）。[40]

顾客中心的重要性

数字渠道的发展和无处不在的互联互通，开启了一个在线获取产品质量信息的时代。这表明，如果产品和服务没有得到消费者的实际验证，品牌资产很容易受到破坏。在线论坛可以快速展示产品的质量，消费者可以从他人和在线口碑中了解产品的质量。任何关于品牌的负面新闻都会被放大，并迅速摧毁品牌。以往产品在创造品牌价值中所扮演的核心角色发生了深刻的转变，这对品牌营销者产生了重大影响。品牌在营销中也把重点转向了以消费者为中心，关注消费者的问题，因为这关系到他们的日常生活。

1.6 品牌资产的概念

显然，营销者面临诸多竞争挑战。一些评论家指出，营销者对一些竞争挑战的反应已经变得不再有效。更糟的是，这会使问题进一步恶化。在余下的章节里，我们将谈到一些反映营销新挑战的理论、模式和框架，为日后的思考和研究提供有用的管理原则并指明方向。在品牌资产概念的基础上，我们还将导入一个"共同的标准"或者统一的概念框架，作为诠释不同品牌战略潜在影响的工具。

品牌资产（brand equity）是近年来最流行和最有潜在价值的营销概念之一。然而，品牌资产概念的出现，对于营销者来说可能既有利也有弊。有利的一面在于：品牌资产提升了品牌在营销策略中的重要性，同时为管理和研究活动提供了重心；不利的一面在于：品牌资产概念因为不同的目的而有各种不同的定义，从而导致混乱和概念上的混淆。到目前为止，还没有就如何对品牌资产进行概念化和评估形成一致的观点。

基本上，品牌化就是将品牌资产的影响力付诸产品和服务。尽管人们对品牌资产存有不同的看法，但是大多数研究者都认为品牌资产应该是品牌所具有的独特的市场影响力。也就是说，品牌资产解释了具有品牌的产品或服务和不具有品牌的产品或服务两者之间营销结果差异化的原因。这也是本书所采纳的观点。表 1-8 中的拍卖数据就是一个品牌转换影响力的典型案例。试想若无明星的品牌联想，那些物品在跳蚤市场售价估计也难超过几百美元。[41]

表 1-8　近期名人拍卖品售价

- J.K. 罗琳的椅子以 39.4 万美元的价格售出。
- 《卡萨布兰卡》中的钢琴以 340 万美元的价格售出。
- 《绿野仙踪》服装售价 300 万美元。
- 约翰·列侬的吉他以 240 万美元的价格售出。
- 安迪·沃霍尔（Andy Warhol）的假发拍出 10 800 美元。
- 凯思·莫恩（Keith Moon）(谁人乐队鼓手）的一套鼓以 252 487 美元的价格售出，9 倍于其估价。
- 巴迪·霍利（Buddy IIolly）的眼镜拍出 8 万美元。
- 贾斯汀·汀布莱克（Justin Timberlake）早餐没吃完的法式吐司在 eBay 上卖 1 025 美元。

资料来源：Zoe Henry, "8 Famous Items That Sold for Ridiculous Amounts of Money," April 8, 2016.

品牌化就是创造差异。大多数品牌专家赞成以下关于品牌和品牌资产的基本原则：
- 针对品牌进行的市场活动所带给产品的附加价值会导致不同的市场业绩；
- 品牌价值的培育方式不胜枚举；
- 品牌资产提供了诠释营销策略和评估品牌价值的共同标准；
- 有多种方法可供企业展示或收获品牌价值（如更大的收益，或者更低的成本，或者两者兼而有之）。

基本上，品牌资产概念强化了品牌在营销策略中的重要性。第 Ⅱ 篇的第 2 章和第 3 章将就这一问题进行重要的综述，并为本书的剩余部分提供一个蓝图。本书的余下章节将深入阐述如何创建品牌资产（第 Ⅲ 篇的第 4～8 章）、评估品牌资产（第 Ⅳ 篇的第 9～11 章）及管理品牌资产（第 Ⅴ 篇的第 12～15 章）。第 Ⅵ 篇的第 16 章介绍了其他一些应用和视角。

战略品牌管理流程将以上多种概念有机地糅合在一起，本章以下部分将作简要介绍。

1.7 战略品牌管理流程

战略品牌管理（strategic brand management）涉及创建、评估及管理品牌资产的营销规划和活动的设计和执行。在本书中，**战略品牌管理流程**（strategic brand management process）包括以下四个主要步骤（见图 1-1）。
1. 识别和建立品牌规划；
2. 设计并执行品牌营销活动；
3. 评估和诠释品牌绩效；

4. 提升和维系品牌资产。

下面简要介绍以上四个步骤，具体内容会在以后各章进行详细阐述。[42]

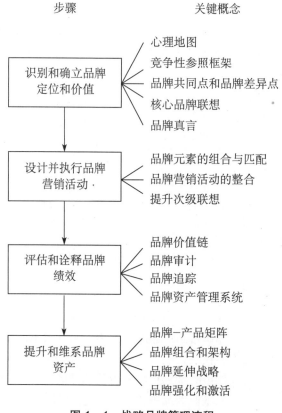

图 1-1　战略品牌管理流程

识别和建立品牌规划

在战略品牌管理流程中，首先要清晰地理解品牌代表什么，以及相较于竞争者应该如何定位。[43] 第 2、3 章运用以下三个交互模型介绍品牌规划。

● **品牌定位模型**（brand positioning model）介绍如何整合营销，使竞争优势最大化。

● **品牌共鸣模型**（brand resonance model）介绍如何密切与顾客的关系，增加顾客忠诚度。

● **品牌价值链**（brand value chain）用于追踪品牌价值创造的过程，更好地理解品牌投资的财务影响。

设计并执行品牌营销活动

正如在第 2 章将要阐述的，创建品牌资产就要求在消费者大脑中进行合理定位，尽可能获得消费者的品牌共鸣。一般来说，这种知识构建流程取决于以下三个因素：

1. 构成品牌元素的初始选择以及如何进行组合搭配。

2. 营销活动及营销支持方案，以及将品牌整合进去的方式方法。

3. 通过与其他一些实体（如公司、原产国、分销渠道或其他品牌）相关联，从而间接产生的品牌联想。

下面将逐一阐述这三个因素的一些重要内容。

选择品牌元素　最常见的品牌元素包括品牌名称、网址、标识、符号、个性、包装及口号等。当消费者仅仅了解品牌名称和相关标识时，他们如何看待产品和服务是品牌元素是否有助于品牌建立的最佳试金石。由于不同品牌元素的优点各不相同，通常情况下是采用所有元素或者它们的组合。第 4 章将详细阐述有助于品牌资产创建的品牌元素选择和设计的方式、方法。

将品牌整合到营销活动和营销支持方案中　尽管审慎选择品牌元素对于建立品牌资产大有裨益，但是主要的贡献来自与品牌相关的营销活动。此处仅仅强调构建品牌资产的部分重要的营销方案。第 5 章将会介绍一些设计营销方案的最新进展以及产品策略、定价策略和渠道策略。第 6 章将阐述传播策略。第 7 章概述数字时代的品牌化，并深入分析不同数字媒体和社交媒体渠道的优缺点。

提升次级联想　第三种建立品牌资产的方法是提升次级联想。品牌联想自身也会和其他具有自身联想的实体发生关联，从而建立这些次级联想。例如，品牌可能发生关联的要素包括：公司（通过品牌战略）、国家或者其他地理区域（通过对产品原产地的认同）、分销渠道（通过渠道战略）、其他品牌（通过成分或品牌联盟）、个性（通过特许）、代言人（通过"背书"）、体育或文化事件（通过赞助），或者其他第三方来源（通过获奖或评论）。

由于品牌和其他实体关联，即使该实体和产品或服务没有直接联系，消费者也可能推断品牌具有该实体的联想，从而产生间接或次级品牌联想。本质上，营销者就是在借用或杠杆化其他品牌联想，从而创建属于品牌自身的联想并帮助建立品牌资产。第 8 章将阐述品牌资产杠杆化的途径和方法。

评估和诠释品牌绩效

盈利的品牌管理需要成功设计和执行品牌资产评估系统。**品牌资产评估系统**（brand equity measurement system）由一系列研究步骤构成，它将为营销者制定短期最优策略和长期最佳战略提供及时、精确和可溯及的信息。正如第 9 章所描述的，采用这样的系统有三个关键步骤：**品牌审计**（brand audit）、**品牌追踪**（brand tracking）和执行**品牌资产管理系统**（brand equity management system）。

品牌审计通常对确定和评估品牌定位非常有用。品牌审计是对品牌的全面考察，以评估品牌的健康状况，揭示品牌资产的来源，并就改善和提升品牌资产提供建议。品牌审计要求同时从公司和消费者视角来理解品牌资产的来源。

一旦确定了品牌定位策略，就需要将营销方案付诸行动，以创建、强化或维持品牌联想。为了解营销方案的效果，需要通过营销调研来测量和诠释营销绩效。品牌追踪研究是在一段时间内从消费者那里收集信息的例行工作，通常是营销者基于品牌审计或其他手段确定一些关键维度，在此基础上对品牌表现进行量化衡量。第 10 章和第 11 章将阐述一些具体的操作方法。

品牌资产管理系统是一整套企业流程，旨在改善和理解对品牌资产概念的运用。品牌资产管理系统主要包括三个步骤：创建品牌资产章程、收集品牌资产报告以及定义品牌资产任务。

提升和维系品牌资产

保持和扩展品牌资产非常具有挑战性。品牌资产管理活动是从更广阔和更多元化的视角理解品牌资产——理解品牌战略应如何反映公司所想，以及根据时间、地理位置或者多个细分市场进行调整。

定义品牌结构　公司的品牌结构就如何在所有不同产品中应用哪些品牌元素提供了通用原则。品牌组合和品牌架构是制定公司品牌战略的两个主要工具。**品牌组合**（brand portfolio）是指特定公司在特定品类内出售的所有品牌的集合。**品牌架构**（brand hierarchy）显示公司产品之间相同的和独特的品牌元素的数量和性质。第 12 章将介绍建立品牌架构的"三步曲"方法及如何设计品牌组合和品牌架构。第 13 章将重点关注品牌延伸，即现有品牌如何推出已有品类的新产品。

长期管理品牌资产　有效的品牌管理要求以长期的视角来制定品牌决策。品牌管理的长期视角认识到，品牌营销支持方案的任何变化将改变消费者对品牌的认知，并最终影响未来营销方案的成功。此外，长远视角还要积极设计品牌战略，以长期维护和提升基于顾客的品牌资产，并在品牌面临困难和问题时，制定品牌激活战略。第 14 章讨论长期管理品牌资产的问题。

跨越地理界限、文化及细分市场管理品牌资产　品牌资产管理的一个重要考虑因素就是在形成品牌和营销计划时，认识和分析不同类型的消费者。国际性事件和全球品牌化战略对于这些决策尤为重要。在海外扩张品牌时，营销经理需要依赖这些细分市场的具体信息和消费者行为创建品牌资产。第 15 章将阐述跨越不同的细分市场扩展品牌资产。

········| **本章回顾** |········

本章一开始便阐述了品牌的定义。品牌被定义为一个名称、术语、标识、符号、设计或是它们的某种组合。品牌用来识别某一经销商或某一群经销商的商品和服务，并把它们同竞争者的商品和服务区分开来。品牌的各个组成部分，即品牌名称、标识、符号、包装设计等都被定义为品牌元素，它们有许多不同的形式。品牌与产品不同，产品是任何可以在市场上让人注意、获取、使用，或是满足某种需求的消费品，它可以是有形商品、服务、零售店、人、组织、区域或观点。

品牌是一种产品，品牌还有使它与其他满足相同需求的产品有所不同的方面。这些差异点可能是理性的、有形的——这与该品牌产品的表现有关，或者是象征性的、情感性的，或是无形的——这与品牌所代表的事物有关。品牌本身就是有价值的无形资产，需谨慎管理。品牌给顾客和公司提供很多利益。

品牌化的关键在于，消费者是在一个品类中感知品牌的不同之处的。根据产品所能提供的服务及其与竞品之间的差别，营销者通过命名并赋予其意义的方法几乎可以对任何产品进行品牌化。现在的营销经理面临诸多品牌化的机遇与挑战，这主要与消费者态度和行为、竞争因素、营销效率和效果，以及公司内部动态性等方面相关。

战略品牌管理包括以下四步：

1. 识别和建立品牌规划；
2. 设计并执行品牌营销活动；

3. 评估和诠释品牌绩效；
4. 提升和维系品牌资产。
本书后续将详尽阐述这些步骤。

········| 问题讨论 |········

1. 品牌对于你来说意味着什么？你最喜欢的品牌是什么？为什么？你对品牌的看法和别人有什么不同？
2. 你认为谁拥有最强势的品牌？为什么？你对表 1-5 中 Interbrand 评出的 25 个最具价值的全球品牌的看法如何？你同意它的排名吗？为什么？
3. 你能想出其他不能品牌化的东西吗？在给出的每个类别（服务、零售商与分销商、人与组织、体育运动、艺术和娱乐）中，选择一个没有讨论过的例子，说说它是怎样成为品牌的。
4. 当你自己成为一个品牌时，你将如何看待？你能做些什么来使自己"品牌化"？
5. 你怎样看待所列出的新的品牌化挑战与机遇？你能想到任何其他问题吗？

品牌专题 1.0

揭开数字原生品牌的秘密

数字原生垂直品牌（digitally native vertical brand，DNVB）是起源于网络的品牌，主要通过数字渠道与顾客互动。这些品牌的一个重要特点是直接面向消费者。成功的 DNVB 包括 Warby Parker、Dollar Shave Club 和 Bonobos，这些公司都打破了各自行业的现状。本文重点介绍从数字原生品牌研究中获得的一些关键知识，以及对品牌管理的启示。

"数字原生垂直品牌"一词由 Bonobos 创始人安迪·邓恩（Andy Dunn）首创，这些品牌主要通过网络与消费者互动和交易。尽管可能会利用合作关系将交易扩展到实体店，这些品牌的特点同样包括严格的分销控制。[44] 如果我们从整体上考虑电子商务的发展，数字原生品牌的增长是可以理解的。总的来说，电子商务将在 2015—2020 年间增长逾 50%，达到 230 亿美元，预计至 2022 年将占零售总销售额的 17%。[45] 直接面向消费者的零售额预计将从 2015 年的 66 亿美元增长至 2020 年的 160 亿美元。电子商务的快速增长（平均年增长率为 9.3%）[46]、亚马逊的主导地位以及相应的直接面向消费者零售的崛起，为数字品牌未来的成功提供了成熟的条件。

成功的 DNVB 包括如下特点：
1. 持续关注赢得顾客，并在各种营销策略上进行投资，以接触到大量的潜在顾客；
2. 直接采购原材料；
3. 将独特的产品与卓越的顾客服务和顾客体验相结合，以增强顾客体验；
4. 通过社交媒体、在线社群和社会知名人士与顾客建立紧密的联系；
5. 直接分销给消费者。

直接分销对公司来说有四个主要优势。首先，这种方式使公司能够更加贴近消费者，并及时得到其关于产品和服务的反馈，因此，这些公司比使用间接分销渠道的竞争对手更接近顾客；其次，直接销售可以让这些公司减少对亚马逊的依赖，特别是取消零售加价，可以带来显著的成本优势；[47] 第三，直接分销使公司端对端地控制顾客体验，能更加及时对顾客的问题做出反应；第四，这种分销方式还能让公司更好地控制自己的信息，开发一个更真实、更以消费者为中心的品牌。[48]

虽然目前还不清楚数字原生品牌能否达到从日用商品品牌体系中诞生的传统品牌的规模和成功程度，但一些关键统计数据显示，它们取得了成功。[49]数字原生品牌比传统品牌开设新店更快。例如，Warby Parker 开业不到 10 年，就拥有 61 家相当于耐克的门店，而耐克在其开业前 10 年只有一家门店。数字原生品牌不像传统品牌那样盈利或独立。然而，由于能够获得更多的风险投资，数字原生品牌的销售额比传统品牌更快达到 1 亿美元。[50]

一个相关的趋势是，一些数字原生品牌已经扩展到实体店。这些商店并不被商家视为向顾客销售产品，因此这些商店通常没有库存，仅仅是展示产品。在某些情况下，商店可以根据个别顾客的需求定制产品（正如在之后 Warby Parker 示例中所描述的），这进一步加强了顾客与品牌的联系。即使涉及店内销售，流程也要简单得多，销售人员配备了移动结账工具，使顾客体验更加便利。接下来将对 Warby Parker 进行深入分析。

Warby Parker：未来是如此光明

Warby Parker 是眼镜、太阳镜和礼品卡的制造商和零售商。它成立于 2009 年，总部设在纽约市。Warby Parker 在加利福尼亚州、佛罗里达州、佐治亚州、伊利诺伊州、路易斯安那州、马萨诸塞州、纽约州、俄克拉何马州、宾夕法尼亚州、田纳西州、得克萨斯州和弗吉尼亚州都设有展厅。[51]该公司创始人尼尔·布卢门撒尔（Neil Blumenthal）和戴维·吉尔伯阿（David Gilboa）以及联合创始人安德鲁·亨特（Andrew Hunt）、杰弗里·雷德（Jeffrey Raider）提出了一个简单的想法，想要打造出全球增长最快的数字品牌之一。他们是怎么做到的？

Warby Parker 的创意始于一位创始人丢失了一副价值 700 美元的眼镜，这一个人经历让创始人质疑为什么眼镜这么贵，为什么不能在网上购买。Warby Parker 的名字是根据杰克·凯鲁（Jack Kerouac）未出版作品中的人物命名的，初衷很简单：你可以在网上订购眼镜，然后送货上门。[52]Warby Parker 公司的眼镜通常成本为 95 美元，每售出一副，该公司就会作为慈善捐赠捐出一副。一年内，该公司已经售出 2 万副眼镜，远远超出预定的销售目标，这表明该公司已经是市场上的一个成功品牌。

传统上，眼镜行业是由线下零售商主导的，在零售门店内销售的许多品牌都属于线下公司 Luxottica。Luxottica 在眼镜行业拥有许多领先品牌，包括 Oakley、Ray-Ban 和 Luxottica。[53]Luxottica 还拥有 LensCrafters、Pearle Vision 和 Sunglass Hut 等主要零售店。此外，Luxottica 的授权品牌包括安妮·克莱因（Anne Klein）、香奈儿（Chanel）、拉尔夫·劳伦（Ralph Lauren）和蔻驰（Coach）的眼镜。由于与 Essilor 的合并，Essilor Luxottica 2016 年的总收入为 160 亿美元，估值为 500 亿美元。总的来说，Luxottica 是一个强大的竞争对手，在该行业占据主导地位。[54]Warby Parker 是如何将自己打造成一个可靠的品牌，取代行业领导者 Luxottica 销售的传统品牌的呢？

在竞争对手占据主导地位、眼镜价格高昂的背景下，Warby Parker 将自己定位为一个生活方式品牌，拥有符合千禧一代品味的独特产品，具有吸引力的价格和出色的顾客服务。该品牌让顾客可以在虚拟环境中试戴眼镜，客服人员会提供眼镜外观的反馈。顾客还可以选择最多订购五副在家里试戴，再留下最喜欢的一副眼镜。该品牌还通过更广泛的目标和社会愿景来实现差异化。此外，该品牌利用社交媒体和在线社交影响力来形成口碑。许多风靡一时的事件使 Warby Parker 声名大噪，比如参加纽约时装周，邀请模特到纽约公共图书馆戴上 Warby Parker 眼镜。Warby Parker 很早就认识到顾客服务的重要性，并对顾客问题给予认真的关注。除了网络销售，Warby Parker 逐步扩大了实体店铺。Warby Parker 的实体零售店具有吸引人的氛围、店内定制功能和训练有素的销售人员，所有这些都使实体店成为其网站的良好补充。

最后，数字原生垂直品牌成功的另一个关键是注重招聘和培训合适的员工。考虑到员工在许多情况下直接与消费者互动，对员工的投资就显得举足轻重。例如，另一个名为 Bonobos 的数字原生品牌专注于为男性定制合身的服装。[55] 这家公司有出色的服务，但它的成功归功于其以人为本的文化。创始人兼首席执行官安迪·邓恩创建了一种独特的、年轻而充满活力的企业文化，雇佣富有同情心、自主性强又充满正能量的员工。首席执行官安迪·邓恩总结了公司以员工为中心的文化："如果你的团队喜欢这个品牌，你的顾客很可能也会喜欢这个品牌，因为人们不想从事他们不引以为豪的工作。这就是这种文化非常珍贵的地方。"[56]Bonobos 将员工满意度作为关注重点，并设立了首席人事官，以提高员工的团队合作和领导力。

鉴于 Warby Parker 和 Bonobos 等数字原生品牌的成功，未来很可能属于数字原生品牌。沃顿商学院前市场营销学教授大卫·贝尔（David Bell）表示："如果你走进厨房、卧室、浴室、客厅，把里面所有的东西都检查了一遍——它们可能全是 Warby 的品牌。"[57]

一般而言，品牌已经成为日常用语的一部分，各行各业的人谈论品牌和品牌概念很常见。尽管大众对品牌的兴趣产生了很多积极的影响，但人们并不理解品牌是如何运作的，或者如何正确地应用品牌概念。随着数字营销和社交媒体营销的发展，这一点显得尤为突出。品牌要成功，正确理解和恰当运用品牌概念就非常重要，这也是本书的重点。

STRATEGIC BRAND MANAGEMENT

第 II 篇

制定品牌战略

第 2 章　基于顾客的品牌资产和品牌定位

第 3 章　品牌共鸣和品牌价值链

········ | 第 2 章 | ········

基于顾客的品牌资产和品牌定位

学习目标

» 定义基于顾客的品牌资产。
» 了解基于顾客品牌资产的投入和产出。
» 认识品牌定位的四要素。
» 了解好的品牌定位的基本原则。
» 理解品牌真言及如何提出品牌真言。

星巴克独特的品牌定位帮助其实现了惊人的增长。

资料来源：AP Photo/Ted S. Warren.

.... | **本章提要** | ....

第 1 章介绍了品牌，尤其是品牌资产的基本概念及其在营销战略中所起的作用。本书第 Ⅱ 篇将探寻如何制定品牌战略。伟大的品牌绝非偶然，而是缜密计划和创造的结果。不论是创建品牌，还是管理品牌，都必须慎重地制定和执行富有创造性的品牌战略。

以下三个工具或模型对于品牌战略规划非常有益。正如著名的俄罗斯套娃，这三个模型相互关联，范围也越来越大：第一个模型是第二个模型的组成部分；第二个模型又是第三个模型的组成部分。三个模型结合起来，为品牌的成功创建提供了重要的宏观和微观视角。这三个模型分别是：

1. 品牌定位模型，介绍如何在消费者心智中建立竞争优势；
2. 品牌共鸣模型，介绍如何运用上述已建立的竞争优势，在品牌和顾客之间建立紧密而又忠诚的关系；
3. 品牌价值链模型，介绍如何追踪价值创造的过程，以更好地了解营销费用和投资的财务影响，从而吸引忠诚顾客，创建强势品牌。

上述三个模型共同帮助营销者设计品牌战略与战术，使利润和长期品牌资产最大化。第 2 章介绍品牌定位模型，第 3 章介绍品牌共鸣和品牌价值链模型。

在正式介绍品牌资产概念之前，本章首先介绍一个特别的概念——基于顾客的品牌资产。这一概念也是本书非常有用的组织框架。[1] 对基于顾客品牌资产来源的分析，将为关于品牌定位的讨论奠定基础。

定位（positioning）需要定义理想的品牌知识结构，并确定共同点和差异点，以建立合适的品牌身份和品牌形象。特别且有意义的差异点（POD）能形成竞争优势，并给出顾客应该选购该品牌的理由。另一方面，有些品牌联想则大致上与竞争性品牌相似，这便是消费者大脑中的相似点（POP），以中和竞争者潜在的差异点。换言之，这些品牌联想让顾客没有理由不选择该品牌。

本章随后介绍如何建立品牌定位和品牌真言，亦即品牌定位的缩略表述。[2] 品牌专题 2.0 介绍创建强势品牌的诸多益处。

▌ 2.1　基于顾客的品牌资产

一个强势品牌是怎样形成的？如何才能创建一个强势品牌？这是我们经常在品牌营销中提起的两个问题。这一部分介绍的基于顾客的品牌资产的概念将有助于解答上述问题。关于品牌资产，尽管已提出许多有益的观点，但是基于顾客的品牌资产模型提供的是一种独特视角，它从基于顾客的角度来解释品牌资产以及如何才能更好地创建、评估和管理品牌资产。

定义基于顾客的品牌资产模型

基于顾客的品牌资产模型是从顾客（不论个人、组织或现有顾客、潜在顾客）的视角来探讨品牌资产。理解顾客的需求和要求并设计产品与方案来满足他们，是成功营销的核心所在。尤其重要的是，营销者总是面临着两个重要的基本问题：不同的品牌对顾客来说意味着什么？顾客所拥有的品牌知识将如何影响其对营销活动的反应？

基于顾客的品牌资产模型的基本前提是：一个品牌的强势程度取决于顾客在长期经历中，对品牌的所知、所感、所见和所闻。换句话说，品牌存在于顾客的心智之中。营销者在建立强势品牌时面临的挑战是：确保消费者能够对产品、服务以及相应的市场营销方案有恰当的体验，从而使顾客把其期望的思想、感情、形象、信念、感知和意见等与品牌关联起来。

我们将**基于顾客的品牌资产**（customer-based brand equity，CBBE）正式定义为：顾客品牌知识所导致的顾客对营销活动的差异化反应。当某个品牌被消费者识别出来后（相比无品牌或者虚构品牌），消费者会更偏爱该品牌的产品时，该品牌就拥有积极的基于顾客的品牌资产。若某个品牌拥有积极的基于顾客的品牌资产，则顾客更容易接受该品牌的品牌延伸，从而减少顾客对价格上涨和广告投入削减的敏感程度，或者使顾客更愿意在新的分销渠道中找到该品牌。相反，如果顾客对一个品牌的营销活动的反应比无品牌或虚构品牌还要冷淡，那么该品牌就拥有消极的基于顾客的品牌资产。

基于顾客的品牌资产的定义有三个重要组成部分：（1）差异化效应；（2）品牌知识；（3）顾客对营销的反应。首先，品牌资产源于顾客的差异化反应。若没有差异产生，该品牌产品就会被看作普通商品或者是该产品的同类产品，竞争则更趋于建立在价格的基础之上。其次，这种差异化反应来源于顾客的品牌知识，也就是顾客在长期的经验中对品牌的所知、所感、所见和所闻。因此，尽管品牌资产受公司营销活动的影响，但最终还是取决于现有顾客和潜在顾客对品牌的认知。最后，构成品牌资产的顾客的差异化反应，表现在与该品牌营销活动各方面有关的顾客观念、喜好和行为中（如品牌的选择、对广告的回想、对促销活动采取的相应行动或对建议的品牌延伸的评价）。品牌专题 2.0 详细列举了强势品牌的营销优势（见表 2 - 1）。

表 2 - 1　强势品牌的市场营销优势

对产品性能的良好感知	顾客对降价更敏感
更高的忠诚度	更多的商业合作和支持
更能抵抗竞争性营销活动的影响	增强营销沟通的有效性
更能抵抗营销危机的影响	有特许经营的机会
更大的边际收益	有品牌延伸的机会
顾客对涨价更不敏感	

求证基于顾客的品牌资产的最简单的方法，就是进行样品的对比或比较测试，通过所得到的结果进行阐释。在无产品标识的口味测试中，一组顾客在不知道品牌的情况下品尝产品，而另一组顾客在告知品牌的情况下品尝产品。不出所料，尽管两组顾客尝了完全相同的产品，但是他们得出的结论并不相同。

当顾客对标明品牌和未标明品牌的相同产品得出不同的结论时——事实也就是如此，这必定是由于顾客品牌知识的不同（不论是由何种方式得到的，包括过去的经验、品牌营销活动或口碑等）而对产品的感知所产生的差异。这一结果几乎适用于所有类型的产品，这表明：顾客对产品性能的感知高度依赖于他们对该产品品牌的印象；换句话说，某件衣服好像更合身，某辆汽车似乎更容易驾驶，某家银行里排队等待的时间好像更短，这些都是特定品牌给顾客留下的印象。

品牌资产的桥梁角色

从基于顾客的品牌资产概念可以推断，是顾客品牌知识的不同造成了品牌资产的差异。认识到这一点具有重要的管理启示意义：品牌资产为营销者提供了一座连接过去与未来的战略性桥梁。

品牌是过去的反映　每年花费在生产和销售产品上的费用，不应该被认为是开支，而应该作为在顾客的品牌认知和品牌体验上进行的投资。但如果没有进行妥当设计和执行，不能在顾客心智中产生正确的品牌知识结构，这些花费可能就不是很好的投资。尽管如此，它们仍然应该被视为投资。

因此，创建品牌过程中的投资质量是关键因素，而投资数量只要超过最小的临界值即可。事实上，如果投资没有用好，那么在建立品牌时可能会出现"超支"的情况。相反，正如在本书中的一些专栏所提到的，有些品牌的投入远远超出预算，却通过营销活动在消费者心智中创造出有价值的、持久的记忆，积累了大量的品牌资产，正如下述案例网飞（Netflix）一样。

网飞

在网飞上疯狂看剧已经成为一种流行的娱乐消遣，"网飞狂欢"已经成为人们的日常词汇。

从 DVD 邮寄业务到生产一流的原创内容和提供流媒体服务，网飞正在与各大电影公司展开竞争，目前其营销活动的重点是让消费者观看海量的原创内容组合。[3] 网飞采取了一些营销策略，这些策略是其成功的关键。网飞有效利用其独特的识别和满足客户需求的能力。为了提供原创节目，网飞追踪消费者喜欢看的内容、节目的时间和方式，这样就可以根据消费者的口味定制新的内容。《黑镜》（Black Mirror）和《怪奇物语》（Stranger Things）等原创热门剧集的成功，一定程度上可以归因于网飞能够以新颖的方式利用技术来推广这些节目，并与观众互动。例如，为了推广《怪奇物语》，网飞创建了一个应用程序，允许用户使用 web 工具创建内容。同样，公司也使用了一个名为 RateMe 的应用程序来配合《黑镜》的播出。因此，网飞取得巨大成功也就不足为奇了。截至 2016 年底，网飞拥有 9 380 万用户，仅 2016 年就新增 2 000 万用户。网飞和顾客建立了牢固的关系，这个品牌的名字已经变成了一个动词"网飞狂欢"（Netflix Binge），这个短语已经成为人们的日常词汇，用来指观众在网飞上疯狂看剧的现象。

品牌是未来的方向　营销者在长期实践中创造的品牌知识，决定了品牌的未来方向。消费者是基于品牌知识进行品牌选择的，即顾客会基于他们的品牌知识来评判品牌开展的营销活动或方案。总而言之，品牌的真正价值及未来前景，取决于消费者及其品牌知识。

不论我们如何定义，品牌资产对营销者的价值最终取决于如何使用它们。品牌资产不仅提供了营销的重点和未来营销方案的方向，也可以为过去的营销业绩作出解释。公司所做的一切都可能增强或破坏品牌资产。那些建立了强势品牌的营销者已经接受了这一概念，并充分利用它来解释、传播和执行公司的市场行为。

其他一些因素也会影响品牌的成功，并且品牌资产对顾客之外的其他要素也具有意义，这些要素包括员工、供应商、渠道成员、媒体和政府等。[4] 当然，顾客方面的成功通常是公司成功的关键。因此，我们在下一部分将详细论述品牌知识和基于顾客的品牌资产模型。

2.2　创建强势品牌：品牌知识

根据基于顾客的品牌资产的概念，品牌知识是创造品牌资产的关键，因为是品牌知识形成了差异化效应。营销者必须找到一种能使品牌知识留在顾客记忆中的方法。心理学家研究出的一套有效的记忆模型，可以帮助他们达到这一目的。[5]

联想网络记忆模型（associative network memory model）认为，记忆是由节点和相关的链环组成的。在这里，节点代表存储的信息和概念，链环代表这些信息或概念之间的联想强度。任何信息都可以被存储在记忆网络中，包括语言、图像、抽象的或者文字含义中的信息。

与联想网络记忆模型相似，品牌知识这一概念也由记忆中的品牌节点和与其相关的链环组成。通过扩展该模型，品牌知识由以下两个部分组成：品牌认知和品牌形象。**品牌认知**（brand awareness）与记忆中品牌节点的强度有关，它反映了顾客在不同情况下辨认品牌的能力。[6] 在建立品牌资产的过程中，品牌认知是必需的，但非充分条件。另一些需要考虑的事项，如品牌形象等，也经常参与其中。

品牌形象一直被认为是营销中一个非常重要的概念。[7] 尽管对于如何测量品牌形象并没有统一的观点，但是一个普遍被接受的观点是：与联想网络记忆模型相似，**品牌形象**（brand image）可以被定义为顾客对品牌的感知，它反映为顾客记忆中关于品牌的联想。[8] 换言之，品牌联想是记忆中与品牌节点相关联的其他信息节点，包含顾客心目中的品牌含义。品牌联想有不同的形式，它可能反映产品的性能，也可能与产品本身毫无关系。

例如，如果有人问你：一提到苹果电脑，你的脑海中会想到什么？你可能会联想到"设计精良""使用方便"和"技术一流"等。图 2-1 列出了消费者经常提及的关于苹果的一些品牌联想，当这些联想浮现在你的脑海里，就会形成苹果在你心目中的品牌形象。[9] 通过创新的产品和高效的营销，苹果公司能够通过顾客脑海里关于苹果的丰富联想形成良好的品牌形象。尽管大多数消费者的很多联想可能是相同的，但关于苹果电脑的品牌形象不尽相同。与此同时，我们也必须认识到，这种品牌形象也将随着不同的顾客群体而发生变化，有时甚至表现出非常大的差异。

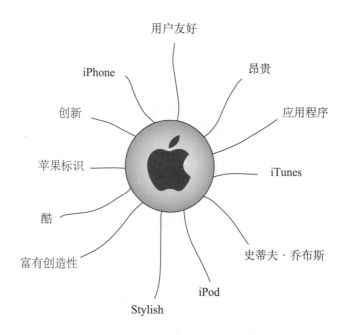

图 2-1 苹果电脑可能的联想

资料来源：Staff/MCT/Newscom; Hyoryung Nam, Yogesh V. Joshi, and P. K. Kannan, "Harvesting Brand Information from Social Tags," *Journal of Marketing* 81, no. 4 (2017): 88-108.

当然，其他的品牌会有不同的品牌联想。例如，麦当劳的营销方案就是在顾客的脑海里建立"质量""服务""洁净"和"价值"的品牌联想。麦当劳的品牌形象同样也包括了其他强有力的品牌联想，如"罗纳德·麦克唐纳"（Ronald McDonald）"金色拱门""为了儿童"和"便利"，但同时也可能出现一些负面的联想，如"快餐"。梅赛德斯-奔驰汽车让顾客形成的联想是"高性能"和"地位"，而沃尔沃汽车给人的联想是"安全性"。我们将在后面章节阐述不同类型的品牌联想，以及如何进行测量。

2.3 品牌资产的来源

是什么产生了品牌资产？营销者应如何建立品牌资产？当顾客对品牌有较高的认知度和熟悉度，并在记忆中形成了强有力的、偏好的、独特的品牌联想时，就会产生基于顾客的品牌资产。在一些情况下，仅仅品牌认知就足以引起顾客产生偏好性的反应。例如，在低介入度的购买决策中，顾客的选择仅依赖于品牌熟悉度；然而在大多数情形下，品牌联想的强度、偏好性和独特性，在形成品牌资产的差异化反应中起着决定性作用。如果顾客认为某品牌只是该品类产品或服务中无差别的一个，那么顾客的反应就会像该产品或服务没有品牌一样。

因此，营销者需要说服顾客，使他们相信不同的品牌存在很大的差异，不能让顾客认为同类产品的所有品牌都是相同的。创建基于顾客的品牌资产，需要在顾客记忆中建立品牌认知和积极的品牌形象（即强有力的、偏好的和独特的品牌联想），这两者相辅相成。下面介绍品牌资产的这些来源。

品牌认知

品牌认知是由品牌再认和品牌回忆构成的。

● **品牌再认**（brand recognition）是指消费者通过品牌暗示确认之前见过该品牌的能力；换句话说，当顾客来到商店时，他们是否有能力辨别出哪些品牌是以前见过的。

● **品牌回忆**（brand recall）是指在给出品类、购买或使用情境作为暗示的条件下，消费者在记忆中找出该品牌的能力。例如，对家乐氏玉米片的品牌回忆，是指当消费者想到谷类食品的种类或应在早餐和下午茶时间吃些什么时，无论在商店购物或在家中进行消费选择，消费者都能在记忆中想到"家乐氏"这一品牌。

研究表明，大多数消费者是在销售点作出购买决策的。在销售点，产品的品牌名称、标识、包装等元素清晰可见，因此，品牌再认非常重要。另一方面，如果消费者不在销售点作出购买决策，则品牌回忆将起关键作用。[10] 因此，对于服务和在线产品来说，建立品牌回忆至关重要：消费者会主动寻找品牌，以便在适当的时候将品牌从记忆中搜寻出来。

值得注意的是，尽管品牌回忆在购买时可能不那么重要，但消费者的品牌评价和选择往往取决于他们对品牌的其他相关记忆——消费者正是通过这些记忆提取并识别出品牌。这就像记忆中的大多数信息一样，有针对性的识别比凭空的回忆总是更加容易。

品牌认知的优势　建立深度的品牌认知有什么好处？可以获得三方面的优势：印象优势、入围优势和入选优势。

印象优势。品牌认知影响品牌联想的形成及强度，而品牌联想是构成品牌形象的因素。为了创建品牌形象，首先需要在消费者记忆中建立品牌节点。品牌节点的属性影响消费者如何简便地学习和存储品牌联想。因此，建立品牌资产的第一步是在顾客心智中树立品牌。如果选择了合适的品牌元素，这个任务会变得更加容易。

入围优势。无论消费者何时进行购买决策来满足自己的需求，都必须考虑备选的品牌。提高品牌认知能增加该品牌进入品牌入围集的概率，品牌入围集（consideration set）是指购买决策中被仔细考虑的少数品牌。[11] 大量研究表明，消费者很少忠实于一个品牌，相反，他们在购买时会考虑和选择一系列的品牌，同时也经常少量购买其他系列的品牌。因为消费者在购买时仅考虑一小部分品牌，所以确保某一品牌进入入围集，实际是减小了其他品牌被考虑或被回忆起来的概率。[12]

入选优势。建立深度品牌认知的第三个好处在于，品牌认知能够影响消费者在品牌入围集中所做的筛选，即便那些品牌在本质上没有区别。[13] 例如，在某些情况下，消费者养成的一个习惯是只购买那些熟悉的、被人们接受的品牌。[14] 因此，在低介入度的购买情境中，即使缺乏对产品的了解，较低水平的品牌认知也许就足以让消费者做出产品选择。[15]

详尽可能性模型是一个关于态度改变或劝说的重要模型。这一模型同样可以证明，当消费者在介入度较低的情况下购买时，他们会基于品牌入围集而做出选择。低介入度是源于消费者缺乏购买动机（如当消费者对产品或服务漠不关心时）、缺乏购买能力（如当消费者对某一种类的品牌一无所知时）或购买机会（如当没有时间或者面临其他使他们无法更加深思熟虑地进行品牌选择的限制）时而产生的。[16]

1. 消费者的购买动机。尽管品牌和产品对于营销者来说十分重要，但对于大多数消费者而言，在许多类别中选择品牌并不是在做生死抉择。例如，尽管厂商每年在电视广告上花费上百万美元来告知消费者产品的差异，但最近的一个调查表明，40% 的消费者认为所有品牌的汽油都是一样的，或者不知道哪个品牌的汽油是最好的。品类中的品牌之间缺乏差异感知，会使消费者在进行选择时缺乏动力。

2. 消费者的购买能力。在一些品类中，尽管消费者动力充足，但由于缺乏基本知识或经验，他们无法判断产品的质量。最明显的例子就是那些高新技术产品（如最新的无线电通信设备）。即便是复杂程度相对较低的产品，消费者也可能会无法判定产品质量。想象一下，从未洗过菜做过饭的大学生第一次去超市选购厨房用具，或者一位新就任经理第一次面临高额资本收购的情景。事实上，如果消费者此前没有丰富的经验，就很难对产品质量做出判断。处于以上情境的消费者，会采用任何可能的捷径或者能启发自己的方法去选择出最可行、最佳的方案，从而做出决定。有时，消费者就会简单地选择他们最为熟悉和了解的品牌。

3. 消费者的购买机会。即使消费者想要做出一个最佳选择，并且他们也有足够的产品知识，仍然可能无法做出一个明智的决定，因为他们缺乏时间、精力或其他一些必要的因素。市场本身可能会出现某些障碍影响消费者决策。无论出于何种原因，如果消费者没有机会对品牌产品进行深思熟虑的评估，他们可能会依赖于品牌认知等启发式的方法做出品牌选择。

建立品牌认知　如何创建品牌认知？从理论上来说，品牌认知是通过反复展示从而提高品牌熟悉程度来创建的。相比品牌回忆，品牌再认更加有效。也就是说，消费者通过看、听、想积累的品牌体验越多，品牌就越可能在消费者记忆中牢固地树立起来。

因此，任何可以使消费者体验到品牌要素的事物，例如品牌名称、符号、商标、特点、包装或者标语（包括广告与促销、赞助与事件营销、宣传与公共关系以及户外广告），都能提高人们对品牌元素的熟悉程度及其知名度。此外，可强化的品牌元素越多越好。例如，除了名字之外，英特尔还用"内置英特尔"标识、独特的符号及其有名的电视广告歌曲来强化品牌认知。

重复能深化品牌再认，提高品牌回忆却需要在记忆中将产品品类或其他购买、消费线索进行连接。标语或者广告词能够创造性地将品牌和恰当的线索联系起来（理想的品牌定位也有助于树立积极的品牌形象），其他诸如标识、符号、特性和包装的品牌元素也有助于品牌回忆。

品牌与品类的匹配方式（如广告口号），决定了品类连接的强度。对于那些有较强产品类型联想的品牌（如福特轿车），品牌再认和品牌回忆之间区别甚微，消费者一想到这个品类就会想到这个品牌。在竞争性市场或面对品类中的新品牌时，在营销方案中强调该品牌与品类的联系就显得尤为重要。当通过品牌延伸、并购来改变品牌的产品意义时，品牌与品类或者相关线索的强势连接会有更加重要的作用。

许多商家试图通过所谓的震撼人心的广告画面和离奇古怪的主题来创造产品知名度。这些方法是有问题的，因为产品在广告中不够突出，广告没能创建有力的品类联系。这样的方法同样可能引发误解和恶意。这往往被视为孤注一掷的手段，不能为长期的品牌价值奠定基础。

亿创理财

在重塑亿创理财（E*TRADE）品牌的过程中，该公司最初推出了以爱讲俏皮话的亿创理财宝宝为主题的活动，并以厚脸皮营销而闻名。这些广告在2008—2013年的超级碗比赛期间高调出现在媒体广告中。随着品牌知名度的提高，亿创理财改变了策略，重新定义广告目标，从仅仅提升品牌认知度转向更多地关注潜在客户和增强现有客户的忠诚度。[17] 虽然婴儿为品牌提供了一些理想的特质，比如有趣、平易近人和讨人喜欢，但为了推动品牌的演变，广告改变非常重要。公司标榜自己是冷静而明智的顾问。亿创理财通过密集的广告宣传来寻求竞争优势，这颇具讽刺意味，因为它以技术驱动的颠覆者而闻名。广告宣传活动开始聚焦于一种新型投资者，即自信、自我导向、独立的投资者，或该公司所称的"E型"客户。[18] 现在，亿创理财的广告开始不再搞笑，并将客户描述为极其谨慎的投资规划者。正如亿创理财 CEO 所言："我们希望与投资者一起成长，并提供培训，帮助他们变得更聪明。"这种情况对公司的利润是有益的。[19]

这个爱讲俏皮话的亿创理财宝宝出现在幽默的电视广告中，并在超级碗比赛期间植入广告，这提高了亿创理财的品牌知名度。

品牌形象

通过持续展示提高品牌熟悉度以建立品牌认知（与品牌再认相关），以及塑造与适当的产品品类或其他相关购买及消费线索之间的强势品牌联想（与品牌回忆相关），是创建品牌资产的关键第一步。一旦建立了丰富的品牌认知，营销的重点就可以放在塑造品牌形象上。

积极的品牌形象是通过营销活动将强有力的、偏好的、独特的联想与品牌在消费者脑海中的记忆联系起来而建立的。品牌联想可以是品牌属性，也可以是品牌利益。**品牌属性**（brand attributes）是指那些反映产品或服务特征的描述。**品牌利益**（brand benefits）是指消费者赋予产品或服务的个人价值观和意义。

消费者通过多种方式形成关于品牌属性和品牌利益的信念。然而，基于顾客的品牌资产的定义不能区分品牌联想的来源及其形成的方式，重要的是品牌联想具有强度、偏好性和独特性。这意味着消费者能通过营销活动以外的多种方式形成品牌联想：直接经验，网络浏览，商业或者《消费者报告》等渠道的信息，口碑传播，品牌自身的暗示（如名称或商标），以及公司、国家、分销渠道或其他特殊人物、地点、事件所导致的品牌识别。

营销者应该认识到这些信息来源的重要性，既要尽可能地将它们管理好，又要适当利用它们来设计相应的营销传播策略。

总之，为了形成顾客的差异化反应以创造品牌资产，营销者需要确保品牌联想不但是积极的，而且是独特的、竞争品牌所不具有的。独特的品牌联想才能有助于顾客选择使用该品牌。选择与品牌具有紧密联系的、有利且独特的联想，需要深入分析消费者和竞争者，从而确定品牌的最佳定位。以下是一些通常会对品牌联想的强度、偏好性和独特性产生影响的因素。

品牌联想的强度 顾客越能够深入地思考产品信息，并把这些信息联系到现有的产品知识上，品牌联想就会变得越强。使这种联想不断增强的因素有两个：一是和个人的相关性，二是随着时间推移呈现的一致性。特定的品牌联想不仅仅依赖联想的强度，还取决于用来搜寻的线索和选择品牌的情境。下面介绍一般情况下影响品牌联想强度和回忆率的因素。

一般来说，直接经验可以创造最强的品牌属性和利益的联想。当消费者准确解读它们时，直接经验尤其能够影响消费者的购买决定。口碑对于餐饮、娱乐、银行和个人服务来说尤为重要。星巴克、谷歌、红牛和亚马逊就是在没有进行密集性广告活动的情况下，创造了令人难以想象的、强有力的品牌形象的典型案例。Mike's Hard 鸡尾酒在没有任何广告的情况下，第一次就卖出 1 000 万箱，就是因为它是一个由口碑驱动形成的品牌。[20]

另一方面，受公司影响的信息源（如广告）建立的品牌联想通常最为微弱，也最容易发生变化。为了克服这一障碍，营销传播方案会利用具有创意的沟通手段，使消费者阐述与品牌有关的信息，并把这些信息和现有的品牌知识恰当地结合起来。随着时间的推移，这些方案会让消费者不断接触到品牌，并确保许多作为对顾客的提醒而不断出现。

品牌联想的偏好性 营销者通过使消费者相信品牌所具有的属性和利益能满足其需求来建立消费者偏好的品牌联想，从而让消费者形成正面的整体品牌评价。消费者既不会将所有的品牌联想等同视之，也不会在不同购买情境下对其一视同仁。消费者是正确的，品牌联想会受购买场合或情境的影响，并且随购买动机或者消费决策而发生变化。[21]某项品牌联想在某种场合有价值，换个场合也许就不会有影响作用。[22]

举例来说，当提到联邦快递时，进入消费者大脑的相关品牌联想也许就是"快速""可靠""便捷"以及"紫色和橙色的包装"。尽管包装颜色对于品牌认知举足轻重，但在现实生活中选择快递业务时，顾客并不会十分关注包装的颜色。而快速、可靠和便捷的服务对于消费者的选择也许更加重要。只需要普通快递业务的消费者可能会考虑其他价格较为便宜的选择，如 USPS。

品牌联想的独特性 品牌定位的本质在于，该品牌具有持续的竞争优势，或者具有能让消费者有足够理由购买该产品的独特的销售主张。[23]通过与竞争对手的直接对比，营销者能清晰地传达出这种独特的差异，他们也可以间接地将其传达出来。这种差异可以与产品属性和利益相关，也可与非产品属性和利益相关。

尽管独特的品牌联想对于品牌的成功来说至关重要，但是某品牌很有可能共享其他品牌的联想，除非这一品牌没有竞争者。共享的品牌联想，能建立品类成员关系，并定义与其他产品和服务之间的竞争范围。[24]

产品或服务的品类可以共同拥有一系列品牌联想，包括品类中任何品牌的特定信念，以及对品类中所有成员的共同态度。这些信念可以包括与产品质量相关的属性，也可以包含与产品或服务的质量没有必然联系的描述性特征，如产品颜色（红色的番茄酱）。

　　消费者可能认为某些属性或利益是该类别中所有品牌都需要具备的典型的、必要的特征，而某一特定品牌是其中最具代表性的。[25] 举例来说，消费者希望买一双舒适、结实且耐用的跑鞋，他们可能就会优先考虑亚瑟士、新百伦或其他一些知名品牌的跑鞋。与此相类似，如果在网上购物，消费者希望有便捷的网上导航和多种多样的产品、合理的送货选择、安全的购买程序、快速响应的客户服务、严格的隐私条款，他们可能会选择亚马逊、Wayfair 等知名电商。

　　由于品牌与品类紧密相连，所以有些品类的品牌联想也会与品牌相关，可以是具体的品牌信念，也可以是总体的品牌态度。对品类的态度是影响消费者反应的重要因素。比如，如果消费者认为所有房产经纪人都很贪婪，经纪人只为自身利益考虑，消费者就有可能对所有的房产经纪人都持有相同的负面态度。

　　因此，在很多情况下，某些品类的品牌联想会影响到该品类中的所有品牌。值得注意的是，品类的品牌联想强度是影响品牌认知的重要因素。[26]

2.4　识别和确立品牌定位

　　在了解基于顾客的品牌资产概念的背景知识之后，接下来讨论如何进行品牌定位。

基本概念

　　品牌定位（brand positioning）是市场营销战略的核心问题。它是指"设计公司的产品服务以及形象，从而在目标顾客心智中占据独特的、有价值的位置"。[27] 顾名思义，定位就是在顾客群的心智或者细分市场中找到合适的位置，使顾客能以合适的、理想的方式感知公司的产品或者服务，从而实现公司利益的最大化。合适的品牌定位可以阐明品牌的内涵、独特性、与竞争品牌的相似性，以及消费者购买并使用本品牌产品的必要性，这些都有助于指导营销战略。

　　进行品牌定位需要确定一个参照框架（通过确立目标市场和竞争的性质）以及最优的品牌联想的异同点。也就是说，需要确定：（1）目标顾客；（2）主要竞争对手；（3）本品牌和竞争品牌的相似性；（4）本品牌和竞争品牌的差异性。下面来逐一讨论。

目标市场

　　确定目标顾客非常重要。这是因为不同的消费者可能拥有不同的品牌知识结构，因而具有不同的品牌感知和品牌偏好。如果不理解这一点，就很难判断哪些品牌联想是深入人心的、受到偏好的而且是独特的。我们先定义市场、细分市场，再选择目标细分市场。

　　所谓**市场**（market），是指所有拥有购买欲望、具有购买能力并且能够买到产品的现实和潜在的购买者的组合。所谓**市场细分**（market segmentation），是指将市场按消费者的相似性划分为若干不同的购买群体，每一群体中的消费者具有相似的需求和消费者行为，从而适用相似的营销活动和营销策略。市场细分需要在成本和收益之间进行权衡。市场越细分，公司就越有可能完成能满足每一细分市场中消费者需求的营销计划。但是，这一优势也有可能被因缺乏标准化而增加的成本所抵消。

市场细分基础 表 2-2 和表 2-3 分别给出了一些消费品市场和 B2B 市场中可能的细分基础。从总体上讲，这些细分基础可划分为描述性的或顾客导向的（与顾客属于某类人或组织有关），以及行为性的或产品导向的（与顾客对品牌或产品的看法或使用方法有关）。

表 2-2 消费品市场细分基础

行为角度	性别
使用者情况	种族
使用率	家庭
使用情境	**心理角度**
品牌忠诚度	价值观、意见和态度
寻求的利益	行为和生活方式
人口统计角度	**地理角度**
收入	国际
年龄	地区

表 2-3 工业品市场细分基础

产品性质	**地理因素**
种类	SIC 代码
使用地点	雇员数量
购买类型	生产工人数量
购买条件	年销售额
购买地点	机构数目
购买者	
购买类型	

行为细分基础通常在理解品牌化问题上更有价值，因为它具有更清晰的战略启示。例如，细分市场确定后，就可以明确建立品牌的理想差异点和期望收益点。以牙膏市场为例，一项研究表明，整个牙膏市场存在四个主要的细分市场[28]：

1. 感觉型细分市场：追求香味和产品外观；
2. 交际型细分市场：追求牙齿的洁白；
3. 忧虑型细分市场：希望预防蛀牙；
4. 独立型细分市场：追求低价格。

按照这样的市场细分，营销者应该针对一个或多个细分市场设计和实施营销计划。例如，皓清（Close-Up）最初以前两个细分市场为目标，佳洁士主要针对第三个细分市场，Beecham 公司的 Aquafresh 则同时针对前三个细分市场，强调产品能同时提供三种利益。随着多功能牙膏的成功，如高露洁全效，现在基本上所有的牙膏品牌都提供能实现多种功能的产品。

其他的细分方法在某种程度上建立在品牌忠诚度的基础上。经典的漏斗模型，就是从最初"知晓"到"经常使用"对消费者行为进行追踪，如图 2-2 所示。为创建品牌，营销者需要了解：（1）每个阶段中目标顾客的比例；（2）推动或抑制消费者从某一阶段转换到下一阶段的影响因素。在这个例子中，存在一个关键"瓶颈"，那就是将消费者从"曾经尝试"转化到"最近尝试"，这一过程转换率低于一半（46%）。为说服更多顾客再次尝试该品牌，营销者需要提高品牌的知名度，让品牌更易于被目标市场所接受。

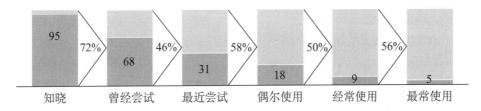

图2-2　漏斗模型各阶段及过渡示例

　　营销者通常根据消费者行为来细分市场。例如，营销者可能会选定某个特定年龄组作为目标市场，但选定该年龄组的原因是，这群消费者是产品的重度用户，对品牌特别忠诚，或者最可能追求产品最有能力提供的利益。例如，许多信用卡公司针对特定的群体（学生、毕业生）提供特殊的福利。Discover 为学生提供的信用卡可以在购买某些商品时返还现金，这些商品对学生很有吸引力，比如加油站、杂货店、餐馆等。它还为那些GPA 保持在 3.0 或更高的学生提供奖励。类似地，Barclaycard Arrival Plus 是一款针对喜欢旅行的老年人的信用卡。持卡人每消费一次就能获得双倍的里程，这些里程可以用来支付旅行费用。[29]

　　但是，在有些情况下，范围较宽的人口统计特征可能掩盖了消费者之间潜在的重要差异。[30] 一个笼统的"40～54 岁女士"的目标市场，可能涵盖了许多迥异的细分市场，这些细分市场可能需要完全不同的营销组合（设想一下席琳·迪翁（Celine Dion）与科特妮·洛芙（Courtney Love））。千禧一代包含了许多态度和生活方式有差异的子细分市场。例如，一项研究对比了住在新中心（美国中西部、西南、东南地区）的千禧一代（22～34 岁）与居住在美国的东海岸或西海岸的前千禧一代，发现这两个群体存在明显的差别。他们有不同的价值观和兴趣，可以被看作完全不同的群体。[31]

　　人口细分基础的主要优点是，已有的消费者研究对传统媒介的人口统计特性已有很多认识。因此，从人口角度进行市场细分便于公司进行广告决策。基于消费者行为或者媒体使用习惯来构建消费者画像的新方式降低了对于纯人口统计特征的依赖。如图 2-2 所示，越来越多的情况下，可以根据消费者目前所处的购买决策阶段来锁定他们。

　　例如，脸书广告可以根据用户的生活方式、政治倾向、对各种社会事业的态度（如黑人的生命很重要）等特征来锁定具体的目标人群。脸书提供的这种功能使俄罗斯机器人能在 2016 年美国总统大选期间针对不同的群体，发布不同的新闻报道（其中一些被认为是"假新闻"），这些新闻报道与这些群体的既定利益一致，甚至可能会影响他们的观点和对各种社会问题的认知。

　　细分标准　以下给出了一些判断指标，用以指导市场细分和目标市场的决策。[32]

● 识别能力：细分市场是否容易被识别出来？

- 市场容量：该细分市场中是否存在足够的潜在销量？
- 可接近性：是否有特定的分销渠道和宣传媒体可以触达该细分市场？
- 响应性：该细分市场对相应营销活动的反应如何？

显然，在定义细分市场时，最重要的考虑因素是盈利性。在许多情况下，盈利性与行为因素相关。基于顾客终身价值视角，建立市场细分模式具有很大的优势。为提高顾客的长期盈利能力，CVS 连锁药店考虑了美容产品在顾客三个不同的生命阶段中所起作用，得出如下用户画像。[33]

- 卡罗琳（Caroline），单身，20 岁左右，事业刚起步，有活跃的社交生活。她是美容产品极其重要的顾客，每周光顾一次连锁店。喜欢购买新上市的美容产品，期冀 CVS 能以其付得起的价格让她青春永驻。
- 卡罗琳成长为瓦内萨（Vanessa），拥有三个小孩的足球妈妈 ①。此时，她也许在时尚消费方面大不如前，但留驻青春容颜仍是她的主要追求。她会在上下班或接送孩子途中光顾门店，而像汽车药房这样的便利店对瓦内萨来说是首选。
- 瓦内萨变为索菲亚（Sophie），虽然称不上美容产品的顾客，她却是 CVS 最具盈利性的群体，因为她是药店的常客，经常光顾门店购买非处方药品。

竞争特性

毫无疑问，当决定以哪类消费者作为目标市场时，通常也就决定了竞争的特性，原因是：其他公司在过去或未来也会将这类消费者作为目标市场，或者是这类消费者在购买决策中会注意到其他品牌。当然，竞争还会出现在其他方面，如分销渠道。在进行竞争分析时要考虑很多因素，包括资源、能力、其他公司的可能动向等，以确定为哪一个市场的消费者提供服务能获得最大利润。[34]

间接竞争 许多营销战略家都强调，在定义竞争时范围不要过窄。有关替代品的研究表明，即使一个品牌在其产品类别中没有面临直接竞争，也没有与其他品牌共享与性能相关的属性，仍然可能共享更抽象的关联，并在一个定义更宽泛的产品类别中面临间接竞争。[35]

通常，竞争会发生在利益层次，而不是属性层次。因此，提供享乐利益的奢侈品（如立体声音响设备）不仅与其他耐用品（如家具）之间存在竞争，还可能与度假活动发生竞争。一个教育类软件的生产商可能间接地和其他所有的教育、娱乐产品形成竞争，如图书、录像带、电视机和杂志等。正因为如此，品牌化的原则如今被应用于推广许多不同类别的商品，如银行、家具、地毯、保龄球和火车等。

遗憾的是，许多公司对竞争的定义过于狭窄，没有意识到最大的竞争威胁以及潜在机会。例如，近年来由于消费者为了更好地享受生活而对家具、电器及其他产品进行投资，导致服装行业销售萧条。[36] 因此，服装行业的市场领导者更应该思考其产品与其他非必需品的差异点，而不是与其他服装品牌的差别。

正如第 3 章指出的，产品在消费者的脑海中通常按等级层次反映，因此，竞争也可以划分为许多不同的层次。以 Dr. Pepper 软饮料为例，在产品类型（product type）层次，它与风味软饮料竞争；在产品类别（product category）层次，它与所有软饮料竞争；在产

---

① 在美国，足球妈妈（soccer mom）指那些花许多时间带孩子参加各种体育活动、音乐课等课外活动的母亲，尤指典型的中产阶级母亲。——译者

品等级（product class）层次，它与所有饮料竞争。

多重参照框架　为品牌确定不止一个参照框架是很正常的事情，这也许是品类竞争更加宽泛和品牌未来成长的需要，也是多类产品具有相同功能所导致的结果。例如，佳能 EOS Rebel 数码相机除了和尼康、柯达及同类品牌的数码产品竞争外，还要和具有相机功能的手机竞争。手机相机的优势（如能方便地在像脸书这样的社交网络上分享照片或高清视频等）在其他数码相机产品上未必能体现。[37]

另外以星巴克为例，列举其几个非常明显的竞争对手，这样也能更好地理解共同点和差异点的概念。

1. 快餐店和便利店（如麦当劳和唐恩都乐）。差异点可能是质量、形象、体验和品种，共同点则可能是便捷性和价值性。

2. 家庭消费的超市品牌（如雀巢和福爵咖啡）。差异点可能是质量、形象、体验、品种和新鲜度，共同点可能是便捷性和价值性。

3. 本地咖啡。差异点可能是便捷性和服务质量，共同点可能是质量、品种、价格和社群。

要注意，有些差异点和共同点是所有竞争者所共有的，还有些则是某一特定竞争者所独有的。在这种情形下，营销者必须决策该做什么。有两种观点值得注意。一是理想状态下，定位可以在多个参照框架下保持有效，否则，就有必要优先选择以最为相关的竞争者作为参照框架。另外一个观点是，不要试图取悦所有人，这通常会导致典型的最低效、平庸的大众化定位。

最后，要注意的是，如果在不同品类或子品类中有众多竞争者，那么可能有效的定位是，要么在品类层面上为所有相关品类进行定位（如针对星巴克而定位的快餐店或超市可带回家的咖啡），要么在每个品类中选择一个范例进行定位（如相对于星巴克而言的麦当劳或雀巢）。

品牌的异同点

目标市场及竞争参照框架的选择，将决定品牌认知的广度以及品牌暗示的情境和类型。建立品牌定位时，一旦通过确定目标市场和竞争性质明确了合适的竞争参照框架，就有了品牌定位的基础。接下来，完成恰当的品牌定位还需要确立适当的差异点及与之相匹配共同点联想。

差异点联想　差异点（points of difference，POD）的正式定义是能引起消费者强烈联想的品牌属性和利益，消费者不但对这些属性和利益具有积极、正面的评价，而且相信竞争品牌无法达到相同的程度。[38]许多不同种类的品牌联想都可能是差异点。品牌联想可以从功能、与性能相关或者其他抽象的、与品牌形象相关的角度进行大致分类。

消费者实际的品牌选择常常取决于感知到的品牌联想的独特性。瑞典的零售商宜家将家居饰品和家具这种奢侈商品，转变成一种面向大众市场、价格便宜的商品。宜家通过让顾客自助服务、运送和组装商品来降低商品价格。宜家也通过其产品来建立差异点。正如某位评论家所说："宜家的声誉基于一种概念——瑞典公司为大众生产优质、安全、做工精良的产品。它们以最低的成本创造出最具新意的设计。"[39]另一个例子是斯巴鲁（Subaru）汽车。

斯巴鲁精准定位

1993 年，斯巴鲁在美国只销售了 10.4 万辆小汽车，比之前顶峰时期的销量少 60%，累计损失达 10 亿美元。斯巴鲁的广告语是"廉价制造，经久耐用"。消费者认为斯巴鲁的车是仿制出来的，与丰田、本田以及其他品牌没有区别。为了能体现一个清晰、独特的形象，斯巴鲁决定在客车领域只销售四驱车型。此举提升了其作为奢侈品牌的形象——并且提高了售价——到 2004 年，斯巴鲁的销量超过 18.7 万辆。随着品牌形象的更新，该公司推出"分享爱"的广告活动，旨在聚焦该汽车带来的乐趣、冒险和体验，以及消费者对该品牌的强大热情和忠诚。通过"分享爱"活动，在 2008—2010 年的经济低谷中，这一针对珍视自由和富有爱心的高端消费者的独特情感活动获得成功，使之抵御了行业下行，并创下销售纪录。

最近，为了提升品牌吸引力，扭转销售平淡的局面，斯巴鲁把目标对准了四类顾客，这些顾客占其销量的 50% 以上，包括教师和教育工作者、医疗保健专业人士、IT 专业人士和户外活动爱好者。进一步研究发现，1/5 的人喜欢斯巴鲁品牌是因为它不像卡车或 SUV 那么大，适合户外旅行。意识到这是一个没有任何营销活动开发过的目标市场，斯巴鲁开发了多种营销方案，通过特定的媒体渠道和带有口号的广告活动来针对女同性恋顾客，这些口号对女同性恋群体具有特殊的意义（如标语"走出去，待在外面"，这可能与斯巴鲁探索户外的能力有关，也可能巧妙地向同性恋群体传达了她们出柜的信息）。通过确定独特目标受众，斯巴鲁获得了可观的市场份额，并确保了顾客忠诚度。

资料来源：Jeff Green and Alan Ohnsman, "At Subaru, Sharing the Love Is a Market Strategy," *Bloomberg Businessweek*, May 24-30, 2010, 18-20; Jean Halliday, "Subaru of America: An America's Hottest Brands Case Study," *Advertising Age*, November 16, 2009; "Love Guru: How Tim Mahoney Got Subaru Back on Track," *Brandweek,* September 13, 2010; "Subaru Announces Third Annual Share the Love Event," *PR Newswire*, November 8, 2010; Alex Mayyasi, "How Subarus Came to Be Seen as Cars for Lesbians," *The Atlantic*, June 22, 2016.

差异点可能包括性能属性（如特斯拉的自动驾驶仪可以在没有驾驶员协助的情况下变道行驶）或性能利益（如苹果产品有独特的视网膜显示屏，确保画面清晰），此外，差异点可以来自形象联想（如路易威登品牌奢华和有地位的形象），也可能与性能和形象都有关（如新加坡航空公司的广告称自己为"伟大的飞行方式"）。许多顶级品牌都试图在"全面优质"基础上形成差异点，另外一些公司则试图成为产品或服务的低成本供应商。

因此，有多种不同类型的差异点。差异点通常是基于消费者利益进行定义，这些利益通常具有重要的潜在证明点或信服的理由。这些证明点具有多种形式：功能设计方面的考虑（如独特的剃须系统设计，能实现更加贴合的剃须效果）；关键属性（如独特的胎面花纹设计，轮胎更加安全）；关键成分（如含氟牙膏，可以防治蛀牙）；关键背书（如被更多的音响工程师推荐，具有优异的音乐保真性）。[40] 具有令人信服的证明点和理由，对于差异点的传递来说非常重要。

共同点联想 共同点（points of parity associations，POP）是那些不一定为品牌所独有而实际上可能与其他品牌共享的联想。共同点联想有三种类型：品类共同点、竞争性共同点和相关性共同点。

品类共同点（category points of parity），是品牌选择的必要不充分条件。这些属性联想至少应存在于一般产品层次，最有可能存在于期望产品层次。因此，除非银行能够提供一系列支票及储蓄计划、保险箱、旅行支票、便利的办公时间段、自助取款机以及网上银行，否则消费者不会认为这是一个真正的银行。随着技术进步、法律完善以及消费潮流的变化，品类共同点会随着时间发生改变，但是这类属性和利益相当于开展营销活动的"果岭费"[①]，是必需的。

竞争性共同点（competitive points of parity），即用来抵消竞争对手差异点的联想。换句话说，如果某一品牌能在其竞争对手企图建立优势的地方与之打个平手，而同时又能够在其他地方取得优势，那么该品牌就会处于一个稳固的，甚至是不败的竞争地位。

相关性共同点（correlational points of parity），指由品牌已有的正面联想所可能产生的负面联想。构成共同点或差异点的许多属性或利益具有相反的关系，这正是营销者需要面临的挑战。换言之，在消费者看来，如果品牌在某一方面突出，那么就不会在其他方面也表现良好。例如，品牌"廉价"的同时，就很难保证质量最优。表 2-4 列出了一些反向相关的属性和利益。

表 2-4　属性和利益反向相关示例

低价格 vs. 高质量	强大 vs. 安全
美味 vs. 低卡	强劲 vs. 精细
营养 vs. 美味	普遍 vs. 独特
有效 vs. 温和	多变 vs. 简单

此外，个人属性和利益往往同时具有积极和消极两方面。悠久的历史可以被视为一种积极的属性，因为它可以代表经验、智慧和专业知识；另一方面，它也可能是一个消极的属性，因为这意味着过时，而不是当代的和最新的。下面，我们讨论针对这些情况的权衡策略。

共同点与差异点　共同点之所以重要，是因为它能抵消差异点。如果共同点不能克服其潜在缺点，那么差异点就无足轻重。如果品牌想要在某个属性或者利益上建立共同点联想，必须要有足够数量的消费者认为该品牌在这些方面足够好。

共同点有一定的容忍或者接受的范围。品牌并不一定要与竞争对手旗鼓相当，但消费者必须能够感觉到，它在这一特定属性或利益上做得足够好，因此他们不会认为共同点是一个负面影响或问题。如果消费者有这样的感觉，那么他们可能愿意根据其他可能对品牌更有利的因素来做出评价和决定。

建立共同点比建立差异点更容易，因为建立差异点需要清晰地展示其优势。通常，品牌定位的关键，与其说是建立差异点联想，不如说是建立必要的竞争性共同点联想。

2.5　品牌定位指南

对于品牌定位而言，共同点和差异点联想的概念是很重要的工具。建立最佳品

---

① 果岭费（greens fees）是高尔夫球术语，是只要在高尔夫球场打球就会产生的一种费用。——译者

牌定位的两个关键是：（1）竞争参照框架的定义与传播；（2）选择并构建共同点和差异点。[41]

竞争参照框架的定义与传播

定义竞争参照框架的首要任务是确定品类成员。哪些产品或者产品组合与本品牌存在竞争？如上所述，选择不同的竞争产品大类决定了会有不同的竞争参照框架，以及不同的共同点和差异点。

产品品类成员的身份向消费者传达本品牌产品或服务追求的目标。对于那些出身名门的产品或服务而言，品类成员并不是核心问题。目标顾客知道可口可乐是软饮料市场的领导者，家乐氏玉米片是玉米片市场的领导者，麦肯锡则是战略咨询市场的领导者等。

但是，在许多情况下，向消费者传达品牌的品类成员是很重要的。可能最明显的例子就是新产品的推出，品类成员身份在这种情况下通常并不是很明显。

也存在这些情形，消费者了解品牌的品类成员，但是不能确信此品牌就是该品类真正的、有效的成员。例如，当 Chobani 首次推出其希腊酸奶时，消费者并不认为它与市场上的其他酸奶属于同一品类。同样，当 Yuengling 推出淡啤酒时，颜色明显比市场上其他淡啤酒深。Yuengling 用这种较深的颜色和不同的口味将自己与其他淡啤酒区分开来，在市场上占据了独特的地位。尽管如此，这类品牌可能仍需要努力说服消费者相信其品类成员身份。

品牌有时会被归入某一品类，但事实上该品牌并不属于此品类。只要消费者知晓品牌的实际身份，这也是强调本品牌与竞争者差异点的可行方法。比如，在消费者已经接受泰诺对治疗一般疼痛有效的情况下，Bristol-Myers Squibb 曾为其 Excedrin 阿司匹林做广告，宣称它可以"主治头疼"。用这种方法的关键是，消费者要知道品牌是什么，而不仅仅知道品牌不是什么。

进行品牌定位更好的一个途径，是在表明自己的品牌与其他品类成员的差异点之前就向消费者传达自己的品牌身份。比如，在判断此品牌是不是比其他竞争品牌更优秀之前，消费者需要知道产品究竟是什么，其功能如何。对于新产品而言，需要通过不同的营销方案来向消费者传达产品品类成员的身份，并且告诉消费者本产品的差异点。对于资源有限的品牌而言，这意味着在制定营销策略过程中，要先确定品类成员身份后再表明差异点。而那些拥有充足资源的品牌在制定营销方案时，一部分用于确立品类成员身份，另一部分用于传达产品的差异点。虽然如此，如果在一则广告中同时表达品类成员身份和品牌差异点，效果通常不好。

一般主要有三种途径表明品牌所属的产品大类：传达品类利益、对标标杆、产品描述法。

传达品类利益　为了确保能向消费者传递使用某个品类的理由，营销者通常利用使用产品所获得的利益来获得品类成员身份。所以，汽车可能宣传其动力，止痛剂宣传其疗效。介绍这些利益并不是为了显示品牌的优越性，而仅仅是为了表示本品牌拥有这些特性，具备类共同点。性能或者品牌形象联想能够提供支持性的证据。比如，一种蛋糕产品需要获得蛋糕产品品类的成员身份，它可以宣传其可口的味道，并且说明其高品质的成分含量（性能）

以证实这种利益，或者可以通过展示消费者开心享用该产品来证明。

对标标杆　利用品类中的知名高档品牌来确定自己的品类成员身份。比如，汤米·希尔菲格（Tommy Hilfiger）尚未成名时，他做广告宣称自己是伟大的设计师，并把自己和杰弗里·比尼（Geoffrey Beene）、斯坦利·布莱克（Stanley Blacker）、卡尔文·克莱恩（Calvin Klein）以及佩里·埃利斯（Perry Ellis）联系起来，而这些人都是当时杰出的设计师。20 多年来，美国国家猪肉委员会一直宣传猪肉是"另一种白肉"，在这个过程中，猪肉获得了类似鸡肉的受欢迎程度。[42]

产品描述法　紧接在品牌名称后面的中心词是一种传递品类成员信息的直接办法。比如，根据美国航空公司首席执行官斯蒂芬·沃尔夫（Stephen Wolf）的说法，为了将公司的定位从一个区域性的名声不佳的航空公司转变为一个强大的国家级航空公司甚至是国际航空公司，公司更名为 USAirways。其依据是：其他主要航空公司的名字里都有"airlines"或"airways"，而不是"air"，后者通常被认为是区域性的小公司。[43] 让我们看看以下两个例子。

● 金宝汤公司推出其 V-8 Splash 饮品时，虽然胡萝卜是主要成分，但是公司在给品牌命名时有意避免使用"胡萝卜"这一词语。公司选择了能够传达健康利益的名称，而避免了胡萝卜这一词语带来的负面感知。[44]

● 加利福尼亚的洋李干种植者和销售人员想给他们的产品换一个名字——"干李子"，因为此产品意在定位为 35 ～ 50 岁女性消费者的休闲食品。[45]

建立品牌的品类成员身份并不足以实现有效的品牌定位。如果许多公司都使用品类建构策略，消费者就会感觉很混乱。例如，在流媒体电视 / 视频服务中，Sling、Roku 等都是正在重塑电视观看方式的新进入者。在试图重新定义这一类别时，它们面临着网飞、Amazon Prime 甚至 Hulu 等更成熟的竞争对手。合理的定位策略不但要求明确产品类别，还要明确该品牌如何在同类产品中占据主导地位。因此，建立引人注目的差异点对于成功的品牌定位非常关键。[46]

选择差异点

一个品牌要为消费者提供一个选择该产品而不是其他产品的显著的、可信的理由。决定品牌的属性或利益是否可以作为差异点，要考虑三个重要因素，即品牌联想必须具有吸引力、可传达性和差异化。这三个确定品牌最佳定位的重要因素，还必须结合三个视角对品牌进行评估，分别是消费者、企业和竞争者。吸引力是从消费者的角度考虑，可传达性是基于企业自身的内在能力，而差异化则主要是相较竞争者而言。

理论上来说，消费者会把差异点的属性或利益看得尤其重要，相信公司具有实现这些差异点的能力，并相信没有其他品牌能做到。如果这三个因素都能满足，该品牌联想就会有足够的强度、偏好度及独特性，而成为一个有效的差异点。这三个标准都有一些需要注意的地方，具体如下所述。

吸引力标准　目标消费者必须能亲自发现差异点的相关性和重要性。迎合消费者发展趋势的品牌通常容易发现其引人注目的差异点。例如，Apple & Eve 的纯天然果汁已借"崇尚自然食品"的东风，在日益扩大的健康饮料市场大获成功。[47]

只是具有差异还远远不够，这种差异必须要对消费者有价值。例如，不同品类的许多品牌（如可乐、啤酒、除臭剂、汽油等）曾经一度推出清晰版产品，以达到更好的差异化效果。然而，"清晰版"相关的联想似乎并未成为能提供持续性价值的差异点。因此，大多数情况下，这些品牌最终经历了市场衰退或者消失。

可传达性标准　品牌联想属性或利益的可传达性，取决于公司生产产品或提供服务的实际能力（可行性），以及说服消费者相信企业具有这种能力的效果（沟通性）。具体如下 [48]：

● 可行性：企业能否提供具有差异点的潜在利益？产品以及营销活动必须以一种能够支持消费者所期望的品牌联想的方式设计。相比于对产品进行改动并让消费者相信这些改动有价值，告知消费者过去所不知道的、忽略的关于品牌的信息要更加简单。如上所述，也许最简单最有效的方法，就是指出产品的独特属性来作为证明点或理由。因此，激浪（Mountain Dew）也许就可以说，相比其他饮料，激浪更具能量，因为它咖啡因含量更高。另一方面，如果差异点是抽象的或者是基于品牌总体形象的，支持差异点的可能是公司历经多年的更为普遍的联想。因此，香奈儿五号就可以诠释为经典又高雅的法国香水，这一诠释可以由香奈儿和高级女装之间的联系所支撑。

● 沟通性：沟通性的关键要素在于消费者对品牌的感知以及相应的品牌联想。创建与当前消费者认识不一致的联想，或者由于某种原因消费者不能信任的联想，是非常困难的。为了使消费者相信该品牌及其品牌联想，有哪些可信服的事实或"证据点"可以用来作为沟通的支持呢？这些"可信服的理由"对于消费者接受潜在的差异点来说至关重要。当然，还要同时经得起法律监督。如行业领导者 POM Wonderful 的 100% 石榴汁饮料产品，就和联邦贸易委员会打起了官司。联邦贸易委员会质疑该产品所宣传的治疗或防治心脏病、前列腺癌的作用。随后，这些宣传就被指控为毫无根据，法院认为 POM 的宣传是在误导消费者。[49]

差异化标准　最终，目标消费者必须能找到与众不同且卓尔不群的差异点。当进入已建立起众多品牌的品类时，找到可实现的、长期的差异点是一个挑战。品牌定位是否能先发制人、有抵御力、难以被攻击？品牌联想是否能够随着时间被不断强化？如果是这样的话，定位就可能持续数年。

持续性取决于内部的使命、资源利用状况以及外部的市场力量。为了成为云计算和分析解决方案领域的市场领导者，IBM 将目标瞄准中小型企业，尤其是海外市场的中小企业。[50] 在几乎没有竞争对手的情况下开发新市场的战略被称为"蓝海战略"。[51]

建立共同点联想和差异点联想

成功创建品牌的关键在于同时建立共同点和差异点。

同时建立共同点和差异点的挑战之一，是存在于许多消费者脑海中的互逆关系。遗憾的是，如前所述，消费者通常希望能在两个互相矛盾的属性上得到最大收益。糟糕的是，竞争者经常试图将差异点建立在和目标品牌的差异点相矛盾的属性上。

营销的艺术性和科学性很大程度上在于如何取舍，定位也是如此。显然，开发一个能在两个方面表现都很好的产品或服务是最好的。例如，Gore-Tex 通过技术创新克服了"透气"和"防水"这两个看似矛盾的产品形象的问题。

　　还有其他方法可以用来解决差异点和共同点互相矛盾的问题。下面所列的三种解决方法的有效程度依次递增，但困难程度也是递增的。

　　分离属性　有个费用高但有效的方法：同时开展两个不同的营销计划，每个计划针对不同的品牌属性或利益。这两个计划可以同时开展，也可以依次开展。比如，海飞丝在欧洲的双重营销获得了成功。有一则广告强调了海飞丝的去屑效果，还有一则强调了使用海飞丝后头发的美感。这是希望消费者评价共同点和差异点的价值时不会那么挑剔，因为此时两者的矛盾关系不那么明显。这种做法的缺点在于必须开展两个有力的营销计划。此外，因为没有正面处理这种矛盾关系，所以消费者不一定能产生所期望的正面联想。

　　其他（品牌）实体的杠杆作用　品牌可以通过与其他任何拥有合适资产的实体（如某人、其他品牌、事件等）形成联系，从而在某些属性或者利益上建立共同点或者差异点。自有品牌的成分也可以用来提高消费者对某些存有质疑的属性的信任度。

米勒淡啤

　　当菲利普·莫里斯公司买下米勒酿酒公司（Miller Brewing）时，其旗舰品牌"豪华啤酒"（High Life）在竞争中业绩不是很好。在这种情况下，公司决定推出一种低度啤酒。最初的广告战略是通过说明它"味道好极了"来传达它所具有的品类必需的且重要的共同点，同时又通过强调它少含 1/3 卡路里热量（为 96 卡路里，而 12 盎司的啤酒含 150 卡路里热量），因而"不那么增肥"的事实来创造差异点。不过，共同点与差异点之间存在着一点冲突，因为消费者总是将口味与卡路里等同起来。为了克服这种潜在的消费者抵触心理，米勒聘请那些非好口味啤酒就不喝的著名前专业运动员作为代言人。在广告片中，这些前职业选手笑话百出，争论两大产品的优势——"味道好极了"和"不那么增肥"——哪一个最能代表该种啤酒的特点。最后，广告以一个充满智慧的标题结束："啤酒中有您希望得到的一切……但是少一点。"最近，米勒淡啤的广告活动集中在与竞争对手百威淡啤（Bud Light）的差异点上。米勒的新广告显示，米勒淡啤可以放在百威淡啤的杯垫上，而画外音则把米勒淡啤标榜为"口感更佳、卡路里更少、碳水化合物减半"的啤酒，并以一句"没错"作为结束语。"没错"传达多重含义，包括"坚持原汁原味的淡啤酒，包装上有极简主义的图案"，创造有价值的相同点和差异点。米勒淡啤强调口味与竞争者的差异点，这种淡啤的热量比百威啤酒少 14 卡路里，使之成为一个更小、更微妙的差异。总体而言，米勒淡啤最初的广告宣传活动提供了一个例子，说明一个品牌如何利用名人为负面相关利益增添可信度。

　　然而，借用其他品牌资产，不但成本高，风险也大。第 8 章将专门介绍利用品牌杠杆建立品牌资产的原则和利弊。

　　重新定义关系　最后，另一个可能有力的（但通常是困难的）改变消费者印象中属性和利益互相矛盾的方法是：说服消费者属性和利益之间的关系是正面的。应用这种方法时，可以为消费者提供某些不同的视角，提醒消费者他们可能忽视某些因素或者某个方面欠考虑。苹果就是这样一个经典案例。

　　尽管很难实现，但该战略之所以有效，是因为两类联想可以起到相互强化的作用。当然，关键在于讲出能令消费者信服的品牌故事。

苹果

多年来，苹果一直努力让消费者相信，它的电脑产品功能强大、使用方便。

资料来源：Piero Cruciatti/Alamy Stock Photo.

当苹果公司在 20 世纪 80 年代推出麦金托什时（此前更早则是个人电脑），其主要差异点是"用户友好"。许多人认为易于使用很重要——特别是家用个人电脑——因为 Windows 系统之前的 DOS 操作系统使用起来复杂笨拙。但是对于苹果而言，其消费者联想有个缺点：出于商业用途而购买此个人电脑的消费者会认为，如果一台个人电脑易于使用，那么它的功能一定不太强大——但是在商业用途市场上功能因素非常关键。苹果公司意识到了这个问题，于是推出了非常明智的广告"强大的功能让你好上加好"（The power to be your best），意图重新定义功能强大的电脑的含义。广告背后的意思是：由于苹果电脑易于使用，所以消费者能使用苹果电脑的这个行为本身，就能简单而深刻地反映其性能。换句话说，能被人们实际使用的电脑才是功能最强大的电脑。

"骑墙"定位

有时，企业可以用一组共同点和差异点来横跨两个参照框架。这种情况下，品牌在某个品类的差异点是另一品类的共同点，反之亦然。例如，埃森哲公司的定位包括：（1）战略、愿景和思想领导；（2）通过信息技术为顾客提供解决方案。该战略定位与麦肯锡、IBM 两个竞争对手的共同点一致，然而也同时具有其独到的差异点。与麦肯锡相比，埃森哲在技术及执行方面具有其差异点，而在战略和愿景方面具有共同点。与 IBM 相比则是相反的情况：技术及执行是共同点，而战略和愿景是差异点。另一个成功采用"骑墙"定位的案例则是宝马公司。

虽然作为一个用来调和矛盾、创造两全其美的解决办法的手段，"骑墙"定位通常很有吸引力，但是也会带来额外的负担。如果差异点和共同点都不能获得消费者的认可，品牌可能在两个品类上都无法获得承认。许多新的平板电脑品牌（如 iPad、Kindle）推出了更小的版本，最终看起来像更大的手机（或称为"平板手机"）。这些试图跨越从智能手机到笔记本电脑等多个类别的产品的失败，很好地说明了这种风险。

更新定位

前面的章节介绍了一些对于推出新品牌来说非常有用的定位原则。而对于已有的品牌来说，多久更新一次定位是一个重要的问题。基本原则是：不宜过于频繁地对定位作本质上的改变。并且，只有在现有的共同点和差异点的有效性受到显著影响时，才进行重新定位。

然而，定位应该随着时间的推移进行更新以适应市场机会或挑战。差异点或共同点应该根据情况进行改善、增加或者放弃。通常，市场机会出现的时候，可以通过深化品牌含义以实现进一步扩张——进行**品牌升阶**（laddering）；常见的市场挑战则是如何应对那些会威胁品牌既有定位的竞争性行动——**品牌反击**（reacting）。下面讨论两种方法的启示。

宝马

宝马在20世纪80年代第一次进入美国市场参与竞争时，将自己定位为唯一的豪华与性能兼备的汽车品牌。当时，美国消费者认为豪华汽车像凯迪拉克往往性能不佳，而性能优秀的汽车比如雪佛兰科尔维特则不够豪华。借助良好的设计、德国传统，并配合以卓越的营销计划，宝马同时构建了：（1）性能良好的汽车——豪华的差异点以及性能的共同点联想；（2）豪华车——性能良好的差异点以及豪华的共同点联想。绝妙的广告语"未来的驾驶工具"准确地抓住了这个新创建的产品类别（性能优秀的豪华车）的精髓。

宝马"未来的驾驶工具"广告语抓住了该品牌豪华和性能良好的双重特征。

资料来源：BMW AG.

品牌升阶 尽管通过确定差异点在消费者关注的利益点上赢得竞争是一个初步建立定位的好方法，但是一旦目标市场了解本品牌和其他竞争者的关系后，深化与品牌定位相关的含义可能就变得有必要了。研究消费者对某一产品品类的深层次动机以揭示相关联系通常是很有用的。比如，马斯洛的需求层次理论认为消费者的需求具有不同的优先级和需求水平。[52]

从最低到最高层次需求列举如下：

1. 生理需求（食物、水、空气、居所、性）；
2. 安全需求（保护、规则、稳定）；
3. 社会需求（关爱、友谊、归属感）；
4. 自我需求（权威、身份、自尊）；
5. 自我实现（自我成功）。

根据马斯洛的理论，一旦低层次的需求得到了满足，高层次的需求就会被激活。品牌科学 2-1 介绍了一项研究，该研究将品牌名称的相关好处，与其相对应的马斯洛需求层次理论中的价值层次联系起来。这项研究指出，构成一个品牌对顾客吸引力的要素，在不同品牌和类别之间存在明显的差异。

品牌科学 2-1

品牌价值金字塔

阿尔姆奎斯特（Almquist）、西尼尔（Senior）和布洛克（Bloch）最近的一项研究提出了一个品牌价值金字塔，它由金字塔底部的功能到金字塔顶部的社会影响构成。他们确定了品牌定位的30个独立价值元素，并遵循马斯洛的需求层次结构，依次分为功能、情感、生活改变和社会影响。相关数据表明，在四个以上的价值要素上表现良好的公司，拥有更多的忠诚顾客，净推荐值得分更高，营业收入增长四倍以上。这些品牌包括苹果、USAA、TOMS和亚马逊。此外，像亚马逊这样表现出非凡增长速度的零售商，在八种不同的价值元素上也各有其优势。

下面重点介绍不同的价值构建模块。阿尔姆奎斯特等人所描述的品牌价值金字塔由四个层次构成，从低到高分别为功能、情感、生活改变和社会影响。

功能：节省时间和金钱（如省力、避免麻烦、降低成本），提供基本的好处（质量、品种），提升日常生活中的效率和便利性（简化、通知、联合、融合、组织）。

情感：自我提升（如减少焦虑、怀旧、标记价值、吸引力）以及享乐的好处和回报（如乐趣／娱乐、治疗价值、健康）。

生活改变：包括动机、对未来的投资、归属感、希望和自我实现。

社会影响：包括自我超越。

在不同类别的产品中，上述价值金字塔要素的重要性有很大差异。虽然质量被视为影响消费者权益的重要因素，但研究人员发现，感官吸引力对食品和饮料行业的成功不可或缺，而提供服务的渠道在金融服务领域很重要。研究发现，Zappos 等品牌在节省时间和避免麻烦（功能上的价值）方面表现出色，是传统竞争对手的两倍。在降低成本、治疗价值和怀旧方面，网飞的得分是其竞争对手（传统电视服务商）的三倍。

为了提高传递给顾客的价值，公司可能会增加现有产品所带给顾客的利益。作者指出，出于让顾客更了解产品情况和降低风险的考虑，Vanguard 可能增加一个低收费的自动化咨询平台。在 iPhone 的众多功能中加入 Apple Pay 后，消费者可以将支付融入购买体验中。类似地，Amazon Prime 在一年中提供两日无限制的配送服务，收取固定的费用。亚马逊的流媒体服务提供了大量节目，从而增加了该品牌提供的娱乐价值。最近，阿尔姆奎斯特等人将价值层次的概念扩展到 B2B 环境中，他们提供了一组价值动因，可用于 B2B 品牌的营销。因此，阿尔姆奎斯特等人提出的框架非常有用，它牢牢地扎根于马斯洛的需求层次结构之中，可以用来思考在不同的产品和服务类别中，如何将价值传递给顾客。

资料来源：Eric Almquist, John Senior, and Nicolas Bloch, "The Elements of Value" *Harvard Business Review*, September 2016, https://hbr.org/2016/09/the-elements-of-value, accessed February 1, 2016; Mike Owen, "How to Create Value for Customers? A New Model Gives Useful Pointers and Adds to Existing Insights about Customer Value Marketing," November 21, 2016, https://stratminder.wordpress.com/2016/11/21/how-to-create-value-for-customers-a-new-model-gives-useful-pointers-and-adds-to-existing-insights-about-customer-value-marketing/, accessed March 5, 2018; Eric Almquist, Janie Cleghorn, Lori Sherer, "The B2B Elements of Value," *Harvard Business Review*, March-April 2018, https://hbr.org/2018/03/the-b2b-elements-of-value, accessed March 5, 2018.

营销者也注意到了高层次需求的重要性。比如，**手段 – 目的链**（means-end chains）就是一种理解品牌特色高层次含义的方法。一条"手段 – 目的链"的结构如下：属性（产品特征的描述），产生利益（个人价值及附属于产品特征的意义），进而产生价值（稳定的、持久的个人目标和动机）。[53]

换句话说，消费者选择某种产品，该产品首先具有某种属性（A），这种属性能带来某种利益以及效果（B/C），能够满足消费者的价值需求（V）。比如，我们来研究一下小吃。某消费者认为某种薯片的口感很好（A），但是口味很重（A），这就意味着她可以少吃一点（B/C），不会变胖（B/C），有个好身材（B/C），所有这些都可以增强她的自尊（V）。

因此，从属性到利益、再到更抽象的价值或动机，是一个循序渐进的过程，它需要不断地追问某些属性或利益对消费者意味着什么。如果追问不能进行到下一级，品牌的战略选择可能就会相应地减少。[54] 比如，宝洁推出一种适合滚筒洗衣机的低泡洗衣粉

Dash，通过多年的广告宣传，其他品牌已经无法进入这个领域。但是 Dash 和滚筒洗衣机的联系过于紧密，以至于滚筒洗衣机被淘汰后，Dash 也过时了。尽管 Dash 是宝洁公司效果最好的洗衣粉之一，而且公司也为 Dash 进行了重新定位，但最终还是难逃被淘汰的结局。

品牌的某些属性或者利益可能比其他属性和利益更易于升级。比如，贝蒂·克罗克（Betty Crocker）品牌在许多烘焙产品上出现，与烘焙相关的物理意义上的温暖是它的特点。这种关联很容易使消费者将其与情感意义上的温暖、烘焙的乐趣以及为他人烘焙食物时的愉悦联系起来。

所以，有些强势品牌通过升级其差异点来建立利益和价值联想。比如，沃尔沃和米其林（安全、安静）、英特尔（性能和兼容性）、万宝路（西部形象）、可乐（美国式风格和清爽）、迪士尼（有趣、神奇、家庭娱乐）、耐克（创新产品、顶尖的运动性能）和宝马（时尚和驾驶性能）。

如果一个品牌与越来越多的产品联系起来，并向产品层次的上层移动时，品牌的含义就会变得更加抽象。与此同时，对于任何以品牌名称销售的产品来说，消费者心目中产品的品类成员身份、差异点、共同点都很重要（第 11 章将详细讨论）。

应对挑战　竞争行动往往是为了减少竞争对手的差异点并将其转换为共同点，或者是增强、建立自己新的差异点。通常情况下，竞争优势只能在短时间内存在，然后竞争者就会尝试超越这些优势。

当竞争者挑战品牌已有的差异点，或者试图将共同点变为差异点时，通常有三种应对方法——从没有反应，到中等反应，再到强烈反应。

- 无反应。如果竞争行动不大可能夺回差异点或建立新的差异点，那么最好的反应也许就是继续维持自己的路线并继续推进品牌建设。
- 适度防卫。如果竞争行动具有潜力或者可能打破自己的市场，此时就有必要采取防卫措施。一种办法是增加产品或者广告的可信度以增强共同点或差异点。
- 进行还击。如果竞争行动看起来具有潜在的破坏性，此时就有必要通过采取更富于进攻性的措施进行重新定位来应对威胁。一种途径是进行品牌延伸或者制定广告计划，以从基本层面上改变品牌的含义。

品牌审计有助于评估竞争威胁的严重程度，以及确定合适的竞争措施。第 9 章将介绍品牌审计的有关内容。

建立好的品牌定位

以下几个建议对于指导品牌定位大有益处。首先，好的定位既要立足于当下，还要着眼于未来。好的定位需要有品牌理想，能为品牌的成长和完善提供空间。如果仅基于市场现状来定位，就会缺乏前瞻性。但同时定位又不能脱离实际情况而变得遥不可及。因此，定位的诀窍是在品牌现状和未来潜力之间获得恰到好处的平衡。

其次，好的定位是谨慎识别所有相关共同点。营销者经常会忽略或忽视那些品牌处于劣势地位的领域，而只将注意力集中在优势领域。但是劣势领域和优势领域都很重要，因为没有必要的共同点，差异点就没有意义。模拟竞争对手的定位，并推断其可能的差异点，是发现关键的竞争性共同点的好方法。反过来，竞争对手的差异点，也能成为品牌的共同点。对消费者的决策制定过程进行研究，同样有助于提供相关信息。

再次，好的定位应该能基于消费者视角，反映消费者从品牌中所获得的利益。像 Verizon 过去在广告中宣称自己是"最大的无线网络"的做法，是远远不够的。有效的差异点，必须阐述清楚它为什么能吸引消费者。换言之，消费者到底能从独特的属性中获得什么利益？ Verizon 这句广告语，是否意味着更多的消费者可以在更多的地方使用网络？还是说更广的覆盖范围可以带来其他的收益，比如因为规模效应而降低收费？如果这些利益点显而易见，就应该成为"最大的无线网络"这一属性的"可信服理由"（RTB），也因此成为定位的基础。

最后，如同在下一章要详细讨论的品牌共鸣模型一样，品牌定位具有双面性，既有理性成分也有感性成分。换言之，好的定位所拥有差异点和共同点在理智上和情感上都有吸引力。

2.6 定义品牌真言

品牌定位描述了一个品牌如何在特定的市场有效地与竞争对手进行竞争。然而，在许多情况下，单个品牌可以横跨多个品类，从而具有不同的（但是相关的）定位。随着品牌发展并跨越品类，营销者会提炼出反映品牌精髓与灵魂的品牌真言。

品牌真言

为了更好地传达品牌所代表的含义，营销者通常会定义品牌真言。[55] **品牌真言** ①（brand mantra）是一个很短的、由三五个词语组成的句子，它能抓住品牌定位的本质或者灵魂。品牌真言类似于"品牌精髓"或"核心品牌承诺"，目的是使公司内部员工以及外部营销伙伴理解品牌对于顾客所代表的最基本含义，从而调整他们自身的行为。例如，麦当劳的品牌使命是成为顾客最喜爱的饮食场所和饮食方式，这准确地抓住了其品牌精髓和核心品牌承诺。

品牌真言是个强有力的工具，可以用来指导品牌可推出哪些产品，进行哪些广告策划，以及产品应该在哪里、以何种方式销售。而且，品牌真言的作用和影响可以推广到策略以外的其他方面，它甚至可以用来指导看似无关的普通决策，比如，前台接待员的形象、电话应答的方式等。事实上，品牌真言可以用来减少或者消除那些与品牌不适宜的营销活动或者任何其他可能有损于品牌形象的行动或活动。

品牌真言有助于品牌保持一致形象。无论何时，一旦消费者或顾客接触品牌——无论以哪种方式或形式——他对此品牌原有的认知都可能会改变，从而影响品牌资产。比如，众多的雇员直接或间接地和消费者接触，此时，雇员们的言行应能一致地增强和支持品牌含义；营销伙伴（如广告代理商）也许并没有认识到自己对品牌资产的影响。品牌真言反映了品牌对于公司的意义及重要性，如同员工和营销伙伴之于管理的关键作用。品牌真言还精炼地表达出了品牌需要时刻谨记于心的要点。

品牌真言的设计 好的品牌真言由哪些元素构成？品牌备忘 2 - 2 和品牌备忘 2 - 3

---

① brand mantra 之前被译为品牌箴言。考虑到汉语中"箴言"的基本意思是形容规谏劝诫的话，与此似乎有些含义上的差别；"真言"指口诀、要语，也有道家的真人所说的金言之意，与此处对品牌本质和精髓的提炼性表达更加契合，因此译为"品牌真言"。——译者

描述了耐克和迪士尼品牌真言的诞生和含义。品牌真言必须能够简要地表达本品牌是什么，不是什么。耐克和迪士尼的例子就显示了设计良好的品牌真言的作用和功能。它们也可以用来说明一个优秀的品牌真言应该具备哪些特点。这两个品牌真言结构相同，都是由如下表所示的三个词语构成：

	情感性修饰语	描述性修饰语	品牌功能
耐克	可信的	运动	性能
迪士尼	有趣的	家庭	娱乐

品牌备忘 2-2

耐克的品牌真言

耐克是一个清楚地知道自己要给消费者传递什么信息的品牌。耐克在消费者心中有许多的联想，这些联想与它富有创意的产品设计和顶尖运动员的赞助活动相关，也与它屡获殊荣的广告及其所表现出的竞争性行动及反叛的态度密切相关。在公司内部，耐克用品牌真言"可信的运动性能"来指导营销计划。在耐克眼中，整个营销活动——公司的产品以及销售方式——都必须反映品牌真言所传递的品牌核心价值。

耐克的品牌真言对其营销活动有着深刻的影响。用耐克前营销主管斯科特·贝德伯里（Scott Bedbury）和杰罗姆·康伦（Jerome Conlon）的话说，耐克的品牌真言提供了"智慧的导向标杆"，以使品牌沿着正确的方向发展，并且确保不偏离轨道。耐克的品牌真言甚至影响了产品的研发。几十年来，耐克将其品牌含义从"跑鞋"拓展到"运动鞋"，再到"运动鞋及运动装备"，一直到"所有和运动相关的产品（包括运动装备)"。

尽管含义发生变化，但是这个过程中的每一步都遵循品牌真言"可信的运动性能"的指引。比如，当耐克推出服装产品线时，产品必须在材料、剪裁或设计上具有足够的创新，能真正让顶级运动员受益。快速吸汗的服装产品线所采用的革命性吸湿排汗技术使运动员在出汗时感觉更加干爽和舒适。与此同时，公司一直避免将耐克品牌用于不符合品牌真言的产品，比如休闲鞋。

每当耐克营销计划出现问题，通常都是因为在将品牌真言转换为营销活动方面出现了失误。比如，在进军欧洲市场时，耐克一开始遭遇了几次失败，直到后来发现"可信的运动性能"在欧洲具有不同的含义。特别是，在欧洲必须将足球这样的活动纳入进来。类似地，耐克尝试将品牌真言应用到竞争性相对较弱的领域时也遇到了困难，如推出 ACG 户外鞋和服装子品牌时就是如此。

品牌备忘 2-3

迪士尼的品牌真言

迪士尼品牌真言的开发伴随着其在 20 世纪 80 年代中期特许经营和产品开发所实现的惊人增长。80 年代后期，迪士尼公司发现某些卡通形象（如米老鼠、唐老鸭）被过度使用。为了调查问题的严重程度，迪士尼公司进行了一次广泛的品牌审计。作为品牌盘查的一部分，公司列出了在国内外所有店铺里销售的迪士尼产品（包括授权生产的和公司自己生产的）和所有的第三方促销活动（包括销售点展示和相关商品陈列）。同时，迪士尼开始了一项消费者调查研究——一项品牌考察——以调查消费者对迪士尼这个品牌的感受。

品牌盘查结果暴露出一些潜在的严重问题：迪士尼的卡通形象出现在众多产品上，并且营销手段各异，以至于难以识别交易背后的真实原因。消费者调研更增加了迪士尼的担忧。因为迪士尼的卡通形象在市场上过度使用，许多消费者开始认为迪士尼在过度开发品牌。有些情况下，消费者感觉迪士尼的卡通形象并没有增加产品的价值。更糟糕的是，卡通形象的过度使用让儿童卷入他们通常不会关注的购买决策之中。

由于激进的营销策略，迪士尼与许多主题公园参建者签署了共同促销或授权的合同。迪士尼的卡通形象出现在各种产品上，从尿布到汽车、再到麦当劳汉堡包。但是，从消费者调研中得知，消费者并不区分这些产品的授权商。对消费者而言，迪士尼就是迪士尼，无论卡通形象是出现在电影里、唱片上、主题公园中，还是消费产品上。因此，所有使用迪士尼卡通形象的产品对迪士尼的品牌资产都有影响。甚至有些消费者反映，他们讨厌某些产品的迪士尼标志，因为他们和这些卡通形象以及迪士尼这个品牌之间有着特别的、个人的联系，公司不应该如此草率地处理。

在品牌审计之后，迪士尼迅速建立了一个品牌资产小组，以更好地管理品牌特许经营，并更加谨慎地评估授权以及其他第三方促销机会。此小组的任务之一，就是增强迪士尼的核心品牌联想，确保第三方产品和服务传递一致的品牌形象。为了便于这种监督，迪士尼采用了一个内部品牌真言——"有趣的家庭娱乐"——作为筛选投资项目的工具。

与品牌真言不一致的任何机会，无论多么诱人，一律拒绝。比如，有一个欧洲共同基金会联系迪士尼进行品牌联盟，此基金会设立的目的是让父母为了孩子将来上大学读书而进行基金投资。尽管这个机会和"家庭"联系一致，迪士尼仍然拒绝了合作。因为迪士尼认为与金融或者银行的合作所产生的联想与迪士尼的品牌形象不一致，几乎没人会将共同基金会与"有趣"联系在一起。

品牌功能（brand functions）描述了产品或服务的性质，或者是品牌提供的体验和价值的类型。它可以是反映产品品类的具体语言，也可以是与不同产品所提供的高层次的体验或者价值相联系的更加抽象的概念，如耐克和迪士尼所提出的"性能"和"娱乐"。**描述性修饰语**（descriptive modifier）进一步阐明了品牌的性质。因此，耐克的性能指的不是其他性能（如艺术性能），而仅仅是运动性能；迪士尼的娱乐不是其他娱乐（如针对成人的娱乐），而只是家庭娱乐。品牌功能和描述性修饰语结合在一起，有助于划定品牌边界。最后，**情感性修饰语**（emotional modifier）是另一种修饰，即品牌如何准确地向顾客提供利益，以何种方式提供。

品牌真言并不总是要严格地参照这个结构，但是，无论怎样改变结构，品牌真言都必须能清晰地描绘品牌代表哪些内容，或至少含蓄地说明它不是什么。以下几点也值得注意：

1. 品牌真言通过整体含义来发挥效果和作用。其他品牌也许只是在构成品牌真言中的一点或者几点品牌联想上表现强势。要想使本品牌的品牌真言有效，就不能容许各个方面都优于本品牌的竞争者存在。耐克和迪士尼的成功在于，数十年来没有出现品牌真言能与之相媲美的其他竞争者。

2. 品牌真言通常可以用于表达品牌的差异点，即品牌的独特之处。品牌定位的其他方面——尤其是品牌的共同点——也是很重要的，可以通过其他方式得到强化。

3. 面临快速增长的品牌，品牌功能可以为判断品类延伸是否合适提供关键性的指导。对于处于相对稳定的品类中的品牌，品牌真言也许更多聚焦于由功能性修饰语和情感性修饰语来表达的差异点，甚至可能不包括描述品牌功能的词语。

品牌真言的应用　品牌真言的提出应当与品牌定位同时进行。如前所述，品牌定位通常是通过品牌审计或者其他活动来深入研究品牌所得到的结果。品牌真言的提出可以借助这些活动的成果。但与此同时，也需要更多的内部调研，将众多员工和营销人员的意见考虑进来。这种内部调研实际上确定了当前每个员工对品牌资产的影响，及其对品牌的发展如何做出积极贡献。内部品牌化的重要性详见品牌科学 2 - 2。

▊ 品牌科学 2 - 2

内部品牌化

品牌真言指出了品牌内部化的重要性——必须确保组织成员与品牌及其代表的内容保持一致。绝大多数有关品牌的书籍都着眼于公司外部，侧重于介绍公司在针对顾客建立并管理品牌方面的战略和策略。毋庸置疑，所有营销活动的中心确实是针对顾客的品牌定位和品牌内涵。

但是，与此同等重要的则是品牌的内部定位。[56] 特别是服务型企业，所有员工都深刻地理解品牌对企业而言至关重要。最近，一些公司已经开始主动改善其内部品牌化管理。

Panda Express 是美国成长最快和最成功的快餐连锁企业之一，投入了大量的资源用于员工的内部培训和发展。除了服务培训外，Panda Express 还支持员工用于个人的各种计划——控制体重、工作沟通、慢跑和参加学术讨论等，Panda Express 认为可以通过更加健康和快乐的员工，增加企业收入和利润。

新加坡航空公司也在员工培训方面投入很大。新入职员工要接受 4 个月的培训，这是行业平均水平的 2 倍。另外，公司还对现有 14 500 名员工每年投入 7 000 万美元进行再培训，培训内容主要包括礼仪礼节、红酒品鉴和文化敏感性等。机组人员学习如何与日本、中国和美国乘客进行交流，比如学习和这些国家不同乘客交流时平视的重要性，以及如何做到不"俯视"乘客。

公司还需要和员工进行持续的公开对话，让所有人都认识到内部品牌化是可以共同参与的。有些公司通过公司内部网或者其他方式推出公司的雇员计划。迪士尼公司的内部品牌化也很成功，迪士尼委员会经常召开关于"迪士尼式创新、服务及忠诚"的研讨会。

总之，内部品牌化不但能激励内部员工，而且能吸引外部顾客。内部品牌化是管理的重中之重。

资料来源：Karl Taro Greenfeld, " The Sharin ' Huggin ' Lovin ' Carin ' Chinese Food Money Machine, " *Bloomberg Businessweek*, November 28, 2010, 98-103; Loizos Heracleous and Joachen Wirtz, " Singapore Airlines ' Balancing Act, " *Harvard Business Review*, July-August 2010, 145-149; James Wallace, " Singapore Airlines Raises the Bar for Luxury Flying, " www.seattlepi.com, January 16, 2007. For some seminal writings in the area, see Hamish Pringle and William Gordon, *Brand Manners: How to Create the Self-Confident Organization to Live the Brand* (New York: John Wiley & Sons, 2001); Thomas Gad, *4-D Branding: Cracking the Corporate Code of the Network Economy* (London: Financial Times Prentice Hall, 2000); Nicholas Ind, *Living the Brand: How to Transform Every Member of Your Organization into a Brand Champion*, 2nd ed. (London, UK: Kogan Page, 2004); Scott M. Davis and Kenneth Dunn, *Building the Brand-Driven Business: Operationalize Your Brand to Drive Profitable Growth* (San Francisco: Jossey-Bass, 2002); Mary Jo Hatch and Make Schultz, *Taking Brand Initiative: How Companies Can Align Strategy, Culture, and Identity Through Corporate Branding* (San Francisco, CA: Jossey-Bass, 2008); Andy Bird and Mhairi McEwan, *The Growth Drivers: The Definitive Guide to Transforming Marketing Capabilities* (West Sussex, UK: John Wiley & Sons, 2012).

品牌定位通常可以归纳为几句话或者一段文字，以阐述理想的应该被消费者认同的核心品牌联想。基于这些品牌联想，可以采用头脑风暴法来确认品牌差异点、品牌共同点和不同的候选品牌真言。最后入选的品牌真言应该考虑以下方面：

- 传播性：一个良好的品牌真言既要能够通过界定品类来设定品牌边界，又要能阐述品牌的独特之处。

- 简洁性：好的品牌真言应该易于记忆，因此，应当简短、上口、生动。在许多情况下，三个词的品牌真言是比较理想的，因为这是表达品牌定位的最简洁的途径。

- 启发性：理想的品牌真言必须贴合实际，对个人有意义，并尽可能多地与员工相关联。如果品牌价值能够挖掘出对消费者和员工来说更高层次的含义，那么品牌真言就不仅仅有传递信息的作用，还可以鼓舞士气。

但是，无论使用多少词语构成品牌真言，在品牌真言字面背后都隐藏着其他需要阐释的含义。几乎所有的词语都可以有多种解读。比如，迪士尼品牌真言中的"有趣""家庭""娱乐"就有多层含义。迪士尼可以深度挖掘品牌真言的含义，从而为品牌提供更加坚实的基础。所以，每个词语后面可以增加两三个词语以作进一步的解释。

········| **本章回顾** |········

基于顾客的品牌资产，是顾客品牌知识对于营销活动所产生的差异化反应。当品牌被识别出来后，顾客对品牌的产品和营销方式会有更积极的反应，这就意味着该品牌具有积极的基于顾客的品牌资产。

根据联想网络记忆模型，品牌知识可以被定义为节点和链环的网络。其中，记忆中的品牌节点有多个不同的联想与之相连。品牌知识由两部分组成：品牌认知和品牌形象。品牌认知与记忆中的品牌节点或轨迹的强度相关，反映了不同情况下顾客回想起或辨认出该品牌的能力。品牌认知可以用深度和广度进行描述。品牌认知的深度涉及品牌能够被认出或想起的可能性；品牌认知的广度由能想起该品牌的各种购买和消费场景来衡量。品牌形象被定义为顾客对品牌的感知，这种感知通过顾客记忆中的品牌联想得以反映。

当顾客对某品牌具有较高的认知度和熟悉度，并在记忆中保持强有力的、偏好的及独特的品牌联想时，基于顾客的品牌资产就会形成。在某些情况下，单单是品牌认知就足以导致更多有利的顾客反应——比如，在低介入度的购买决策过程中，顾客情愿仅仅选择他们熟悉的品牌。在其他情况下，品牌联想的强度、偏好性和独特性在决定构成品牌资产的差异化反应中扮演着关键的角色。

进行品牌定位时需要首先确定参照框架（即识别目标市场和竞争的性质），以及理想的差异点和共同点联想，并以品牌真言作为总结。营销者首先需要了解消费者的行为及消费者在品牌决策中的入围集。在建立参照框架之后，营销者才能识别出最佳共同点和差异点。

差异点是指那些品牌所独有的，同时也是强有力的、受消费者偏好的品牌联想。营销者需要基于吸引力、可传达性、差异化以及可以通过差异化来获得的预期收益和成本，找到强有力的、偏好的和独特的差异点联想。

　　另一方面，共同点则是指那些不一定是品牌所独有的，或事实上与其他品牌所共有的品牌联想。品类共同点联想是指那些消费者认为作为某一特定品类中正规的、可信任的产品所必须具有的品牌联想。竞争性共同点联想是指那些专为抵消竞争对手差异点而设计的品牌联想。相关共同点可以抵消任何由差异点所引起的消极联想。

　　最后，品牌真言是品牌核心与灵魂的表述，是一个很短的、由三五个词语组成的、能抓住品牌定位和品牌价值的本质或者灵魂的句子。品牌真言的作用在于，确保组织内部的员工和外部的营销伙伴能理解本品牌，从而能向顾客传递该品牌的含义。

　　上述四个要素的选择，决定了品牌定位及品牌知识结构。

-------- **| 问题讨论 |** --------

1. 请将分类模型应用于除饮料以外的其他产品品类。消费者如何决定是否购买某个产品？他们如何进行最终的品牌决策？它对该类别产品的品牌资产管理有什么启示？例如，它如何影响品牌定位？

2. 选择一个品类，该品类由两个主要的品牌主导，评价这两个品牌的定位。它们的目标市场是谁？它们的主要差异点和共同点是什么？它们选择的定位正确吗？该如何改进？

3. 分析你小区的书店，其面临的竞争性参照框架是什么？这些参照框架对书店定位有何启示？

4. 除了表 2-4 中列出的，能否举例说明其他互相矛盾的属性和利益？能否想到其他解决相互矛盾的属性和利益的策略？

5. 你如何看待品牌科学 2-1 中提出的品牌价值金字塔？如何把该框架应用于特定的品牌？您认为与传统的马斯洛需求层次理论相比，这一组元素有哪些独特之处？

品牌专题 2.0

强势品牌的营销优势

　　当顾客在知道和不知道品牌的情况下，对营销活动做出不同的反应时，基于顾客的品牌资产就产生了。不同反应取决于顾客品牌认知的水平，以及顾客对品牌联想和营销活动评价的偏好性和独特性。

　　很多利益能从强势品牌中获得，如更高的收入、更低的成本。[57] 比如，一位营销专家把强势品牌创造财务价值的因素分为两类：与增长相关的因素（如品牌能够吸引新顾客、抵抗竞争性活动、引进生产线、跨国发展）和与盈利性相关的因素（如品牌忠诚度、溢价、更小的价格弹性、更低的广告/销售比例、贸易杠杆）。[58]

　　以下详细介绍具有高度品牌认知和积极品牌形象的品牌能给公司带来的益处。[59]

对竞争性营销活动和危机的影响：更高的忠诚度、更少的攻击

　　研究表明，品牌联想的不同类型——如果被看成是正面的——可以影响顾客对产品的评价、对质量的感知和购买率。[60] 这种影响对于难以评估的"体验性"产品尤为明显。[61] 当品牌联想的独特性增加时，这种影响也会更加显著。[62] 另外，对品牌的熟悉能增加顾客对品牌的信任、态度、购买意图[63]，以及减轻消极体验所引发的不良影响。[64]

　　由于种种原因，具有大量资产的品牌的一个特征是，顾客对品牌很忠诚。例如，有些顶级品牌多年来一直是市场领导者，尽管在这段时间内顾客态度和竞争者的行为有很大的改变。通过这一切，顾客对品牌的评价很高。他们依赖这些品牌，抵制竞争者的建议，为公司创造稳定的收入。研究发现，市场份额大的品牌可能比市场份额小的品牌拥有更高的忠诚度。[65] 一项研究表明：品牌资产和市场份额及利润之间具有很强的正相关性（相关系数达 0.75）。[66]

有积极品牌形象的品牌，更可能成功地度过品牌周期中的危险期和低迷期。[67] 也许最好的例子就是强生公司的泰诺品牌。20 世纪 80 年代初期，泰诺产品发生投毒案。尽管泰诺的市场份额一夜之间从 37% 近乎下跌到零，甚至被视为没有未来的品牌，但是强生凭借对危机的熟练应对和自身优异的品牌资产，重新获得了所有失去的市场份额。最近，丰田和大众这两个汽车品牌成功渡过了对其品牌资产构成重大威胁的危机。

从这些品牌危机中得到的重要教训是，有效处理营销危险期需要迅速和真诚的行动，公司必须承认错误并且保证有效的补偿及时到位。最重要的是，品牌资产越大，这些声明就越有可能被顾客认为是可信的，这样，顾客在公司面临营销危险期时才能给予理解和耐心。然而，如果没有潜在的品牌资产，即使是最好的补救计划，面对那些持怀疑态度、不知情的公众也会失效。[68] 最后，即使没有危机，强势品牌也应进行品牌保护，以防止营销进入低迷期，导致品牌走下坡路。

更大的边际收益

拥有良好的基于顾客的品牌资产的品牌可以主导溢价。[69] 此外，随着时间的推移，顾客对价格上涨缺乏弹性，而对价格下跌或品牌折扣富有弹性。[70] 与此相一致的是，研究表明，顾客对品牌的忠诚可能很少因为价格上涨而改变，而更可能在价格下跌时增加对该品牌的购买量。[71] 在竞争中，品牌领导者从小份额的竞争者那里夺取比例不一的市场份额。[72] 同时，相对而言，市场领导者不受那些来自小份额品牌的价格竞争的影响。[73]

在一项早期的经典研究中，营销调研公司 Intelliquest 专门研究品牌名称和价格在商用电脑购买者的购买决定中所起的作用 [74]，接受调查的人被问："你愿意为一个匿名电脑品牌支付多少额外的价值？"结果，IBM 获得的溢价最高，其次是康柏和惠普。还有一些品牌的溢价为负数，这表明这些品牌在消费者心目中的形象是消极的、负面的。显然，根据这个调查，品牌在个人电脑市场中具有特殊的意义。

值得注意的是，目前存在一种矛盾的趋势，即品牌的忠诚顾客往往拥有更高的影响力。因此，他们希望享受更低的价格。一项已发表的研究就调查了公司最忠诚的顾客希望支付更低价格的现象。[75] 这一点在大宗购买和 B2B 交易中表现得尤其明显。在这些交易中，销售人员往往愿意在价格谈判中向忠诚度更高的顾客提供更大的折扣。确保忠诚的顾客得到除价格折扣以外其他奖励的一种方法是提供不同的奖励，例如，免费的礼物或客户服务。销售人员需要接受不提供更多折扣的培训，高质量的品牌可以通过强调质量差异来保持价格。

更多的商业合作和支持

批发商、零售商和其他中间商在销售产品的过程中扮演了重要的角色。这些分销渠道中成员的行为可以推动或抑制品牌的成功。如果品牌有积极的形象，零售商和其他中间商就更可能响应顾客的期望并且积极推销该品牌。[76] 相比较制造商提供的营销推动，渠道成员可能更需要关于库存、订购和展示方面的营销建议 [77]，以进行商业促销，更少的津贴要求，并给予更有利的货架空间和位置等。多数顾客都是在商场中做出购买决策，所以零售商的营销推动就显得很重要。

提高营销传播效率

创造品牌知名度和积极的品牌形象，会给广告和营销沟通带来许多好处。效果层级模型是一个关于消费者对营销沟通做出响应的成熟模型。该模型的理论假设，在营销信息传播的基础上，消费者会经历一系列阶段或思想状态的变化，比如，对营销传播的接触、注意、理解、接受、认同和行动。

一个极具价值的品牌已经在消费者头脑中建立了一套知识结构。这套知识结构能够增加消费者通过上述各种阶段的可能性。例如，考虑一下积极的品牌形象在广告说服力方面所起的作用：当消费者已经具有品牌认知并形成了强有力的、偏好的、独特的品牌联想时，他们可能更容易注意到品牌广告，更希望了解这个品牌，形成积极的看法，并可能在很长时间里保留这些看法并做出行动。

面对熟悉和喜欢的品牌，人们更不易受到竞争产品广告的干扰和混淆[78]，更易于接受如幽默之类的有创意的策略[79]，更不易受到集中、重复性广告所造成的负面反应的影响。[80]此外，当品牌广告增加时，忠诚于该品牌的人会购买更多该品牌的产品。[81]增加广告的另一个好处是，使品牌更易于成为关注的焦点，并增加人们的品牌兴趣。[82]

由于存在强有力的品牌联想，重复性广告可以减少。例如，在一项有关广告影响的经典研究中，安海斯 – 布希（Anheuser-Busch）精心进行了一次实地实验。百威在不同市场上投放不同量的广告进行测试。[83]这次实验在之前的广告支出水平上进行增加或减少，共测试了 7 个不同的广告费用支出水平：–100%（不做广告），–50%，0%（同等水平），+50%，+100%（广告加倍），+150%，+200%。测试进行了一年。结果显示，不做广告时，销售额和目前销售额一样。实际上，削减 50% 的广告支出反而导致销售增长。实验结果表明，像百威这样强势品牌的广告支出不需要像那些知名度低的品牌那么多，至少在短时间内是如此。[84]

同样，由于品牌知识结构的存在，消费者更容易注意到促销、直邮产品或其他销售导向的营销沟通，并且做出积极的反应。例如，许多研究表明，促销的有效性是不对称的，它更有利于高质量的品牌。[85]

可能的特许经营机会

强势品牌带给人们的联想也恰恰是其他产品梦寐以求的。为了从品牌资产中获利，一家公司可能允许另一家公司在其产品上使用自己的品牌名称、标识或者其他的注册商标，以获取版权费，这将在第 8 章讨论。特许经营权的原理（其他公司获得使用注册商标的权利）在于消费者承认这些注册商标，并对它抱有好感，因而愿意付出更多的钱购买有该商标的产品。正如我们将在第 11 章论述的，一家领先的估值公司（如 Brand Finance）可以使用提成费作为衡量品牌价值的一种方式。

如果企业用已有的品牌名称进入一个新的市场，这就是**品牌延伸**（brand extension），这将在第 13 章论述。**产品线延伸**（line extension）是指用现有的品牌名称进入所在产品类别新的细分市场（如新品种、新口味、新规格）。

学术研究表明，相对于其他品牌，有着很好知名度和信誉度的品牌更能成功地延伸到更多不同的种类。[86]另外，在纵向产品延伸中，品牌资产与产品线中最好质量（或最差质量）的产品高度相关。[87]研究还表明，尽管总体品牌态度本身不一定很高，但积极的象征性联想仍是品牌延伸中评估的基础。[88]

通过过去的延伸而获得不同的品类联想的品牌，具有很强的可延伸性。[89]因此，从已建立的品牌进行延伸，营销计划的导入会更加有效。[90]研究结果表明，产品的延伸活动会增加（至少不会稀释）母品牌的资产，如品牌延伸会加强母品牌的联想，"旗舰品牌"不会受到品牌延伸的负面经历所产生的稀释或其他负面效果的影响。[91]研究还发现"所有权效应"的存在，也就是说，目前的所有者通常对品牌线延伸反响更好。[92]最后，同时具有较高熟悉度和正面态度的品牌，其延伸能在股票市场获得比其他品牌更好的反应。[93]

其他益处

具有优良品牌资产的品牌也能为公司提供一些与产品本身并无直接关系的利益。例如，有助于公司招募更优秀的员工，引起投资者更大的兴趣，获得股东更大的支持等。[94]许多研究结果已经表明，品牌资产会直接影响公司的股票价格。[95]

STRATEGIC BRAND MANAGEMENT

········· | 第 3 章 | ·········

品牌共鸣和品牌价值链

学习目标

» 定义品牌共鸣。
» 描述品牌共鸣的步骤。
» 定义品牌价值链。
» 明确品牌价值链各阶段的含义。
» 辨析品牌资产和顾客资产的概念。

科罗娜凭借其强大的品牌形象"瓶中海滩"成
为美国领先的进口啤酒。

资料来源：AP Photo/Amy Sancetta.

·········| **本章提要** |·········

第 2 章详细介绍了基于顾客的品牌资产的概念，并在差异点和共同点的概念基础上，介绍了品牌定位模型。接下来进一步介绍另外两个相互关联的模型，这三者构成品牌规划体系。

首先是**品牌共鸣模型**（brand resonance model），旨在介绍如何与顾客形成积极、紧密的忠诚关系。该模型考虑了品牌定位如何影响顾客所思、所感、所为，以及顾客和品牌连接的紧密程度。在讨论该模型的主要启示之后，本章将介绍品牌共鸣及忠诚关系如何创建品牌资产或品牌价值。

品牌价值链模型（brand value chain model）有助于营销人员追踪品牌的价值创造过程，从而更好地理解营销费用和投资的财务影响。在第 2 章基于顾客品牌资产概念的基础上，品牌价值链模型提供了一种全方位的和整合视角的方法，以理解品牌创造价值的过程。

品牌专题 3.0 对顾客资产进行了详尽的综述。

3.1 创建强势品牌的四部曲

根据品牌共鸣模型，创建强势品牌需要按照如下四个步骤，其中的每一步都是基于前一步的成功实现。

1. 确保消费者对品牌产生认同，确保在消费者的脑海中建立品牌与特定产品类别、产品效益或顾客需求之间的联系。

2. 战略性地把有形、无形的品牌联想与特定资产联系起来，在消费者心智中建立稳固、完整的品牌含义。

3. 引导消费者对品牌做出适当反应。

4. 将消费者对品牌的反应转换成品牌共鸣，建立消费者和品牌之间紧密、积极、忠诚的关系。

这四个步骤体现了消费者普遍关心的关于品牌的基本问题：

1. 你是谁？（品牌识别）

2. 你是干什么的？（品牌含义）

3. 你是怎样的？我对你有什么感觉或看法？（品牌响应）

4. 你和我的关系如何？有怎样的联想和多少的连接我才愿意与你一起？（品牌关系）

注意四步骤 **"品牌阶梯"**（branding ladder）中的顺序是从品牌识别，到品牌含义，到品牌响应，再到品牌关系。也就是说，只有在建立品牌识别之后，方可考虑品牌意义；而只有在确定正确的品牌含义之后，才可能有品牌响应；也只有在引导适当的品牌响应之后，才可能建立品牌关系。

创建品牌的六个阶段为我们提供了一个清晰的结构，我们可以采用一座品牌金字塔来表示品牌创建的阶段。只有当品牌处于金字塔塔尖时，才能产生具有深远价值的品牌资产。图 3-1 和图 3-2 列出了品牌创建的步骤，其中的每一步和相关的品牌创建阶段将在后面章节中进行阐述。金字塔左侧倾向于建立品牌的"理性路径"，右侧则代表建立品牌的“感性路径”。绝大多数强势品牌的创建是通过这两条路径“双管齐下”的。

品牌创建的步骤
4.品牌关系
你和我的关系如何？
3.品牌响应
你是怎样的？
2.品牌含义
你是干什么的？
1.品牌识别
你是谁？
共鸣
判断
感觉
功效
形象
显著度
在每个阶段品牌
建设的目标
强烈的、积极的
忠诚度
顾客积极的、易
获得的反应
品牌的差异点
和共同点
深厚的、广泛的
品牌认知

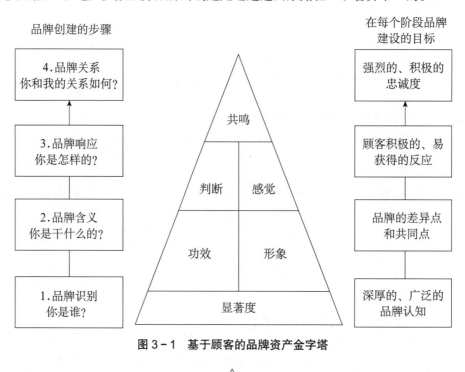

图 3-1 基于顾客的品牌资产金字塔

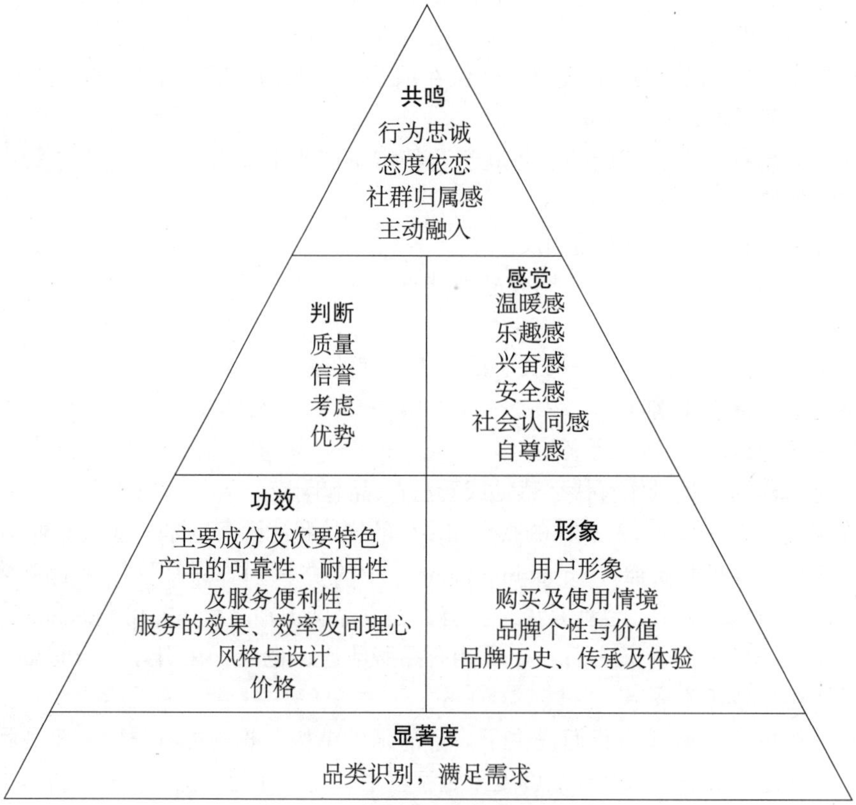

共鸣
行为忠诚
态度依恋
社群归属感
主动融入
判断
质量
信誉
考虑
优势
感觉
温暖感
乐趣感
兴奋感
安全感
社会认同感
自尊感
功效
主要成分及次要特色
产品的可靠性、耐用性
及服务便利性
服务的效果、效率及同理心
风格与设计
价格
形象
用户形象
购买及使用情境
品牌个性与价值
品牌历史、传承及体验
显著度
品类识别，满足需求

图 3-2 品牌创建阶段的次级维度

品牌显著度

树立良好的品牌形象需要在顾客中建立较高的品牌显著度。**品牌显著度**（brand salience）测量了品牌认知程度的各个方面，如在不同情形和环境下，品牌出现的频率如何？品牌能否很容易被回忆或认识出来？需要哪些必需的暗示或提醒？品牌的认知程度有多高？

品牌认知是在不同情形下顾客回忆和再认该品牌的能力，并在记忆中将品牌名称、标识、符号等元素与具体品牌联想联系起来。特别地，建立品牌认知能帮助顾客了解品牌竞争的范围和类别，还能使顾客确信该品牌能满足其需求。也就是说，该品牌能为顾客提供的基本功能有哪些。

品牌认知的广度和深度　品牌认知赋予产品具体的品牌识别，将品牌元素与产品类别、产品购买、消费和使用情境联系起来。品牌认知深度指品牌元素在人们脑海中出现的可能性及难易程度，如一个很容易被回忆起的品牌和一个只有在呈现后才能被识别出来的品牌相比，前者的品牌认知深度更深。品牌认知广度则指品牌购买和使用情境的范围，品牌元素是否呈现在脑海中在一定程度上取决于记忆中产品、品牌知识的组织情况。[1] 为了说明这一点，我们以纯果乐（Tropicana）橙汁为例说明品牌认知的深度和广度。

纯果乐

在很多情况下，当纯果乐品牌在消费者面前展示或出现时，他们大多能认出它。而且，消费者在想到橙汁或打算购买橙汁时，都会考虑纯果乐。除此之外，无论消费者何时想喝饮料，或想寻找一种"解渴又健康"的饮料，他们都会想到纯果乐以满足自己的需求。任何一个果汁供应商的最大挑战是，把产品联系到早餐以外的其他饮用场合。为刺激佛罗里达州果汁行业而开展的行业活动使用了这样的标语："它不仅仅适用于早餐。"

对于纯果乐来说，重要的是消费者把产品联系到早餐以外的其他饮用场合。

资料来源：Keri Miksza.

品类结构　正如纯果乐例子中所提到的，要完全理解品牌回忆这一概念，就要理解什么是"品类结构"（product category structure），或者说要理解产品类别在记忆中是如何被组织起来的。通常，营销者可以假设产品按不同特性进行分层，并以此形成不同的产品群组。[2] 因此，消费者的脑海中通常是存在产品层次概念的，最上层的是产品信息，其次是产品类别信息，再次是产品型号信息，品牌信息位于最底层。

饮料市场可以作为一个典型案例，用于研究品类结构的问题，并检验品牌认知对品牌资产所产生的影响。图 3－3 描述了在消费者脑海中可能存在的层级图。首先，顾客会区分有味道和无味道的饮料类别（如水）。然后，他们再区分含酒精和不含酒精的有味道的饮料。非酒精类饮料再次分为热饮（如咖啡、茶）或冷饮（如牛奶、果汁或软饮料）；酒精类饮料也被进一步分为红酒、啤酒、蒸馏酒等。可能还有更细的分法，如啤酒这一类可分为无酒精啤酒、低度啤酒和高度啤酒，而高度啤酒还可再细分为不同的种类，如按照品种（麦芽啤酒或储藏啤酒）、酿造方法（冰制或干制）、服务方式（生啤或瓶装）、价格和质量（折扣、高级或特级）、来源或产地（进口 vs. 国产）等来进行划分。

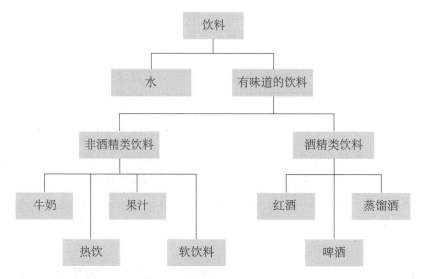

图 3-3　饮料品类层级图

在人们脑海中长期存在的品类层级，对品牌认知、品牌考虑集和消费者的购买决策有重要影响。比如，消费者经常采用自上而下的方式进行决策。首先要决定是购买水还是其他种类的饮料。如果消费者选择有味道的饮料，那么接下来考虑的则是选择酒精类或非酒精类饮料等。最后，消费者可能在感兴趣的品类中选择一个具体品牌。

品牌认知的深度关系到品牌在脑海中出现的可能性；品牌认知的广度则关系到品牌在脑海中出现的不同应用场景。一般而言，许多不同的消费场景都能与软饮料建立起联系。在任何时间、任何场合，消费者都可能会想到喝可乐，但想到酒类、牛奶、果汁之类饮料的消费场景则比较有限。

战略启示　产品层级不但关系到品牌认知深度，而且关系到品牌认知广度。换言之，品牌不但要争取获得顾客"第一提及"，还要在适当的时机出现在适当的场合。

品牌认知的广度经常被忽视，甚至一些领导者品牌也会被忽视。对于多数品牌而言，首要问题不是消费者能否记起该品牌，而是他们在什么地方、什么时候会想到该品牌，以及想起该品牌的容易程度和频率。许多品牌和产品在一些可能会使用的情境下被消费者遗忘或者忽视。对于这些品牌而言，提高销售的最佳路径也许不是改善消费者态度，而是增加品牌显著度和品牌认知广度，这样消费者可能会考虑使用该品牌，从而提升销量。

美国报税公司 H&R Block 一直致力于打造成消费者的首选品牌，随时提醒消费者纳税相关的事务，如与客户用餐、购置笔记本电脑或者换新工作等。[3]

换言之，在其他适当的消费场合中，试图改变消费者对品牌的现有态度，的确要比提醒消费者已有的品牌态度更加困难。

　　一个具有品牌认知的深度和广度的高曝光率品牌，可以促使消费者在不同场合都会想起这一品牌，并且产生购买行为。提高品牌显著度是建立品牌资产中至关重要的第一步，但往往并不是全部。在很多情况下，多数顾客还会考虑其他因素，如品牌含义或品牌形象。

　　创建品牌含义包括建立品牌形象，也就是品牌具有什么特点以及它在消费者脑海中所代表的含义。品牌含义来源于两类品牌联想：品牌功效和品牌形象。品牌联想可以直接形成，如顾客通过与品牌打交道的亲身经历；也可以间接形成，如通过广告或者其他信息渠道（如口碑）。

　　接下来将介绍品牌含义的两种主要类型——品牌功效和品牌形象，以及它们所包含的几个分支类型。

品牌功效

　　产品本身是品牌资产的核心。因为它影响消费者从他人那里获得的该品牌相关信息，也是公司品牌传播的信息来源，还直接影响消费者的体验。无论产品是有形产品、服务、组织还是个人，设计和提供能完全满足消费者需求和欲望的产品，是成功营销的先决条件。为了创建品牌忠诚和品牌共鸣，营销者必须确保消费者的产品体验至少符合其期望。在第 1 章提及过，无数研究表明，高品质的品牌财务绩效更好，带来的投资回报也更高。

赛百味

　　赛百味（Subway）定位为提供健康、美味的三明治，已经快速扩张为最畅销的快餐连锁店。与麦当劳、汉堡王类似的快餐品牌相比，赛百味采用双重定位的策略，一方面在口味上建立了品牌共同点，另一方面又在健康方面建立了品牌差异点。而与健康餐饮酒店和咖啡店相比，赛百味则是创建了健康的共同点和口味的差异点。赛百味最成功的午餐食品之一是 5 美元的三明治，这是由迈阿密的一位特许经销店主想出来的，并迅速推向市场，成为在经济困难时期那些手头拮据的消费者解决温饱的最好办法。强大的品牌功效及价值信息，使赛百味迅速扩大市场份额和消费群体。[4]

　　品牌功效（brand performance）是指产品或服务满足顾客功能性需求的程度。那么，如何客观评估品牌质量？某一产品或服务品类中的该品牌在多大程度上满足了消费者在实用、美学和经济方面的需求？

　　品牌功效超越了产品本身的成分和特点，还含有品牌差异化的维度。通常，最强势的品牌定位一定程度上依赖于品牌功效优势，并且品牌通常很少能克服产品功效差的缺陷。品牌功效一般包括如下五类属性和利益。[5]

　　1. 主要成分及次要特色。消费者通常对产品主要成分的性能水平（低、中、高或非常高）都有自己的看法，有些人对产品的特殊成分、专利情况还有一定的了解。某些属性是产品发挥效用或功能的必要成分，但有些补充属性则可以实现定制化或更多功能的个性化用途。当然，这些会随着产品或服务所属品类的不同而有所变化。

　　2. 产品的可靠性、耐用性及服务便利性。**可靠性**（reliability）衡量从一次购买到另一次购买期间产品性能的一致性，**耐用性**（durability）则是产品的预期经济寿命，**服务便利性**（serviceability）是指产品修复的方便程度。因此，影响产品功效感知的因素包括：产品交付和安装的速度、顾客服务的礼貌、友善程度，以及售后服务的质量和时间。

3. 服务的效果、效率及同理心。对于服务，顾客通常会产生与功效相关的联想。**服务效果**（service effectiveness）反映了品牌满足顾客服务需求的程度，**服务效率**（service efficiency）则反映服务的响应速度。此外，**服务同理心**（service empathy）是顾客认为服务提供者信任、关心和考虑其利益的程度。

4. 风格与设计。设计具有影响功效联想的功能。除了产品功能，顾客还可能对类似产品尺寸、形状、材料以及颜色等产品美学方面的因素产生联想。因此，品牌功效还与产品的感官因素相关，如产品给顾客的视觉和感觉，甚至包括产品带给消费者的听觉和味觉。

5. 价格。品牌的定价策略会在顾客心智中形成昂贵或者廉价的联想，以及该品牌是否经常打折促销等。价格是一个特别重要的功效联想，因为顾客会根据不同品牌的价格形成产品的品类知识。[6]

品牌形象

品牌含义的另一种类型是品牌形象。品牌形象与产品或服务的外在属性有关，也包括品牌满足顾客心理和社会需求的方式。品牌形象是指人们如何从抽象的角度，而不是从现实的角度理解一个品牌。因此，品牌形象更多的是指品牌的无形元素。顾客可以从自身经历中直接形成品牌形象联想，也可以通过广告等其他信息渠道（如口碑）间接形成品牌形象联想。一个品牌会有许多种无形资产，以下四类尤为重要：

1. 用户形象；
2. 购买及使用情境；
3. 品牌个性和价值；
4. 品牌历史、传承及体验。

以欧洲护肤品品牌妮维雅为例，其品牌形象非常丰富。妮维雅的无形品牌联想包括：（1）家庭/共享体验/母爱；（2）多用途；（3）经典/永恒；（4）童年记忆。

用户形象　一组品牌形象的联想来源于使用该品牌的个人或组织的类型。这种品牌形象一般会在现实用户或更多的潜在用户中产生心理图景。用户也许会把对典型或理想的品牌用户的联想建立在人口统计因素或者抽象的心理因素基础之上。人口因素包括以下几个方面：

● 性别。Venus 剃须刀和 Secret 体味清新剂深受女性的喜爱；而吉列剃须刀和 Axe 体味清新剂则受宠于男性。[7]

● 年龄。百事和安德玛试图把自己定位为比可口可乐和耐克更时尚、更年轻的品牌。

● 种族。Goya 食品和 Univision 电视网络是专为西班牙裔市场而设计的。

● 收入。Sperry 鞋、Polo 衫和宝马汽车已经成为年轻人、有钱人以及都市白领的宠儿。

心理因素或许包括对生活、职业、财产、社会问题、政治机构的态度。例如，一个品牌的使用者也许被认为是打破旧习的典范，或者是更为传统或者保守的人物。

在 B2B 的环境中，用户形象或许与组织的规模和类型有关。例如，把微软视为积极进取型的公司，把思科视为技术领导者。用户形象不仅集中于个人的特性，而且涉及消费群整体的感觉。例如，消费者会由于某个品牌被许多人使用而把它视为大众化的品牌或市场的领导者。

购买及使用情境 第二组联想来源于人们购买和使用品牌的场景。联想可以与渠道类型相关，如百货商店、专卖店或互联网；如果到特定的商店，是梅西百货、Foot Locker还是诺德斯特龙（Nordstrom）？ 也可以与购买和相关回报的便利程度（如果有的话）相关。

特定使用情境的品牌联想与使用该品牌的时间有关（某天、某周、某月或某年），与地点有关（室内还是户外），与在何种活动中使用有关（正式或非正式）。长期以来，比萨连锁店给人的主要联想是分销渠道、顾客购买和享用比萨，如达美乐比萨店以递送而出名，Little Caesar 以外卖出名，必胜客则因餐厅服务而出名——尽管最近几年这几个主要的竞争者都在传统的市场运作中受到了其他竞争者的威胁和冲击。

品牌个性和价值 通过顾客体验或营销活动，品牌也同样传递出个性特质或人类价值。品牌如人，会呈现"时尚""守旧""活力四射"或"怪诞"的个性。[8] 品牌个性的五个维度（包括相应的子维度）是：真诚（踏实、诚实、健康、开朗）、激情（勇敢、活泼、富有想象力、与时俱进）、能力（可靠、睿智、成功）、成熟（高端、有魅力）和粗犷（外向、坚韧）[9]

品牌个性是如何形成的？品牌的任何一方面，都可以被消费者用来推测品牌个性。一项研究表明，消费者对非营利企业的感知，较营利性企业更为"温暖"，但同时感觉能力不足，因此，消费者不太愿意选择购买非营利企业的产品。但是，当得到来自如《华尔街日报》这样的信用背书时，消费者会感知这类非营利企业的能力提高了，因此，购买的疑虑会被打消。[10]

尽管营销的方方面面都会影响到品牌个性，但是营销传播和广告的影响力或许最大，因为消费者会对广告中的用户或使用情境进行推断和判断。例如，公司可以通过人格化和产品动画技术，拟人化和品牌特性的运用，以及利用用户形象等（如 Abercrombie & Fitch 品牌服装模特的学生面孔）来赋予品牌个性特征。[11] 更普遍地，广告中代言人、创造性战略的风格以及广告所激发出来的感情或感觉等，都会影响品牌个性。一旦品牌个性形成，消费者就很难再接受与该品牌个性不相符的信息。[12]

此外，用户形象与品牌个性并非总是一致的。当顾客关注的重心是产品质量时，例如食品，品牌个性和用户形象之间并不紧密相关。品牌个性和用户形象两者之间存在差距也有其他原因，例如，在美国品牌发展的早期，巴黎水一度被认为是"高档的"和"时尚的"品牌，然而它的用户形象却与之并不完全一致，表现为"浮华的"和"流行的"。

然而，当用户形象和用途对消费者抉择来说举足轻重时，品牌个性和品牌形象往往会相互联系（如汽车、啤酒、白酒、香烟和化妆品等）。因此，这些消费者通常会选择和使用能表达自我概念的品牌，尽管有时这种表达自我仅仅是顾客理想中的形象，而并非实际中的形象。[13] 这些效应在公众场合使用的产品中表现得尤其明显，因为在这种情况下，品牌传递的信号更加重要。[14] 那些高度自我且对他人看法十分敏感的消费者，会选择那些品牌个性更适合消费情境的品牌。[15]

　　在高度竞争的品类中，用户及使用者形象通常很关键。凯悦酒店就是一家希望提升品牌个性和用户形象的公司。

　　品牌历史、传承及体验　最后，品牌历史及一些特定的重要事件容易产生顾客的品牌联想。这些类型的联想可能会经常回忆起个人的经历和往事，以及朋友、家人和其他人的过去。因此它可以是完全个人的，也可以是很多人共同拥有的。例如，在营销活动中，产品或包装的颜色、生产该产品的公司或人、产品的原产国、产品销售的商场类型、品牌赞助的事件、品牌代言人等，都会产生品牌联想。复古主题的包装和复古广告已成为各大品牌常用的策略，它们希望吸引年龄较大的受众，尤其是婴儿潮一代的消费者。

　　这些联想有助于创建强烈的差异点。在最近的经济大萧条中，Northern Trust 公司就是凭借其 130 多年的历史，以及历经数次金融低迷，而强化了值得信任和稳定的品牌形象，并留住了优质客户。[16] 此外，对于品牌历史、传统和体验的联想，会产生更加具体的品牌用户形象。[17] 极端的例子是，品牌成为多类联想集合的符号，并融入顾客永恒的希望与梦想。与品牌相关的服务或用户体验也可以成为其整体品牌形象的组成部分。品牌科学 3-1 的例子展现了良好的用户体验如何成为品牌形象不可或缺的部分。

品牌科学 3-1

用户体验如何定义品牌

　　根据一家咨询公司的顾客与品牌的相关性指数，亚马逊被列为相关性最强的品牌之一，且以在零售领域提供卓越用户体验而闻名。亚马逊通过对顾客购买各个方面细节（包括订单处置、产品交付、产品退货等）的关注，进行用户体验开发。亚马逊提升用户体验的一个关键方面是投资技术，比如顾客家中安装的平板电脑和智能音箱，都可以成为亚马逊更好理解顾客需求和行为的一种方式。

　　Alexa 是亚马逊的语音服务，支持亚马逊的 Echo 智能音箱。Alexa 等数字语音服务的出现代表着大型科技公司用户体验的逐步提升。亚马逊的 Alexa 使用机器学习和人工智能了解顾客的需求、偏好和行为，从而能够优化顾客在亚马逊购物或与苹果设备互动时的体验。无缝用户体验的另一项投资是亚马逊的 Prime 服务，它以 79 美元的低价为客户提供全年两天免费送货服务。Prime 顾客的年消费额高出 700 多美元，这让他们成为极具价值的顾客，几乎占亚马逊顾客群体 50%。因此，Prime 是亚马逊不断增长技术库中的一个利器，它为用户提供了无缝、无摩擦的良好体验。

　　这一现象并非亚马逊和苹果独有。优步、Lyft、网飞、Dropbox、Grubhub、猫途鹰和 Zappos 等公司都拥有纯数字品牌，它们重新定义了用户体验，并将其转变为一种无缝的、独一无二的体验。这种类型的用户体验是这些数字品牌的精髓所在。虽然技术是顾客与这些品牌互动时体验的关键因素，但同理心同样重要。下面是 Zappos 杰出用户体验的例子。

　　据说，一位 Zappos 的顾客在搬家时无意中把妻子的珠宝装进了一个空的 Zappos 盒子里，妻子对此毫不知情，把盒子寄给了 Zappos。Zappos 的员工在收到盒子后，立即意识到这是顾客弄错了，但他并没有把盒子直接寄回去，而是订了机票，亲手把盒子里的珠宝归还给这对夫妇。这样的做法在于公司授权员工代表公司行事，且将顾客的需求作为所有行为的中心。Zappos 成功获得了忠诚的顾客。

西南航空公司是另一家因致力于改善用户体验而备受赞誉的公司。其中一个关键是其顾客服务系统和流程与员工授权相结合。例如，西南航空一名乘客发现，她托运的手提箱的提手被损坏了。这名乘客本以为行李损坏索赔需要很多烦琐的文件，但事实正好相反。可以想象一下，当她被带到一个房间，被告知可以选择一个新的手提箱时，她会有多么惊讶。西南航空通过投资能够处理典型问题的系统和流程，授权员工处理顾客投诉，重新定义了航空业的用户体验。由此可见，卓越的用户体验已经成为品牌形象的重要组成部分。

资料来源：Megan Webb-Morgan, " Southwest Airlines: A Case Study in Great Customer Service, " February 22, 2017, accessed February 1, 2018; Southwest Airlines Co. (2018) " Southwest Airlines Again Among Fortune's Top10 World's Most Admired Companies, " January 19, 2018, *PR Newswire*, accessed February 1, 2018; Shep Hyken, " Southwest Airlines Customer Experience Leads to Loyalty, " January 9, 2016, *Forbes.com*, accessed February 1, 2018. Scott Davis, " How Amazon's Brand and Customer Experience Became Synonymous, " July 14, 2016, Forbes.com, accessed February 1, 2018; Eric Feinberg, " How Amazon Is Investing In Customer Experience By Reimagining Retail Delivery, " January 4, 2018, www.forbes.com/sites/forbescommunicationscouncil/2018/01/04/how-amazon-is-investing-in-customer-experience-by-reimagining-retail-delivery/#3164b3d42c2e, accessed April 5, 2018; Micah Solomon, " Three Wow Customer Service Stories From Zappos, Southwest Airlines and Nordstrom, " August 1, 2017, www.forbes.com/sites/micahsolomon/2017/08/01/three-wow-customer-service-stories-from-zappos-southwest-airlines-and-nordstrom/#355076582aba, accessed April 5, 2018.

与品牌功效或品牌形象相关的联想，都会变成与品牌本身相关联的各种联想。构成品牌形象和品牌含义构成的品牌联想有三个重要维度——强度、偏好性和独特性，它们是建立品牌资产的关键。如果品牌在这三个维度上都能表现优异，就能产生最积极的品牌响应，这是品牌高忠诚度的坚实基础。

创造强有力的、偏好的、独特的品牌联想对于营销者来说是一个巨大的挑战，但对于建立基于顾客的品牌资产而言，它又是必要前提。强势品牌通常都能在顾客中建立偏好的、独特的品牌联想。品牌含义有助于提高**品牌响应**（brand responses），或者说加深顾客对品牌的感知。品牌响应可能通过品牌判断或者品牌感受来区分，即是否源于"脑"或发于"心"。下面将介绍这些内容。

品牌判断

品牌判断（brand judgements）主要是指顾客对品牌的个人喜好和评估。它涉及消费者如何将不同的品牌功效与形象联想结合起来以产生不同的看法。顾客对品牌通常会形成种种不同的判断，但以下四个因素对判断的影响尤其重要：品牌质量、品牌信誉、品牌考虑和品牌优势。

品牌质量　品牌态度是指消费者对品牌的整体性评价，它是消费者选择品牌的基础。[18]消费者的品牌态度通常依赖于品牌的具体属性和利益。例如，消费者对希尔顿酒店的品牌态度，依赖于他们对这个连锁酒店是否有特定的联想，如地点的便利、房间的舒适、设计和外观、员工的服务质量、娱乐设施、用餐服务、安全和价格等。

消费者对品牌会形成一系列的品牌态度，但其中最重要的是感知质量、顾客价值及满意感。感知质量是品牌资产测量方法中的重要指标。在 Harris Interactive 机构所做的 EquiTrend 年度调查中，10 万名美国消费者要对汽车、科技和新闻媒体等涵盖 450 个品类的 4 000 个品牌进行数个维度的评分，EquiTrend 品牌资产指数由品牌熟悉度、品牌质量和购买意向三个关键因素组成，这三个因素决定了每个品牌的品牌资产评级。排名最高的品牌获得了 Harris 颁发的"年度品牌"奖。[19]

品牌信誉 顾客也可能会对品牌背后的公司或组织形成判断。**品牌信誉**（brand credibility）是指顾客根据专业性、可靠性和吸引力三个指标判断品牌可以信任的程度，具体有三个方面的含义：（1）该品牌是否具有能力和创新性？是不是市场的领导者（品牌专业性）？（2）该品牌是否可依赖，并把顾客利益放在重要位置（品牌可靠性）？（3）该品牌是否有趣，值得消费者付出时间（品牌吸引力）？换言之，品牌信誉反映了顾客是否认为品牌背后的公司或组织是优秀的，公司是否关心顾客及其消费偏好。[20]

联邦快递

联邦快递（FedEx）最早的广告"它绝对且肯定会在第二天就送达目的地"，强调的是快递的速度、能力和可靠。2011 年，联邦快递发起了名为"重要的解决方案"的品牌宣传活动，该活动提供了一个完美的平台，让联邦快递能够讲述该公司为客户解决问题（从送货到打印文件，或运送不寻常或特殊的物品）的各种方案。[21] 该公司希望客户将其视为一个值得信赖的合作伙伴，承诺在全球范围内提供可靠高效的运输服务。联邦快递经常在广告中使用幽默手法。在超级碗期间播放的联邦快递广告被消费者评为最令人愉快的广告之一。最近，联邦快递通过脸书和推特等社交媒体渠道扩大了客户参与和服务交付，从而提供了客户获得服务的各种不同方式。[22] 联邦快递还通过在线渠道进行内容营销，其中包括开发和分享内容，以加强与客户的联系。[23] 联邦快递的"在野外"内容营销活动鼓励照片墙上的粉丝在不同地点拍摄联邦快递的车辆，并挑选最吸引人的照片发布到照片墙上。通过这种方式，联邦快递在照片墙上获得了大量粉丝。也正由于这项活动，其粉丝数量增长近 400%。[24] 通过完美无缺的服务配送及创新无限的营销传播，联邦快递建立起品牌信誉的全部三个维度：专业性、可靠性和吸引力。[25]

品牌考虑 具有良好的品牌态度和品牌信誉固然重要，但如果顾客没有真正考虑购买或使用该品牌的话，那就意义不大。正像第 2 章所介绍的，品牌考虑取决于个体消费者是如何看待该品牌的，这是建立品牌资产的关键一步。无论消费者对品牌的评价和信任度有多高，只要消费者不认为它和自己有关系，就不会把它放进自己的考虑集备选，而是选择与品牌保持一定的距离。品牌考虑在很大程度上取决于企业在何种程度上创建作为品牌形象一部分的强有力的、偏好的品牌联想。

品牌优势 品牌优势是指顾客认为一个品牌比其他品牌更为独特的程度；换言之，顾客是否相信该品牌具有其他品牌所没有的优势？品牌优势对于建立紧密、积极的顾客关系来说举足轻重，而且在很大程度上依赖于独特的品牌联想的数量和属性，正是这些品牌联想构成了品牌形象。

品牌感觉

品牌感觉（brand feelings）是指消费者在情感上对品牌的反应。品牌感觉同样与由该品牌所激发出来的社会流行趋势有关。品牌的市场营销战略或其他手段能够激发起怎样的感觉？品牌是如何影响消费者对自己的感觉以及他们与别人之间的关系的？这些感觉可能是温和的，也可能是紧张的；可能是正面的，也可能是负面的。

例如，盛世长城广告公司（Saatchi & Saatchi）的凯文·罗伯茨（Kevin Roberts）认为，公司必须超越品牌，创建出"信任标识"，即成为消费者从感情上渴望和该品牌结合在一起的名称或符号，最终成为"挚爱品牌"。因为他认为，品牌仅仅受到尊重还远远不够。

在今天这个社会中，比较美好的事情都和尊重有关。可以把人或品牌，根据其是否受到喜爱或尊重描绘出多种关系。过去常见的情况是，受尊重得分较高通常能获胜，然而现在的情况是，受喜爱得分较高才能赢到最后。倘若我都不喜欢你的产品，我根本就不会在意。[26]

作为这一理念的信奉者，罗伯茨所要强调的观点是，"信任标识"真正属于那些钟爱该品牌的人，因此，情感联结至关重要。[27]

品牌所激发的这种情感可以在购买或使用该产品时强烈地感受到。研究人员把**移情广告**（transformational advertising）定义为改变消费者关于产品实际使用体验的广告。[28] 科罗娜啤酒（Corona Extra）通过其"瓶中的沙滩"广告而超越喜力（Heineken），成为美国市场进口啤酒的领导品牌，其设计的广告脚本"不同凡响"，把饮酒者至少从灵魂上带到了阳光明媚而又宁静的沙滩上。[29]

越来越多的公司正试图利用品牌激发消费者的情感。以下是品牌感觉的六种主要类型[30]：

1. 温暖感。品牌能让消费者有一种平静或安宁的感觉。消费者可能对该品牌怀有感伤、温暖或者是挚爱的心情。许多老字号品牌都能给消费者注入温暖的感觉，如美国Welch 果冻、桂格燕麦、Aunt Jemima 煎饼粉等。

2. 乐趣感。乐观情绪能让消费者感到有趣、轻松、开心、好玩、愉悦等。因卡通形象和主题公园，迪士尼品牌通常引起人们有趣的联想。微软的 Xbox 和 YouTube 也唤起了消费者与开心和娱乐相关的品牌联想。

3. 兴奋感。品牌让消费者充满活力，并感到他们正在做一些特别的事情。那些能唤起消费者兴奋感的品牌可以让他们感到欢欣鼓舞，觉得自己很酷、很性感。在很多年轻人看来，红牛是个令人充满兴奋感的品牌。

4. 安全感。品牌能给予消费者安全、舒适和自信的感觉。通过使用该品牌，消费者不再感到不安和焦虑。Allstate 保险及其"Good Hands"符号，State Farm 保险及其"身边的好邻居"广告宣传，Nationwide"站在你这一边"的口号，都能向消费者传递安全、安心和信任的感觉。

5. 社会认同感。品牌能够给消费者一种信念，觉得周围人眼里的自己看起来言行举止都很棒。这种认同要么源于其他人公开或不公开的对某品牌的直接认可，要么是自己使用了该产品。对于老一代消费者而言，凯迪拉克一度被视为能产生社会认同感的品牌。

6. 自尊感。品牌能让消费者觉得自己很优秀，他们会有一种自豪感、成就感或满足感。如对于多数家庭主妇而言，汰渍洗衣粉之类的品牌就是"能为家庭做最棒的事"的品牌。

上述六种感觉类型可分为两大类别：前三种类型的感觉是即时的和体验性的，其强度会不断增加；后三种类型的感觉是持久性的和私人的，其重要性会不断增加。

虽然源于大脑和心智的所有类型的顾客反应都可能出现，但是最终起作用的是这些反应的积极性有多大。此外，很重要的一点是，当顾客想到该品牌时，这种反应是可以马上产生的。对于品牌的判断和感觉，只有在顾客对该品牌具有积极反应时，才能影响到顾客的行为。

品牌共鸣

模型的最后一步聚焦于顾客与品牌建立的终极关系和认可水平。[31] **品牌共鸣**（brand resonance）指的是这种关系的本质，以及顾客感到与品牌同步的程度。具有高度品牌共鸣的品牌有哈雷 – 戴维森、苹果和亚马逊等。

品牌共鸣是通过顾客与品牌的心理联系的深度和强度来衡量的，同时也通过他们的行为形成的品牌忠诚来体现（如重复购买率、顾客搜寻品牌信息的程度以及其他忠诚的顾客群）。我们可以将品牌共鸣的这两个维度分解为以下四个方面：

1. 行为忠诚；
2. 态度依恋；
3. 社群归属感；
4. 主动融入。

行为忠诚　行为忠诚（behavioral loyalty）可以用重复购买同一品牌的数量或份额来衡量。品牌份额是指顾客购买一个品牌的频率及数量。从财务角度来看，品牌必须具有足够的购买频率和数量。

行为忠诚度高的顾客终身价值巨大无比。[32] 例如，一名通用汽车的忠实顾客在他的一生中能为公司创造 276 000 美元的财富（直接购买 11 辆以上的汽车，并会间接地把通用汽车的产品推荐给亲朋好友）。或者看看刚做父母的家庭，若每月花在尿不湿上的钱是 100 美元，以 24 ～ 30 个月计，则一个小孩的终身价值就是 3 000 美元。

态度依恋　行为忠诚对产生品牌共鸣来说是必要条件，但不是充分条件。[33] 一些消费者并不是出于必需而购买，而是因为只剩下该品牌的产品，或者消费者只买得起这种品牌等。然而，品牌共鸣要求强烈的个人**依恋**（attachment）。广义而言，顾客除了具有积极的品牌态度外，还会产生特殊的情感。例如，对某种品牌具有特殊偏好的顾客认为自己就是喜欢这种品牌，它能给自己带来满足感，甚至是属于自己的私人财产。

研究表明，仅有满足感是不够的。[34] 施乐公司发现如果用 1 分（完全不满意）到 5 分（十分满意）来衡量消费者满足感，那些认为公司的产品和服务可以得 4 分——即较满意——的消费者投奔其他竞争对手的可能性是选择 5 分的消费者的 6 倍。[35] 所以，要创造出更高的品牌忠诚度，还需要顾客对品牌产生更强烈的态度依恋，这可以通过营销战略、产品和服务来实现。此外，态度忠诚的消费者也可以成为品牌的传道者，这有助于巩固品牌资产。[36]

社群归属感　在社群（community）归属感方面，品牌对于顾客而言可能会具有更广的意义。[37] 对品牌社群的认同，反映了一种重要的社会现象。在品牌社群内，顾客基于品牌而相互之间形成关联。这些联系涉及品牌使用者，或者公司员工和公司代表。品牌社群可以是在线的，也可以是线下的。[38] 品牌备忘 3 - 1 描述了有助于创建品牌社群的三个参考案例。在忠实用户中形成强烈的品牌社群归属感，能产生积极的品牌态度和购买意向。[39]

品牌备忘 3 - 1

建立品牌社群

哈雷 – 戴维森

世界著名的摩托车公司哈雷 – 戴维森资助创办了哈雷车主俱乐部（Harley Owners Group，H.O.G.），该组织的成员来自世界各地的分会团体，他们共享一个简单的使命："驾驶和享受乐趣"。到 2017 年，H.O.G. 社群的成员已经超过 100 万，每人每年的花费约为 49 美元。加入 H.O.G. 有很多好处，包括定制哈雷 – 戴维森、订阅 H.O.G. 杂志、路边援助、安全骑行项目，以及能让会员在度假期间租用哈雷摩托车的 Fly&Ride 项目。

除了这些好处之外，H.O.G. 的所有者还为伤兵项目做出了贡献，成员可以通过 H.O.G. 网站进入特殊的社群（比如铁人精英）。更重要的是，社群促进了哈雷车主之间的经验分享，从而培养了更强烈的社群意识和更深的品牌参与度。该公司同样拥有自己的网站，提供包括地区俱乐部、各种活动以及针对会员的服务信息等。

丝芙兰

丝芙兰（Sephora）赞助了一个在线品牌社群，并设计了各种功能来使这个社群充满活力。例如，丝芙兰的品牌社群允许用户创建与其社会面貌和会员卡相关联的消费者账户，从而让公司了解消费者的购物习惯和媒体消费行为。丝芙兰的品牌社群（Beauty Talk）也鼓励消费者在线下积极互动。此外，丝芙兰还在自己网站推出了一个名为"美妆圈内人"的新数字社群平台，要求参与者设计自己的个人化妆资料，加入群组，与其他美妆圈内人士一起参加问答环节，并获得美妆专家的建议。

美妆社群平台的参与者可以与其他用户交换美容秘诀，从而建立兴趣群组。此外，还有一个互动式的"美容板块"，会员可以在其中发布自己的穿搭视频以及可供他人浏览的产品推荐。社群成员可以在购买时要求对方提供实时信息，这个社群可以通过丝芙兰应用程序访问。通过这些不同的功能创新，丝芙兰建立了一个美容爱好者社群，加深了消费者的品牌参与度。

吉普

除了全世界数以百计的当地吉普车爱好者俱乐部，吉普（Jeep）的拥有者能够驾驶该车纵横美国的偏远地区。自 1953 年以来的一个传统是，Jeep Jamborees 为吉普车拥有者和他们的家庭提供了两天特别的驾驶经历，他们可以在春季到秋季期间在美国境内 34 个不同的地方驾驶。驾驶地设置了障碍物，根据难度不同，障碍物被分成 1 ～ 10 分的等级。在庆祝公司成立 75 周年这一特殊时刻，他们改变了这个传统。吉普车主可以参与"我的吉普故事"的数字活动。在这次活动中，公司使用"我们不生产吉普，你们生产"的口号将消费者与该品牌联系起来，从而使其主题在广告中得到更广泛的使用。

"我的吉普故事"宣传活动的优势在于，它能够吸引顾客与该公司就品牌对他们的意义展开对话。该活动通过各种社交媒体渠道启动，包括照片墙、脸书和推特。粉丝们登录 www.jeep.com/myjeepstory 网站上传他们的故事视频。此次活动还包含夏日娱乐、军事鉴赏等"故事环节"。这种社交媒体上的故事分享，增加了品牌与消费者的互动。

综上所述，本文描述的品牌社群案例都有一个共同的主题：使现有的顾客成为品牌大使和品牌传播者。一家公司开发了一个名为"品牌参与指数"（PBI）的指标，来衡量一个品牌社群能够在多大程度上使成员参与到品牌中来。根据它的分析，苹果等品牌在PBI上得分很高，亚马逊、谷歌、网飞和宝马等品牌也是如此。根据PBI的评分，品牌在让顾客觉得自己是品牌社群一员的能力上，吉普排在第二名。

资料来源：Mailys Reslinger, "How Does Harley Davidson Gather Its Riders," May 26, 2015, https://potion.social/en/blog/the-phenomenon-of-harley-davidsons-online-community-study-case, accessed February 1, 2018; Jonathan Salem Baskin, "Harley-Davidson Will Be a Case History in Social Branding," July 12, 2013, Forbes.com, accessed February 1, 2018; FCA US LLC (2016), "Jeep Brand Launches Global "My Jeep Story" Digital and Social Campaign," PR Newswire, March 28, 2016, accessed February 1, 2018; Julian Thumm, "Sephora Learns the Importance of Online Brand Communities," October 12, 2015, PowerRetail, accessed February 1, 2018; BusinessWire (2017), "Sephora's New Beauty Insider Community Is Poised to Be the World's Most Trusted and Beauty-Obsessed Social Platform," August 17, 2017, accessed February 1, 2018; PR Newswire, Luttner, Kathryn (2017), "How Brands Like Jeep and Airbnb Get Their Fans to Do Their Marketing for Them," February 15, 2017, www.campaignlive.com/article/brands-jeep-airbnb-fans-marketing/1424286#vQJQpqGS8rUPfFLT.99, accessed February 1, 2018.

主动融入　最后，也许最显著的品牌忠诚度表现为消费者自愿投入的时间、精力、金钱以及其他超越购买该品牌所必需的花费。[40] 例如，消费者会选择加入与该品牌有关的俱乐部，接受产品和更新信息，与其他产品使用者或该品牌正式的或非正式的代表交换产品信息。很多公司正在致力于让消费者更容易买到其品牌的系列商品，这样消费者才能真正地表达忠诚度。

宝马

宝马公司15年前开始发展生活用品业务，旨在扩大品牌的知名度并提高品牌忠诚度。该生活用品事业部主要销售可移动的产品，包括自行车、儿童滑板等，这类产品的利润目标是7%，这和宝马公司汽车产品的利润目标一样。有近2 000多个产品出售，价格从39欧元的迷你雨鞋到2 750欧元的轻量级全碳型自行车。这些不是普通的产品，宝马79欧元的雪橇有可替换的金属滑条，滑雪板有悬挂系统，还有提醒行人的喇叭等。由宝马公司部分研发的宝马儿童玩具赛车价格为79欧元，用的是电池动力，有三种不同的型号。这个玩具赛车获得过几个设计大奖，并在纽约的主题式商场销售，一年销量达到60 000台。宝马在中国已成为第三大汽车销售商，它在中国开始生产汽车前一年就开了门店，销售其产品。2012年底，它在中国已有50多家宝马门店。[41]

消费者会选择去访问与品牌相关的网站，进入聊天室，或者参与讨论。在这种情况下，消费者会成为该品牌的福音传教士和大使，帮助传播该品牌的信息以及该品牌与其他品牌的联系和优势。强烈的态度依恋、社会认同，或者两者兼有，都对消费者的主动融入十分重要。

总的来说，品牌共鸣和品牌关系有两个维度：**强度**（intensity）和**行为**（activity）。强度是指消费者品牌态度依恋和品牌社群归属的程度；行为是指消费者购买和使用某品牌的频率，以及融入和购买与消费无关的活动的程度。

创建品牌的启示

品牌共鸣模型为品牌创建提供了路标和指导。它不仅为品牌提供了一个评定品牌建设成果进程的标准，而且提供了营销调研的指导。就后者而言，模型可用于品牌追踪，提供定量标准，对品牌建设的成效进行评估（见第 9 章）。表 3 - 1 包含一系列评估六个品牌创建阶段的可选标准。

表 3 - 1　品牌创建阶段的评估标准

Ⅰ. 显著度

你能想到哪些产品或服务种类的品牌？（逐渐增加具体品类的暗示）

你听说过这些品牌吗？

在什么样的情况下，你可能选择使用哪些品牌？

你想起该品牌的频率是多少？

Ⅱ. 功效

与同一品类的其他品牌相比，该品牌提供的产品或服务的基本功能如何？

与同一品类的其他品牌相比，该品牌满足产品或服务需求的情况怎样？

该品牌的特色表现在哪些方面？

该品牌的可靠性如何？

该品牌的耐用性如何？

该品牌的服务便利性如何？

该品牌的服务效果如何？是否能完全满足你的需求？

该品牌在服务速度、响应等方面的效率如何？

该品牌的服务人员是否有礼貌且能解决问题？

你觉得该品牌有多流行？

你在多大程度上喜欢该品牌的外观、感觉及其他设计方面？

与同一品类的其他竞争品牌相比，该品牌价格偏高还是偏低，或者相同？

与同一品类的其他竞争品牌相比，该品牌价格变动的频率偏高还是偏低，或者相同？

Ⅲ. 形象

你所钦佩和尊敬的人使用该品牌的程度如何？

你对使用该品牌的人感觉如何？

下列哪些词能较好地描述该品牌：实际、诚实、大胆、现代、可靠、成功、高档、迷人、适于户外？

哪些场合适合购买该品牌？

在以下情境中使用该品牌合适吗？

你能在很多地方买到该品牌吗？

这是你能在各种不同情境下使用的品牌吗？

该品牌能带来多少美好的回忆？

你觉得在多大程度上能伴随该品牌成长？

Ⅳ. 判断

质量

你对该品牌的总体感觉如何？

你对该品牌的产品质量有何评价？

该品牌在多大程度上能完全满足你的产品需求？

该品牌的价值如何？

信誉

该品牌的制造者是否拥有渊博的知识？

该品牌制造者的创新意识如何？

你在多大程度上相信该品牌的制造者？

续表

该品牌制造者有多了解你的需求？
该品牌制造者有多在意你的意见？
该品牌制造者在多大程度上记住了你的兴趣？
你在多大程度上喜欢该品牌？
你在多大程度上钦佩该品牌？
你在多大程度上尊敬该品牌？
考虑
你会将该品牌推荐给其他人吗？
在该品类中，你喜欢哪些产品？
该品牌与你本人有多大关系？
优势
该品牌有何独特之处？
该品牌在多大程度上具有其他品牌所没有的优势？
与同一品类的其他品牌相比，该品牌具有多大优势？
Ⅴ. 感觉
该品牌让你有温暖感吗？
该品牌让你有乐趣感吗？
该品牌让你有兴奋感吗？
该品牌让你有安全感吗？
该品牌让你有社会认同感吗？
该品牌让你有自尊感吗？
Ⅵ. 共鸣
忠诚度
我认为自己对该品牌是忠诚的。
无论何时我都会购买该品牌。
我会尽可能购买该品牌。
我感觉在这类产品中，该品牌是我唯一想要的。
该品牌是我更愿意购买 / 使用的品牌。
如果该品牌缺货而必须使用其他品牌，对我来说无所谓。
我会尽量使用该品牌。
依恋感
我真的喜爱该品牌。
如果该品牌消失的话，我真的会想念它。
该品牌对我来说具有特别的意义。
该品牌对我而言不仅仅是个产品。
归属感
我真的认同使用该品牌的人。
我几乎感到和该品牌的其他使用者属于同一个群体。
该品牌被像我这样的人使用。
我感觉和该品牌的其他使用者之间有很深的联系。
融入度
我真的愿意与其他人谈论该品牌。
我总是喜欢了解该品牌的更多信息。
我对贴有该品牌名称的商品感兴趣。
让他人知道我使用该品牌会让我感到自豪。
我真的喜欢在社交媒体上对该品牌发表评论。
我定期访问该品牌的脸书页面。
我喜欢浏览该品牌的网站。
与其他人相比，我会随时关注该品牌的新闻动态。

必须注意的是，品牌金字塔底层的核心品牌价值——品牌显著度、功效和形象——对于产品和服务来说，比其他品牌价值更具异质性和独特性。

品牌共鸣模型也强化了大量重要的品牌创建原则，接下来讨论其中六条特别需要注意的原则。

顾客拥有品牌　品牌共鸣模型的基本前提是，能正确衡量一个品牌实力的真正标准是消费者对该品牌的考虑、感觉和行动方式。最强大的品牌将是那些消费者强烈依恋、充满热情的品牌，以至于消费者会成为品牌的传教士。他们传播品牌的信息，分享他们的看法。因此，品牌的力量和它对于公司的最终价值，存在于顾客之中。

通过了解和体验品牌，顾客最终会以一种让公司从品牌资产中获益的方式思考、感受和行动。虽然营销者必须对设计和实现最大功效的品牌建设营销方案负责，但是最终决定营销是否成功的是顾客如何反应。同样，顾客的反应也有赖于他们头脑中的品牌知识。

品牌创建无捷径　品牌共鸣模型强调了品牌创建无捷径这个事实。伟大的品牌绝非偶然建立的，而是通过一系列紧密相关的步骤（外显或含蓄的）精心打造而成。外在的措施越清晰，目标越具体，营销者就会越关注，并尽最大努力创建品牌。因此，建立强势品牌的时间直接与形成充分的认知所花的时间成比例，而对品牌有信心是品牌资产的基础。

建立品牌的各个步骤不一定同等艰难。建立品牌认知能够在短期内通过有效的营销计划完成。遗憾的是，很多营销者都想跳过这个步骤，他们错误地认为快速建立品牌形象才是当务之急。对于顾客来说，理解品牌的优点和独特性是困难的，除非他们对"品牌想做什么"或"品牌的竞争对手是谁"这些问题有一定的了解。同样，对于顾客来说，在没有完全正确理解品牌的各方面情况与特征时，给予品牌高度肯定的回应是很难的。

即便由于市场环境因素，顾客开始重复购买该品牌产品或者对品牌表现出忠诚度，并不是因为他对品牌有很多潜在的感受、判断或联想。不过，其他品牌建立的阶段终将发生在某一时间从而产生真实的共鸣。虽然起点可能不同，但是运用相同的步骤进行品牌建设最终会创造一个真实的强势品牌。

品牌应该兼有二元性　基于顾客的品牌资产模型强调的重点是，强势品牌具有二元性，它同时作用于我们的头脑和心灵。因此，虽然可能有两种不同方法来建立忠诚度和品牌共鸣（一种是加强金字塔左边产品相关的功效联想，另一种是加强金字塔右边非产品相关的形象联想），但是强势品牌往往兼而有之。强势品牌通过产品的功效和形象，创造了丰富多样又互为补充的消费者反应。

通过理性和感性的吸引，强势品牌为顾客提供了多个与自己建立关系的接触点，同时降低了竞争的脆弱性。理性的关注可以满足功能性的需求，而感性的关注则可以满足心理或情感上的需求。将两者结合起来就可以让品牌立于不败之地。麦肯锡一项针对 51 个公司品牌的研究和上述结论一致。该项研究表明，在理性或感性方面都表现良好的品牌，对股东价值贡献更大，尤其是当两者相互配合时更是如此。[42]

品牌应具有丰富的内涵　品牌共鸣模型重点突出了与顾客建立品牌含义的可行方法，以及引起顾客共鸣的途径范围。一般来说，品牌含义的不同内容及由此产生的顾客响应，能产生顾客与品牌的强有力联结。构成品牌形象的不同联想，能强化、帮助提高对其他品牌联想的偏好度，也可能帮助增加独特性或弥补潜在的不足。根据品牌的二元性和丰富性，强势品牌既有广度，也有深度。

同时，没有必要期望品牌在其核心价值的所有维度及类别上均获得高分。品牌创建的阶段有自己的层级结构。比如，关于品牌认知，在通过满足需求或提供利益试图扩张品牌广度的战略之前，首要的是建立品类识别。至于品牌功效，在试图连接附加、更外围的联想之前，有必要首先将主要特性和相关特征进行关联。

同样，品牌形象一般由相当具体的、最初的使用者和使用者形象开始，随着时间的推移，导致更显著、更抽象的个性、价值、历史、传承和体验的品牌联想。品牌判断通常从积极的质量和信誉感知开始，这会影响消费者的品牌购买意愿，甚至最终可能影响其对品牌优势的评估。而品牌感觉通常从体验性（如温暖感、乐趣感和兴奋感）和内在性（如安全感、社会认同感和自尊感）开始。最后，品牌共鸣还有一个清晰的排序，行为忠诚度是起点，而态度依恋或社群归属感对于主动融入则必不可少。

品牌共鸣是重要的焦点　如图 3-1 所示，品牌共鸣位于品牌共鸣模型的金字塔塔尖，是营销决策的焦点和重点。在创建品牌时，营销者应该以品牌共鸣为目标和手段，来诠释与品牌相关的营销活动。问题是营销活动在多大程度上会影响品牌共鸣的关键维度——顾客忠诚度、态度依恋、社群归属感或者对品牌的主动融入？建立品牌功效、品牌联想、顾客判断和顾客感觉的营销活动，能否支持品牌共鸣的这些维度？

顾客网络增强品牌共鸣　虽然由顾客网络组成数字平台（如 Dropbox 的顾客平台）的现象相对较新，但顾客网络可以成为建立品牌共鸣资源的想法由来已久。例如，安利等公司多年来一直利用顾客间的互动来强化自己的品牌。

近年来，许多数字原生品牌依靠顾客关系网络，得到了许多积极的结果，比如吸引新顾客和加深与现有顾客的关系。通过同伴引荐招募新顾客是更有效的方法，事实证明，与传统广告相比，顾客更容易接受同伴分享的信息和行为。[43] 此外，该平台可以成为公司与顾客共同发起各种倡议的宝贵来源。

例如，可以共同创建产品和品牌内容，使公司在高层次上与平台用户进行互动。共同创造的过程也增加了消费者对品牌的认同，增强了消费者对品牌的共鸣。[44]

必须承认，事实上，要顾客对购买和消费的所有品牌都形成一种密切的、积极的忠诚关系是不可能的。因此，一些品牌相比其他品牌对顾客更有意义，部分原因是其产品或服务的本质、顾客的特征等。如果品牌很难创造一系列不同的感觉和联想时，可能无法获得像积极融入那样的更深层次的品牌共鸣。不过，如果营销者能将品牌忠诚作为一个广义的概念，更全面地看待品牌与消费者之间的关系，或许可以通过定义品牌的适当角色，达到品牌共鸣的较高境界。

▌3.2　品牌价值链

确定品牌定位和建立品牌共鸣对营销目标至关重要。为更好地理解营销投入的投资回报率，了解另一个工具也非常必要。**品牌价值链**（brand value chain）是一种评价哪些营销活动创造品牌价值，以及评价品牌资产的来源和结果的结构化方法。[45] 品牌价值链表明，组织中有许多人能够潜在地影响品牌资产。这些人必须认识到这种潜在影响所带来的品牌效应。品牌经理、首席营销官、总经理和首席执行官都可能需要不同类型的信息，品牌价值链可以为他们提供洞见。

品牌价值链有几个基本前提。与品牌共鸣模型一样，它假定品牌价值最终源于顾客。根据这一思想，模型的第二个假设是，品牌价值创造过程始于公司投资于某一项针对实际或潜在顾客的营销方案（阶段 1）。然后，相关的营销方案会影响顾客心智——即顾客对品牌的所知所感——就像品牌共鸣模型所反映的一样（阶段 2）。大量顾客所形成的心智会在市场上形成品牌业绩——也就是有多少顾客，在何时购买，以及为品牌所支付的价格是多少，等等（阶段 3）。最后，投资者注意到该市场业绩，以及其他一些置换成本、并购价格等因素，然后达成股东总体价值评估，并专门评估品牌价值（阶段 4）。

这个模型同时也预设了介于这些阶段当中的一些相关因素。这些相关因素决定了在某一阶段所创造的价值能够转移或是增值到下一阶段的程度。三个增值过程调节着营销项目和接下来的三个价值阶段，这三个价值阶段分别是活动质量增值阶段、顾客增值阶段和市场增值阶段。品牌价值链模型在图 3-4 中进行了描述。下面我们将详细描述这个模型的组成部分（如价值阶段和增值因素），并提供有关正面和负面的增值效果的例子。

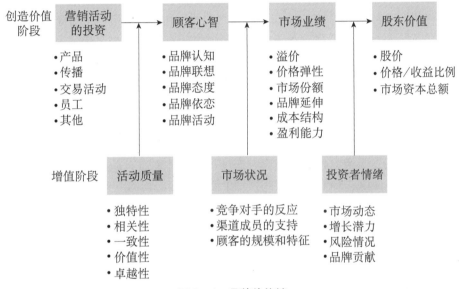

图 3-4 品牌价值链

价值阶段

品牌价值创造始于公司所采取的营销活动。

营销活动投资 凡是能够对品牌价值发展做出贡献的营销活动投资，不管是有意的还是无意的，都属于第一个价值阶段。第 4～8 章概述了许多这种营销活动，如产品研发与设计、商业或中间商支持性活动、营销传播（包括广告、促销、赞助、直接和互动营销、人员推销、公共关系以及员工培训等）。然而，大量的投资并不能保证品牌价值创造的成功。营销活动投资能够沿着价值链进一步转移或是增值的能力，取决于经由活动增值过程的营销活动及其定性方面。

活动质量增值过程 营销活动影响顾客心智的能力，取决于该活动投资的质量。在本书中，列举了多种判断营销活动质量的方法。为便于记忆，其中关键性原则单词的首字母可以缩写为 DRIVE，具体阐述如下：

1. 独特性（distinctiveness）：该营销活动的独特性如何？创新性或差异性怎样？
2. 相关性（relevance）：对于顾客而言，营销活动的意义有多大？消费者认为该品牌是经过深思熟虑的吗？

3. 一致性（integrated）：营销活动前后一致并很好地融合在一起吗？营销活动的各个方面能否结合到一起，从而产生最大的影响？目前的营销活动能否与以前的营销活动有效地衔接，妥当地对持续性和变化性进行平衡，从而把品牌引入正确的方向？

4. 价值性（value）：该营销活动能创造的短期价值和长期价值分别是多少？短期内是否能提升销量？长期内能否建立品牌资产？

5. 卓越性（excellence）：单个的营销活动能否符合最高标准？具体某类营销活动能否反映公司愿景？

毫无疑问，经过仔细设计和实施的、与顾客高度相关的、具有独特性、较好整合的营销活动，很有可能从该活动的支出中获得巨大的投资回报。例如，尽管没有可口可乐、百事、百威等饮料巨头花的钱多，但是加利福尼亚州乳品加工理事会通过精心设计和执行的"喝牛奶了吗？"活动，扭转了长达十年之久的加利福尼亚州牛奶消费下降的趋势。

另一方面，许多营销者发现昂贵的营销活动并不一定能够带来销售额，除非营销方案是精心构思的。例如，尽管有大量的营销支持，但是由于目标不明确和没有很好地执行营销活动，米狮龙、美汁源、七喜等品牌多年来销售额明显下降。

顾客心智 营销方案的实施使顾客出现了哪些变化？这些变化是如何在顾客的心智中体现出来的？

请记住一个事实，顾客的心智包括存在于顾客思维当中任何与品牌相关的所有事物：思想、感情、经历、形象、感知、信念、态度等。总体而言，品牌共鸣模型包括顾客心智的很多方面。下面以"5A"概括共鸣模型中测量顾客心智的五个重要维度：

1. 品牌认知（brand awareness）：指顾客的品牌回忆、再认的容易程度，以及顾客根据相应的品牌联想，识别产品和服务的程度。

2. 品牌联想（brand associations）：对这个品牌所感知到的属性和利益的强度、偏好性及独特性。品牌联想通常代表品牌价值的主要来源，因为正是通过品牌联想这种方式，顾客感到品牌能够满足他们的需要。

3. 品牌态度（brand attitudes）：关于品牌质量和品牌满意度的总体评价。

4. 品牌依恋（brand attachment）：顾客对品牌的忠诚程度。依恋或忠诚最强烈的状态是顾客拒绝品牌转换，这提高了品牌应对产品或服务失败等负面新闻的能力。在极端的情况下，依恋甚至能够变成一种嗜好。

5. 品牌活动（brand activity）：顾客使用品牌，与他人谈论品牌，搜索有关品牌信息、促销及事件等的程度。

这五个维度与品牌共鸣模型很容易发生关联，如认知和显著度之间，联想和功效、形象之间，态度和判断、感觉之间，依恋、活动和共鸣之间。在品牌共鸣模型中，价值的五个维度存在着明显的层次。品牌认知支撑着品牌联想，品牌联想驱动品牌态度，由此又导致了品牌依恋和品牌活动。当顾客产生或面对：（1）深刻的、宽泛的品牌认知；（2）强有力的、良好的、独特的共同点和差异点；（3）积极的品牌态度；（4）强烈的品牌依恋和忠诚；（5）高水平的品牌活动时，品牌价值就产生了。

就创建品牌资产和品牌价值而言，形成适当的顾客心智是十分关键的。1998年，AMD 公司和 Cyrix 公司发现：尽管它们生产的微处理器与英特尔公司的微处理器在性能方面不相上下，然而两家公司均未能获利。原因是此时两家公司在顾客心目中都缺乏强烈的品牌形象，导致计算机厂商不愿采用这些新的芯片。同时，在消费者和顾客当中所取得的成功，并不一定能转化为市场上的成功，除非还存在其他条件。在下一个阶段，顾客心智创造价值的能力，取决于我们称之为市场增值过程的外部因素，下面讨论这一内容。

市场增值过程　除了消费者个体，顾客心智影响市场业绩的程度，还取决于以下三个因素：

1. 竞争优势：竞争品牌的营销投资有效性如何？
2. 渠道和其他中间商的支持：各种营销伙伴所推行的品牌强化和推销努力的程度怎样？
3. 顾客的规模和情况：有多少顾客、什么类型的顾客被品牌所吸引？其盈利性如何？

当竞争对手没能形成明显的威胁，当销售渠道成员和其他中间商提供了强有力的支持，当一定数量的可盈利顾客被这个品牌吸引时，顾客心智所创造的价值将会转化成为良好的市场业绩。

品牌所面临的竞争环境会对它的命运产生深刻影响。例如，耐克和麦当劳都分别从其主要竞争对手锐步和汉堡王的营销危机中获利。后面的这两个品牌都因无数次在重新定位和管理上的变革而遭受损失。此外，尽管万事达的广告活动广受好评，它在过去的十年中不得不与两个强势品牌威士和美国运通竞争，面临着夺取市场份额的攻坚战。

市场业绩　正如第 2 章中所解释的，顾客心智以六种方式和市场相互作用。前两个与溢价、价格弹性有关。消费者愿意为品牌额外支付多少？当价格上涨或下降时，这种品牌的产品需求会减少或增加多少？第三个维度是市场份额，用以评估驱动这种品牌销量的营销项目成功与否。总的来说，这三个维度决定了该品牌的直接收入。品牌价值由更高的市场份额、更大的溢价，以及对价格下降更富有弹性和对价格上升更缺乏弹性而得以创造。

第四个维度是品牌延伸，指某品牌通过产品线和品类扩展，以及相关品类的新产品进入市场。品牌延伸衡量了品牌增加收益的能力。第五个维度是成本结构，或者更准确地说，是由于品牌成功占据顾客心智而减少的营销费用。当顾客对一个品牌已经具有积极的评价和丰富的知识时，在同一个营销费用水平下的任何营销方案都将更加有效；或者说，由于广告更容易记住、销售效率高等原因，获得相同的效果只需要更低的成本。上述五个维度共同作用就带来了品牌的盈利性，即第六个维度。

这一阶段创造的品牌价值带来的股票市场表现受到一些外部因素的影响，投资者情绪就是这个阶段重要的外部影响因素。

投资者情绪　金融财务分析专家和投资者在进行品牌评估和投资决策时要考虑许多因素，包括：

● 市场动态：从整体上讲，金融市场的动态性指标有哪些（如利率、投资者的情绪、资金的供给）？

● 增长潜力：品牌及其所处行业的增长潜力和前景如何？例如，构成公司经济、社会、物质和法律环境的有利因素有何帮助作用？不利的外部因素有何阻碍作用？

● 风险情况：品牌面临的风险是什么？对于那些推动和约束因素来说，品牌受到攻击的情况怎样？

● 品牌贡献：品牌对于公司的品牌组合有多重要？

如果公司在一个非常健康的行业中运作，没有巨大的环境阻力或阻碍，品牌对公司的收益做出巨大贡献，且具有光明的前景，该品牌在市场中创造的价值就很容易在股东价值中反映出来。

从一个强有力的市场增值过程中获益的明显例子——至少一段时间内——是世纪之交成长起来的大量互联网品牌，比如 Pets.com，eToys，Boo.com 和 Webvan。然而，它们市场业绩（实际上是负面的）中的巨大溢价很快就消失了，有时甚至连整个公司都在瞬间消亡！有时候，强大竞争对手的进入会威胁到企业的生存。例如，Dropbox 是提供在线存储解决方案的先驱，但云计算的发展造就了众多强大的竞争对手，包括谷歌、苹果和微软，所有这些公司现在都提供文件存储应用程序，而且这些程序与它们的其他应用程序能够同步。[46]

另一方面，许多公司痛斥了它们所认为的市场低估。例如，像科宁这样重新定位的公司发现，由于投资者根深蒂固的观念，他们很难认识到公司现在真正的市场价值。器皿和炊具是科宁公司过去的传统业务，如今则是更多强调通信、平面仪表盘，以及与环境、生命科学和半导体相关的产业。

股东价值　基于品牌当前可用和预期的所有信息，以及其他许多因素，金融市场能够形成意见并做出对品牌价值有直接财务含义的各种评估。三个尤为重要的指标是股价、价格/收益比率，以及公司的整个市场资本总额。研究表明，强势品牌不但能为股东带来丰厚回报，而且风险更小。[47]

营销启示

根据品牌价值链，营销者首先通过对营销活动的科学投资创造价值，然后尽可能地使活动、顾客、市场增值过程最大化，从而把投资转变为财务收益。品牌价值链还提供了一种结构性方法，让经理们了解价值创造的阶段、方式以及流程的改进。对于组织的不同部门和成员而言，某些阶段具有重要意义。

品牌经理和品类营销经理可能对顾客心智和营销活动对顾客的影响比较感兴趣。另一方面，首席营销官可能对市场业绩和顾客心智对实际市场行为的影响比较感兴趣。最后，董事或首席执行官很有可能对股东价值和市场业绩对投资决策的影响比较感兴趣。

品牌价值链能带给我们一系列启示。第一，价值创造始于对营销活动投资，因此，创造价值必要而非充分的条件是资金充足、设计良好、执行严格的营销活动。营销者不劳而获的情况是很少见的。

第二，创造价值不仅仅要求最初的营销投资。三个增值过程中的每一个过程都能够在向下一个过程转变过程中增加或减少市场价值；换句话说，价值创造也意味着要确保价值从一个阶段向另一个阶段的转移。遗憾的是，在很多情况下，一些能够阻止价值创造的因素在很大程度上是营销者无法控制的（比如投资者的行业情况）。认识到这些因素的不可控性，有助于正确分析一个营销项目对创造品牌价值的成功或失败的影响程度。正如教练不应该对主要运动员受伤或因财政困难而很难吸引到顶尖运动员之类的不可预测的情况负有责任一样，营销者也没有必要对某种市场力量和市场动态变化负责。

第三，正如 9 ～ 11 章中所描述的，品牌价值链为追踪价值创造提供了一张详尽的路线图，这张路线图能够为营销调研提供方便。每个阶段和增值过程都有一套相应的评估方法。总的来说，有三个主要的信息来源，并且每一个信息来源都接近于某一阶段或某一增值过程。首先，营销活动投资直接来源于营销计划和营销预算。顾客心智和项目增值过程都能够被通过定性和定量的顾客分析进行评估。市场业绩和顾客增值过程都能够通过市场浏览和内部的会计记录来了解。最后，股东价值和市场增值过程都能够通过投资者分析和采访来评估。

对品牌价值链进行一些变动，就能够提高它的相关性和适用性。第一，存在一些反馈回路。例如，股价对员工士气和激励有着很重要的影响。第二，在一些情况下，价值创造并不会像上面所描述的那样按顺序发生。例如，股票分析家可能以个人身份或公众身份对品牌的广告活动做出反应，或是在他们的投资评估当中分析这些反应。第三，某些营销活动可能会有一些离散的效果，但是这些效果能够在长期中显示出来。例如，慈善营销或社会责任营销活动经过很长的时间后，可能会逐渐影响顾客或投资者情绪。第四，应该认识到品牌价值链的一些评估方法和差异性都是很重要的。例如，一个特定的品牌可能只在非常小的顾客群当中得到非常高的分数。

………|　**本章回顾**　|………

三个相互关联的模型不但能定性地指导通过营销活动进行品牌规划，而且还能定量地测量出营销效果（如图3-5）。第2章介绍了品牌定位模型，本章则详细介绍了第二个和第三个品牌规划的工具，即品牌共鸣和品牌价值链模型。

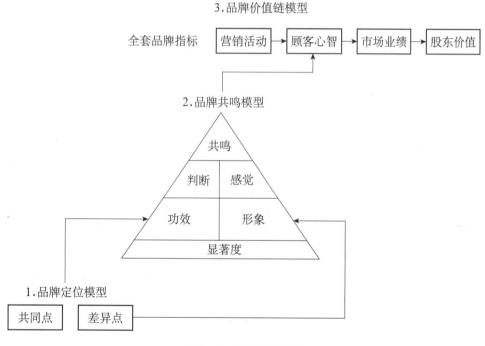

图 3-5　品牌规划模型

品牌共鸣模型给出了创建强势品牌的步骤：（1）建立适当的品牌识别；（2）创造合适的品牌含义；（3）引起顾客对品牌的正面响应；（4）创建品牌与顾客之间适当的关系。特别地，根据这个模型，创建强势品牌包含建立品牌认知的广度和深度；创造强有力的、偏好的和独特的品牌联想，引起积极的、可获得的品牌响应；建立密切的、积极的品牌关系。

完成这四个步骤涉及六个品牌创建阶段：品牌显著度、品牌功效、品牌形象、品牌判断、品牌感觉和品牌共鸣。

最强势的品牌在这六个方面都表现优异，并且完全执行品牌建设的四个步骤。在品牌共鸣模型中，当所有其他的核心品牌价值与消费者的需求保持同步时，品牌建立的最有价值的阶段——品牌共鸣就产生了。换句话说，品牌共鸣反映了顾客和品牌之间完全和谐的关系。通过真实的品牌共鸣，顾客与品牌的紧密关系显示出顾客对品牌有高度的忠诚，以至于顾客积极寻找与品牌互动的方式，并与其他人分享他们的体验。能够与顾客实现共鸣的公司可以收获许多利益，例如，得到更好的溢价和使营销方案更加有效。

因此，品牌共鸣模型的基本前提是，品牌强度的衡量取决于顾客对品牌的想法、感觉和行动。获得品牌共鸣需要激起顾客对品牌适当的认知评价和情绪反应。根据品牌功效和品牌形象联想建立品牌识别和创造正确的品牌含义是非常必要的。具有正确的品牌识别和品牌含义，能使顾客确信品牌与自己相关，并且"是我喜欢的类型"。实际上，最强势的品牌能够使顾客对其充满依恋及热情，成为该品牌的传教士，试图与他人分享对该品牌的信念，并传播该品牌的信息。

品牌价值链是一种追踪品牌价值创造过程的方法，以便能更好地理解品牌营销支出和投资的财务影响。从顾客的角度看，品牌价值链假设当公司投资于以实际和潜在顾客为目标的营销项目时，品牌价值创造过程就开始了。任何潜在的能够归结到品牌价值发展的营销活动投资都能归入这个类别，例如，产品研发、设计，交易或中间商的支持，营销沟通等。

然后，与这个项目相关联的营销活动会影响有关品牌的顾客心智——顾客对这个品牌的了解程度和感觉。顾客心智包括存在于顾客头脑中有关一个品牌的所有事物：思想、感情、经历、形象、感知、信念和态度等。与品牌共鸣模型一致，评估顾客心智尤其重要的五个主要维度是：品牌认知、品牌联想、品牌态度、品牌依恋和品牌活动（或经验）。

顾客心智以多种方式影响顾客在市场中的反应。这种反应的六个主要结果是价格溢价、价格弹性、市场份额、品牌延伸、成本结构和品牌盈利性。基于对品牌过去、现在和未来几个阶段的全面了解，并考虑一些其他因素，金融市场会形成意见，并做出对品牌价值有直接财务含义的评价。三个尤为重要的指标是：股价、价格/收益比率、市场资本总额。

模型同时假设有许多相关因素会影响这些阶段。这些相关因素决定了在一个阶段所创造的价值转移或"累积"到下一阶段的程度。因而，有三个增值过程用来调节价值在营销活动之间以及随后三个阶段的转移：活动增值过程、顾客增值过程、市场增值过程。

一旦确定进行品牌规划，就要通过实际的营销活动建立、强化或维系品牌联想。本书第Ⅲ篇的第4～8章将介绍如何在创建品牌过程中设计营销方案。

········| **问题讨论** |········

1. 选择一个品牌，试着分析其品牌资产的来源，评估品牌认知的水平和品牌联想的强度、偏好性、独特性。
2. 你与哪些品牌有最大的共鸣？为什么？
3. 每个品牌都能实现顾客共鸣吗？为什么？
4. 选择一个品牌，评估该品牌在多大程度上获得了品牌资产的各种利益。

5. 你觉得哪家公司在管理顾客方面做得较好？为什么？

6. 你能想到一些具有强大品牌影响力的数字平台（如猫途鹰、爱彼迎）吗？你能找出它们成功的关键因素吗？

品牌专题 3.0

创造顾客价值

如今，许多公司更加重视顾客的潜在价值和实际价值，并通过设计营销方案优化顾客价值。顾客品牌关系是品牌共鸣和建立强势品牌的基础。多年来，营销者已经意识到顾客以及顾客导向的重要性。基于顾客的品牌资产概念自始至终强调，品牌的力量存在于消费者和顾客的心智之中。

然而，依然有许多公司因为没有聚焦顾客而付出代价，甚至连大公司也会犯错。例如，苹果、三星和通用电气等公司一直致力于把重点放在顾客身上，然而其他公司在关注顾客方面则没有这么成功。比如，惠普虽然曾经有过关注顾客并获得成功的记录，但自 2000 年以后，它从创新的市场领导者变得更像一个市场跟随者，专注于提升效率和成本削减。连续更换 CEO 并没有缓解惠普的问题，缺乏以顾客为中心的创新进一步影响了公司的发展。[48]

并非只有惠普公司认识到顾客体验的财务价值，许多公司现在已对潜在和现实顾客的财务价值进行定义，并着手设计营销方案，以优化顾客价值。

顾客资产

许多公司已经推出了顾客关系营销方案，以优化和顾客的交流互动。一些营销学者鼓励公司正式定义和管理顾客价值，这使顾客资产的概念变得非常重要。顾客资产的定义有多种，其中一个将其定义为"所有顾客终身价值的总和"。[49]顾客终身价值（customer life value，CLV）受到收益和成本（包括吸引、维系顾客与交叉营销）的影响。关于顾客资产，已有多种不同的定义和方法，以下列举几个。

布莱特伯格和戴顿　他们将顾客资产定义为，用于吸引顾客和维系顾客两者花费之间的最佳平衡点。[50]

他们计算顾客资产的方法如下：

首先，在抵消公司固定成本的前提下，计算顾客预计生命周期内一生的预期贡献值。然后，根据公司对营销投入的目标回报率，对预期的贡献值进行贴现以计算出其净现值。最后，将贴现值和所有的预期贡献值进行加总。

作者的结论如下：仅仅关注顾客获取或顾客保留可能是错误的。相反，通过适当平衡获得和留住顾客所作的努力以实现顾客资产最大化的目标，应该成为公司用来控制其整个营销方案的导向。

他们提出，使顾客资产最大化的八个要点是：

1. 首先对高价值顾客进行投资。

2. 从产品管理转向顾客管理。

3. 考虑如何通过附加销售和交叉营销增加顾客资产。

4. 寻求降低获取顾客成本的方法。

5. 追踪营销方案中顾客资产的增加和损失。

6. 使品牌与顾客资产联系起来。

7. 监测留住顾客的内在能力。

8. 为获得和留住顾客，制定两个单独的营销规划，或者甚至建立两个营销部门。

拉斯特、蔡特哈姆尔和雷蒙　他们将顾客资产定义为一个公司顾客基础的终身贴现价值。[51] 根据他们的观点，顾客资产由以下三个要素及其关键驱动因素组成：

● 价值资产。是指基于放弃和获得的感知，顾客对某一品牌效用的客观评估。价值资产的三个驱动因素是质量、价格和便利。

● 品牌资产。是指顾客对品牌主观的无形评价，超出客观感知的价值。品牌资产的三个关键驱动因素是顾客品牌认知、顾客品牌态度和顾客对品牌伦理的感知。

● 关系资产。是顾客与品牌联结的倾向性，超出对品牌本身价值的主客观评价。关系资产的四个关键驱动因素是忠诚度计划、特殊再认和处理计划、社群建设项目和建立知识体系的计划。

注意：这里品牌资产的概念不同于本章提及的基于顾客的品牌资产的定义，后者聚焦于强势品牌营销活动的差异化反应。

拉斯特（Rust）等人还提出，顾客资产的三个要素依据公司和行业的重要性不同而有所区别。例如，低介入度购买的决策程序简单（如面巾纸），产品可见度高，与该类产品相关的经验容易从个人传递到其他人，或从这一代传递到下一代。有时在消费之前难以评估产品的质量，这种情况下品牌资产将更加重要。另一方面，在 B2B 环境下，价值资产则更加重要，而对于向同一顾客群体出售多种产品和服务的公司来说，关系资产更重要。

拉斯特及其同事倡导下列以顾客为中心的品牌管理指南，这有别于现行的管理惯例：

1. 品牌决策服从于顾客关系决策。

2. 围绕细分市场顾客而不是其他建立品牌。

3. 尽可能使品牌精准。

4. 在顾客需求的基础上进行品牌延伸。

5. 开发潜能和心智，使顾客能转向公司的其他品牌。

6. 不要逞能，试图挽救无效的品牌。

7. 改变品牌资产的评估方法，计算到消费者个体层面。

库玛及其同事的定义

库玛（Kumar）及其同事的一系列研究探讨了关于顾客终身价值的诸多问题，以及公司在获取顾客和维系顾客两者之间如何分配销售预算的问题。[52] 他们认为不同渠道的营销接触，对顾客终身价值的影响呈非线性关系。以终身价值为基础挑选出来的顾客，比以其他为基础挑选的顾客，在未来期间能贡献更高的利润。库玛等人还发现，每个顾客对于公司的终身价值贡献不同，并且，对于顾客终身价值估算方法的不同取决于公司的应用。他们还发现，其包括顾客终身期限内预期利润的研究框架，比传统方法（如频率、货币价值和顾客过去的价值）得出的框架要好。

将顾客权益与股东价值挂钩

一系列的研究旨在将顾客权益的概念与公司在股票市场上的价值联系起来。格普塔、莱曼和斯图尔特（Gupta，Lehmann and Stuart）展示了利用公司顾客权益（所有顾客的价值总和）来推算公司股票市值的可行性。库玛和沙阿（Shah）的研究也证实了顾客资产和公司价值之间的联系。[53] 另一项研究提出可以利用顾客权益替代市场资本化，并通过网飞的深入案例研究证明了这种方法的有效性。[54] 此外，研究人员提出了一种新的衡量标准，即顾客推荐价值（CRV），它源于这样一种观念，即顾客对公司的价值不仅取决于顾客的交易，还取决于他们推动口碑的能力。[55]

顾客资产和品牌资产的关系

品牌资产管理与顾客资产管理之间存在诸多不同。采用矩阵图可以将两者结合起来，以公司所有的品牌作为纵轴变量，以购买这些品牌的不同顾客群体作为横轴变量（见

图 3-6），高效的品牌管理和顾客管理是同时考虑两者以达到最佳营销方案的状态。事实上，学者们已经提出，管理品牌资产和顾客资产可以带来丰厚的回报。[56]

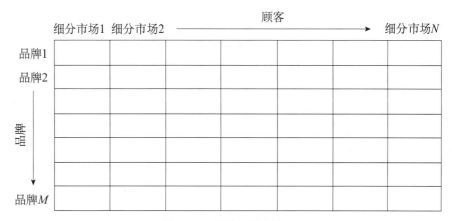

图 3-6　品牌和顾客管理

顾客资产和品牌资产之间的差异

随着顾客资产和品牌资产两者概念的发展及其在实践中的应用，两者强调的重点逐渐有所不同（见图 3-7）。顾客资产更多地强调由顾客创造的财务价值，其明显的利益是具有可量化的财务绩效。然而，在计算顾客资产时会忽视建立强势品牌的重要优势，如强势品牌吸引高素质雇员的能力，获取渠道和供应链合作伙伴强大支持的能力，通过产品线延伸、品类延伸及特许经营创造销售增长的机会等。

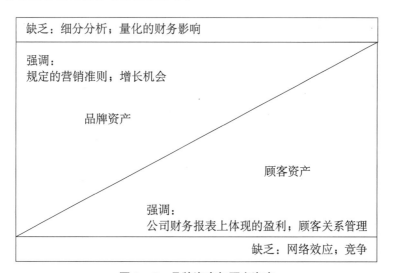

图 3-7　品牌资产与顾客资产

此外，顾客资产对于具体的营销活动并不作清晰说明，对于顾客获取、维系和交叉营销也只是做出总体性建议。对于竞争性反应、竞争结果变化及竞争对手策略，顾客资产并不总是负有责任，对于社会网络效应、口碑效应也不负全部责任。

因此，顾客资产没有注意到品牌的"期权价值"以及未来营销环境对收益、成本的潜在影响。另一方面，品牌资产则更多强调品牌管理的战略性议题，以及如何设计营销方案、创建顾客品牌认知和品牌形象。品牌资产对具体营销活动提供了更多的实践指导。

然而，由于聚焦于品牌，在发展特定顾客群体、获得长期收益并因此创建品牌之后，营销经理通常不会根据品牌资产的理念对顾客群体进行详尽分析。市场细分越明晰，越有利于对品牌资产提出建议。

顾客资产和品牌资产之间的联系

毫无疑问，顾客资产和品牌资产两者是相关的。理论上，两种观点均可以经过发展而包含对方的观点，两者之间显然具有解不开的联系。顾客驱动了品牌的成功，而品牌是公司与顾客发生关联的必要接触点。基于顾客的品牌资产模型认为是顾客对营销活动产生了差异化反应，从而使品牌创造了价值。品牌产生的溢价和忠诚度越高，增加的现金流就会越多。

能增加品牌资产的许多活动，也能增加顾客资产，反之亦然。实际上，顾客资产和品牌资产是相互补充的概念，只是它们强调的重点有所不同。品牌资产更多强调"前端"的营销活动及其潜在的无形价值，顾客资产则更多侧重"后端"的营销活动以及以其收入衡量的实际价值。

品牌资产和顾客资产两者密不可分：顾客需要并珍视品牌，但品牌最终仅对其吸引的顾客具有价值。作为这种二元性存在的例证，我们可以分析零售商这一公司和顾客之间的"中间人"：零售商非常清楚品牌和顾客两者的重要性，零售商会选择一些对于顾客来说最好卖的品牌，并建立品牌组合，以组建具有价值的顾客组合。生产商也会进行同样的决策，通过构建品牌组合和架构，使销量最大化。

然而，有效的品牌管理至关重要，在规划公司长期利益中忽略有效品牌管理的重要性，将是一个重大的错误。一些营销学者也许已经轻视强势品牌的挑战和品牌价值，而过度强调顾客资产，如"品牌来来去去，但顾客……必须保留"。[57] 这种说法很容易迂回到一个相反的、合理的定论："岁月流逝，顾客更迭，而品牌永恒。"当然，重点还是这两者确实都很重要，两者均有助于公司营销的成功。基于顾客的品牌资产即是兼顾两者的一个更全面的概念。

第Ⅲ篇

品牌营销活动：设计与执行

第4章　选择品牌元素创建品牌资产

第5章　设计营销方案创建品牌资产

第6章　整合营销传播创建品牌资产

第7章　数字时代的品牌化

第8章　利用次级品牌联想创建品牌资产

···········| 第 4 章 |···········

选择品牌元素创建品牌资产

学习目标

» 认识不同类型的品牌元素。
» 学习选择品牌元素的主要标准。
» 学习选择不同品牌元素的主要策略。
» 解释品牌元素相互匹配的原因。
» 学习围绕品牌元素的相关法律知识。

像劲量兔子这样的品牌符号可以加强品牌联想，并应用于各种不同的营销沟通之中。

资料来源：Paul Martinka/Polaris/Newscom.

·········| **本章提要** |·········

　　品牌元素有时也称为品牌特征，指的是那些用以识别和区分品牌的商标设计。主要的品牌元素有：品牌名称、URL、标识、符号、代言人、品牌口号、广告曲、包装和招牌。基于顾客的品牌资产模型建议营销者选择品牌元素来强化品牌认知，以形成强有力的、偏好的和独特的品牌联想，或者形成正面的品牌判断和品牌感觉。对品牌元素创建品牌能力的检验是指，在顾客只知道品牌元素而对其产品或市场状况一无所知的情况下，问他们对该产品的所想、所感。凡是对品牌资产有贡献的品牌元素，都能在一定程度上传达或暗示有价值的品牌联想或品牌响应。

　　本章将讨论如何选择不同的品牌元素以创建品牌资产。在了解选择品牌元素的一般标准后，我们会针对不同类别的品牌元素分别提出具体战术，并总结出营销者应当如何最优化地选择一套品牌元素来创建品牌资产。品牌专题 4.0 强调了品牌建设中一些与法律相关的内容。

4.1 选择品牌元素的标准

　　总体而言，选择品牌元素有六条标准（表 4 - 1 列出了每一种情况下更详细的内容）：

1. 可记忆性；
2. 有意义性；
3. 可爱性；
4. 可转换性；
5. 可适应性；
6. 可保护性。

表 4 - 1　品牌元素的选择标准

1. 可记忆性 容易识别 容易回想	**4. 可转换性** 品类之内／品类之间 地理界线和文化之间
2. 有意义性 描述性 有说服力	**5. 可适应性** 灵活 可更新
3. 可爱性 富有乐趣 富有视觉和听觉形象 美学上的享受	**6. 可保护性** 法律角度 竞争角度

前三个标准（可记忆性、有意义性和可爱性）是营销者创建品牌资产的进攻策略，后三项标准（可转换性、可适应性和可保护性）则是在品牌面临不同的机遇和限制时，在提升和保持品牌资产方面扮演防御性角色。接下来对这些标准进行简要介绍。

可记忆性

创建品牌资产的一个必要条件是获得高度品牌认知。有助于获得高度品牌认知的品牌元素本身具有可记忆、引起注意的特性，因此在购买和消费场景中容易被回忆或者识别出来。例如，有一家公司给它的丙烷气罐起名为"蓝色犀牛"，并配以独特的黄色火焰和蓝色吉祥符的图案，很容易在消费者心中留下印象。

有意义性

品牌元素可以涵盖各种意义，包括描述性的、说服性的等。我们在第 1 章中曾讨论品牌名称可以是人物、地点、动物、鸟类，或者其他东西等。衡量品牌元素的好坏有两个重要标准：

● 关于产品或服务功能的一般信息。品牌元素是否具有描述性意义及其在多大程度上反映了品类、需求或利益的一些信息？消费者在多大程度上能够根据某一品牌元素正确分辨相关的品类？品牌元素在品类中是否可信？

● 有关品牌属性和品牌利益的具体信息。品牌元素是否具有描述性意义及其在多大程度上显示了该品牌可能是某类产品的信息（如其主要的差异点属性或利益）？它是否传递了产品功效或用户种类的某些信息？

上述两条标准中，第一条是品牌认知度和显著度的重要决定因素，第二条是品牌形象和品牌定位的关键决定因素。

可爱性

除了可记忆性和有意义性，品牌元素是否还具有美学上的吸引力？[1] 是否具备视觉、听觉，抑或其他方面的吸引力？即便脱离产品，品牌元素本身也可以形象丰富、具有乐趣。

一个易于记忆、富有意义、可爱的品牌元素具有很多优势，因为消费者在进行购买决策时通常并不关注太多信息，描述性和说服性元素减轻了营销传播的负担，建立了品牌认知，并将品牌联想与品牌资产关联起来。当几乎没有其他与产品相关的联想时尤其如此。通常，产品利益属性越模糊，品牌名称和其他反映无形特征品牌元素的创造性潜力就越重要。

可转换性

可转换性测量的是品牌元素能在多大程度上增加新产品或新市场的品牌资产，主要包括以下几个方面：

首先，品牌元素对产品线和品类延伸能起多大作用？一般来说，品牌名称越宽泛，越容易进行品类间的转换。比如，Amazon（亚马孙）本义是南美洲的一条河流，所以，它可以应用于许多产品大类，Amazon 如果选择介绍其最初业务的名字，Books "R" Us 就明显不具备这种灵活性。

其次，可转换性指品牌元素能够在多大程度上增加跨越区域和细分市场的品牌资产。这在很大程度上取决于品牌元素的文化内涵及语义效果。例如，不具有内在含义的合成词名称（如 Exxon）的主要好处在于，它很容易被翻译成其他语言。

近年来，一些顶尖的大公司也会在将自己的品牌名称、广告词和包装等翻译到其他语言和文化中时遇到困难，甚至犯错。例如，微软公司在推出其 Vista 操作系统时就遭遇麻烦，因为在当地语言中，该名称有"鸡肉"或"心地不良的妇人"的含义。[2] 表 4-2 列举了一些有名的全球品牌命名的失误。[3] 为避免这类失误，在将某一品牌引入一个新市场之前，必须要仔细检查其所有品牌元素在新文化背景中的含义。

表 4-2　全球品牌命名的失误

虽然难以判断其准确性，但以下是一些广为流传的品牌失误故事：

1. 当 Braniff 将一句宣传室内装潢产品的广告语"展翅飞翔"翻译成西班牙语时，成了"赤裸裸地飞翔"。
2. 科斯啤酒的广告语"放松一下"，在被翻译成西班牙语时成了"患有腹泻"。
3. 养鸡大王弗兰克·珀杜（Frank Perdue）的广告语"可以让一个粗鲁的人来喂养温柔的小鸡"，用西班牙语表达却成了"让一位性感的男人对小鸡充满柔情"。
4. 当百事在中国台湾销售产品时，其广告语"百事带你回归生活"被翻译成"百事把你的祖先从墓地中带回来"。
5. 伊卡璐向德国人推广产品"Mist Stick"（一种卷发的电棍），但 mist 在德国俚语是表示粪肥，没人愿意用"大便棍"来卷发。
6. 日本三菱汽车公司在将帕杰罗车型引入西班牙语国家时，不得不更名，因为在西班牙语中，帕杰罗一词与"手淫"相关。
7. 丰田汽车公司在将 MR2 型汽车引入法国时，不得不将型号中的 2 去掉，因为听起来很像法语中的粗话。

可适应性

第五点需要考虑的是品牌元素在一段时间内的适应性。由于消费者价值观和理念的变化，或者仅仅是要跟上潮流的需求，大多数品牌元素必须更新。品牌元素越是具有可塑性，更新也就越容易。例如，可以对标识和广告形象做一次新设计，使它们看上去更具现代感和相关度。

可保护性

第六项也是最后一项标准是品牌元素的可保护性。这可以从法律和竞争两个角度去理解。营销者应该：（1）选择可在国际范围内受保护的品牌元素；（2）向合适的法律机构正式登记注册；（3）积极防止商标遭受其他未授权的竞争侵害。对品牌进行法律保护十分必要，这一点只需看看美国在使用未授权的专利、商标和版权中损失的几十亿美元就清楚了。这在品牌科学 4-1 中有详细介绍。

米其林轮胎先生

为了庆祝 100 周年，米其林最近发布了其知名桶状"米其林轮胎先生"（真名是 Bibendum）的新苗条版本。一家公司的内刊这样评论："身材苗条，面带笑容，Bibendum 先生一看就是具有开放和包容心态的领导。"多年来，米其林就是通过这个代言人对品牌的研究价值、安全性能和环保主义进行推广。2000 年，Bibendum 先生在由《金融时报》赞助的评比中，被评为"历史上最伟大的品牌标识"。在 2009 年一个全球性广告活动中，由于从被动的"背书"成为更加主动的"背书"，"米其林轮胎先生"被视为英雄的形象——这也是 2001 年以来米其林广告唯一的焦点。米其林新的广告口号"选对轮胎，改变一切"，强调了轮胎在人们生活中的重要地位。[4] 此后，米其林广告开始关注现实生活中的场景，[5] 在这些场景中，米其林先生的存在是伟大而有意义的，他会唤起人们对场景的积极情感，从而为顾客带来价值。[6]

米其林真名是 Bibendum，多年来一直是该轮胎品牌广告的核心。

资料来源：Michelin, North America.

品牌科学 4-1

赝品泛滥

从 Calloway 高尔夫球杆到路易威登包袋，对知名品牌的仿冒无处不在。当前，赝品的市场规模据估计达 6 000 亿美元，这造成了美国每年 4 600 亿美元的损失。赝品的利润飙升，其增长的势头远远超过跨国公司对赝品的打击力度，并且，这些赝品越来越以假乱真，甚至令人无法辨别真伪。这种差异非常微妙，就如同钱包的劣质皮革或者手机中的假冒电池一样。由于无须花费营销、研发或者广告等费用，赝品的成本非常低廉。

不仅仅是奢侈品，消费类电子产品也在被仿制。世界卫生组织开始关注一些药品的制假问题，如抗疟疾药、抗生素或节育药。这些假药不仅侵吞了药品行业的利润，而且因为质量得不到保障，已经危害到人体健康。

随着许多赝品在网上销售，赝品变得越来越普遍。互联网零售业不受监管的性质加剧了这一问题。为了减少风险，仿冒者放弃那些没有资源进行反击的小品牌，专注于少数高端品牌，并提高网上销售的价格，以打消消费者的疑虑。

美国贸易委员会办公室现在每年发布一份年度"赝品市场"清单，列出包括实体店和网站的全球造假盛行区域。一些赝品来源地包括土耳其、新加坡、泰国、印度及其他东南亚国家（菲律宾和印度尼西亚）和拉丁美洲（厄瓜多尔、巴拉圭和阿根廷）。

这些仿冒企业的资金来源多种多样，例如在亚洲国家投资出口设备的商人、当地企业家和网络。一项研究显示，大多数仿冒品都是在网上买卖的，一些在线零售商，如 AliExpress、脸书、Tokopedia 和亚马逊，无意中成为仿冒品市场的中间商。事实上，根据总部位于巴塞罗那的品牌保护公司 Red Points 的研究，AliExpress 18% 的商品是赝品，尽管这个数字受到零售商的质疑。

一些公司已经决定直接接触终端顾客，从而倒逼制造商获得许可并支付授权费。此外，一些拥有专利权的公司也开始进行创新，选择供应链中具有打击假冒伪劣产品意识的公司合作。路易威登与纽约市地产机构合作，通过打击造假热点 Canal 街租客的方式，防止假冒路易威登商品的销售。但由于赝品全球泛滥，专家指出，现在所有公司的愿望不是停止造假，而是造假的速度能放慢一点。

人工智能和机器学习的进步既帮助了造假，也打击了造假。一方面，仿冒者可以利用技术来加速仿冒产品和数字产品（如音乐或电影）的过程。反过来，品牌保护公司和机构也在利用机器学习和人工智能，在各种在线和电子商务网站上快速识别赝品。例如 Entrupy 和 Red Points 使用机器学习开发了一种分类算法，该算法可以准确率较高地识别真伪，然后颁发真伪证书。

有趣的是，有些学术研究的结论认为赝品对公司的影响不一定都是消极的。例如，虽然有些消费者买到一个假包之初很高兴，但大多数消费者最终还是会想到毕竟不能以假乱真。同时有些买不起真货的消费者也许会经常购买赝品，有些消费者会觉得购买赝品能够激励他们以后购买真货。研究还表明，赝品的正面效应在高端时尚产品（如女式高筒靴和正装鞋）、专为年轻顾客定制的鞋以及小众的高端品牌产品中最为明显。

资料来源：Robert Klara, " Counterfeit Goods Are a \$460 Billion Industry, and Most Are Bought and Sold Online, " February 3, 2017, www.adweek.com/brand-marketing/counterfeit-goods-are-a-460-billionindustry-and-most-are-bought-and-sold-online/, accessed March 16, 2018; Billy Bambrough, " World's Largest Producers of Fake Goods Revealed as Value of Counterfeit Goods Nears Half a Trillion Dollars Per Year, " April 18, 2016, www.cityam.com/239107/worlds-largest-producers-of-fake-goods-revealed-as-value-of-counterfeit-goods-nears-half-a-trillion-dollars-per-year-, accessed March 16, 2018; Andrew Tarantola, " Counterfeiters Are Using AI and Machine Learning to Make Better Fakes, " November 10, 2017, www.engadget .com/2017/11/10/counterfeit-ai-machine-learning-forgery/, accessed March 16, 2018. Julia Boorstin, " Louis Vuitton Tests a New Way to Fight the Faux, " *Fortune*, May 16, 2005; Robert Klara, " The Fight Against Fakes, " *Brandweek*, June 27, 2009; Stephanie Clifford, " Economic Indicator: Even Cheaper Knockoffs, " *The New York Times*, July 31, 2010; Renée Richardson Gosline, " Rethinking Brand Contamination: How Consumers Maintain Distinction When Symbolic Boundaries Are Breached, " working paper, MIT Sloan School of Management, 2009; Keith Wilcox, Hyeong Min Kim, and Sankar Sen, " Why Do Consumers Buy Counterfeit Luxury Brands?, " *Journal of Marketing Research*, 46 (April 2009): 247-259; Young Jee Han, Joseph C Nunes, and Xavier Drèze, " Signaling Status with Luxury Goods: The Role of Brand Prominence, " *Journal of Marketing* 74 (July 2010): 15-30; Katherine White and Jennifer J. Argo, " When Imitation Doesn't Flatter: The Role of Consumer Distinctiveness in Responses to Mimicry, " *Journal of Consumer Research* 38 (December 2011): 667-680; Yi Qian, " Counterfeiters: Foes or Friends? How Counterfeits Affect Sales by Product Quality Tier, " *Management Science* 60, no. 10 (2014): 2381-2400.

另一点需要考虑的是品牌在竞争方面是否容易受到保护。如果名称、包装或其他属性很容易被模仿，该品牌就失去了许多独特性。例如，在冰啤酒类产品中，尽管莫尔森（Molson）冰啤酒是最早的进入者之一，但自从米勒冰啤酒和百威冰啤酒进入后，它的优势很快就消失了。所以，很重要的一点是：要尽可能地降低竞争者仿制自己品牌元素的可能性。

▋ 4.2　品牌元素的选择战术

想一下"苹果"作为个人电脑名称的好处。"苹果"一词简单、有名、独特，有助于品牌认知的加强。该名称的含义给公司带来一种友善和温暖的品牌个性。此外，配以一个很容易跨越地域和文化边界的标识，还可以使品牌在视觉上得到加强。最后，该名称还可充当子品牌的平台（如麦金托什），便于品牌延伸。所以，正如苹果案例所示，精心挑选品牌名称对于品牌资产的创建来说十分重要。

那么，理想的品牌元素应当是什么样的呢？品牌名称也许是所有品牌元素中最核心的内容。最理想的品牌名称应该做到方便记忆、高度暗示产品等级及特殊利益、富有趣味、富于创造性、易于转换品类和区域、含义经久不衰，并且在法律和竞争上都能获得强有力的保护。

遗憾的是，要找到一个能满足以上所有标准的品牌名称是非常困难的。例如，品牌名称的含义越深奥，就越难转换到新的品类或翻译成其他语言。这也是需要选择多个品牌元素的原因。接下来讨论每个品牌元素需要考虑的主要问题。

品牌名称

品牌名称是一个基本而重要的元素，因为它通常以非常简洁的方式，反映产品的内容和主要联想。品牌名称是沟通中极其有效的捷径。[7]一则广告会持续半分钟，销售电话甚至长达数小时，不过顾客关注品牌名称并在记忆中搜索或激活其意义，仅需几秒钟。

因为在消费者心中，品牌名称与产品紧密相连，所以，营销者很难在产品推出后改变品牌名称。英国研究公司 Millward Brown 进行的一项研究显示，更换一个品牌名称可能会导致销售额立即下降 5% ~ 20%，而且新品牌的形象可能不像以前那么强。[8]因此，品牌名称常常要经过一番系统的研究后才能确定。尽管如此，公司在选择品牌名称时还是有可能在无意识的情况下犯严重的错误。例如，硅谷一家名为 Bodega 的初创企业在向公众介绍自己时引起了巨大的误解。Bodega 指的是街角商店，该公司当时正在销售一种自动售货机的替代品，它实际上将取代附近的 bodegas。这不利于一个品牌或公司的未来。

那么，要想出一个品牌名称是否很困难呢？著名的品牌顾问艾拉·巴卡拉奇（Ira Bachrach）说，尽管英语词汇多达 140 000 个，但一般的美国人仅掌握 20 000 个，而他的顾问公司 NameLab 只在 7 000 个词汇范围内为电视节目和广告设计名称。

虽说听上去选择很多，但每年都会有成千上万个新品牌注册为合法商标。事实上，要为新产品设计出一个令人满意的品牌名称，确实是一个艰难的过程。大多数好不容易想到的、理想的品牌名称已经被合法注册，因此，许多管理者不得不感叹："好的名称都被占了！"

命名原则　为新产品选择一个品牌名称既是一门艺术，也是一门科学。品牌名称有许多不同的形式，可能是描述产品功能（Sleep Inn）、唤起特定特征（Quicken Loans）、传达个性（Snapple）、完全合成的（Verizon）或反映创始人（Dyson）（见表4-3）。和其他品牌元素一样，品牌名称的选择也必须遵循可记忆性、有意义性、可爱性、可转换性、可适应性和可保护性等六个标准。

表4-3　品牌名称的分类

1. 描述型	4. 合成型
例如：Sleep Inn	例如：Verizon
2. 唤起型	5. 创始人型
例如：Quicken Loans	例如：Dyson
3. 个性型	
例如：Snapple	

1. 品牌认知。一般来说，能提高品牌认知的品牌名称通常简明朴实并易于读写，亲切熟悉而富有含义，与众不同且独一无二。[9]

2. 简明朴实并易于读写。品牌名称的简洁性，降低了消费者理解和记忆的难度。简短的名称通常易于回忆，因为在记忆中存储和解码都非常容易。如 Aim 牙膏、苹果电脑、雷达喷雾杀虫剂、Bold 洗衣粉、Suave 洗发水、Off 驱蚊器、Jif 花生酱、Ban 除臭剂以及 Bic 笔等。为了便于记忆，营销者通常把较长的品名缩短。例如，多年来，雪佛兰汽车被称为 Chevy，百威啤酒被称为 Bud，可口可乐则被称为 Coke 等。[10]

品牌名称应该易于发音，便于消费者口头传播，从而建立强势记忆链接。消费者往往不太情愿冒险读错一个难读的名称（如 Hyundai 汽车、Shiseido 化妆品或者 Façonnable 外衣等），于是索性就不去读它。

很显然，为一个拼读困难的品牌名称创建品牌资产，要付出更多的努力。因为在营销中首先要花很多力气去教会消费者如何读这个名称。在 Wyborowa 进口波兰伏特加（读作 Vee-ba-ro-va）案例中，由于蒸馏酒几乎没有自助服务，消费者通常需要在店里询问品牌，为此，公司特地制作了广告宣传页，以帮助消费者正确读出品牌名称。这帮助了它最终在蒸馏酒品类中获得成功。[11]

理想情况下，品牌名称应当清晰、易懂、有明确的发音和意义。品牌的拼读方式可能会影响到其含义，因为如果品牌发音含糊不清，产生歧义，消费者就会断章取义。一项调查表明，假设某产品有一个英语和法语都能接受的品牌名称（如 Vaner，Randal，Massin 等），则会被认为更有"享乐性"（得到愉悦）联想，且其法语发音会比英语发音更受欢迎。[12]

拼读问题的出现，可能是由于没有遵守语言规则。本田选择"Acura"作为一款汽车的名称，是因为它在好几种语言中都会令人联想到"精确"。但是，美国消费者容易读成

AK-yur-a，如果公司用两个"c"变成 Accura，读起来就会更容易。

为了增加可拼读性和回忆率，营销者往往追求品牌名称的节奏感和愉悦感。[13] 例如，头韵（辅音的重复，如 Coleco）、押韵（元音的重复，如 Ramada Inn）、和韵（辅音的重复并伴之以元音的变化，如 Hamburger Helper）以及节奏（重读音节模式的重复，如 Better Business Bureau）。有些词利用了拟声法，构成单词的音节读起来可以强烈地传达出该词的含义（如 Sizzler 餐馆、Cap'n Crunch 玉米、Ping 高尔夫球杆、Schweppes 碳酸饮料）。

3. 亲切熟悉且富有含义。品牌名称应当亲切熟悉而且富有含义，使之能切合现有的知识结构。品牌名称在含义上可以具体或者抽象。由于人物、地点、鸟类、动物及其他非生物的名称均已在记忆中存在，以这些名字作为品牌名称，消费者就不需要过多地学习和理解。[14] 链接形式越简单，越能增强可记忆性。[15] 因此，当消费者第一次看到嘉年华（Fiesta）汽车的广告时，由于脑海中已储备了这个词，就会很容易理解这个产品名称，进而记得更牢。

品牌名称的选择也可以暗示该产品和服务的品类，这样就能帮助人们产生关于品牌类别的联想，并有助于品牌回忆，网飞流媒体视频服务、猫途鹰旅游咨询网站和 Ticketron 售票服务就是如此。然而，对产品类别、特征或用途具有高度描述性的品牌元素，也可能成为一种潜在的限制性因素。[16] 例如，在 Juicy Juice 品牌下拓展产品线至软饮料，就会遭遇重重困难。

4. 与众不同且独一无二。一方面，选择一个简单易读、熟悉而有意义的品牌名称能够增强它的回忆率，提高品牌再认；另一方面，品牌名称的与众不同和独一无二也非常重要。正如第 2 章所提及的，品牌再认受消费者品牌辨别能力的影响，越是复杂的名称，越容易被识别。与众不同的品牌名称也更容易使消费者获取产品的核心信息。[17]

品牌名称之所以能与众不同，是因为它天生独特，或在品类中与其他品牌相比独一无二。[18] 与众不同的词汇也许很少使用，或者与产品种类完全不相干（如"苹果"电脑），有些是实词的奇怪组合（如玩具反斗城），有的索性造出一个新词（如 Cognos 或者 Luxottica）。即使是编造出来的品牌名称，也要满足流行的语言规则及传统（如名称拼读起来尽量避开元音，如 Blfft，Xgpr 或 Msdy）。

也存在折中的情况，独特的品牌名称在容易获得认知的同时，也要注意保持品类的信任感和吸引力。有一个很出名的反例——Smuckers 果冻，它曾经试图通过一句广告词将其新颖的但可能并不受欢迎的名称转化成积极的意义："有名如 Smuckers，必为宝物！"

5. 品牌联想。因为品牌名称是交流的一种简化形式，所以消费者从中获取的明确和隐含的意义极为关键。在命名一种新的点对点沟通技术时，创始人起初着眼于介绍型的名称"Sky peer-to-peer"，后来决定缩写为 Skyper，而当发现相应的网址 Skyper.com 已被占用后，再次缩写为更为用户喜欢的 Skype。[19]

品牌名称可以用来强化产品定位方面的重要属性或利益（见表 4-4）。除了考虑功能，品牌名称的选择还要考虑传达一些更加抽象的信息，比如"快乐"洗碗液、"爱抚"香皂、"沉醉"香水。看看高露洁新的迷你型牙刷名字背后的故事。

表 4 - 4　暗示性的品牌名称举例

Color Stay 唇膏	Lean Cuisine 低热量冷冻菜
海飞丝洗发水	Shake'n Bake 鸡精
皓清牙膏	Sub-Zero 冰箱和冷冻剂
Snack Well 低脂快餐	Cling-Free 去污剂
Die Hard 汽车电池	脸书社交网络
Mop & Glo 地板蜡	Dropbox 云存储

高露洁 Wisp

知名的品牌识别公司 Lexicon 已成功地开发了一些广为人知的品牌名称，如 BlackBerry、Dasani、Febreze、OnStar、Pentium、Scion、lucid 及 Swiffer 等。为了给高露洁公司一款新的便携式迷你型牙刷起名，该公司启用了慎重的起名程序。便携式牙刷的中部放置有一小块特别的牙膏，可以不用漱口，并且能边走边刷牙。在确定重心放在该产品的轻便、柔软和温和等特点上之后，Lexicon 遍布 50 个国家的 70 位语言学家对能表达轻便的意喻词和音喻词进行了头脑风暴分析。公司创立者戴维·普莱克（David Placek）大脑中突然冒出了"Wisp"这个名字！随后进行的消费者调研表明，这个名字能传达上述含义，一个新的品牌名称就此诞生。[20]

描述性的品牌名称应当能够强调产品的特征和功能。[21] 例如，对洗衣粉来说，"鲜花"会比一个中性的无任何暗示性的名称如"圆环"更能向消费者传递该洗衣粉能"给衣物增添芳香"的信息。[22] 虽然旨在强调品牌最初定位的名称能令人产生某些联想，但也为以后产品重新定位、设定新的联想带来了一定的限制。[23] 仍以洗衣粉为例，起初以"鲜花"为名，产品定位为"增添芳香"，此后若要对该产品重新定位，强调"强烈去污"的品牌联想，消费者可能会在老的品牌名称下难以接受新定位，或者很容易忘记新定位。

然而，在经过充裕的时间和制定恰当的营销计划后，暗示性名称的缺点有时是可以克服的。西南航空现已不再仅仅为得克萨斯州和美国西南地区提供航空服务。不过，上述转变是个漫长而又代价高昂的过程。可以设想下列品牌重新定位的困难，如"毫无疑问，这就是黄油！"或者"哇，你的头发难闻死了！"因此，在选择具有意义的品牌名称时，要考虑到以后重新定位以及赋予其他品牌联想的可能性。

有意义的名称不一定局限于实词。消费者会从编造的或虚构的品牌名称中提炼出含义，只要他们有意这样做。例如，一项由电脑产生名字（将音节随意组合）的研究发现，"whumies"和"quax"让消费者联想到早餐谷物，"dehax"则让顾客联想到洗衣粉。[24] 因此，若想让消费者从这些任意的名称中提炼出有关产品的某些含义，一般总是能做得到。然而，只有当消费者被充分调动积极性的时候，才能从极其抽象的名称中提炼出含义。

营销者通常根据词素的组合来系统地设计品牌名称。**词素**（morpheme）是具有含义的最小语言单位。英语中共有 7 000 个词素，包括实词（如"人"）、前缀、后缀、词根。例如，日产的 Sentra 汽车就是由两个蕴涵"中央"（central）和"岗哨"（sentry）意义的词素组合而成的。[25] 通过仔细选择词素并将之组合，就能构建具有某种含义的品牌名称。

品牌名称引起了诸多有趣的语言学课题。[26] 表 4-5 是对各种语言学特色的概览，并且给出了定义和例子。品牌命名时，即使是单个字母也能包含有用的意义。近年来，在品牌名称中字母 X 出现的频率较高（比如，ESPN 的 XGames、日产的 Xterra SUV），这是因为 X 现在代表着"extreme"（极度的）、"on-the-edge"（前卫）、"youth"（年轻），即"唯我独尊、独一无二、潮流先锋"。[27] 研究发现，有些情况下消费者更喜欢品牌名称中含有其姓名中部分字母的产品（Jonathan 也许更期待名为 Jonoki 的产品）。[28]

表 4-5　品牌名称的语言特点

特征	定义和举例
语音设计	
1. 头韵法	辅音重复（Coca-Cola）
2. 谐音	元音重复（Kal Kan）
3. 辅音韵	插入不同元音的辅音重复（Weight Watches）
4. 阳性韵	音韵以重读音节结尾（Max Pax）
5. 阴性韵	重读音节后跟随非重读音节（American Airlines）
6. 弱 / 不完整 / 倾斜韵	元音不同或辅音相似但不等同（Black & Decker）
7. 拟声词	利用音节语音学来比拟对象本身（Wisk）
8. 缩略法	产品名称本身的缩减（Chevy）
9. 混合法	通常将元音省略的词素混合（Aspergum，Duracell）
10. 首音爆破	/b/，/c-hard/，/d/，/g-hard/，/k/，/p/，/q/，/t/（Bic）
拼写方法设计	
1. 不常见的 / 错误的拼写	Kool-Aid
2. 缩写	7 UP 替代 Seven Up
3. 首字母缩拼词	Amoco
语形设计	
1. 加词缀法	Jell-O
2. 合成词法	Janitor-in-a-Drum
语义学设计	
1. 隐喻法	亚马逊以世界上最大的河流命名，以象征其规模，也与其"地球上最大的书店"的口号相辅相成
2. 转喻法	应用一种物体或者它的质量比喻其他物体或者相应的质量（Midas）
3. 提喻法	以部分替代整体（Red Lobster）
4. 拟人 / 移情	将非人类的事物拟人化，或者将人类的情感赋予无生命的物体（Betty Crocker）
5. 反喻	相反的连词（Easy-Off）
6. 双关	双关诙谐语和词汇游戏（Hawaiian Punch）
7. 语义的合适	语言同物体相配（Bufferin）

字母的读音也能产生意义。[29] 例如，有些单词以"爆破音"的语音成分开头（如字母 b，c，d，g，k，p，t），另一些则以"嘶音"开头（如 s，c）。爆破音从口中读出来的速度快于嘶音，且更利落、更直接，这样就使得名字更具体，不抽象，容易识别和记忆。[30] 另一方面，嘶音较柔软，往往能营造出浪漫、宁静的情调，因此常常与香水联系在一起（如 Chanel、Revlon 的 Ciara、Guerlin 的 Shalimar 和 Samsara）。[31]

还有调查揭示了品牌名称的字母特征与产品性能之间的关系：在卫生纸和家庭清洁剂的假想品牌中，随着辅音硬度和元音音高的增加，消费者对该产品的要求也随之增加。[32]品牌名称的字体和形状，也许也能改变消费者的印象。[33]

品牌名称并不仅仅局限于字母。[34]文字数字型的品牌名称可能是字母和数字的混合体（如 WD-40），或是单词与数字的混合体（如 Formula 409），或是字母、单词和数字的混合体（如 Saks Fifth Avenue）。文字数字型的品牌名称也可从特定的产品型号角度指示产品线的几代产品及其关系（如宝马的 3，5 和 7 系列）。

命名步骤 为新产品命名可以有几个不同的步骤，不过通常都是按以下步骤进行品牌命名的。[35]

1. 界定目标。首先，根据上面提及的六条标准界定品牌目标，尤其重要的是，要确定品牌传达的最理想的含义。然后，在公司品牌架构框架下确定品牌的角色，及其与其他品牌、产品之间的关系（参见第 12 章）。在很多情况下，至少可以使用一部分现有的品牌名称。最后，在整个营销活动和目标市场中，分析该品牌的地位与作用。

2. 命名。在品牌战略框架中，第二步就是尽可能多创造出名称和概念。任何可能的名称来源都不妨尝试一下：公司经理、职员、现有的及潜在的客户（必要的话，还可包括零售商和供应商）、广告代理、专业命名咨询公司、电脑命名公司等。在这一步骤中，可以获得几十、几百甚至几千个名称。

3. 初步筛选。根据第一步界定的品牌目标及营销因素，将所有得到的品牌名称进行初步筛选，并按常识进行测试，得到一个更可行的名称清单。例如，通用磨坊公司首先排除了以下名称：

- 有明显双重含义的名称；
- 比较难读、已被使用或与现有名称过于接近的名称；
- 明显会引起法律纠纷的名称；
- 与产品定位有明显冲突的名称。

之后，通用磨坊公司又与管理层和营销伙伴展开深入的评估讨论，进一步精简了备选清单；同时，进行粗略的法律检验，剔除一些在法律上可能有问题的候选名称。

4. 备选名称的调研。针对最后剩下的 5 ～ 10 个名称收集更广泛的信息。在投入大笔资金进行消费者调研之前，建议先做一个国际性的全面法律研究。因为关系到成本，所以调研通常须按次序进行，检查一下那些已在一些国家通过法律筛选程序的名称，看看它们在新的国家是否会引起法律争端。

5. 对最后入选的名称进行研究。接下来，对最后入选的名称进行消费者调研，以验证管理层对这些名称的可记忆性、有意义性的预期值。消费者测试可以采取各种形式。许多公司都是尽可能模拟真实的营销活动和顾客购买体验。[36]因此，研究者会向消费者展示产品及其包装、价格或促销手段，使消费者领悟品牌名称的含义及产品的使用方法；同时，还可借助数字技术展示真实的三维包装、生动的广告等。要根据针对的目标市场，调查多种样本的消费者（如存在地区差异或民族差异的消费者）。品牌名称的"持续曝光"效应，以及什么时候用口头形式，什么时候采用书面形式，都是需要考虑的因素。

6. 确定最终名称。在前面五个步骤收集的信息基础之上，管理层就能确定使公司品牌和营销目标实现最大化的品牌名称，而后正式登记注册该名称。

有些消费者总会对新的品牌名称存在一些潜在的负面联想。但是，在大多数情况下，可以假定这些负面联想并不重要，这些负面联想将会随着营销活动的初步实施而消失。还有些消费者会因为不熟悉或该名称稍微偏离正统，而讨厌这个新的品牌名称。营销者应通过持久的努力剔除这些暂时的意见。

URL

URL（统一资源定位器）是用来确定互联网上的网页地址的，通常称为**域名**（domain names）。任何人如果想拥有某个 URL，都需要向服务商（如 Register.com）登记并缴纳服务费。随着公司蜂拥而至寻求网络空间，注册登记的 URL 地址急剧增加。每三个字母的组合及常用英语字典的所有单词均已被注册。由于大量注册的 URL 存在，如果某公司想要为新品牌建立网站，可能就需要使用自造单词。比如，埃森哲咨询公司在选择新名称时使用了自造词汇 "Accenture"，其中部分原因就是 www.accenture.com 尚未注册。

关于 URL 的另一个问题是，公司必须保护其品牌名称不被其他域名非法使用。[37] 为了保护品牌名称不被其他 URL 非法使用，公司可以起诉此 URL 的当前所有者侵权，或者从其手中购买此名称，或者事先把所有能想到的品牌名称的变异形式都作为域名进行注册。

2010 年，域名抢注案件创下历史纪录。所谓**域名抢注**（cybersquatting）或**域名非法抢注**（domain squatting），根据官方定义，是指抢先一步去登记含有著名企业或名人商标的互联网域名后，再高价卖给该企业或名人以赚取暴利。在这些案件中，商标持有人通过 WIPO（联合国的代理机构）控告网络域名的侵权行为。[38] 许多公司（如松下、雅芳和 Hertz），都是域名抢注的目标，在某些情况下，甚至最终不得不支付大笔费用买回这些域名。

2010 年，奥斯卡金像奖对 GoDaddy 提起诉讼，称 GoDaddy 出售了 57 个域名，这些域名存在域名抢注问题。例如，2011 年 Oscars.com 等域名与奥斯卡金像奖的域名有着令人困惑的相似之处，这让 GoDaddy 得以从中获利。最终，法院做出了有利于 GoDaddy 的裁决，因为它没有 "从销售中获利的恶意意图"。许多人认为这是域名抢注领域的一个里程碑式的判决，因为它表明，品牌可能无法合理地指望第三方 "监管" 品牌的商标。[39]

最近，域名抢注已演变成为另一种欺诈行为——骗子利用一个品牌名称的变体建立欺诈网站，设置一系列 URL，吸引毫无戒心的消费者并鼓励他们消费。据 eMarketer 估计，这类诈骗网站的年交易额为 4 600 亿美元，远远超过 2016 年个人在线奢侈品市场的估值 2 640 亿美元。网络安全研究公司进行的一项相关研究表明，8 个奢侈品牌的名称（即香奈儿、古驰、卡地亚、普拉达、纪梵希、爱马仕、博柏利和路易威登等品牌）以各种形式出现在 538 个不同的域名中，其中许多域名被认为存在欺诈行为。[40]

由于消费者不注意域名的微小变化，如拼写错误或额外字母（如 Herms-bag.us、Givvenchy.com 或 Chamel.us），让域名抢注欺诈得以实现。此类网站的优势还在于，可以通过多种方式欺骗顾客，包括窃取信用卡信息或销售仿冒品。[41] 从品牌营销者的角度来看，域名抢注和诈骗的例子在不断增加。例如，2016 年，世界知识产权组织（WIPO）报告称，域名抢注纠纷增加 16%，其中 9% 涉及时尚品牌。比如，2016 年仅 Hugo Boss 一家公司就提交了 42 起域名纠纷。

诈骗的另一种方式是欺诈性电子邮件，代表品牌发送给毫无戒心的顾客以获取信用卡信息。这些网络钓鱼行为对品牌声誉极其有害，因为它们会破坏消费者的信任，损害品牌的声誉。eBay、Paypal 和亚马逊等品牌已成为网络骗子的网络钓鱼目标。[42]

品牌如何防范这类稀释品牌权益的网络骗局？可以考虑一种分阶段的方法，从 "禁止通知函"开始，要求伪造者停止侵犯其商标，否则将提起法律诉讼，如反域名抢注消费者保护法（ACPA）、统一域名争议解决政策（UDRP）等。无论如何，在赝品日益盛行的背景下，公司需要不断提高警惕，防止造假者破坏品牌的信誉和声誉。[43]

标识与符号

尽管品牌名称通常是品牌的核心元素，但视觉元素在创建品牌资产，尤其在建立品牌认知方面，同样起着关键作用。标识作为表达起源、身份或联想的途径，由来已久。例如，几个世纪以来，许多家庭和国家都使用视觉标识代表自己的名字（想象一下奥匈帝国哈布斯堡王朝的鹰）。

标识范围广泛，包括从以独特形式书写的公司名称或者商标（即文字标识）到极其抽象的设计，这些设计甚至可能与文字标识、公司名称或公司活动毫不相干。[44] 品牌中具有极强文字符号而不带有抽象标识的例子有可口可乐、登喜路和 KitKat 等。而抽象标识的例子有梅赛德斯的星星、劳力士的皇冠、哥伦比亚广播公司（CBS）的眼睛、耐克的钩和奥林匹克的五环。这些没有文字的标识常常也称作**符号**（symbols）。

许多标识是介于这两者之间的。有些标识是品牌名称的直接表达，以强化品牌含义和品牌认知（如 Arm & Hammer、美国红十字会、苹果电脑的标识等）。标识也可以非常具体或图形化（如美国运通的队长、Land O' Lakes 黄油的美国土著、莫顿食盐的撑伞女孩以及拉尔夫·劳伦的水球运动员等）。产品或公司的某些成分也可成为符号（如固特异的小飞艇、麦当劳的金色拱门、花花公子的小兔子耳朵）。许多科技品牌使用标识来传达品牌利益的信息，比如 WhatsApp 标识为一个对话框中的座机电话，亚马逊标识是一个带有微笑的字标，以此来告知消费者它能够提供优良的服务，并且有突出的能力提供从 A 到 Z 的各类商品。

和品牌名称一样，抽象的标识可以完全与众不同，并能被识别。然而，由于抽象的标识比具体的标识缺乏固有的含义，因此，如果没有营销活动诠释其含义，消费者就可能无法理解标识所要表达的含义。消费者对不同抽象标识的理解甚至完全不同。

标识与符号的优点　由于标识和符号容易辨认，因此成为识别产品的有效方式，虽然有时顾客也许认得出，但不一定能将它们与具体的产品或品牌联系起来。许多保险公司都使用表示力量的标识（如 Prudential 用直布罗陀海峡的岩石、Hartford 用雄鹿），或表示安全的标识（如 Allstate 用握手、消防员基金会用硬壳帽以及 Travelers 公司用红伞等）。

标识的另一个优点在于其多样性。由于标识往往是非语言的，因此能在不同文化和品类之间较好地转换。例如，公司品牌需要一定的标识，这样公司就能在广泛的产品领域中表明身份，并对不同的子品牌进行"背书"。然而，营销人员必须慎重考虑如何凸显产品上的品牌名称及标识符号，这点对于奢侈品尤其重要。[45]

当由于某种原因难以使用品牌全名时，抽象的品牌标识就显示出了它的优越之处。例如，英国的国民西敏寺银行（National Westminster Bank）采用了一个三角形的符号作为其标识，部分原因就是它的名称冗长拖沓，而标识则可以很方便地作为身份符号出现在记事簿、文件、签名等促销材料中，其标识中也用到了公司的缩写名称 NatWest。[46]

最后，与品牌名称不同的是，标识可以在一段时间之后很方便地修改，使它始终跟得上时代的步伐。比如，约翰迪尔公司（John Deere）在 2000 年更换了使用了 32 年的商标——鹿（32 年来的第一次改变），在新标识中，鹿看起来像是在跳跃，而不是像原来那样仅仅站在地上。这种改变是为了"传达力量与敏捷、技术先进的信息"。[47]

一项对排名前 100 商标的研究旨在寻找卓越商标的共同特点。[48] 这项研究的结果揭示了一些有趣的规律。近一半的商标使用单一颜色，1/3 使用红色或蓝色；此外，23% 的商标使用黑白两色，超过一半的商标采用水平长宽比。为了增强对顾客的吸引力，一些品牌近年来改变了商标。例如，照片墙、优步和谷歌都试图改变自己的标识。

一项研究还分析了标识更改对每个标识"品牌秒"的影响。[49] 品牌秒的定义是，看到标识的人数占总人数的百分比乘以花在标识上的平均时间。优步、Paypal 和谷歌品牌秒的提升率最高，新旧标识的提升率接近 50%。相比之下，爱彼迎的标识更改仅使品牌秒提升了 9%。

无论改变的原因是什么，改变品牌标识的成本是很高的。根据品牌专家的看法，对于一个大品牌而言，全新创建一个品牌标识符号或者对旧标识进行重新塑造，"一般都要花费 100 万美元"。[50]

品牌人物

品牌人物是品牌符号的一个特殊类型，往往取材于人类本身或现实生活。品牌人物通常通过广告推出，并且在广告和包装设计中起着非常重要的作用。与其他品牌元素一样，品牌人物有着许多不同的形式，可以是某种动画人物（比如皮尔斯贝里的面团宝宝、Peter Pan 花生酱的动画人物以及其他诸多麦片食品的形象代表，如 Tony the Tiger，Snap，Crackle 和 Pop），也可以是活生生的人物（比如哥伦比亚咖啡的 Juan Valdez 和麦当劳大叔）。

优点 品牌人物往往色彩丰富、充满想象力，在建立品牌认知方面非常有用。品牌人物能帮助品牌突破市场的混乱局面，并且能传达关键的产品利益点。例如，美泰公司孤独的修理工，就强化了"可靠"这一关键的产品联想。

品牌人物的人性化元素能增强品牌的可爱性，并且能建立品牌乐趣方面的感知。[51] 当品牌具有人性化特征时，消费者就很容易和品牌建立关系。剧中人物避免了许多困扰真人代言的问题——它们不会变老，也不会要求加薪。在喜剧演员吉尔伯特·戈特弗里德（Gilbert Gottfried）在推特上发表了一些有争议的言论，认为日本地震和海啸造成的核泄漏无关紧要之后，Aflac 公司以鸭子作为品牌形象取代了他的代言。[52]

最后，由于品牌人物并不直接指代产品，因而它们也能比较方便地跨越品类。例如，阿克（Aaker）说："奇宝（Keebler）的小精灵（在烘焙的家庭氛围中融入一丝魔幻和乐趣）给予品牌一定的自由度，只要这种家庭感及其魔幻和乐趣依然被视为积极的特征，就使公司可以向其他烘焙食品发展，甚至向其他类别的食品发展。"[53] 受欢迎的角色也常常成为有价值的财产，提供直接收入和更多的品牌曝光。

提示 使用品牌人物也有几个缺陷需要注意。如果品牌的形象极为显眼且受到普遍欢迎的话，就可能会使其他品牌元素黯然失色，这反倒破坏了品牌认知。

品牌人物在使用一段时期后常常需要更新，以使其与目标市场保持一致。日本知名的品牌人物代表品牌 Hello Kitty，以特许授权经营而成为价值数十亿美元的产品。Hello Kitty 通过一系列授权协议（从纸巾到飞机）和一套专注于小众市场的营销策略，保持了自己的吸引力，重振了品牌形象。[54]

总的来说，品牌人物越真实，更新就越重要。虚构或动画形象有一个好处，就是它们的吸引力可以更持久，不受时间的限制。最后，有些品牌人物的文化特质很强，就难以被他国接受。

品牌口号

品牌口号（slogans）是用来传递有关品牌的描述性或说服性信息的短语。品牌口号通常出现在广告中，但在包装和营销方案的其他方面也有重要作用，像士力架（Snickers）的品牌口号"饿吗？来一个士力架吧"就出现在广告中或者印在糖果包装上。

品牌口号是品牌宣传的有力方式，因为它与品牌名称一样，能迅速有效地建立起品牌资产。品牌口号可以起到"挂钩"或"把手"的作用，能帮助消费者抓住品牌的含义，了解该品牌是什么，有哪些特别之处。[55] 以简短的词语概括、解释营销计划的意图，是必不可少的方法。比如，美国农业保险公司（State Farm Insurance）的品牌口号"就像一个好邻居，美国农业保险公司就在您身边"已经使用了数十年，蕴涵了公司品牌值得信赖以及友好的特色。

品牌口号的优点　有些品牌口号通过演化品牌名称来加强品牌认知，比如"The Citi Never Sleeps"。有些品牌口号更直接，将品牌和相应的品类放在同一句话中，把两者紧密地结合起来，如 Lifetime 广告中所说的"Television for Women"。更重要的是，品牌口号能够强化品牌的定位，如"Staples. That Was Easy"。而对于 HBO 来说，品牌口号对表达其独特的定位起到了关键作用。

HBO

作为付费电视频道，HBO 经常需要让观众确信它价有所值。除了付费电影，HBO 还有一个传统，那就是播放原创、最新的节目，如《欲望都市》《黑道家族》和《明星伙伴》等，这些都不会在免费频道中播出。HBO 为了突出其最具竞争力的品牌差异和品牌精髓，在 1996 年提出了一个聪明的品牌口号："它不是电视，它是 HBO"（It's Not TV, It's HBO）。从外部而言，该口号给观众一个了解 HBO 并把 HBO 品牌归类的参照点。从内部来说，该口号为员工界定了一个清晰的愿景，并时刻在大脑中记住：无论他们做什么，HBO 从来就不是一般的电视。[56]

品牌口号通常与广告活动紧密结合，是概括广告中描述性和说服性信息的点睛之笔。戴比尔斯钻石广告的品牌口号"钻石恒久远，一颗永流传"就表达了这样的信息：钻石就是永久保存的爱与浪漫，永不贬值。Dollar Shave Club 的口号"节约时间，节省金钱"与其定位密切相关，既符合企业的成本效益，也满足消费者的剃须需求。品牌口号比单一的广告语更宽泛、更持久。但是在特定时期的广告活动中，广告语也许比品牌口号更能强化该广告的信息。

比如，耐克多年来在特定的体育赛事广告活动中使用特定的广告语，例如"Prepare for Battle"和"Quick Can't Be Caught"（篮球）；"Write the Future"（世界杯）；"My Better Is Better"（综合运动）；以及"Here I Am"（女子运动）等，而不是其著名的品牌口号"Just Do It"。这种替换可以强调广告活动与品牌口号所传达的信息有一定的区别，也可以让品牌口号暂时"休息"，以保持新鲜的活力。

设计品牌口号　最有力的品牌口号能从多个方面促进品牌资产的提升。[57] 品牌口号可以通过演化品牌名称建立品牌认知、树立品牌形象。比如，美宝莲化妆品的品牌口号是"也许她与生俱来，也许它就是美宝莲"；Quaker State 润滑油的品牌口号是"大写的 Q 代表质量"。

品牌口号可以包含与产品有关的信息，也可以包含与产品无关的内容。例如，冠军（Champion）运动装的品牌口号为"更多一点就是冠军"，该品牌口号可用产品性能来解释，即与其他运动装相比，冠军运动装用了更多精心制作的或特殊的材料；同时，它也可以令穿戴者将冠军运动装与顶尖的运动员联系到一起。这种产品的高性能和消费者形象的结合，是建立品牌形象和品牌资产的有力平台。贝纳通（Benetton）也有一句同样强有力的品牌口号"贝纳通的统一色彩"。

更新品牌口号 有些品牌口号与品牌的联系非常紧密，甚至后来很难再导入新的品牌口号（请做一下表 4-6 中的品牌口号测试，并核对答案，看看你能正确地辨认出几条品牌口号）。七喜曾在五年多时间中，为其流行的"非可乐"品牌口号寻找了许多不同的后继语——"自由的选择""香甜清纯，不含咖啡因""七喜不令你快乐吗""美好由此降临""让你拥有七喜"等。当七喜要求消费者"混合一点"时，品牌口号又变为把七喜定位为包括烘焙、烹饪、饮料等多种不同用途的基本原料。[58]

表 4-6 知名品牌口号的测试

1. _____ 无限空间，接触无间
2. _____ 我选我味
3. _____ 想做就做
4. _____ 没错，我们一定会送到
5. _____ 在人生的道路上，有乘客，有驾驶，我们征召驾驶员
6. _____ 没有运通卡不要出门
7. _____ 坚如磐石
8. _____ 我值得拥有
9. _____ 极致驾驭工具
10. _____ 最佳方式寄出你的悉心关怀
11. _____ 资本家的利器
12. _____ 良药有奇效
13. _____ 不再哭
14. _____ 只溶在口，不溶在手
15. _____ 再接再厉
16. _____ 人类文明之旅
17. _____ 今天你意欲何在？
18. _____ 动一动手指省掉许多脚步
19. _____ 冠军的早餐
20. _____ 更绿色的空中飞行

答案：（1）贝尔电话；（2）汉堡王；（3）耐克；（4）联邦快递；（5）大众汽车；（6）美国运通；（7）雪佛兰；（8）欧莱雅；（9）宝马；（10）贺曼；（11）《福布斯》杂志；（12）拜耳；（13）强生婴儿洗发水；（14）M&M's 巧克力；（15）安飞士汽车租赁；（16）地中海度假；（17）微软；（18）黄页；（19）Wheaties 麦片；（20）联合航空。

当品牌口号在人们心目中已能强烈地代表该品牌时，也意味着它限制了自身的发展。成功的品牌口号应能不断地自我更新，并成为流行语言。比如，温迪快餐（Wendy's）在20 世纪 80 年代采用的品牌口号"牛肉在哪里？"以及 21 世纪滑稽模仿的公益广告"Got Milk？"等。但这样的成功也有其不利之处——品牌口号可能会因为过于流传而失去了其原本的品牌或产品内涵。

一旦品牌口号获得了高水平的认知度和接受度，品牌资产就可能继续积累，但或许更多的是作为品牌的提示。在多次看到和听到品牌口号之后，消费者也许不会去细想品牌口号究竟说明什么。与此同时，如果品牌口号继续传递着一些品牌不再需要强调的含义，则会出现潜在的麻烦。在这种情况下，品牌就受到限制，很难再让人们产生新的品牌联想，因而也就不能按照设想或需要进行更新。

由于品牌口号也许是品牌元素中最容易在一段时间后进行修改的，因此操作中具有更多的灵活性。在修改品牌口号时，正如修改其他品牌元素一样，要注意以下几点：

1. 分析品牌口号是如何通过加强品牌认知和品牌形象帮助创建品牌资产的。

2. 确定在多大程度上还需要加强这种品牌资产。

3. 尽可能多地保留品牌口号中尚有价值的成分，同时注入所需要的新含义，从另外的途径增加品牌资产。

在许多情况下，对现行品牌口号进行适当修改可能比引入一个全新的品牌口号更有效。然而，有时口号的改变是重新定位的一部分，在这种情况下，口号的巨大变化标志着品牌定位的转变。例如，Dockers 在 20 世纪 90 年代将其广受欢迎的品牌口号"好裤子"改为"一个时代的标志"，后来发现品牌资产受到损害，于是又重新使用原来的品牌口号。

广告曲

广告曲（jingles）是用音乐的形式描述品牌。广告曲通常由职业作曲家创作，其上口的旋律与和声往往会长久地萦绕在听者的脑海中，有时甚至不管你是否愿意。在 20 世纪的前 50 年中，当广播广告主要局限于无线电时，广告曲成为重要的创建品牌的方式。

广告曲被视为延伸的音乐品牌口号，并在这种意义上被列为品牌元素之一。然而，由于具有音乐的性质，广告曲并不像其他品牌元素那样具有可转换性。广告曲能传播品牌的优点，但由于只是音乐，因此只能以非直接的、较为抽象的方式传递品牌的含义。由广告曲产生的潜在的品牌联想，更多的是与感情、个性及其他无形的东西相关联。

从加强品牌认知的角度说，广告曲是非常有用的，往往能巧妙而有趣地重复品牌名称，增加消费者接触品牌的频率。因为它们容易上口，消费者在看了和听了广告之后也会吟唱，所以能加强宣传效果。

一首知名的广告曲可以作为广告的基础。比如，在美国人最熟悉的 KitKat 的广告中，专业人士和普通民众都在欢唱其广告曲"让我休息一下"，这首广告曲从 1988 年传唱至今，它促进了品牌推广，最终使 KitKat 成为美国第六大畅销巧克力糖。[60] 与此类似的是，美国军队的品牌口号在沿用了 20 年的杰作"实现你的理想"之后，成功地改为"独一无二的军队"。英特尔广告中独特的四个音节的声音标志，与其品牌口号内置英特尔

（"Intel In-side"）相呼应。这个声音标志听起来很简单，但实际上第一个音节却是由 16 种声音合成的，包括小手鼓以及锤子敲打铜管的声音。[61]

包装

包装（packaging）是指设计和制造产品的容器或包裹物。与其他品牌元素一样，包装历史久远。早期，人类用树叶或动物外皮遮盖和携带食物与水。早在公元前 2000 年，玻璃容器就首先出现在埃及。此后，法国的拿破仑为食品保存比赛中的优胜者提供了 12 000 法郎的奖励，从而带来了最原始的真空包装方式。[62]

从公司和消费者两个角度看，包装必须达到以下几个目标[63]：

- 识别品牌；
- 传递描述性和说服性信息；
- 方便产品的运输和保护；
- 便于储存；
- 有助于产品消费。

为了达到产品的营销目标，满足消费者的欲望，必须正确地选择包装的美学元素和功能成分。美学元素是指包装的尺寸、形状、材料、颜色、文字和图案。印刷工艺的革新，使得图案越来越有吸引力，能够在消费者购买的那一时点传达精致多彩的信息。[64]

从功能角度看，结构设计是关键。例如，多年来，食品的包装几经革新，出现了可多次封口、防损害、更方便使用（如易拿、易开、可压）的趋势。看一下通用磨坊最近的包装创新：Yoplait Go-Gurt 的酸奶管状包装概念对儿童及其父母来说可谓巨大成功，Betty Crocker Warm Delights 包装则显示可用微波炉（2 分钟）、单杯式便携甜点，以及 Green Giant Fresh Steamers 包装所用材料能耐微波炉烹调温度，蒸熟调味的蔬菜。[65]

包装的优点 通常，消费者对品牌最强有力的联想来自产品的包装或外观。例如，如果询问一个普通的消费者，当谈到喜力啤酒时会想到什么，一个最常见的反应是"绿色瓶装"。包装是品牌认知的重要途径，并能传递或暗示一些重要信息以建立、强化品牌联想。美国莫尔森啤酒在更换包装瓶标签后，在美国市场的销量增加 40%，新的标签增加了"破冰者"，并赞助酒吧举行主题活动，如"弹回之后""当然，你可以拥有我的号码"以及"为你的美丽所吸引"等。受此成功的鼓励，后来黑瓶所用"真心回答"标签，还真让消费者在标签的选项中思忖再三。[66]

结构性的包装创新能够通过创建差异化带来丰厚利润。新包装同样可以扩展市场并获得新的市场细分。包装的改变马上会对消费者购买行为和产品销售产生影响。比如，哈根达斯重新设计包装后，销售额增加 21%；在对包装重新设计以改善其人工效能特性，并通过创建"光滑、曲线形式"强化品牌资产后，通用磨坊的销售额增加 80%；另外，Jimmy Dean's Biscuit Sandwiches 重新设计包装后，其家用市场增加 13%。[67]

包装的一个重要趋势是，将产品分为大小两种包装，以满足新的细分市场。[68]热狗、比萨、英国松饼、速冻食品和啤酒等都以大包装产品形式而被成功引进。同样，小包装正在引进，可持续包装也日益流行，这两种包装方式反映了消费者对包装偏好的改变。[69]

包装上的内容展示 包装创新一直是品牌管理的重要内容。其中一个特别的创新是将内容营销或广告主题整合到包装中。这一趋势的关键原因是，7 500 万千禧一代已经开始摒弃传统广告，因此，在包装中融入主题内容的品牌能够更好地向消费者传达信息，从而建立更牢固的消费者品牌关系。下面是一些品牌成功将主题内容纳入包装的案例。

1. Kashi。Kashi 的新形象是它的麦片盒。它以品牌背后的故事为特色，以培养更多的个人联系，并强调其对健康食品的承诺，这产生了积极的影响。[70] 这个包装除了采用线条更清晰、色彩更鲜艳的新设计外，还加入了关于食物制作方法和来源的故事。例如，Kashi 有机发芽谷物麦片的包装特色是佩吉·萨顿（Peggy Sutton）的故事，她用发芽谷物面粉来制作该产品。此外，Kashi 还引导顾客访问网站，观看此故事的视频。[71] 在另一个例子中，Kashi 黑可可小麦饼干讲述了怀俄明农民牛顿·拉塞尔（Newton Russell）的故事，他是首次试点认证过渡协议（一项帮助农民从传统农田过渡到有机农田的倡议）的农民之一。通过这种方式，Kashi 正在重塑包装，将其作为展示品牌故事的关键触点。

2. Chipotle。Chipotle 通过与作家乔纳森·萨弗兰（Jonathan Safran）合作，进行包装内容的设计，这种合作包括"思想培养"系列。在这个系列中，餐食放在印有文字内容的杯子和袋子里。此外，还有萨拉·丝沃曼（Sarah Silverman）和托尼·莫里森（Toni Morrison）等多位名人负责提供包装内容。[72]

这种方法有助于向顾客展示 Chipotle 品牌坚持的高道德标准的特点。包装上的内容包括从哪里采购原料，以及如何将原料从农场送到餐桌上。因此，Chipotle 通过坚持对原料和食品质量的高标准，提升了在消费者眼中的形象，并通过引人入胜的包装内容增强对顾客的吸引力。

3. 士力架。士力架巧克力棒的广告传播非常成功。当人们饥饿时，情绪常常会变得比较负面，这些负面的饥饿症状包括易怒、失去理智、健忘和情绪激动。它的广告口号"当你饿的时候，你已不是你"和"当你饿的时候你是谁？"将饥饿与品牌建立了密切的联系。士力架通过定制印有广告口号的条形包装，将这一概念提升到了一个新的高度。虽然有人认为用这些广告口号替换掉品牌名称存在风险，但事实上反而让这个品牌显得酷而前卫。

这些包装上的创新突出了成功品牌管理的一个关键——确保与消费者的每一个接触点都被用来强化关键的品牌信息，从而确保所有营销活动的一致性和连贯性。

销售点包装 包装能够使放在货架上的产品具有强烈的吸引力并有助于产品脱颖而出。因为，对于许多消费者来说，第一次接触新品牌可能是在超市的货架或商店里。通常，消费者逛超市的时间一般不超过 30 分钟，其间，他们会看到 20 000 多种产品，而他们事先可能并没有计划好要购买哪些产品。对于那些产品几乎没什么差异的品类来说，包装创新至少能在短期内提高竞争力。这充分说明了包装在销售点的重要性。

正因为如此，包装被认为是创建品牌资产极其节约成本的途径。[73] 在一些行业里，包装有时被称为"营销的最后 5 秒钟""永久的媒介"和"最后的销售员"。沃尔玛非常重视包装，并且会测试顾客在 3 秒钟内或距离货架 15 英尺能否从包装上理解产品的品牌承诺。注意消费者不仅局限于在销售点或消费时才接触包装，因为品牌包装在广告中通常也很重要。

包装创新 包装创新不但能降低成本，而且能改善需求。从供给方来讲，许多公司将重新设计包装作为重要目标之一，希望通过使用更多的可回收材料来降低纸张和塑料的用量。为达到这个目标，美国的食品、饮料和消费品等企业报告显示，在 2005—2011 年间，企业已淘汰 15 亿磅重的包装，并且到 2020 年能再节约 25 亿磅，这使美国包装材料平均用量减少了 19%。[74] 同样，许多消费品也以软包装（而不是硬包装）销售，这再次反映了消费趋势的变化。[75]

从需求方的角度，尤其在成熟市场中，包装创新能在短期内推动销售增长。不断进行包装创新一直是饮料行业的特点。例如，在 Snapple 宽口玻璃瓶包装潮流的推动下，Arizona 也将其冰茶及果汁饮品以 24 盎司大容量罐装推出，配以西南部主题的色彩柔和的外包装，短短几年内，在除了销售点的广告和户外广告外没有更多营销支持的情况下，发展成为价值达 3 亿美元的品牌。[76]

包装设计　作为产品开发与上市中不可或缺的一部分，包装设计已发展为一个比较复杂的过程。过去，包装设计经常是事后考虑的因素，颜色和材料的选择也十分随意。例如，据说著名的金宝汤公司的红白颜色是因为该公司的一位老总喜欢康奈尔大学足球队的红白色球衣！

如今，专业化的包装设计师将艺术构思和科技因素融入包装设计中，以满足品牌的各项营销目标。这些设计师进行深入的分析，将包装分解为若干不同的"元素"[77]，并找出每种元素的最佳外观和内容，然后排列各元素的重要性，即哪些元素应当在包装中占支配地位（如品牌名称、说明文字或一些其他的图表），进而确定这些元素应当如何相互组合。在进行品牌延伸时，设计师还要决定哪些元素应当在包装中共享，哪些应当相互区别（且如何区别）。

设计师常常提及包装的"货架效应"，即某一时点在众多同类产品的包装中给予购买者的视觉效应。例如，"更大、更亮"的包装并非总是更好，因为竞争者可能使用同样的策略。[78]然而，即便货架空间够大，制造商也会利用广告效应提高品牌的显著度和影响。通用磨坊公司会很巧妙地把品牌元素"覆盖"在包装上面，这样便于其多品类如麦圈、天然谷物燕麦棒以及 Progesso 汤等产品的主打品牌能够突出。[79]

尽管包装上有些信息是法律规定必须注明的，如食品包装上要有营养成分的说明，但包装设计依然有很大的空间来提高品牌认知，帮助人们形成品牌联想。包装中最重要的视觉设计元素之一也许是颜色。[80]一些包装设计师认为，消费者对产品有一种"色彩词汇"，期望某些类别的产品具有一种特定的外观。

例如，他们相信，牛奶若不装在白色纸盒内，销售就会极为困难；他们还相信，苏打水只能装在蓝色包装中出售。与此同时，某些品牌也被认为拥有"色彩权利"，而其他品牌若使用相似的外观，就会步履维艰。一些专家是这样解释下列品牌色彩的[81]：

- 红色：Ritz 饼干、Folgers 咖啡、高露洁牙膏、可口可乐软饮料
- 橙色：汰渍洗衣粉、Wheaties 麦片、Stouffers 冷冻食品
- 黄色：柯达胶卷、Juicy Fruit 口香糖、麦当劳餐厅、宜家零售店、雀巢脆谷乐、立顿茶、Bisquick 饼干
- 绿色：Del Monte 罐装蔬菜、绿巨人冷冻蔬菜、沃尔玛商场、星巴克咖啡、BP 汽油、七喜软饮料
- 蓝色：IBM 技术和服务、福特汽车、Windex 吸尘器、Downy 衣物柔软剂、百事软饮料

包装的颜色可以影响消费者对产品的感知。[82]例如，消费者可能会认为，橙汁饮品的包装瓶上橙色越浓，该饮品就会越甜。因此，颜色对于产品包装很关键。与其他包装设计元素一样，颜色也应该和营销方案其他方面所传递的信息保持一致。

包装的改变　虽然改变包装的代价高昂，但是较之于其他营销传播手段还是具有成本优势的。包装改变可能是出于多种原因。[83]

- 包装的升级可能表示价格要提高，或者要在新分销渠道中更有效地出售产品。例

如，Kendall 石油公司在发现其产品销量更多地来自超市和商店而非服务站后，便重新设计了包装，以便更加吸引自助购物的消费者。

● 当产品线深度延伸、各产品包装需要相同的外观时，产品包装将随之变化。如 Planter 坚果、Weight Watchers 食品和 Stouffers 冷冻食品。

● 对于消费者来说，重新设计包装也许同时意味着产品创新。为强调品牌的"绿色"传承，Stevia 对其 SweetLeaf 产品的包装进行重新设计，改变了外观和尺寸，在生产中 100% 使用可回收材料。[84]

● 重新设计包装的最常见原因是旧包装看上去过时了。2010 年，卡夫公司 10 多年来首次对 Macaroni & Cheese 的包装进行更新，通过"noodle"式微笑符号联结其三个子品牌，从而更好地强调品牌核心资产（幸福、微笑和快乐）。[85]

因为营销者都想尽可能地获得竞争优势，近年来包装的改变有加速的趋势。更激烈的竞争促使企业更频繁地改变包装，无论是短期促销还是从长期来看，都是为了展现更有活力的形象。

在包装改变时，必须意识到改变对消费者原有或者当前品牌偏好的影响。[86] 在这种情况下，必须警惕不能丢失业已建立起来的包装品牌资产。品牌备忘 4-1 介绍了近年来因为更新包装及其他品牌元素而遭受的挫折。

为识别或者确认哪些是包装的关键元素，进行消费者调研通常很有用处（见品牌备忘 4-1）。如果包装是消费者成功识别品牌的关键因素，则包装的改变要格外小心。如果包装的改变很大，消费者在店铺里也许就不能成功识别出品牌。因此，零售商意见也很重要。

一些营销专家把包装称为营销组合中的第五个"P"。包装的功能因素或美学因素能直接帮助创建品牌资产，或者通过强化品牌认知和品牌形象，间接地对品牌资产做出贡献。[87]

品牌备忘 4-1

品牌元素的"去"而复返

随着市场竞争日趋激烈，产品更新换代加速，以及消费者越来越变化无常，许多企业都寄希望于通过品牌元素的改变为品牌注入新的生机。标识、符号、包装甚至是品牌名称都在更新换代，用以扩大品牌含义，并创建品牌的相关性和差异性。然而，遗憾的是，在日趋网络联结的世界，消费者对任何品牌元素改变的反应（积极的或是消极的）都会迅速扩散。以下是一些典型案例。

纯果乐。 2009 年 2 月，百事公司对其橙汁饮料进行了大刀阔斧的改革。之前的视觉形象是一根吸管从一个橙子中伸出来，这种设计的目的是让消费者产生新鲜的感觉；现在橙色的视觉形象消失了，取而代之的是一杯橙汁的特写图片和"100% 橙汁"字样。消费者的反应迅速，负面评价居多。消费者抱怨无法区分百事公司的无果肉饮料、传统饮料和其他果汁等不同种类。更糟糕的是，消费者觉得这种视觉设计太普通，毫不出彩。他们用"丑陋的""愚蠢的""便宜货"这类词汇表达对新包装图案的评价。最后，百事公司认输，宣布"公司低估了消费者和原包装之间深厚的情感联结"，并在 6 周之后就恢复了原有的橙色包装。

GAP。 这是另一个卷入品牌标识改变风波的品牌，实际上是 GAP 自找的。新标识的 GAP 以加黑的西文字体呈现，但在"P"的右上角有一个蓝色的方框。发布这个新标识之后，公司请消费者通过脸书主页发表评论，并继续征求意见。没想到消费者的反馈毫不客气。在忍受消费者整整一周的批评之后，GAP 管理层宣布："我们已经清晰地获悉，消费者并不喜欢新的标识",随后便回归其著名的白色字体标识及独特的品牌字形。

佳得乐（Gatorade）和百事。就在纯果乐变换包装的同时，百事公司还对佳得乐品牌及经典的百事可乐产品包装进行重新设计。佳得乐引入一套全新概念，在运动前（第一阶段）、运动中（第二阶段）和运动后（第三阶段）进行体液恢复。新的品牌定位为：为运动员提供一步到位的补水和其他所需元素的补给。为此公司推出一整套新的表达止渴和体液恢复的图案，希望能更广泛地覆盖到参与运动的人群。百事可乐的改头换面包括一个新的标志，在百事可乐圆环中间有一个白色的品牌，看似随意形成了一个笑脸。两大产品包装的改变都收到了一些负面反馈，产品销售也随之下滑。虽然导致销售下滑还有包括严重经济衰退在内的其他外部原因，但包装带来的影响也不容忽视。

教训。改变一个知名品牌，或只是对其中的品牌元素进行变化——哪怕只是标识、字母、符号或包装，都要考虑两个重要方面。其一，新的品牌元素必须先天被高度认可。那些出问题的品牌，部分是因为新的标识或包装对消费者并没有吸引力，从而让消费者对改变产生疑问。其二，无论新的品牌元素是否有吸引力，消费者可能都比较难以接受，因此处理起来要慎重，并需要足够的耐心。

因此，星巴克在 2010 年煞费心机地慎重解释品牌标识更改的缘由就不足为奇了，这也是该公司自 1971 年创建以来的第四次标识更改。这一次主要是由公司 40 周年引起，公司认为品牌要突破咖啡的品类限制。公司创始人霍华德·舒尔茨（Howard Schultz）做出了解释，星巴克品牌标识中间那个知名、绿色的女海妖变得更加突出——相应地把"Starbucks Coffee"进行了弱化处理——以反映新的产品线和新的国际市场。即使这样，也像其他多数品牌包装改变时一样，最初的公众反应也是褒贬不一。

但现在看来，放弃咖啡标识的大胆决定似乎是恰当的。目前，星巴克的产品种类繁多，包括咖啡、茶、糕点、即食饮料和咖啡冲泡设备。星巴克将其使命定义为培育和激励人类精神，并通过向不同区域的顾客提供咖啡来实现其使命。

资料来源: Linda Tischler, " Never Mind! " Pepsi Pulls Much-Loathed Tropicana Packaging, " *Fast Company*, February 23, 2009; Stuart Elliott, " Tropicana Discovers Some Buyers Are Passionate About Packaging, " *The New York Times*, February 23, 2009; Patrick Conlon, " Tropicana to Abandon Much-Maligned Juice Carton, " *The Wall Street Journal*, February 24, 2009, https://www.wsj.com/articles/SB123544345146655887; Tim Nudd, " People Not Falling in Love with New Gap Logo, " *Adweek*, October 6, 2010, https://www.adweek.com/creativity/people-not-falling-love-new-gap-logo-12126/, accessed October 26, 2018; Christine Birkner, " Minding the Gap: Retailer Caught in Logo Fiasco, " *Marketing News*, October 21, 2010; Natalie Zmuda, " What Went Into the Update Pepsi Logo, " *Advertising Age*, October 27, 2008; Jeremiah Williams, " PepsiCo Revamps Formidable Gatorade Franchise After Rocky 2009, " *Atlanta Journal-Constitution*, March 23, 2010; Valarie Bauerlein, " Gatorade's ' Mission ' : Sell More Drinks, " *The Wall Street Journal*, September 13, 2010; Julie Jargon, " Starbucks Drops Coffee from Logo, " *The Wall Street Journal*, January 6, 2011; Sarah Skidmore, " Starbucks Gives Logo a New Look, " *Associated Press*, January 5, 2011; Matt Cannon, " Brand Stories: The Evolution of Starbucks, " February 24, 2015, www.worksdesigngroup.com/brand-redesign-evolution-starbucks/, accessed October 26, 2018; Starbucks, 2016. Company information available at: www.starbucks.com/about-us/company-information, accessed April 22, 2018.

4.3 整合所有品牌元素

每个品牌元素对创建品牌资产来说都至关重要，因此，营销者需要"组合和匹配"这些要素，使品牌资产最大化。[88] 例如，一个有意义的品牌名称，如果能够通过标识在视觉上表现出来，将比没有标识容易记忆得多。[89]

全套品牌元素构成了**品牌识别**（brand identity），所有品牌元素都对品牌认知和品牌形象起着重要作用。品牌识别的聚合性取决于品牌元素之间一致性的程度。在理想的情况下，品牌元素应能互相支持，且能方便地应用到品牌及营销方案的其他方面。

一些著名的品牌往往拥有若干能直接互相支持的宝贵的品牌元素。如 Charmin 卫生纸，名字本身读上去就传递着柔和之情，其形象代表惠普尔先生（Mr. Whipple）和品牌口号"请勿挤压"，同样突出了该品牌的关键差异点"柔和"。

拥有丰富的、有具体视觉形象的品牌名称往往可以产生强有力的标识和符号。例如，地处加利福尼亚的富国银行（Wells Fargo），其名称富有西方的传统色彩，这在其营销策略中也处处得以体现。富国银行采用"马车"作为符号，并将个别服务命名为主题一致的服务，如在"马车基金"的品牌大家庭中创建投资基金。

尽管实际产品或服务自身对创建强势品牌至关重要，但选择合适的品牌元素对于建立品牌资产的作用也是不可限量。

········| **本章回顾** |········

品牌元素是那些能标记和区分品牌的元素，主要有：品牌名称、URL、标识、符号、形象代表、品牌口号、广告曲和包装。可以通过选择品牌元素来提高品牌认知，努力形成强有力的、偏好的、独特的品牌联想。

有六条标准尤其重要。第一，品牌元素要有内在的可记忆性，能使消费者回忆或容易识别。第二，品牌元素要有内在的含义，能告诉消费者品类的性质、品牌的特殊属性和利益。品牌元素甚至要能反映品牌个性、用户形象或者品牌的情感。第三，品牌元素所表达的信息并不一定与产品本身有联系，也许仅仅是一种内在的吸引力或可爱性。第四，品牌元素要能在品类之内和品类之间具有可转换性（如可支持产品线的延伸和品牌的延伸），也能跨越地域和文化界限以及不同的细分市场。第五，品牌元素要能灵活地适应一个时段的变化。第六，品牌元素要能获得法律的保护，且能在竞争中最大限度地自我保护。品牌专题 4.0 概括了在品牌保护中法律方面的要点。

因为品牌元素各有利弊，所以，重要的是要善于将它们"融合匹配"，从而最有效地增加品牌资产。表 4-7 根据上述六条标准对选择不同品牌元素进行了总结。

表 4-7 品牌元素选择标准

标准	品牌元素				
	品牌名称和 URL	标识和符号	形象代表	品牌口号和广告曲	包装和符号
可记忆性	能加深品牌回忆和识别	通常对品牌识别更有作用	通常对品牌识别更有作用	能加深品牌回忆和识别	通常对品牌识别更有作用
有意义性	能强化几乎所有类型的品牌联想，尽管有时只是间接强化	能强化几乎所有类型的品牌联想，尽管有时只是间接强化	通常对于非产品相关的形象和品牌个性更有作用	能明确地传递所有联想形式	能明确地传递所有联想形式
可爱性	能唤起更多听觉形象	能增强视觉吸引力	能产生人性化特色	能唤起更多听觉形象	能兼具视觉和听觉的吸引力

续表

标准	品牌元素				
	品牌名称 和 URL	标识和符号	形象代表	品牌口号 和广告曲	包装和符号
可转换性	有一定的局限	很好	有一定的局限	有一定的局限	好
可适应性	难	可以重新设计	有时可以重新设计	可以修改	可以重新设计
可保护性	总的来说不错， 但有局限	很好	很好	很好	可以模仿

········| 问题讨论 |········

1. 任选一个品牌，指出它所有的品牌元素，并根据本章列出的选择标准，分析各品牌元素对品牌资产的贡献能力。
2. 你喜欢的品牌有哪些形象代表？你认为这些形象代表以某种方式对其品牌资产做出贡献了吗？如果有，是如何做出贡献的？其对基于顾客的品牌资产模型的影响如何？
3. 除了本章举出的品牌口号外，还有哪些品牌口号十分有助于创建品牌资产？为什么？你能想到一些失败的例子吗？你觉得它们为什么失败？
4. 任选一件在超市出售的产品包装，分析它对品牌资产的贡献，并说出理由。
5. 你能想出一些帮助营销者融合和匹配品牌元素的指导原则吗？有没有可能拥有"过多的"品牌元素？你认为哪个品牌在融合和匹配品牌元素方面做得最好？线上渠道和线下渠道在使用品牌元素上有何不同？

品牌专题4.0

有关品牌的法律事项

根据美国专利和商标局的定义，商标是一个单词、短语、符号或设计，它能有效地将一方的产品与另一方的产品区分开来。[90] 这个解释也可以适用于服务，并且通常是根据使用情况来定义的。基于这一定义，公司应谨慎管理商标，以确保其品牌资产得到充分保护。多罗西·科恩（Dorothy Cohen）认为，商标战略可以包括以下几个方面[91]：

1. 商标规划要求选择一个合法的商标，采纳并使用它，涉及搜索和遴选过程。

2. 商标实施要求在执行营销方案的过程中有效地使用商标，尤其是在促销和分销战略中更是如此。

3. 商标控制要求有一套行之有效的商标策略，用以保证它在营销活动中的使用效率，包括努力减少商标伪造，避免商标通行化，防止因商标侵权而造成的法律诉讼。

下面着重谈几个关于品牌的重要的法律事项。若要了解更详尽的情况，请再参考其他有关材料。[92]

品牌伪造和仿造

为什么品牌名称、标识和符号等品牌元素的保护在品牌管理中占有如此重要且优先的地位呢？正如此前所述，事实上，任何产品都有可能遭受非法的伪造或令人质疑的模仿——从耐克服装到 Windows 软件，从 Similac 的婴儿配方到 ACDelco 的汽车配件。[93]

此外，一些产品正试图通过仿造成功的品牌获取市场份额。这些仿造品牌可能模仿任何品牌元素，如品牌名称或者包装。例如，卡尔文·克莱恩公司的 Obsession 香水和科隆香水，就不得不抵制 Compulsion，Enamoured 和 Confess 等模仿品，它们的品牌口号是这样说的："如果你喜欢 Obsession，你就会爱上 Confess。"

许多模仿的品牌被零售商作为商店自有品牌推出，这让原来的全国性品牌陷入了两难境地：因为如果一味地保护自己的品牌，它们和一些最好的客户的关系就会破裂。更复杂的是，一旦这类自有品牌遭到指责，它们还会振振有词地辩解说，有些标签和包装已经成为整个品类的标志，所以应当允许它们继续做下去。[94]换言之，某些产品的包装外观倒成了某些品类必需的共同标志。康泰克就是品牌克隆的一个普通受害者。33 年来，它第一次进行包装大调整，以便更好地防范山寨事件，同时更新品牌形象。

许多全国性品牌的生产商也纷纷通过法律行动，对这类不法现象做出反应。对于全国性品牌来说，关键是要证明品牌克隆误导了消费者，使消费者误以为自己购买的是全国性品牌。也就是说，会有相当数量的合理反应的消费者在购物时因被迷惑而受骗。[95]这样，法庭在确定消费者被骗的可能性时，可能考虑以下若干因素：（1）全国性品牌标记的强度；（2）全国性品牌和克隆品牌产品的相关程度；（3）标记的相似性；（4）受骗的证据；（5）所使用的营销渠道的相似性；（6）买者对产品关注的程度；（7）克隆品牌选择该标记的意图；（8）产品线延伸的可能性。

西蒙森（Simonson）对这类事件及对商标的迷惑性和"通行性"的评价方法作了深入的探讨。他强调，必须认识到，消费者受迷惑的水平和程度可能不尽相同，因此，很难精确地确定迷惑"开始"的水平。他认为，市场调研应当能够准确反映消费者在市场行为中的思想状态。[96]

商标法律的历史概述

西蒙森和霍尔布鲁克（Holbrook）对"挪用"与"稀释"两者之间的联系进行了一些观察，并形成了以下一些看法。[97]他们注意到：从法律上讲，品牌名称是"条件型的财产"——仅当它在商业中用以识别产品（商品或服务），且仅当它与这些产品紧密相关时才受到保护。为了保证品牌名称在识别产品中的地位，联邦法律对品牌实行保护，防止他人产生对正当的标识制造迷惑的企图。

与制造迷惑的情况相比，西蒙森和霍尔布鲁克认为商标挪用是州际法律中正在开发的领域，它甚至能严格地控制那些尚未达到"迷惑"消费者程度的品牌战略。他们将挪用定义为：通过使用现有品牌的任何特征，以加强新产品的形象。因此，挪用就等于盗窃无形资产的产权。他们认为防止模仿的典型观点是，即使不存在迷惑的情况，一个弱势品牌也会通过模仿现有品牌而受益。杰尔·斯旺（Jerre Swann）同样认为："强势、独特品牌的所有者在一开始就应该得到受保护的权利，防止受到其他品牌潜在联想带来的损害，尤其当存在品牌元素滥用的时候。"[98]

西蒙森和霍尔布鲁克还总结了商标稀释（trademark dilution）的法律概念：

对"稀释"的保护——某标记能清晰无误地识别来源的功能的弱化或者降低——产生于 1927 年的一条法律规定："一旦某标记使公众开始获得持久、统一的满足感，它的所有者就应当被允许最大限度地将其商标使用权'自然地扩展'到公司其他产品或业务中去。"

他们观察到由此引出了两项与品牌相关的权利：（1）预先占有以及保持品牌延伸领域的权利；（2）制止推出类似或相同品牌名称的权利，即使还不存在迷惑消费者的情况。这样做的目的是防止品牌的形象和独特性被稀释。

商标稀释有三种形式：模糊化、玷污化和域名抢注。[99]模糊化是指现有品牌被其他公司用于不同的品类，从而影响了原有商标的"独特性和差异性"。玷污化是指其他公司运用该商标，使得原商标的质量下降，比如劣质模仿品。域名抢注是指非关联公司购买一个含有某公司名称或者某商标名称的网络域名，以迫使该公司或拥有此商标的公司购买此域名。[100]

美国的新法律规定，商标的注册时间仅为 10 年（而不再是 20 年）；若要续展，公司必须能够证明正在使用该品牌，而没有将其束之高阁。《商标法》1988 年修正案允许法人申请其在三年内"打算使用"的商标，并删除了原来的要求：一定要有事实上的产品应用。为了确定品牌是否在法律上可行，营销者需查阅各类注册商标目录、品牌名称目录、电话号码簿、商业杂志和广告等。结果是，潜在可用的商标越来越少。[101] 接下来将谈论与商标相关的两个最重要的品牌元素：品牌名称和包装。

与名称有关的商标事项

在没有足够的商标保护的情况下，品牌名称通行化是合法的，如凡士林、手摇留声机、玻璃纸、自动扶梯和热水瓶等。举例来说，当拜耳公司为其一种"神奇药品"确定商标时，它没有使用对产品作普通描述的通行术语，而是仅仅引入了一个商标：阿司匹林。由于语言中没有其他的选择，该商标就成了该产品的共同名称。1921 年，美国地区法庭宣布，拜耳公司失去了有关这个商标的所有权利。还有一些品牌名称在竭力争取下保留了自己的合法地位，如邦迪、舒洁、Scotch Tape、O-Tips 和 Jello。施乐公司每年花费 10 万美元进行解释：您不是在复印文件，而是在影印文件。[102]

在法律上，法庭建立了一个确定登记资格的等级制度。按保护的降序排列，这些类别如下（括号中是概念和示例）：

1. 假想的（虚构的词，本身没有任何意义，如"柯达"）；
2. 任意的（现实中的词，但与产品没有联系，如"骆驼"）；
3. 暗示性的（现实中的词，对于产品特性或利益具有暗示的作用，如"永备"）；
4. 描述性的（普通词汇，只对辅助含义具有保护作用，如"象牙"）；
5. 通用的（该词汇等同于某品类，如"阿司匹林"）。

可见，假想的名称是最容易得到保护的，但同时，它对于产品本身没有暗示性或描述性作用。所以，在选择品牌元素时要认真进行权衡。通用的术语是无法得到保护的。难以保护的标记包括人名、描述性术语、地名，或那些与产品的功能特性相关的术语。对于不具有内在独特性因而不容易立即得到保护的商标，可以通过引入一个辅助含义而获得商标保护。

辅助含义是指标记超出了旧的（主要的）含义，获得了新的内涵。辅助含义必须是公众通常能将其与标记联系起来的含义，代表了从该标记到唯一一类产品的联想。辅助含义通常需要借助大量的广告、分销、销量、使用方式和时间、市场份额来加以说明。[103] 辅助含义在为描述性标记及人名、地名建立商标保护时十分重要。

与包装有关的商标事项

一般来说，名字和图案比形状和颜色更容易受到法律保护。对品牌包装颜色进行法律保护是一件复杂的事情。旧金山的一个联邦上诉法庭最近规定：公司不能仅仅因产品的颜色而获得商标保护。[104] 然而，最高法院的一项裁决后来推翻了这一规定，认为根据《兰汉姆法》（Lanham Act）对商标的解释可能很宽泛。芝加哥有一家小公司，为干洗商和裁缝生产压衣服的垫料，这种垫料一直是金色和绿色相间的。当一个竞争对手也开始出售同样颜色的垫料时，该公司提出了诉讼但被法庭驳回。在拒绝单纯保护色彩的同时，该法庭提出：生产特别颜色产品的公司，可以依赖现行的保护"商业外观"的法律，"如果色彩能融入独特的花样或图案，或能与独特的标识相结合，就可获得足够的保护"。

在"商业外观"分析中，色彩是一个因素，但不是决定性的。这个裁决与 1985 年里程碑式的裁决有所不同。当时的裁决源自欧文斯科宁玻璃纤维公司（Owens-Corning）为它的粉红色绝缘体寻求保护而提起的诉讼。华盛顿法庭判定欧文斯科宁公司胜诉。其他的法庭也做出了类似的裁定。但此后，至少在其他地区，有另外两家上诉法庭判定颜色不能作为商标而受保护。请注意，这些有关商标的裁决只应用在当颜色不是产品的不可或缺的部分时。[105]

但是，因为美国没有统一的商标保护，所以一些计划开展全国性商标保护活动的公司就不得不依赖于商业外观中"难以证明"的条款。然而，当颜色通过与产品紧密联系而获得"辅助含义"时，就可以被注册为商标，而商标通常属于一种可以在特定的产品类别中使用的特定色调。约翰迪尔为其标识中的绿色和黄色注册了商标，塔吉特（Target）为红色注册了商标，蒂芙尼（Tiffany）为其独特的蓝色注册了商标。与此同时，颜色与产品的联系方式也很重要。这是克里斯提·鲁布托（Christian Louboutin）和圣罗兰（Yves. St. Laurent）之间具有里程碑意义的诉讼。法院裁定克里斯提·鲁布托可以为红色鞋底注册商标（这是该品牌鞋子的典型特征），但其他鞋子制造商（包括圣罗兰）有权销售完全红色的鞋子。

世界各地的商标法重点不同。例如，欧盟在评估商标稀释的问题时，提出了以下需要考虑的因素：（1）标志之间的相似程度；（2）注册商标的商品或者服务的性质；（3）早期标志的信誉等级；（4）早期标志的显著性程度；（5）消费者之间存在混淆可能性的概率。中国商标法的执行方式存在一些差异。与美国不同，中国在商标注册方面实行的是先备案制度。因此，商标申请的第一方享有优先权。这与美国的体系形成了鲜明对比。在美国，不是商标注册，而是商标的实际使用者拥有优先权，也就是说，这个制度有利于第一个在商业中使用商标的实体。

·········· | 第5章 | ··········

设计营销方案创建品牌资产

学习目标

» 了解营销的一些新视角和新发展。

» 理解如何改善产品体验。

» 了解价值定价的方法。

» 学习直接渠道和间接渠道的选择方法。

» 学习自有品牌发展的缘由。

约翰迪尔的成功部分归功于其精心设计和执行的产品、定价和渠道策略。

资料来源：John Crowe/Alamy Stock Photo.

········| **本章提要** |········

在本章中，我们将讨论产品、定价以及渠道策略如何能够创建品牌资产，即营销者如何通过整合这些营销活动来增强品牌认知、改进品牌形象、提升品牌正面反应、增强品牌共鸣。

本章的重点在于如何从品牌化的视角设计营销活动。我们将思考如何将品牌本身有效地融合到营销方案中，创建品牌资产。为了拓宽关于营销组合的视野，我们有必要查阅一些基本的营销管理文献。[1] 本章首先就一些营销活动设计的主要发展进行分析；然后，回顾产品、定价和渠道策略；最后，品牌专题 5.0 介绍自有品牌这一重要议题。

5.1 营销新视野

近年来，面对外部市场环境中大量"新经济"的变化，公司营销计划背后的战略和策略都改变了许多。正如第 1 章所述，经济、技术、政治、法律、社会结构、竞争环境的变化，都迫使营销工作者学习新的理念和方法。这些新的变化主要包括[2]：

- 技术快速进步；
- 顾客授权增大；
- 传统媒体碎片化；
- 互动和移动营销增加；
- 渠道变化和非媒介性；
- 产业聚集和竞争加剧；
- 发展中市场的全球化的增长；
- 对可持续发展的关注强化，更加强调企业的社会责任；
- 赋予消费者更大的权力，因为他们能够通过社交媒体和口碑影响消费观念。

上述变化及私有化、管制等其他驱动因素，共同赋予顾客和公司新的能力（见表 5-1）。

表 5-1　新经济的新能力

消费者
拥有更多的消费者权力。
能购买更多种类的商品和服务。
可以获得更多的实用信息。
在订单处理方面能更方便地与商家互动。
能和其他消费者交流并彼此交换对产品和服务的看法。

公司
拥有功能更强大的信息发布新渠道和更广泛的分销渠道对公司及产品进行营销。
能够收集更全面、更丰富的有关市场、顾客、上游商家及竞争者的信息。
能够与顾客和上游商家进行双向沟通，从而进行高效率交易。
能够通过电子邮件向顾客和授权的上游商家寄发广告、优惠券及促销信息。
能够为单个顾客定制产品和服务。
能够持续改进采购、招聘、培训及内外沟通职能。

这些新能力对于品牌管理和品牌实践具有诸多启示。营销者不断抛弃那些在 20 世纪建立品牌时针对大量消费市场的实践，而应用新的方法。甚至传统品类和行业的营销者也在重新审视其营销实践，并采取非同寻常的做法。

5.2 整合营销

在当今的市场中，有多种方式可以创建产品和服务的品牌资产。渠道策略、沟通策略、定价策略及其他营销活动都能增加或减少品牌资产，而基于顾客的品牌资产模型能提供有益的指导。基于顾客的品牌资产模型的启示之一在于，它指出品牌联想形成的方式并不重要，重要的是产生的品牌认知及品牌联想的强度、偏好性和独特性。

创建品牌资产的关键之处在于它的方式多种多样，遗憾的是，也有很多公司创建品牌资产的努力收效甚微。创建新的营销方案需要有创新性和原创性的思想，以突破和避开市场中联结顾客的障碍和噪声。营销者也在不断增加创建品牌资产的非传统性方式，正如品牌备忘 5 - 1 中的 Yeti。

然而，创新最终不能牺牲创建品牌的目标，营销者必须将营销计划巧妙地汇集起来，全面地为顾客提供方案和体验，从而创建认知、促进需求并培育忠诚。

品牌备忘 5 - 1

Yeti 是更酷的品牌

Yeti 是一家品质高且价格昂贵的冷却器制造商。这些冷却器已成为其核心目标顾客（如猎人和渔民）身份的象征。该品牌以真实的信息而闻名，其冷却器的价格从 250 美元到数千美元不等。该公司最畅销的型号是可以安装在卡车或汽车后部的小型、中型硬壳冷却器。由于这个品牌在目标受众中备受追捧，并实现了该类别的品牌重塑，Yeti 广受赞誉。

该品牌必须克服的一个关键营销挑战是相比普通产品的高价格。那么，Yeti 成功的关键是什么呢？冷却器本身的质量当然很重要，它能把冰冷藏数天。然而，Yeti 需要说服顾客相信产品的价值。为此，它需要得到狩猎和渔业领域知名人士的专业认可。Yeti 使用了一些传统的平面广告，将这些代言广告投放在户外频道的狩猎和钓鱼节目中，同时在专业的网站进行营销，如 Sportsman、World Fishing Network 等。该公司得到机构间灰熊委员会的认可，信誉得到进一步的提升。

为了提高目标受众的认知度，Yeti 在社交媒体上进行了大量投资。为了进一步发展，Yeti 甚至投资于服装和商品，如帽子、T 恤和开瓶器，并将这些作为顾客购买冷却器的附赠，从而增强对产品的宣传。该公司还在数据分析方面进行大量投资，基于受众之前的购买行为、喜爱的户外冒险活动等方面的历史数据，个性化定制受众内容。Yeti 精心安排不同的接触点，以便为消费者提供统一的体验。凭借传统与非传统的结合，结合线上与线下的广告，运用个性化的营销手段，Yeti 成功打造了一个广受欢迎的品牌。

Yeti 品牌价值从 2009 年的 500 万美元增长到 2016 年的 4.5 亿美元，现在正面临一系列新的挑战。随着 Igloo's Sportsman、Orion 45 和 Cabela's Polar Cap 等品牌的进入，高端冷却器市场的竞争日益激烈。因此，该公司必须更加努力地保持其吸引力。为此，Yeti 在使用社交媒体营销方面变得更加谨慎。例如，它制作和播放美化户外的短视频。这些短视频通过描绘无畏的户外活动，来体现猎人和渔民这样的品牌核心受众的利益，即使该品牌的受众已远远不止这些。Yeti 产品在这些视频中只有简短的介绍。该品牌还在其照片墙页面发布来自粉丝的野生动物和户外照片。因此，有效的故事讲述使 Yeti 能够在情感层面与顾客建立联系，从而建立持久的消费者品牌关系。

资料来源：Ashley Rodriguez, "How Yeti Made a Cooler an Aspirational Brand," October 6, 2014, http://adage.com/article/cmo-strategy/highpriced-yeti-coolers-aspirational-brand/295243/, accessed March 10, 2018; Salesforce.com, "YETI Coolers Launches New Digital Shopping Experience on Salesforce Commerce Cloud," January 16, 2018, www.prnewswire.com/news-releases/yeti-coolers-launches-new-digitalshopping-experience-on-salesforce-commerce-cloud-300582825.html, accessed March 1, 2018; Hunter Atkins, "Why Is Yeti Coolers Producing Really Cool Movies?," April 20, 2016, www.forbes.com/sites/hunteratkins/2016/04/20/why-is-yeti-coolers-producing-really-coolmovies/# 424bbc823f7e, accessed March 1, 2018; Michael Shea, "Ice-Chest Throwdown," March 25, 2016, www.fieldandstream.com/articles/fishing/2016/03/ice-chest-throwdown-12-top-end-coolers-ranked-andreviewed, accessed March 10, 2018.

个性化营销

互联网的快速发展以及大众媒体的不断碎片化，使个性化营销需求成为广受关注的焦点。有专家认为是现代经济赋予了个体消费者权力。为了适应持续增长的个性化需求，营销者吸收了一些新概念，比如，体验式营销和关系营销。品牌体验在帮助建立与消费者的个人联系方面发挥着越来越重要的作用，接下来概述品牌体验在建立消费者品牌关系中的作用，并提供一些示例。

体验式营销　体验式营销（experiential marketing）不仅要突出产品的特性和利益，而且要将产品与某种独特有趣的体验联系起来。一位营销评论家就体验式营销写道："关键不是卖出商品，而是说明本品牌如何使顾客的生活更精彩"。[3]

派因（Pine）和吉尔摩（Gilmore）是体验式营销研究的先驱，他们认为在 10 多年前，我们就已处于"体验式经济"的门槛，在这个新经济时代，所有的商业往来都必须能够给顾客留下深刻的印象。[4] 他们认为：

- 如果你出售原料赚钱，你就处于自然商品经济时代。
- 如果你出售有形物品赚钱，你就处于商品经济时代。
- 如果你出售你的活动赚钱，你就处于服务经济时代。
- 如果你出售你和顾客共度的时间赚钱，你就处于体验式经济时代。

从迪士尼到美国在线，大部分公司运用四种方式销售体验：娱乐、教育、美学和幻想。

哥伦比亚大学的伯恩德·施米特（Bernd Schmitt）也是该领域的权威专家，认为广义的体验营销是指以顾客为中心的营销活动，在不同的接触点建立与顾客之间的感情关联。[5] 表 5-2 列出了他和同事开发的量表，可以用来测量体验及其维度。该研究的受访者是对乐高、维多利亚的秘密（Victoria's Secret）、iPod 及星巴克等体验性最强的品牌进行打分。[6]

表 5-2　品牌体验量表

感觉	该品牌对我的视觉或其他感官留下了深刻印象。 从感官上而言，我认为该品牌很有趣。 从感官上而言，我对该品牌没兴趣。

续表

情感	该品牌能激发人的感觉和情绪。 我对该品牌没有强烈的情感。 该品牌是一个感性品牌。
行为	当使用该品牌时，我要身体力行。 该品牌能带来身体体验。 该品牌不是行为导向型品牌。
理性	当遇见该品牌时，我思忖良久。 该品牌无法引起我的思考。 该品牌激发我的好奇心和解决问题的能力。

资料来源：Based on J. Joško Brakus, Bernd H. Schmitt, and Lia Zarantonello, "Brand Experience: What Is It? How Is It Measured? Does It Affect Loyalty?", *Journal of Marketing* 73 (May 2009): 52-68.

迈耶（Meyer）和施瓦格（Schwager）两位学者介绍了顾客体验管理的过程，这主要涉及三种不同的模式：过去模式（评估已完成的交易）、现在模式（追踪现在的关系）和未来模式（对发现未来的机会进行调研）。[7] 品牌正致力于创建独特的体验，这种体验可以让消费者拥有难忘的经历，而不会觉得自己是在被推销。例如，美国汽车餐厅索尼克（Sonic）在科切拉艺术音乐节展示了其奶昔和冰沙。索尼克意识到，在节日期间购买的产品通常会发布在照片墙上，于是开发了一款以高级口味和配料为特色的方形奶昔，希望消费者能在照片墙网站上分享这款独特的产品。[8] 该公司还借助定位，让参加音乐节的人可以使用"现在购物"按钮下单。

品牌体验的另一个例子是梵克雅宝（Van Cleef & Arpels）在珠宝和钟表制造领域推出的项目。[9] 2012 年，这家著名的珠宝设计公司为那些想了解珠宝和制表工艺的人推出了一个项目，旨在增加知识，帮助公众更好地了解珠宝制作背后的工艺。该公司开设了 4 小时的法语和英语课程，这些课程围绕着三个主题：技能（诀窍）、珠宝艺术史和宝石的世界。[10] 在这些课程中，消费者学习如何欣赏设计和工艺，并参观了产品的制作过程。通过这种方式，品牌增强了消费者对质量的认知，并使其能够获得关于品牌的新信息，从而使品牌看起来更加亲切。

普遍来说，这些体验有三个方面的优点。首先，有助于在新的消费者群体（如艺术和音乐节观众）中扩大品牌知名度。其次，通过鼓励参与者在社交媒体上分享体验来建立品牌的口碑，从而提高社交媒体参与度。例如，索尼克品牌通过在科切拉推广奶昔，在照片墙获得 1.1 万的粉丝增长以及 2.6 万个点赞。[11] 第三，可以帮助消费者重塑对品牌的认知。例如梵克雅宝珠宝制作项目有利于塑造受众对品类内不同产品价值的认知，进而强化了品牌作为高品质产品的定位。

关系营销　营销战略必须超越实际的产品或服务，从而建立与顾客间的亲密关系，并将品牌共鸣最大化。正如前面所述，品牌体验的一个重要区别是，体验使品牌专注于关键目标受众感兴趣的主题，而非品牌本身，从而加强了顾客参与度，并增强了与品牌之间的共鸣。[12] 类似地，关系营销的作用就是把顾客的需求作为中心放在营销活动的前面。

这种更宽泛的活动有时称为关系营销，这种营销方式以当前顾客是品牌长期成功的关键为前提。[13] 关系营销试图提供更全面、个性化的品牌体验，从而建立更加紧密的顾客关系。关系营销拓展了品牌营销方案的深度和广度。

以下是实施关系营销的好处 [14]：

- 获取新顾客的成本是留住当前顾客成本的 5 倍。
- 公司每年平均流失 10% 的老顾客。
- 顾客流失率降低 5% 可以提高 25% ～ 85% 的利润（根据不同的行业）。
- 顾客利润率随着老顾客的保有时间而增加。

下面要讲到的两个概念将有助于对关系营销的理解，分别是：大规模定制和许可营销。

大规模定制　顾名思义，就是根据客户确切期望的规格制造产品，这是过去的理解。但是，数字技术的出现使公司能以前所未有的规模提供定制产品。通过互联网技术，顾客可以直接向制造商发送自己的偏好需求，而制造商可以利用其成熟的生产线，以非定制产品的价格组装出产品。

在到处都是大规模制造产品的年代，大规模定制使消费者能够让自己显得与众不同。大规模定制不局限于有形产品，许多诸如银行的服务机构正在开发针对客户的服务，以改进服务体验的个性化特征，比如，更多的服务选择，配备更多接触客户的员工，更长的服务时间。[15]

随着社交媒体的出现和海量客户数据的获得（如点击流数据，包括网站流量和参与度指标），企业以一种高度具有针对性的方式，在为个人客户量身定制产品方面处于有利地位。然而，企业还必须改进产品，以挖掘影响客户购买行为的真正价值或情感驱动因素。[16] 一种方法是让顾客参与到购买过程中来，顾客可以与公司共同设计产品。比如在耐克公司的 NIKEiD 计划中，顾客可以将自己的个性化信息印在所购买的鞋上。在 NIKEiD 网站上，访问者可以通过选择尺码、宽度、颜色等，定制自己想购买的鞋，而且顾客可以选择在鞋上印上八个字符的个人 ID。这样，其他顾客就可以分享和欣赏。[17]

近年来另一个迅速发展的营销特点是重视基于位置的营销，在这种营销中，公司根据顾客的居住地来定制他们的产品。通过这种方法，斯巴达勇士赛（Spartan Race）（在不同地点资助比赛）能够将电子邮件根据收件人的位置而定位，因此网站流量增加了 50%，新用户增加了 25%，转化率提高了 13%。[18]

许可营销　许可营销就是在得到消费者的许可后才对其进行的营销活动。许可营销是公司消除混乱并建立顾客忠诚的又一个工具。塞思·戈丁（Seth Godin）是许可营销的倡导者，他认为营销者不能再通过大众媒介，比如杂志、直邮、广告牌、广播 / 电视等进行"打扰式营销"了，因为消费者不一定喜欢这些打扰。[19] 戈丁用预期的（人们期待着此营销信息）、个人的（直接属于个人的消息）和相关的（关注点是潜在顾客感兴趣的）这三个关键词定义"许可营销"。[20]

戈丁认为，消费者每天都会收到不计其数的营销宣传资料，所以，要想吸引消费者的注意力，首先必须以某种引导方式获得消费者的许可，比如，赠品、促销或者折扣、比赛等。通过这种方式与消费者合作，营销者可以潜在地增强与消费者的关系，从而使消费者未来乐于接受更多的宣传资料。但是，只有在营销者尊重消费者意愿而且消费者表示愿意进一步了解品牌的情况下，这种联系才能进一步发展。[21]

尽管社交媒体越来越多地被用来向感兴趣的潜在顾客发送信息，电子邮件仍是许可营销的主要工具之一。借助于大规模数据库和先进的软件，公司能够存储大量的顾客数据并处理这些信息，然后再将这些目标化、个性化的营销信息发送给顾客。例如，脸书 Connect 是一个应用程序，它允许用户通过其脸书账户与各种 Web 站点进行交互。用户还可以在使用第三方网站或应用程序的同时更新自己的脸书页面。这些功能使脸书成为营销者获取用户信息的一个来源，广告商也可以由此获得更多的用户信息。该技术还允许品牌在自己的网站上与用户建立许可关系。当用户乐于与社交网站共享信息时，他们就更有可能与通过脸书 Connect 链接的网站共享信息。[22]

戈丁介绍了有效进行许可营销的五个步骤[23]：

1. 获得情境许可：潜在顾客允许公司访问他们的个人信息。

2. 获得品牌信任：潜在顾客允许公司为自己提供所需。

3. 建立个人关系：潜在顾客根据与供应商的个人关系提供信息。

4. 基于奖励的许可：通过积分或奖品等激励措施获得访问顾客数据的权限。

5. 获得依赖式许可：顾客变得依赖于公司，供应商控制某些商品或服务的供应。

在每一个阶段，品牌都应该谨慎地管理它们与顾客的关系，以确保没有滥用顾客授予它们的权限。Mondo 银行以措辞谨慎、向客户提供低压力营销服务而闻名，因此获得了客户的营销许可。声明上写着："只有当我们将有趣的东西展示给你，或者有很酷的东西请你尝试的时候，我们才会给你发邮件。"[24]

许可营销给营销者带来了巨大的风险。许多公共利益集团以及美国联邦贸易委员会（FTC）正在惩罚那些未经客户明确许可就收集客户数据的公司。例如，2014 年，美国联邦贸易委员会对电视制造商 Vizio 提起诉讼，指控该公司在没有明确告知消费者或获得消费者同意的情况下，自动追踪消费者正在观看的内容，并将其传送给它的服务器。[25] Vizio 使用术语"智能交互"来描述对客户的这种追踪行为。此外，Vizio 还通过向数据公司和广告公司出售消费者的浏览历史（包括高度可识别的个人信息，如 IP 地址），以获取利润。该公司最终同意支付 220 万美元了结指控。[26] 这些案例表明，建立消费者许可应以获得消费者的同意为前提。

根据调查数据，消费者已经普遍意识到与网络供应商的数据隐私问题。据一项全球调查显示，55% 的受访者因隐私问题而决定不购物，而另一项针对金融服务等特定行业消费者的调查显示，84% 的受访者担心自己的个人数据安全。[27] 搜索引擎如 DuckDuckGo（承诺不追踪用户）越来越受欢迎，这表明许可营销进入了一个新阶段。一些批评人士认为，在这个新时代，品牌应该放弃对消费者个人数据的控制，允许用户自己掌控他们的数据使用。[28] 另一些人则主张采用对客户更友好的数据管理方法，让消费者选择与营销人员共享他们的数据，而不是选择退出模型（系统默认共享信息）。在这种情况下，参与式营销也许是更合适的方法，因为营销者和消费者需要共同协作，从而发现公司最好地满足消费者需求的方式。[29]

不同营销方法的综合运用

这些方法帮助人们了解了许多重要的营销新概念和技巧。从品牌推广的角度看，它们对于提升品牌正面反应、形成品牌共鸣以及创建基于顾客的品牌资产都是非常有用的。大规模定制营销和许可营销都是增进消费者与品牌联系的潜在有效方法。

但是，根据基于顾客的品牌资产模型，不同的方法强调了品牌资产的不同方面。比如，大规模定制营销、许可营销可以视为创建更大的相关性、更高的行为忠诚和态度依恋的有效方法。另一方面，体验式营销对于建立品牌形象、形成情感交流、帮助建立品牌社群特别有效。尽管侧重点不同，但是这几种方法都有助于建立消费者与品牌之间更密切的联系。

这些营销新方法的一个重要意义在于，传统的营销组合概念和营销"4P"原则——产品、定价、渠道、促销（或者称为营销传播）——并不能完全描述现代营销方案，或者许多营销活动（如忠诚度计划或创意营销）并不完全符合其目标。但是，公司仍然需要决定要销售什么产品，如何（在哪里）销售产品，价格是多少。换句话说，公司仍然需要设计产品、定价、渠道策略，以作为营销计划的一部分。

当然，如何制定这些策略已经发生了很大变化。下面来详细讨论这些问题及其最新发展。对于产品策略，将重点强调其外部因素；对于定价策略，着重于价值定位；对于渠道策略，则重点讨论渠道整合。

5.3 产品策略

产品本身对消费者的品牌体验、品牌的口碑效应及公司的品牌传播具有重要影响。伟大的品牌的中心必定是个伟大的产品。

无论产品是有形商品还是服务或组织，设计并且提供能完全满足消费者需求的产品或者服务，是成功营销的前提。要想建立品牌忠诚，对产品的使用体验至少要达到消费者的预期。在考虑消费者如何形成产品质量和产品价值判断之后，则要关注营销者如何超越实际产品，以在产品使用过程中及使用之后提高产品的体验价值和增值价值。

感知质量

感知质量（perceived quality）的定义为：消费者对产品或服务的总体质量或其优越性的感知，这种感知与其相关选择和想达到的目的有关。由于多年来产品的持续改进导致顾客期望的提高，要取得较高满意水平的感知质量越来越困难。[30]

许多研究试图了解顾客如何评价产品质量。虽然产品质量的具体属性因品类不同而有所区别，但根据第 3 章所提出的品牌共鸣模型，有以下几个共性维度：主要成分和补充特性；产品可靠性；产品耐用性和服务能力；以及风格和设计。[31] 消费者对这些指标所形成的信念，通常就决定了该产品的感知质量，而这反过来又会影响顾客对品牌的态度和行为。产品质量不仅依赖于功能性指标，而且依赖于更加广泛的性能要素。比如，产品质量还受产品的发货、安装速度、精确性和周到程度的影响，影响产品质量的因素还有：顾客服务与培训的及时性、友好性、帮助性以及维修服务的质量。

品牌态度还取决于更加抽象的产品形象，比如，品牌所反映的象征性和个性。这些"扩展的"产品属性对品牌资产很重要。最后，消费者的评价也许并不针对产品的感知质量，而是根据不成熟的思考决定而形成的，比如，简单的启发和决策模式（如品牌名声，或者产品的特色，如颜色、气味）。

售后营销

产品战略应该聚焦在购买和消费环节，以获得良好的品牌形象。许多营销活动设计的初衷，就在于找到鼓励消费者试用和重复购买的方式。然而，也许最强有力的、最可能受人欢迎的品牌联想来自真实的产品体验——宝洁公司称之为"第二关键时刻"（第一关键时刻在消费者购买时出现）。

遗憾的是，营销者没有把足够的注意力放在寻找让消费者真正感受到产品优点和潜在价值的途径上。作为对这种忽略的回应，现在营销中出现一种明显的趋势，那就是售后营销概念的逐渐兴起。所谓售后营销，就是指在顾客购买之后出现的营销活动。在加深消费体验、创建品牌资产方面，经过创新设计、完整测试、仔细生产和有效沟通的产品（通过大规模定制或者其他途径）无疑是最重要的。

在电子商务的背景下，售后营销或售后服务尤为重要。像 Zappos 这样的公司主要是通过售后服务取得成功的。售后服务包括将其支持业务与电子商务平台整合，以确保两者的无缝整合。此外，确保公司的联系信息有效，并通过多种渠道（如电话、网络、实时聊天）为客户提供支持，这对于增强客户的购后体验至关重要。[32]

用户手册 许多产品的操作手册或用户手册都是人们事后才想到的。这些手册大都是由工程师用过于技术性的词汇拼凑而成，因此，消费者在最初使用产品时常常受挫。此外，在许多情况下，即使消费者知道如何使用产品的基本性能，也可能并不完全理解产品更高级的性能——也许这恰恰是该品牌最独特、最有价值之处。

为了加深顾客的消费体验，很重要的一点就是制作用户手册或者帮助说明，在手册中清晰详尽地描述产品或服务能为消费者做些什么，以及消费者怎样才能实现产品的优点。随着全球化的深入，编写易于使用的手册尤其重要，因为手册通常要翻译成多国语言。[33] 厂商也在投入更多的时间，设计制作尽可能界面友好的用户手册。

为了更有效地展示产品功能和利益，用户手册可能越来越倾向于使用在线和多媒体的形式。Quicken 个人理财管理软件制造商 Intuit，通常会派研究人员去那些首次购买软件的顾客家里检查其软件是否易于安装，并找出出现问题的原因。Corel 软件公司同样采用了"跟我到家"的策略，并在公司召开由营销者、工程师和质量保证人员参加的"比萨聚会"，共同分析有关营销的问题，这样就保证了其他部门不仅仅是被动接受来自营销部的分析结论。[34]

顾客服务计划 然而，售后营销包含的内容远不止设计和分发用户手册。正如该领域的一位专家所说，"'售后营销'是一个必然的新观念，它提醒各公司，要延长生命周期就要重视与消费者建立长久的关系，同时它还指出了一个关键，要更好地使营销资金的分配在进攻性活动（如广告）和防守性活动（如消费者沟通）之间达到平衡。"[35] 客户服务在购后阶段起着重要的作用。在客户服务方面投资有多种好处，能够与客户建立联系，并获得有价值的反馈。

一项研究调查了航空公司客户服务和无线运营商行业的推特数据，发现当顾客与品牌客服代表在推特上互动时，他们更愿意在一系列竞争对手中选择该品牌，也愿意为品牌支付更多。例如，在航空业，这些顾客愿意比那些没有在社交媒体上与客服代表互动的顾客多支付 9 美元。[36] 此外，客服人员在回复中添加姓名首字母或签名后，能够得到更好的反馈，顾客愿意在互动后支付 14 美元的额外费用。

另一方面，糟糕的客户服务可能会造成严重的负面宣传，并通过社交媒体像病毒一样传播开来，损害公司的声誉。美国航空公司在回应一份客户以"恭喜"开头的讽刺性投诉时，遭到了互联网的群嘲。美国航空公司的客服人员在没有仔细阅读投诉内容的情况下，就把这句话当成了一句赞美之词，并回复了一条简短的信息，感谢客户的支持。事实上，这条信息是在抱怨这家公司。由于此类事件在互联网上传播的速度太快，很可能短时间内就会损害一个品牌的客户服务声誉。[37]

近年来，为了加强与顾客的联系，企业纷纷转向建立品牌社群，以加强对顾客提供的支持，并迅速解决技术问题。在拥有品牌社群的所有公司中，近一半可以将顾客支持成本降低 10% ~ 25%。[38] 一个很好的例子是丝芙兰的社群美容讲座，它允许用户发布问题和分享关于丝芙兰产品的想法。品牌爱好者们致力于帮助回答在线社群其他人关于丝芙兰美容产品的问题。通过这种方式，丝芙兰有效利用在线品牌社群，使其成为增强客户服务的工具。微软的 Xbox 社群是另一个提供客户服务的品牌社群。该社群由 Xbox 爱好者组成，他们经常在 Xbox 论坛上提供支持，制作 YouTube 视频，并提供产品反馈。这些游戏发烧友通常已经得到成为一名品牌大使所需的最低分数，并获得游戏、品牌商品等奖励。

在良好的客户服务之后，公司还可以从交叉销售和追加销售中获得显著的收益。售后营销可以包括补充产品的销售，这有助于形成一个系统，或以任何其他方式提高核心产品的价值。打印机的制造商（如惠普）大部分收入来自售后营销项目，例如，喷墨盒、激光打印机的硒鼓以及打印机专用的纸张。对于家用打印机而言，在机器使用年限中，机主在耗材上的消费比机器本身还多。[39]

售后营销还是盈利能力的重要决定因素之一。麦肯锡公司对 30 个行业进行的一项研究显示，提供零部件、维修、保养和数字服务等售后服务的公司利润为 25%，相比之下，售卖新设备的利润仅为 10%。[40] 当由于服务协议、专有技术或专利，或独一无二的服务能力而使顾客被公司锁定时，这种售后营销的销售是最强劲的。[41] 与服务合同一起销售的原始制造产品的百分比反映了配售率或使用寿命（即制造商就是主要服务提供者的产品的使用寿命的百分比）。总的来说，配售率或使用寿命决定产品终身的渗透作用，这有助于提升售后市场的盈利能力。[42]

忠诚度计划 忠诚度计划或奖励计划已经成为营销者与顾客之间建立紧密联系纽带的重要途径。[43] 其目的在于通过长期、互动、增值的顾客关系，从公司最优质顾客中"发掘、保持和增加"公司的收益。[44] 不同行业的公司（最显著的是在航空业）以专业化服务、公司新闻、折扣、奖励等形式的不同组合发起了客户忠诚度活动。通常，这些忠诚度活动都涉及广泛的品牌联合。随着移动商务和数字支付（如 PayPal 和 Apple Pay）的发展，忠诚度计划可以很容易地整合到电子商务交易中。品牌 App 可以用来维护与客户的关系，管理忠诚度计划，并允许客户与公司进行交易。例如，星巴克 App 除了具有帮助顾客付款的功能外，还能持续记录对顾客忠诚度的奖励，从而有助于品牌塑造。[45]

1981 年，美国航空公司推出了航空业的第一个顾客忠诚度计划 Advantage。此项针对经常搭乘飞机顾客的活动，旨在为回报公司优质客户，根据其累积航程提供免费旅行或免费升舱的机会。通过识别顾客的再次光临并给予激励措施以招徕生意，提高现有乘客的忠诚度。除了航空业，许多行业在随后的几年里由于效益可观也引入了忠诚度计划。[46] 忠诚度计划降低了客户流失率，提高了客户保有率，使公司获得更多的销售份额。忠诚度计划的价值也导致客户产生转换成本，减少了品牌之间的价格竞争。然而，当顾客为了获得优惠而必须交出个人信息时，就会产生对个人隐私泄露的担忧。

忠诚度计划对于营销者的吸引也显而易见。大多数管理顾客忠诚度的营销人员使用复杂的数据库和软件来确定特定项目的目标顾客群。然而，鉴于此类计划的激增，忠诚度计划维持的成本和难度都在提高。公司必须不断改进原有的方案以吸引新的顾客，同时还要防止行业中的其他公司"克隆"自己的方案。[47] 既然优质顾客是公司大部分的收入来源，那么他们理应得到更好的服务和关照。因此公司也必须认真考虑这些优质顾客的建议和投诉，这将有助于改进忠诚度方案的质量。如果忠诚度方案设计得容易实施，当用户注册时就可以提供即时奖励。一旦顾客成为会员，许多公司也试图通过各种办法让顾客感觉自己的"与众不同"，例如，寄给他们生日贺卡和提供特别的优惠，或者发出特殊活动的邀请。

产品是品牌资产的核心，产品策略即是把有形和无形的优点融入产品及相应的营销行动中，而这些优点正是符合消费者心意的，也是公司可以做到的。品牌可能会令人产生一系列联想，有的更功能化，与产品的联系多一些；有的更抽象，与产品的联系少一些。无论如何，质量感知和价值感知都是特别重要的品牌联想，经常会影响消费者的购买决定。

5.4 定价策略

价格是传统营销组合中产生收入的因素，溢价是创建强势品牌的首要价值。本节将讨论消费者可能形成的不同种类的价格感知，以及公司为创建品牌资产而可能采取的不同定价策略。竞争日益激烈的零售环境以及在线零售业的主导地位，已经给众多品牌带来了巨大的价格挑战。品牌科学 5-1 概述了定价研究形成的关键见解。

品牌科学 5-1

理解消费者的价格感知

经济学家传统上假定消费者是"价格接受者"，总是接受给定的价格。然而，奥菲尔（Ofir）和温尼尔（Winer）却指出，消费者之间经常相互交换价格信息，或者根据自己以往购物的经验/知识、官方的信息（比如广告）、非官方的信息（比如朋友或亲戚的介绍），以及购买地信息和网上信息理解价格。消费者是根据价格感知而不是卖方所宣称的价值做出购买决策的。因此，理解消费者对价格的感知过程在营销活动中相当重要。

大量的研究发现，虽然消费者对产品价格的大致范围可能相当了解，但令人惊奇的是，几乎没有消费者能准确回忆起产品的价格。但是，消费者在考虑或判断某产品的确切价格时，经常根据内部参考体系（记忆中的价格信息）和外部参考体系（比如公布的常规零售价格）进行价格比较。消费者内部参考价格有许多形式，列举如下：

- "公平价格"（产品成本是多少）；
- 常规价格；
- 最后支付价格；
- 最高价格（大部分消费者愿意支付的价格）；
- 最低价格（极少消费者愿意支付的价格）；
- 竞争价格；

- 期望的未来价格；
- 一般折扣价格。

当顾客想到上述某类或多类参考价格时，其价格感知会区别于产品所标明的价格。这方面的多数研究表明，"令人不愉快的意外"（如标价高于感知价格）对购买概率的影响要大于"令人愉快的意外"。

不同的定价策略对消费者的价格感知也有影响。比如，研究发现，相对较贵的物品，如果以小包装出售，则价格看起来更便宜（如 500 美元的会员年费感觉就比 50 美元的月费更贵）。研究也发现为什么许多定价以数字 9 结尾（如 49.99 美元），因为消费者对价格的理解过程是按从左到右的顺序，而不是根据整体或综合的感知。当竞争产品的价格在数字或心理上接近时，这种效应会更加明显。另一项研究表明，包装尺寸会影响感知质量，由于单价相同，较小包装中的相同产品被认为比较大包装中的质量更高。

资料来源：Chezy Ofir and Russell S. Winer, "Pricing: Economic and Behavioral Models," in *Handbook of Marketing*, eds. Bart Weitz and Robin Wensley (New York: Sage Publications, 2002): 5-86; John T. Gour-ville, "Pennies-a-Day: The Effect of Temporal Reframing on Transaction Evalua-tion," *Journal of Consumer Research* 24, no. 4 (March 1998): 395-408; Manoj Thomas and Vicki Morwitz, "Penny Wise and Pound Foolish: The Left-Digit Effect in Price Cognition," *Journal of Consumer Research* 26 (June 2005): 54-64; Eric Anderson and Duncan Simester, "Mind Your Pricing Cues," *Harvard Business Review* 81, no. 9 (September 2003): 96-103; Tridib Mazumdar, S. P. Raj, and Indrajit Sinha, "Reference Price Research: Review and Propositions," *Journal of Marketing* 69 (October 2005): 84-102; Yan, Dengfeng, Jaideep Sengupta, and Robert S. Wyer. "Package Size and Perceived Quality: The Intervening Role of Unit Price Perceptions." *Journal of Consumer Psychology* 24, no. 1 (2014): 4-17.

顾客的价格感知与定价

通过定价策略来建立品牌资产意味着需要确定：

- 一种设定当前价格的方法；
- 促销和折扣的深度、持续时间的选择。

设定价格有许多不同的方法，定价策略选择取决于各种因素。本节重点介绍与品牌资产相关的一些最重要的因素。[48]

制造和销售产品的成本以及竞争产品的相对价格是定价策略的重要决定因素。然而，越来越多的公司正在提高对消费者的看法和偏好的重视程度。消费者常常根据品类中的价格阶梯来评价品牌。[49]例如，图 5-1 是研究冰淇淋市场后得出的价格阶梯。[50] 如图所示，在这个市场上，价格与质量之间存在一定的关系。

图中显示了任何一个价格阶梯都有一段可以接受的价格，称为"价格带"。这些"价格带"向管理者展示了他们在一个特定价格阶梯中为品牌定价时的灵活度范围。一些公司拥有多个品牌，以在不同品类中更好地竞争。图 5-2 列出了服装厂商 Phillips Van Huesen（PVH）一度覆盖较宽的价格区域及其在相应的零售点进行销售的情况。[51]

消费者对感知价值的联想，常常成为影响购买决策的重要因素。因此，许多营销者采取了基于价值的定价策略，即试图以适当的价格出售适当的产品，以更好地满足消费者的需求。下面将对此做进一步的讨论。对于许多产品而言，消费者可能都会以价格为基础来推断产品的质量，并据此评估产品的感知价值。此时，成本不仅限于实际的货币价格，也许还包括消费者在决策中所花时间、精力和心理介入的机会成本。[52]

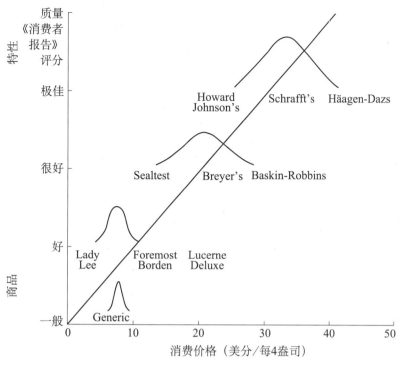

图 5-1 冰淇淋市场的价格阶梯

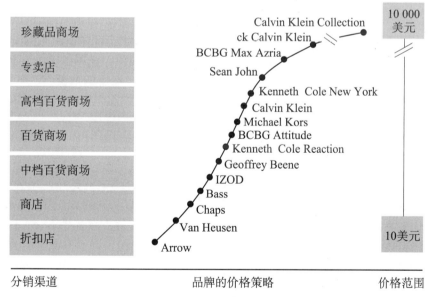

图 5-2 PVH 品牌的价格阶梯

资料来源：Reprinted from Donald Lehmann and Russell Winer, *Product Management*, 2nd ed. (Burr Ridge, IL: Irwin, 1997), Figure 13-8 on p. 379. © The McGraw-Hill Companies.

除了基于价值的定价，消费者的价格感知还可以通过其他定价方式来形成。接下来介绍另外两种定价方法。一种定价方法是剃须刀和刀片定价模型。例如，在这种方法中，吉列剃须刀的在线售价约为 10 美元，但在购买剃须刀后，由于刀片的专有技术和特有的

剃须刀 – 刀片接口，顾客被锁定。

因为耐用部件的初始价格非常友好，即使是预算有限的顾客也会购买该产品。一些其他行业也采用了剃须刀和刀片的定价模式。[53] 例如，在传统的打印机定价模型中，打印机本身的定价是被大家所接受的低价，打印机制造商通过销售墨盒获利。然而，消费者逐渐失望于被困在单一品牌中，剃须刀和刀片这样的定价模式已开始失去吸引力。为此，企业开始免除购后阶段对顾客施加的限制。例如，爱普生打印机公司推出的新型打印机 Ecotank，就采用了大容量墨盒。[54]

另一种定价方法是免费增值模式。许多初创公司首先推出一项免费服务。Dropbox、领英和声田等公司都通过使用免费增值模式而声名鹊起。[55] 在建立了庞大的安装基础之后，那些使用免费增值模式的用户就会升级到带有附加价格的高级服务。例如，文件共享和云存储服务公司 Dropbox 为客户提供 2GB 的免费存储，然后向客户收取额外的存储费用。客户也可以通过推荐获得额外的存储空间。Dropbox Plus 提供 1TB 的空间和额外功能，每月费用约 9.99 美元。如今，Dropbox 已拥有超过 5 亿的用户，这正是免费增值模式成功的体现。[56] 在采用免费增值模式的公司中，免费用户的平均转化率为 2% ~ 5%。[57] 尽管这种模式具有明显的优势，但企业需要认识到，如果免费为客户提供服务的成本相较构成安装基础的客户的数量过高，那么这种模式可能会削弱企业的实力。为了确保免费提供和优质客户的组合经济，公司应该努力为优质客户提供良好的价值，并阐明对于免费客户的价值主张。为了使这一模式有效，公司必须确保免费客户能够转换到高级客户。

近年来，企业采用的另一种定价模式是按需付费。例如，Panera Cares Community Cafes 就在这种模式下运营。[58] 定价策略可以影响消费者如何对品牌的价格进行分类（低、中、高），以及根据折扣的程度和频率形成对价格稳定性及灵活性的看法。

总之，价格的含义很复杂，在消费者面前扮演着多重角色。品牌科学 5 - 1 介绍了消费者在消费过程中如何感知价格以及如何应对价格。从树立品牌的角度看，营销者必须全面理解消费者对一个品牌的价格感知，以了解消费者对产品质量和价值的判断，从而制定最优价格。

目前，许多公司使用"价值定价"法来制定价格，并以"每日低价"法确定一段时间内的折扣定价政策。下面对这两种方法依次进行介绍。

价值定价 价值定价旨在达到产品质量、成本和价格三者之间的巧妙结合，并能同时完全满足顾客需求和公司利润目标。营销者多年来已经以不同的方式运用了价值定价法。有时比较坏的情况是如果价格大于顾客对品牌的感知价值，顾客是不会支付溢价的，公司对此深有体会。

在当今新环境的挑战中，有些公司通过采用价值定价策略而获得成功。西南航空公司将低票价和非虚饰（但友善）的服务结合起来，在航空业界异军突起。这些公司以及其他公司的成功，证明了实施价值定价法的潜在优势。

正如您所期望的，当采用基于价值的定价方法时，公司可以从许多方案中进行选择。总的来说，有效的价值定价策略应当保持以下三个关键因素的适当平衡：

- 产品设计和运送；
- 产品成本；
- 产品价格。

　　换言之，就是要以恰当的方式生产恰当的产品，并以恰当的价格销售。下面逐一讨论这三个因素。同时，近年来现代汽车（Hyundai）是在上述平衡中比较成功的品牌。

现代

　　以三星平板电脑为楷模，韩国突然发力的汽车制造商现代正努力向丰田和本田学习，与当年三星成功学习索尼如出一辙，终成市场领导者。像三星一样，现代汽车也综合最新技术、可靠性能、非凡设计和较低价格为一体，采用了价值定位策略。现代汽车 10 年或 10 万英里的保修计划，及来自 J.D. Power 专业研究机构的汽车分析，让潜在顾客进一步对现代汽车的质量及厂家的能力有了信心。现代公司现行的保障计划是新的"购入价值保障"方案，也就是向顾客保障从购车时起算的两年、三年或四年时的价值，和首次购买新车的市场价值一样。[59]现代汽车还提高定价透明度，简化采购流程，此外，如果里程低于 300 英里，客户还可以退货。[60]通过这种方式，现代汽车在理解定价在公司或品牌整体战略中的重要性方面无疑走在了前面。

现代汽车拥有强大的价值主张，以其 10 年或 10 万英里的保修期为基础。

资料来源：Hyundai Motor America.

　　产品设计和运送　第一个关键的问题是产品的恰当设计与运送。有了精心设计和良好执行的营销计划，提高产品价值的方式可以有很多种。价值定价法的赞同者指出，这个概念并不意味着仅仅用低价出售"削减"版本的产品。消费者如果能感觉到产品或者服务中的增值价值，他们就会愿意支付溢价。事实上，有些公司（如苹果）通过技巧性地推出新的或具有改进的高附加值产品来提高价格。有些营销者在一些细分市场将产品革新、改良而与高档价位相匹配，以达到市场能够接受的一种平衡。

　　互联网技术出现后，许多评论家预言，消费者在线大范围的搜寻会导致只有低价产品才能生存。事实上，只要具备了强势品牌的差异化优势，无论是在线还是线下销售，都能实现溢价销售。比如，虽然亚马逊网站的在线图书和音乐产品的销量有所下降，但仍然保持了市场领导者地位，导致那些低价竞争者（如 Books.com）和其他竞争者纷纷破产。[61]

　　产品成本　价值定价策略成功的第二个关键因素是尽可能降低成本。要想达到成本目标，总是需要从生产效率、外部供应、材料替代（使用价格低一些、浪费少一些的材料）、产品重配料、流程改变（使用自动化或改善其他生产设备）等方面节约成本。[62]一位营销者这样说过：

　　　　只有在顾客认为该产品真正具有价值时，他才愿意为此支付价格。你要经常这么问自己：顾客是不是愿意为此支付价格？如果答案是否定的，就必须想想如何将其淘汰，否则你就不能赚钱。[63]

　　企业必须开发相应的业务模型和成本结构，以支持定价计划。

　　产品价格　成功的价值定价策略还有最后一个关键问题，即准确地理解消费者感觉该品牌有多少价值，他们愿意在产品成本以上支付多少溢价。[64]现在有若干方法可以估算消费者的价值感知。最明了的方法就是从不同角度直接询问消费者对价格和价值的感知。

通过估算感知价值而建议的价格，通常作为确定真正市场价格的出发点，然后再根据成本和竞争的需要做出必要的调整。

沟通价值 把上述三个部分以适当的方式整合起来实现价值创造至关重要。然而，要在定价上获得成功，传递价值只是必要条件，并非充分条件，因为消费者必须能在实际中了解并喜欢品牌给自己带来的价值。许多情况下，品牌价值也许很明显——和竞争对手相比，该产品或服务的利益明显，也很容易识别。然而，有些情况下，这种品牌价值也许并不明显，消费者也只想考虑买更便宜的竞争性产品。因此，营销者必须通过营销沟通，帮助消费者更好地认识到品牌价值。有些场合，解决的办法也许很简单，只需要直接传播这种价值，如强调一分钱一分货。以宝洁公司的高价品牌潘婷为例，它不但面临许多竞争品牌的压力，尤其要面对自有品牌以及折扣品牌的压力，在这种艰难的情形下，即便是很小的成本节约，也许都会对精明的消费者产生影响。假如一瓶潘婷比主要竞争对手贵1美元，但可以洗发100次，这种情况下，每瓶洗发水的价格差异实际上只有1美分。要是根据每次洗发的成本来做购买决策，宝洁公司可以这样宣传："为了拥有更加靓丽的秀发，难道不值得多花一分钱么？"在其他情况下，也许需要"参照"，并说服消费者以不同的方式思考品牌和产品决策。

价格细分 同时，应当认识到不同的顾客对价值的感知不同，因此他们能接受的价格也不同。价格细分和价格调整，主要是为适应不同的细分市场。星巴克对部分比较特别的饮料提高价格，而对一些基本饮料则定价较低。[65]

由于互联网技术的广泛应用，公司越来越多地运用产出管理原则或者动态定价，正如航空公司所做的那样，根据不同的市场需求和对价值的不同感知而调整不同细分市场的价格，以下是一些案例：

● Allstate保险公司已经着手采用产出管理定价方案，公司会考虑驾驶者的信用记录、人口特征以及其他因素，以使汽车保险和顾客风险最佳匹配。[66]

● 演奏会行业老大Ticketmaster公司为了更好地跟黄牛党以及诸如StubHub这样的网上售票商竞争，已经开始基于需求差异实行更加高效的差别定价模式：对于广受欢迎的体育赛事和音乐会门票采取高价，而对于不太好的座位则收取较低价格。[67]

随着数字和社交媒体渠道的出现，品牌和企业越来越容易随时改变定价，从而更容易实施收益管理实践。

每日低价 每日低价作为一项长期使用的价格折扣和价格促销策略，日益受到人们的重视。每日低价避免价格上升和下降的锯齿形变动，建立了更加一致的"每日"产品基础价。在许多情况下，每日低价是以上述价值定价的各种考虑为依据的。

宝洁公司的经验 早在20世纪90年代，宝洁公司在公众的注视下转向了每日低价。[68]它降低了产品目录上一半品牌的价格，取消了许多临时性的折扣。此后，宝洁公司报告说，1991年节约了17 500万美元，相当于公司前一年利润的10%。每日低价的倡导者认为，每天在主要项目上持续保持低价，有助于建立品牌忠诚度，防御来自自有品牌的侵犯，并能降低生产和库存成本。[69]

然而，即使是每日低价的忠实信守者，也意识到在某一段时间内打折促销的重要性。90年代后期，当宝洁公司遭遇一些困难的时候，便在一些细分市场对价值定价策略进行改变，并且恢复价格促销。尤其是最近，为了应对市场，宝洁公司采用了一套更加灵活的定价策略。[70] 宝洁管理层对部分广受欢迎的高价品牌还是充满信心，这些品牌包括吉列手动剃须刀、佳洁士 3D 产品以及老香料沐浴用品等，这些产品实际上都供不应求。

价格保持稳定的理由　既然如此，为什么公司还要寻求更大的价格稳定性呢？虽然商业促销一般是在一定时期、一定区域对商品进行打折，但有时却并非如此。零售商可能采取先期购买行为，即在促销阶段订购的数量超过计划出售的数量，以便在促销结束后以正常价格出售以前购买的商品，从而获得更大的利益。此外，还有零售商会出现转向出售行为，即将打折的商品运送到或出售给指定销售区域以外的零售商。

从制造商的角度看，这些零售商的做法给生产增加了复杂性：在促销期间，厂家必须加班加点以应付骤增的需求，而促销结束后只好让生产能力放空，生产者为此将付出数百万美元的代价。更重要的是，从市场角度看，许多营销者发现，产品价格的"锯齿形"起伏，事实上教会了消费者要耐心等待，只在该品牌打折或举行特别促销活动时购买，这在一定程度上损害了品牌本身的价值。

总结

为了创建品牌资产，营销者必须确定短期和长期内的定价和调价策略。这些决策越来越反映消费者对价值的感知。价值定价要在产品设计、产品成本和产品价格方面寻求平衡。从品牌资产的角度而言，消费者必须能根据从产品获得的利益，感觉到该品牌的价格适当和公平，并且和竞争性产品相比，消费者认为在其他方面具有相对优势。每日低价是一种补充的定价法，它使主要产品长期、持续地保持每天以价值为基础的低价。

在降低价格和增加顾客质量感知之间，总是难以平衡。学者莱曼和温尼尔认为，虽然营销者通常以降低价格来增加价格感知，但实际上，通过打折增加价值的方式往往比通过创建品牌营销活动增加价值的方式的成本更高。[71] 他们的论点是：售出产品单位收益的减少使收入遭受的损失，通常比营销活动所造成的成本大得多。与由于降价而减少每单位收益的情况相比，使品牌增值的营销活动的成本大多是固定支出，分摊到售出的所有单位产品上，自然就变小了。

▎5.5　渠道策略

产品销售或分销的方式可以对品牌资产和最终的销售成功产生深刻影响。营销渠道可以定义为"产品或者服务从生产制造到消费者使用的过程中所涉及的一套相互依赖的组织"。[72] 渠道策略包括对中间商（如批发商、分销商、代理商和零售商）的计划和管理。本节讨论渠道策略如何能够对品牌资产做出贡献。[73]

渠道设计

可供选择的渠道类型和组合多种多样，总的来说，可以分为直接渠道和间接渠道。直接渠道是指通过个人联系，以信件、电话、电子手段、亲自拜访等方式把产品从公司出售给潜在的顾客。间接渠道是指通过第三方中间人（如代理商、批发商或分销商、零售商或生意人）出售产品。

成功的渠道策略是那些具有"完整购物体验"的策略，它整合了商场、网络、电话以及目录销售等形式。以耐克为例，它采用了直接和间接渠道的多种形式，销售耐克的鞋子、衣服及配套产品。[74]

- 耐克品牌商城：耐克 500 多个品牌商城位于全球中心城市的繁华购物中心，陈列耐克最新流行款式的全套产品。每个商场都包括一系列单个小店，出售鞋子、服装、不同的运动器材（如网球、慢跑、骑车或水上运动器材），甚至同一运动项目也有不同的商店（如有三家篮球店和两家网球店）。各小店纷纷通过灯光、音乐、温度及独特的多媒体展示自己的理念。耐克同时也在开发针对特定顾客和体育活动（如加利福尼亚州帕罗奥图的跑步商城、英国曼彻斯特的足球商城等）的更加新颖、规模更小的商城。
- NikeStore.com：消费者可以在耐克公司的电子商务网站订购其任何产品，或者通过 NIKEiD 自行设计部分产品。[75]
- 折扣专卖店：公司还通过折扣店形式销售耐克商品。
- 零售：耐克的零售点包括鞋子专卖店、体育用品商场、百货公司及服装店。
- 目录商店：耐克的产品出现在许多鞋类、体育用品和服装的销售目录中。
- 专卖店：耐克的配套产品主要是通过专卖店销售，如高尔夫或者曲棍球设备专卖店。

许多研究还注意到通过不同渠道出售产品的利弊。尽管渠道的最终选择需要在各种方案之间比较其获利性，但还是有一些选择渠道的具体原则。例如，一项对工业品的研究表明，如果下列条件成立，则选择直销渠道为宜：对产品信息的需求高，对产品定制化程度的要求高，产品质量保证很重要，采购的批量大小很重要，同时物流也很重要。另一方面，这项研究还表明间接渠道适用的情况是：看重品类丰富，重视购买的便捷性，看重售后服务。此外，细分市场也影响渠道选择。[76]

从顾客购买和消费行为的角度来看，渠道可以融合三个关键要素：信息、娱乐和体验。

- 消费者可以通过渠道了解一个品牌，知道它是什么，与其他品牌的差异在哪里；
- 通过这些渠道进行的购物体验可以成为消费者获取娱乐的一种方式；
- 消费者可以参与并体验渠道举办的活动。

很少有公司只单纯地使用一种渠道，更多的情况是选择多种渠道类型的复合模式。[77]

渠道设计的目标是：渠道覆盖率和渠道效率最大化，渠道成本和渠道冲突最小化。由于直接渠道和间接渠道的使用都很频繁，所以有必要讨论一下这两种主要的渠道类型及其对品牌资产的影响。

间接渠道

间接渠道包括各种不同类型的中间商，在此仅着重讨论零售商。零售商一般对顾客有着最直观、最直接的影响，因而对品牌资产的影响也最大。第 8 章会进一步详细讨论，在产品搭配、定价和信贷政策、服务质量及其他因素的影响下，消费者会对零售商形成联想。零售商通过自己储存的产品和品牌以及销售手段等，建立起自己的品牌认知和强有力的、偏好的、独特的品牌联想，进而创建自己的品牌资产。

同时，零售商可以对所售产品的品牌资产产生深远影响，特别是当它们可以为所售品牌提供服务支持的时候。"关键时刻"一词是宝洁公司在 2005 年提出的，用来描述购买前、购买中以及购买后发生的事情。[78]FMOT（first moment of truth）即"第一关键时刻"就是消费者第一次看到产品（如在零售货架上）的时候。[79]零售渠道对 FMOT 有影响，因为它影响消费者对自己与品牌之间互动的感知。有时，当消费者做出假设，比如，"这家商店只出售高质量、高价值的商品，所以这种产品也必然是高质量和高价值的"，就会产生零售商对品牌本身的溢出效应。

推式与拉式策略 除了间接的形象传递途径以外，零售商还可以更直接地影响所出售品牌的资产。它们储存、展示和出售产品的行为，完全能够强化或削弱品牌资产，这意味着生产者必须积极地帮助零售商，从而促进品牌的增值。在线零售商（尤其是亚马逊网站）通过提供产品评论信息，对制造商和消费者施加了很大的影响力。这给营销者带来了更大的压力，要确保自己的产品和服务质量始终保持在高水平。近年来，确保消费者的购买物有所值的购物者营销变得更加重要了。

尽管不同的人对于购物者营销有不同的定义，但其核心定义在于强调生产商和零售商在店内营销活动方面的协作，这些店内的营销活动包括品牌展示、样品促销及店内活动设计等。虽然数字渠道给实体零售商带来了巨大的挑战，但许多消费者仍然喜欢在实体店触摸和感受商品。

由于货架空间的竞争愈演愈烈，而争夺这些空间的各个品牌对许多零售商来说也越来越没有差别，零售商已经占有主动权，在和制造商制定商业条款方面处于有利位置。权力的增加，意味着零售商可以要求生产者更频繁地举行对零售商更有利的促销活动。然而，更引人注目的是权力向消费者的转移。随着在线零售商激增，以及获取商品价格和地理定位有效信息的搜索成本降低，消费者越来越多地在网上购物。这意味着，没有一家零售商能够幸免于传统实体零售在数字渠道上所面临的挑战。

生产者若想重新获得被零售商夺取的权力，办法之一是使用本书描述的品牌创建策略，培育强势品牌。例如，通过销售消费者需要的创新而独特的产品，并进行适当的定价和广告。这样，消费者就可能要求甚至逼迫零售商去储存和销售这些产品。

生产者如果把营销的努力聚焦于最终消费者，它采取的就是拉式策略，其思路为：消费者用他们的购买力对零售商施加影响，从而在营销渠道上"拉动"产品。此外，营销者也可以将自己的销售努力定位于渠道中的成员本身，给予直接的刺激，使它们乐意储存产品并出售给最终消费者。这种方式称为推式策略，因为生产者试图在分销链上一步步地"推动"产品，使其最终到达消费者手中。虽然某些品牌往往强调一种策略胜过另一种策略——"推式策略"通常是结合较窄的分销渠道，而"拉式策略"则使用更宽的分销渠道。但是总的来说，最成功创建品牌的方案，常常是将"推式策略"和"拉式策略"巧妙地结合起来。这方面比较成功的品牌案例包括高露洁、汰渍和福爵咖啡（Folgers）等。

渠道支持 渠道成员所提供的多种不同服务，能提高顾客购买和消费某品牌产品的价值。虽然公司越来越想由自己来提供某些服务——例如，免费电话号码和互联网上的网站能使公司更方便地向消费者提供帮助——但是，与零售商建立"营销伙伴制"，可能对保证渠道支持和所有这些服务的执行更重要。对于公司来说，跟上新的零售商能力，以确保它们获得尽可能多的支持是很重要的。例如，一个新的零售趋势是 AR 和虚拟现实（VR）作为零售展厅的功能。旧金山湾区尼曼百货（Neiman Marcus）的触摸屏镜子可以提供 360 度视角，让顾客看到自己感兴趣的服装。另一个变化是，瑞贝卡·明可弗（Rebecca Minkoff）在纽约 SoHo 门店的试衣间是"智能"试衣间，顾客可以通过数字墙订购饮料或请求员工帮助。[80]

制造商需要做出许多努力，以保持和经销商合作愉快，并防止供应链断裂。零售商通常需要投入大量资金，以维持运转并支付员工薪金。为了对此做出补偿，制造商应该为经销商提供新产品或新品牌的独家经销权，下面会详细论述。专家还提出建议，如果产品直接面向消费者，就应该固定价格。如果给予产品较大折扣，就应该在折扣店销售，这样才不会让消费者感到混乱。

此外，公司还可以通过对经销商进行产品知识方面的培训，以帮助经销商建立高效的销售队伍。

最后，公司有必要和经销商一道，共同进行有关决策，并要意识到经销商的成功也会给公司带来利益。在许多市场，经销商已经获得了越来越多的零售市场份额，因此，如果公司想要保持供应链的顺畅运转，就必须让经销商感到合作愉快，并有利润可赚。"伙伴制战略"的两个重要组成部分是：零售细分行为和合作广告活动。

零售细分 零售商也是"顾客"。由于零售商的营销能力和需求并不相同，所以应当对零售商进行细分，甚至个别对待，这样才能给零售商提供必要的品牌支持。[81] 以下包装食品公司就对其零售商采取了个性化的营销方案。菲多利（Frito-Lax）在玉米薯片和土豆薯片市场采用了精细的供应链系统，建立了快速而广泛的分销体系，零售商很少出现库存中断的情况，商品陈列也很好。庄臣公司（SC Johnson）充分发挥定制化市场深度研究的作用，对公司战略性零售商制定了独特的品类管理方案。

不同零售商也许需要不同的产品组合、专门的配送系统、定制化的促销手段，甚至包括产品的自有品牌"版本"。随着在线零售商亚马逊的成长和主导地位的形成，它的网站上有很多定制性的营销活动的指引。由于网站上的产品太密集，亚马逊尽量提供准确的产品信息，以方便顾客能够找到自己所需的特定产品。亚马逊在产品详细信息页面一侧的白色框里也有一个"购物盒"功能，方便顾客将商品添加到购物车。特别是，亚马逊有一种算法，可以决定哪些品牌应该出现在购物盒，以实现客户价值最大化。[82] 这种极具竞争力的功能通常只适用于同类产品中价格最具竞争力的产品，但的确对顾客的购买决策产生了很大的影响。

品牌元素变量是指那些不能与带有同样品牌名称的其他产品直接进行比较的品牌元素。品牌元素变量可以出现在一组不同的耐用品和半耐用品中。[83] 生产者以多种方式创建品牌元素变量，包括改变颜色、设计、气味、选择、风格、色泽、主题、特性和布局。例如，以便携式立体音箱为例，索尼、松下和东芝等品牌的变量就很多，如音箱大小、重量、音频控制端、录音功能和 SKU 数量等。

品牌元素变量是减少零售价格竞争的一种手段，因为它使得消费者难以直接比较价格。因此，对于不同零售商，也许应当让其出售同一品牌下不同的产品或型号。舒甘（Shugan）和他的同事认为，产品的生产者提供的品牌元素变量越多，就会有越多的商店购进该产品，而且这些商店会为这些产品提供更高质量的零售服务。[84]

合作广告 在日益加强的渠道支持中，有一个相对来说容易被忽视的手段，即更好地设计并执行合作广告计划。合作广告的惯例是，在零售商为促销制造商的产品而花费的开销中，有一部分是由制造商支付的。为了取得获得这部分合作基金的资格，零售商通常必须遵守制造商关于广告中品牌展示的相关规定。广告费用一般由制造商按一定比例分摊，通常是五五开。制造商提供给零售商的合作广告资金总额，通常与零售商从制造商处采购的产品金额成一定比例。[85] 对制造商而言，开展广告合作的一个重要原因在于：这使自己的部分传播能集中在当地市场，对顾客形成更强的相关性和更大的销售影响力。

小结 在获取渠道支持方面，制造商必须在针对渠道成员开发营销和促销计划的方式上具有创造性。制造商应该考虑如何通过渠道活动来鼓励顾客试购，并宣传或展示产品信息，从而建立品牌知名度和形象，并获得积极的品牌响应。

直接渠道

由于以上提及的部分原因，制造商可能会选择直接向消费者销售的方式。下面讨论直接渠道销售中有关品牌资产的一些注意点。

公司自营商店 制造商为了控制销售过程、与顾客建立更良好的关系，建立了自己的零售商店，并辅之以其他各种手段，把商品直接出售给消费者。直接渠道可以有不同的形式，从制造商的角度来说，最复杂的便是公司自营商店。贺曼（Hallmark）、固特异以及其他一些公司，多年来都在自营商店里出售产品。最终，其他一些公司也加入它们的行列出售其产品，包括一些知名企业。

许多品牌都开设了自营店，如 Bang & Olufsen 的音响器材商店、OshKosh B'gosh 的童装店和马汀博士（Dr. Martens）的鞋店。但是，不是所有公司的自有商店都是结构庞大且库存充裕。最近的一个趋势是快闪店的出现，它是零售和事件营销综合起来的临时性商场。[86] 快闪店可能是一个重要的业务来源，其价值可能高达 80 亿美元。[87] 例如，2010年，在线眼镜零售商 Warby Parker 开了一家快闪店，它是一辆横穿美国的黄色大客车，在一些特定的城市停下来营业。这次零售冒险被称为"眼镜旅程"。此外，该公司在酒店里创建了名为"Readery"的报亭，将其 20 世纪 60 年代复古眼镜与复古配饰搭配起来。[88]其他数字化原生品牌也越来越多地开设实体店，以增强与顾客的接触。例如，诞生于互联网的奢侈球鞋品牌 Greats，在洛杉矶和纽约都开设了线下零售店，这一趋势在各种数字原生品牌包括 Everlane、Glossier、Bonobos 和 Casper 的新店中都能看到。[89]

公司自营商店有许多优势。[90] 首先，它们是一种展示品牌及其所有不同产品品种或型号的方式，这是通过正常的零售渠道很难实现的。例如，耐克公司可能发现，它们的产品广泛出现在百货商店和体育用品商店里，但产品并未以合理、协调的方式陈列，有的产品甚至缺货。在开设了专卖店以后，耐克公司展示了其产品的深度、广度和各种型号，有效地"前进了一步"。同时，公司自营商店还具有"市场试验室"功能，能测试消费者对不同的产品设计、内涵和价格等的反应，使公司能随时追踪消费者的购物习惯。

公司自营商店的劣势在于，有些公司因缺乏能力、资源，无法扮演好零售商的角色。例如，开办于 1987 年的迪士尼商店，销售"迪士尼"品牌的商品，包括玩具、音像制品、收藏品及服装等，价格从 3 美元到 3 000 美元不等。与其主题公园一样，迪士尼公司将这些商店作为"体验迪士尼"的延伸，视顾客为"上帝"、职员为"演员"。但网上购物的增长给这些迪士尼商店带来了挑战，它开始尝试重新设计其商店，例如，通过增加有助于展示迪士尼电影、迪士尼游行等的视频，让它们看起来更像那些主题公园。[91]

公司自营商店的另一个问题是，与现存的零售渠道和分销商可能产生潜在冲突。然而，在许多情况下，这类自营商店与其被看作一个直接销售点，不如说是提高品牌形象和创建品牌资产的一种途径和手段。例如，耐克公司将其自营商店的宣传及吸引游客注意的功能与零售的功能等同起来。该公司报告称：调查显示，耐克商场通过全面展示耐克的运动健身产品，并"教给顾客"有关产品的价值、质量和产品利益，从而强化了耐克的品牌形象。调查还显示，尽管只有约 25% 的游客真正在耐克城购买，但那些没有在游览中购买的顾客中，却有 40% 的人在其他零售点购买了耐克的产品。

公司自营商店也是对那些持续推销自己品牌的零售商的一种防范手段。身为李维斯公司主要经销商之一，杰西潘尼（JC Penney）却在推销自己的 Arizona 牛仔品牌，李维斯公司通过自建分销渠道，在一定程度上保护了自己的品牌。然而，零售商和制造商都在尽量避开此类棘手问题，通过建立具有竞争力的分销渠道而避开正面冲突。制造商对此应尤其谨慎，强调公司自有商店绝非零售商的竞争威胁，而更主要的是起"产品展示"的作用，帮助零售商实现销售。

店中店 除了建立自营商店，一些公司（如耐克、Polo、李维斯等）还试图在主要的百货商场设立自己的专卖部。在亚洲这种情况尤其普遍，这种店中店的方式对零售商具有双重利益：一方面能从零售商的品牌形象中受益，同时在柜台销售点能对产品设计和产品展示等方面保留控制权。[92]

在实际的租赁协作或启用品牌"迷你"店的非正式合作中，店中店的概念经常用到。对零售商而言，这种模式有助于快速提升人气和获取新的能力。对于较小的品牌而言，如 Murry's Cheese Shop，它与零售商克罗格（Kroger）的合作快速增加了分销。

零售商亦能通过与其他零售商的合作，获得类似益处。[93] 西尔斯（Sears）通过与更前卫的零售商 Forever 21 合作，不但升级了品牌形象，而且和 Edwin Watts 高尔夫店、统一外观的卖家 Work'N Gear 和 Whole Foods 有机食品连锁超市等建立了店内租赁合作关系。梅西百货（Macy's）也和 Sunglass Hut、孕衣品牌 Destination Modernity 以及英国化妆品品牌 Lush 建立了合作关系。最近，百思买（Best Buy）扩大了"店中店"计划，为索尼、三星和微软等品牌增加零售空间。[94]

其他手段 最后还有一个可选择的渠道，即通过电话、信件或电子手段将产品直接出售给消费者。多年来，零售商一直通过产品目录销售产品。尽管这是长期以来成功的品牌战略，但不少大范围开展营销的公司，如玫琳凯和雅芳，还是在不断努力增加直销，尤其是通过自营零售商店销售。通过加强消费者对该品牌产品的认知，以及对产品主要优点的理解，这些方式不仅能促进产品销售，还有助于积累品牌资产。直销可以有多种方式，包括产品目录、视频、开设自营商店或在线销售，它们的共性是都能与消费者进行对话并建立顾客关系。

在线营销策略

同时拥有实体销售渠道和网上在线零售渠道的优势，对许多公司而言是越来越清晰的共识。复合渠道使消费者的购买时间和方式变得随心所欲，许多消费者很喜欢通过在线或电话下单的便捷性，以及在当地的实体商店取货而不是通过发货运送的方式。消费者还希望对于外地商店购买的货物能在当地商店办理退货。[95]

许多消费者还喜欢能在实体店内使用在线账号登录并使用网络研究购买决策。[96] 互联网的影响也延伸到了实体店。Forrester 的一份研究报告称，估计 16% 的实体店销售额最初受到消费者在网上搜索的影响。[97]

复合渠道让生产者、零售商和消费者都受益。图 5 - 3 是杰西潘尼的渠道组合分析。该分析表明给公司带来最大利润的是通过复合渠道购物的顾客。同样，德勤的一项研究表明，多渠道的购物者比单一商场购物者，在每一笔交易上会多花费 82%。[98]

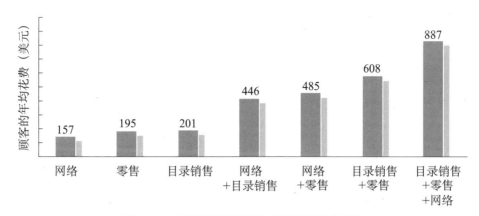

图 5-3　杰西潘尼公司顾客的渠道价值分析图

资料来源：Customer Values Analysis, Doublecheck (2004). Courtesy of Abacus Direct, LLC.

波士顿咨询公司认为，多渠道零售商能够以互联网零售商一半的成本获得客户，并列举了多渠道零售商的几个优势[99]：

- 对供应商有市场影响力；
- 拥有建好的分销系统和配送体系（如 L.L.Bean 和 Land's End）；
- 能在网上店铺和实体店铺之间实现交叉销售（如 GAP 和巴诺）。

复合渠道厂商可以实现许多上述的优势。许多基于互联网的公司认识到复合渠道的力量，也参与到线下的活动中来提升品牌。例如，雅虎公司在纽约洛克菲勒中心开设了一家促销店，eTrade.com 在纽约麦迪逊大街建立了旗舰品牌理财中心，还在塔吉特开了迷你中心和小销售亭。

总结

渠道是公司将产品出售给消费者的途径，创建品牌资产的渠道策略包括：设计和管理直接、间接渠道，从而建立品牌认知，改善品牌形象。直接渠道通过让消费者更好地理解该品牌产品的深度、广度、种类及突出特性来增强品牌资产；间接渠道通过中间商（如零售商）对品牌所采取的行动和给予的支持，以及中间商可能带给品牌的联想来影响品牌资产。

直接渠道和间接渠道各有利弊，营销者必须全盘规划，精心组合，在短期内实现销售增长，并从长远的角度维持和增强品牌资产。通常的情况是，关键在于实现渠道的组合和匹配，综合实现短期和长期的目标。因此，对每个可能的渠道选择进行评估至关重要，不仅要评估每一种可能的渠道对产品销售和品牌资产的直接影响，而且要评估与其他渠道选择的相互作用的间接影响。

·········| **本章回顾** |·········

营销活动是公司创建品牌资产的主要途径。创建品牌的产品策略、定价策略、渠道策略和传播策略必须综合运用。就产品策略而言，品牌的有形方面和无形方面都很重要。成功的品牌通常需要在功能性和象征性利益两个方面，都能建立强有力的、偏好的和独特的品牌联想。尽管感知质量通常是品牌资产的核心，但顾客对品牌联想的范围很广。

营销者是通过体验和关系营销进行消费者互动。体验营销不仅传播产品特点和利益，而且通过独特和有趣的消费者体验对产品进行促销。关系营销包括一些营销活动，这些活动加深并且拓宽了人们对品牌的判断以及采取的行动。大规模定制、许可营销都能让消费者更加积极地联系产品或服务。售后营销和忠诚度计划也有助于创建整体的、个性化的购物体验。

就定价策略而言，营销者必须深刻理解消费者对品牌价值的感知。公司越来越多地采用了基于价值的定价策略来制定价格，采用每日低价策略来指导一段时间内的折扣定价策略。基于价值的定价策略试图在产品设计和配送、产品成本以及产品价格之间寻求平衡。每日低价策略则试图建立一套稳定的"每日"价格，对于价格折扣则应审慎使用。

从渠道策略来讲，要做到：（1）恰当地匹配品牌和商店形象，使品牌次级联想的效应最大化；（2）将零售商的"推式策略"、顾客营销活动与消费者的"拉式策略"相互结合；（3）综合考虑一系列直接和间接的分销方式。下一章，将讨论如何通过制定整合营销传播方案创建品牌资产。

········| 问题讨论 |········

1. 你有没有关于某品牌进行关系营销、许可营销、体验式营销的经历？如果有，该品牌具体进行了哪些营销活动？效果如何？其他品牌能效仿其活动吗？
2. 就你拥有的产品，评估一下它的产品设计和售后营销活动。你是否知道该产品的所有性能？找出一种你感到还没有完全利用其价值的产品，你会提出怎样的改进建议？
3. 挑选一个品类，根据定价策略和感知价值，剖析该品类的所有品牌。如果可能，回顾一下这些品牌的定价历史。这些品牌的价格制定和价格调整是否合理？你还有哪些不同的想法？
4. 走访一家百货公司，评价一下店内的营销举措如何。哪些品类或品牌在店内的推销力度较大？你看到了哪些独特的店内促销方式？
5. 走访一家超市，观察一下自有品牌的数量。你认为哪些品类的自有品牌可能获得成功？为什么？

品牌专题 5.0

自有品牌的策略及反应

下面来看一看自有品牌或商店品牌的问题。在介绍了自有品牌的策略之后，我们来看看主要生产者品牌对这种威胁有什么反应。

自有品牌

虽然对**自有品牌**（private labels）有不同的说法和定义，但我们还是把它称为零售商和分销链上其他成员所营销的产品。当自有品牌以某种方式采用商店的名称时，也可叫做**商店品牌**（store brands），如 Safeway Select。自有品牌不能和只有简单的黑白包装，没有提供任何有关产品出处信息、没有商标保护的产品相混淆。

通常，自有品牌的制造和销售成本低于与之竞争的全国性品牌或制造商品牌。所以，对消费者来说，购买自有品牌和商店品牌更合算；对零售商而言，出售自有品牌和商店品牌的毛利润常常会达到 25% ~ 30%，是出售全国性品牌的两倍。

自有品牌的历史几经沉浮。美国第一家自有品牌的杂货由 1863 年成立的大西洋太平洋茶叶公司（后被叫做 A&P）出售。在 20 世纪前 50 年里，曾有部分商店品牌被推出。20 世纪 50 年代，制造商采用复杂的大规模营销手段，在这种竞争压力下，自有品牌失去了消费者的青睐。

由于自有品牌主要靠低廉的价格吸引消费者，所以总的来说，自有品牌与个人的可支配收入密切相关。70 年代的经济衰退见证了低成本、基本质量和最小包装的通用产品的成功推出，这些产品吸引了寻求低价的消费者。然而，在随后的经济增长中，缺乏质量认知最终阻碍了无牌商品的销售，许多消费者重新选择了全国性品牌或制造商品牌。

自有品牌产品的制造商为了能在今天的市场中更好地参与竞争，开始改进质量，增加种类，甚至开始经营高价产品。在意识到自有品牌的威力后，超市零售商非常重视自有品牌的产品设计和包装。在这样的行动下，自有品牌的产品近年来大举闯入新兴市场。零售商通过重视自有品牌，提高了自己的利润空间，并通过差异化方式赢得顾客忠诚。塔吉特这些年引入了专卖的潮流，如 Mossimo 服装和 Machael Graves 家居品牌。[100]

自有品牌的地位

始于 2008 年的经济衰退，再次加速自有品牌的发展。零售商不断改善自有品牌的质量，并制定持续的品牌化和营销方案，许多业内人士在想，是否这次将不同寻常，并且经济衰退周期之后，销售不会下滑。[101]

在美国出售的自有品牌商品，约占所有超市营业额的 16% ~ 17%。在其他国家和地区，是这一比例的 2 倍。例如，西欧的超市自有品牌占据市场的主导地位，比例最大的是瑞士，达到 45%，德国是 30%，西班牙是 26%，比利时是 25%。[102]

在英国，自有品牌的商品占杂货店销售的 1/3，部分原因是那里的杂货业更为集中。英国最大的两家连锁杂货店是乐购和英佰瑞。[103]

● 乐购的品牌口号是"价廉物美"，它拥有许多自有品牌，从价值贵重的到做工精细的。乐购还拥有属于自己风格的品牌，如有机型、自由型和健康生活型等，它们的定位是"让生活更美好"。

● 英佰瑞的名称最初用在包括水果、蔬菜、杂货以及家居用品等许多产品上，后来发展到服装、家居及超市其他产品上。英佰瑞品牌的产品质量分为三档。例如，烤面包括基本型品牌（质量档次为"好"）、核心自有品牌（质量档次为"较好"）以及风味与众不同的溢价品牌（质量档次为"最好"）。2010 年，英佰瑞对各种不同的品牌线进行了一次大检查。

自有品牌广受欢迎。在超市里，自有品牌的日用品、蔬菜和饮料类等产品一直十分好销。最近，自有品牌在某些以往属于"禁区"的领域也做得很成功，如香烟、尿不湿和感冒药等。由《消费者报告》在 2010 年 9 月进行的一项研究表明，美国有 84% 的消费者购买过商场自有品牌的产品，并且，其中 93% 的消费者表示即便是经济恢复，仍会继续购买自有品牌。[104]

然而，有些品类中还没有出现强大的自有品牌。例如，许多顾客仍然不愿意使用自有品牌商品来护理头发、脸部和牙齿。在糖果、食品、宠物食品、婴儿食品和啤酒等产品中，自有品牌相对不是很成功。

从这些产品的购买行为中可得出这样的结论：消费者在决定购买什么商品时有更大的选择余地，不再局限于全国性品牌。尤其对于不那么重要的产品，消费者会觉得"不必最好，只要足够好"。那些在相当一部分消费者眼中品牌间几乎没有感知质量差异的品类，自有品牌就会有更大的优势，如非处方药止痛剂、瓶装水、塑料袋、纸巾和日用品等。

自有品牌的品牌战略

一些人认为，自有品牌的成长是"品牌衰退"的标志，但其反论似乎更站得住脚，因为自有品牌的成长在某种程度上可看作一种经过巧妙设计的品牌战略。就建立品牌资产而言，在消费者眼中，自有品牌与一般品牌之间的关键差异一直是其良好的性价比，这是一种跨品类的可转移的关联。因此，自有品牌的范围可以十分"广阔"，其名称能够用于许多不同的产品。

与全国性品牌一样，对自有品牌实行价值定价策略，同样需要确定适当的价格和产品。例如，有一条报道过的规则说：较为典型的"无名"产品要想获得成功，其平均售价必须比全国性品牌低 15%。然而，自有品牌也必须恰当地确定其将要出售的产品。

为了获得必需的共同点，或者甚至为了创造自己的差异点，自有品牌一直在改进质量，也更有挑战性地针对全国性品牌进行定位。在 2010 年 9 月《消费者报告》研究中，对 21 个品类中的消费者被试进行偏好对比测试，发现全国性品牌赢了 7 次，自有品牌赢了 3 次，剩下的是平局。《消费者报告》得出结论，消费者愿意在削减成本一半的情况下，由全国性品牌转换到自有品牌。[105]

许多连锁超市甚至推出了自己超值的自有品牌，如 Safeway Select，Von's Royal Request 和 Ralph's Private Selection。例如，A&P 将其超值的"Master Choice"品牌定位在市场广阔的全国性品牌和更高档的专门品牌之间的空白处。它们将品牌用于种类繁多的一系列产品中，如茶、沙司和沙拉酱等。Trader Joe's 有 2 000 种自有品牌的产品，而只有 10% 能在传统的超市看到，这些产品为追求美食、健康食品及葡萄酒的顾客提供了有趣、宽松的氛围。[106]

自有品牌的出售者同样采取了广泛的营销传播计划，宣传自己的品牌。例如，2011 年 2 月，Walgreens 已经为该品牌的健康定位及其优质产品，推出了第一个全国性的广告活动。通过 Walgreens 药店 26 000 名药剂师的背书作用，该广告强调了 Walgreens 产品的质量。[107] Loblaws 在自有品牌创建方面，也是先行者。

Loblaws

Loblaws 是加拿大最大的食品分销商。1978 年，Loblaws 成为加拿大第一家经营食品的商店，采用设计精良的策略，在六大领域树立了质量和高价值的形象。到 1983 年，Loblaws 共推出 500 多种类属产品，占其总销售额的 10%。这一策略的成功，应当归功于创造性的营销、低成本和广大的供应商网络。1984 年，Loblaws 又推出了另一个品牌"President's Choice"，旨在以超级质量和中等价格提供独一无二的价值。这些产品中有基本的超市产品，如巧克力夹心饼干、可乐、谷物食品，也有外来的产品，如来自英国的牛奶蛋糊和来自俄罗斯的芥菜。这些产品还使用了独特的、吸引人的包装，采用现代字体和多彩的标题与名称，例如，饼干是"十年不衰"，冷冻比萨是"最终的选择"，花生黄油是"好得令你难以置信"。从营销传播的角度看，Loblaws 有效地实施了促销计划，带来了许多店内销售。Loblaws 还推出了季刊《店内导报》，宣传自己的商店品牌，为消费者提供购物参考。[108]

全国性品牌对自有品牌的反应

宝洁公司的价值定价方案，就是针对自有品牌和其他品牌的阻击策略。其他几个主要的全国性品牌也成功地抵制了自有品牌的入侵。为了与自有品牌竞争，那些主要的全国性品牌或生产者品牌的营销者也采取了一系列不同的策略（见表 5-3）。

首先，这些全国性品牌的营销人员试图以减少成本、降低价格的办法消除和自有品牌的主要差异，达到关键的均衡点。在许多品类中，全国性品牌的价格都不知不觉地上升到比自有品牌高出 30% ～ 50% 甚至 100%。因此，对于消费者经常购买的商品，自有品牌可节约可观的花费。

表 5 - 3　全国性品牌对自有品牌的反应

削减成本
降低价格
增加研发投入，以改进产品并进行产品创新
增加广告和促销预算
放弃滞销产品及其延伸，将精力集中于少数几个品牌
推出折扣"攻击型"品牌
向自有品牌产品生产者供货
追踪商店品牌的成长，然后逐一在市场上展开竞争

即使在全国性品牌与自有品牌价格相同的前提下，全国性品牌仍然占优势，因为消费者对它们的印象往往更好。宝洁、高露洁和联合利华在近期的经济衰退期间，对许多老产品作降价处理，以应对自有品牌的竞争。

全国性品牌面临的一个问题是：即使它们很想降低价格，有时也很难真正做到。超市可能不会将自己在批发时所享受的价格优惠全部送出。此外，全国性品牌可能并不想因为过分打压商店自有品牌而疏远经销商，尤其是那些很容易被替代的品牌。

除了各种达到均衡点的定价行动，全国性品牌的营销人员还使用了其他增加差异点的办法，以对抗自有品牌的威胁。他们加大了研发支出以改进产品，进行产品革新。这在金佰利公司（Kimberly Clark）及其舒洁（Kleenex）品牌的案例中得到了体现。[109]

舒洁

舒洁多年来一统面巾纸市场天下，当前占有 46% 的市场份额。近年来，随着经济下滑，许多消费者转向更便宜的自有品牌面巾纸，而后者也在提高产品质量，从而给了消费者更多选择。生产舒洁的金佰利公司选择通过产品创新应对。一般家庭在一年中大约有 8 次购买面巾纸，并且都会及时在家中各处放 4 盒。逐渐地，舒洁面巾纸没有被放在装饰的盒子中，其中的主要原因是金佰利公司持续创新，改善了舒洁面巾纸包装的设计，提高了美学效应。椭圆形包装、浮雕墙纸状及不同季节的各种新产品也推向了市场。带有圣诞灯图案的椭圆包装面巾纸在实际使用过程中，每抽出一张面巾纸，灯光图案就会闪烁一次。为了提高夏季销售（较冬季相比，夏季销量会下降 60%），金佰利推出了舒洁的新包装，就如同一瓣瓣的西瓜和橘子。金佰利希望通过这些包装创新，使舒洁保持作为市场领导者的差异化。

一些大的品牌加强了广告与促销预算，还紧密追踪商店自有品牌的发展，以市场为基础展开较量。主要品牌的营销者调整了自己的品牌组合，去掉已滞销的品牌及其延伸，而将力量集中于少数几个品牌。他们特别推出"折扣竞争"品牌，与自有品牌相抗衡。[110]

营销者对于合法保护自己的品牌也非常积极。例如，联合利华起诉全球超市巨头 Ahold 公司侵犯其商标，并指出其欧洲四个人造黄油品牌在产品和包装设计以及视觉外观上侵权。联合利华还对立顿冰茶和 Bertolli 橄榄油提起诉讼，称其包装与自己的品牌过于相似。主要品牌的一项有争议的行动是向自有品牌商品制造者供货。例如，萨拉·李、Del Monte 和 Birds Eye 等公司都曾为自有品牌供货，有时质量还较差。其他品牌商批评了这种"若无法打败它们就加入它们"的做法，这些公司则辩解说，这些行为若被揭穿，就会造成混乱，或者使消费者误以为该类产品的所有品牌实际上都是一样的。

未来的发展

许多营销者感到，受自有品牌兴起威胁最大的是尚未成功树立起明确市场领导地位的二线品牌。例如，在洗衣粉产品中，沃尔玛 Ultra Clean 这样的自有品牌取得了成功，为此付出代价的不是当时的市场领导者汰渍，而是 Oxydol、All 或者 Fab。那些价格高、差异化程度低、支持不够的品牌，在与自有品牌的竞争中，显得尤其"弱不禁风"。

同时，鉴于消费者的意愿，零售商需要的是经过精心调研、高效制造和专门营销的重要品牌的质量和形象。电子商务公司自有品牌的兴起支持了这一观点。最近，自有品牌的发展包括一个名为 Uniquely J 电子商务品牌的创建，这是 Jet.com 拥有的一个自有品牌（Jet.com 由沃尔玛拥有）。另一家电子商务巨头亚马逊也加入了这场竞争，推出了许多自有品牌。[111] 其品牌 Happy Belly 增长显著，主要是因为它能够通过其交易平台和亚马逊现有的忠实客户基础来推广自己的产品。在收购 Whole Foods Market 之后，亚马逊开始在亚马逊网站上销售 365，这让它扩大了自己的吸引力。此外，亚马逊推出了自有品牌 Wickedly Prime，包装盒上印有亚马逊的标志笑脸，产品包装上写着"由亚马逊的物流服务配送"。[112] 亚马逊 Prime 会员可以使用 Wickedly Prime 品牌，而且这一品牌面向千禧一代和美食爱好者推出了一系列产品，如爆米花、玉米饼片等。[113] 亚马逊已经在包括扬声器（如 Amazon Echo）、婴儿湿巾（如 Amazon Elements）和电池（如 Amazon Basics）在内的各类市场上获得了更大的市场份额。[114] 由于收购了不同类别的品牌，亚马逊现在推出了 70 多个自有品牌，已收购的自有品牌蓬勃发展，预计到 2022 年，亚马逊将创造 250 亿美元的额外收入。[115] 虽然传统自有品牌的目标是成为价廉、实用的全国性品牌替代品，但最近自有品牌已经形成了自己的特色。例如，亚马逊的 Wickedly Prime 爆米花就宣称，它是在芝加哥精心制作的。再加上自有品牌在提升质量方面取得的进步，自有品牌与全国性品牌之间的界线正日益模糊。

| 第6章 |

整合营销传播创建品牌资产

学习目标

» 阐述新媒体环境的变化。

» 学习主要的营销传播方法。

» 理解评估不同传播方法的主要策略。

» 识别建立整合营销传播方案的选择标准。

» 阐述搭配和匹配传播方案的理由。

结合事件营销、传统媒体和大量社交媒体，福特在美国推出了新的嘉年华车型。

资料来源：P. Cox/Alamy Stock Photo.

········· | **本章提要** | ·········

　　前一章描述了各种营销活动以及产品、价格和分销策略如何有助于品牌资产的创建。本章讨论营销组合中最后一个，也可能是最灵活的一个元素——营销传播。**营销传播**（marketing communications）是公司就自己出售的品牌，直接或间接告诉、说服并提醒消费者的手段。从某种意义上讲，营销传播是品牌的"声音"，是与消费者对话和建立关系的手段。虽然一个营销传播方案的核心往往是广告，但就创建品牌资产而言，广告不是唯一的，甚至不是最重要的元素。表 6-1 列出了消费品市场上常用的营销传播方案。

　　设计营销传播方案并非易事。因此，首先介绍营销传播的新情况，以及变化的媒体环境。为提供必要的背景资料，接下来会评估一些主要的传播方案及其成本、利益。最后，讨论如何组合、匹配这些传播方案，也就是如何以协调或者整合的方式设计传播方案，以创建品牌资产。品牌专题 6.0 介绍了关于广告的一些知识点。本着简洁的原则，本章不会涉及具体的营销传播主题，如媒体计划、预算估计技巧及研究方法或个人推销等。[1]

表 6-1　营销传播方式

媒介广告	对消费者的促销
电视	样品
广播	优惠券
报纸	奖品
杂志	返款和折扣
直接反应式广告	竞赛和抽奖
邮寄	红包
电话	降价
广播	**电子营销**
印刷品	搜索
与电脑相关	展示
与媒介相关	社交媒体（脸书、推特）
地点广告	电子邮件
广告牌和海报	视频
电影院、航班和候机室	博客
植入式广告	**事件营销和赞助**
销售点	体育
销售点广告	艺术
货架解说员	娱乐
过道标志	节庆
购物车广告	事件营销
店内广播或电视	**手机广告**
对中间商的促销	短消息和多媒体信息
批发补贴	手机广告
销售点展示补贴	定位服务
促销补贴	**公共关系**
比赛与经销商激励	**口碑**
培训项目	**人员推销**
贸易展览	
合作广告	

6.1　媒体新环境

　　虽然广告和其他传播方式在营销方案中可以扮演不同的角色，但所有营销传播战略都有一个重要目的，即有助于品牌资产的积累。根据基于顾客的品牌资产模型，营销传播可以通过建立品牌认知，在消费者的头脑中产生强有力的、偏好的和独特的品牌联想，促使消费者对该品牌形成正面的判断或者感受，建立密切的顾客品牌关系和强烈的品牌共鸣，构成基于顾客的品牌资产。此外，在形成理想的品牌知识结构方面，营销传播方案有助于产生顾客的差异化反应，形成基于顾客的品牌资产。

　　营销传播的灵活性在于它有若干种不同的方式可以积累品牌资产；同时，品牌资产能帮助营销者决定如何设计和执行不同的营销传播方案。本章讨论如何有选择地制定营销传播方案，以创建品牌资产。因此，从理想目标市场的角度而言，产品、定价、渠道及其他营销方案都已确定，最佳的品牌定位也就确定了。

　　然而，导致营销传播方案变得复杂的事实，是媒体环境发生了翻天覆地的变化。对于消费者而言，诸如电视、广播、杂志和报纸等传统广告媒体，正在由于试图吸引消费者的竞争加剧而逐渐失去掌控力。数字革命也为消费者了解品牌、与公司进行品牌对话提供了许多新的方式。

传播设计在品牌创建中面临的挑战

　　媒体新环境的变化，使设计有效果、有效率的营销传播方案成为营销者面临的长久挑战。精心设计和执行的营销传播方案需要认真筹划并具有创造性。首先介绍这方面的一些有效工具。

　　最简单但最有用的方法也许是对广告（或其他任何传播方式）创建品牌资产的能力进行判断。例如，广告活动如何提高品牌认知？如何建立、维持或强化特定的品牌联想？赞助活动有助于引起顾客更积极的品牌判断和感受吗？在线促销活动在多大程度上鼓励消费者购买更多的产品？图 6-1 列出了判断广告或其他任何传播方式创建品牌资产有效性的简单三部曲。

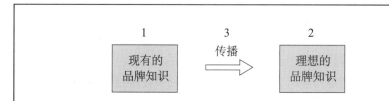

1．你现有的品牌知识是什么？是否已经建立详细的心理地图？
2．你理想的品牌知识是什么？是否已经确定最佳的共同点、差异点和品牌真言？
3．传播方式如何帮助顾客实现从现有的品牌知识过渡到理想的品牌知识？是否已经
　　阐明传播对品牌知识所产生的具体效果？

图 6-1　营销传播效果的简单测试方法

传播的信息处理模型　首先来详细了解营销传播过程是如何影响顾客的。过去几年

里，人们提出了若干不同的模型，用以解释传播过程和说服过程中的步骤——请回顾品牌专题 2.0 中讨论的层级效应模型。例如，用任何形式的传播（电视广告、报纸评论或者博客等）来说服受众，都要经过以下六个步骤[2]：

1. 展示：他必须看到或听到这个传播；
2. 注意：他必须注意到这个传播；
3. 理解：他必须理解传播的信息或意图；
4. 反应：他必须对传播的信息做出积极反应；
5. 意向：他必须打算根据传播的信息采取行动；
6. 行动：他必须真正地采取行动。

制定成功的营销传播方案，难点在于六个步骤中的每一步都必须出现，如果有一个环节出现了问题，传播就是不成功的。例如，一个新广告就可能出现如下问题：

1. 消费者可能没有看到广告，因为广告没有覆盖到那里。
2. 消费者可能没有注意到广告，因为它过于枯燥，没有创意。
3. 消费者可能没有理解这则广告，因为他们缺乏产品类别知识或是对品牌本身缺乏认识和熟悉度。
4. 消费者可能没有做出积极反应，并形成积极的态度，因为广告没有说服力或与他们无关。
5. 消费者可能没有购买意向，因为缺乏即时的需要。
6. 消费者可能没有真正购买该产品，因为在商店里看到这个品牌时没有想起广告中的内容。

为了证明整个传播过程是多么脆弱，假设六个步骤中每一步都成功的概率各为50%——这已经是很乐观的估计了。假定这六个事件相互独立，根据概率的原则，六个步骤全部成功的概率为 $0.5 \times 0.5 \times 0.5 \times 0.5 \times 0.5 \times 0.5$，结果是 1.562 5%。如果每一步成功的概率更合理地估计为 10%，则六步的总概率为 0.000 001；换言之，100 万次中只有 1 次。难怪广告人员有时感叹广告的力量如此渺小。

从信息处理模型可以得出的结论是：要增加营销传播活动的成功率，市场人员必须增加每一步成功的可能性。例如，从广告的角度来说，理想的广告活动必须保证：

1. 在恰当的时间和恰当的地点，向恰当的消费者传递恰当的信息。
2. 广告的创新策略使消费者注意并关注广告，但不能忽略广告打算传递的信息。
3. 广告正确地反映了消费者对产品和品牌的理解水平。
4. 广告按照合人心意的可传递的差异点和共同点为品牌正确定位。
5. 广告促使消费者考虑购买该品牌。
6. 广告能创造强大的品牌联想，并在消费者考虑购买时发挥效用。

显然，如果要让市场传播方案对消费者产生预想的效果，就必须仔细地设计和执行。

多重传播的作用

到底有多少种营销传播方式是必需的？经济学理论告诉我们，要根据边际收益和成本进行营销传播方案的投放。例如，当每一种传播方式的最后一元钱成本产生相同的回报时，进行组合传播就是最佳的。

但是，由于这些信息是很难获取的，其他预算分配模型则强调一些可观察的因素，如品牌的生命周期、公司目标和预算、产品特性、预算规模以及竞争者媒体策略等。这些因素和媒体的不同特性形成了鲜明对比。

例如，当渠道支持少、营销方案变化大、难以到达的顾客多、顾客购买决定复杂、顾客需求变化大，以及少量购买率频繁时，营销传播的预算通常较高。[3]

除了上述效率的因素，不同的传播方案选择可能是针对不同的细分市场。例如，广告的作用可能是吸引新顾客，也可能是吸引竞争者的顾客，促销则可能是奖励品牌忠诚用户。

因此，营销者总是通过采用复合传播方式达到上述目标。为了整合传播，有必要了解每一种传播方式的原理，以及如何进行最佳组合。下面一节基于创建品牌的视角，介绍三种主要的营销传播方案。

6.2 三种主要营销传播方案

我们认为，未来主要有三种最佳的创建品牌的营销传播方案：（1）广告；（2）互动营销；（3）事件营销和体验营销。以下逐一论述。

广告

广告（advertising）的定义是：由发起人付费的对理念、商品或服务进行的各种形式的非针对个人的陈述或推销。虽然广告是建立强有力的、偏好的和独特的品牌联想并引发积极的判断和感觉的有效手段，对创建品牌资产很重要，但是，由于广告的具体效应往往难以量化和预测，所以它的作用又充满争议。然而，多种不同的研究方法显示，广告在影响品牌销售方面确实具有相当的威力。正如第 1 章所指出的，在经济萧条的背景下，许多品牌正是得益于不断增加的广告投入。早期的诸多研究结果也支持了这个观点。[4]

鉴于广告设计的复杂性——如可能要扮演多个战略角色，会涉及一系列具体的决定，对消费者有多重效应，因此，要给出一套综合、详尽的广告设计原则是很困难的。不过，不同的广告媒介显然有不同的优点，在传播方案中应当各显其能。品牌专题 6.0 给出了一些关于广告的实证研究的结论。下面依次介绍广告媒体每种形式的关键要点。

电视 电视一般被认为是广告媒介中最有效果的，因为它能兼容图像、声音和动画，并面向广大的消费群。几乎所有的美国家庭都有电视机，2010 年美国人均每日看电视的时间是 5 个小时，这包括电视直播和 DVR。[5] 目前，美国约有 50% 的家庭可以使用网飞、亚马逊 Prime 或 Hulu 的流媒体服务，这表明人们观看电视的方式发生了巨大变化。[6]

1. **优点和缺点**。从品牌资产的角度看，电视广告有两个特别重要的优点：首先，电视广告能够生动地显示产品的特征，有说服力地展示对消费者的利益；其次，电视广告能够生动地描绘用户形象、使用场景、品牌个性、品牌情感及品牌的其他无形特点等。

当然，电视广告也有缺点。由于信息转瞬即逝，消费者在看电视广告时往往被一些有创意的成分吸引了注意力，而忽视了与品牌或产品本身有关的信息。此外，电视里出现的大量广告和其他节目会相互影响，使消费者很容易忽视或忘记广告。电视频道的大量涌现以及数字电视使观众可以避开商业广告。

电视广告另一个明显的缺陷是制作和播出的高成本。以 2016 年为例，热播美剧《行尸走肉》播出的 30 秒广告收入为 40 万美元，观众人数为 1 600 万。[7] 在哥伦比亚广播公司（CBS）播出的全美大学生体育协会男子篮球决赛中，一个电视广告的成本高达 155 万美元，观众人数为 2 100 万。在黄金时段播出的电视节目中，一个 30 秒的广告通常要花费 11.2 万美元以上。[8] 用多种方式测量的结果都显示，任何一则广告的有效性都下降了。

然而，经过恰当设计和良好执行的电视广告是能够提升销售和利润的。例如，多年来，汰渍一直是最成功的电视广告商之一。

宝洁一直在削减广告预算，以将无效支出降至最低。最近，由于一些过度定向广告在扩大受众方面效果不佳，宝洁将 1 亿美元的广告资金从数字广告中转移了出来。[9] 与此同时，电视网络也证明，营销人员确实在数字营销上投入了过多的预算。

进一步明确数字营销对品牌建设的有效性，有助于营销人员理解在线和离线广告的最佳配置。随着对单源数据（将消费者购买历史与包括电视、印刷、广播、数字和社交媒体在内的多种媒体上的数据相结合的数据）创建的关注越来越多，理解和评估不同媒体和渠道有效性的能力将会增强。为此，许多营销人员正在投资于归因模型——该模型允许营销人员评估每种广告媒体的贡献——这将在第 10 章进一步讨论。

2. **指导原则**。在设计和评估一项广告活动时，必须区分广告的**信息策略**（message strategy）或定位（即广告想要传递品牌的哪个方面）与其**创新策略**（creative strategy）（即广告如何表达品牌诉求）。设计有效的广告活动既是一门"艺术"，也是一门"科学"。"艺术"成分更多地与广告的创新策略和广告执行有关；"科学"成分与广告的信息策略以及品牌要传递的信息有关。所以，正如表 6 - 2 所示，在设计广告策略时要考虑两个关键点：

- 正确定位以使品牌资产最大化；
- 确定最佳的创新策略，以传递预想的定位。

表 6 - 2　设计有效广告活动的有关因素

1. 确定定位以创建品牌资产	2. 制定创新策略以传播定位概念
竞争参照框架	**信息方面（利益分析）**
竞争的性质	解决问题
目标市场	演示
属性或利益的共同点	产品比较
品类	证实（名人或普通消费者）
竞争性	**转型方面（形象塑造）**
相关性	典型的或期待的使用情景
属性或利益的差异点	典型的或期待的产品用户
理想的	品牌个性和价值
可传递的	**激励方面（吸引人的技巧）**
差异化	幽默
	性别吸引
	音乐
	恐惧
	特别效应

资料来源：Based in part on an insightful framework put forth in John R. Rossiter and Larry Percy, Advertising and Promotion Management, 2nd ed. (New York: McGraw-Hill, 1997).

第 3 章介绍了关于正确定位品牌、使品牌资产最大化的相关知识。创新策略可以大体上是信息类的，对具体的产品属性或利益进行详细说明；也可以大体上是转换类的；描绘具体的非产品相关的利益或形象。[10] 这两大类方法中的每一种都包含若干具体的、不同的创新方式。

然而不管采取哪种创新方式，某些特定动机或"虚构兴趣"的场景，如活泼可爱的婴儿、欢腾雀跃的木偶、流行音乐、广受欢迎的名人、逗人的场景、挑衅性的诱惑或令人恐怖的威胁等，往往被用来吸引消费者的注意力，使他们对广告更加关注。这些技巧适用于较严峻的新的媒介环境，其特点是由于有许多其他广告和节目的竞争，消费者的融入度较低。

遗憾的是，这些获取注意力的技巧常常过于抢眼，以至于人们反而忽视了品牌或产品本身的信息。因此，要达到最佳的创新策略，会面临一个挑战：如何抵制其他广告和节目的干扰，吸引住消费者的注意力，同时还能传递希望传达给他们的信息。

一则有效的电视广告是怎样形成的呢？[11] 最基本的一点，电视广告应当用某种可证实的方式来帮助创建品牌资产。例如，通过增强消费者的品牌认知，强化关键的品牌联想或增加另一个联想，或者能够引起消费者的积极响应。在运用消费者信息处理模型时，有六个标准被认为是广告成功的因素：聚焦目标市场，广告的创意性，消费者的理解程度，品牌的定位，消费者的动机，以及广告的可记忆性。

虽然人们能够也应当用这些标准来判断和评价广告的优劣，但调查也是一个重要方式。广告策略调查在明确传播对象、目标市场和定位方面非常有效。为了评估信息策略和创意策略的有效性，通常会进行**广告文案测试**（copy testing），让消费者样本接触候选广告，并以某种方式衡量他们的反应。

遗憾的是，广告文案测试的结果在很大程度上取决于测试的执行方式。因此，测试结果可以作为一个可能的数据点，这个数据点应该结合管理判断和其他信息来综合评估广告的优点。当管理者能够明确地评判出广告的一些比较明显的优点和缺点，却又难以定夺时，广告文案测试法可能是最有用的。在这种情况下，它可能有助于理解这些相互冲突的方面彼此是如何相互影响的，并最终共同作用于消费者的处理过程。

无论如何，广告文案测试的结果不能被看作决定"做"与"不做"的手段，而应当在帮助理解广告如何对消费者产生影响的过程中起到诊断作用。

3. **未来的前景**。尽管人们对电视和传统大众营销广告的未来产生了怀疑，但显然，它们不会很快消失。以下是关于电视广告需要牢记的一些关键点。

现在，大量的电视广告都集中在直播电视节目上，包括各种各样的颁奖节目，如奥斯卡奖和格莱美奖，以及体育赛事，如奥运会和世界杯足球赛。在美国，国家橄榄球联盟（NFL）的比赛非常受欢迎，并在超级碗达到高潮。一些营销人员把电视广告的重点放在这些现场活动上。[12]

美国电话电报公司（AT&T）移动业务首席营销官戴维·克里斯托弗（David Christopher）表示："至少在可预见的未来，电视将永远在大品牌的媒体组合中占据一席之地。每种媒介在你的组合中都有一席之地。我们认为它是视频，而不是电视。我们就是这么买的，也是这么想的。"[13]

数字频道带来的影响主要集中在报纸、杂志和广播行业，但电视广告仍然为广告提供了一种独特的媒介。电视广告已经发展到包括在有线电视和广播频道的流媒体节目、流媒体应用程序和 Hulu 上播放的广告。尽管关于时移电视（time-shifted television）的报道各不相同，但一项分析显示，2017 年，在 35 岁及以上的成年人中，观看时移电视的时间占每周看电视时间的 34%。[14] 在千禧一代中，这个数字要高得多，他们 55% 的内容都是用时移电视观看。[15] 在 Hulu 上的节目中播放的广告投屏在电视上观看被视为电视，但在技术上被归类为数字广告。[16]

广播 广播是一种无处不在的媒体：根据尼尔森（Nielsen）的调查，2.7 亿人，或者说 90% 的美国人，至少每周都会听一次广播。[17] 广播的最大优点也许在于它的灵活性——由于每个广播台都有其目标听众群，所以广告的制作成本和播放成本相对较低，而且可以较快地得到响应。康卡斯特（Comcast）、T-Mobile 和伯克希尔·哈撒韦（Berkshire Hathaway）等公司是美国广播广告支出最高的公司之一。[18]

早晨的广播是极为有效的媒介，可以补充或者强化电视广告。广播同时也使公司能够在海外市场和当地市场的广告覆盖方面取得平衡。最近的一项行业研究称，在广播广告上花费 1 美元，可以为消费品公司带来 12 美元的回报。[19] 然而，广播也有明显的缺点，如缺乏可视图像，被动性相对较大等。但是，有些品牌就是通过广播广告有效创建了品牌资产。

第六汽车旅馆

使用巧妙的口号，"我们为您留着灯"，收音机——加上像这样的杂志广告——已经成为第六汽车旅馆非常有效的品牌建设媒介。

资料来源：Ken Wolter/Shutterstock.

第六汽车旅馆（Motel 6）的广告是最著名的广播广告之一。成立于 1962 年的第六汽车旅馆是美国最大的汽车连锁旅馆，其中的"六"代表一个晚上的费用是 6 美元。1986 年，第六汽车旅馆的生意跌到了谷底，入住率只有 66.7%。于是，它进行了一系列的营销革新，包括在广播中播放 60 秒的幽默广告，刻画了由承包人变为平民作家的汤姆·博德特（Tom Bodett）。其中，还有经典的口号"我们为您留着灯"。随着活动的深入，旅馆入住率渐渐上升，原有的品牌又开始恢复活力。[20] 直至今天，它仍然保持同样的广告形式，最新的广告宣传活动以反复讲述千禧一代的汤姆·博德特为特色。第六汽车旅馆的广播广告宣传活动经受住了近 30 年的时间考验，这对一个品牌来说是一项非凡的成就。[21]

什么样的广播广告才最有效呢？[22] 相比其他媒介，广播被研究得较少。由于其低参与度的特征以及人们受其影响的感官比较单一，因此广播广告的内容通常需要高度集中。广告先驱大卫·奥格威（David Ogilvy）认为有四个关键因素[23]：

1. 在广告中尽早地提出你的品牌；
2. 经常提及；
3. 在广告中尽早地告诉听众他能得到的利益；
4. 经常重复。

广播广告可以极具创意。没有视觉图像，在某些人看来反而是一种优势，因为这样能够巧妙地使用音乐、声响效果、幽默以及其他创造性的方式，引导听众想象出相关、宜人的情景。

印刷品 随着越来越多的消费者选择通过在线方式收集信息和娱乐资讯，印刷媒体近年来深受打击。因此，出版界正在通过数字化创新进行应对，如推出 iPad 应用软件，以及更强大的网络界面。

印刷品媒介与广播媒介截然不同。更重要的是，由于没有时间的限制，报纸杂志能提供十分详尽的产品信息。不过，其图像是静态的，不能做动态的演示和说明。印刷品的另一个缺点是，它也是一种比较被动的媒介。

1. **优点和缺点**。两种主要的印刷媒体（杂志和报纸）有许多相同的优点和缺点。杂志在建立使用者形象方面特别有效。此外，研究表明，与其他媒体上的广告相比，消费者认为杂志广告不那么具有侵入性，而且更真实、更相关。并且，因为在阅读时不太可能同时处理多项任务，消费者会更加专注。[24]

报纸传播得更及时、更广泛。美国的日报大约有 3 500 万订户，但是订户的数量每年都在下降。[25] 另一方面，尽管广告人在设计报纸广告方面有一定的灵活性，但比起杂志广告来，报纸广告印刷质量不精、保存寿命短的特点，在一定程度上削弱了其影响力。这些都是杂志广告通常没有的缺点。

印刷广告不但很适合宣传产品信息，也能十分有效地宣传用户的形象。例如，卡尔文·克莱恩、拉尔夫·劳伦和 Guess 等时尚品牌，都通过印刷品媒介建立了强大的非产品的联想。某些品牌试图在印刷广告中同时传递产品性能和用户形象，如福特、大众、沃尔沃等汽车制造商，以及美宝莲和露华浓等化妆品生产商。

2. **指导原则**。什么样的印刷广告才能成功？虽然前面所述的电视广告的评价标准在这里基本上也适用，但印刷广告还有一些特别的要求和规则。例如，对杂志广告的调研显示：2/3 的杂志读者可能对上面的广告视而不见，只有 10% 的读者会较多地注意杂志上的广告，许多人只是扫一下广告中那些最引人注意的部分。所以，一则广告成功的关键在于，图像和文字要清晰、直观、一致。最后，如果品牌名称不明显，那么很多消费者就很容易忽略品名。对于印刷广告的创新性原则，我们可以总结为三个简单的标准：清晰、一致和突出品牌。

直接反应式广告 传统的广播广告和印刷广告通常都是以非具体、非直接的方式向消费者传递信息。**直接反应式广告**（direct response）则与之不同，它采用邮件、电话、网络及其他联系方式，向特定的、潜在的客户传递信息，观察他们的反应。直接反应式广告可以有多种形式，不局限于邮件、电话或传统的广播及印刷品。

直邮方式依然盛行，2016 年超过 1 亿的美国成年人购买了目录商品。[26] 然而，营销人员正在探索其他的选择。一种越来越受欢迎的直接营销方式是信息广告，正式名称为直复电视营销。[27] 从营销的角度说，信息广告试图将广告销售与教育信息及娱乐结合起来。这样，信息广告其实就是介于销售电话和电视广告之间的一种宣传形式。贸易网站 Informercial DRTV 的资料显示，信息广告时长通常是 28 分 30 秒，平均成本是 15 万～ 25 万美元（尽管生产成本少的只有 7.5 万美元，多的为 50 万美元）。[28]

电视购物从信息广告开始，现在已经转移到网上，也开始使用社交媒体，但许多电视购物产品现在出现在商店里，几乎没有 "As Seen on TV" 标志。

苹果、日产、发现卡（Discover Card）、尼康和 U.S. Navy 等品牌都在电视上采取了某种形式的直接营销。[29] 一些最著名的电视广告活动已经获得了数百万美元的销售收入。例如，Nutrisystem（营养管理系统）在 2016 年的收入为 5.455 亿美元，在 2017 年的市场价值为 17 亿美元，它们的成功很大程度上归功于电视广告。[30] 另一个电视广告的成功案例是 Snuggie，它在 2015 年获得了 4 亿美元的收入。[31]

近年来直接营销的稳定增长来自技术进步（如设立免费电话和网站的便捷程度）、消费者行为变化（如对便利的要求）和营销需求（如避免无效、漫无目标的传播）的需要。直接反应式广告的优势在于，它能更方便地与顾客建立关系。

通过电子或纸质简讯、产品目录等开展的直接营销，能使厂商及时向消费者说明自己品牌的新发展，并使消费者及时提供反馈信息：对品牌究竟是喜欢还是不喜欢，有哪些特殊的需求等。厂商通过对消费者有更多的了解，可以及时调整自己的营销方案，在适当的时间向适当的人群提供适当的产品。事实上，直接营销通常被看作"关系营销"的重要部分，我们在第 5 章中对这一重要的营销发展趋势进行了回顾。有些直接营销人员称之为**精准营销**（precision marketing），即在传播中把战略信息、竞争设计和数据分析结合起来。[32]

正如"直接反应"字面所示，直接反应式广告的目标就是从消费者那里引发某些行为。衡量直接营销的效果比较容易——人们或者有应答，或者没有。然而，直接反应式广告也有突兀、散乱的缺点。要执行一个有效的直接营销方案，有三个关键点：（1）不断更新现有客户和未来潜在客户的名单；（2）以适当的方法提供适当的产品和服务；（3）追踪检验营销方案的有效性。要想更好地执行直接营销方案，则要引入数据库营销。具体见品牌科学 6 - 1。

品牌科学 6 - 1

数据库营销的重要性

数据库营销的正式定义是指基于消费者的实时、全面相关数据，识别出最可能购买的群体，旨在通过预测模型建立与顾客之间高质、长期重复购买的顾客关系，从而在正确的时间、以正确的方式把信息发送给合适的人群，获得令顾客愉悦、提高营销效率、降低营销成本、增加销售收入和利润的结果。

无论哪种直接营销的具体方式，数据库营销能根据具体顾客的需求，建立有针对性的传播和营销方案。当顾客下单、使用优惠券、填写质保卡甚至是在抽奖时，数据库营销人员都能收集到顾客姓名及其行为态度的信息，这些就构成了一个综合性的数据库。

数据库营销在留住现有顾客方面，通常比吸引新顾客更加有效。许多营销者认为，数据库营销随着产品价格的提高以及产品购买频率的提高而变得更有意义。数据库营销通常是忠诚度奖励计划成功的核心，Best Westerh 酒店就是同时使用在线和邮件的方式，对会员实施奖励计划，并依赖数据库信息提高给顾客发送邮件或信件内容的相关性与合时性。

数据库营销的先行者包括一些金融服务公司和航空公司，但消费品公司也在挖掘数据库营销的可能利益。例如，宝洁公司建立了数据库来推销其婴儿尿不湿品牌帮宝适，在婴儿生日那天寄去贺卡，提醒家长该换更大号的尿不湿了。这样，通过把运行良好的求助热线、公司网站及店内优惠结合起来，宝洁公司就和顾客建立起具有互动性、个性化和增值性的联系。

在营销者管理顾客终身价值的过程中，数据库管理工具将变得尤其重要。有些数据库营销活动能贯穿顾客终身价值（LTV）分析应用的整个过程，这包括预测模型研究、多广告活动管理、目标促销、向上销售、交叉营销、市场细分、客户流失管理、多渠道管理、产品定制以及吸引维系顾客管理等方面。

资料来源：Robert C. Blattberg, Byung-Do Kim, and Scott A. Neslin, *Database Marketing: Analyzing and Managing Customers* (New York: Springer Science + Business, 2008); James Tenser, "'Behavior-Activated Research' Benefits P&G's Pampers Brand," www.cpgmatters.com; Thomas Haire, "Best Western Melds Old and New," *Response*, March 2009.

地点广告　广告的最后一个种类是**地点广告**（place advertising），也叫**户外广告**（out-of-home advertising），它常被认为是"非传统的""备用的""支持型的"广告媒介，因为是最近几年才作为传统广告媒介的补充物而出现的。地点广告的定义很广泛，只要是传统广告之外的都可归为此类。商业广告现正越来越多地出现在不同寻常的地点，有时还成为体验式营销方案的一部分。

户外广告出现的原因是：由于传统广告（尤其是电视广告）的有效性越来越低，营销者最好在其他场合接触消费者，如他们工作的地方、娱乐的地方，当然还有购物的地方。根据美国户外广告协会的数据，2015 年，户外广告支出达 73 亿美元，其中包括广告牌和海报、电影院、航班、候机室及其他场所，以及植入式广告和销售点广告。[33] 使用户外广告的顶级广告商包括麦当劳、苹果、安海斯 – 布希（Anheuser-Busch）、Geico、Sprint、可口可乐、环球影业、威瑞森（Verizon）、花旗和华特 – 迪士尼。[34] 户外广告可以通过电视、数字和印刷等更传统的媒体增加和强化广告。

1. **广告牌和海报**。广告牌由来已久，但在过去几年里也几度转型，现在多用绚丽的、数字化的图案，背景灯，声音，运动物体，甚至是三维形象来吸引人们的注意。这类媒介已经在效率（以及可测量性）和技术性（有些广告牌现在是电子化的）等方面大有改善，并且为那些同时使用广告牌战略和移动广告的公司提供了机遇。

为了增加品牌的知名度和美誉度，广告牌类型的广告现在在美国随处可见。公共汽车、地铁、轻轨上的流动广告，成了接触上班族的绝好途径。街道设施（公共汽车站台、书报亭和公共区域等）也已快速发展成为广告牌的领地。在日本，通过和移动技术结合，摄影机和传感器也被用到了公共电子显示屏上，从而更加具有互动性和个性化的特点。[35] 在时代广场，可口可乐公司发布了一个带有 1 760 块 LED 显示屏的 3D 机器人广告，视觉吸引力尤其大。[36]

广告牌不一定只停留在一个位置。有些营销者购买了货车车身的广告位，而这些货车在所选择的区域内连续行驶。街头热狗品牌 Oscar Mayer 派出 7 辆卡车，每年穿梭于全美国各个地方，以提高品牌知名度。纽约已成为允许在出租车内做电视屏幕广告的主要城市。

广告商现在还能购买体育馆、竞技场、废物箱、自行车架、停车场、机场行李寄存处、电梯、油泵、高尔夫奖杯底部、航班上的快餐、超市制作的在苹果或者香蕉上贴的小标签等各种各样的广告空间，甚至包括卫生间。根据最近的一项调查，办公室成员平均每天要去卫生间三四次，每次停留 4 分钟左右。在芝加哥奥黑尔机场，数字广告在其 150 个卫生间便池上方的镜子里滚动播放。[37] 表 6 - 3 列出了一些最成功的户外广告。

表 6-3　奥比荣誉奖获得者（由美国户外广告协会评选）

Chick-fil-A 快餐服务连锁店（2006 年）	ESPN（2013 年）
华特·迪士尼（2007 年）	GAP（2014 年）
Altoids 牌薄荷口香糖（2008 年）	HBO（2015 年）
绝对伏特加（2009 年）	科罗娜啤酒（2016 年）
MINI Cooper（2010 年）	华纳兄弟（2017 年）
Cracker Barrel Old Country Store（2011 年）	MillerCoors（2018 年）
Maker's Mark（2012 年）	

说明：括号中是获奖年份。

2. **电影院、航班、候机室和其他地方。**广告商越来越多地将传统的电视广告和印刷广告置于非传统的地方。Whittle 通信公司、Turner 广播公司等都尝试将电视广告节目在医院候诊室、教室、机场候机室及其他公共场合播放。航班上开始提供媒体赞助的接受广告投放的音像节目（如美国今日天空电台和全国地理探索者），座位后方的袋子里也放着顶级邮购公司的产品目录（如 *SkyMall* 杂志）。连锁电影院（如 Loews Cineplex）在 2 000 多家影院放映影片前播放 30 秒、60 秒或 90 秒钟的广告。尽管在这些新开辟的领域出现的广告与电视或杂志上的广告常常相同，但是许多广告人认为，专为这类户外场所设计广告还是非常有必要的，可以更好地满足消费者的期望。

3. **植入式广告。**许多大厂商努力使自己的产品作为道具出现在电影和电视剧中，它们愿意为此支付 5 万～ 10 万美元，甚至更多，当然，具体价格要视产品出现的次数和性质而定。这种做法在 1982 年猛增，在玛氏公司拒绝其使用 M&M's 之后，Reese's Pieces 糖由于在卖座电影《E.T. 外星人》中频繁出现，销售额增长 65%。[38] 最近，《绝命毒师》等热播剧集成为植入式广告的目标，广告客户可以从该剧的热播程度中获益。[39] 随着流媒体服务越来越受欢迎，植入式广告也可以根据客户的位置、购物历史和偏好进行个性化。

植入式广告最多的品牌有奔驰、苹果和百事可乐。[40] 营销人员将植入式广告与特殊的促销活动结合起来，宣传品牌的娱乐产品，创造"品牌娱乐"。例如，Beats 耳机在《复仇者联盟》等电影中使用植入式广告，与目标受众建立联系，强化其高端定位。Beats 不仅在音乐视频中恰当使用植入式广告，还在重大体育赛事中使用这种广告。[41]

4. **销售点。**近年来，在销售点（POP）出现了许多向消费者传播信息的方式。店内宣传包括购物车、推车带、走廊、货架上的广告、产品现场演示、即时赠券等。[42] 马歇尔百货（Marshall's）、TJ Maxx、诺德斯特龙 Rack 折扣店、丝芙兰和维多利亚的秘密等商店都使用实物展示，为顾客在结账时提供便利；这些实物多是价格很低的小物件。类似地，百思买通过允许顾客试用最新版本的 PlayStation 或 Xbox，在门店内进行销售点营销。[43]

许多研究表明，销售点广告的吸引力在于，即使消费者有完整的产品目录，也大多是在商店里才决定购买什么品牌的，因此，销售点宣传有一定的效果。通过店内媒体进行宣传，可以增加人们计划购买的数量。一家公司把广告放在主要零售商的入口通道处，观察报告显示，4 周后销售额增长了 20%。[44]

5. **指导原则。**非传统或者户外媒介使营销者能以更多、更有趣的方式接触消费者。现在，广告可以出现在任何地方，只要人们有几分钟甚至几秒钟的时间予以关注。非传统媒介的主要优势在于，它能以最经济和更有效的方式将信息传递给最精明的消费者。

由于户外广告总是被人们一眼扫过，所以它上面的信息必须简单明了。事实上，户外广告常常被称为"15 秒销售"。在谈到户外广告如何适应 21 世纪的消费者时，有位评论家指出，对于忙碌不停和要"一眼知秋"的现代人来说，"广告牌是最原始的方式——你可以非常迅速地通过它了解某些信息或知识"。[45] 因此，从战略上讲，户外宣传更有效的功能是加强人们现有的品牌联想，而不是建立新的联想。

非传统媒介面临的挑战是要通过可信的、独立的调研，证明它们确实能把信息有效地传达给消费者。另有一种忧虑是担心非传统媒介会造成过分商业化。然而，也许正因为广告的普及性，消费者看来已不像以往那样对非传统媒介不屑一顾了。

要想衡量非传统媒介的营销费用是否恰当，关键要看消费者是否被打动。在超市、快餐店、候诊室、健康俱乐部以及卡车站提供广告空间的公司，至少有一些已停止经营，因为消费者对此缺乏兴趣。然而，最起码的一点是，总能找到有创意的方式，使品牌亮相于消费者面前。这种可能性是无限的。

促销

尽管两者差异很大，但广告和促销总是如影随形。**促销**（sales promotions）是指向消费者提供短期激励，以鼓励他们尝试和使用某种产品或服务。[46] 促销既可以针对中间商，也可针对最终用户。与广告一样，促销有多种形式。广告向消费者提供了购买的理由，促销则提供了购买的动力。所以，促销的目的在于：

● 改变中间商的行为，使其积极地支持、推销本品牌。

● 改变消费者的行为，使其尝试购买本品牌，购买更多本品牌的产品，或者更早、更频繁地购买本品牌的产品。

分析家指出，促销行动的兴起源于若干原因。品牌管理体系和季度评估两者的结合，使短期促销活动得到鼓励，而对责任的需求增加似乎又支持像促销这类传播工具，因为它们的效果比"软性"的广告效果更迅速、更容易看到。就经济性而言，广告不是最佳选择，因为广告收费正在稳步上升，而媒介环境却在被稀释，观众也日趋散乱。过去，消费者是到了店里才做出大多数购买决定的，品牌忠诚度不高，对广告无动于衷，许多成熟的品牌区分度也不够。此外，零售商的作用似乎越来越大。

基于以上这些原因，一些营销者把对消费者和中间商的促销，看作比广告更有效的影响品牌销售的方式。显然，促销有其优点。对消费者的促销，使制造商能够采用歧视定价策略，即对价格敏感性不同的顾客群制定不同的价格。除了向消费者传递紧迫感以外，精心设计的促销活动还能通过传递的信息增加品牌资产，以切实的产品经历帮助消费者建立强有力的、偏好的、独特的品牌联想。促销能鼓励中间商保证库存，积极支持生产者的生产。

研究人员通过调查 23 个产品类别和 4 个连锁超市的购买行为，得出了一个有趣的发现，即时奖励体系（一种给消费者的基于固定支出的即时奖励）可以增加消费者的购物数量，而奖金溢价（与购买一个品牌相关的非价格溢价）可以增加品牌在某个类别内的市场份额，同时也使消费者更有可能在某个类别内购买。[47]

另一方面，从消费者行为的角度看，促销又有一些不利之处，如降低品牌忠诚度，增加品牌转换率，对质量的感知下降，对价格的敏感性增加等。除了对使用特许经营权的广告或者其他方式的传播进行约束，将营销经费用于赠券或者其他的促销活动，有时也会导致减少研发的预算和职员的数量。也许更重要的是，在对中间商的促销中广泛使用折扣，可能会导致消费者在决策中越来越多地考虑价格因素，从而降低了传统的忠诚度。

还有一个缺点是，在某些情况下，促销其实是补贴了那些本来就打算买这个品牌的消费者。随着白种人家庭更加富足，受教育程度也越高，并且居住在郊区，他们更倾向于使用优惠券，这主要是因为其家庭成员更喜欢阅读报纸，而报纸是优惠打折券的主要来源地。促销还有一个缺点，品牌的新消费者可能只是由于促销才被吸引而来，不是因为真正认识到了品牌的好处，所以当促销结束后，他们也许就不会再购买。例如，当杰西潘尼在 2012 年取消优惠券优惠时，销售额下降了 23%。[48] 最后，零售商会一直期待甚至要求提供商业折扣。商业贸易可能并不实际提供商定的商品，而是通过从事非生产性活动，如远期购买（为促销活动结束备货）和转移（将产品运至无促销活动的地区），来利用促销活动。[49]

促销有一些特定的目标。[50] 从消费者的角度来说，促销的目标是新品类用户、既有品类用户以及（或者）现有品牌的用户等。对于中间商而言，促销的目标集中在分销、支持、库存或合作关系方面。接下来讨论一些与消费者促销和中间商促销有关的具体事项。

对消费者促销 对消费者的促销意在改变消费者购买产品的品牌选择、数量及时间等。虽然消费者促销有多种形式，但不外乎两大类：消费者特许促销（如样品、演示、教育材料）和非消费者特许促销（如折扣、奖品、抽奖、返款）。[51] 消费者特许促销是用来改变消费者对某一品牌的态度，提高其忠诚度；换句话说，是影响品牌资产的促销手段。

比如，派发样品被认为是创建强有力的、相关的品牌联想的一种方式，同时也可能在消费者中建立口碑。随着厂商对在什么地点、怎样派发什么样的样品能够使得品牌资产最大化有着越来越精确的认识，样品的派发越来越多地出现在产品的使用点。比如，只需每月 10 美元的会员费，新成立的公司 Birchbox 都会为消费者寄送特别版的知名美容品牌样品，如贝玲妃（Benefit）、科颜氏（Kiehl's）和马克·雅可布等，会员可以从公司官网了解更多信息，进行反馈，并获得实物产品积分。这种促销的专一性和较高的顾客介入度比较适合这类美容产品。[52]

因此，促销的成功与否，越来越取决于其积累品牌资产及影响销售的能力。创造性之于促销的关键作用，就如同创意之于广告或任何营销传播方式的作用一样。营销协会所授予的 Reggie 奖项是对"卓越促销思维、创意以及对全方位执行促销"的认可。

促销策略必须反映消费者的态度和行为。多年来，消费者兑换优惠券的比例一直在持续下降，部分原因是派发的优惠券的确越来越多。2016 年，美国发放了 3 050 亿张优惠券。[53] 广告插页占所有兑换优惠券的 89%，其价值在 2017 年超过 5.45 亿美元。[54] 广告插页优惠券的兑换率相当低，仅有 0.5%～2%，电子邮件优惠券的兑换率稍高，为 2.7%。[55] 相对而言，店内优惠券的兑换率远远高于店外优惠券，所以许多公司越来越多地转向店内优惠券。值得注意的是，数字优惠券也在增长。2016 年，55% 的美国成年人使用数字优惠券，移动优惠券的兑换率为 10%。[56] 一项针对 3 万名网购者的调查显示，83% 的人通过电子邮件收到广告商的优惠券，66% 的人通过社交媒体收到优惠券，48% 的人通过手机应用程序或推送通知收到优惠券，44% 的人通过他人获得优惠券。[57]

商业促销　商业促销通常是给零售商、分销商以及其他中间商成员以经济上的刺激或折扣，要求其储存、展示自己的产品或者采用有利于产品销售的其他方法（如通过给予补贴、销售点展示、比赛和经销商激励、培训项目、贸易展览和合作广告等方式）。商业促销要么意在保证一个新品牌的货架空间和分销，要么希望在货架和店堂内突出产品。在商店里，货架和走道的位置是十分重要的，因为它关系到品牌能否吸引消费者——将某品牌产品放置在与视线相齐处比放在货架底部，销量会翻一番。[58]

因为商业促销要投入大量费用，这给营销者带来了巨大的压力，他们希望尽可能地使促销更有效。许多公司没有认识到商业促销在品牌塑造中的价值，它们倾向于尽可能减少或取消这方面的费用支出。

网络营销传播

21 世纪的第一个十年，公司一哄而上进入网络营销传播时代。随着互联网在人们日常生活中的普及，营销者开始在网络空间抢夺有利位置。网络营销的主要优势在于其低成本及定制化水平程度，网络营销传播能实现营销传播的任何目的，并在建立牢固的顾客关系方面独具价值。我们将在第 7 章详细介绍数字营销。

事件营销与体验营销

事件、体验营销在品牌管理中和在线营销一样重要，两者都扮演了重要角色。在虚拟世界中创建品牌，必须与现实世界建立品牌相互补充。事件与体验营销大至国际赛事数百万美元的赞助，小至简单的店内展销或样品布置。这些不同类型的事件和体验营销的共同点是，通过抓住消费者的感官和想象，改变消费者的品牌知识。

体验营销形式多样，并且仅受限于营销者的想象力。为了让人们意识到脸书 IQ 平台所产生的影响力，脸书创建了一个名为 IQ Live 的系列活动，并在纽约举办了有 500 名嘉宾参加的开场活动。活动在芝加哥和纽约举办，以一种有趣和个性化的方式将脸书的数据洞见带入生活。例如，在纽约的活动中，主办方受麦迪逊广场花园启发，设计了一个舞台。舞台上铺着人造草坪，还有一个报摊模型和一个咖啡馆。而这个日常的场景设置则是基于脸书的用户对他们生活中重要时刻的分享。[59]

事件营销（event marketing）是指公开赞助与体育、艺术、娱乐或公共事业有关的事件或活动。根据对 B2B、B2C 和非营利公司的一项调查，79% 的受访者（基于 931 名受访者的样本）认为事件或活动对于其业务很重要。调查强调了使用事件营销的各种原因，如教育客户、产生线索和接受捐赠。EventBrite 和 Meetup.com 等允许公司持续组织活动，从而推动了事件营销。[60] 此外，80% 的营销者认为随着日程管理软件、移动事件应用、营销自动化系统、软件集成、视频直播、社交媒体、社会壁垒、AR 等技术的发展，事件营销得到进一步的发展，并成为他们事业成功的关键因素。[61] 公司对营销人员的预算中有近 20% 用于事件营销。[62]

2017 年，全球赞助营销金额约为 627 亿美元，其中绝大部分用于以下领域：体育、娱乐、公益事业、艺术节和博览会。体育营销曾经被香烟、啤酒和汽车公司包揽，现在则接受各种类型的公司。[63] 现在几乎每场体育比赛——从狗拉雪橇到钓鱼比赛，从拖拉机拉力赛到职业沙滩排球——都得到了某种形式的企业赞助。第 8 章从给品牌带来的次级关联的角度分析事件营销和赞助。

原理 事件赞助为营销者提供了又一种与消费者沟通的方式。参与某些活动，使厂家融入消费者生活中特殊而个性化的时刻，这样，与目标客户的联系就会更深入、更广泛。营销者会说出一大串他们去赞助活动的原因。[64]

● 能找到特定的目标市场和生活方式。营销者能将自己的品牌同某个或特定或广泛的消费群体所喜欢的事件联系起来。根据赞助事件，针对地域、人口、心理或行为等不同特征的消费者，施以不同的营销战略。尤其是可以根据活动参与者对产品及品牌的态度和使用情况来选择事件。在美国，没有任何体育赛事比美国网球公开赛能吸引更多的"五百万富翁"（他们的净资产超过 500 万美元），因此，美国网球公开赛能吸引雷克萨斯、蒂芙尼、美国运通和喜力等知名品牌就不足为奇了。[65]

● 能提高公司或产品的知名度。通过赞助，品牌通常能长时间得到展示，这正是建立品牌知名度的必要条件。只要活动赞助选择得当，就能提高产品识别率和品牌回忆率。

● 能建立或加强消费者的主要品牌联想。事件本身令人产生的联想，可以帮助建立或加强品牌联想。精工（Seiko）产品多年来都被指定为奥运会及其他大型体育赛事的专用计时器。斯巴鲁则相信，滑雪赛事和其四轮驱动车潜在消费者之间具有很好的兴趣匹配点。

● 能改善公司形象。赞助更多地被认为是一种"软广告"，能改善人们对公司的印象，建立起受人喜欢、知名度高的形象。消费者可能由此而信任该公司，并在此后的购买中青睐该公司的产品。激浪在多个城市展开 Dew Tour 活动，通过运动员开展花样滑板、自行车越野和花式越野摩托车等赛事，针对极具潜力而又极其善变的 12～24 岁年龄段目标市场，建立良好的品牌形象。现在 Dew Tour 包括城市、海滩和山脉主题的活动。该品牌还创建了一个名为 Green-Label.com 的数字平台，使命是支持年轻艺术家和音乐家，目前该网站的访问量超过了 Mountain Dew.com 网站的访问量。[66]激浪还鼓励员工参与这些活动，从而让员工和消费者建立联系，并提升员工敬业度。

● 创造体验，激发感情。事件营销可以被归为体验式营销的一部分。这种感情是通过与品牌间接相连的激动人心的或者奖励性事件产生的。生产商也可以运用网络来提供进一步的事件支持和其他体验。

● 表达对社群或社会事件的承诺。之所以称为事件营销，是因为赞助活动致力于社群或促进社会事件发展，从而在公司和非营利机构、慈善团队之间建立关系（参见第 12 章）。高露洁棕榄公司 23 年来一直向关心重病青年的星光基金会提供赞助。

● 奖励主要客户和关键雇员。许多事件都能向赞助商及客户提供热情的款待和特殊的服务，如美国银行为客户举办的赞助高尔夫球锦标赛等各类活动。请客户以这样那样的形式参与活动，能够与他们建立起宝贵的商业联系。从雇员的角度看，形形色色的活动在鼓励他们参加的同时，也提高了他们的士气，给予他们某种激励。

● 能创造商业促销机会。许多厂商的促销手段只局限于竞赛开奖、店内促销、直接反应或其他活动。Warner-Lambert 公司通过赞助"舌尖上的芝加哥"活动，为产品赢得店内上架机会，并参与零售商广告活动。

尽管事件营销有种种潜在的好处，但对赞助商而言也有一些潜在缺陷。活动成功与否并不一定可测，也不在赞助商的控制范围之内。赞助活动也有很多混乱之处。最后，尽管许多消费者赞赏赞助商对活动提供必要资助的行为，但仍有消费者厌恶赞助活动的商业化。

　　原则　成功的事件赞助意味着：选择适当的事件、设计最佳的赞助方案并衡量赞助活动对品牌资产的影响效应。

　　1. 选择赞助机会。 由于赞助的花费不是一笔小数目，而且现今各类事件又比较多，因此，许多厂商在选择参与的事件和参与的方式时，越来越从战略的角度进行考虑。

　　选择事件需要遵守一些潜在规则。首先，事件必须符合营销目标及品牌的传播策略；也就是说，事件所吸引的对象必须与品牌的目标市场相吻合。此外，事件必须有足够的知名度，有一定的形象，能够在目标市场上达到期望的效果。尤其重要的是，消费者是否欣赏赞助商参与该事件的做法。

　　"理想的事件"应做到以下几点：观众要与理想的目标市场密切吻合；事件会引起人们积极的注意；事件较为独特，但又不受赞助商太多的干扰；事件能够产生一系列辅助的营销战略；事件能反映甚至加强赞助商的品牌或公司形象。加入数字社交活动可以让活动更加生动，并有助于围绕活动产生积极的舆论或口碑。

　　当然，有些赞助商不满足于将自己与某个事件联系起来，而是努力去塑造自己的事件。品牌备忘 6-1 讲述有线体育网络 ESPN 如何创建"极限比赛"（后称为"XGames"），以吸引不容易被传统体育吸引的细分市场。越来越多的公司用它们的名称赞助表演舞台、体育馆以及其他举办赛事的场所。史泰博（Staples）20 多年来投入 1 亿美元来冠名洛杉矶市中心的表演和比赛场馆，那里是 NBA 湖人队、快船队以及国家冰球联盟（NHL）国王队比赛的主场，同时也是一些音乐会和其他活动的举办地。虽然体育馆的冠名费用相当高，但是应该看到它对于创建品牌资产、建立品牌知名度（而非品牌回忆）的直接贡献。通常，冠名对于品牌形象的贡献很小，除了传递一定的业务范围和规模信息。

品牌备忘 6-1

通过极限运动创建品牌

　　尽管极限运动行业包括多种高能量甚至有时是高危险的运动，但主要还是指各种形式的滑板运动、滑雪运动、冲浪运动和越野自行车运动。在合法性、参与性、公众兴趣和商业赞助投资等方面，极限运动依然处于持续增长的通道。随着滑板、雪地和冲浪装备、服装和配饰对体育服装行业的贡献，它也变得越来越有利可图。运动相机 GoPro 已经改变了体育运动产业，因为无论是越野自行车运动员、冲浪运动员、滑雪板运动员还是风筝板运动员，都可以带着相机进行难以置信的特技表演。这些精彩的运动时刻被上传到 YouTube 上，使许多动作类运动成为主流。GoPro 2017 年的销售收入为 11.8 亿美元。

　　ESPN 在 1995 年发起 X Games，每半年一次，并保持行业翘楚地位。极限运动是 ESPN 最大的自有和自营的体育赛事，并代表了全球极限运动的最高水平。然而，公众刚开始把极限运动视为"马戏团下乡"或不怕死的杂技和魔术，现在人们已经开始认识到参赛者都是专业运动员。尤其是 18 岁和更年轻的观众，都是和极限运动一道成长起来的，并把极限运动视为他们的奥运会。

　　X Games 迅速成长为一家特许经营公司，在消费品和家庭娱乐产品等方面进行了许多成功的品牌延伸，并遍布全球。ESPN 相信，是极限运动所有元素的发展和成长，使之在品牌感知、品牌关联、现场参与、收视率创纪录、赞助投资增长以及进入主流运动等方面获得了持续成功。

　　X Games 有很多赞助商，包括哈雷－戴维森、吉普、LifeProof、Monster Energy 和 Geico，它们已经赞助多年，网飞和 Great Clips 等新品牌也加入了 2018 年著名赞助商的行列。作为赞助权的回报，除了在社交媒体平台上的突出地位和比赛期间获得 VIP 体验外，赞助商还能在 X Games 电视转播期间获得重要的媒体影响力。表 6-4 提供了赞助细节。

　　2017 年，第 16 届冬季 X Games 在阿斯彭举行。在此期间，通过 ESPN 观看 X Games 的观众人数增长了 32%，X Games 的观看时间达到 1 600 万分钟。X Games 的脸书页面获得了 2.3 万个赞，而 X Games 阿斯彭的 Snapchat 故事拥有 650 万用户。在全球范围内，X Games 在 215 个国家的超过 3.65 亿家庭进行了电视转播。2017 年明尼阿波利斯夏季 X Games 为期 4 天，大约有 10.5 万人参加。

　　尽管极限运动呈指数式增长，但它并非没有挑战，其中最大的挑战是暖冬。暖冬导致冬季的运动项目更加有限，这些有限的运动的费用由此一直上涨，对于难以负担这些费用的人而言，极限运动已经变得遥不可及。尽管有这样的趋势，极限运动在欧洲和亚洲仍有很大的潜力。比如，虽然滑板等动作类运动在美国已成为主流，但在日本等新兴市场，仍日益增长。

表 6-4　第 17 届 X Games 赞助信息

官方赞助商	事件赞助商
百路驰（BFGoodrich）—全国性的营销推广包括电视直播、印刷抵押券、数字广告、现场活动以及赛道标识等。	卡西欧 G'z One Commando—全国性的营销推广包括电视直播、网络广告、现场活动和赛道标识等。
福特—全国性的营销推广包括电视直播、印刷抵押券、数字广告、现场活动以及赛道标识等。	鲨鱼周（Shark Week）—探索频道全国性的营销推广包括电视直播、印刷抵押券、网络广告、现场活动和赛道标识等。
U.S. Navy—全国性的营销推广包括电视直播、印刷抵押券、数字广告、广播广告、现场活动以及赛道标识等。	Mobile 1—全国性的营销推广包括电视直播、网络广告、广播广告和赛道标识等。
红牛—全国性的营销推广包括电视直播、印刷抵押券、数字广告、现场活动以及独有的赛道标识等。	索尼—全国性的营销推广包括电视直播、网络广告、现场电视展销和赛道标识等。

资料来源：Fay Wells, "ESPN X Games: Launching a New Category," in *Best Practice Cases in Branding*, 4th ed. Kevin Lane Keller and Lowey Sichol (Upper Saddle River, NJ: Pearson, 2013).

　　2. 设计赞助方案。许多厂商认为，决定赞助行为最后成功的是随之开展的种种营销战略。赞助人可以用很多方式在事件中标示自己，如横幅、图标、节目等。然而，为了获得更显著、更深远的影响，赞助商通常还采用派送样品、奖品、广告、零售促销、出版物等补充手段。厂商认识到，相关营销活动的开支往往至少是赞助本身数额的两三倍。

　　3. 衡量赞助效果。衡量赞助效果有两个基本方法：一是**供方测量法**（supply-side method），评估品牌在媒体中的展露程度；二是**需方测量法**（demand-side method），着重于消费者实际接触的品牌展露程度。

　　供方测量法意在估算活动中品牌在媒体上亮相的时间和空间的数量。例如，品牌在电视屏幕上清晰可见的秒数，或报纸新闻中展示品牌字样的栏目空间值。然后，我们可以根据特定媒体载体中实际广告相关的费用，将某一活动赞助带来的潜在印象转化为同等的广告价值。此外，人们可以根据公共关系活动来评估网站流量增加的程度，也可以研究社交媒体参与的影响。

虽然供方测量法提供了量化的计算，但将品牌在活动媒体中的曝光总数换算成相应的广告时间时，忽略了消费者接受程度的不同。虽然广告通过媒体空间和时段传播了精心组织的信息，但媒体覆盖和广播电视仅仅达到了让品牌露脸的机会，并没有直接诠释品牌的含义。尽管一些公共关系的教授认为，正面的论述性报道很有价值（往往 5 ~ 10 倍于相应的广告价值），但一般的赞助很少这样做。例如，许多评论家指出，电视广告经过精心设计，要尽可能多地反映品牌的优点。这意味着，在以活动或游戏为中心的赞助活动中，品牌只是短暂亮相一下而已，但在广告中，品牌应该成为处于中心地位的"明星"。

另外一个衡量方法就是需方测量法，意在确定赞助行为对消费者品牌知识结构产生的效果。因此，对消费者进行追踪调查，可以了解事件营销影响人们认知、态度甚至产品销售的力度。事件营销之后，可以通过识别、调查参与事件的观众，测量他们对事件赞助商的回忆程度、态度以及意向等。同时，还可以通过内部追踪的办法，了解销售过程不同环节是如何受到影响的。

6.3 品牌放大器

补充上述四种广义的营销传播方式，是致力于通过口碑和公共关系传播吸引消费者和大众。尽管功能各异，但尤其适合扩大其他营销活动的效果。[67]

公共关系与宣传

公共关系与宣传是指用来促进或保护公司形象及其产品的活动方案。这里所说的**宣传**（publicity）是指新闻发布会、媒体采访、专题文章、新闻简报、照片、电影、录像带等所有非人际性的传播方式。**公共关系**（public relations）包括年度报告、筹资、团体参与、游说、特殊事件管理及公共事务等。

公共关系的营销价值早在 1983 年就得到了广泛的认识。当时，博雅公司（Burson-Marsteller）巧妙处理了强生公司泰诺产品事件，被认为挽救了该品牌。政治家也发现，通过新闻媒体传递自己的声音和形象，不失为一种经济而有效的方式。

公司发现，公共关系不仅在营销危机处理时价值连城，在日常营销活动中也应是重要的组成部分。2018 年，《公共关系周刊》（PRWeek）获得了菲多利年度活动奖，以表彰其在 Tostitos "派对安全"包装袋上的传播。这个包装袋是一种类似于酒精测试仪的酒精探测器。Tostitos 与著名的防止酒后驾驶组织 Mothers Against Drunk Driving（MADD）合作宣传，还与优步合作，通过包装袋背面的代码，为超级碗任何通过优步出行的人提供 10 美元的优惠。为了加强对 NFL 球迷的吸引力，Tostitos 与体育名人德莱尼·沃克（Delanie Walker）合作，他此前因酒后驾车而遭遇个人悲剧。这些传播活动让 Tostitos 获得巨大的成功——在没有播出一个商业广告的情况下获得了 1 300 万的浏览量。在推广期间，优步共提供了 3 万多次服务。[68]

口碑传播

宣传和公共关系还有一个重要功能，那就是引发人们的口碑效应。口碑是创建品牌的关键环节，因为消费者之间能相互分享对品牌的喜好、厌恶及体验。[69]口碑的魅力在于其具有可信性和相关性。诸多研究表明，产品信息最可靠的来源是朋友和家庭。

如果营销得当，方案可行，则能为消费者带来理想的价值利益，使人们记住并谈论该品牌，从而扩大营销效果。事实上，就在消费者之间形成了"蜂鸣"。公司正试图通过各种各样的技巧（如影响者营销）创建消费者的口碑。[70]

在第7章，我们对影响者营销进行了更深入的分析，即通过社会影响者来传播产品或品牌的口碑。虽然是一种赞助式的口碑传播（社会影响者通常通过公司的现金或免费产品获得报酬），但它对消费者决策的影响在持续增强。

▎6.4 制定整合营销传播方案

前面深入探讨了厂商可以采用的各种传播手段。第7章将深入探讨在线和数字渠道。本节要探讨如何制定整合营销传播（IMC）方案，如何选择最佳方案以及如何管理它们之间的关系。[71]整合营销传播被认为是对品牌传播项目的利益相关者、内容、渠道和结果进行战略管理的过程。[72]主要目的在于使营销者能"组合和匹配"传播方案，以创建品牌资产。也就是说，选择一组具有相同含义、共同内容的不同传播手段，借助互补性优势使这些传播手段实现"1+1>2"的效应。[73]

整合营销传播通过影响传播活动的有效性和品牌市场绩效来驱动品牌的财务绩效。然而，成功实施IMC有一些障碍，包括沟通障碍、职责划分障碍和信任缺失。[74]由于新媒体的扩散，以及随之而来的消费者注意力的下降，这些问题进一步加剧。消费者面临着信息的巨大爆炸。[75]有效实施IMC，要求自下而上的沟通匹配模型（包括识别消费者不同阶段购买对应的最适合沟通方式）与自上而下的通信传播模型（根据推动销售和权益的能力来判断市场营销传播计划）相结合。[76]

许多公司正在使用这种广义上的方法制定传播方案。运动服装品牌Lululemon将品牌大使、事件、户外活动和社交媒体结合起来，与消费者建立互动。例如，品牌大使通常每周在商店举办几次免费的活动，社交媒体影响者则会在照片墙、YouTube和Snapchat上展示产品，数字视频同样承担着重任；该公司直到2017年才开始做广告。[77]

整合营销传播方案的标准

在评估整合营销传播方案的整体影响时，最重要的目标是要创造最有效和最有效率的传播方案。以下是六个相关的评价标准，简称为"6C"。[78]

1. 覆盖率（coverage）；
2. 贡献率（contribution）；
3. 一致性（commonality）；
4. 互补性（complementarity）；
5. 通用性（conformability）；
6. 成本（cost）。

首先来看覆盖率的概念及其和其他五个指标如何相关，然后逐一了解。

覆盖率 覆盖率与采用的每个传播方案能够达到的观众比例以及各种传播方案之间存在多少重合部分有关。换句话说，各种不同的传播方案达到指定的目标市场的程度如何，组成市场的相同的或者不同的消费者有多少。正如图6-2所示，覆盖率的独特性与传播媒介的"主要效果"有关；覆盖率的共同性与两种传播方式的"互动效果"有关。当消费者先前接触过不同的沟通方式时，消费者接触一种沟通方式的沟通效果会增强。

覆盖率的独特性与营销传播方案的内在传播能力有关。就像上述第2项标准（贡献率）所提到的那样。各种传播方案之间都存在一定程度的重叠，但是，厂商必须决定怎样合理地设计自己的传播方案以反映这一现实，即消费者在接触到某一特定的传播方案之前，已经在记忆中保存了一些传播效果。

一个传播方案，或者强化品牌联想，或者产生其他的品牌联想和联系，就像上述第3个和第4个标准提到的那样，具有一致性和互补性。另外，如果没有出现完全重叠——这也是通常出现的状况——设计的传播方案就必须考虑到消费者可能已经或者可能没有看到过其他的传播方案的现实，就像标准5（通用性）所提到的那样。最后，如标准6（成本）所建议的，所有这些考虑必须由成本来抵消。

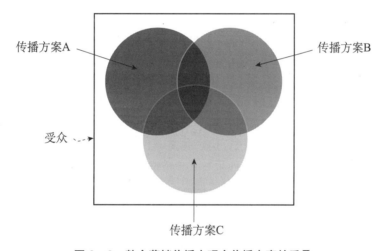

图6-2 整合营销传播中观众传播方案的重叠

说明：圆圈代表由不同的传播方案所获得的细分市场。阴影部分代表各种传播方案重叠的部分。

贡献率 贡献率反映营销传播的内在能力，指在没有任何其他传播选择的情况下，从消费者那里创造期望的反应和传播效果。换句话说，贡献率和营销传播的"主要效果"有关，衡量了营销传播方案是如何影响顾客处理传播信息及其相应效果的。就像前面所提到的，营销传播可以扮演多种角色（如建立知名度、提升形象、引发反应、刺激消费），每种营销传播方式的贡献率取决于该角色扮演得如何。前面还提到，以前的很多研究都考虑了传播的这一方面，并在此过程中创建了一系列的概念指导和评价标准。但是，由于传播方案中存在重叠，因此必须像下面谈到的考虑其他因素。

一致性 无论选择哪些传播手段，整个营销传播方案都应当很好地进行协调，以建立起统一、一致的品牌形象，亦即品牌联想应有共同的内容和含义。品牌形象的一致性和内聚性是很重要的，因为它决定了现有的联想被回忆起来的难易程度，以及额外增加联想的难易程度。

一致性是指不同传播方案传递相同信息的程度。大多数整合营销传播的定义都只强调这一标准：统一所有营销传播工具的实践——从广告到包装——向目标观众传递一致的、具有说服力的信息，以推广公司的目标。

总的来说，在含义上一致的信息比毫无关联的信息更容易获取和记忆——尽管也存在某些意外的场合，即内在含义不一致的品牌有时会比一致的信息产生更强有力的品牌联想。[79] 然而，如果联想不一致，品牌形象较模糊，消费者就可能会忽视一些联想；或者由于他们对品牌的含义产生困惑，其联想可能就不那么强烈而积极。

因此，从长期看，各种传播方案应当进行精心设计组合，使得它们合起来能有效地建立统一、一致的品牌形象。营销传播创造或者加强的联想越抽象，就越有可能通过不同的传播方案得到有效的加强。[80]

比如，如果期望产生的品牌联想是"当代的"，那么就会有很多的方法可以使某一品牌看起来和时尚相关。另一方面，如果期望的联想是一个具体的属性，比如"富含巧克力味道"，就很难通过赞助这类不允许出现明确的产品说明的传播方案传递这一信息。

以喜力啤酒为例，该品牌致力于获得强势的高端形象，并在传播中进行相应的定位。喜力的视频和电视广告 Walk-In Fridge 中，先是当一群女孩中有人发现隐蔽的衣柜装满鞋子时，便欢呼雀跃并惊喜不已；继而是一群男孩发现步入式冰箱里装满喜力啤酒时，同样欢呼雀跃并惊喜不已。喜力公司接着在整个阿姆斯特丹市把"Walk-In Fridge"特大字体印刷到纸板盒上并置于户外。最后，喜力公司在多个啤酒节上放置真正的可步入式冰箱，让成群结队的朋友模仿广告，并把视频上传到 YouTube 展示分享。[81]

最后，另一种一致性是不同传播方案之间执行的一致性——非产品信息通过不同的传播方案得到了多大程度的传播。执行信息越协调，该信息就越有可能成为重新回忆起其他传播的提示线索。[82] 换句话说，如果在某种传播方案中建立起了一个符号，比如用一根羽毛来为体味清新剂做电视广告，以传递温和、柔和的信息，那么它也可以用于其他的传播方案，以帮助激发消费者从以前的营销传播中得到的知识、想法、感觉和形象。

互补性 多种传播工具同时使用时通常更有效。互补性是指不同传播方案强调差异性联想及连接的程度。理想的营销传播方案需确保所选择的传播手段能够互相加强、互相补充，以帮助建立理想的消费者品牌知识结构。

利用最适合引起特定消费者反应或者建立特定品牌联想的营销传播方案，是建立不同品牌联想最有效的方式。比如，一些媒介（样品或其他促销形式）通过展示，产生试用的效果比产生长期忠诚的效果更好。一项对工业品分销商进行的研究表明，如果公司已经通过展销会向客户展示产品，后续营销努力会产生更高的营销效率。[83]

品牌科学 6-2 介绍了如何将各种传播方案联系在一起，利用其互补性来创建品牌资产。

品牌科学 6-2

整合媒体创建品牌资产

对于要建立的品牌资产，将广告产生的传播效果与品牌关联起来十分重要。通常，这样的关联是很难建立的。电视广告尤其不能很好地推广品牌，主要原因有：

- 同类产品的竞争性广告可能会造成干扰，并使消费者产生疑惑，不知道哪个广告对应于哪个品牌。
- 幽默、音乐、特效、性诱惑、恐怖主题等这些"模仿兴趣"的创意策略和技巧，也许会抓住消费者的注意力，但也因此导致广告过程中品牌被忽略。
- 如果在广告中延迟品牌识别或者只提到品牌几次，尽管可能会提高处理信息的强度，但是也可能导致消费者将注意力转移到品牌以外的地方。
- 由于广告中品牌展露的时间有限，因此公司很少有机会能详细叙述现有的品牌知识。
- 消费者可能对产品或者服务本身不感兴趣，或者可能缺乏对某一具体品牌的了解。
- 广告策略的改变可能难以让消费者快速地把新信息和既有品牌知识发生关联。

强化传播效果的策略

由于各种各样的原因，广告在记忆存储的传播效果方面可能是"成功"了，然而，在做品牌相关决策时，这些传播效果没有发生作用的话，那么广告同时就是"失败"了。

为了解决这一问题，营销者通常采用的策略是：让品牌名称和包装信息醒目地出现在广告中。遗憾的是，增加对品牌的强调意味着广告不太可能产生影响品牌评价的传播效果和品牌联想，而且不易让消费者记住。换言之，这种策略虽然可以让消费者更容易地回忆起做过广告的品牌，但是很少有关于品牌的其他信息能让消费者回忆起来。三种可能更为有效的策略是：品牌签名、广告提取线索和媒体互动。

品牌签名　也许增强品牌与传播效果之间联系的最简单方法，是创建一个更有力和更具有推动作用的品牌签名。**品牌签名**（brand signature）是在电视或者广播广告，或者在印刷广告刊登的范围内让人们辨识品牌的一种方式。品牌签名必须要有创新性，能够吸引消费者参与，让他们更注重品牌本身，因而增强由广告创造的品牌联想。

一个有效的广告签名通常是富有活力的、时尚的，能够与整个广告完美地联系起来。比如，在著名的"喝牛奶了吗"广告中，广告词或者标语通常会在合适的位置出现。另一个例子是英特尔的广告，通常在广告的结尾会出现一个旋涡的形状，里面有英特尔的标志。事实上，这就是以"咄咄逼人"的方式在广告结尾处突出英特尔标志。

广告提取线索　另一个有效策略是使用**广告提取线索**（advertising retrieval cue），指消费者在做出购买产品或者服务的决定时，能够辨别某一特定广告的显著的视觉或者语言信息，目的是要让看过或者听过此广告的消费者能够回忆起当初广告的传播效果。广告提取线索可能是一个主要的视觉形象、一句易记的广告语或者其他独特的广告元素，这些都可能有效地提醒消费者。比如，劲量电池的包装上出现了其广告中粉红色小兔子的形象，以免消费者把劲量与金霸王相混淆。

媒体互动　最后，印刷和广播广告对电视广告（电视广告中的图像和声音元素是其他媒体广告的基础）的强化，是充分利用由电视广告产生的传播效果的有效方式，并能在传播与品牌之间产生更密切的联系。在电视广告和广播或者印刷广告之间建立明确的联系线索，可以创造相似的甚至加强信息处理的结果，而不用增加广告的播出时间。另外，一种十分有用但不常使用的媒体策略是在推出相应的电视广告之前，先推出有明显联系的印刷广告或者广播广告。在这种情况下，印刷和广播广告的作用是吸引顾客，加深顾客对具有声音图像的、更完整的电视广告的理解。反之，电视广告也可以鼓励观众通过社交媒体与品牌进行互动，在广告中加入一个网络链接或某个活动的链接（如一个推特链接），这样消费者可以找到更多信息。朱（Joo）及其同事的一项研究发现，金融服务的电视广告增加了受众对特定广告品牌进行品牌关键词搜索（而非一般搜索）的可能性，这证实了广告活动中所蕴含的媒体互动的潜力。

资料来源：Raymond R. Burke and Thomas K. Srull, "Competitive Interference and Consumer Memory for Advertising," *Journal of Consumer Research* 15, no. 1 (June 1988): 55-68; Kevin Lane Keller, " Memory Factors in Advertising: The Effect of Advertising Retrieval Cues on Brand Evaluations," *Journal of Consumer Research* 14, no. 3 (February 1987): 316-333; Robert J. Kent and Chris T. Allen, " Competitive Interference Effects in Consumer Memory for Advertising: The Role of Brand Familiarity," *Journal of Marketing* 58, no. 3 (July 1994): 97-105; Kevin Lane Keller, Susan Heckler, and Michael J. Houston, " The Effects of Brand Name Suggestiveness on Advertising Recall," *Journal of Marketing* 62, no. 1 (January 1998): 48-57; William E. Baker, Heather Honea, and Cristel Antonia Russell, " Do Not Wait to Reveal the Brand Name: The Effect of Brand-Name Placement on Television Advertising Effectiveness," *Journal of Advertising* 33, no. 3 (Autumn 2004): 77-85; Micael Dahlén and Sara Rosengren, " Brands Affect Slogans Affect Brands? Competitive Interference, Brand Equity and the Brand-Slogan Link," *Journal of Brand Management* 12, no. 3 (February 2005): 151-164; Peter J. Danaher, André Bonfrer, and Sanjay Dhar, " The Effect of Competitive Advertising Interference on Sales for Packaged Goods," *Journal of Marketing Research* 45, no. 2 (April 2008): 211-225; Isaac M. Dinner, Harald J. Van Heerde, and Scott A. Neslin. " Driving Online and Offline Sales: The Cross-channel Effects of Traditional, Online Display, and Paid Search Advertising," *Journal of Marketing Research* 51, no. 5 (2014): 527-545; Mingyu Joo, Kenneth C. Wilbur, Bo Cowgill, and Yi Zhu, " Television Advertising and Online Search," *Management Science* 60, no. 1 (2013): 56-73. Peter J. Danaher and Tracey S. Dagger, " Comparing the Relative Effectiveness of Advertising Channels: A Case Study of a Multimedia Blitz Campaign," *Journal of Marketing Research* 50, no. 4 (August 2013): 517-534.

通用性 通用性是指营销传播方案对不同顾客群体的有效性程度。有两种类型的通用性：传播和消费者。整合营销传播方案的实质是，当消费者面对某一营销传播时，一些消费者可能已经接触过其他的有关该品牌的营销传播，而其他的消费者以前没有过这样的经历。营销方案能够在这两个层面上都起作用，即同时对两个群体进行有效传播，这一点至关重要。无论消费者过去接受的传播事实如何，当传播能够取得期望的效果时，这个传播方案就被视为成熟的传播方案。

除了传播的这一通用性，人们还可以根据更广泛的顾客多样性来判断传播方案，即传播方案是如何告知、说服不同层面消费者的。主要为了建立品牌认知的传播（如赞助）由于比较简单，因而发展得比较成熟。

有两种可能的方式可以实现这种双重的传播。

1. **多种信息提供策略**。在一个传播方案中，向不同类型的消费者提供不同的信息，并吸引这些消费者。这里重点是，专门为某一目标市场设计的传播信息在其他目标市场中是如何被顾客处理的。如果传播中出现太多的具体细节，就会使信息过多并且混乱，让消费者感到厌烦。

2. **广泛信息提供策略**。提供丰富的或者模糊的信息，而不管消费者以前拥有怎样的产品或品牌知识。这里的重点是，怎样让信息变得有影响力并取得成功。由于试图对最低程度的共同点产生吸引力，所以信息可能会缺少精确度和足够的细节，不会对消费者产生有意义的影响。要想取得成功，不同背景的消费者要能够在传播中找到相关的信息，以满足他们的目标，而不管他们拥有多少产品或者品牌知识，有过怎样的传播历史。

成本 最后，在根据上述标准对营销传播进行评价时，还要考虑它们的成本，这样才能达成最有效果和最有效率的营销传播方案。

使用整合营销传播的选择标准

整合营销传播的选择标准可以为设计和执行整合营销传播方案提供一些指导。但是，这需要评估传播方案，确定优先事件和进行权衡。

评估传播方案　根据营销传播方案所产生的反应、传播效果，以及整合营销传播六大标准，可以判断营销传播方案的选择和沟通的类型。不同的传播类型和方法各有利弊，并会产生不同的问题。

关于整合营销传播选择标准的评定，有几点值得注意。第一，对于贡献率和互补性而言，不同的传播方案之间没有内在的区别，所以，一旦每种传播类型得到了合理设计，在达到传播目标的过程中就可以起到重要和独特的作用。与此类似，所有营销传播看起来都是很昂贵的，尽管由于每种方法成本不同，市场价格也会不同。而且，从营销传播受众覆盖面的深度和广度看，传播的类型是不同的。从一致性和通用性看，由于传播采用的形式不同，传播的类型也是不同的：传播采用的形式越多，出现一致性和通用性的可能性就越大。

下文讨论要得到最终的营销传播组合，就需要在整合营销传播的选择标准中确定优先级并进行权衡。

确定优先级并进行权衡　在对各种营销传播方案都作了介绍以后，决定采用哪一个整合营销传播方案部分取决于选择标准是如何排序的。除了确定优先级，必须在标准之间进行权衡，因为整合营销传播选择的标准之间是相关的。需要对营销传播方案的目标（无论长期还是短期）设置不同的优先顺序，同时还需要考虑许多本章讨论范围之外的影响因素。我们根据 IMC 的选择标准列举了三条建议。

- 一致性和互补性通常是负相关的。各种营销传播方案越强调品牌的某种属性或者利益，那么在其他条件相同的情况下，就越少强调该品牌的其他属性和利益。

- 通用性和互补性通常是负相关的。如果营销传播方案在内容中将互补性最大化，通用性就显得不那么重要了。换句话说，营销传播方案在各种传播工具之间越注意消费者的不同，就越没有必要设计特定的传播方案来吸引所有的消费者。

- 一致性和通用性之间并没有明显的关系。比如，有可能采用十分抽象的信息（如"X 品牌是现代的"），这些信息在不同的传播方案中能够得到有效的加强（如广告、互动、赞助、促销）。

········| **本章回顾** |········

本章就如何整合营销传播以增加品牌资产的问题提出概念框架和管理原则。本章是从基于顾客的品牌资产这一角度来阐述这个问题的。也就是说，品牌资产从根本上来说取决于消费者通过形形色色的支持性营销方案在心目中形成的对品牌的认识。三类主要的传播方案至关重要：（1）广告；（2）互动营销；（3）事件营销和体验营销。

本章根据营销传播的一些基本特点以及影响其效果的重要因素，回顾了一些具体的传播方案（广播、印刷品、直接反应和植入广告媒体；对消费者和中间商的促销；网站、网络广告和视频、社会媒体在线营销，以及事件营销和体验营销）。品牌放大器加强了宣传和公共关系影响的形式，对口碑和蜂鸣营销也进行了讨论。同时，本章还提出如何将不同传播方案进行整合的标准，以实现品牌资产的最大化。

本章有两个关键启示。首先，从基于顾客的品牌资产的角度出发，所有可能的传播手段都应当按照它们影响品牌资产的能力予以评价。尤其是基于顾客的品牌资产概念提供了一个可以衡量各种传播手段效果的公分母：评价各种传播手段的标准是它影响品牌认知以及建立、保持或加强积极而独特的品牌联想的效果和效率。不同的传播手段有不同的优点，能够达到不同的目标。因此，重要的是要将不同的传播手段进行组合，使它们在创建或维持品牌资产方面能扮演一个专门的角色。

其次，营销传播方案的制定要做到整体大于部分之和。换言之，要尽可能地将各种传播手段匹配起来，使它们彼此加强。

总而言之，本章的基本内容是简单的：营销者需要对各种营销传播手段进行战略性评价，判断它们对品牌资产的贡献如何。为了做到这一点，营销者需要一些理论上和管理上的指导原则，通过这些原则，他们就能确定各种传播手段在单独使用时以及结合使用时的效果和效率如何。表6-5就有关营销传播策略的设计、实施及解释列出了作者的观点。

表6-5 营销传播的一般性原则

1. **善于分析**：利用消费者行为和管理决策的框架制定合理的传播方案。
2. **保持好奇心**：通过各种形式更好地了解消费者，时刻想着如何为消费者创造附加价值。
3. **主题聚焦**：广告信息聚焦于目标市场（寓丰富于简单）。
4. **整合一致**：强调信息的一致性，在所有传播手段和媒介中始终出现相同的暗示。
5. **有创意**：用独特的方式表述信息，使用不同的促销方法和媒介，创造强有力的、偏好的和独特的品牌联想。
6. **有观察力**：通过监控和追踪研究，保持追踪竞争形势、消费者、渠道成员和员工。
7. **有耐心**：从长远的角度看待传播的有效性，建立和管理品牌资产。
8. **实事求是**：要理解营销传播中的复杂性。

········| 问题讨论 |········

1. 选择一个品牌，收集其所有的营销传播材料。它们组合及匹配的有效性如何？它们是否利用了各种媒体不同的优点而避免了媒体不同的缺点？它们是如何整合传播方案的？
2. 你认为国际互联网在品牌建立中充当了什么样的角色？你会如何为一些大品牌（如耐克、迪士尼、李维斯）建立网站？其中你喜欢的品牌如何？
3. 翻阅一下最新一期的时尚杂志，用本章所描述的标准说说哪则广告最好，哪则广告最差。
4. 选择一份周刊，并查看优惠券赠刊。说说它们是怎样创建品牌资产的，请试着找出为建立品牌而进行的最好和最差的促销。
5. 选择一项热门事件。谁赞助了此项活动？它是如何通过赞助创建自己品牌资产的？它是否将赞助与其他的营销传播进行了整合？

品牌专题 6.0

广告实证研究的一些结论

在广泛的学术研究中，许多学者共同合作，积累了他们对广告学的实证研究结论。该领域的权威学者杰瑞·温德（Jerry Wind）和拜伦·夏普认为："广告具有在广泛已知条件下的科学规律和实证模式，而这些实证结论为我们提供了标准和预见性，以及如何通过数字化革命影响广告效果的真知灼见。"

实证结论源于审慎、周全的研究。但学者们也告诫管理者：实证结论本身不是确定的规律，在适用性上也可能存在例外情况和边界条件。尽管如此，学者们认为实证研究有三点价值：（1）作为广告策略开发的起点；（2）作为广告管理可以遵循的可能规律；（3）作为广告发布后预计效果变化或广告环境变化的管理标准。

广告相关的实证研究主要可分为以下四类：投资回报率、360 度媒体规划、电视价值以及创造力。由于数字和社交媒体的重要性不断增加，在第 7 章中更详细地介绍了这一领域的研究成果。这篇综述中，我们只介绍了一些关于跨媒体交互（数字和电视、数字和印刷等）的研究。

投资回报率（ROI）

● 通常来说，广告有 3 ～ 4 周的半衰期。如果广告长期具有销售效果，那么必须出示单源数据的即时销售效应。

● 建立在实证研究基础上的广告弹性大约为 0.1，那么通过设定广告预算，净利润能优化至毛利润的 10%。如果广告弹性为 0.15，那么广告预算应该是毛利润的 15%，等等。

● 品牌广告通常具有明显的短期销售效果（以单源数据显示），这种效果会逐渐减弱。创意广告的短期效果尤其明显。

● 即便没有点击，图片广告也能提升网站访问和商标搜索，并能提高线上和线下销售。

● 店内数字标牌发布如新产品、季节性产品和促销等有价值的信息对销售具有显著的正向影响，这种影响效果对于享乐性产品——如食品和娱乐产品——尤其强烈。

● 服务产品的广告遵循 7：3 规律（70% 引起兴趣，30% 引发行动）。服务产品 90% 的电视广告消耗在 3 个月之内，而消费品是 4 个月。

● 如果广告变化的幅度为 1%，那么销售或市场份额的变化约为 0.1%（亦即广告弹性系数为 0.1）。欧洲的广告弹性比美国的高，耐用品的广告弹性比非耐用品的高，产品生命周期早期的广告弹性比晚期的高，印刷品的广告弹性比电视的高。

● 电视广告超过 50% 的概率，短期和长期都会亏本。多年来亏本的风险一直在波动，但一直高于 50% 的概率。在过去的 25 年中，电视广告的平均弹性在 0.043 ～ 0.163 之间波动。

● 广告响应曲线呈"凸"形——第一次广告具有最大的边际反应。随着在特定期间内持续展露次数的增加，广告的边际效应递减。

360 度媒体规划

● 导致购物加速的商场布局能增加购物者的支出。

● 大约 20% 关于品牌的口碑是提及媒体中付费广告中的品牌。受广告的影响和支持，口碑效应的水平和效果会持续增加，当增加 20% 时，顾客会强烈考虑购买或试用产品。

● 如果近期广告回忆是出现在传统媒体上，那么就比数字媒体更具有积极的印象。如果消费者对品牌或产品近期回忆起的广告，之前就有积极的印象，那么，无论何种媒体，这些广告都会产生积极印象。

● 喧嚣倍增不会导致广告记忆减半。平均来讲，高度喧嚣环境下的广告更受人们喜爱。

● 反复观看广告的概率是 38%，这个比例不会因为节目时间的变化而改变。喜剧节目中的广告反复观看率比警察题材中的更低，广告收视率也低。但是对这些节目类型而言，收视率水平不变的情况下，广告反复观看的高或低水平保持相对稳定，不会因为节目时间的改变而变化。

● 对于电视、广播和杂志要吸引的特定观众，目标群体通常不到该媒体总体观众的一半。并且，竞争对手通常对剩余群体的广告宣传比较到位。

● 在较短的间隔中，分隔的多样化曝光比重复性曝光产生的广告学习效果更好。对于曝光之间时间间隔，长一点间隔的广告学习效果优于短一点间隔。

● 电视广告确实影响了网上购物，广告内容扮演着关键角色。以行动为中心的内容增加了网站流量和销售额；进一步关注信息和关注情感的广告内容实际上减少了网站流量，同时增加了购买量，对销售产生了积极的净效应。这些结果表明，广告文案是推动品牌销售的关键因素。

● 品牌销售变化的主要驱动因素包括线上拥有（10%）、（未）赚取（3%）和付费媒体（2%），这是消费者购买路径的很大一部分。值得注意的是，电视广告（5%）明显少于网络媒体。

● 展示性广告增加了搜索转换。然而，展示性广告也可能增加搜索点击，从而增加搜索广告成本。在考虑这些影响之后，研究表明，在展示和搜索上投入 1 美元，可以带来 1.24 美元的显示回报和 1.75 美元的搜索广告回报。

● 总的来说，六种接触点类型——品牌广告、零售商广告、店内沟通、口碑、同行观察（约见其他客户）以及传统的免费媒体（如店内沟通），比其他接触点（包括品牌广告）更有影响力。此外，研究显示，除了传统品牌广告之外，零售商、社会效应和第三方代言对品牌价值的影响也很重要。

● 广告的影响因品牌熟悉程度的不同而不同。具体来说，对于两个熟悉的品牌，线内协同效果比线上线下协同要好，但对于两个不熟悉的品牌却不是这样。不熟悉品牌的管理者可以通过线下营销支出获得实质性的协同效应，而熟悉品牌的管理者可以通过投资不同的在线媒体产生更多的协同效应。

电视价值

● 在过去的 15 年中，电视广告对销售效果的提升始终没有下降过，并且在提高品牌认知度方面，比网络广告和印刷广告的效果都要好。

● 在基本的广告效果测量方面（品牌回忆和品牌再认），带数字视频的家庭电视和不带数字视频的效果相当。

● 电视的普及率依然最高。收视率下降是因为媒体碎片化（更多的渠道），而并非社会变迁、技术变化、"新媒体"出现所导致的电视观众减少。如果频道数量翻倍，平均收视率就会减半。此外，双重法适用于电视频道。更大的频道有更多的观众，这些观众看这个频道的时间相应更长。

● 尽管电视频道增加，观众被分散，在亚洲、欧洲和南美，电视至今仍然在目标受众方面具有感知性的影响。虽然数字媒体已经发展起来，但并未对电视造成显著影响。

创造力

● 有独特销售卖点（USP）的广告，比没有 USP 的广告效果要好。理论上来说，USP 应该突出产品的重要利益点；另外一个有风险的方案是只清楚地告知一个利益点。当这个利益点在消费者看来是独一无二的时候，即使有竞争者模仿，也不会影响其积极的效果。当然，不容易被竞争对手轻易模仿是尤其有效的。

● 品牌在电视广告中增加出现的次数，能够增加消费者对广告产生正确品牌联想的程度。

● 对电视广告的情感反应，不但影响品牌融入（直接）和品牌说服（间接），而且会影响短期销售。这种电视广告的影响模式在阿根廷、巴西和墨西哥得到了验证，但影响效应的峰值有所不同。

| 第 7 章 |

数字时代的品牌化

学习目标

» 描述数字时代的消费者和市场营销的变化。

» 定义品牌融入，并理解品牌融入金字塔及其关键驱动力。

» 理解数字化沟通及多种沟通选择。

» 理解邮件和网站营销优化是数字营销策略的重要组成部分。

» 评估各种社交媒体作为数字营销工具应用的优缺点。

» 理解移动营销的持续发展。

» 广泛理解影响力营销，了解口碑和社会影响力是如何发生的并对其进行管理。

» 描述内容营销及其在建立品牌认知和促进品牌互动中的作用。

» 描述数字品牌化过程中品牌管理组织结构的改变。

随着消费者利用多种设备终端和渠道完成购买，品牌经理越来越需要协调他们与消费者在各种数字渠道和不同设备之间进行沟通（信息及曝光）的能力。

········| **本章提要** |········

近年来，作为品牌与消费者沟通、销售产品的手段，在线营销和数字化营销的发展使品牌化和品牌管理发生了巨大的变化。品牌承载了更多样的含义。同时，消费者在品牌的成败中扮演着更加重要和明确的角色。与此同时，营销者比以往任何时候都要更了解消费者，以采取不同的营销策略来接触和影响他们。

随着消费者在网络渠道上花费的时间和金钱越来越多，营销方式和消费者行为都发生了巨大的变化。我们通过概括出数字化领域中的消费者行为和品牌管理发生的重要变化展开分析。然后，介绍品牌融入中的重要主题，以及营销者所使用的数字化传播渠道。最后，讨论有关社会影响和品牌管理结构中的一些话题。品牌专题 7.0 对有关网络口碑的研究进行了综述。

7.1 数字化时代品牌化的关键问题

本节将回顾数字化时代品牌建设的重要进展。在此之前，请思考：下述事实所凸显的营销格局的快速改变以及它们对营销者的深远影响。[1]

1. 97% 的消费者在购买产品时会使用搜索引擎，例如谷歌。
2. 96% 的消费者使用移动设备来搜索产品信息。
3. 95% 的千禧一代希望品牌能在脸书有自己的主页。
4. 89% 的消费者在店内购买前会进行网上搜索。

表 7 - 1 总结了一些主要的数字化趋势，并进行了详细的描述。

表 7 - 1 关键的数字化趋势对品牌化和品牌管理的影响

1. 消费决策过程的改变	6. 极大提高了数据的可获得性
2. 线上零售渠道的购买行为急剧增加	7. 数字个性化的使用
3. 广告和促销支出向数字渠道转移	8. 品牌信息失控和品牌含义共创
4. 多对多传播的兴起	9. 用户体验的角色
5. 消费者接触点大幅增加	10. 品牌作为文化符号的发展

消费决策过程的改变

传统的消费者决策过程包含一系列连贯的阶段，包括认知、考虑、购买意向和购买行为。想象一下，一对夫妇，安妮（Anne）和乔（Joe），正在寻找一台新冰箱来替换他们的旧冰箱。以往，他们会开车去最近的实体店，比如西尔斯百货，看看有什么选择。与销售人员交流完需求之后，他们可能会从两个品牌中挑选出三种型号。然后，可能再与几个最近购买了冰箱的朋友商量，最后完成购买。要描绘他们的消费决策过程是相当简单的，包括一些可以预料到的步骤，如去当地的零售商店，以及与商店内的销售人员进行讨论。

然而，由于数字营销和社交媒体的快速发展，如今，安妮和乔的消费决策过程会和以往显著不同。

　　安妮和乔在开始搜索新冰箱时，可能会在网上查找最好的冰箱型号及其在评论网站上的属性评分，包括亚马逊评论、在线消费者报告等。在信息搜索过程中，像三星这样的制造商可能会向他们投放关于冰箱的在线广告。这些广告的投放基于谷歌的搜索算法，该算法经过优化，可以锁定那些在网上搜索"购买冰箱"信息的人。线上广告可能会让安妮和乔关注一个之前从未购买过、但会在即将来临的节假日打折的品牌。安妮和乔还会在脸书上发帖，询问他们的朋友对冰箱品牌的建议，从中得到了两个新的推荐品牌。根据线上广告和脸书上的口碑，安妮和乔决定购买一个特殊型号。

　　他们在亚马逊网站下单。在下单的同时，亚马逊通过使用一种机器学习算法来向他们推荐其他相关产品，其他人在购买冰箱时通常会一同购买这些产品，包括微波炉。安妮有一个亚马逊账户，所以很快下单，并设定了下周的发货日期。当冰箱按指定日期安装好后，安妮和乔使用了这个新产品。安妮对这次购买很满意，在脸书上感谢了两位朋友的推荐。

　　她在脸书上贴出了一张自己在新冰箱旁摆拍的照片，发表了一条评论，并给产品点了赞。与此同时，他们收到了一封由亚马逊发来的电子邮件，邀请他们评价这次服务体验，安妮和乔给了五星的高评分。

　　显然，数字化时代消费决策过程和过去消费者经历的过程有很多不同。这对品牌管理者来说意义重大。传统的购买漏斗模型从问题认知开始，以购买选择结束。相反，线上环境创造了一种条件，在这种条件下，消费者可以不按照特定的顺序来行动，关于品牌的新信息可以在任何阶段影响他们的购买决策。[2] 品牌经理应该考虑到众多可以在不同决策阶段为消费者提供品牌信息的在线渠道。图 7-1 概括了和线上环境密切相关的扩展型消费决策过程。

　　针对消费者决策过程所发生的变化以及它本身所具有的复杂性，品牌经理应该了解更多信息，知道不同细分市场的消费者在消费决策过程中有何不同。进一步来说，应该鼓励顾客在购买完产品后继续与品牌发生联系。因为顾客可以为品牌提供重要的购后宣传，营销人员可以激励和鼓励顾客积极推荐品牌。本章最后将讨论网络口碑的作用。

产生需要和需求	了解	考虑	学习
喜欢	愿意支付	尝试	消费
满意	成为忠诚的购买者	互动	积极宣传

图 7-1　扩展型消费决策过程

资料来源：R. Batra and K. L Keller, "Integrating Marketing Communications: New Findings, New Lessons, and New Ideas," *Journal of Marketing* 80, no. 6 (2016): 122-145.

在线零售的增长

除了线上传播渠道，线上零售渠道的数量也已经实现翻倍增长。以下统计数据可以推断出线上零售的受欢迎程度 [3]：

1. 2018 年，电子商务销售额可达到 4 140 亿美元。

2. 不用在拥挤的商场或商店购物，有 60% 的美国成年人表示很愿意。

3. 71% 的消费者相信，他们在网上会比在实体店中买到更便宜的东西。

4. 年龄在 18 ～ 34 岁之间的受访者中，40% 的男性和 33% 的女性表示网购是他们理想的购物方式。

在线零售商获得巨大成功并不奇怪。仅亚马逊一家就占零售总销售额（达 350 亿美元）的 5%。随着线上零售的迅速普及，人们对实体店购物的偏好也在降低，这进一步威胁到许多实体零售商的生存，如梅西百货、杰西潘尼、沃尔玛等。

因此，品牌经理应该找到增加品牌在线上的存在感和吸引力的方法，并优化在线品牌体验。网上零售商增加了许多新功能，使线上购物体验更加个性化和吸引人。尽管如此，许多消费者还是喜欢先去商店（有时被称为"展厅"）触摸和感受产品，接着在网上下单（按最低的价格）。消费者喜欢去实体零售店，这个事实可以让零售商们放心：不是所有的实体零售店都会很快消失。[4] 对于战略性地协调线上和线下渠道以进行品牌管理的企业和管理者来说，这些趋势都具有重要的意义。

线上零售领域最著名的成功案例之一就是亚马逊。它通过用无人机送货的创新和并购（如全食超市）行动，改变了零售市场的既有模式。因此，品牌商应该留意线上零售领域发生的所有变化，因为这些变化可能会对它们的商品及其分销都产生重大影响。

运用数字化渠道进行广告和促销

随着数字化渠道的出现，最重要的变化之一是线上和线下渠道中的广告预算分配比重发生了改变。截至 2017 年，全球在数字化媒体上的广告支出超过了传统电视广告支出（数字化广告支出为 2 090 亿美元，电视广告支出为 1 780 亿美元）。[5] 此外，数字化媒体渠道的增速有望超过传统媒体的增速。据预测，到 2020 年，在线渠道的规模将比电视广告的规模大 50%（数字广告为 1 130 亿美元，而传统电视广告预算为 780 亿美元）。[6] 尤其重要的是，移动端广告支出比 PC 端广告增长得更快。在全球范围内，移动广告支出为 1 000 亿美元，是数字化广告支出的一半。[7] 品牌备忘 7－1 展示了户外用品连锁零售商 REI（RecreationalEquipment，Inc.）如何利用线上渠道来强化品牌信息，并与顾客产生共鸣。

`品牌备忘 7－1`

卷起数字化风暴

在美国，感恩节的第二天被称为"黑色星期五"。狂热的购物者们常常期待在这天获得极大的优惠力度和极低的促销价格，比如高清电视降价 300 美元，300 美元的游戏机打 50 美元的折扣，萨克斯第五大道精品百货店（Saks Fifth Avenue）手袋打 6 折。在黑色星期五，寻找便宜货的人在找到最划算的商品时可以体验到肾上腺素激增。商场里到处都是疯狂的购物者，他们常常在商场外面等上几个小时，希望商店开门的时候能买到最便宜的商品。假日购物季从这一天正式开始，一直持续到圣诞节。有这么多的特价，谁会不喜欢这个特别的购物节呢？

但是，还是有人批评和反对黑色星期五。有人抗议这个节日，因为零售商要求那些希望在感恩节假期陪伴家人的员工在此时工作。有很多商品消费者能够直接从网上购买，不需要亲自到店铺，所以一些零售商表示会在黑色星期五当天关门。REI 是"拒绝黑色星期五"运动的先驱者之一，它在黑色星期五当天关闭 143 家商店和配送中心。这一战略为公司带来了非常积极的公关效果，顾客和员工都对公司的大胆举措表示赞赏。

REI 的"拒绝黑色星期五"运动究竟是如何实现的？和传统的黑色星期五促销不同，REI 推广 #OptOutside 活动的方式是，通过广告牌、视频、社交媒体等渠道号召员工与顾客在黑色星期五参与户外活动。利用各种数字化和社交媒体渠道，公司成功为其独特的 #OptOutside 活动造势。

活动大获成功。REI 在脸书、照片墙和推特上的提及率惊人地增长了 7 000%。随后有 170 多个其他组织也决定在黑色星期五关闭，数百个公园在这天免费开放。据估计，这天有近 140 万人在户外度过。由于线上活动的开展，REI 在 2015 年创纪录地新增 100 万名会员。店内销售额增长 7%，线上销售额增长近 23%。鉴于此活动的成功，REI 已将 #OptOutside 设为年度活动。

REI 的"拒绝黑色星期五"就是社交媒体热度提升品牌认知度的例子。REI 的成功在很大程度上归功于其产品（户外用品）和活动主题（鼓励消费者走出家门）之间的紧密联系。REI 通过这次活动传达了公司对于"什么是真正重要的"这一问题的理解，并与顾客产生共鸣，从而能够在目标顾客中建立更强的认知，并带来更高的参与度。REI 的这个大胆举措向顾客和员工表明，公司更关心他们，而不是金钱和利润——金钱和利润正是传统黑色星期五的同义词。

REI OptOutside 的广告视频可以在 https://youtube/MEVXU4RDUoI 找到。

资料来源："#OptOutside—Will You Go Out With Us?," REI, www.rei.com/blog/news/optoutside-will-you-go-out-with-us; Shep Hyken, "The Alternative Black Friday Movement," *Forbes*, November 26, 2016, www.forbes.com/sites/shephyken/2016/11/26/the-alternativeblack-friday-movement/#4ad1cffc6007.

一对多传播到多对多传播

传统的市场营销方式要求品牌经理依赖大众媒体和消费者沟通，如电视、印刷品和广播。传播的方向通常是从生产商到消费者，而消费者反过来向生产商提供的反馈很有限。因此，受众通常是品牌营销人员精心设计信息的被动接受者。特别是在传统的一对多营销传播方式中更是如此，如图 7-2 所示（顾客是图中的 A、B 和 C）。

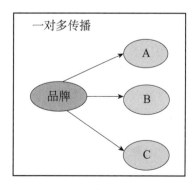

图 7-2 传统营销：一对多传播

随着时间的推移，一对多传播渠道转变为更强调品牌和顾客进行互动或一对一传播（见图 7‑3），像 L.L.Bean 和 J.Crew 这样的目录销售公司通过单独拜访顾客来实现直接营销的方法就是如此。近年来，一对多和一对一的传播渠道正在被像脸书和推特这样的多对多渠道所补充甚至取代。在这些渠道中，消费者在和他人对话的过程中成为传播者（多对多传播），并与品牌营销人员进行双向沟通。这种从一对多到多对多传播的根本性转变形成一些重要趋势，包括消费者接触点和数据可用性的增加，这些将在下一节中讨论。

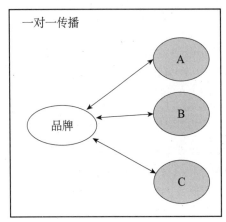
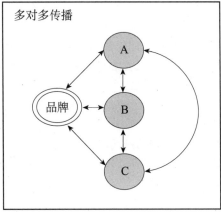

图 7‑3　新媒体环境下的双向传播和多对多传播

消费者接触点增加

阿妮塔·伯曼（Anita Berman）是一位在纽约工作的化妆品品牌高级经理。大约在 20 年前，阿妮塔在一家领先的护肤品公司从品牌助理做起。当时，她在品牌管理方面的工作涉及与产品开发、广告代理、研发、销售等部门的会议。她还记得 20 世纪 90 年代末与品牌团队其他成员的一次会议，他们与广告公司就品牌广告活动进行了头脑风暴。那时，广告投放选择主要包括电视广告和印刷品广告（尤其是杂志）。阿妮塔记得当时互联网刚刚起步，还没有脸书这样的东西。

快进到 2018 年。阿妮塔和她的品牌团队的会议仍然包括对产品开发的讨论和从销售团队处获得信息。然而，他们现在花了很多时间去思考所管理的针对 18 ～ 24 岁年轻人化妆品品牌的社交媒体营销策略和数字化营销策略。阿妮塔想知道如何在各种渠道最好地分配广告预算，这些渠道包括电视，杂志网站上的展示广告，照片墙的社交媒体广告，以及 YouTube 的视频广告。他们还为该品牌推出了一款手机应用，让顾客可以评估自己的外貌，并获得日常的化妆建议。

他们与天气频道签订了关于这款手机应用的合作协议，这样化妆建议就可以根据顾客所在地的天气情况做出相应调整。阿妮塔必须追踪各种指标，如横幅广告的点击率、浏览量、每次点击的成本等。他们还推出了意见领袖计划，目前这个计划正处于社会媒体名人选择的过程中，他们需要判断哪位名人能提供最佳的投资回报。

随着数字营销、社交媒体渠道以及消费者相互沟通能力的发展，品牌经理与消费者互动和沟通的接触点急剧增加。如前所述，在传统的一对多传播模式中，品牌经理的选择被局限在只能实现单向传播的大众媒体上，如电视、印刷品、广播等。如今，品牌经理有各种令人眼花缭乱的、可以用来与消费者沟通的数字化传播方式，包括脸书、推特、照片墙、Pinterest、领英等。媒体渠道的增加意味着媒体规划复杂性的增加，品牌经理必须协调不同的渠道来制定一个覆盖消费者决策过程的整合战略。此外，品牌经理必须确保品牌在所有平台上有统一的信息、一致的外观和感觉。有一个明确的品牌定位和指导方针是确保品牌在所有渠道呈现出的主题具有同一性的重要一步。

品牌经理关心的另一个关键问题是，了解哪些渠道的广告支出产生了最大的回报。这个特殊的任务被称为归因建模，复杂且具有挑战性。

数据可获得性的增加

数据，数据无处不在！数字渠道的增长导致海量数据泛滥，从用户在公司网页的浏览行为产生的点击流数据，到广告指标数据（如点击率和每次点击成本），再到品牌网站独立访问者的数量信息。营销人员现在有能力利用从顾客在线行为中收集到的信息来定制产品以满足顾客的需求。[8] 然而，如果不投资那些能够将信息转化为有用知识的工具，那么海量信息可能很快就会让公司不堪重负。

在数据如此丰富的情况下，公司如何从他们获得的大量信息中提取有用的知识呢？许多公司依靠先进的分析技术从这些数据中获得洞见。例如，当 J.Crew 开始使用点击率分析，分析产生的关键洞见使在线销售增长 22%。[9] 分析显示，某些渠道（如脸书、推特、Pinterest 和照片墙）的用户参与度最高。J.Crew 还优化了脸书页面，受众可以点击精选链接，到公司网站上进行购买。[10] 研究发现，21% 的用户在 Pinterest 上点赞后会去商店购买商品，在年轻消费者群体中这一比例甚至更高。通过这样的方式，对消费者线上行为的洞察可以提高品牌营销人员调整细分市场和定位策略的能力，增强顾客的参与和销量。

另一个导致数据可用性大幅增加的因素是在脸书、推特等平台上聊天数量的增长。使用高级分析可以有效地挖掘这些对话，从而洞察消费者对特定品牌的心态和情绪。为了进一步说明这类数据的庞大规模和范围，根据 NetBase 的研究，表 7-2 列出了 2015—2016 年间全球在社交媒体上被提及次数前五的品牌。[11] 脸书被提及近 6 100 万次，苹果被提及近 2 900 万次。它们为品牌营销人员呈现了丰富的信息，并提供了关于消费者对品牌的想法和看法的独特见解。社交媒体监测赋予品牌营销人员倾听消费者对话和了解趋势的能力。

表 7-2 社交媒体提及量前五的品牌

品牌（按提及量）	全球范围内在社交媒体被提及的次数（2015—2016 年）[12]
脸书	60 665 800
苹果	28 858 274
eBay	28 677 175
亚马逊	26 001 012
迪士尼	16 543 436

虽然数据可得性为品牌营销人员用特定的利益和服务来定位细分市场提供了许多优势，但大量的数据也有缺点。数据可得性的一个挑战就是要确保顾客的隐私得到保护。

侵犯隐私会降低消费者对品牌的信任。品牌营销人员必须平衡他们通过收集、分析和使用顾客数据来改进策略的欲望，避免失去顾客的信任。

数字个性化

马娅（Maya）是一个喜欢在网上购物并且对时尚感兴趣的 18 岁女大学生。她想买一条新牛仔裤，为即将到来的家庭聚会作准备。在浏览牛仔裤时，她发现了一条非常喜欢的黄色连衣裙。她把它放到购物车中，差点就买了，但在最后一刻她觉得太贵了。尽管她退出购买页面，但是这家雇用了数据分析公司来识别顾客行为模式的线上零售商能够追踪马娅的购物车以及里面的商品。第二天早上，马娅收到一条短信，邀请她享受来自那家线上零售商的特价优惠。这一次，马娅无法抗拒，决定买下这条裙子。

这则示例描述了任何一个曾经在网上购物的人都熟悉的场景。相同的产品可以根据顾客的兴趣以不同的价格出售，这称为动态定价。各类线上零售商已经投资了大量的分析工具。通过这些分析工具，公司可以明确地针对个人消费者来提供不同的优惠，以确保他们完成购买。营销人员现在有能力为不同的受众提供高度定制化的信息，进而从更大的人群中获得更高的顾客忠诚度。

数字工具的出现带来了一个前所未有的产品个性化和信息个性化的时代。[13] 数字个性化指"根据个人的实际行为调整为个体提供的信息和产品"。一项研究发现，这种个性化的能力可以降低 50% 的获客成本，增加 5% ~ 15% 的收入，并提高 10% ~ 30% 的营销效率。

品牌经理可以获得大数据，并利用其在不同的接触点和决策过程的不同阶段精准定位消费者。这种定位应该考虑到消费者的人口统计特征、心理特征、线上浏览模式，以及他们对各种线上渠道提供的不同类型在线服务做出积极响应的倾向。这些数据还应该显示消费者离实体店的距离（如最近的实体零售商），以帮助这些零售商通过提供一些优惠和价格折扣来刺激购买。

精准定位对消费者行为有什么影响？从营销人员的角度来看，数字个性化虽然有许多优点，但也有不利的一面。一些研究人员认为，出于隐私方面的考虑，消费者可能会对个性化服务产生负面反应。这种负面反应，可以通过提醒消费者网上提供的各种免费服务和优惠，并在求求消费者许可的条件下，利用消费者信息向其提供个性化服务而得到有效控制。[14]

消费者在线上获得的各种免费服务和好处，是因为其允许个人信息被用来提供个性化的服务。提醒消费者这一点，可以降低消费者因个人信息被利用而产生的负面反应。正如上面的示例所揭示的，实现数字个性化的其中一种方式是通过访客找回，也就是说通过向消费者投放以前浏览过但没有购买的产品的广告。这种方法的一个风险是，顾客可能会对发生变化的交易或报价做出负面反应，认为这种做法是不公平的。[15] 当 Orbitz 发现网站的访问者使用苹果电脑（而非 PC 电脑）时，会提供更高的酒店房间价格，这遭到了消费者的强烈抗议。这是因为 Orbitz 发现使用苹果电脑的用户通常在酒店房间费用上多花 30%。尽管如此，这一行为的曝光导致 Orbitz 声誉受损。这一事件凸显了根据顾客特征来提供个性化服务的潜在弊端。

研究人员已经证明，在一定的条件下，访客找回更有效，尤其是对于那些浏览完产品评论网站以及正在浏览整个品类信息的消费者而言。[16]访客找回能让品牌营销人员在广告中更加聚焦那些对产品表现出兴趣的用户，从而使公司提高访问过其网站消费者的转化率。在理想的情况下，通过搜索广告、展示广告或内容营销来锁定目标顾客，然后再将这些人作为访客找回的焦点，有助于增强数字营销活动的整体效果。

营销人员的一个主要目标是了解背景不同的消费者在购买决策过程中的关键接触点。分析引擎可能会发现一些有价值信息（如搬到另一个城市工作的消费者喜欢每星期六去打高尔夫），而这些有价值的信息可以用来为消费者提供特定的服务，实时提高转化率（或者是从某个购买决策阶段转移到下一个决策阶段的比率）。

一家大型银行采用这种方法，节省了 3 亿美元。公司首先明确购买决策的各个阶段——包括消费者首次浏览网页、访问分行、打电话等，然后根据消费者所处阶段为其提供不同的优惠信息。要实现这种个性化，公司和基础设施的状况是一个重要的影响因素。

要想在数字个性化方面取得成功，组织必须精通于排列和识别所需数据，开发敏捷团队，并拥有高效的测试和学习过程。这些关键的组织优势是实现大规模数字个性化的前提条件。以下几点总结了数字个性化获得成功的三个前提 [17]：

1. 组织必须投资能够提供持续监控和反馈消费者的需求和需要，以及公司产品对这些需求和需要满足程度的消费者数据仓库。

2. 组织必须部署跨职能的团队以了解消费者决策过程，这可能涉及各种不同的渠道，包括公司的网站、移动应用程序或店内体验。

3. 组织必须采用测试和学习的迭代过程，以确定什么可行、什么不可行。

品牌信息失控和品牌含义共创

向数字化的转变降低了品牌经理对品牌含义的控制程度。在非数字化时代，品牌经理对有限渠道中的信息有更强的控制力。依托于多对多传播模式（见图 7-3），大型社交媒体平台（如脸书、推特和照片墙）的增长和扩散已经引领了一个时代。在这个时代，消费者与消费者之间持续进行着海量的实时对话。在这种情况下，营销人员应该从更大范围的信息中去把握和识别出品牌对消费者的含义。[18]

消费者在角色上转变为品牌含义的共同创造者，意味着品牌经理应该管理和引导消费者的对话，而不仅是把自己看作一个中心化的、排外的品牌含义创造者。这是一项复杂的任务，消费者在社交媒体上分享的经验和故事降低了品牌对对话的控制力。此外，许多意想不到的力量都可以影响品牌含义的塑造。[19]例如，一项研究基于推特的品牌形象测量为我们提供了一种新的视角。该研究发现七喜居然与皇冠（Smirnoff）伏特加在社交媒体上密切相关。这个意想不到的联系源于一种在社交媒体上很受欢迎的新鸡尾酒配方，七喜是其中一种关键成分。

总之，数字时代已经为三种不同但是互相作用的力量共同创造品牌含义创造了条件：

1. 公司创造的品牌含义：公司通过线上和线下的营销活动和方案，以及其他手段，试图与消费者一起塑造品牌含义。

2. 消费者创造的品牌含义：在数字时代，消费者之间能够通过社交媒体平台（如脸书和推特）进行对话，这和传统的线下口碑传播形成互补。这些在各种数字平台上大规模进行的对话可以极大地塑造品牌含义。

3. 媒体和文化影响：各种新的实体和渠道在品牌含义的共创上也发挥着重要的作用。媒体渠道本身可以对品牌含义有贡献。此外，文化影响还在不断演变和塑造消费者对话，并对品牌含义做出贡献。

图7-4描述了消费者、公司以及更广泛的媒体和文化影响在共同创造品牌含义上的作用。

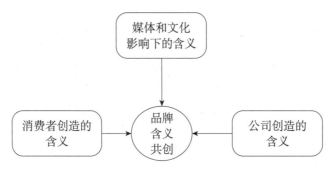

图7-4　品牌含义的来源

顾客创造的品牌含义可以对其他消费者如何看待一个品牌及其形象产生强大的影响。社交媒体可以放大品牌的负面和正面故事。例如，当三星盖乐世（Galaxy）手机被召回时，社交媒体上的负面言论严重影响了该品牌的声誉。相比之下，当苹果发布一款新产品（如iPhone XR）时，关于这款产品的社交媒体讨论在发布前的几个月就已经开始。

品牌经理面临的挑战是评估如何最好地以一种有凝聚力的方式协调品牌含义的多个来源。他们还应该准备好以快速有效的方式处理公共关系危机，使得对品牌声誉的任何破坏降至最小。在第9章中，将会把对社交媒体的监测描述为品牌跟社交媒体对话的一种潜在方式。

品牌主动邀请消费者共同参与创造品牌含义的能力和意愿是一个由技术驱动的重要变化。这种参与可能延伸到消费者在品牌应该选择哪种产品设计的问题上提供有价值的建议。品牌可能还会询问消费者哪种标志最好，甚至要求消费者设计用于品牌活动的广告。

有些品牌以竞赛的形式来向消费者发出邀请，获奖者将会得到一份大奖。例如，菲多利公司多力多滋玉米片"冲进超级碗"广告竞赛有100万美元的奖金，获胜的广告会在超级碗期间播出。这场比赛从2006年持续到2015年，标志着一个大品牌首次尝试通过比赛的形式将部分广告外包给业余参与者，这被视为该品牌的一个大胆和冒险之举。[20]今天，这种共同创造产品和品牌的方式已经变得非常普遍。尽管如此，如品牌科学7-1所述，品牌能够实现的共创行为终究还是有限的。

品牌科学7-1

品牌共创和产品共创总是好的吗？

从消费者的角度来看，社交媒体意味着什么？事实上，消费者是否有动力参与品牌和产品的共同创造？消费者共同创造的品牌和产品什么时候对公司有利？从积极的方面来看，研究表明，共同创造可以通过提高顾客的心理拥有感或所有权，让消费者感到自己被赋予了权力，从而提高顾客忠诚度。此外，消费者投入的努力和他们在参与共同创造产品过程中体验到的乐趣可能会导致消费者对共同创造的产品有更强的偏好。

虽然共同创造可以提高消费者对共同创造产品的偏好，但并不是所有的消费者都愿意参与或从这种参与中受益。同样，不同品牌的收益差异取决于各种因素。在广告环境中，研究人员已经证明，当观众对信息的审读能力较低，当广告创作者和观众的身份相似，或当观众对品牌高度忠诚时，共同创造可以使品牌受益。在质量极其重要的产品或者奢侈品中，共同创造不太成功。此外，当消费者的文化取向对权力距离高度信任（或接受不平等或等级制度）时，他们购买共创产品的倾向也较低。

这些发现表明，品牌营销人员在实施共同创造时应该谨慎行事。虽然看似有很多好处，但如果在错误的产品类别或顾客群体中使用共同创造，也会有显著的负面影响。

资料来源：C. Fuchs, E. Prandelli, and M. Schreier, " The Psychological Effects of Empowerment Strategies on Consumers ' Product Demand, " *Journal of Marketing* 74, no. 1 (2010): 65-79; Christoph Fuchs and Martin Schreier, " Customer Empowerment in New Product Development. " *Journal of Product Innovation Management* 28, no. 1 (2011): 17-32; Christoph Fuchs, Emanuela Prandelli, Martin Schreier, and Darren W. Dahl, " All That Is Users Might Not Be Gold: How Labeling Products as User Designed Backfires in the Context of Luxury Fashion Brands, " *Journal of Marketing* 77, no. 5 (2013): 75-91; Debora Thompson and Prashant Malaviya, " Consumer-Generated Ads: Does Awareness Co-Creation Help or Hurt Persuasion? " *Journal of Marketing* 77, no. 3 (May 2013): 33-47; Martin Schreier, Christoph Fuchs, and Darren W. Dahl, " The Innovation Effect of User Design: Exploring Consumers ' Innovation Perceptions of Firms Selling Products Designed by Users, " *Journal of Marketing* 76, no. 5 (2012): 18-32; N. Franke and M. Schreier, " Why Customers Value Self-Designed Products: The Importance of Process Effort and Enjoyment, " *Journal of Product Innovation Management* 27, no. 7 (2010): 1020-1031; Susan Fournier and Jill Avery, " The Uninvited Brand, " *Business Horizons* 54, no. 3 (2011): 193-207; Neeru Paharia and Vanitha Swaminathan, " Who Is Wary of Cocreation? The Hazards of Empowering Power-Distant and Conservative Consumers, " working paper, Georgetown University.

用户体验是数字化品牌成功的关键

成功的数字化品牌已经掌握了让用户的体验过程无缝衔接、流畅无比的艺术。亚马逊便捷的交互界面能让用户一键点击实现购买，苹果直观的界面让一个 5 岁小孩也可以轻松操作一台 iPad，谷歌搜索引擎的优雅简洁在全世界广受欢迎。[21] 这些成功的案例展示了无缝衔接的用户体验对数字化品牌的成功是多么的重要。

创造能让用户轻松浏览的界面是用户体验最大化的一部分。另一个关键因素是确保消费者可以从一个设备无缝切换到另一个设备，从而获得更流畅的用户体验。例如，苹果已经努力地创造了一个生态系统，让它的硬件、软件和外围设备被集成到一个单一的无缝衔接的系统中，正如一位评论员所指出的 [22]：

史蒂夫·乔布斯和苹果为用户体验承担了端到端的责任，而很少有公司这样做。从 iPhone ARM 微处理器的性能到在苹果商店购买手机的行为，顾客体验的每一个方面都紧密相连。

线上品牌的实用性和便捷性正在转向线下世界。设计线上线下的交互界面，确保网站能让消费者轻松地找到他们要找的东西，或者确保移动应用程序能为消费者提供更多便捷，这些对品牌的成功都十分重要。[23] 正如美国市场营销协会首席执行官拉斯·克莱因（Russ Klein）所言："没有哪个行业是一座孤岛。你总是会期望安飞士（Avis）能像优步一样，提供轻松、流畅的服务。"[24]

品牌作为文化符号

如今，品牌作为文化符号的影响力比以往任何一个时代都要大。品牌可以让消费者感觉自己是某个群体的一部分，让消费者可以向他人传递信号，与他人建立联系。[25]随着品牌深深嵌入顾客的日常线上对话中，品牌经理必须采用一系列的技术确保品牌保持自身的文化相关性。[26]品牌经理应该让消费者在脸书、推特和照片墙上将品牌加为好友。他们应该让消费者参与到品牌社群中。同时，通过不干涉的方式来保持品牌社群的真实性。他们应该通过呈现真实的声音和真实的观点来找到实现文化共鸣的方法。那些试图接触消费者的品牌如果有任何虚假行为，就会成为被恶搞的对象。例如，在百事可乐的广告宣传中，肯达尔·詹娜（Kendall Jenner）就成为社交媒体上被嘲笑和批评的对象。[27]

百事从社交媒体渠道迅速传播的公关危机中吸取了教训。品牌必须为突发的危机做好准备，制定危机管理计划，以确保在危机发生时组织做好应对的准备。

百事的广告失误

肯达尔·詹娜是一位超级名模，曾出演过百事可乐的广告，结果无意中成为百事可乐广告宣传活动中的争议对象。在这则广告中，詹娜将一罐百事可乐递给一名试图阻止一场抗议活动的警察。这则广告遭到了很多人的强烈反对，他们认为这是在不恰当地利用全国性的抗议活动"黑人的生命同样重要"（Black Lives Matter）来增加百事的销售额。尽管迅速撤下广告，百事仍不得不道歉，以确保受众不会因欠妥的广告主题而受到冒犯。尽管如此，该事件还是在社交媒体上引发了多方批评。值得注意的是，马丁·路德·金（Martin Luther King）的女儿伯尼斯·金（Bernice King）发表了严厉的批评，称这则广告贬低了许多参与民权抗议的人（比如马丁·路德·金）的牺牲。

▎7.2 品牌融入

消费者的**品牌融入**（brand engagement）是品牌经理的核心关注点之一，在数字化营销和社交媒体环境中尤其如此。如第 2 章所述，当顾客参与互动时，他们愿意在品牌上投入比在购买和消费时更多的时间、精力、金钱或其他资源。例如，顾客可以选择加入一个与品牌相关的俱乐部，接收最新消息，并与其他用户、品牌的正式或非正式代表进行交流。

在网络环境中，消费者参与的活动不仅仅是购买，还包括交叉购买、口碑传播和推荐，以及发布关于品牌的评论和帖子。这些行为可以描述为顾客融入。在最基本的层面上，消费者与公司进行互动，通过贡献自己的时间、金钱或其他资源来强化他们和品牌或公司的联系。本节概述了品牌融入以及相关问题，包括：（1）描述品牌融入金字塔；

（2）强调由品牌因素和非品牌因素驱动的品牌融入；（3）对数字化时代的品牌抵制和社会运动等消费激进主义进行回顾。

根据消费者在不同行为中的融入度，我们划分出顾客融入的三个层次：

1. 低度品牌融入：低层次的融入可以转化为更高的购买频率或对产品或服务的积极反馈。另一方面，绝大多数的消费者可能完全没有和品牌建立联系。这类消费者可以称之为对品牌"漠不关心"。

2. 中度品牌融入：拨打公司热线电话来了解更多关于产品或服务的信息，或为公司提供一些关于新口味的反馈，可以被视为中度的品牌融入。

3. 高度品牌融入：积极形式包括加入品牌社群，或在脸书上为品牌建立一个粉丝页面，通过解决网站上的顾客投诉来宣传品牌，帮助其他人找到能满足其需要的合适产品等。公司应该通过提供各种货币和非货币的激励，以在顾客中培养这样的品牌"布道者"。

品牌的用户在不同程度上有这些行为特征，并可以因此分为对品牌的低度、中度和高度融入。但是，我们需要认识到一些消费者也可能有负面的品牌融入。对于负面的品牌融入而言，低度融入者可能会以降低购买频率、抱怨产品或服务等方式来脱离品牌。更强的负面行为可能包括终止一项服务合同，在评论网站上发布关于品牌的负面评论，或者劝阻他人购买该产品。更极端行为还可能是抵制某个品牌，或者鼓动他人在脸书加入"讨厌某品牌"的群组（如"我讨厌沃尔玛"和"康卡斯特烂透了"）。下一节分析网络渠道在促进社会运动和品牌抵制中的作用。

品牌融入金字塔

消费者的品牌融入可以是积极的，也可以是消极的。因此，营销者必须运用各种方法来加强和培育积极的品牌融入。对顾客进行细分不仅可以依据顾客融入的倾向性，还可以依据年龄、收入、专业知识等。由此产生的品牌融入金字塔，可以提供有关定位哪些顾客，以及如何向这些细分市场进行营销的洞见。图 7-5 显示了公司根据顾客融入度来划分顾客群的方法。实线箭头表示品牌营销活动或其他超出品牌营销人员控制范围的影响；虚线箭头反映信息的流动，以及品牌融入金字塔的各个层次内和层次间的影响。

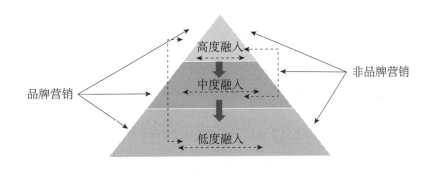

图 7-5 品牌融入金字塔

以下是营销者面对顾客品牌融入时需要注意的关键问题：

1. 品牌融入金字塔的形状是什么？高度积极融入的群体有多大？低度融入和高度融入的人数分别是多少？有多少消极融入的顾客存在，在什么层次上？

2. 是否存在涓滴效应，即那些高度融入的人是否会对那些低度融入的人产生影响？不融入的人对融入的人有什么影响？反之亦然。低度融入的顾客对高度融入的顾客产生的负面影响是否会损害品牌？如果这种影响是负面的话，营销者如何阻止？

3. 特定的融入度下，信息流以及影响流是怎样流动的？这对品牌忠诚度和购买行为来说意味着什么？

4. 对那些高度融入的人而言，什么营销传播手段最有效？同样，对那些低度融入的人而言，如何利用营销传播来提升他们的融入度？

品牌科学 7-2 提供了一些关于品牌融入驱动因素的学术见解。

综上所述，了解品牌融入的不同层次以及营销传播如何强化品牌融入是至关重要的。接下来，将会描述在线品牌社群、社会运动、品牌抵制、品牌仇恨和恶搞等负面的品牌融入实例，并讨论数字媒体在其中的作用。

品牌科学 7-2

品牌融入的驱动因素

什么因素促使消费者表现出较低、适度或较高的品牌融入度？研究表明，品牌特征、信息特征、媒介特征和消费者特征都可以驱动品牌融入。

品牌特征：特定类型的品牌具有较高的融入度。例如，更具有象征性（或非功能性）定位的品牌，以及那些具有独特或差异化属性或者联想的品牌，往往会激发顾客产生更高的品牌融入度。商品类型（公共消费或者私人消费）也会影响品牌融入度，消费者对公共消费商品的融入度更高。

信息特征：属于品牌的信息可以包括品牌的广告，由品牌创造、呈现并通过社交媒体分享的内容，赞助的博客，或任何有关品牌的新闻。这些信息的特征会影响品牌融入。和消费者相关的信息也可以增加品牌融入。品牌吸引消费者的另一种方式是，通过在网上发布信息来激发消费者特定的情感。例如，研究表明情绪（如敬畏和惊喜）可以增加消费者与品牌信息互动的意愿。

媒介特征：受众的规模、消费者与受众（即其他消费者）之间的联系强度也可以影响顾客和品牌信息的互动。研究表明，消费者可以策略性地根据媒介的类型来决定在哪里发布信息。通过创造一个品牌竞相争夺消费者注意力的对话空间，品牌与其他品牌在相同的媒介或相同的信息中的共存可以影响人们对某一品牌的看法。因此，品牌最好选择那些独特的或不那么拥挤的社交媒体渠道，来提高其被消费者"听到"的能力。

消费者特征：一些消费者特征同样被证明能够驱动品牌融入，包括过去的忠诚度和身份认同，如消费者希望自我表达，或管理他人对自己的印象。邀请消费者共同创造产品、服务或广告的不同方面，有助于增强融入度，但这只适用于特定类型的消费者和特定产品类别（参见品牌科学 7-1）。

资料来源：Vanitha Swaminathan, Andrew H. Schwartz, and Shawndra Hill, "The Language of Brands: Understanding Brand Image through Text Mining of Social Media Data," (2017), University of Pittsburgh; Oded Netzer, Ronen Feldman, Jacob Goldenberg, and Moshe Fresko, "Mine Your Own Business: Market-Structure Surveillance through Text Mining," *Marketing Science* 31 (May-June 2012): 521-543;

Christian Hughes, Vanitha Swaminathan, and Gillian Brooks, "In Blogs We Trust: The Impact of Blogging on Awareness and Brand Engagement," (2018), University of Pittsburgh; Jonah Berger, and Katherine L. Milkman, "What Makes Online Content Viral?," *Journal of Marketing Research* 49 (April 2012): 192-205; Yu-Jen Chen and Amna Kirmani, "Posting Strategically: The Consumer as an Online Media Planner," *Journal of Consumer Psychology* 25 (October 2015): 609-21; Zoey Chen, "Social Acceptance and Word of Mouth: How the Motive to Belong Leads to Divergent WOM with Strangers and Friends," *Journal of Consumer Research* 44 (October 2017): 613-632.

负面品牌融入

数字营销和社交媒体的发展促进了消费者之间的合作和品牌社群的建立。虽然这些品牌社群通常对品牌有积极的态度，但也可能成为对品牌仇恨和不满的来源。像"康卡斯特烂透了"和"我讨厌苹果（Apple）"这样的脸书页面吸引了大量的粉丝，让消费者在上面发泄对品牌过失（包括顾客服务不佳或价格过高）的不满。

有时，这些社群可以为品牌提供解决顾客不满的机会。事实上，许多公司聘请服务人员作为品牌大使，专门帮助消费者解决问题。这些网站与品牌粉丝页面形成了鲜明的对比，后者往往是从那些对品牌有好感、喜欢某品牌的个人社群中涌现出来的。在网络社群中，对品牌的看法有着相似观念的个体会聚在一起，这样他们对品牌的喜爱和厌恶都可能因此而被放大。

这些社群也可能成为社会运动和抵制品牌的基础——例如，消费者抵制那些销售伊万卡·特朗普（Ivanka Trump）品牌商品的零售商。这场名为"抓紧你的钱包"的运动旨在抵制那些销售特朗普家族产品的企业（如梅西百货和 Bed Bath & Beyond），以表达他们对总统个人德行的不满。与此相反，在同一时期，亚马逊上伊万卡·特朗普品牌香水的销量出现增长，因为该品牌的支持者以此来表达他们对特朗普总统的支持。

各种方便的或相对匿名的传播方式的出现，也增加了品牌被嘲笑和恶搞的可能性。当美联航的乘客，音乐家戴夫·卡罗尔（Dave Carroll）在飞机上遇到了糟糕的服务时——航空公司在一次飞行中弄坏了他的泰勒吉他——这位音乐家在 YouTube 上创建了一个名为"美联航弄坏吉他"的视频。这段视频在网上引起轰动，导致该公司股价在视频发布后立即暴跌。最近，美联航再次出现在新闻上，因为一名乘客被毫不客气地拖下飞机，整个事件被拍了下来并发布到网上。[28]

社交媒体为消费者提供了前所未有的力量，让他们能够与数百万现在和未来的消费者分享信息，从而将相当大的权力转移到消费者手中。下一节将更详细地介绍目前品牌营销人员和消费者共享信息和互动的渠道。通过多种渠道的数字化传播——例如网站、电子邮件、搜索和横幅广告，以及使用博客的影响者营销都可以补充传统的传播方式。每一种渠道都有其独特的一面，值得营销者在制定整合不同数字媒体的计划时加以考虑。首先概述三种类型的传播渠道：付费、自有和免费渠道。

▎7.3　数字化传播

本节概述第 1 章中提到的数字化品牌营销人员可以使用的三种渠道：付费、自有和免费渠道。付费渠道是营销人员通常用来投放付费广告的渠道，例如脸书广告，也可以包括传统的付费广告渠道，例如电视、印刷品等。付费（数字化）渠道包括搜索广告（如 Google AdWords）、陈列式广告、横幅广告、社交媒体广告（如在脸书、推特、照片墙和 Pinterest 上的广告），电子邮件营销和手机广告（如短信和应用软件内置广告）。社交媒体广告正越来越多地转向投放在各种社交媒体网站上的视频广告。自有渠道，如公司网站、YouTube 频道或移动应用程序，可以是消费者了解有关公司产品的有价值的信息来源。

免费渠道是指评论网站和网络上的评论，这些网站和评论通常不会让公司花费任何成本，但可以为品牌制造话题，帮助品牌建立公众知名度，在这些评论是正面的情况下更是如此。免费渠道包括在社交媒体上提及某个品牌，或对某个社交媒体如博客帖子进行点赞和评论。免费渠道是互联网上的宝贵资产，因为它们不需要品牌付出任何成本。在网上引发热烈的讨论对品牌融入和线上销售都有重要的贡献。

图 7-6 总结了当今数字营销人员可以使用的主要的传播工具。付费、自有和免费三种途径都有助于品牌呈现和品牌融入。例如，Warby Parker 利用网站邀请顾客设计一款独特的眼镜，然后交付给顾客。除了利用互联网为用户提供定制服务，Warby Parker 还利用社交媒体来建立品牌融入和忠诚度。其他品牌同样已经利用数字化渠道和社交渠道来吸引年轻的千禧一代，如下面福特嘉年华的例子。最近，由于消费者在不同社交媒体上分享信息的重要性获得关注，一些评论者将分享媒体作为第四种传播渠道补充到付费、自有和免费渠道中。品牌专题 7.0 描述这些不同的口碑效应。

图 7-6　数字化传播途径

推动福特在千禧一代消费者中的增长

福特推出的"嘉年华时刻"活动邀请了 100 名精心挑选的年轻千禧一代与福特的嘉年华汽车一起生活 6 个月。这些驾驶者的选择依据是他们的线上博客经验、线上社交网络的规模和质量，以及他们提交的关于渴望冒险的视频。经过 6 个月的试驾，这项活动在 YouTube 上吸引了 430 万次观看，在 Flickr 上吸引了 50 多万次观看，在推特上吸引了 300 多万次观看，还有 5 万名潜在顾客，其中 97% 还不是福特的车主。

总而言之，付费、自有和免费渠道的组合有助于支持品牌整体的营销战略。下面通过描述公司网页和电子邮件营销这两个重要渠道的角色和重要性来开始后续的讨论。这两个渠道是使用数字化渠道来吸引顾客的最传统的方式。

公司网页

作为自有渠道，公司网页是一个关键的品牌资产和基本的线上营销工具。消费者经常把网站作为他们了解一个品牌的首选途径。公司可以通过网站向顾客讲述品牌的故事，并与顾客进行有效互动。公司网站对小型企业和 B2B 企业尤其重要，因为这通常是公司和顾客之间唯一的交流工具。公司网站还为营销人员提供了各种优势，包括产生潜在顾客，提供联系信息，促进顾客沟通、反馈和售后服务。[29]

然而，公司必须投入时间和金钱来确保公司网站能反映品牌本身的外观和感觉，此外还要确保内容反映了他们想要讲述的故事。公司网站应该进行优化，以确保顾客能在搜索引擎上快速找到。这种优化要求公司提供的内容与消费者搜索时使用的关键字高度相关，从而优化网页在搜索中出现的位置。稍后将描述这种优化和搜索广告的细微差别，搜索广告依赖赞助广告来使顾客进入公司网站。最近，一些公司开始制作移动应用程序，让消费者可以用移动设备来访问公司内容。这些移动应用尽管制作相对容易，但仍有特别的价值。

电子邮件营销

尽管电子邮件营销有时会被社交媒体广告等更具吸引力的竞争对手所掩盖，但它仍是最有效的传播方式。各种研究都描述了电子邮件营销突出的投资回报。例如，数据与营销协会（Data & Marketing Association）的一项研究表明，电子邮件营销的投资回报率中位数（122%）是其他受关注的传播渠道的 4 倍，其他受关注的传播渠道包括社交媒体（28%）、直邮（27%）和付费搜索（25%）。[30] 也许是由于投资回报高，研究表明，营销人员未来几年打算在电子邮件营销上投入更多。[31] 进行有效的电子邮件营销活动需要考虑的几个关键因素如下所述。[32]

细分、定位和个性化 细分电子邮件列表，定位合适顾客，然后向目标顾客发送个性化的电子邮件，这对于电子邮件营销活动的成功来说非常重要。[33]绘制描述各个细分市场的兴趣和需求的用户画像是有效定位的基础。然而，并不是所有的个性化都是有效的，这在很大程度上取决于邮件传递的个性化信息，这些信息要考虑到收件人的独特购买历史或人口统计特征。仅仅发送包含个人姓名的问候电子邮件可能不会产生很高的回复率。事实上，人们可能会对列出自己名字的电子邮件很警惕，因为许多收件人可能会怀疑这些邮件是诈骗或网络钓鱼。

电子邮件结构和主题行 内容和结构的差异以及使用的主题行，已被验证会带来不同的回复率。极短的主题行（49 个字符或更少）与超过 70 个字符的主题行同样有效。一项研究追踪了 9 亿多封电子邮件，结果显示，60 ～ 70 个字符主题行的打开率和点击量都没有增加。[34]奥巴马竞选团队在 2008 年大选前开展的电子邮件宣传活动显示，使用诸如"嘿"和"哇"这样简短主题的邮件的成功率很高。

时机和行业差异 发送电子邮件的时间（如星期几）和使用这些电子邮件的行业不同，电子邮件营销的成功率会大不相同。周一是发送电子邮件最有效的时间，周一有13.3% 的打开率，相比之下，周五有 11.9% 的打开率。在所有行业中，保险业使用的商业电子邮件最多，近 94% 的保险公司使用电子邮件营销。

引人入胜的内容 拥有独特的、有吸引力的信息是电子邮件营销成功的关键。捷蓝航空（JetBlue）以古怪和引人注目的广告而闻名，它制作出同样吸引人的电子邮件发送给客户。最近捷蓝航空开展了一项电子邮件宣传活动，创造了有趣而引人入胜的内容来吸引受众的注意力，提醒消费者记住周年纪念日。[35] 成功的互动也可以包括提供独特的促销活动或提供高价值的娱乐内容。[36]

调试和监测 现在已经有许多用来追踪数字营销活动效果的工具。公司可以监测不同版本的电子邮件营销活动，以确定哪些是有效的，然后相应地优化电子邮件营销活动。

搜索广告 在所有数字化广告中，搜索广告可能是占比最大的一部分。到 2019 年，搜索广告将占据全球广告支出的 1 300 亿美元。

寻求建立品牌的广告主可以利用谷歌搜索广告作为建立品牌认知的工具。通过关联类别关键词和针对特定搜索词的方式，新品牌可以增加点击量，然后将消费者带到包含更多信息的登录页面。另外，营销人员可以向潜在的新顾客提供产品即将到来的促销或折扣这类重要信息。这种类型的广告可以针对那些准备购买或处在购买后期阶段的顾客。[37]

因此，基于广告主的目标，搜索广告可以提供一个高度精准的方式。由于广告主只根据实际点击量进行支付（也称为按点击计费模式），因此不存在广告费用的浪费。或者说相比于传统广告来说，浪费更少。[38] 2016 年的数据显示，平均每次点击成本为 2.14 美元，平均点击率为 1.16%，其中高点击率的行业包括约会或个人服务（3.4%）、金融（2.65%）、B2B（2.55%）、消费者服务（2.40%）和科技（2.38%）。[39] 除了点击率之外，转化率也是衡量搜索广告是否成功的另一个指标：转化率越高，搜索广告就越成功。至于广告主如何定义转化率，依赖于用户对产品或者产品实际销售情况的更深入的信息提供。

陈列式广告 陈列式广告或横幅广告是在相关的网页上放置广告。陈列式广告是触达大量人群并使人们产生印象的有效方式。与搜索广告不同的是，陈列式广告是以每千次展示来计费，依赖于人们对广告产生的印象。横幅广告可以是一个非常有效的建立知名度的工具，能够使品牌在那些和特定的目标受众密切相关的网站上做广告。例如，将横幅广告投放在《华尔街日报》网站一篇关于财政稳健政策的文章上，是锁定对金融分析感兴趣的顾客的一个有效方法。

总之，搜索广告和横幅广告或陈列式广告是建立线上品牌形象的有效方法。购买关键词的低成本和广告投放的高精准性，使这类广告能适合那些广告预算适中的公司，甚至是重视将广告信息直接传达给目标客户的 B2B 公司。接下来进一步了解营销人员如今可以使用的各种付费的社交媒体渠道。

▌ 7.4 社交媒体付费频道概述

脸书和推特这样的社交媒体提供了与用户社群完美的连接，这些用户社群具有相似的人口、地理和心理特征。社交媒体扮演着许多角色，包括：（1）建立舆论和在线形象；（2）放大营销信息；（3）帮助监测和获取消费者的反馈；（4）促进顾客参与。近年来，各种形式的社交媒体广告也开始向市场营销人员开放。这些广告形式充分利用了社交媒体平台的优势，发挥杠杆效应。有效地管理社交媒体，需要广泛了解社交媒体的总体功能，同时也需要了解社交媒体中各种平台之间的差异。每个社交媒体平台都有营销人员应该意识到的独特优势，但每个平台也有潜在的局限性。

总的来说，社交媒体为营销人员提供了一种独特的方式来促进与受众的对话，收集反馈和见解，并就其产品征求意见。不过，有一点需要注意，如前所述，关于品牌融入金字塔，有一些消费者希望只涉及他们想要了解的品牌，并为之付出时间。还有一些消费者可能会认为某个品牌在社交媒体的存在是侵犯其隐私的行为，因此公司应该监测其社交媒体，以确保它是适当的和受消费者欢迎的。

表 7-3 总结了最大的社交媒体平台，下面分析在这些平台上营销品牌的利弊，并重点介绍了成功利用这些平台进行营销活动的一些案例。社交媒体是一种全球性的现象，以下介绍的许多技术适用于世界许多地区。

表 7-3　选定社交媒体场所的用户数量（2017 年 1 月）

脸书	19 亿
推特	3.17 亿
照片墙	6 亿
Snapchat	3 亿
Pinterest	1.5 亿

资料来源：" Assets, " Facebook, June 10, 2018, https://en.facebookbrand.com/assets; Kathleen Chaykowski, " Pinterest Reaches 150 Million Monthly Users, Boosts Engagement Among Men, " *Forbes*, October 13, 2016, https://www.forbes.com/sites/kathleenchaykowski/2016/10/13/pinterestreaches-150-million-monthly-users/#4cb46f4a732e; " Most Famous Social Network Sites Worldwide as of September 2017, Ranked by Number of Active Users (in millions), " Statista.com, September 2017, https://www.statista.com/statistics/272014/global-social-networks-ranked-by-number-ofusers/; " Social Media Logos, " Freepik, http://www.flaticon.com/packs/social-media-logos-2.

脸书

如果脸书是一个国家，它将是世界上最大的国家！脸书社交媒体平台有 16 亿活跃用户，比中国人口还要多；换句话说，全球 1/4 的人都可以通过脸书进行联系，其中 80% 的用户通过移动设备访问脸书。[40] 以脸书用户的人口统计为例：79% 的美国成年人拥有脸书账户。作为一个社交网络，脸书在年轻人中非常有影响力，18 ～ 29 岁的美国人中 88% 拥有脸书账户。[41] 它也特别受女性的欢迎，83% 的美国女性使用脸书，而男性只有 75%。脸书用户中，还包括受过教育的用户（美国 79% 的脸书用户拥有大学学位），以及居住在城市和郊区的用户。[42]

脸书 87% 的收入来自移动广告收入。根据 eMarketer 的预测，2017 年脸书的全球广告收入接近 340 亿美元，占美国数字广告业务 21% 的市场份额。[43]

在评估脸书广告活动的影响时，一些相关的指标包括：

1. 覆盖：脸书将覆盖分为有机、付费和病毒。有机覆盖指的是在新闻源和页面上看到帖子的人数。付费覆盖是指看过广告或故事人群的数量。病毒式覆盖是指那些看到朋友写下的故事的独特受众的数量。

2. 关注者：脸书的关注者数量是一个很好的指标，可以用来衡量一条消息的影响力和受欢迎程度。

3. 喜欢和分享：脸书喜欢的次数表示顾客对特定消息的参与度。脸书共享的数量也表明了特定消息的病毒性程度。

接下来，我们讨论在脸书做广告的各种利弊。

利 显然，脸书社群的庞大规模为营销人员提供了一个连接买家和卖家的大型市场，从而为营销人员提供了一系列巨大的优势。通过在脸书上做广告，卖家可以立即在分布于全球的大量用户中产生品牌知名度。除此之外，脸书的广告平台还提供了许多功能，使广告商能够根据用户的各种特征（包括年龄、性别、政治倾向、爱好、兴趣等）来定位特定的用户群体。这种定位能力使广告商能够以最少的广告费用到达目标受众。脸书的直接购买功能和即时播放视频功能，使营销活动能够接触到更多消费者，并促进直接的顾客服务。

弊 脸书广告的一个缺点是，由于用户对帖子的可选择性，一个帖子很可能不会覆盖到所有关注该公司的用户。此外，宝洁等公司已经开始远离脸书，因为它们意识到精确定位有时会产生次优结果。例如，当宝洁公司试图将其 Febreze 空气清新剂的广告瞄准宠物主人和大家庭时，发现销量停滞不前。然而，当目标受众扩大到 18 岁以上的人群时，销量显著增加。[43] 其次，当用户因公司丑闻或其在政治、社会问题上的立场而瞄准公司的社交网络时，社交媒体也有引发风暴的风险。此外，脸书和其他社交媒体平台越来越易受到攻击，因为消费者的数据有可能在未经其明确许可的情况下被使用，这反过来又给脸书等平台带来了法律和声誉问题。这已经成为一个越来越热门的话题，并且有可能损害社交媒体广告的未来——除非消费者、决策者和社交媒体平台齐心协力，确保这些对数据共享和隐私的担忧得到让各方都满意的解决。

推特

推特是仅次于脸书的第二大社交媒体。推特广告有很多优点。它很容易创建，而且每个消息都直接发送给关注者。它提供客服和顾客之间的直接沟通。然而，推特也并非没有缺点。推特充斥着各种推文，这让公司的帖子很难脱颖而出。另外，推特的视觉内容有限，推文被限制为 140 个字符——尽管增加到了 280 个字符，依然十分有限。[44] 下面的 #LikeAGirl 活动展示了一家公司如何利用推特来增加品牌影响力。

#LikeAGirl

宝洁公司在 2015 年为旗下 Always 女性护理用品发起了 "#LikeAGirl" 运动，旨在揭露 "like a girl" 这一说法给年轻女性带来的影响。这项运动在超级碗期间的一则电视广告中发布。广告中，青春期前和青春期后的女性都陈述了社会偏见对她们的影响，她们因此退出运动队且没有信心接受挑战。接着，女孩们在一些盒子上写下这一说法是如何影响她们生活的，然后再把这些盒子亲手砸掉。在电视广告播出之后，这则广告像病毒一样扩散，后来在推特上风靡一时。这则广告自播出以来，已被浏览 8 000 多万次。这样，Always 品牌建立在广告所产生的热度和兴趣之上。公司建立了 LikeAGirl 的自由讨论与互动网站，同时将女性护理产品放在页面底部进行销售。这则广告标志着越来越多的顾客开始支持女性平权运动，这反过来又推动了相关领域的销售增长。

推特在帮助解决顾客服务问题方面尤其有益。达美航空公司（Delta Air Lines）利用推特改善与顾客的社交互动，并提供顾客服务，将公司与顾客紧密地联系起来，利用"达美助手"系统听取顾客投诉并对问题做出回应。其他一些公司也效仿达美航空的做法，将其推特账户作为顾客服务增强战略的重点。从 2015 年 5 月开始，达美乐比萨（Domino's Pizza）

利用推特让顾客向公司的推特账户发送比萨饼表情符号，并使用标签来下单他们最喜欢的比萨饼。最近，达美乐比萨推出了一款同样的应用程序，让比萨的订购更加简单。[45] 这项活动得到了媒体的广泛报道，现在达美乐超过 50% 的订单都来自数字渠道。

照片墙

照片墙是一个拥有约 4 亿用户的平台，面向年轻受众，比同类平台具有更高的品牌融入度。它运用更多的非传统营销方法，通过图像和视频吸引观众。照片墙用户中一些年轻、爱挑剔的受众不喜欢传统广告，认为这些广告"太做作"。而照片墙恰好提供了以非传统媒体方式接触这类用户的机会。例如，三星实施了一项 #SamsungPayItForward 的假日营销活动，推广新的移动支付服务。许多有社会影响力的人士都参与了这项服务推广活动。接着，一系列帖子开始出现，不断向人们展示三星支付应用程序的使用方法。[46]

Pinterest

Pinterest 是一种允许用户分享和发布不同品牌图片的媒体，特别有利于某些依赖视觉形象的品牌的营销。Pinterest 易于在产品上创建"Buy It"的标识（Pin），并且能够带来比其他形式的社交媒体更多的推荐流量，这给品牌营销人员带来了显著的优势。然而，它的局限性包括内容小众（如对生活方式的关注）和以女性粉丝群为主体。

Krylon 喷漆是 Pinterest 的一个成功案例。它举办了"有史以来第一次 Pinterest 庭院拍卖会"。127 庭院拍卖会是"世界上最大的庭院拍卖会"，每年 8 月在密歇根州和亚拉巴马州之间的 127 号公路沿线的 6 个州举行。[47] 2015 年，Krylon 派出自己的 DIY 专家，沿途购买了 127 件看似不起眼的商品，然后将其改成了令人满意的商品，并使用 Pinterest 的"Buy It"标识功能列出，所有的销售收入都捐给了慈善机构。这次营销活动后，Krylon 在 Pinterest 上的追随者增加了 4 400%，并以 20 万美元的预算支出获得了 270 万美元的收入。

视频

视频已经成为品牌建设的一个重要媒介，特别是当品牌想要融入更深层次的主题和故事讲述时。视频可能出现在 YouTube 或脸书等社交网站上的付费广告中，也可能出现在公司网站或其他自有媒体渠道中。有很多例子证实了视频广告提升品牌讲故事的能力。妮维雅（Nivea）"第二皮肤"YouTube 视频就是利用视频广告的一个成功营销活动。这段视频的主角是一位母亲和她成年的儿子，他们不能一起过圣诞节。视频展示了先进的技术，如 VR 护目镜和模拟人体皮肤的织物等如何帮助母子团聚。通过使用非销售的方法唤起人类的情感，妮维雅的活动引起了相当大的轰动，获得了超过 15 万条评论。妮维雅的例子，展示了视频广告如何在不超过 60 秒的情况下通过情感触动消费者来对其产生积极的影响。

另一个例子是德国连锁超市艾德卡（Edeka）制作了一个圣诞主题的视频广告《回家》。视频中有一位老人，由于成年子女忙得没时间去探望他，他只能独自一人过圣诞节。这个视频广告突出了老年人在节日期间的孤独感。第一周它获得了 3 350 万的浏览量，两周后，它又获得了 2 000 万的浏览量和 57.9 万次分享。这显然是一次提高品牌知名度和品牌形象的成功广告活动。[48]

奢侈品牌也可以利用视频广告来展示独家内容，帮助品牌保持高档形象。例如，2016 年，博柏利广告以博柏利香水的特点入手，以短时间内有效的独家内容为特色，成为第一批使用阅后即焚软件 Snapchat 的 Discover 平台做广告的奢侈品牌之一。[49]

▎7.5 移动营销

你知道吗？现在的消费者可能每天会查看手机 150 次，很多人把智能手机看作"生命线"或"管家"。因此，在不久的将来，移动广告和促销活动预计会有巨大的增长。2017 年全球移动广告市场总额为 1 417 亿美元，预计 2024 年将增长至 5 310 亿美元。各种形式的移动通信（展示广告、搜索、SMS 等）加总，仅在 2017 年美国就有约 500 亿美元的广告支出。其中，展示广告的支出约 260 亿美元，搜索广告占 220 亿美元。[50]

为什么**移动营销**（mobile marketing）如此受欢迎？显然，智能手机设备在信息、社交和购物上的重要性，在一定程度上促成了这一增长。美国消费者在移动设备上花费的时间多于台式电脑（相对于仅仅几年前消费者每天花费 1 小时，现在消费者每天花费的时间超过 3 小时）。值得注意的是，消费者（尤其是美国的消费者）将其 42% 的时间花在一个受欢迎的应用上。最受欢迎的社交媒体应用程序，包括脸书、谷歌和 YouTube，强化了移动设备作为娱乐和通信手段，而不是商业手段的观念。[51]

移动广告尤其有助于在正确的时间和地点向顾客及时发送基于位置的信息。这些信息的增长为企业根据顾客对移动广告和促销做出反应，建立起基于顾客的需要和需求的庞大数据库提供了机会。因为移动设备总是保持开机状态，所以营销人员可以与顾客实时沟通。这也给营销人员带来了额外的压力，他们需要使用直观的界面和简单的导航来与顾客打交道。移动广告必须简单直接，才能吸引目标受众的注意力。

此外，移动营销通过提供及时的促销、折扣等，增进顾客在购物时的融入感。移动促销可以根据不同的地理位置以及不同的"日用品"而有所不同，这表明营销人员可以在极高的程度上定制广告和促销。这也意味着，根据顾客的位置、时间或行为推出的广告信息和促销，会使目标顾客感到营销工作与他们的购买更为相关。

信息服务 在各种可用的移动选项中，文本信息——特别是短信息服务（SMS）和多媒体信息服务（MMS），可以根据时间和地点为顾客提供独特的服务。短信营销一直很受欢迎。研究表明，90% 的短信在 3 分钟内就能被阅读，而受众回复短信的可能性是回复电子邮件的 5 倍。例如，路透社使用文本短信使顾客了解其 Eikon 金融产品套餐。宝马开展了一项信息宣传活动，提醒德国消费者冬季使用雪地轮胎的重要性。

应用内广告 应用内广告是移动营销帮助品牌接触顾客的另一种方式。例如，社交媒体平台 Snapchat 允许品牌最大程度利用其移动应用程序去瞄准目标顾客。墨西哥风味餐厅塔可钟（Taco Bell）在其广受欢迎的"Taco Head"活动中使用了 Snapchat，每个顾客都将自己变成可视化的 Taco 形象，然后与朋友分享他们的品牌形象。这项活动在一天内产生了近 2.24 亿次的浏览量，与常规图像（通常观看 8 秒）相比，视觉参与度提高了 3 倍（最多达到 24 秒）。[52] 同样，游戏内广告包括在移动游戏内传递信息或赞助整个游戏以推动顾客参与。星巴克 App 是推动顾客参与的另一个例子，如下所示。[53]

星巴克 App 就是一个有效的移动营销案例。它完美地融合了商店定位、奖励计划和礼品卡信息。星巴克使用其 App 为顾客提供诸如生日礼物和免费饮料等奖励。每下一次单，顾客都会收到一定数量的星星，下次可以用来兑换免费的咖啡。如果顾客能完成手机短信上的星巴克调查问卷，也可以获得积分。"移动订单支付"功能允许顾客提前支付费用，随后到店取货。星巴克 App 拥有近 700 万用户，贡献了超过 22% 的销售额增长。星巴克移动营销的三个重要经验是：（1）移动应用可以促进企业持续地了解顾客的动机；

（2）移动应用可以在恰当的时候奖励顾客，从而提高其效率；（3）移动应用可以帮助企业加强与顾客的联系。最重要的是，星巴克多年来不断地完善其移动支付系统，通过无数次的实验和测试来完善其营销策略，这表明移动营销方法可能需要不断的测试和学习，以确保其正常运作。

近距离营销 近距离营销即邻近系统营销，也被称作地理围栏，指在特定的地理区域内对移动用户传递特定的广告信息。通过提供高度有针对性的广告，地理定位和邻近系统可以使公司和顾客受益。[54]例如，金巴利（Campari）在一个严格限定的地理区域（一个有很多酒吧的区域）为顾客提供 5 美元的 Lyft 打车优惠，前提是顾客在 App 查看积分。[55]

在恰当的时间和地点接触到顾客的移动营销，提高了营销人员精准了解目标顾客的需求的能力，并使顾客的品牌融入达到一个更高的维度。通过推送通知，公司可以将新消息或事件发送给所有用户或特定用户群体，即使这些用户使用 App 并不积极。例如，沃尔玛开发了一个 App，方便顾客搜索、浏览、购买和查找最近的商店（沃尔玛也可以在 App 上发出推送通知）。[56]

随着移动设备在消费者日常生活中的重要性不断增加，一些研究还考察了移动营销技术如何促进销售的增加。学术研究的一些关键发现，值得我们注意[57]：

1. 环境可能会影响移动广告和促销的效果。一项研究发现，与直觉相反的是，移动促销在拥挤地区（如火车）实际上更有效，因为消费者会自适应地将更多精力集中在移动设备上，以排除外部噪声和干扰。

2. 越靠近真实购买场景的促销，基于时间和地点的移动营销越有效。

3. 将移动促销目标定位为地理位置上更接近竞争对手的消费者，比定位为离公司自身地点较近的消费者，效果更好。针对地理位置较近的消费者进行的移动促销和折扣可能会导致该地区的销售被蚕食，并降低盈利能力。

4. 如果优惠券需要消费者到计划购物的场所之外，获得促销优惠券的目标顾客会增加其整体支出，尤其是计划外的支出。

7.6 影响者营销和社交媒体名人

影响者营销（influencer marketing）包括利用关键的影响者，如博客作者、名人、话题专家和意见领袖，他们提供有关产品和品牌的信息和意见。[58]预计未来 5 年内，影响者营销将占全球营销支出的 50 亿美元。[59]仅照片墙的影响者营销产业就有 10 亿美元，预计到 2019 年将达到 20 亿美元。[60]2016 年，86% 的营销人员投资于社会影响者营销，48% 的受访营销从业者表示，他们计划在 2017 年增加影响者营销预算。[61]

近年来，由于营销人员已经看到了影响者营销的良好效果，他们开始更加充分地利用各种可以影响品牌的因素。对一些消费者而言，受赞助的博主和名人的影响力往往比任何广告商都要大。一项研究报告称，接触影响者营销的受众，比未接触影响者营销的受众要多花 639 700 美元。[62]影响者营销的普及也转化为网络社交影响力的成功。其中一些在线社交的影响者，如美妆博主米歇尔·潘（Michelle Phan），可以根据他们对特定品牌的认可度，每年获得高达 300 万美元的收入。[63]YouTube 上的 63 位顶级影响者可以从每段视频获得 30 万美元的收入，而脸书顶级影响者的每段文章可获得 20 万美元的收入。有很多研究考察了口碑，尤其是在线口碑对消费者的影响（品牌聚焦 7.0 中回顾了这些研究）。[64] 然而，值得注意的是，组织的口碑和赞助者的口碑之间是有区别的（这与影响者营销的理念倒是十分相符）。

许多品牌利用社交媒体的名人来影响受众。例如，阿联酋航空公司希望通过社交和数字渠道吸引美国的消费者。

阿联酋航空公司聘请了 YouTube 当红视频主播凯西·尼斯塔特（Casey Neistat）谈论他在搭乘阿联酋航空公司时，从商务舱升级到头等舱的经历。这一传播立即取得成功，这则视频产生了超过 2 700 万次的浏览量。梅赛德斯 – 奔驰在 #MBPhotoPass 活动中也使用了网红。在该活动中，梅赛德斯 – 奔驰让这些具有线上影响力的网红讲述一个他们驾驶奔驰车的故事。这些人都得到了一把梅赛德斯 – 奔驰汽车的钥匙，他们在按要求开车出行的同时，要负责拍相关照片和管理奔驰的 Instagram 账户。梅赛德斯 – 奔驰还通过一项关于狗和主人之间真实故事的视频活动，将品牌与受众联系起来。这项活动非常成功，最后一共制作了近 1 700 个视频来讲述这些故事，产生了 1.73 亿个印象，230 万个点赞和评论，以及价值 400 万美元的媒体收入。因此，由线上社交的影响者来讲述品牌故事的这种方法，可以作为品牌与消费者建立联系的一种有力途径。

影响者营销在很大程度上依赖于影响者真实的语气。事实上，他们通常是付费才发布的品牌信息。营销人员需要注意的是，有关品牌对影响者的赞助信息对消费者来说是显而易见的，联邦贸易委员会（Federal Trade Commission）也要求他们提供清晰明确的言论。事实上，最近在美国，联邦贸易委员会向 90 多名照片墙的影响者发出了信函，通知他们必须在社交媒体账户上披露其与品牌的关系。[65]

7.7   内容营销

什么是内容营销？根据内容营销机构（Content Marketing Institute）的说法，"内容营销是一种战略营销方法，其重点是创建和发布有价值的、相关的和一致的内容，以吸引和保留被明确定义的受众，并最终推动顾客做出使公司有利可图的行为"。[66] 内容营销涉及创建和分享在线材料（如视频、博客和社交媒体帖子），这些材料不明确宣传品牌，旨在激发人们对其产品或服务产生兴趣。[67] 内容营销有助于公司吸引特定人群，实现特定的目标。[68]

出色内容营销指南

内容营销与传统营销的一个关键区别是消费者明显希望能购买那些内容营销中的产品或服务。[69] 内容营销的目标是让受众参与他们感兴趣的主题，因此，销售产品和服务不应该成为内容营销的首要目标。

了解买家的需求，始终是产生好内容的必要起点，这可能涉及绘制买家的决策流程图。为此，有必要开发一组用于描述典型顾客在决策的各个阶段扮演角色的顾客画像。内容营销人员的一项关键任务是，不断开发能满足不同类型的消费者在每个阶段的信息需求内容。内容营销成功的另一个关键是出色的故事讲述。正如内容营销机构创始人兼执行董事乔·普利兹（Joe Pulizzi）所言，"现在，讲故事和内容营销的结合比以往任何时候都更为关键，它能留住顾客并吸引潜在的引领者。"[70]

　　内容分发是内容营销工作一个极其重要的组成部分。在内容分发的各种渠道中，必须考虑很多问题。为了覆盖尽可能多的受众，需要利用社交媒体以外的渠道，确定传播内容的独特方式。例如，对于特定的受众而言，博客可能是最好的内容营销渠道。

　　好的内容策略必须与更广泛的公共关系和营销战略相结合，整体营销策略在接触和吸引受众方面的目标应与内容营销策略保持一致。这样做有助于接触受众，建立品牌，提高品牌知名度，并产生潜在顾客，确保销售。[71]

案例研究

　　约翰迪尔公司　《耕》杂志（*The Furrow*）由创始人约翰·迪尔（John Deere）和他的儿子查尔斯（Charles）于 1895 年创办。该杂志的推出是为了满足农民对土壤保持、土壤健康和其他相关信息的需求。目前在全球 40 个国家以 12 种语言发行，发行量达 200 万份。与其他内容营销不同的是，该杂志将赞助商放在突出位置。此外，这本杂志实际上由经销商发行。这本杂志的成功很大程度上是因为它对顾客的关注，据该杂志的出版经理戴维·琼斯（David Jones）说，"讲述人们喜欢阅读并可以应用于自己工作中的故事，一直就是它的诀窍。"这本杂志经过多年的发展，正如约翰迪尔公司的一位企业历史学家所说，"回顾我们的档案，你可以看到这些变化——从一篇广告，到一本看起来很像《农民年鉴》的杂志，然后再到包含和农业有关的提示信息、转载文章的普通农业杂志，最后到今天告诉农民如何经营自己企业的杂志"。通过对"农民"这个目标受众，而不是杂志本身的持续关注，使该杂志在 120 多年的历史中都保持了足够的吸引力。[72]

　　美屋得　房地产经纪公司美屋得（Movoto）发起了一项名为"绘制漫威的起源"的活动，旨在激发漫威的漫画迷对地区房地产的兴趣。[73]公司制作了一个信息图表，以这些漫画人物的背景故事为特色，展示他们遍布全球的出生地。这项活动开发出来的 365 个故事随后通过雅虎、Mashable 和 MTV 等多家平台分发、传播。它有效地利用了大家对漫威的漫画人物的喜爱，在社交媒体上获得了 9 000 多次分享。

法律和道德考虑

　　虽然内容营销是有效的，但营销人员应警惕其可能引起的各种法律和道德问题。特别是联邦贸易委员会关于广播内容赞助标识的规则要求：任何作者发布的内容，如果从公司赞助商那里获得了和内容相关的任何赞助，都必须披露该赞助。[74]因此，内容营销工作必须确保在进行此类工作（特别是在社交媒体推广和代言的情况下）时，做到充分披露，并明确界限，以确保遵守法律。

7.8　付费渠道的利弊及整合的必要性

　　鉴于在线和社交媒体渠道的选择太多，营销人员必须努力整合数字媒体活动，以最大化利用不同社交媒体的优势。为了便于参考，表 7-4 总结了主要付费渠道的利弊。由于某些类型的传播渠道具有一定的相似性，我们将影响者营销和内容营销结合起来分析。品牌经理可以评估不同付费选择的利弊并创建营销活动，以瞄准、到达、转化和融入的最佳平衡。

表 7-4　主要付费频道的利弊

渠道	利	弊
电子邮件	成本更低，更快速，更轻松。在主要渠道选择中，投资回报率（ROI）最高。	不请自来的电子邮件可能会降低在顾客中的声誉；电子邮件可能被视为骗局。
搜索	允许对目标受众进行超级目标定位并生成高质量的潜在顾客；所需的预算很小，广告系列具有明确的 ROI 指标。	某些关键字的竞争会增加预算；优化广告活动非常耗时；非视觉广告（仅文字广告）可能会限制品牌传达的内容。
横幅广告栏	标语广告的高覆盖率是提高知名度的理想选择；有着灵活的样式和格式。	缺乏对广告展示位置的控制可能会损害声誉，可能会被视为垃圾邮件。
社交媒体广告（如脸书、推特和领英等）	有效的定位能力；在脸书上，可以根据特定兴趣、政治派别等进行定位；在领英上按职业、职称等类别收费。价格合理，总体上是有效的。脸书广告的点击率是普通网络广告的 8 倍。对于所有类型的企业或个人都具有高度的可访问性。	ROI 未知，社交媒体广告可能被消费者视为一种干扰。最大化利用一场营销活动需要不断的监控和更新。对隐私的担忧可能会促使进一步的立法以阻止企业将顾客信息用于广告定位。
视频广告（如脸书和 YouTube 视频）	品牌可以通过视觉、声音和音频吸引顾客。	定位可能不那么精确；难以进行个性化定制并检验效果；受众可能因注意力过于分散而无法关注到广告内容。
赞助博客、影响者营销以及内容营销	品牌可以通过赞助社交影响者并形成口碑。消费者产生品牌意识的可能性很大；吸引顾客的潜力很大。	取决于确定具有适当吸引力的合适的影响者人选。联邦贸易委员会要求所有受赞助的博客发布者披露其赞助信息，相对于自发口碑而言，则降低了口碑的有效性。
应用内广告	能够在正确的时间和地点定位消费者。移动应用内广告利用了移动设备的普及。位置数据可以实现优惠券和促销活动的精确定位。	应用内横幅广告可能不会产生最大的收入。

资料来源：Evan LePage, "Display Ads, Search Ads, and Social Media Ads: Pros and Cons," *Hootsuite*, June 3, 2015, https://blog.hootsuite.com/display-ads-search-ads-and-social-media-ads/; George Root, "The Pros & Cons of Email Marketing," *Chron*, accessed September 27, 2017, http://smallbusiness.chron.com/pros-cons-email-marketing-1448.html; James Brook, "The Pros and Cons of Facebook and YouTube Video Advertising," *ClickZ*, February 4, 2016, www.clickz.com/the-pros-and-cons-of-facebook-and-youtube-video-advertising/92925/.

　　跨渠道整合对于讲好品牌故事有着显著的好处。例如，芝加哥小熊队（Chicago Cubs）在 2016 年赢得世界大赛冠军时，结束了从 1908 年开始的长达 108 年的连败历史。为了利用获胜者的兴奋感，安海斯-布希公司使用特效制作了一段视频。在视频中，小熊队的传奇粉丝，已故的哈里·卡雷（Harry Caray）宣告了此次比赛的胜利。这段引人入胜的视频展示了对芝加哥这座城市历史的感怀，也包含了小熊队在各种激烈比赛中弥足珍贵的历史镜头。随着小熊队赢得比赛，该品牌利用社交媒体和电视广告进行传播。在整个宣传过程中，这段视频观看次数超过 300 万次。这个案例展现了品牌应该如何利用已有的信息（本案例是一个劣势者逆袭的故事）去包装一个故事，以表明企业真正理解自己的顾客，从而建立起品牌与顾客之间的紧密联系。[75]

7.9 品牌管理结构

数字时代也极大地改变了消费者的行为，而这也带来了品牌和品牌管理的变化。营销人员必须制定策略，以处理数字渠道中广告支出的变化，并建立支持该策略的组织结构和流程。对于组织如何应对这些变化，已经明确了一些影响因素，并有一些行之有效的策略。这些影响因素和策略包括：

1. 了解在线产品如何覆盖和触达顾客，以及顾客如何搜索产品，应该成为组织高层管理者的一项管理任务。

2. 组织内部的跨职能协调变得越来越重要。它有助于组织需要通过集成的方式更快地决策和解决问题。

3. 数据驱动的决策将成为一种标准化的决策流程，组织应努力争取获得最佳的数据，并以最有效的方式使用它。

4. 品牌或营销策略应被视为总体策略的一部分。总体策略包括数据如何收集、使用，以及如何在组织内部共享。

5. 营销人员可以通过获取以下高质量的数据，向受众提供定制化的信息：哪些类型的顾客对哪些产品感兴趣？他们使用哪些数字或社交媒体渠道访问产品和品牌的信息？以及他们对同类产品中不同产品的感觉如何？营销人员还必须对品牌在消费者决策各个阶段的吸引力改变有足够的认识。

6. 海量顾客数据的可得性意味着公司可以为顾客创建个性化服务。获取消费者的对话数据所发现的重要信息，将有助于品牌经理向顾客提供定制化的产品（如第 5 章所述）。聆听行业已经出现，其中包括 Crimson Hexagon，Radian6 和 Brandwatch 等公司，旨在满足营销人员对品牌舆情监测的需求。几家公司（如 Gatorade）已经安装了内部社交监测的"控制室"，以不断向高层管理人员提供有关品牌舆情的见解。第 10 章对此将会有更多阐述。

7. 了解在线和离线通信之间的相互作用，以及协调在线数字渠道策略非常重要。即使在数字渠道中，也有许多不只是社交媒体营销的选择，还包括电子邮件营销、搜索和横幅广告栏、品牌网站等。

········| 本章回顾 |········

数字营销和社交媒体的发展开启了一个特别的新时代。它提醒营销人员应该努力在如何为顾客创造价值上做出改变。各种各样的沟通选择以及在恰当的时间和地点针对目标顾客提供的数据，使营销人员处于与顾客互动中的有利位置。这些变化也暗示着品牌将在消费者的生活中扮演不同的角色，并作为文化象征发挥更大的价值。

········| 问题讨论 |········

1. 选择一个品牌。考察其线上有多少不同的渠道，每种社交媒体渠道在提升顾客的品牌融入度方面的利弊是什么。
2. 该问题测试您是否熟悉在搜索广告和展示广告中讨论的三个关键概念：点击率（CTR），每次点击费用（CPC）和每千次展示费用（CPM）。
   - 假设一家公司启动了搜索广告活动，该广告活动产生了 10 000 次展示和 100 次点击。广告的点击率是多少？
     * 100/10 000=0.01，或者可以用 0.01×100 或 1% 表示。
   - 如果费用为 250 美元的广告系列产生 50 次点击，则每次点击费用是多少？
     * 250/50=5（美元）是每次点击费用（CPC）。
   - 如果广告获得 20 000 次展示并且总费用为 100 美元，则每千次展示费用（CPM）是多少？
     * 每千次展示费用为 5 美元（100/20）。
3. 强调一些和营销人员失去对品牌含义的控制权有关的问题。公司通过干预以控制社交媒体中的对话是否价值？为什么？
4. 品牌如何开发系统以确保快速处理来自社交媒体的动态信息？这对品牌管理职能意味着什么？
5. 总结以下传播渠道的优点和缺点：（1）移动广告；（2）内容营销。哪些品牌有效利用了这些渠道？

品牌专题 7.0

在线口碑如何影响品牌和品牌管理

营销人员面临的一个重大变化是，消费者在购买品牌之前，会花费大量时间发布评论，以及访问和研究他人在各种博客和视频（如 YouTube）、微博（推特）、在线论坛以及评论网站（亚马逊评论）中发布的口碑信息。一项针对 60 多个国家 3 万名消费者的全球调查显示，尽管 60% 的消费者信任传统广告，包括电视、印刷品等，但有更高比例（83%）的人表示，最可信的广告形式是熟人推荐。

鉴于在线口碑（也称为电子口碑，eWOM）在消费者产品和品牌决策中的重要性，它受到了学术界的广泛关注。研究人员已经确定在线口碑在以下五个方面会影响品牌的整体情感和融入度，并能促进销售。

口碑信息量与效价

影响在线口碑影响力的两个关键因素是在线口碑信息量及其效价（即口碑信息的积极或消极程度）。不足为奇的是，大量的口碑信息已经被证明对销售产生了重大影响。此外，研究人员发现，负面的评价或评论形式产生的负面口碑信息比正面评价或评论形式的影响更大。不过，研究人员也发现，网上发布的正面信息比负面信息大得多。一些观察人士将此归因于虚假评论的盛行，也就是说，企业试图通过发布正面评论来操纵对品牌的评价。

口碑传播的场所和来源

除了共享内容之外，共享信息的位置也会产生影响。研究表明，忽略不同社交媒体场所或平台上品牌情感变化的在线口碑监测方法可能会导致误导性结论。取而代之的是，建议对品牌情感进行度量，以纳入有时在不同社交媒体场所或平台上存在的广泛差异。这可能是共享信息类型（如视频与文本）以及吸引到不同社交媒体场所的消费者类型（如脸书和推特可能吸引不同受众）差异带来的结果。此外，研究结果表明，社交媒体场所很重要，因为其与一组竞争品牌相对应，这些品牌趋向于在拥挤的社交场所争夺消费者的注意力。因此，考虑口碑传播的场所很重要。

口碑信息的病毒性与内容性

研究表明，引发敬畏或惊讶等情绪的内容（即高唤醒内容）往往比引发悲伤的帖子（如低唤醒内容）传播得更快。此外，研究表明，正面内容比负面内容更容易在社交媒体上进行病毒传播。

对象和时间点在口碑中很重要

网络口碑产生的时机很重要。口碑信息在新产品发布前的影响力最大。研究结果还表明，只有小部分用户的社交媒体连接会影响他们在网络环境中的行为。这表明，确定哪些人是影响其追随者品牌认知的关键影响者是有价值的。

在线口碑是对其他信息来源的补充

研究人员区分了付费媒体（如广告）、自有媒体（如公司网站）和免费媒体（如在线评论）的在线口碑效应。事实上，研究表明，从社交媒体渠道得来的免费媒体比传统媒体渠道得来的免费媒体产生的影响更大。另一项研究结果表明，传统媒体和社交媒体的信息来源相互影响，形成了一种回应品牌传播信息的"回声"。简言之，这些研究人员建议，品牌营销人员应该使用社交媒体（如推特）来个性化消费者的反应，同时也要使用传统的消费者沟通方式，如新闻稿和广告。

在线口碑有助于品牌定位

研究表明，从网上口碑信息中挖掘出来的数据可以用来推断品牌定位，包括品牌如何被顾客和员工感知，以及品牌相对于竞争对手的定位。随着时间的推移，这些洞察可以为品牌经理提供一个有价值的工具来追踪品牌形象。

口碑与推荐、顾客满意度、销售和股市表现相关

一些研究已经检验了口碑与顾客满意度、销售和股票市场表现的重要产出指标是否相关。该领域的三个主要发现包括：（1）长期而言，口碑推荐比传统方式的推荐更具影响力；（2）与正面口碑相比，负面口碑对销售和股市回报的影响更大；（3）通过口碑获得的顾客对品牌的忠诚度更高。

资料来源："Recommendations from Friends Remain Most Credible Form of Advertising among Consumers, Branded Websites Are the Second-Highest-Rated Form," *Nielson*, last modified September 28, 2015. www.nielson.com/us/en/press-room/2015/recommendations-from-friendsremain-most-credible-form-of-advertising.html; Andrew T. Stephen and Jeff Galak, "The Effects of Traditional and Social Earned Media on Sales: A Study of a Microlending Marketplace," *Journal of Marketing Research* 49, no. 5 (October 2012): 624-639; Rajeev Batra and Kevin Lane Keller, "Integrating Marketing Communications: New Findings, New Lessons, and New Ideas." *Journal of Marketing* 80, no. 6 (2016): 122-145; David Godes and Dina Mayzlin, "Using Online Conversations to Study Word-of-Mouth Communication," *Marketing Science* 23, no. 4 (2004): 545-560; David A. Schweidel and Wendy W. Moe, "Listening In on Social Media: A Joint Model of Sentiment and Venue Format Choice," *Journal of Marketing Research* 51, no. 4 (August 2014): 387-402; Judith Chevalier and Dina Mayzlin (2006), "The Effect of Word of Mouth on Sales: Online Book Reviews," *Journal of Marketing Research* 43, no. 3 (2006), 345-354; Jonah Berger and Katherine L. Milkman, "What Makes Online Content Viral?" *Journal of Marketing Research* 49, no. 2 (2012), 192-205; Jonah Berger and Katherine L. Milkman, "Firm-Created Word-of-Mouth Communication: Evidence from a Field Test," *Marketing Science* 28, no. 4 (2009), 721-39; Kelly Hewett, William Rand, Roland T. Rust, and Harald J. van Heerde, "Brand Buzz in the Echoverse," *Journal of Marketing*

80, no. 3 (May 2016): 1-24; Cait Lamberton and Andrew T. Stephen, " A Thematic Exploration of Digital, Social Media, and Mobile Marketing: Research Evolution from 2000 to 2015 and an Agenda for Future Inquiry," *Journal of Marketing* 80, no. 6 (2016): 146-172; V. Kumar, Vikram Bhaskaran, Rohan Mirchandani, and Milap Shah, " Practice Prize Winner—Creating a Measurable Social Media Marketing Strategy: Increasing the Value and ROI of Intangibles and Tangibles for Hokey Pokey," *Marketing Science* 32, no. 2 (2013): 194-212; Xinxin Li and Lorin M. Hitt, " Self-Selection and Information Role of Online Product Reviews," *Information Systems Research* 19, no. 4 (2008): 456-474; Yong Liu, " Word of Mouth for Movies: Its Dynamics and Impact on Box Office Revenue," *Journal of Marketing* 70, no. 3 (2006): 74-89; Xueming Luo, " Consumer Negative Voice and Firm-Idiosyncratic Stock Returns," *Journal of Marketing* 71, no. 3 (2007): 75-88; Oded Netzer, Ronen Feldman, Jacob Goldenberg, and Moshe Fresko, " Mine Your Own Business: Market-Structure Surveillance through Text Mining," *Marketing Science* 31, no. 3 (2012): 521-543; Vanitha Swaminathan, Andrew H. Schwartz and Shawndra Hill, " The Language of Brands: Understanding Brand Image through Text Mining of Social Media Data," (2017), working paper, University of Pittsburgh; K. Zhang and W.W. Moe, " Bias in your Brand Page? Measuring and Identifying Bias in your Social Media Community," (2017); " The Top 10 Social Media Influences," http://mediakix.com/2017/02/biggestsocial-media-influencers-of-all-time-infographic/#gs. AQpuXF8; Seshadri Tirunillai and Gerard J. Tellis, " Mining Marketing Meaning from Online Chatter: Strategic Brand Analysis of Big Data Using Latent Dirichlet Allocation," *Journal of Marketing Research* 51, no. 4 (2014): 463-479; M.Trusov, A.V. Bodapati, and R.E. Bucklin, " Determining Influential Users in Internet Social Networks," *Journal of Marketing Research* 47, no. 4 (2010): 643-658; Michael Trusov, Randolph E. Bucklin, and Koen Pauwels, " Effects of Word-of-Mouth versus Traditional Marketing: Findings from an Internet Social Networking Site," *Journal of Marketing* 73, no. 5 (2009): 90-102; Christophe Van den Bulte, Emanuel Bayer, Bernd Skiera, and Philipp Schmitt, " How Customer Referral Programs Turn Social Capital into Economic Capital," Marketing Science Institute Working Paper Series, (2015): 15-102; Ya You, Gautham G. Vadakkepatt, and Amit M. Joshi, " A Meta-Analysis of Electronic Word-of-Mouth Elasticity," *Journal of Marketing* 79, no. 2 (2015): 19-39; Zhang Kunpeng and Wendy W. Moe, " Bias in Your Brand Page? Measuring and Identifying Bias in Your Social Media Community," Wharton Marketing, January 18, 2017. https://marketing.wharton. upenn.edu/wp-content/uploads/2016/12/Moe-Wendy-PAPER-ver2-Marketing-Camp.pdf.

| 第 8 章 |

利用次级品牌联想创建品牌资产

学习目标

» 理解利用次级联想的八个主要途径。

» 解释品牌利用次级联想的过程。

» 描述通过不同实体利用次级联想的主要策略。

如果所罗门公司决定将业务范围从滑雪扩展到网球拍，那么它可以通过多种不同的方式利用次级品牌联想。

资料来源：Karl Mathis/EPA/Newscom.

········| **本章提要** |········

前几章讲述了如何通过选择品牌元素（第4章）或通过营销活动、产品、价格、分销及营销传播策略（第5章和第6章）的方法创建品牌资产。本章中，提出创建品牌资产的第三种方法——利用相关的或次级品牌联想。

消费者大脑中具有其他实体的知识结构，品牌本身可以和这些实体联系起来，由于有这种联系，消费者就可以假设或推断：这些实体所拥有的一些联想或特征也许是某品牌所具有的。实际上，品牌从其他实体"借来"了一些品牌知识或者品牌资产，其程度取决于那些联想和反应的特性。

创建品牌资产的间接方法是利用品牌的**次级品牌联想**（leveraging secondary brand associations）。如果现有品牌联想在一定程度上有欠缺，那么次级品牌知识对于建立强有力的、偏好的和独特的品牌联想就非常重要。通过采用新的或不同的方式，次级品牌知识对于强化既有品牌联想也是有效途径。

本章将介绍建立次级品牌联想的不同方法，主要是通过将品牌和以下实体发生关联（见图8-1）：

1. 公司（如通过品牌战略）；
2. 国家或其他地理区域（如通过对产品原产地的识别）；
3. 分销渠道（如通过渠道策略）；
4. 其他品牌（如通过品牌联盟）；
5. 特色（如通过许可授权）；
6. 代言人（如背书）；
7. 事件（如通过赞助）；
8. 其他第三方资源（如通过奖励或评论）。

前三个实体均反映了一个来源问题——产品是谁生产的，在哪里生产的，在何处销售。其余的实体与人物、地点或者事件有关。

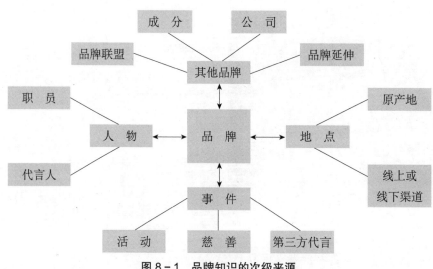

图8-1 品牌知识的次级来源

来看一个包含上述某些方面的实例。所罗门公司（Salomon）专门制作高山及越野滑雪设备，其中包括滑雪靴固定装置、滑雪靴及滑雪板。现在它又决定推出一个全新的产品——名为"复仇者"的网球拍。虽然早在 1947 年所罗门公司就开始销售滑雪安全带，但近期的销售增长主要得益于产品多样化，包括滑雪靴及 1990 年名为"硬壳"的新型滑雪板。所罗门公司创新的、时尚的、高质量的产品，奠定了公司在市场上的领导地位。

在为新产品"复仇者"网球拍制定营销方案时，所罗门公司打算从以下几个方面获得次级品牌联想的杠杆效应：

- 所罗门公司利用企业品牌的联想公司名称创造次级联想，将产品品牌子品牌化，比如称之为"所罗门的复仇者"（Avenger by Salomon）。消费者对这一新的品牌延伸的评价，会受到他们对所罗门公司或所罗门品牌有利联想的影响，因为所罗门公司的滑雪产品性能优越，会使他们由此推断该公司生产的网球拍的性能。
- 所罗门公司想凭借其欧洲原产地这一点——公司总部位于阿尔卑斯山脚下阿纳西湖畔——尽管这样的地理位置与网球似乎并无多大联系。
- 所罗门公司打算在高档专业网球店和俱乐部销售产品，希望这些分销商的良好信誉能使"复仇者"品牌沾光。
- 所罗门公司将对产品的组成部件，如拍柄、框、线中有著名品牌的部分，采用品牌联盟策略（如威尔逊公司用固特异橡胶制作该公司生产的网球鞋鞋底）。
- 虽然还不能确定是否有效，但所罗门公司已经明确，要寻找一位或几位顶级网球运动员为球拍做广告，或者赞助一项网球巡回赛，甚至整个职业男子公开赛和国际网联的职业女子巡回赛。
- 所罗门公司还准备利用第三方资源（如网球杂志）进行宣传，确保产品的支持率。

因此，所罗门公司绕过球拍本身，通过它的商标和其他营销活动建立了品牌联想，并且通过与其他实体的关联建立起了产品的品牌资产。

本章首先介绍品牌知识的本质。品牌知识是通过其他实体产生杠杆作用并经由一定过程传递的。然后分别讨论次级品牌联想杠杆化的八种不同途径。品牌专题 8.0 讨论了奥林匹克的赞助营销。

8.1　杠杆作用的过程原理

将品牌和其他一些实体相关联——来源因素或者相关的人物、地点或者事件——可以在品牌和实体之间建立一系列新的联想，同时也可能对现有的品牌联想产生影响。接下来讨论这两方面的效果。

创建新的品牌联想

通过在品牌和其他实体之间建立联系，消费者会在该品牌和其他实体间形成联想、判断、感觉等。通常，当消费者缺乏动机或者能力去判断与产品相关的信息时，次级品牌联想最有可能影响消费者对新产品的评估；换言之，当消费者对于选择何种品牌不太关心，或者缺乏足够的知识来选择合适的品牌时，他们就很有可能根据次级考虑因素作出品牌决策，如对产品的原产地、销售商或者其他特征的想法和感觉。

对现有品牌知识的影响

将品牌和其他一些实体相关联，不仅会建立起新的品牌联想，而且会影响到现有品牌联想。这是基本的原理。消费者对某个实体有一定的了解。当一个品牌被识别为与该实体相关联时，消费者可能会推断，该实体所特有的一些联想、判断或感觉也可能是该品牌的特征。心理学几种不同的理论机制预测了这种类型的推理。其中之一是"认知一致性"——换句话说，在消费者心目中，对于实体而言是正确的，对于品牌而言也就是正确的。[1]

为了更详细地描述这个作用过程，这里有三个重要的因素可以预测品牌和另一个实体之间的杠杆效应大小：

1. 实体本身的知名度和相关知识：如果消费者并不熟悉该实体，或者对于次级实体缺乏知识，那么显然他们不能从实体转移任何东西到品牌上。理想的情况是，消费者能够认知该实体并对其有强有力的、偏好的和独特的联想，这样就会对实体形成正面的判断和感受。

2. 实体相关知识的意义：如果该实体能引起一些积极的联想、判断或感受，这种相关知识对品牌有多少关联和价值呢？这些相关知识的意义会随着品牌和产品环境的变化而变化。某些联想也许对品牌有很大的关联与价值，而另一些联想对消费者而言并无多少意义。

3. 实体知识的可转移性：假设对实体存在一些潜在有价值、有意义的联想、判断或感受，并可能转移给品牌，那么这些实体知识能和品牌建立起多强的关联性呢？

换言之，由其他实体传递次级品牌知识的基本问题是：消费者对这些实体有多少了解？当一个品牌和这些实体在某些方面相关联时，消费者关于实体所掌握的知识是否会影响他们对这个品牌的看法？

理论上，消费者可以从其他实体中推断出品牌知识的任何方面（见图8-2），尽管某些类型的实体比其他实体更有可能创造或影响某些类型的品牌知识。例如，事件可能特别有利于创造体验，人物可能在激发情感方面特别有效，其他品牌可能特别适合建立特定的属性和利益等。同时，任何一个实体都可能与知识的多个维度相关联，每一个维度都可能直接或间接地影响品牌知识。

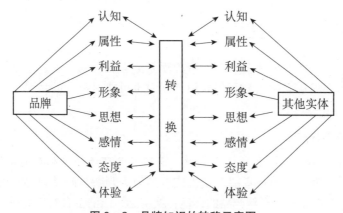

图8-2 品牌知识的转移示意图

例如，考虑一下将品牌与一项事业联系起来对知识的影响，比如CVS的"一起戒烟"活动，或美国电报电话公司的"再等等"承诺，要求消费者不要在行车时用手机编辑文本。公益营销计划可以通过回忆和认知建立品牌认知；通过品牌个性或用户形象的属性（如善良和慷慨）的确立提升品牌形象；唤醒品牌感觉，例如社会赞许和自尊；建立品牌态度，例如值得信赖和令人愉悦；还可以通过对社群和公益活动的参与创造消费者体验。

判断或感觉可能比更具体的联想容易转移，而更具体的联想可能看起来与品牌不相关，或与最初的实体联系太紧密而无法转移。正如将在第 12 章中谈到的，推断过程在很大程度上取决于消费者头脑中品牌和其他实体之间联系或联结的强度。消费者认识到的实体和品牌之间的相似性越多，他们就越有可能推断出关于品牌的相似知识。

指导原则

利用次级品牌联想，可以让营销者创造或强化与竞争对手的重要差异点或竞争性相似点。当选择具体的人、地点或事件作为实体时，营销者必须考虑消费者对该实体的认知、联想、判断或者感受，因为这些都会与品牌发生关联，并影响既有的品牌联想。

营销者可以选择消费者已经具备一些甚至很多相似联想的东西作为实体。当消费者对一个实体产生的联想和理想的品牌联想一致时，共性（commonality）杠杆策略就非常有效。例如，新西兰是一个以羊比人多而著称的国家，当一个新西兰毛衫制造商基于"新西兰羊毛"进行产品定位时，就很容易形成一个强有力的、良好的品牌联想，因为对许多人来说，一听到"新西兰"，他们立即就会联想到"羊毛"。

另一方面，有时候选择的实体可能与品牌相背离，因为两者之间几乎没有相同或者相似的联想。这种情况下，**互补性**（complementarity）品牌战略就对传递理想的品牌定位至关重要。此时的挑战是，确保实体不太一致的品牌知识对既有品牌知识产生直接或间接影响。这就需要巧妙地设计营销方案，以消除消费者一开始产生的困惑或者怀疑。例如，当冰淇淋连锁店 Cold Stone 和咖啡店 Tim Horton 合作时，一家店中会提供另外一家的菜单。两家企业有着相似的目标客户，但是在菜单供应上较少有重叠。然而，互补性的产品供给提供了特殊的优势。Tim Horton 的销售主要是在早上或者下午，Cold Stone 则是在晚上更受欢迎。因此，这两家公司结合了互补性的产品时段供给，从而能吸引更广泛的顾客。随着合作关系的成功，这些公司甚至开始提供一些联合产品，比如冰淇淋咖啡。[2]

即使消费者能够通过各种方式接受此联想，利用次级品牌联想也存在风险，因为由此将失去对品牌形象的一些控制权。无论人物、地点还是事件，毫无疑问会产生一系列联想，而这些联想中也许只有一小部分对营销者是有用的。因此，要想控制联想转移过程，只允许相关的次级品牌知识与品牌关联将是非常困难的。而且，随着时间推移，这些知识可能会随着消费者对实体的加深了解而改变，而这些新的联想、判断或感受可能对品牌有利，也可能对品牌不利。

下面讨论为品牌创建次级品牌联想的一些主要方法。

8.2 公司

新产品的品牌化战略是品牌与公司以及现存品牌之间关联强度的重要决定因素。新产品推出有三种主要的品牌化战略选择：

1. 创建一个新品牌。
2. 采用或改进现有品牌。
3. 将已有品牌与新品牌联合。

现有品牌可以和一个公司品牌（如三星）或某一具体产品的品牌（如三星盖乐世 C8 手机）相关联。如果采用上述选择 2 与选择 3 提供的方式，将某一新品牌与其他现有品牌相联系，那么，现有品牌的知识便关联到这一新品牌。

公司品牌或家族品牌是品牌资产的一个重要来源。例如，公司品牌会唤起以下几方面的联想：产品属性和利益，消费者态度，人际关系，计划和价值，公司信誉等。品牌备忘 8-1 介绍了 IBM 公司品牌形象的变化历程。

品牌备忘 8-1

IBM 推广 "智慧的地球"

IBM 作为 "蓝色巨人"，已成为 20 世纪全球最成功的公司之一。然而遗憾的是，许多曾经成功的产品领域在新世纪也成为竞争激烈和高度市场化的领域。因此，IBM 决定必须及时转型，从一个产品导向的公司转向价值增值型、服务导向的公司。

IBM 主席兼首席执行官彭明盛（Sam Palmisano）把公司的知名 PC 事业部剥离，并开始重点投资软件和商业咨询。IBM 转型的另一个关键是把公众对 IBM 的感知和 IBM 的新愿景统一起来。该愿景的基本理念就是：世界正在以三种重要方式发生改变，这为 IBM 的新使命提供了明晰的方向。换言之，世界正在变成：

- 物联化（物联全球体系）;
- 互联化（使之相互连接）;
- 智能化（使之智能智慧）。

IBM 想成为上述三个领域的领导者。反映 IBM 新定位的最初名称，是有点文绉绉的 "集成智能化基础设施"（integrated intelligent infrastructure），后来随着工作的开展，一个更加时尚的、更鼓舞人心的短语 "智慧的地球"（smarter planet）便成为 IBM 公司的广告口号。这个广告的基本假设前提是，所有企业都将成为技术型公司，并不得不面临挑战，尤其关系到企业的可持续性、安全性和隐私性。IBM 定位为致力于改善这些问题的理想合作伙伴。在这种雄图大略的定位思想下，政府官员和企业高管成为主要目标客户。

"智慧的地球" 定位源于 IBM 近年来所取得的成就。例如，在瑞典斯德哥尔摩，IBM 的智能交通系统使当地交通堵塞减少 20%，排放降低 12%，并大大增加了公共交通的使用。当地许多不同的智能网络工程已经帮助消费者节约 10% 的花费，并减少了 15% 的需求负荷。

基于这些成就，"智慧的地球" 最初目标是将 IBM 定位为解决全球最紧迫问题的领导者。为此，"建设更智慧的地球" 活动在各大报纸和电视广告中以整版广告的形式展开，主要针对三个群体：大型企业和政府领导者、IT 专业人士和中间市场。广告中包含强大的数字成分，一个扩展的 IBM 网站和智能地球博客。同时，还制作了视频并在 8 个最大的视频分享网站播出。IBM 还发起了 "智慧城市" 全球巡展，将主要政策制定者和决策者召集在一起，共同探讨大家面临的问题，如交通、能源、医疗、教育和公共安全。

IBM 分析人士估计，智慧地球战略使其全球市场份额增加 40%，带来 23 亿美元收入的增加。IBM 品牌追踪显示，无论是在考虑和 IBM 商业合作或对 IBM 的喜好度等方面，还是在 IBM 多方面品牌想象（如 "使地球更加宜居" 或 "如何使地球更好运转方面的专家")都获得提升。广告活动期间 IBM 股票价格上涨 64%，而同期道琼斯指数仅增长 14%。

2009 年，IBM 发起"智慧城市"活动，扩展了智慧地球战略，以帮助城市更有效地运行，节约资源，提高市民的生活质量。它在世界各地举办了 100 场智慧城市论坛，以探讨如何改变这些城市的生活，利用相互关联的信息，并解决关键的挑战，如交通堵塞、能源使用和可持续社群。到 2010 年，IBM 开始与学院和大学合作，帮助学生获得技术和培训，学习新技能，帮助他们在世界各地的城市工作。IBM"智慧的地球"计划显示，在移动网络、纳米技术、流计算、分析和云计算等多个领域的 6 000 项客户服务中，IBM 收入增长 30 亿美元。IBM 利用"智慧的地球"计划进军医疗保健、石油和天然气等高增长行业。IBM 还因其"智慧的地球"计划获得了全球艾菲金奖，并被《公共关系周刊》评为年度企业品牌推广活动。2011 年，IBM 开始使用更智能的系统，以降低能源利用率，提高设计"智能建筑"的效率。

2015 年，IBM 的战略发生了明显的转变，用"认知商业"（cognitive business）新活动取代"智慧的地球"品牌战略，这反映出人们的关注重点转向云计算和数据分析。这种战略转变是由于人工智能和大数据分析的出现，IBM 已经通过沃森（watson）技术迎接这些挑战。IBM 围绕认知计算的新数据分析产品侧重于获取大数据（如医疗数据）产生洞察力，并通过学习以改善决策。作为其认知商业活动的一部分，IBM 开发了一些广告，其中有 IBM 沃森机器人与前《危险边缘》节目冠军肯·詹宁斯（Ken Jennings）和民谣摇滚传奇人物鲍勃·迪伦（Bob Dylan）聊天的声音。总之，IBM"认知商业"活动表达了 IBM 在大数据时代的品牌和企业战略，代表了公司自身的演变，从关注利用信息解决现代挑战（智慧地球活动的基础），到利用计算技术的力量生成数据驱动的解决方案。

资料来源：Talk given by Jon Iwata, SVP, Marketing & Communications, IBM, at the Tuck School of Business at Dartmouth College, February 10, 2010; " Let's Build a Smarter Planet," 2010 Gold Effie Winner, www.effie.org/-winners/showcase/2010/4625; www.ibm.com/-smarterplanet; www.ibm.com; www-03.ibm.com/ibm/history/ibm100/us/en/icons/smarterplanet/, accessed December 17, 2017; Kate Kaye (2015), " Tangled Up in Big Blue: IBM Replaces Smarter Planet with . . . Bob Dylan," http://adage.com/article/datadriven-marketing/ibm-replaces-smarterplanet-cognitive-business-strategy/300774/, October 6, 2015, accessed December 17, 2017.

然而，利用大的公司品牌可能并不总是有用的。事实上，在某些情况下，大公司有意通过引进新品牌或收购成功的小众品牌，来传达"较小"的形象，例如联合利华收购本杰瑞（Ben & Jerry's）、家乐氏收购 Kashi、可口可乐收购 Odwalla、高露洁棕榄收购 Tom's of Maine，这些收购策略甚至让现有顾客感到惊讶！高乐氏（Clorox）花费近 10 亿美元收购以蜂蜜制成的天然用品（唇膏、乳液、香皂和洗发水）闻名的小蜜蜂（Burt's Bees），这一方面是为了抓住市场机遇，另一方面是为了更好地了解环境可持续性的最佳实践，确保环境可持续是新兴企业的优先事项。[3] 百威英博（Anheuser-Busch InBev）收购成功的中西部精酿啤酒品牌鹅岛（Goose Island），一定程度上是为了更好地与竞争对手米勒康胜极为成功的蓝月品牌 (Blue Moon) 进行竞争。[4]

蓝月

近年来，尽管美国啤酒市场持续疲软，而精酿啤酒（craft beer）是其间的亮点，它集质量、传承、某些方面的独特性为一体，从而获得高定价。蓝月（Blue Moon）取名于一个月中的第二轮满月，由科罗拉多州丹佛市的 Coors 公司在 1995 年推出，定位为味道独特、手工酿造的比利时风味小麦啤酒。蓝月比利时白啤用燕麦酿成，再加上橘子皮和香菜籽调味，通常还会配上一片橙子。该啤酒标注"蓝月酿造公司"，被许多消费者视为手工酿造啤酒的领导者，并获得了广泛的销售支持。其品牌口号"精雕细酿"（Artfully Crafted）不但说明了啤酒的制造过程，而且是多媒体传播方案的基础，包括电视和印刷广告都有蓝月啤酒瓶和玻璃杯的手工酿造形象。网络广告还有竞赛活动，蓝月啤酒粉丝有机会把自己的"Artfully Craftedy"照片上传到品牌的脸书主页，一旦这些照片被公司采用，粉丝便有机会赢得米勒康胜的大奖。[5] 蓝月最近赢得了一场官司，允许它继续以精酿啤酒的形式推销自己（尽管有人指控"精酿啤酒"定位是一个大众营销品牌），这一观点得到米勒康胜等大公司的支持。一位法官做出了有利于该品牌的裁决，指出在不远的将来，该品牌可以继续以小型手工酿造啤酒的定位经营。

最后，品牌和公司往往不可避免地与所处竞争的类别和行业联系在一起，有时还会带来不利的后果。对于某些行业，人们的看法有较大分歧，想想石油、天然气或金融服务行业品牌所面临的挑战，消费者通常对这些行业持负面看法。[6] 由于所处的行业特点，石油企业无论做什么都可能受到公众的质疑。第 11 章和第 12 章详细描述如何利用现有品牌的资产推出新产品。

8.3　原产地和其他地理区域

除了产品的生产商，产品的原产地或地理区域同样与品牌相关，并会产生次级品牌联想。[7] 许多国家因擅长生产某一品类而著称，或者以传递某一特别的品牌形象而闻名。

世界正在日益成为一个"文化大集市"，消费者可以根据自己对不同国家产品品质的认识及不同品牌代表的产品形象，来选择来自不同国家的商品。[8] 因此，无论哪个国家的消费者，都可以喝法国葡萄酒、穿意大利西装、穿美国运动鞋、开德国车或喝英国啤酒。

选择有强烈国别联系的品牌，反映出消费者基于原产地产品的信任去最大化产品效用和传达自我形象的审慎决策。一些品牌可以创造很强的差异点，部分是因为消费者对原产地的认同和信念。例如，下面是一些紧密关联的品牌和国家：

李维斯牛仔——美国	丰田汽车——日本
香奈儿香水——法国	吉百利糖果——英国
富士达啤酒——澳大利亚	古驰鞋子和皮包——意大利
百味来意大利面——意大利	石宝龙笔——瑞士
宝马车——德国	三星——韩国
宜家——瑞典	

除了原产地，还存在其他一些区域联想，如所处的州、地区、城市等。三个经典的美国旅游口号就是区域联想的具体类型："I Love New York"，"Virginia Is for Lovers"以及拉斯维加斯的"What Happens Here，Stays Here"。

建立区域或原产地联想有不同的方法。厂商所处的地理位置可以成为品牌名称的一部分，如爱达荷土豆、爱尔兰之春香皂、南非航空等；或者通过某种方法与品牌相结合，如 Bailey 甜酒；地理位置也可以成为品牌广告的主题，如 Coors 啤酒厂的富士达啤酒。

　　一些国家甚至发起广告活动来推销本国产品，例如波多黎各的朗姆酒宣称是质量最好的朗姆酒，占美国品牌销售额的 70%。[9] 另一些国家则使用某种标识或记号宣传产品。[10] 品牌备忘 8-2 描述新西兰如何成功推出其国家品牌。

品牌备忘 8-2

"新西兰之路"的品牌营销

　　2013 年，《福布斯》杂志对国家品牌进行的一项调查显示，根据咨询公司的国家品牌指数，新西兰超越美国成为世界第五大最具影响力的国家品牌。这一排名是对该国卓越品质的肯定，也是对多年来其协调一致的营销计划的肯定。

　　早在 1991 年，新西兰就开始了一项名为"新西兰之路"的品牌推广活动。该活动的主要目的在于重新定位新西兰，以反映其现代化的特征，从而在全球贸易和旅游市场中受益。这个创新项目由新西兰旅游局和新西兰企业贸易局（NZTE，新西兰政府的官方经济发展机构）共同创建。这两个部门与旅游和贸易行业最好的企业合作，形成"品牌合作伙伴"。

　　"新西兰之路"品牌活动对新西兰及其旅游和贸易产品、服务，以及被称为"品牌大使"的名人进行推广。基于研究和焦点小组讨论，决定将一个蕨类标志的 LOGO 作为新西兰的专用标识进行保护。它代表了新西兰的绿色起源，并利用了许多运动队（如橄榄球队"全黑队"）和一些行业（如"安佳"黄油）正在使用的、众所周知的银蕨图案。研究表明，这套品牌价值观也得到了新西兰人的认可，从而为重新定位奠定了基础。

　　同时，受到热播电影《指环王》三部曲的宣传影响，加上新西兰旅游局巧妙利用美洲杯的宣传资料，新西兰的游客数量在此期间增加 50%。新西兰企业贸易局选择将品牌推广的重点放在国际业务的发展上，反映创新、创造力和诚信等新兴的企业价值观。这对新西兰不断获得成功的旅游业和新西兰干净绿化的环境起到了补充作用。

　　2011 年，旅游宣传活动的口号改为"100% 纯粹的你"，副标题是"这与时间相关"，目的是在此前广告的基础上，以计划来新西兰度假的人群为目标，鼓励其尽快成行。"100% 纯净"口号最初是为旅游业设计的，但后来被新西兰多个行业（特别是农业和食品出口）引用，其中"清洁、绿色"与食品质量和安全相关。新西兰的葡萄酒生产商将产品原产地标榜为"干净、绿色的土地"，而新西兰的乳制品行业则在伦敦放置了广告，将快乐的奶牛描绘在宽阔、绿色的田野上。该宣传活动的成功使人们日益认识到新西兰是一个最佳旅游目的地，到 2014 年，游客人数达到创纪录的水平，比上一年增长 5%。

　　新西兰针对旅游目的地的营销活动还使用了数字媒体渠道。因为主要针对那些想要寻找注重风景和自然的户外目的地的国际旅行者，公司没有把资金用在大众媒体广告上，而是投放于搜索引擎营销上，以识别那些寻求新西兰所代表的目的地类型的旅行者。此外，还充分利用网站 NewZealand.com 宣传，该网站为游客提供了许多有关新西兰的信息，每年吸引约 2 000 万人次的访问量。脸书和新浪微博等社交媒体渠道也被用来向世界各地的潜在旅行者传播旅游意识。

　　活动还关注旅行者抵达新西兰后的体验。例如，活动依靠一个移动应用程序 App 将访问新西兰的游客与潜在的活动和住宿信息连接起来。通过社交媒体平台，游客可以获取新西兰发生的故事和图片，从而通过创建旅游线路和提供信息来相互帮助。这些活动的目的是与客户建立牢固的关系，并鼓励前往新西兰的旅行者传播正面的口碑。

管理与其他组织的大量合作关系是目的地品牌的一个重要组成部分。新西兰的目的地营销组织与航空公司、机场和旅游销售商建立了伙伴关系。随着决策路径的多元化，人们善于从不同来源获得建议，这种伙伴关系就显得尤为重要。新西兰与著名电影（如《指环王》三部曲）及其他电影（如《阿凡达2》《彼得的龙》）的联系帮助其提高了潜在观众的认知度。由于努力的推广，新西兰品牌具有了强大的品牌属性，包括高认知度，以及作为一个旅游目的地的强大、有利的独特联想。

资料来源：New Zealand, https://ww.newzealand.com; Valarie Tjolle, "Tourism New Zealand Unveils New Digital Marketing Campaign," www.travelmole. com, February 21, 2011; Grant McPherson, "Branding Debate Goes Beyond Logos," www.nzte.govt.nz, August 23, 2011; Magdalena Florek and Andrea Insch, "The Trademark Protection of Country Brands: Insights from New Zealand," *Journal of Place Management and Development* 1, no. 3 (2008): 292-305; Top 25 Country Brands, *Forbes*, www. forbes .com/pictures/efkk45lgim/5-new-zealand/#7df87b57b580, accessed December 17, 2017; Samantha Skift, "Interview: Tourism New Zealand CEO on Smarter Digital Marketing," March 5, 2015, https://skift. com/2015/03/05/interview-tourism-new-zealand-ceo-on-smarter-digital-marketing/#1, accessed December 17, 2017.

由于法律规定产品的原产地必须出现在产品或包装上，因此，消费者购买产品时常会产生对原产地的联想，并由此影响其品牌选择。在整个营销过程中，考虑原产地或其他地理区域的作用非常重要。当然，与原产地或某一具体区域密切相连时，也可能带来不利影响，与某个国家相关的事件或活动毕竟会影响人们的感知。[11]

美国品牌

21世纪初，小布什总统任职期间恰逢美国在世界公民眼中形象急剧下滑。2008年，一项由皮尤研究中心给出的综合报告分析如下：

> 美国在海外的形象几乎处处受损。尤其在经济发达国家，人们把金融危机归咎于美国。西欧国家普遍反对美国外交政策，而长期的欧洲同盟对美国支持的声音也急剧减弱。由于阿富汗战争尤其是伊拉克战争，伊斯兰国家对美国的反对声音更是达到历史新高。美国在几个亚洲和拉丁美洲国家稍有好评，但也在逐渐下降。[12]

2007年，一项由BBC主导的在25个最大国家由26 000名受访者完成的民意调查显示，几近50%的人认为美国对世界具有"最为负面"的影响。全球经济衰退、令人厌恶的战争，以及各种社会环境政策的混乱等问题，对受访者造成了负面印象。虽然少数几个美国的全球化公司也在名誉上受损，许多民众还是希望把政治与经济分开，因此，2008年奥巴马当选总统后，重塑美国形象便成为受人注目的话题。在意识到旅游产业对美国经济的重要性之后（美国1/9的工作和旅游行业相关），美国旅游协会一直在积极地对美国的国际旅游业做出努力。[13]

最近，美国在世界上的形象显著下降。皮尤研究中心针对39个国家4万多人的研究调查显示，只有22%的受访者表示对美国总统和美国在世界舞台上扮演的角色有信心。[14]根据皮尤研究中心的调查，在2016年唐纳德·特朗普当选美国总统之后尤其如此。特朗普表示希望退出国际贸易协定和气候协定，这些立场可能导致美国在世界舞台上品牌形象的下跌。

最后，必须从国内国外两个角度来考虑原产地联想的优点。在国内市场上，原产地联想能激发消费者的爱国情感，并将他们带回过去的岁月。随着国际贸易的发展，消费者可能将这种关联视为自己的文化遗产和身份的象征。有研究表明，在一些集体主义的国家，如日本和其他亚洲国家，国内品牌深受欢迎，这些国家有着强烈的家庭、国家群体规范。而在一些个体主义国家，如美国和其他西方国度，自我利益与个人追求则占主导地位，消费者需求更注重产品本身的优越性。[15]

爱国诉求已成为全球营销策略的基础。然而，爱国的吸引力也会导致产品缺乏个性，甚至被过度使用。例如，在 20 世纪 80 年代里根政府执政期间，各种门类产品（如汽车、啤酒、服装）的美国品牌，都在广告中突出"美国"这一主题，结果反而削弱了品牌自身的个性特征。近年来，关于外包和离岸外包的讨论，以及 2001 年发生的"9·11"事件，让我们看到爱国热潮的再度兴起。

关于原产国的另一个挑战是，消费者实际上如何定义原产国，以及他们在什么情况下关心原产国。许多美国公司正在将生产转移到海外。尽管匡威、李维斯、美泰和罗林斯（Rawlings）棒球手套等一些极具代表性的品牌可能仍将总部设在美国，但它们已不再在美国生产。其他一些著名的美国品牌，如本杰瑞、百威和嘉宝（Gerber）等，实际上都已属于外国公司。

在日益全球化的世界，原产地的概念有时也会令人困惑不解。有些国家的政府甚至已经采取措施对时尚产业进行保护。瑞士法律对手表行业就规定，只有当手表的流转价值或机芯部件有超过一半源于瑞士时，才可在手表上标注"瑞士制造"。[16]

8.4　分销渠道

第 5 章中提到，由于消费者联想和零售商店相关，因此分销渠道成员对所售产品的品牌资产具有直接影响作用。本节将讨论零售店是如何通过"形象传递"来间接影响品牌资产的。

零售商借助于其商品品种、定价、信用政策、服务质量等，在消费者心目中形成一定的零售商品牌形象。品牌科学 8-1 概括了零售商品牌形象维度的学术研究成果。零售商通过储存的产品、品牌及销售方法等，建立自己的品牌形象。为了更加直接地建立自身形象，许多零售商都大规模地做广告，开展推广活动。

品牌科学 8-1

零售商的品牌形象

就像零售商销售的品牌一样，零售商自身的品牌形象也会影响消费者，因此必须谨慎构建并予以保持和维护。学术界认为零售商品牌形象具有以下五个维度。

可接近性

零售商店的地理位置、顾客到商场的距离是消费者选择商场的基本因素。可接近性是消费者总体购买成本中的关键评估要素，对于想要争取临时购物和少量购物顾客的零售商而言，商场的可接近性尤其重要。

商场氛围

零售店内环境的不同要素，如颜色、音乐以及拥挤程度等都会影响顾客对氛围的感知，如消费者是否光临该店、停留多长时间以及在该店花费多少等。令人愉悦的店内氛围能给顾客带来享乐性效用，并鼓励消费者经常光顾、停留更久并购买更多。虽然好的商场氛围能改善对店内商品质量的感知，但消费者同时也会将它与高价联系起来。令人愉悦的商场氛围还能创建独特的商场形象，并形成差异化。即便店内的产品和品牌与其他商店一样，建立强势店内个性和丰富体验的能力，在创建零售商品牌资产中也能发挥关键作用。

价格和促销

影响零售商价格形象的因素包括：平均价格水平、价格随时间变动的幅度、促销的频率和力度以及零售商在"天天低价"和"高低联合促销"定价策略中的定位等。当零售商对大量商品提供频繁性促销，与低频率但折扣力度更大相比，前者能带给消费者更好的价格形象。此外，高价位且被经常购买的产品，在决定零售商价格形象方面尤其显著。虽然一种定价模式并不比另一种占有优势，但研究发现，大量购物者更喜欢"天天低价"的商场，少量购物者则更喜欢"高低联合促销"的商场。并且，理想的情况是"高低联合促销"的商场平均价格比"天天低价"的要高一些。最后，价格促销与商场转换具有关联，但属于间接效应。在商场改变品类的购买决策，比改变光临商场的决策更加容易。

跨品类的商品搭配

消费者对零售商所供应不同产品和服务的宽度感知，对于商场形象具有重要的影响作用。更多的品种通过为顾客提供便利而创造顾客价值。过早扩张是有风险的，仅仅专注于当前产品种类和形象未必会限制零售商的范围。商品搭配的逻辑和顺序，对于零售商成功拓展其品牌含义和吸引消费者的能力而言，具有至关重要的作用。

同品类的商品搭配

消费者对零售商同一品类中商品搭配的深度感知，是商场形象的关键维度及商场选择中的重要因素。如果对品牌、风味和尺寸等的感知增加，那么寻求多样化的顾客将会感知到更高的效用，而对于不确定未来偏好的消费者将会坚信具有更加灵活的选择性，并且，通常而言，消费者更容易找到理想中的款式。但是，库存量单位（SKU）的数量之大并不会直接转化为更好的感知。在不会负面影响顾客感知的情况下，只要顾客关注那些最受欢迎的品牌、商品搭配的组织以及能获得不同的产品属性，零售商通常是大量减少 SUK 的数量。

线上与线下的零售商形象

随着电子商务和网络购物的发展，一个重要的问题是零售商如何在线上和线下环境下管理自己的形象。一项研究调查了线上和线下零售商品牌形象与消费者对网站的态度之间的不一致性。这项研究发现，任何线上和线下 / 体验之间的不一致都会破坏网站的导航体验。随着数字渠道和电子界面的增长（如平板电脑和个人电脑相对于移动电话），确保无缝的用户体验对于维护零售商形象至关重要。

资料来源：Kusum L. Ailawadi and Kevin Lane Keller, "Understanding Retail Branding: Conceptual Insights and Research Priorities," *Journal of Retailing* 80, no. 4 (December 2004): 331-342; Dennis B. Arnett, Debra A. Laverie, and Amanda Meiers, "Developing Parsimonious Retailer Equity Indexes Using Partial Least Squares Analysis: A Method and Applications," *Journal of Retailing* 79, no. 3 (December 2003): 161-170; Dhruv Grewal and Michael Levy, "Emerging Issues in Retailing Research," *Journal of Retailing* 85, no. 4 (December 2009): 522-526; Myles Landers, Sharon E. Beatty, Sijun Wang, and David L. Mothersbaugh, "The Effect of Online versus Offline Retailer-Brand Image Incongruity on the Flow Experience," *Journal of Marketing Theory and Practice* 23, no. 4 (2015): 370-387.

消费者会根据商品是在哪里出售来推断其品质。比如，"如果这件商品是在诺德斯特龙购买的，那么它一定是优质产品"。消费者对同样一个产品会产生不同的看法，也许仅仅因为它是在一家著名商店或专卖店购买的，或是在一家廉价商店或大众品商店购买的。

对品牌而言，零售商品牌形象传递会有正面作用，也会有负面作用。许多高档品牌惯于使用一种增长策略，即通过新销售渠道来扩展消费群体。但这种策略可能是危险的，能否成功取决于现有消费者和零售商的反应。当王薇薇（Vera Wang）决定通过科尔士百货（Kohl's）分销其产品时，梅西百货则决定撤下其所属的内衣产品，此外，当该时尚品牌向杰西潘尼供货 Liz 产品时，梅西公司还终止了与 Liz Claiborne 品牌的合作。[17] 相反，提供独家品牌也会给零售商带来负面影响。例如，当西尔斯开始在其在线市场上提供劳力士、香奈儿、Jimmy Choo、英国设计师品牌 Stella McCartney 和其他时尚品牌时，一些分析师质疑这是不是正确的战略，因为这可能会冲淡大众市场上"买得起的西尔斯"的品牌形象。[18]

▌ 8.5　品牌联盟

如前所述，通过品牌延伸策略，可以将一个新产品与一个已拥有丰富品牌联想的公司品牌或家族品牌联系在一起。一个已经存在的品牌，同样也可以通过与本公司其他品牌或其他公司品牌发生关联，从而获得品牌联想的杠杆效应。**品牌联盟**（co-branding）——有时也称为品牌捆绑或品牌联合——是指两个或两个以上现有品牌合并为一个联合产品或以某种方式共同销售。[19] 品牌联盟策略的一个特例是"要素品牌"策略，这将在下一节中讲述。[20]

品牌联盟已出现多年，例如，早在 1961 年，贝蒂·克罗克公司和新奇士果农公司（Sunkist Growers）一起成功地销售了一种柠檬松软蛋糕粉。[21] 品牌联盟作为一种创建品牌资产的方法，近年来引起了更多厂商的兴趣。例如，好时公司（Hershey）推出的 Heath 太妃糖，不仅衍生出众多新产品，如 Heath Sensations（小粒糖果），Heath Bits 及 Bits of Brickle（有巧克力外层的纯乳糖产品），还向许多厂家发放了许可证，如 Dairy Queen（用于暴风雪产品）、本杰瑞和 Blue Bunny（用于冰淇淋产品）。

知名超市中品牌联盟的例子有：Yoplait 公司的 Trix 酸奶、贝蒂·克罗克的巧克力饼和好时的巧克力糖浆以及家乐氏的肉桂卷。在信用卡市场，经常可见三个品牌的联盟：花旗银行与壳牌石油合作推出的万事达金卡。在航空业中，品牌联盟通常包括许多品牌，如星空联盟就联合了美国航空、汉莎航空、新加坡航空在内的 16 家航空公司。科技品牌也开始以独特的方式与非科技品牌合作，以吸引消费者。例如，耐克和苹果联合打造了一个全新的品牌，名为 Nike+ 的鞋类产品线。苹果为这些鞋子配备了微芯片，可帮助记录用户通过 iPhone 激活此功能时的进度，并可以记录用户统计信息，如消耗的卡路里。[22] 耐克和苹果将这一合作关系扩展到了 Apple Watch Nike+，用户能够通过名为 Nike+ Run Club 的 App 传输喜欢的音乐。从手表上启动时，该 App 可以提供入耳式训练，并且手表上的自定义封面以"我们今天跑步吗？"这样的口号激励佩戴者。通过与耐克联名，苹果增强了 Apple Watch 对运动员和热爱健身的消费者的吸引力。反过来，耐克也从与 Apple

Watch 的关联中受益，因为这增强了耐克与健身和健康方面的关联，使其能够将吸引力从常规跑步者扩展到健身爱好者这类渴望群体。

表 8-1 总结了品牌联盟以及授权的主要优点和缺点。品牌联盟的主要优点是，一个产品涉及多种品牌，可以使定位更独特、更有说服力。品牌联盟可以为一个品牌建立更具吸引力的差异点或共同点，这是其他方式所无法比拟的。因此，品牌联盟不但能在现有目标市场上增加产品销售，还能开辟新的渠道，开发新的消费群。当卡夫食品公司（Kraft）把都乐（Dole）水果加到儿童午餐套餐中后，则有助于消除营养专家对健康问题的担忧。[23]

表 8-1 品牌联盟和授权的优点与缺点

优点	缺点
能借用所需的专长	失去控制
能利用本不具有的品牌资产的杠杆效应	面临品牌资产被稀释的风险
降低产品的导入费用	负面反馈效应
将品牌含义扩展到相关品类中	品牌缺乏聚焦和清晰度
扩展品牌含义	公司注意力的分散
增加接触点	
增加了额外收入的来源	

品牌联盟还能降低产品的市场导入成本，因为两个著名品牌形象的结合能增加顾客的潜在接受意愿。同时，品牌联盟也是了解消费者以及其他公司如何获取顾客的有价值的方法。尤其是对差别化不显著的品类而言，品牌联盟是创建特色产品的一种重要手段。[24]

品牌联盟潜在的不利因素在于，在消费者心目中一个品牌与另一品牌结成联盟时会导致风险和控制力的削弱。消费者对于联盟的各品牌的介入度和责任的期望通常很高。不尽如人意的表现会对所有相关的品牌产生不利影响。[25]如果联盟品牌都非常优秀，那么消费者就不太确定每个品牌代表什么。[26]如果品牌联盟中的另一方签订了多个品牌联盟协定，则会带来过分暴露的风险，使品牌联想的效应稀释；同时，还可能造成与现有品牌核心诉求的偏离。

指导原则

品牌科学 8-2 提供了关于顾客如何评价品牌联盟产品的一些学术研究方面的见解。要想建立一个强大的品牌联盟，两个品牌都应具有足够的品牌知名度和足够强有力的、偏好的和独特的品牌联想以及积极的消费者感受。因而，品牌联盟取得成功的一个必要但非充分条件是，两个品牌各自都有一定的潜在品牌资产。同时，还有一点非常重要，即两个品牌必须具有合理的匹配性。联盟后的品牌和营销活动能够使各自品牌的优势最大化，而使劣势最小化。[27]

品牌科学 8-2

品牌联盟

品牌联盟是指两个品牌以某种方式进行联合的形式，学术界已经研究了品牌联盟、要素品牌策略的效应。

品牌联盟

帕克（Park）、尤恩（Jun）和肖克（Shocker）将联合品牌比做心理学中的"概念组合"。一个概念组合（如"公寓狗"）包含一个起修饰作用的概念或"修饰词"（如"公寓"）和一个被修饰的概念或"核心词"（如"狗"）。帕克和同伴还进行了一个实验，他们研究了歌帝梵（Godiva）（让人联想到昂贵的、高热量的盒装巧克力）和 Slim-Fast（让人联想到廉价的、低热量的减肥巧克力）以各自品牌或联合品牌推出一种巧克力蛋糕配料的不同方法。

他们发现联合品牌相比两个品牌各自延伸到蛋糕粉更容易被接受。他们还发现消费者对联合品牌的印象更多取决于作为"核心词"的品牌。（由歌帝梵生产的 Slim-Fast 蛋糕粉将被视为低热量，而由 Slim-Fast 生产的歌帝梵巧克力蛋糕粉则没有这种效果，与此相反，能产生有关奢华与浓郁的联想。）同样，他们还发现，当 Slim-Fast 作为联合品牌中的核心词时，比它作为品牌的修饰词更容易改变消费者对 Slim-Fast 品牌的印象。他们的研究对如何组合精心挑选的品牌，从而克服两种品牌负相关属性（如浓郁的口味和低热量）所造成的潜在问题提出了建议。

西莫宁（Simonin）和鲁思（Ruth）发现，消费者对某一品牌联盟的态度，可能会影响其对每个合作方品牌的印象（存在溢出效应），但是影响的效果也取决于一些其他因素，如产品匹配性或互补性、品牌匹配性或者品牌形象的一致性。在品牌联盟中，相对于熟悉的品牌而言，人们不太熟悉的那个品牌对联盟效应的影响较小，但是受到溢出效应的影响更大。沃斯（Voss）和坦苏亚（Tansuhaj）发现，当国内的知名品牌出现在品牌联盟中时，消费者对于来自另一国的不知名品牌的评价就会比较积极。

莱文（Levin）和莱文（Levin）研究了双重品牌化效应。他们把双重品牌化定义为一种营销战略，其中两个品牌（通常是餐馆）共享相同的设施，消费者可以使用任意一种品牌或者两种品牌。库玛（Kumar）发现，当在一个新的产品类别中引入联合品牌延伸时，会降低新类别的品牌转亏为盈或者在原始的产品类别进行反向延伸的可能。莱巴（Lebar）和同事发现联合品牌可以提升品牌的感知差异化，有时也会降低消费者对品牌和品牌知识的感知自尊。

斯瓦米纳坦（Swaminathan）和同事的研究结果表明，相对于相似（或非互补）联合品牌伙伴关系（如歌帝梵和慧俪轻体（Weight Watchers）），消费者更偏爱两种品牌不相似（或者互补性的属性水平，如歌帝梵和本杰瑞的合作伙伴关系）时的联合品牌伙伴关系。他们指出，不同的消费者群体可以根据他们的思维或加工风格（与不同的文化导向相关），对这些类型的联合品牌化产品进行评估。在属性映射式思维方式中，个体对互补性的联盟关系评价更积极。在关联式思维方式中，个体对相似性的联盟关系评价更积极。

另一项研究探究了品牌联盟中的合作伙伴在品牌形象上应该相似还是相异，以培养良好的契合感。范德兰斯（Van der Lans）、范登伯格（van den Bergh）和迪勒曼（Dieleman）发现，通过建立共同品牌合作伙伴关系，品牌之间在个性方面的概念一致性（如品牌个性复杂程度的相似性）可以预测对联盟的态度。

一项研究调查了人们对国际品牌与本土品牌之间进行联盟的看法。研究者发现，卓越的合作伙伴品牌（如名字在联盟伙伴中出现在第一位的品牌）会对联合品牌的产品感知产生更强的影响。

纽迈耶（Newmeyer）及其同事发表的一篇综述文章提出了评估联合品牌关系的总体框架。他们认为，对联合品牌产品的评价同时受联盟伙伴的关系结构和品牌构成的影响。这里的结构涉及两个联盟品牌的整合程度以及关系的排他性、关系的持续时间。此外，品牌形象的一致性也会影响对联盟品牌的评价。

品牌销售变化的主要驱动力包括自有在线媒体（10%）、付费 / 免费自媒体（3%）、付费媒体（2%），这些媒体能够实质性地解释影响购买的路径。值得注意的是电视广告（5%）所发挥的作用显著小于在线媒体。

要素品牌

德赛（Dasai）和凯勒（Keller）进行了一项实验室实验，研究要素品牌如何影响消费者对初始产品线延伸的接受程度，以及通过原有品牌推出延伸产品的效果。他们研究了两种类型的产品线延伸，也被称为品牌扩张：（1）补充性延伸（slot filler expansion），即改变现有产品的属性（如汰渍清洁剂的一种新型香味）；（2）新属性延伸（new attribute expansion），即让产品增加一种全新的属性或者特征（如将止咳水添加到 LifeSavers 糖果中）。这两种要素品牌策略通过在品牌延伸中为要素品牌的目标属性成分取一个新的名称，作为自我品牌要素（self-branded ingredient，如汰渍的 Everfresh 香薰沐浴皂），或者采用已经享有一定声誉的名称，作为联合品牌要素命名（co-branded ingredient，如汰渍的爱尔兰之春香薰沐浴皂）。

结果表明，补充性延伸中的自我品牌要素能够得到较多的对延伸产品的正面评价，虽然联合品牌要素在最初阶段有助于增加人们对延伸产品的接受程度。但是，不同的新属性增加得越多，联合品牌要素不管是在初期阶段还是以后的阶段，都会得到越多的正面评价。

文卡特思（Venkatesh）和马哈鲁（Mahajan）根据捆绑价格和底线价格的概念，得出了一个分析模型，用以计算最合适的定价，并帮助合作者作出品牌组合的选择。他们在一家位于某大学的出售 486 台式电脑的商店中进行了实验，结果发现在捆绑价格上，装有英特尔 486 的康柏品牌机的价格比其他组装电脑的价格明显高出一个档次。但是，在有些情况下，英特尔品牌的相对品牌强度比康柏品牌更大。

资料来源：C. Whan Park, Sung Youl Jun, and Allan D. Shocker, " Composite Branding Alliances: An Investigation of Extension and Feedback Effects, " *Journal of Marketing Research* 33, no. 4 (November 1996): 453-466; Bernard L. Simonin and Julie A. Ruth, " Is a Company Known by the Company It Keeps? Assessing the Spillover Effects of Brand Alliances on Consumer Brand Attitudes, " *Journal of Marketing Research* 35, no. 2 (1998): 30-42; Piyush Kumar, " The Impact of Cobranding on Customer Evaluation of Brand Counterextensions, " *Journal of Marketing* 69, no. 3 (July 2005): 1-18; Kalpesh Desai and Kevin Lane Keller, " The Effects of Ingredient Branding Strategies on Host Brand Extendibility, " *Journal of Marketing* 66, no. 1 (January 2002): 73-93; Mrinal Ghosh and George John, " When Should Original Equipment Manufacturers Use Branded Component Contracts with Suppliers?, " *Journal of Marketing Research* 46, no. 5 (October 2009): 597-611; Alokparna Basu Monga and Loraine Lau-Gesk, " Blending Cobrand Personalities: An Examination of the Complex Self, " *Journal of Marketing Research* 44, no. 3 (August 2007): 389-400; Casey E. Newmeyer, R. Venkatesh, and Rabikar Chatterjee, " Cobranding Arrangements and Partner Selection: A Conceptual Framework and Managerial Guidelines, " *Journal of the Academy of Marketing Science* 42, no. 2 (2014): 103-118; Vanitha Swaminathan, Zeynep Gürhan-Canli, Umut Kubat, and Ceren Hayran. " How, When, and Why Do Attribute-Complementary versus Attribute-Similar Cobrands Affect Brand Evaluations: A Concept Combination Perspective, " *Journal of Consumer Research* 42, no. 1 (2015): 45-58; Ralf van der Lans, Bram Van den Bergh, and Evelien Dieleman, " Partner Selection in Brand Alliances: An Empirical Investigation of the Drivers of Brand Fit, " *Marketing Science* 33, no. 4 (2014): 551-566; Yan Li and Hongwei He, " Evaluation of International Brand Alliances: Brand Order and Consumer Ethnocentrism, " *Journal of Business Research* 66, no. 1 (January 2013): 89-97; Philip Kotler and Waldemar Pfoertsch, *Ingredient Branding: Making the Invisible Visible* (New York: Springer, 2010); John Quelch, " How to Brand an Ingredient, " October 8, 2007, www.blogs.hbr.org.

除了上述策略性考虑，在执行品牌联盟策略时，必须采取谨慎的态度。既要在品牌资产方面达到恰当的平衡，还要在价值、生产能力和目标方面实现互相匹配。在执行过程中，对于合同的合法化、财务安排、营销活动合作等都必须制定详细的计划。就像纳贝斯克公司的一位主管所说："放弃你的品牌就像放弃你的孩子一样——你希望能将一切都安排得尽善尽美。"不同品牌间的财务安排各不相同，尽管典型的情况是，使用其他品牌的公司需要支付一些品牌特许使用费。许可方和被许可方的目的都是要从共享的品牌资产中受益，提高许可方的品牌知名度，同时为被许可方带来更大的销售额。

通常，品牌联盟（如联合品牌）需要考虑一系列决策因素，具体如下：

- 不具备哪些能力？
- 面临的瓶颈资源是什么（人员、时间、资金等）？
- 增长和收益目标是什么？

在评估品牌联盟的机会时，必须考虑以下因素：

- 这是不是一个有利可图的商业机会？
- 如何有助于保持或增加现有品牌资产？
- 有没有稀释现有品牌资产的风险？
- 有没有外在的优势（如学习机会）？

迪士尼和麦当劳的品牌联盟是其中一个最著名的案例。1996—2006 年间，麦当劳在全球快餐业拥有独家代理权，推销迪士尼的各种产品，从迪士尼电影到音像制品、电视剧、主题公园。有趣的是，由于担心快餐业助长儿童肥胖症，除了继续进行少量的合作促销活动外，迪士尼终止了与麦当劳的独家合作关系。这个例子说明联合品牌合作伙伴关系的一些弊端，尤其是当一个合作伙伴不再是积极的品牌联想来源时更是如此。[28] 如果合作不成功，品牌应考虑可能的退出策略。麦当劳还和很多其他品牌建立了品牌合作关系，其中包括与知名玩具公司合作的"快乐餐"，"麦旋风"甜点与卡夫奥利奥、好时M&M's 及 Rolo 品牌的合作等。

要素品牌

品牌联盟的一个特例是要素品牌（ingredient branding），亦即为某些品牌产品中必不可缺的材料、组件和部件创建品牌资产。[29] 近年来成功的要素品牌有英特尔芯片、Arm & Hammer 小苏打、OnStar 安全服务、奥利奥饼干、Stainmaster 防污纤维和 Scotchgard 织品等。在数字环境中，要素品牌推广还可用于提高主品牌的吸引力。例如，苹果的 CarPlay 是仅在某些汽车中可用的功能，这样菲亚特（Fiat）500 汽车可能对潜在买家就更有吸引力，因为它可向客户提供移动 iOS 作为候选产品之一。[30]

要素品牌试图为产品建立足够的知名度和市场偏好，以使消费者不会购买不含有该要素或成分的主品牌。

从消费者行为角度看，有品牌的要素或成分常被视作质量的标志。卡彭特（Carpenter）、格莱泽（Glazer）和纳卡莫托（Nakamoto）在一项有趣的学术研究中发现，含有一项具有品牌的成分（如羽绒服中的"阿尔卑斯级"填充物），会对消费者的选择产生显著影响，甚至在消费者被明确告知这种成分与他们的选择毫不相干时亦会如此。[31] 很明显，消费者推断，产品中的成分要素如果具有品牌的话，就能带来优良的品质。

要素品牌的同质性和预告性能降低风险，使消费者放心购物。所以，要素品牌可以成为消费者心中的行业标准，他们不会购买缺少这种要素或部件的产品。换句话说，要素品牌实际上可以成为一个同类点。消费者无须弄懂各成分的作用，只需确信它们能增加价值。

　　一方面，成熟的品牌在努力寻求与众不同的低费用高效率的途径；另一方面，潜在的要素产品也在寻找扩大销售机会的方法。因此，要素品牌的使用日益普遍。康宁公司（Corning）的大猩猩玻璃在被电话制造商用以防止手机屏幕破裂之前，是作为独立产品出售的。在康宁发布了一个吸引数百万观众的视频之后，摩托罗拉开始宣传使用大猩猩玻璃作为其差异化的主要来源。[32] 一些公司创建了自己的要素品牌，例如耐克的 Dri-Fit 技术（一种高性能的超细纤维织物技术），当它用于运动服时，可以帮助运动员保持干爽和舒适；同样，另一个例子是福特（Ford）为其新型发动机开发的要素品牌 EcoBoost，可提高燃油经济性并提高性能。[33] 为了明确要素品牌的可选择范围，可参考新加坡航空公司是如何在品牌中同时使用联合品牌成分和自有要素品牌进行服务交付的。

新加坡航空

　　新加坡航空的豪华舱服务中，提供法国品牌纪梵希（Givenchy）的睡床和餐具，以及"意大利工艺专家"玻托那福劳（Poltrona Frau）手工缝制的沙发。头等舱则配置 Burrwood 真皮座椅。新加坡航空使用 KrisWorld 娱乐系统并提供纪梵希毛毯。在价格较贵的豪华舱、头等舱和商务舱，乘客可以享受使用 Bose 双声道防噪音耳机音响系统（经济舱是杜比音响）。新加坡航空还提供由全球知名厨师制作的佳肴，如印度美食 Shahi Thali（豪华舱和头等舱）、Hanakoireki 套餐（商务舱）。所有乘客还能加入 KrisFlyer 新航奖励计划。

新加坡航空将联合品牌和自有品牌结合起来打造服务品牌。

资料来源：Steve Parsons/PA Images/Getty Images.

　　正如这个例子所示，一个产品可以包含多个不同的具有品牌的要素。要素品牌不仅仅限于产品和服务，例如，雪佛兰的科迈罗（Camaro）可能已被视为电影《变形金刚》的一部分。雪佛兰和《变形金刚》之间的联盟使该品牌获得了流行文化偶像的地位，并提高了在年轻观众中的知名度。[34] 黄色雪佛兰科迈罗的销量增长约 10%，售出近 8 万辆汽车，其中大部分可归因于与《变形金刚》的品牌联盟。为了与电影续集同步，汽车的外观进行了相应调整。例如，在第四部电影中，就重新设计了汽车，使其显得更具侵略性和力量感。通用汽车的其他各种车型，例如凯迪拉克和绿色科尔维特（Corvette Stingray），在电影《变形金刚》中扮演了不同的角色，从而为品牌带来了知名度和销量。品牌联盟的另一个例子可以在零售合作伙伴关系中找到，例如，巴诺书店（Barnes & Noble）和星巴克之间的独家合作伙伴关系，在该伙伴关系中，星巴克在许多的巴诺书店里都设有店内咖啡店。

优点和缺点　要素品牌策略的优缺点与品牌联盟相似。[35]从生产和供应要素产品的公司角度来讲，使自己的产品进行要素品牌化能带来的一个好处是，可以形成消费"拉力"，从而产生更高利润下的更多销售。此外，还将形成更稳定、更广泛的顾客需求，以及买卖双方更加密切的长期合作关系。公司将拥有两种收入来源——来自供应要素产品的直接收入和来自授权使用要素品牌的额外收入。

从主产品制造商的角度来看，好处是可以利用要素品牌的资产来增强自己的品牌资产。在需求端，主产品品牌可能会超出预期获得新的产品类别、不同的细分市场和更多的分销渠道。在供应端，主产品品牌则能够与要素供应商分担一些生产和研发成本。

要素品牌策略也有一定的风险和费用。用于促销宣传的费用可能很高——消费品广告占销售额的比重通常超过 5%——而且，许多供应商在设计大众传媒宣传方面经验不足，而这些宣传又必须能够争夺那些漫不经心的顾客和缺乏合作精神的中间商。要素品牌和品牌联盟一样，也会因供应商和生产商的目标不同而缺乏控制力，从而可能会向消费者传递不同的信号。

某些生产商可能不愿依赖供应商，或者不大相信那些品牌化的成分能够增加价值，从而招致损失。如果品牌成分获得太多权益，制造商可能会对消费者混淆谁是真正的品牌感到不满。最后，竞争优势的可持续性就可能受到影响，因为跟随品牌可能会借助消费者对成分作用的深入理解而成长。因此，跟随品牌可能需要传达的不是要素或成分的重要性，而是为什么其特定的要素品牌比先锋或其他品牌更好。

指导原则　通过要素品牌策略创建品牌资产的方法与传统品牌策略有着许多相同之处。要素品牌成功的要点有哪些呢？具体来说，要获得成功，必须遵守以下四项原则：

1. 必须使消费者感知到该要素对最终产品的性能具有影响。理想的情况是，它的内在价值能被看到或体验。

2. 要让消费者相信，不是所有的要素品牌都是一样的，而该要素品牌更为出众。理想的情况是，该要素具备创新性或具有潜在优势。

3. 设计一个有特色的符号或图案作为标记，明确告知消费者最终产品中含有该品牌的成分。该符号或图案最好能成为一种象征。它是简洁而多用途的，能够出现在任何地方，并使消费者确信这是质量和信心的标志。

4. 最后，营销"推力"和"拉力"必须协调统一、恰到好处，使消费者了解这种品牌成分的重要性及优越性。这就需要经常面向消费者进行广告和促销——有时还要和生产商合作并制定零售商规划和促销计划。作为"推力"方案的一部分，在获得生产商和销售渠道成员的合作上也要付出一定的宣传努力。

▎ 8.6　许可授权

许可授权（licensing）指公司之间关于使用他人品牌的名称、图案、特性或其他品牌元素，来促进本公司品牌的销售并支付固定费用所达成的协议。从本质上讲，这种做法是一个公司"租借"他人品牌帮助自己的产品创建品牌资产的一种方法。由于这是创建品牌资产的一条捷径，所以，许可授权的做法日益普遍。2010 年，全球 125 家顶尖授权商因此获得的营业额超过 1 840 亿美元，其中最负盛名的也许当属迪士尼公司。[36]

迪士尼许可授权的消费品

迪士尼公司一直被认为拥有世界上最强大的品牌。它在许多方面都获得了成功，如蓬勃发展的电视、电影、主题公园及其他娱乐项目。这些不同的产业造就了一批广受欢迎的角色及高质量的娱乐产品。迪士尼的消费品经过精心设计，通过多条产品线保持迪士尼品牌和人物在消费者心中的新鲜感：迪士尼玩具、迪士尼家居、迪士尼餐饮、迪士尼健康美容和迪士尼文具等。迪斯尼消费品历史悠久，可以追溯到 1929 年，当时迪士尼授权儿童的写字板可使用米老鼠形象。20 世纪 50 年代，迪士尼授权美泰公司生产其卡通形象的玩具。迪士尼消费者产品（DCP）在 2015 年排名全球第一，在全球的许可商品零售额达到 525 亿美元。[37] 迪士尼出品的《星球大战》系列是 2015 年消费品零售中最主要的产品，创造了 72 亿美元的零售额。漫威的《复仇者联盟》《冰雪奇缘》《迪士尼公主》《玩具小医生》也为收入做出了巨大贡献。迪士尼授权创作部门的艺术家与制造商在产品营销的各个方面紧密合作，包括设计、原型制作、制造、包装和广告。

迪士尼的许可授权是公司重要的收入来源，授权对象尤以电子游戏开发商、出版商和零售商为甚。

资料来源：Kevin Britland/Alamy Stock Photo.

许可经营仍然是迪士尼的重要收入来源，尤其是来自视频游戏开发商、发行商和零售商的收入。根据公司 10-K 报告，"消费者产品和互动媒体部门主要是通过将我们的电影、电视及其他东西中的角色和内容授权许可给第三方来产生收入，以用于消费品、出版材料和多平台游戏。"（第 14 页）此外，迪士尼还拥有自己的商品许可业务，包括玩具、服装、文具、鞋类、消费类电子产品，迪士尼的一些主要许可运营包括《星球大战》《米奇与米妮》《冰雪奇缘》《复仇者联盟》《迪士尼公主》等。[38] 2010—2015 年，迪士尼增加了 239 亿美元的特许商品零售额，为迪士尼品牌做出了贡献。在美国，迪士尼许可授权的收入排名第一——这足以表明迪士尼品牌的实力。

对授权方来说，许可授权是相当有利可图的。例如，这一直是设计师服装和配饰行业长期以来的重要商业战略。唐娜·凯伦（Donna Karan）、卡尔文·克莱恩、皮尔·卡丹等设计师为在服装、腰带、领带和行李箱等各种商品上使用他们的名字而收取高额版税。30 年来，拉尔夫·劳伦成为世界上最成功的设计师，他将拉尔夫·劳伦、双 RL 和 Polo 品牌授权给许多不同种类的产品，从中获取 1.69 亿美元的授权费。[39] 每个人似乎都在参与许可授权。运动类服装和其他产品的许可授权已大幅增长，成为数十亿美元的业务。

娱乐业的许可授权近年来越做越红火。成功的授权对象有电影名称和标识（如《哈利·波特》《变形金刚》《蜘蛛侠》）、连环画人物（如加菲猫、花生明星）以及影视和卡通人物（如《芝麻街》《辛普森一家》《海绵宝宝》）等。每个暑期，生产商都要在电影相关的产品开发上投入上百万美元，以寻求下一个有轰动效应的特许经营权。

许可授权还能为商标提供法律保护。在特定品类中授权使用某一品牌，可以防止其他公司或潜在竞争者使用该品牌名称进入这些品类。例如，可口可乐公司出于法律保护方面的原因，在许多产品领域采用许可授权方式，包括收音机、玻璃器皿、玩具车以及服装等。事实证明，其许可授权方案运行非常成功，该公司现在有多类标有"可口可乐"名称的产品出售给消费者。

　　毫无疑问，许可授权也有风险。如果授权没有节制，就会使商标过度曝光。尽管消费者未必知道产品营销的动机，但当品牌授权给毫无关联的产品时，仍会让大众困惑不已。此外，一旦许可授权的产品没能达到消费者预期，那么原品牌名称也将黯然失色。

指导原则

　　许可授权的一个危险之处在于，生产商使用授权品牌时可能会面临这样的困境：一个品牌也许一时很热销，但实际上这仅是"一阵风"，只能带来短期的旺销。由于过度许可经营，许可使用的实体很容易过度曝光并因此而快速衰退。"Izod Lacoste"——人们熟悉的鳄鱼头——的销售额在 1982 年达到 4.5 亿美元顶峰，但在品牌被过多使用及折价销售后，1990 年它的衬衫销售额缩减至约 1.5 亿美元。[40] 随后该品牌被 Phillips-Van Heusen 购买，后来由于谨慎经营才有所恢复。

　　公司在许可协议中采取各种措施保护自身权益，那些本身品牌资产弱、对许可方品牌形象依赖程度高的公司更是如此。[41] 例如，公司可使用大范围的许可授权实体，而其中一些授权合作较为长久，以便分散风险。被许可方还应致力于开发独特的新产品和进行别具一格的营销活动，努力使销售不仅仅取决于授权品牌的知名度。有的公司还开展营销调研，以确认产品与许可实体是否相符，或者为有效进行库存管理提供精确的预测。

　　公司商标许可授权（corporate trademark licensing）是指公司将其名称、图标或品牌授权给通常毫不相关的产品。例如，在前几年严重的金融危机中，哈雷－戴维森决定将它的名称进行许可授权，它的名称已成为摩托车和一种生活方式的同义词，许可对象有 Polo 衬衫、金戒指甚至葡萄酒饮品。该公司一旦获得更加坚实的财务基础，便进一步实施相关战略，从而取得了更大成功，正如 2015 年 10-K 报告中所介绍的：

　　　　公司通过给众多车迷及其他公众在许多产品上授权"哈雷－戴维森"品名或公司的其他商标，建立了哈雷－戴维森的品牌知名度。公司的授权包括 T 恤衫、机动车及其附件、珠宝、小的皮具产品、玩具及大量其他产品。虽然大多数授权都是在美国市场，但哈雷－戴维森仍继续在国际市场中扩大授权范围。2015、2014 和 2013 这 3 年包括摩托车净收益在内的授权收入分别是 4 650 万美元、4 710 万美元和 5 890 万美元。[42]

　　其他一些原来产品品类集中的品牌，如吉普、卡特彼勒、迪尔和 Jack Daniels，都采用了大范围的许可协议。

　　公司对于将公司商标授权许可持有不同的动机，包括获取额外的收入和利润、保护商标、增加品牌的曝光率或加强品牌形象。利润的吸引力分外诱人，因为这种做法不会产生任何存货、应收账款、制造费用等。通常情况下，被许可方以每件产品批发价 5% 的价格向许可方支付许可使用费，实际上该比例从 2% ～ 10% 不等。在第 5 章中已经谈到，一些公司通过自己的产品目录销售许可授权产品。

　　然而，这种做法的风险在于这些产品可能达不到品牌所拥有的声誉。不恰当的授权可能会淡化品牌对于消费者的意义，以及公司对于市场营销的关注程度。消费者并不关心具体产品或服务背后的财务状况，一旦使用某一品牌，那么品牌承诺必须得到支持。

8.7 名人背书

　　由著名的、受尊敬的人士来促销产品的做法由来已久。就连美国前总统里根在其演员生涯中，也担当过名人背书的角色，曾为包括香烟在内的多种产品做过广告。一些拒绝在美国做广告的美国演员愿意在海外市场做广告，比如美国影星阿诺德·施瓦辛格为 Bwain 饮料、布拉德·皮特为 Softbank，以及哈里森·福特为 Kirin 啤酒等，都是在日本市场为相应品牌做广告。虽然明略行咨询公司（Millward Brown）估计这些明星广告在美国的比例达到 15%，而在印度和中国台湾市场，该比例却分别达 24% 和 45%。[43]

　　这种做法的依据是：一位名人能将众人的注意力吸引到所宣传的品牌上来，消费者基于对名人的了解形成对品牌的感知。因此，希望名人的粉丝也能成为所宣传产品或服务的用户。在选择广告代言人时，很重要的一点是：该名人要足够有名，能同时提高品牌知名度和品牌形象。

　　尤其要注意的是，做广告的名人必须非常引人注目，并能产生丰富的、有价值的联想、判断和感受。[44] 更理想的情况是，该名人最好能在专业知识、可信度、友善或吸引力方面也是可信赖的，并且有潜在的产品关联性。以在工作中取得卓越业绩而创建并成就一个伟大品牌的案例，当属奥普拉·温弗瑞（Oprah Winfrey）。

奥普拉·温弗瑞

奥普拉·温弗瑞的杂志 O 以她作为名人的声望为基础，拥有大批读者。

资料来源：Getty Images.

　　全球最为成功和最具价值的个人品牌当属奥普拉·温弗瑞。据《福布斯》杂志估计，她个人净资产已高达 31 亿美元。[45] 她以自己的人生格言"活出你的人生精彩"激励自己，克服了童年的贫穷及重重困难，以坚持不懈的乐观态度，致力于自我完善。期间，她与观众的情感纽带成为造就其市场价值的金矿。她的 Harpo 制作公司精打细算，为一些最受欢迎的嘉宾如 Phil 博士、Oz 博士、瑞秋·雷（Rachael Ray）和设计师内特·伯克斯（Nate Berkus）推出了热门衍生节目。她的杂志 Oprah Magazine 由赫斯特（Hearst）发行，每月发行量约为 1 800 万份。2015 年杂志举办 15 周年庆祝会。[46] 奥普拉制作了百老汇的节目、故事片和电视电影，并拥有自己的卫星广播电台。在 2011 年 5 月 25 日结束了长达 25 年的广播电视节目播出后，她将精力转向新的有线电视频道奥普拉·温弗里网络（OWN）。仅在美国，每天就有 1 580 万观众收看她的电视网络 OWN。后来，她将其出售给探索通信公司（Discovery Communications）。[47]

　　奥普拉真诚的个性和在观众中的信誉让她背书的所有产品或品牌都能立即受到欢迎，这种现象称为"奥普拉效应"。"奥普拉读书俱乐部"发起了许多畅销书，如托尼·莫里森（Toni Morrison）的书，并因此受到好评。当她购买了慧俪轻体公司 10% 的股份时，该公司的股价飙升。她一年一度的类似电视购物的"最爱之物"节目有时能使一个小众品牌一夜成名。例如，一家名为 Carol's Daughter 的自然美容公司在奥普拉节目中推荐后赢得了数百万美元的投资，该品牌最终被欧莱雅收购。[48]奥普拉宣布计划与卡夫亨氏合作推出一系列名为"哦！很好"的包装食品，特征是价格合理的冷藏方便食品，例如烤土豆汤和西兰花切达干酪汤。该产品线将加强奥普拉在健康和营养方面的投入，并巩固卡夫亨氏在健康冷藏食品中的地位。

潜在问题

尽管将名人作为品牌背书大有好处，但也会有一些潜在的问题。第一，明星代言人可以代言很多产品以至于他们会缺乏特定的产品意义关联，人们会认为他们过于投机、不真诚。虽然国家橄榄球联盟明星四分卫佩顿·曼宁（Peyton Manning）在球场上叱咤风云，其"敬畏、震撼"的个性为许多不同类型的品牌进行代言，包括 DirectTV、佳得乐、万事达卡、奥利奥、锐步和 Sprint 等。显然，佩顿·曼宁有过度曝光的风险，尤其是当这些广告同时在赛季播出的时候。[49]

第二，在名人和产品之间必须具备合理的匹配性。[50]过去的许多背书没有达到这个要求。尽管 NBA 球星科比和赛车手丹尼卡·帕特里克（Danica Patrick）所做的广告都深入人心，然而科比与土耳其航空公司、帕特里克与 Go Daddy 域名注册和互联网主机服务企业都貌似没有逻辑关联。

第三，这些做广告的名人也可能会遇上麻烦或声望受损，从而降低品牌的市场价值。许多公司在和名人签约合作前，都会进行背景调查，然而，这并不能保证名人未来不发生不良行为。有许多品牌代言人几年之后卷入了法律纠纷、私人问题或某种争议，从而使他们的市场价值锐减，如比尔·科斯比（Bill Cosby）、兰斯·阿姆斯特朗（Lance Armstrong）、O.J. 辛普森（Simpson）、玛莎·斯图尔特（Martha Stewart）和迈克尔·杰克逊（Michael Jackson）。[51]为扩大吸引力，并降低固定一人代言的风险，有些公司已经开始聘请不同的名人代言，甚至使用已故名人来成就知名产品。例如，已故名人迈克尔·杰克逊（年收入 1.15 亿美元）、猫王（Elvis Presley）（收入 5 500 万美元）和查尔斯·舒尔茨（Charles Schulz）（花生角色的创造者，收入 4 000 万美元）等继续通过许可授权和背书获得收入。[52]

第四，许多消费者认为，名人做广告仅仅是为了赚钱，并非真正信任或使用过这种产品。更糟糕的是，一些消费者认为，名人赚取的广告费增加了品牌一笔显著而不必要的成本。事实上，名人不会很便宜就能请来，往往需要花费数百万美元请他们为一个品牌做广告。

名人有时很难合作，而且不愿遵循该品牌的营销导向。网球运动员安德鲁·阿加西（Andre Agassi）就曾挑战过耐克的耐心。当时他正在为耐克做广告，但他同时又出现在佳能新款相机的广告中。在这个广告里，他正往相机里面看，并大声宣称："形象就是一切"，这正与耐克品牌资产的基础"真正的运动性能"的定位相对立。然而，在赢得法国网球公开赛后，阿加西又得到耐克的青睐。

正如第 7 章中指出的，有时名人代言的品牌可能会引起争议，这可能会降低品牌和相关代言人的声誉。在百事可乐广告片中出演过的超模肯达尔·詹娜无意间成为百事可乐广告活动后争议的对象。该广告引起观众的强烈反对，他们认为这是在不恰当地利用一场全国性的抗议运动以增加百事公司的销售额。这种做法致使品牌和明星（如百事可乐和肯达尔）成为负面情绪发泄的对象。

品牌过于依赖名人广告也有问题。温迪快餐的创始人兼主席戴夫·托马斯（Dave Thomas）以他淳朴、热情、真诚的风格及对产品强烈的关注，成为温迪连锁餐厅的代言人。截至 2002 年上半年戴夫去世的 12 年里，他出现在 100 多则广告中，为超过 90% 的成年消费者所熟知。[53] 之后的几年中，该品牌一直在努力寻找适当的广告方式来替代他。

指导原则

为了解决上述问题，营销人员应该从战略上评估选择和使用名人代言人。首先，选择一位著名的、形象较为人们认同的名人是至关重要的，由他产生的联想必须与品牌有关，而且具有可转换性。例如，对于威格（Wrangler）牛仔品牌而言，尽管橄榄球运动员布莱特·法弗尔（Brett Favre）的退休初始来看不理想，然而他粗犷、踏实的作风，的确与威格品牌在橄榄球比赛中的"真实、舒适的牛仔"广告呈现十分匹配。

其次，在品牌与代言人之间必须具有逻辑上的匹配性。[54] 为了减少混淆和降低稀释效应，代言人最好不要为过多的品牌做广告或者过度曝光。中国香港演员成龙就因为代言广告过多而受到批评，他代言的广告包括电动车、杀毒软件、速冻水饺等众多类别的产品。然而不幸的是，他代言的许多产品都遇到了问题：一款洗发水产品据称含有致癌物、一所汽车维修学校陷入文凭丑闻事件，以及影像光盘和教学电脑厂商双双破产。这正如一篇中国的评论所称："成龙已成为历史上最酷的代言人——一个能毁掉一切的人。"[55]

第三，使用明星的广告或宣传活动应当有创意，并能突出两者之间的关联，促进联想的转移。丹尼斯·海斯伯特（Dennis Haysbert）在热门剧集《24 小时》中扮演过美国总统，因此在为 Allstate 保险的广告中，以同样庄严、可靠的声调代言："有我在，您放心"。威廉·夏特纳（William Shatner）为 Priceline 所做的幽默式广告，则采取完全不同的方法，利用自身作为演员的自嘲、表演才能，把观众的注意力吸引到产品打折的信息上。

最后，要进行市场调研工作，以有助于发掘适合做广告的候选名人，使合适的营销计划得以有效开展，并可追踪分析广告的有效性。

Q 分数

市场评估机构开展调查，对娱乐界人士以及其他公众人物（如电视表演者、新闻和体育节目主持人以及记者、运动员、模特）进行"Q 排名"。通过以下量表对上述每个人进行打分："我最喜欢的""很好""好""一般""差"和"从未看到或者听说过"。从"我最喜欢的"到"差"的分数总和是"总的熟悉程度"。由于一些公众人物并不为人熟知，所以正的 Q 分就是"我最喜欢的"得分与"总的熟悉程度"得分的比例，而负的 Q 分则是"一般"和"差"的得分之和与"总的熟悉程度"得分的比例。因此，Q 分排名能反映出公众人物在熟悉或不熟悉他的人群中的受欢迎程度，Q 分数可以反映出某位公众人物的吸引力程度。Q 分数将随名声和财富而变化。例如，NBA 金州勇士队斯蒂芬·库里（Steph Curry）最近的 Q 得分是 34（相对于排名较高的凯文·杜兰特（Kevin Durant）Q 得分 26，或勒布朗·詹姆斯（LeBron James）Q 得分 29），成为 NBA 最受欢迎的球星。[56]

名人必须管理自己的"品牌"以确保其价值。任何个人，即便只是在自身工作的公司中，都应该考虑如何最好地去管理品牌形象。[57] 品牌备忘 8-3 介绍了对个人品牌化起作用的方式以及它与传统的产品和服务品牌化的差异。

品牌备忘 8-3

管理个人品牌

尽管许多品牌化原理是共通的，但个人品牌与产品或服务品牌之间仍然存在一些重要差异。以下是一些需要关注的主要区别：

1. 个人品牌更为抽象和无形，但是具有非常丰富的形象。

2. 个人品牌难以进行比较，因为竞争非常广泛并且经常不容易产生关联。

3. 个人品牌可能难以控制和保持一致。个人品牌具多面性，它涉及与不同人的不同交互和体验，所有这些都增加了品牌管理的复杂性。

4. 人们可能会在各种场合（如工作与娱乐）表现出不同的个性，这会影响其品牌的维度。

5. 重新定位个人品牌可能很棘手，因为人们喜欢对其他人进行分类。有些演员（如马克·沃尔伯格（Mar Wahlberg）和麦当娜（Madonna））已经改变了他们的形象，而其他一些演员（如史泰龙（Sylvester Stallone）和金·凯瑞（Jim Carrey））进行改变则非常困难。

作为管理个人品牌的准则，请考虑以下建议：

1. 个人品牌必须管理品牌元素。姓名可以缩写，也可以用昵称。即使个人不一定需要有标识或符号，着装和长相等外观仍然有助于建立品牌身份。

2. 个人品牌建立在个人言行基础之上。但是，考虑到个人品牌无形性的特点，很难在某个时间点形成判断，通常需要反复曝光。

3. 个人品牌可以通过次级联想（如个人所在的地理区域、学院和大学等）来借用品牌资产。个人品牌可以与其他人建立战略伙伴关系来提高品牌资产。

4. 信誉是个人品牌的关键。信誉很重要，但是受人喜爱和吸引力对引起更多的情感反应上也很重要。

5. 个人品牌可以使用多种媒体渠道，在线渠道对于社交网络和社群建设尤其有效。

6. 个人品牌必须保持新鲜感和相关性，并适当创新和投资于关键人物特征。

7. 个人品牌应该考虑品牌的潜力以及共同点和差异性方面的最佳定位。明确而引人注目的差异点对于在工作场所或市场中树立独特身份尤为重要。

8. 品牌架构对于个人品牌而言较为简单——子品牌的相关性较小——但是品牌延伸可能会发生，例如，当某人增强了自己的感知能力时。

9. 个人品牌必须始终履行品牌承诺。声誉和品牌是多年来建立的，但几天之内就可能受到损害甚至毁灭，一失足成千古恨。

10. 个人品牌必须自我宣传，并有助于塑造形象。

社会影响者成为新的名人

社交媒体很重要。社交媒体名人在广告中的使用一直是快速增长的领域。我们对这一现象进行了概述，并介绍了一些在 YouTube 上拥有大量粉丝的名人。其中一些有社会影响力的网络名人，比如美妆博主米歇尔·潘，为一些品牌代言，每年可以赚取 300 万美元。[58] YouTube 上 58 位最具影响力的人每个视频可以赚 30 万美元，而脸书上最具影响力的人每个帖子可以赚 20 万美元。[59]

除了在社交媒体上拥有大量追随者的知名影响者，还有一些在社交媒体上有相当影响力的非名人或草根影响者。一项调查显示，这些影响者对店内购物的影响可能是名人的 10 倍。[60] 有一半以上的受访者表示，他们会向 YouTube 的评论者（如米歇尔·潘）寻求更多关于市场的信息。如今，消费者信任像米歇尔·潘这样的普通人，因为他们的背书似乎是由真正的专业知识推动的，而不仅仅是金钱。一项对 1 470 名女性的调查发现，其中 86% 的人希望从真人那里获得产品推荐，58% 的人会求助于 YouTube 的评论者。通过这种方式，网络社交影响力正在迅速取代传统的名人代言策略，成为联系更小受众的更真实的方式。

8.8　体育、文化或其他活动

第 6 章中已经介绍过，活动本身具有一系列联想，在一定条件下能和赞助的品牌发生关联。赞助活动通过与品牌产生关联、提高品牌知名度、增加新的品牌联想，或者改善既有品牌联想的强度、偏好性和独特性，从而对品牌资产作出贡献。[61]

活动能转移联想的主要途径是通过可信度，通过与活动发生关联，使品牌更受人喜爱，甚至更值得信任。两者间的转移程度取决于如何选择活动或事件，怎样设计赞助方案以及如何将整体营销方案整合到品牌资产的创建中。品牌专题 8.0 则讨论了对体育营销进行重大投资的领导型公司的赞助策略。

体育赞助

红牛（Red Bull）品牌商赞助美国职业足球大联盟，并称之为"纽约红牛"。或者，Polo 赞助美国公开赛，金宝汤赞助国家橄榄球联盟。[62] 这些是品牌将自己与各种运动结合起来，以增强品牌资产。

一般来说，体育赞助的理由是它可以通达特定的目标受众。以红牛为例，与纽约红牛的合作是有意义的，因为美国足球观众以 18 ～ 29 岁人群为主，这也是红牛品牌的主要目标消费者群体。此外，两个品牌（红牛和被称为 Metrostars 的大联盟足球队）都具有诸如活力、乐趣和勇敢之类的属性联想，从而创造了形象协同效应。另外，体育赞助还可能涉及与品牌或体育运动都不相关的新目标群体。例如，彩妆品牌封面女郎对国家橄榄球联盟的赞助是基于对其 47% 的观众是女性的核心客户洞察力。[63]

这种合作关系还可以使运动项目在传统赛季范围之外蓬勃发展，并将其提升为生活方式品牌。迈乐（Merrell）的例子也能作为印证，这是赞助"最强泥人"国际障碍挑战赛（Tough Mudder）的一家户外公司，这是一项高难度的艰苦比赛。这种伙伴关系对双方都非常有益。迈乐以其户外远足和跑鞋而闻名，正在寻找扩大知名度的方法。[64] 与此相符的是，"最强泥人"品牌寻求将自己提升为生活方式品牌。两个品牌都通过合作关系实现了各自的目标。锐步（Reebok）与斯巴达勇士赛也宣布了类似的合作伙伴关系，导致基于斯巴达勇士赛的 All Terrain 系列品牌鞋的推出。通过这种方式，体育赞助可以提供独特的品牌联想转移来源，让品牌被现有和潜在的目标受众看见。

▎8.9　第三方资源

最后，营销人员可以通过几种不同的方式创建品牌次级联想。比如，几十年来，"好管家"标签（由《好管家》杂志（*Good Housekeeping*）测试推荐）一直被视为高质量的象征，自购买之日起两年内为出现问题的产品提供更换或退款。来自核心杂志（如 *PC* 杂志）、组织（如全美牙科协会）和公认专家（如影评家罗杰·埃伯特（Roger Ebert）），或由在线消费者评论网站 Yelp 审慎挑选的专家的背书，可以显著提升人们对品牌的看法和态度。

第三方来源可能特别值得信赖，因此经常被用于广告和促销活动中。J.D.Power and Associates 公司广为人知的客户满意度指数，在 20 世纪 80 年代帮助日本汽车制造商树立了高质量的形象，对美国汽车的形象则起了相反的作用。到 90 年代，公司开始在航空、信用卡、租车和电话服务等其他行业中对质量进行排名，并且这些行业的顶级品牌开始在广告中展示该奖项。灰雁（Grey Goose）伏特加酒巧妙地利用了第三方认可来促进销售。

灰雁伏特加

西德尼·弗兰克（Sidney Frank）最初以知名度较低的德国利口酒野格（Jägermeister），在白酒行业获得成功。20 世纪 80 年代，弗兰克开始在美国市场销售野格，在 2001 年销量达到了 70 万桶，成为市场领导者。在瞄准超市的巨大利润后，弗兰克决定制造法国伏特加酒，它使用源自法国科尼亚克地区的水，并由 Cardin 白兰地的制造商蒸馏。该产品命名为灰雁，包装独特：酒瓶比同类竞争者的高，由透明磨砂玻璃制成，上有大雁飞行图案，并配以法国国旗。也许，该品牌最终成功的主要因素是饮料测试机构将其评为"排名第一"的进口伏特加酒。由于对这项荣誉进行了大规模宣传，灰雁成为销量第一的产品。后来，弗兰克在 2004 年以 22 亿美元的极高价格将灰雁出售给百加得（Bacardi），灰雁的成功一直持续至今。尽管伏特加酒基本上无色无味，然而灰雁始终在形象、功能多样及口感柔和等方面的消费者忠诚调查中位居伏特加品牌之首。[65]

独特的包装和口味测试奖项使灰雁一直处于伏特加酒的领先地位。

资料来源：Carl Miller/Alamy Stock Photo.

········┃　**本章回顾**　┃········

本章着重讲述了如何利用其他实体来建立次级品牌联想，其他实体包括生产厂家、产品生产地、购买地、相关人员、地方或活动。当一个品牌与其他有自身联想的实体相关联时，消费者会将有关这些实体的联想运用到该品牌上。

因此，如果不考虑产品品牌、产品本身特性及相关营销方案，品牌资产还可通过"借用"其他品牌的资产得以建立。当一个品牌的品牌联想在某些方面有所不足时，用这种方法建立次级品牌联想是非常重要的。次级品牌联想在进行品牌定位中是一种有价值的途径，它能利用有利的品牌联想去打造共同点和差异点。

本章讲解了利用次级品牌联想建立品牌资产的八种不同方法，它们分别是将某一品牌与以下事物相关联：（1）产品生产厂家；（2）产品原产地；（3）产品分销商及其他销售渠道成员；（4）其他品牌，包括要素品牌；（5）授权使用的形象；（6）著名的代言人或背书者；（7）各种公开活动；（8）第三方资源。

通常，这些实体可以被用来作为资产来源的程度取决于消费者对资产的知识和对实体的合适联想或者响应转移到品牌的容易程度。总体的信誉或者态度维度相比于特定的属性和利益的联想，更可能转移，尽管后者也可以发生转移。但是，将品牌关联到其他实体并非毫无风险。营销人员对品牌联想的控制权会降低，在管理转移路径中仅仅关联适宜的次级联想会是挑战。

···········| 问题讨论 |···········

1. 波音公司为商业航空制造了各种型号的飞机，如 727,747,757,767,777，最近又生产了787喷气机。波音公司是否可以对它的飞机采用要素品牌策略？如何采用这种策略？这么做会产生哪些利弊？

2. 在获得一些主要赛事的冠军之后，一些明星运动员常常抱怨没有公司请他们做广告。同样的情况也发生在许多奥运会奖牌得主身上，他们都为自己没有得到商业界的认可而感到惋惜。能否从品牌营销的角度来谈谈你对这些抱怨的看法？

3. 思考一下你所居住的国家。其他国家的消费者对你所在国家的形象是什么？在全球的市场上，有没有能够有效利用这种形象的品牌或者产品？

4. 你认为哪些零售商具有最强的品牌形象和品牌资产？想一下它们销售的品牌。这些品牌对零售商的资产有何影响？相反，零售商的形象对其销售产品的品牌形象有何帮助？在线零售店相对于实体零售店在创建你对该零售商的形象上有什么影响？

5. 选择一个品牌，评价一下它是怎样利用次级品牌联想的。你能否为它想出更有效用次级品牌联想的方法？

6. 选择一位社交媒体名人。你能否在网上找到此名人赞助的品牌的名字？那么，一位知名度较小的名人呢？这两种类型的影响者（即知名或小众）对品牌的影响会如何变化？

品牌专题 8.0

夺取公司的奥运金牌

奥运会上的竞争并非仅限于运动员之间，许多赞助公司也都希望自己投入的赞助费能取得最大收益。公司赞助是奥运会商业开发方面一个十分重要的组成部分，并且对奥运组委会收入的贡献占近1/3，因此，各国竞相争取奥运会的举办权。巴西的里约热内卢通过三轮投票击败西班牙马德里、美国芝加哥和日本东京，最终获得 2016 年第 31 届夏季奥林匹克运动会的举办权。

公司赞助

1984 年洛杉矶奥运会在商业上的巨大成功，使得企业对奥运会的赞助空前高涨。许多国际赞助商因此创立了良好的形象并增加了市场份额，如富士胶卷。

有十几家公司一直是夏季奥运会、冬季奥运会和青年奥运会的独家顶级赞助商（费用约为 2 亿美元）：可口可乐、阿里巴巴集团、Atos、普利司通、陶氏、通用电气、英特尔、欧米茄、松下、宝洁、三星、丰田和维萨。[66] 除了排他性的全球营销机会，赞助商还可以获得：

- 所有奥运会形象和产品设计的使用权；
- 奥运会对赞助商的接待；
- 直接广告和促销的机会，包括奥运会广播广告的优先权利；
- 现场产品销售 / 展出和特许 / 经销的机会；
- 对埋伏营销的保护（见下文）；
- 更宽泛意义上奥运会赞助计划的支持。

奥运会还包括较低级别的赞助。例如，2018 年平昌冬奥会的赞助商包括麦当劳、KT、北面、大韩航空、三星和现代等各类企业。

除直接花费外，公司还在相关的营销事件上投下巨资。自 1976 年蒙特利尔夏季奥运会之后，麦当劳就一直是奥运会的赞助商，并在赞助期间有许多广告促销活动。在北京和蒙特利尔奥运会孩童计划的基础上，麦当劳的"奥运冠军计划"将从全球各地带 200 个儿童（每人各有一名监护者）到伦敦，作为其全球新计划的一个部分。

宝洁作为 2010 年温哥华奥运会一个新加入的赞助商，推出"宝洁，妈妈的荣誉"奥运营销活动并延续到 2016 年的里约奥运会。宝洁公司是首个与超过 205 个国家奥委会建立涵盖了 30 多个产品类别的多个品牌并延续 10 年以上的奥运合作伙伴关系。这个营销活动基于对顾客的洞察——每个运动员背后都有一位伟大母亲的支持，将其目标确定为提高全球的消费者对母亲所做贡献的认识并给予母亲奖赏。[67]

通用电气是全球赞助商名单中的另一家公司。在宣布赞助方案时，董事长兼首席执行官杰夫·伊梅尔特（Jeff Immelt）表示："奥运会为我们展示创新技术和服务提供了独特的机会。对每个主办城市来说，成功举办奥运会都是一个转型的机遇。我们致力于与国际奥委会和当地组委会合作，为子孙后代提供世界一流的基础设施解决方案和可持续发展的遗产。"

通用电气与奥运会东道国、城市和组委会紧密合作，为奥运会场馆提供基础设施解决方案，包括电力、水处理、交通和安保，并为医院提供超声和 MRI 设备来帮助运动员治疗。[68]

赞助的投资回报

尽管多家公司和奥组委保持长期合作关系，但近年也有其他一些长期赞助商终止了合作。柯达在北京 2008 年奥运会之后就结束了其超过一个世纪的赞助合作，通用汽车也同时结束了长达数十年的支持。此外，强生、联想和宏利公司也在 2008 年奥运会后不再续约成为奥运合作伙伴。

尽管有多种因素影响是否加入或续签奥运会赞助的决定，但是关于奥运会营销的效果确实饱受争议。例如，在 2008 年北京奥运会前，一项针对 1 500 名中国城市居民的调查显示，受访者中能说出 12 个全球赞助商中 2 个的只有 15%，能说出 1 个的也只有 40%，那就是可口可乐。调查显示，每一次奥运会之后，比赛现场的许多观众甚至是通过电视转播的观众，都会把一些非赞助企业误以为是官方赞助商。[69]

埋伏营销

有时人们对赞助商的混淆源于"**埋伏营销**"（ambush marketing），广告主在未经付费获得授权的情况下试图给消费者留下它们是奥运会赞助商这种错误的印象。《2016 年里约奥运会品牌保护指南》将这种现象描述为"任何有意或无意的，企图与品牌或赛事建立虚假的、未经授权的商业关联行为"。[70] 埋伏营销中的非赞助企业试图以下列几种手段诱导消费者误认为它们也是奥运会指定品牌：做奥运主题相关的广告，宣传它们其他形式的赞助（如赞助一支运动队）；将品牌注明是官方指定的；用当前或过去的奥运会运动员做广告。[71]

在北京奥运会上，受欢迎的前中国体操冠军李宁不仅在开幕式上点燃了奥运圣火，而且还穿着李宁公司生产的运动鞋。他的举动引起了人们对李宁产品的极大关注，而已经花费数百万美元获得奥运赞助权的官方赞助商阿迪达斯却只能旁观。为了提高赞助商的营销效果，奥委会宣布要主动打击埋伏营销，减少赞助商的数量以避免混乱。[72]

遏制埋伏营销还需要诸多努力。2012 年的伦敦奥运会，在线博彩公司 Paddy Power 的广告牌惹怒了国际奥委会，因为它宣布是该年"伦敦最大的田径比赛"的正式赞助商。这是一场在法国伦敦（与某些人认为的伦敦奥运会相反）举行的汤勺盛蛋比赛。在每个案例中，国际奥委会都警告违规的公司不要采用埋伏营销手段。[73]

2012 年伦敦夏季奥运会

每一届奥运会都提供了向过往成败学习的机会，使赞助活动让运动员、现场观众、电视观众和赞助商都从中受益。在认识到赞助的重要财政贡献后，英国政府进行了反埋伏营销立法以支持伦敦奥运会，禁止了诸如空中广告、传单、海报、公告牌以及奥运场馆中 200 米内的投影广告等活动。英国政府还通过立法，禁止"奥运会""2012"等相关的词汇和"金牌""银牌""铜牌""伦敦""奖牌""赞助商"或"夏季"等词汇以未授权的方式结合起来，误导大众认为与伦敦奥运会存在关联。[74]

门票收入对奥运会也至关重要，因此，伦敦奥运会的举办者还着手一项名为"The Greatest Tickets on Earth"价值数百万美元的广告活动，希望借此获得 5 亿英镑的门票收入。12 个广告播出奥运冠军，包括英国受人喜爱的体操运动员贝丝·特威道尔（Beth Twiddle）和游泳运动员汤姆·戴利（Tom Daley）等。然而，一半以上最受欢迎赛事的门票，被指定给了公司赞助商及其职员或嘉宾。[75]

针对国外游客，英国政府还启动了一项"Visit Britain"和"Visit London"的促销广告活动，旨在吸引旅游者。这些广告基于人物、地理和文化，从战略上突出强调"永恒的、充满活力的、坦率的"等品质方面定义英国品牌。

城市和国家效应

另外一个广受争议的话题是奥运会带给举办城市、区域和国家的回报价值。洛杉矶奥运会由于采取了积极的赞助方案，在财政上获得极大的成功，但此后的数届奥运会则效果参差不齐。尽管如此，对于举办国而言，显然还是有难以量化的诸多益处。[76]

一个重要的心理利益是在举办这种知名的全球性体育赛事之后，市民具有公民自豪感和爱国情怀。在 2 周或更长时间内，奥运会还能对旅游、房地产和商业投资提供巨大的广告和公共关系机会。这在 1992 年巴塞罗那奥运会、2000 年悉尼奥运会以及 2018 年平昌奥运会都得到了充分展现。

另外一个经常容易忽视的利益是举办奥运会通常会带来改善基础设施方面的投资。北京为了改善城市交通和居民生活质量，新增了地铁线、高铁、机场以缓解交通压力，并在景点新增停车位。

但是，财务风险很高，只有周密的计划和执行以及合适的环境才能带来奥运会举办城市、区域和国家的成功。例如，1976 年蒙特利尔奥运会和 2004 年雅典奥运会，对于举办国而言正面效应就不是很多。蒙特利尔几乎用了 30 年才还清举办奥运会的 27 亿美元债务。

总结

虽然对奥运赞助权的争议依旧存在，但许多赞助商坚信奥运赞助权能产生极大的利益，建立品牌的良好形象；成为增强品牌知名度、传播商品信息的平台；提供大量的奖励员工、款待客户的机会等。尽管 IOC 和 USOC 的测量表明奥运会是有益的，有些人则认为这项盛事过于商业化。不管怎样，奥运会赞助项目成功与否和其他体育赞助一样，在很大程度上取决于赞助权是如何应用、执行并如何被纳入公司整个营销计划之中。

第Ⅳ篇

评估和诠释品牌绩效

第 9 章　品牌资产评估和管理系统的建立

第 10 章　评估品牌资产的来源：捕获顾客心智

第 11 章　评估品牌资产的成果：获得市场业绩

STRATEGIC BRAND MANAGEMENT

········ | 第 9 章 | ········

品牌资产评估和管理系统的建立

学习目标

» 从营销投资回报率（ROMI）角度描述全新的营销责任。
» 了解将分析仪表盘作为监控绩效和品牌投资应用的工具。
» 了解品牌审计和进行电子营销回顾的两大主要步骤。
» 了解如何设计、实施和开展品牌追踪研究。
» 识别建立品牌资产管理系统的关键步骤。

　　营销者必须采用研究方法与流程，以便理解消费者
何时、何地、如何及为何购买产品。

········| **本章提要** |········

前面八章，即本书的第Ⅱ篇和第Ⅲ篇描述了创建品牌资产的各种策略和方法。接下来的三章构成本书的第Ⅳ篇，将详细讨论消费者对品牌的了解、感受及行动，以及营销者如何开发评估程序来评估品牌的具体运营状况。

基于顾客的品牌资产（CBBE）模型为我们提供了如何评估品牌资产的指导。基于顾客的品牌资产指的是因品牌知识不同引起的消费者对品牌营销的差异化反应，现在有两种测量品牌资产的基本方法。**间接方法**（indirect approach）是通过识别和追踪顾客的品牌知识结构（包括所有与品牌相关的思想、感情、形象、感知和信念）来评估基于顾客的品牌资产的潜在来源；**直接方法**（direct approach）是通过考察消费者对各种营销方案的反应来评估品牌知识的实际影响。

这两种方法具有互补性，营销者能够也应该同时使用。换言之，由于品牌资产是一种有用的战略元素并可指导营销决策，营销者必须充分了解品牌资产的来源，理解这些来源对绩效（如销售额）的影响，以及这些来源和绩效是如何变化的。本书第3章提供了一个顾客品牌知识结构概念化的框架。第10章将利用这些知识并通过规范的方法评估品牌资产的来源、顾客心智等。第11章回顾评估品牌资产的研究方法，即不同的品牌资产来源所带来的不同利益。

在讨论具体的评估细节之前，本章首先提供一些有关品牌资产评估和管理的总览，特别是关于如何开发和实施品牌资产评估。**品牌资产评估系统**（brand equity measurement system）是指为营销者提供有关品牌资产的及时、准确和可行信息的研究过程，以便他们制定最佳的短期战术决策和长期战略决策。开发品牌资产评估系统的目标是，尽可能全面理解品牌资产的来源和结果以及两者之间的关系。

理想的品牌资产评估系统将会为组织内有关的决策者在最恰当的时间提供完整的、最新的、与自己及竞争对手相关的所有品牌信息，以做出最佳决策。讲述营销责任制需要强调的一些情境后，本章详细讲解了品牌资产评估系统的三个关键步骤：管理品牌审计、设计品牌追踪研究和建立品牌资产管理系统。

9.1 新的责任

尽管许多公司的高级经理都信奉营销的理念以及品牌的重要性，但他们通常会对这样一些问题困惑不已：我们的品牌到底有多强势？如何确保我们的营销活动能创造价值？我们又该如何测量这个价值？

实际上，在营销上的每一笔花销，都应该根据**营销投资回报率**（return of marketing investment，ROMI）去衡量它的效果和效率。[1]这种日益渐增的责任感迫使营销者迎接艰难挑战，并不断开发新的衡量方法。

然而，一些专业人士认为，复杂的问题在于根据行业或品类不同，高达70%甚至更多的营销费用被用来提升品牌资产，但对短期利润增长的贡献有限。[2]因此，同时从短期和长期评估营销活动对消费者的影响，对于准确衡量投资回报来说便显得至关重要。

数字经济强调强大的长期客户关系和网络，而非短期盈利能力，这加剧了短期盈利能力与长期价值投资之间的矛盾。《福布斯》杂志最近的一项倡议强调，许多数字公司，如 Waze、领英、汤博乐（Tumblr）和爱彼迎，从强大的客户关系中获得的无形价值高达数十亿美元。[3]

考虑到这种改变，除 ROMI 这种与短期销售变化关联的评估方法以外，营销者需要新的工具和程序来明晰并肯定营销支出的价值。第 3 章介绍了品牌共鸣度模型与品牌价值链，结构化地了解消费者如何与品牌建立密切关系以及营销者如何评估品牌化的成效。本章将介绍其他一些相关概念以帮助大家理解第 3 章的内容。

9.2　品牌审计

为了解消费者对品牌和产品的看法、感受和行动，以便于公司制定相应的战略定位决策，营销者应该首先实施品牌审计。**品牌审计**（brand audit）是针对一个品牌资产的来源所进行的全面审查。在会计中，审计涉及会计记录，包括分析、检验和确认的系统检查过程。[4] 其评估结果是对一个企业财务健康状况的报告。

相似的理念已经应用于营销。**营销审计**（marketing audit）是"为了确定问题的领域和机会并提出改进公司营销业绩的建议，而对一个公司或者一个业务单位的营销环境、营销目标、营销策略、营销活动所实施的完整的、系统的、独立的、定期的检查"。[5] 营销审计的过程包括三个步骤：第一步是有关目标、范围和方法的协定；第二步是数据收集；第三步也是最后一步是报告的准备和演示。所以，营销审计是一项通过专注于公司活动来确定公司营销运行效率和效果的内部工作。

另一方面，品牌审计是一个更加外部且专注于顾客的活动，可以评估品牌的健康状况，揭示品牌资产的来源，并找出提升和利用品牌资产的方法。品牌审计要求从公司和消费者两个方面来理解品牌资产的来源。从公司角度来看，当前公司向消费者提供了什么样的产品和服务？它们是如何被销售和推广的？从消费者角度来看，产品和品牌的真实含义究竟给消费者带来了什么样的信念或感觉？

品牌审计能为品牌设定战略性方向，无论何时公司战略方向发生改变，都应该进行品牌审计的管理。[6] 当前品牌资产的来源令人满意吗？现在的品牌联想需要增加、减少或者强化吗？品牌缺乏独特性吗？当前的品牌机会是什么，品牌资产的潜在挑战又是什么？回答了这些问题，品牌审计就能够把营销项目推向销售和长期品牌资产的最大化。

有规律地实施品牌审计（如年度审计），让营销者可以为自己品牌把脉。就这一点而言，当管理者制定营销计划时，品牌审计可以提供特别有用的背景资料，这对品牌战略方向的把握及绩效增长具有深远意义。下面来看达美乐比萨的案例。

达美乐比萨

2009 年末，达美乐（Domino）在疲软市场中苦苦挣扎。由于消费者一方面倾向更健康和新鲜的正餐，一方面青睐更便宜的汉堡包或三明治，比萨的销量骤降。处于困境的达美乐还发现它在物流速度与最佳配送方面的传统优势已变得越来越不重要。更糟糕的是，消费者对达美乐口味的好感渐渐降低，尽管它曾是比萨品类的领导者。为了解决这些问题，达美乐决定用大量的定性和定量研究来开展一次全面的品牌审计。通过调查法、焦点小组、拦截访问、社交媒体交流和民族志研究一起挖掘出大量重要的信息。口味问题非常严重，有消费者坦率地说达美乐的比萨口味更像比萨盒，而不是比萨。研究结果还发现，当消费者对企业的事情不再知晓时觉得达美乐背叛了他们。达美乐专注于客观和高效的服务，这在消费者心里意味着达美乐没有厨房，没有厨师，甚至没有原料；消费者对"全新和提高"的产品宣传产生怀疑，而且觉得达美乐绝对不会承认错误。基于这些研究结果，达美乐开始重塑品牌。首先，提供面皮、调味汁和奶酪的新配方来持续改善口感。接着，达美乐决定不逃避批评，并开展名为"是的，我们接受"的活动。通过传统电视、印刷媒体和大量在线媒介等渠道，达美乐确保公司听取意见，并提供更好的比萨来回馈消费者。另外，调研纪录片展示了达美乐首席执行官和高管团队研究消费者的过程，强调了他们的用心与重视。达美乐还突击访问那些在焦点小组中严厉的评论家，他们在

镜头前尝试了新的比萨并衷心表达赞赏。达美乐这些真实和真诚的做法得到了回报，公司在过去 8 年的利润和股票价格上涨 5 000%。[7]

最近，达美乐通过一个革新性的社交媒体和数字营销激活策略强化了顾客的品牌认同。基于对此类营销活动消费者反应的观察和学习，达美乐不断完善原有的策略并推出新的活动。例如，一项新的数字营销活动使用图像来展示达美乐比萨到达时的喜悦。达美乐也使用 Snapchat 的镜头让顾客模仿电视广告，通过"难以置信的惊讶"来展示对比萨的反应。总的来说，达美乐在消费者分析和社交媒体倾听上的努力带来积极的效果，帮助它提高对目标受众的吸引力。[8]

一次全面深入的品牌审计使达美乐有把握去克服企业所面临的感知缺陷。

资料来源：Domino's Pizza LLC.

品牌审计包含两个步骤：品牌盘查和品牌探索，下面逐一进行讨论。品牌备忘 9.0 给出劳力士的品牌审计案例。

品牌盘查

品牌盘查（brand inventory）的目的是针对公司所有产品和服务如何进行销售及品牌化，提供及时、全面的概况。营销者要对每一个产品或服务进行视觉和书面形式的分类：名称、标识、符号、特征、包装、口号、其他已使用的商标；产品内在的属性或者品牌的特征；定价、沟通、分销策略；以及其他与品牌有关的营销活动。

企业都常常会成立一个"作战室"，各类营销活动或计划都会在里面展示或者评估。视觉信息和口头交流能够帮助营销者形成更清晰的思路。图 9-1 展示的是红帽软件公司布置的一面墙，上面有各种广告、小册子和其他营销材料。经理们虽然不清楚澳大利亚办事处为什么把知名品牌内衣作为促销赠品，但在看到各项目如此一致的形式、外观和内容时仍感到惊喜。毋庸置疑，被视为杂牌的内衣不会受到青睐。[9]

随着数字营销和社交媒体的出现，对数字品牌资产的盘点已经成为品牌盘点中的一项重要任务。数字品牌资产可能包括所有与品牌相关的资产，包括网上的图像、音频、视频等。数字品牌资产清单也可以包括与品牌相关的各类内容，包括定制的 YouTube 视

频、白皮书、博客文章、赞助内容、顾客指南、授权的新闻文章，甚至是对社交媒体渠道的反思。[10]越来越多的社交媒体渠道意味着，在不同数字和社交媒体渠道上，营销者应该特别关注保持品牌感官和感觉的一致性。

图 9-1　红帽公司的品牌墙

资料来源：Photo courtesy of Red Hat, Inc.

品牌资产的数字化盘查的作用包括：（1）不再使用过时的品牌描述；（2）合并或者删除重叠的品牌资产，确保资产更加精简；（3）现有的品牌信息描述不准确或不及时（如品牌标识设计过时），需要更新；（4）品牌未使用的一些电子和社交媒体渠道可能是未来发展的起点。

无论在线还是离线，品牌盘查的结果都应该是准确、全面和最新的简况，是从哪些品牌元素被运用和如何被使用的角度审视产品和服务的品牌化，以及营销活动的匹配度。营销人员还应该尽可能详细地分析竞争品牌，以确定共同点和差异点。

基本原理　品牌盘查是品牌审计中富有价值的第一步：首先，它有助于表明消费者目前感知的基础。消费者联想通常源于品牌元素的特定意义之中，但并不总是如此。因此，品牌盘查为后续的研究如品牌探索提供了有用信息。

尽管品牌盘查主要是一个描述性活动，它也能提供一些有益的分析，甚至可以就如何更好地管理品牌资产进行初步探究。例如，营销者可以对同一品牌名称的不同产品或服务进行一致性评估。这类评估也应当延伸到品牌的在线资产盘查。不同的品牌元素具有一致的运用基础吗？对于同一个产品，品牌名称、标识等具有不同的版本吗？如果有不同版本，是各自针对不同产品销售的市场区域吗？其目标市场又是谁？在品牌相关的网络营销中，存在颜色和字体的一致性吗？类似地，这些营销活动和相关的品牌一致吗？

当公司产品在地理上扩展、在品类上延伸时，在品牌外观和营销推广上普遍是不同的，有时甚至有显著区别。一个彻底的品牌盘查应该能够展示品牌的一致性程度。同时，在不同产品共用同一个品牌名称时，品牌盘查能暴露出消费者对产品之间差异性感知缺乏——例如由于产品线延伸——本应在一个或几个关键维度的设计上让各个产品有所不同。创建不同定位的子品牌经常是一个优先考虑的营销策略，品牌盘查有助于察觉导致消费者困惑或者零售商抗拒的品牌不受欢迎的冗余和重叠之处。

品牌探索

虽然品牌盘查揭示的品牌供应方的观点是有用的，但是实际的消费者感受未必如营销者预期。因此，品牌审计的第二步是通过品牌探索，提供消费者关于品牌想法的详细信息。**品牌探索**（brand exploratory）的研究目的是了解消费者对于品牌及相应品类的想法和感受，进而更好地理解品牌资产的来源和可能的阻力。

准备工作　一些初步的准备活动对于品牌探索是有用的。首先，在多数情况下，许多前期的研究报告也许还存在并依然有价值。因此，通过查看公司的档案来发现被忽略或者遗忘的报告是重要的，这些报告可能包括对许多重要问题的洞察和答案或提出需要被重视的新问题。

其次，调查访问公司内部员工，了解他们对消费者关于品牌及其竞争品牌的看法和信念是十分有用的。过去和现任的营销经理能分享一些在先前的工作报告中未提及的内容。内部访谈中会涌现各种不同观点的好处是增加产生正确意见的概率，发现品牌内部存在的不一致和误解之处。

尽管这些准备工作都非常有效，但还需要进一步研究，以便更好地了解消费者是怎样购买和使用不同的品牌，以及他们是如何思考与感知的。为了让营销者能够涵盖更广泛的问题，并对其中一些问题进行更深入的研究，品牌探索通常采用定性研究技术作为第一步，如表 9-1 所示，然后是更有针对性、更明确的基于调查的定量研究。

表 9-1　定性方法的总结

自由联想	日常行为重构
形容词评定量表和检核表	照片记录 / 日记
坦白访谈	共同参与设计
投射法	消费者主导解决问题
照片分类	现实生活实验
原型研究	拼图和绘画
泡沫图	消费者追踪法
讲故事	消费者 – 产品互动
拟人化练习	录像观察
角色扮演	
隐喻诱因	

解释定性研究结果　有很多种定性研究技术，因此营销者必须认真考虑选择哪种定性研究方法进行研究。

列维（Levy）提出定性研究方法的三项分类和判断的标准是：方向、深度和多样性。[11] 例如，任何投射法会根据所受刺激信息（如相关的人或者品牌）的本质、应答内容的深度与抽象程度（所以要求更多的解释），及其与其他投射法收集的相关信息之间的关系产生变化。

在表 9-1 中，左上角的任务需要问到非常具体的问题，问题的答案也更容易理解。底端的任务涉及更加丰富的问题，但是答案也更难以解释。右上角的任务是精心设计的活动，需要消费者亲自参与，这些活动可以具体或大致指引一下。右下角的任务是对消费者不同行为的直接观察。

根据列维的观点，问题越具体，应答者所给的信息范围就越受限制。当问题中的刺激信息十分广泛，应答者更加自由或者很少受限时，提供的信息会更丰富。但是，应用的研究技术越抽象或越富有象征性，后续跟随的揭示消费者答案背后动机和原因的问题和调查就越重要。

理想情况下，定性研究作为品牌探索的一个组成部分，应该在其涉及的方向和深度以及技术的多元化领域不断变化。无论采用哪些技术，定性研究技术的挑战始终是如何提供精确的解释——通过消费者的外显陈述来探究他们的内在含义。

心理地图和核心品牌联想　定性研究的一个有效结果是建立**心理地图**（mental map）。心理地图可以准确、详细地描述所有突出的品牌联想以及目标市场（顾客）对品牌的反应。建立消费者心理地图最简单的方法之一就是，询问消费者最先想到的品牌联想（即当想起此品牌时，脑海中会出现什么）。第 3 章中的品牌共鸣金字塔有助于强调几类基于心理地图浮现的品牌联想和品牌响应。

有时，将品牌联想分类并配以描述性标签是非常有效的。**核心品牌联想**（core brand associations）是一套属性和利益的抽象联想，概括了品牌 5 ～ 10 个最重要的方面或者维度。从如何创建共同点和差异点的角度来看，这些都可以作为品牌定位的基础。比如，谈起耐克，消费者可能会提起耐克广告中出现的勒布朗·詹姆斯（LeBron James）或塞雷娜·威廉姆斯（Serena Williams），这些联想可以归类为"顶级球星"。在对品牌联想进行分类时，挑战在于要尽可能包含所有相关联想且互不重叠。图 9 - 2 列出了 Music Television（MTV）假想心理地图，表 9 - 2 是曾经用作品牌分析的部分核心品牌联想。

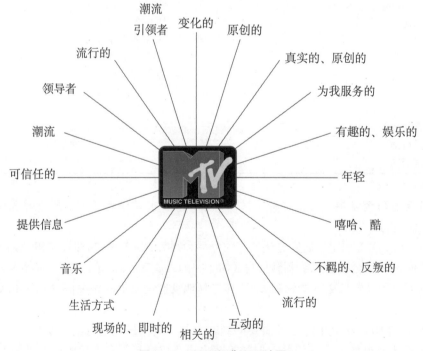

图 9 - 2　MTV 经典心理地图

资料来源：MTV logo，MCT/Newscom.

表 9-2 MTV 可能存在的核心品牌联想

音乐	社群
热门的、最新的音乐	分享经验（文字和口头分享）
信誉	**现代人**
专家、可信任的、真实	嘻哈、酷
个性	**自发性**
不羁的、嘻哈、酷	最新的、及时的
可获得性	**原创**
相关的，人人都可以获得	亲自创作的，创造性的
互动性	**流动性**
共同参与，共同分享	一直在变化、发展

　　一种相关的方法叫**品牌概念地图**（brand concept map，BCM）。它是指从消费者个体那里得出品牌联想网络（品牌地图）并整合成总体地图。[12] 该方法通过在地图映射阶段对受访者使用一系列品牌联想调查，将识别品牌联想的"品牌导引"阶段进行结构化。地图映射阶段同样也是结构化的，让受访者根据所提供的品牌联想构建个人的品牌地图，然后分析他们相互之间品牌联想的相关性及其强度。最后，整合阶段仍是结构化的，逐步分析每个人的地图以发现共同的看法。

　　和定量研究一样，定性研究中品牌探索的目的之一就是获得全面且清晰的目标市场概况。作为流程的一部分，许多企业都通过品牌人物画像刻画目标市场的典型特征。详见品牌科学 9-1。

品牌科学 9-1

品牌人物画像的作用

　　为了让所收集的目标市场信息具体化，研究者可以采用品牌人物画像这一方法。**品牌人物画像**（personas）是一个或一些目标市场消费者的细节化简况，通常可以根据人口统计特征、心理活动、地理位置或其他描述性的态度或行为信息来定义。研究者可能会通过照片、形象、名字或简介来传达独特的品牌人物画像。

　　品牌人物画像的基本原理是提供一个例子或原型，尽可能贴近真实生活地展示目标消费者的外观、行动和感知，以确保企业营销者能充分理解目标市场，进而在营销决策过程中能整合更细微的目标顾客个性特征。品牌人物画像的设计根本上是为了将目标消费者带入真实的生活场景之中。

　　好的品牌人物画像能指导营销活动。比如，很多品牌采取用户画像来开展目标性运动。Zipcar 的买家主要是千禧一代的城市居民。Zipcar 广告的语调和语言针对千禧一代的全球旅行者，这个群体可能会在推特上贴下 #WorthTheTrip 的标签。

　　除了开发基于用户画像的单个传播活动外，用户画像还可以用于针对不同买方角色的个性化沟通。它也有助于沟通内容的创建和传达。脸书 Insights 这类工具可以为企业提供目标受众的细节性描述，比如年龄、性别、区域（国家、城市等）。此外，不同用户画像的不同媒体使用习惯，对应于不同的线上和线下的广告和沟通传达渠道。

　　虽然用户画像能够为目标市场提供一个翔实易懂的解读视角，但也有弊端。用户画像只是目标市场的一小部分代表性人物，过于专注于此可能会导致对整体目标市场解读的过度简化和错误假设。目标市场的异质性越高，人物画像的使用就越容易出现问题。所以，为了解决过度泛化这一潜在问题，有些企业创建不同层次的人物画像，以展示更丰富的目标市场特征，如初级的（目标消费者）、次级的（有不同需求、对象、目标的消费者）和负面的（具有错误刻板印象的顾客）等不同人物画像。

资料来源：Allen P. Adamson, *Brand Digital: Simple Ways Top Brands Succeed in the Digital Age* (New York: Palgrave-MacMillan, 2008); Lisa Sanders, "Major Marketers Get Wise to the Power of Assigning Personas," *Advertising Age*, April 9, 2007, 36; Stephen Herskovitz and Malcolm Crystal, "The Essential Brand Persona: Storytelling and Branding," *Journal of Business Strategy* 31, no. 3 (2010): 21. For additional information on storytelling, see Edward Wachtman and Sheree Johnson, "Discover Your Persuasive Story," *Marketing Management* (March/April 2009): 22-27; Heidi Cohen, "Social Media Personas: What You Need to Know," May 29, 2012, https://heidicohen.com/socialmedia-personas-what-you-need-to-know/, accessed November 22, 2017.

定量研究　定性研究具有建议性，若想更权威地评估品牌认知和品牌联想、偏好性、独特性的深度和广度，常常要求进入定量研究阶段。

进行定量研究的指导原则相当简明。对于定性研究阶段所发现的所有潜在显著的联想，均应根据其强度、偏好及独特性进行评估，还应该检验能反映品牌资产来源和结果的具体的品牌信念、整体性态度和行为。此外，应该通过各种暗示线索评估品牌认知的深度和广度。营销者还需要对竞争者采用同样的研究，以更好地理解竞争者品牌资产的来源，以及双方在目标市场上抗衡的实力。

有关定性和定量测量的方法讨论主要集中在品牌名称的联想上，例如，当就一个名称进行调查时，消费者认为该名称如何？在品牌探索阶段，其他品牌元素也应该加以研究，因为它们可能引发品牌的其他含义。

例如，当单独看到产品包装、标识或其他属性时，可以询问消费者会对品牌进行怎样的推断。比如，"仅从该品牌的包装你能联想到什么？"还可以研究品牌元素的具体方面，以探寻它们在建立品牌联想中的作用及品牌资产的来源，如包装上的标签或包装本身的形状等。还可以进一步研究，哪些品牌元素能更有效、更全面性地代表和象征该品牌。

数字化营销评论　数字营销的重要性与日俱增，一个正式的数字营销评论可以用于品牌审计，以帮助了解品牌线上呈现的状况。数字营销评论的价值包括 [13]：

1. 相对于竞争者而言，它可以突出该品牌在网络渠道的数字化努力是否被接纳。

2. 围绕品牌进行网络相关信息的深度分析，使深入的顾客洞察和行业趋势把握成为可能。这对更好地提升品牌形象和品牌个性是有用的，因为它与数字渠道有关。

3. 它可以为品牌战略发展提供有用的信息，并通过提供丰富的客户洞察，塑造或细化品牌定位。

4. 它可以作为品牌数字营销和社交媒体战略的健康检查。如果发现在线战略与品牌的整体战略不一致，品牌经理可以引入纠正措施及时纠偏。

持续进行的社交媒体评论可以被成功地挖掘出来，从而产生与品牌相关的话题和主题。对数字营销回顾所得信息进行总结的一种途径是，聚焦在不同数字渠道中与品牌相关的 5C：（1）对话渠道（conversation channel）；（2）对话来源（conversation source）；（3）对话内容（conversation content）；（4）特定渠道融入（channel-specific engagement）；（5）情境（context）。表 9 - 3 提供了每一项的具体细节。[14]

表 9-3　线上品牌谈论的 5C

线上品牌交流的特点	定义
对话渠道	数字化回顾应该关注品牌相关对话的聚集地方（如脸书、照片墙、推特或者 YouTube）。
对话来源	数字化回顾可以强调谁是对话的源头，是不是消费者、竞争者、第三方 / 影响者。
对话内容	营销人员也使用在线评论来了解关于品牌的对话内容。社交媒体内容既可以是口头的，也可以是视觉的，可以用多种方式来概括，包括：（1）情绪（积极与消极）；（2）对话量，可以表明提及的次数；（3）从社交媒体对话中提取的话题或主题。词云在总结言语内容中很有用；词云中词的尺寸大小通常表示它们的重要性（较大的词云表示提及的频次更多），并且词云的颜色可以被编码描述为积极或负面的情绪。视觉内容可以通过关键特征描述来概括，例如与品牌相关的图像，以及这些图像中典型的内容和主题。
特定渠道融入	品牌融入是指消费者对品牌相关的帖子或谈论做出的反应，一个数字化评论可以概括出品牌在多大程度上激发了不同渠道类型的融入（或行动）。例如，品牌在脸书上获得"赞"的数量可以帮助总结出该品牌在脸书上的受欢迎度。或者，YouTube 上关于该品牌视频的浏览量也可以表明消费者在 YouTube 上的品牌参与度。通过这种方式，对不同电子渠道中各种项目参与指标的概括有助于指明消费者融入的程度。
情境	上述生成的信息可以进一步通过两种类型的情境性信息进行提炼：（1）与主要竞争对手相比，某品牌的主题和情感如何；（2）谈话的性质如何随时间而改变。

对社交媒体对话进行分析的一个重要收获是，能更好地理解消费者对品牌的联想。正如我们在第 7 章所述，研究人员已经可以通过自然语言处理和机器学习的应用，对社交媒体上的品牌谈论数据进行品牌定位地图的建构。与传统的基于调查的方法相比，这种方法有几个关键的好处：社交媒体数据的收集成本更低，而且可以更及时；此外，社交媒体数据由消费者自愿发出的帖子组成，克服了从消费者获取问卷调查反馈的典型性偏差问题。

另一方面，源于社交媒体数据的品牌定位仅代表了部分倾向于线上与品牌互动的消费者，因此更适合那些线下消费受限的品类。此外，社交媒体发布的行为可能是由消费者想给他人留下深刻印象或投射某种形象的动机所驱动，这样，所呈现的品牌含义可能会反映这种偏差。尽管如此，基于社交媒体数据描绘定位地图，是对其他传统数据获取方法的一个良好补充。

总而言之，数字化营销评论可以帮助公司了解消费者的想法，因此能成为市场研究的工具。通过对品牌感知的追踪，定期的数字化评论可以帮助强化品牌审计。反过来，通过这些途径生成的见解可以帮助管理者更好地响应市场趋势。

品牌定位和营销支持方案

不管是来自社交媒体还是传统的问卷调查法的数据，品牌探索都是为了揭示当前核心品牌和竞争对手的知识结构，确定理想的品牌认知、品牌形象以及共同点和差异点。根据第 2 章概述的指导原则，从当前的品牌形象转移到期望的品牌形象通常意味着添加新的联想，强化现有的联想，弱化或者消除消费者心中的负面联想。

澳大利亚杰出的营销学者约翰·罗伯茨（John Roberts）发现，实现理想的品牌定位很难，需要以下四个方面的统一：（1）顾客目前对品牌所持有的信念（认为是可信的）；（2）顾客对品牌的未来估值；（3）企业目前对品牌所做的诠释；（4）企业对品牌未来所做的规划（详见图9-3）。[15] 由于基于以上四方面可能产生相互不同的定位方法，因此找到能最大化平衡这些因素的定位是关键。

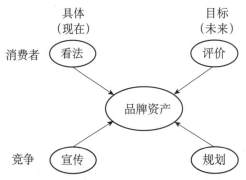

图9-3 约翰·罗伯茨的品牌定位要素

资料来源：Used with permission of John Roberts，ANU College of Business and Economics，The Australian National University.

公司内部的许多管理人员都可以成为品牌规划和品牌定位过程中的一部分，如品牌经理、市场调查经理和产品经理等，以及供应商和广告代理商。一旦营销者从品牌审计中对目标消费者当前的品牌知识结构有了很好的理解，并决定了最佳定位所需的品牌知识结构，就需要做进一步的研究，测试替代战术方案，以实现该定位。

9.3 设计品牌追踪研究

品牌审计是为品牌设定长期战略方向而提供必要的深度信息和洞察的一种手段。然而，为了收集短期战术决策所需信息，营销者常通过持续的追踪研究获取相对笼统的、与品牌相关的信息。

品牌追踪研究（brand tracking studies）指企业利用从消费者那里长期收集的信息，通过品牌审计或其他方式识别出的影响品牌绩效的关键维度对品牌进行定量评估。品牌价值链为品牌追踪提供了方向：品牌价值在哪里？它们有多少？它们以什么方式被创造出来？此外，品牌价值链还可以衡量品牌在多大程度上实现了最初的定位。

随着品牌相关营销活动的增多，当公司进行品牌延伸或者为支持品牌而整合更多的传播活动时，要对每一项活动进行独立的研究不仅成本很高，而且困难重重。因此，追踪研究可以借助一套好的追踪体系，帮助企业更好地理解品类的动态变化、消费者行为的改变、竞争机会和威胁，以及营销效率和效果等。

总之，随着时间的推移，不管营销活动发生多少变化，营销人员都需要监测品牌和品牌资产的健康状况，以便在必要时作出调整。

追踪什么

第3章提供的与品牌共鸣模型相对应的一系列潜在的测量变量，就是品牌追踪研究的对象。然而，每一个品牌所面临的问题都有其特殊性，这些特殊性有必要反映在追踪研究中。因此，除了这些变量外，还有必要增加一些变量以解决品牌面临的特定问题。

产品－品牌追踪　追踪单个品牌产品，通常需要同时使用品牌回忆、品牌再认的方法，从一般的问题到更具体的问题，去测量该品牌的认知度和品牌形象，即首先询问消费者在某种情况下什么品牌浮现在他们脑海中是有意义的，然后基于不同品类线索询问他们对产品的回忆，最后进行品牌再认的测试（如有必要）。

在一般的品牌追踪调研中，也可以采用从一般问题到具体问题的方法，尤其是对于特定的品牌感知（比如，消费者认为这个品牌的特征是什么）和评价（比如，品牌对消费者来说意味着什么）而言更是如此。通常，消费者知识结构的丰富程度会影响他们对品牌特定的联想，营销者可以对消费者的知识结构进行长期追踪。

如第 1 章所述，在产品整体概念的各个层次上，品牌都可能面临竞争，因此，有必要测量可能区分竞争品牌的所有品牌联想。这样，即使评估具体的、较低层级的品牌联想也应该包括品牌资产的所有潜在来源，比如，性能和形象属性以及由此而产生的功能和情感利益。利益联想通常是品牌的关键共同点和差异点的表达，所以追踪它们显得尤为重要。为了追踪品牌的利益点的变化，就需要评估这些利益背后的相应属性是否改变。这即是说，描述品牌属性的变化有助于解释品牌利益点的变化。

按照品牌资产强度、偏好性和独特性的顺序，营销者可以评估构成品牌资产的潜在来源。除非品牌联想足以让消费者产生回忆，否则偏好性无关紧要；除非偏好性足以影响到消费者决策，否则独特性无关紧要。理想情况下，营销者应该收集这三个维度的所有测量结果。但事实上，通常只能收集到特定时间段的某些联想，如对于偏好性和独特性的测量，即使这样，可能也仅仅只能针对 3～5 个关键联想一年测量一次。

同时，营销者会去追踪更具一般性的、更高层次的判断、感受和其他与结果相关的变量。在征询消费者的总体看法之后，可以进一步询问他们是否在近几周或近几月中有过态度或行为上的改变，如果有，又是什么。品牌备忘 9－1 介绍了星巴克追踪调查的案例。

品牌备忘 9－1

品牌追踪调查

假设星巴克想设计一个简短的在线追踪调查，你怎么安排呢？虽然有很多不同类型的问题，你的追踪调查可以采用以下形式。

引言：我们正在进行一个简短的在线调查来收集消费者对快餐服务或咖啡连锁店的意见。

品牌知名度及使用情况

a. 你知道哪些品牌的咖啡连锁店？

b. 你会考虑参观哪些咖啡连锁店？

c. 上周你去过连锁咖啡店吗？去过哪些？

d. 如果明天要去咖啡店，你会去哪一家？

e. 你最喜欢的咖啡连锁店是什么？

我们想就一个特定的咖啡连锁店"星巴克"问你几个问题：

你听说过这个牌子吗？（证实熟悉度）

你去过星巴克咖啡店吗？（证实试验）

说到星巴克，你首先联想到的是什么？还有其他吗？（列出所有）

品牌判断

a. 你对星巴克的总体看法是什么？

b. 你对星巴克有多喜爱？

c. 星巴克在多大程度上满足了你的需求？

d. 你有多大可能向他人推荐星巴克？

e. 星巴克的价值有多大？

f. 星巴克值得高价吗？

g. 你最喜欢星巴克的什么？最不喜欢它的什么？

h. 星巴克最独特的地方是什么？

i. 星巴克在多大程度上提供了其他类似咖啡店不能比拟的优势？

j. 星巴克在多大程度上优于品类中的其他品牌咖啡店？

k. 与其他咖啡品牌相比，星巴克在多大程度上满足了你的基本需求？

以下问一些关于星巴克公司的问题。请问你是否同意下列陈述：

星巴克是……

a. 创新的

b. 有见识的

c. 值得信赖的

d. 可爱的

e. 关心顾客的

f. 关心全体社会的

g. 受欢迎的

h. 令人敬佩的

品牌绩效

a. 以下问一些关于星巴克的具体问题。请说明你对下列陈述的同意程度。

星巴克……

a. 方便前往

b. 提供快速、高效的服务

c. 有清洁设施

d. 是全家用餐的理想之选

e. 有美味的咖啡

f. 有美味的小吃

g. 菜单很丰富

h. 有礼貌友好的员工

i. 提供愉快的促销

j. 有时尚和具有吸引力的外观和设计

k. 有高质量的食物

l. 有制作优质咖啡的咖啡师

品牌形象

a. 你敬佩和尊重的人在多大程度上会去星巴克？

b. 你有多喜欢经常去星巴克的人？

c. 下面这些词能描述星巴克吗？

脚踏实地、诚实、大胆、与时俱进、可靠、成功、高档、有魅力、喜欢户外活动

d. 星巴克是你可以在一天中不同时间段去的咖啡连锁店吗？

e. 星巴克能在多大程度上带给你愉快的回忆?

f. 你在多大程度上觉得自己是与星巴克一同成长的?

品牌感觉

星巴克给你的感觉是……

a. 温暖

b. 愉悦

c. 兴奋

d. 安全或者信任

e. 社会认同

f. 自尊

品牌共鸣

a. 我认为自己是星巴克的忠诚拥护者。

b. 一有机会我就会去星巴克买东西。

c. 我会专程去星巴克。

d. 我真的很爱星巴克。

e. 如果星巴克消失了,我会非常想念它。

f. 星巴克对我来说很特别。

g. 星巴克对我来说不只是一个产品。

h. 我真的很认同那些去星巴克的人。

i. 我和星巴克这个公司有很深的渊源。

j. 我很喜欢和别人谈论星巴克。

k. 我总是感兴趣于更多地去了解星巴克。

l. 我会对有星巴克标识的商品感兴趣。

m. 别人知道我在星巴克就餐我会很自豪。

n. 我喜欢访问星巴克的网站。

o. 与其他人相比,我更密切关注星巴克的新闻。

公司品牌或家族品牌追踪　针对单个产品,营销者也许还想单独(或同时)追踪公司或家族品牌。除了在第 2 章中所讲到的公司信誉评估,你还可以考虑公司品牌联想的其他评估方法,包括以下几个方面(以耐克的公司品牌为例):

- 耐克管理得有多好?
- 与耐克做生意有多容易?
- 耐克有多关心自己的员工?
- 耐克有多平易近人?
- 耐克有多普及?
- 你有多想与耐克做生意?
- 你有多大可能买耐克的股票?
- 如果你的好朋友去耐克就职,你会是什么感觉?

实际采用的问题应该反映出受访者对该公司可能已有体验的水平和性质。

对于一个公司或家族品牌战略来说,当一个品牌有多种产品时,很重要的一点就是要分辨清楚,哪些特定的产品最能让消费者想起这个品牌。同时,营销者也想知道哪些产品最能影响消费者对品牌的感知。

为了识别出这些更有影响力的产品，可在不给受访者任何提示的情况下，询问他们一般情况下会联想起品牌的哪些产品（如"当提起耐克时，你会想到哪些产品？"），或者在列举子品牌名称提示后进行询问（如"你知道耐克 Air Force 篮球鞋、耐克 Air Max 跑鞋吗？"）。为了更好地理解品牌与其对应产品之间的动态关系，可在调研时向消费者询问两者之间的关系。（如"耐克有许多不同类型的产品，在你形成关于这个品牌的意见时，哪类产品对你来说是最重要的？"）

全球追踪　如果追踪包括不同的地理区域市场——尤其是当同时包括发展中国家和发达国家时——你需要以合适的视角，运用更宽泛的背景变量考察品牌在这些市场中的发展。如果有可用的解释性信息，你就不需要频繁地通过收集信息进行全球追踪（表 9-4 给出一些具有代表性的评估指标）。

表 9-4　品牌环境评估

经济指标	家庭观
国内生产总值	环境
利率	传统价值观
失业率	对外开放与独立自主
平均工资	**媒体指标**
可支配收入	公众对媒体的消费：花费在电视和其他媒体上的总时间
住房所有权和住房贷款	广告支出：通过媒体所做的各产品类别的广告总支出
汇率、股市、国际收支差额	**人口统计特征**
零售业	基本资料：年龄、性别、收入、家庭规模
在各超市的总支出	地理分布
年度变化指数	种族和文化概况
自有品牌的增长	**其他产品和服务**
技术	交通：私家车——有多少
家用电脑	对汽车的最好描述
数字录像机	摩托车
网络的接入和使用	自有或出租的住房
电话	前一年的国内旅行
手机	过去两年中的国际旅行
微波炉	**对品牌的态度和购买情况**
电视	原价购买
个人态度和价值观	喜欢购买新东西
自信度	原产地
安全感	更愿意购买做过广告的产品
	熟悉品牌的重要程度

9.4　大数据和营销分析仪表盘

随着移动支付的发展和数据采集传感器网络的兴起，可以持续追踪客户的海量数据开始出现。例如，米勒康胜以前把产品卖给经销商，无法直接获得消费者层面的数据。有了移动支付后，米勒康胜可以直接追踪购物者，从酒吧到餐厅，从开市客到塔吉特，直到最后在便利店驻足——这一切都可以追踪。这些追踪数据及时给公司提供有效的方式去优化营销和沟通策略。

社交媒体数据也一直是持续追踪的数据来源。事实上，麦当劳基于推特数据决定改用全天早餐，因为推特数据显示千禧一代抱怨麦当劳早餐在上午 10 点半后不再供应。通过迅速转变成全天式早餐供应，在接下来的一个季度中，78% 的千禧一代说至少一个月会去一次麦当劳，麦当劳因此取得巨大的成效。[16]

营销分析仪表板　除了外部大数据的增长，公司发现投资于组织内的数据分析系统和过程，以及营销分析仪表板，可以获得重要的测量指标并在组织中应用。有近 27% 的公司当前正在使用营销分析仪表板来提升品牌资产。[17] 事实上，一项报告表明各大品牌计划在 2015—2017 年间增加 73% 的分析仪表板支出。[18] 该报告还强调在这一时期中有超过 100 万美元的资金被投入数据分析中，营销科技公司的数量几乎增长到了近 2 000 家。

在此背景下，我们将分析仪表板的好处描述为一种帮助决策的有价值的工具。不同于标准的追踪工具，这些分析仪表板会提供将不同类型的营销支出与结果变量（如利润）联系起来的方式。市场分析仪表板可以帮助回答四类问题：发生了什么？为什么发生？如果有什么情况，又会发生什么？本应该发生什么？[19] 换种说法，下述问题可以通过市场分析来解决：

- 明年社交媒体支出增加 15% 会带来什么样的影响？
- 影响者营销活动的投资回报率（ROI）是多少？为什么一项活动的 ROI 会高于另一项？
- 在过去 3 年中，线下相比于线上的营销支出，对销售利润的增长有什么影响？如果明年改变预算，线上渠道比线下渠道花费更多，又会发生什么？

对上述问题的回答，可以帮助企业将品牌健康状况与财务回报结合起来，从而改善衡量指标和企业绩效。[20]

这些仪表板对企业利润的影响是深远的：一项研究表明，营销分析仪表板的使用增加可以为资产收益率贡献 8%。[21] 另一项研究表明，在一个独立的新部门中加入营销分析可以使利润率提高 0.35%。[22]

但是，在组织内使用营销分析的一大挑战是沟通。仅有 10% 的被试在问卷中相信他们是在交流和激活洞见（而不是产生洞见）。在公司向组织内正确的终端用户传达见解的情况下，会产生显著的收益。

▌ 9.5　建立品牌资产管理系统

品牌追踪研究和品牌审计都能为如何最有效地创建和评估品牌资产提供大量信息。为了从这些研究中获取最大价值，公司需要合理的内部结构和流程，以利用品牌资产及收集到的有关品牌资产的信息。尽管品牌资产管理系统不能保证总能作出正确的决策，但它能增加作出这种决策的可能性，或者至少降低做出错误决策的可能性。

在运用品牌化和品牌资产的概念时，许多公司总是不断地研究如何把这个概念最好地融入组织。有趣的是，品牌资产中的一个最大威胁可能来自组织内部：有太多的营销经理任职太短。这导致营销经理可能会采用一种实现短期繁荣、过分依赖快速销售增长的战术，比如对产品线和产品类别延伸。由于这些管理者缺少对品牌资产概念的理解和认识，因此一些评论家指出，这些人是在"未经许可"的情况下运作品牌。

如第 2 章所述，为了消除组织内可能导致无效的长期品牌管理的因素，内部品牌化就变成了一个首要选择。作为这些努力的一部分，必须把品牌资产管理系统放在合适的位置发挥作用。**品牌资产管理系统**（brand equity management system）是一组用以提升对企业内品牌资产观念的理解和使用的组织过程。实施品牌资产管理系统的三大步骤是：创建品牌宪章或圣经，收集品牌资产报告，定义品牌资产责任。接下来会逐一探讨。

品牌宪章

建立品牌资产管理系统的第一步，是以书面形式描绘出公司对品牌资产的理解，即**品牌宪章**（brand charter），有时也称为**品牌圣经**（brand bible），以便为公司内部的营销经理和公司外部主要的营销合作伙伴，如市场调研公司或广告代理商，提供相关的工作指导。这个文件应该清晰简明地表达出如下内容。

从公司的角度对品牌化和品牌资产进行定义，并解释其重要性。

根据相关产品描述主要品牌的范围，以及公司塑造品牌和营销的方式（正如由公司的历史记录和最近的品牌审计所揭示的那样）。

在品牌架构所有相关层面，包括如第 12 章所述的公司层面和单个产品层面定义出实际的、理想的品牌资产是什么。品牌宪章应该对相关联想进行定义，包括共同点和差异点、核心品牌联想及品牌真言。

● 解释如何根据追踪研究和由此生成的品牌资产报告（简短的描述）来评估品牌资产。

● 建议如何审时度势地根据总体战略指导，在执行中强调清晰性、一致性和创新性来管理品牌。

● 概述如何根据具体的策略方针来设计营销活动，以满足差异化、相关性、整合性、价值性及卓越性的标准。这些策略方针也可用于广告效果评估和品牌名称选择等具体的品牌管理工作。

● 从商标使用、设计、包装和沟通的角度来详细说明品牌的正确处理方式。由于这类型的说明文件很长而且很详细，所以最好制作具有统一风格的公司/品牌识别手册或指南来处理这些常规的问题。

● 尽管部分品牌章程不会每年都变，但是公司应该每年进行更新，为决策制定者提供品牌简况，去识别品牌新的机会和潜在的风险。当引入新产品、改变品牌计划以及进行其他营销举措时，应该把这些变化充分反映在品牌章程中。此外，章程也应该包含很多来源于品牌审计的深度洞察。

例如，Skype 的品牌宪章概述了其品牌化历程、产品与服务的形象。[23] 这份文件清晰阐述了 Skype 希望如何展示给消费者、企业如何运用品牌化来实现以及这么做的重要性。它也解释了 Skype 如何运用云形标识和鲜艳的蓝色来创造线条简洁、外观简单而有创意的形象。品牌宪章阐述了对 Skype 产品与服务开展营销的"做与不做"，以及不遵循品牌指南时企业形象所面临的风险。

品牌资产报告

建立成功的品牌资产管理系统的第二步，是把追踪调查的结果及其他相关品牌绩效评估的结果以品牌资产报告的形式反映出来，然后定期（每周、每月、每季度或者每年）

分发给管理层。回想前述分析，仪表板被描述为一种结合了品牌评估与整体绩效评估的工具，它可以提供很多品牌资产报告相关的信息。品牌资产报告的作用就在于总结分析仪表板的信息内容以帮助决策制定。[24]

内容　品牌资产报告应该说明：品牌目前发生了什么以及为什么会发生。它应该包含所有相关运营效率和有效性的内部评估，以及品牌绩效和品牌资产来源和结果的外部评估。[25]

特别是，报告的一部分应总结追踪研究所揭示的消费者在关键属性或利益联想、偏好和报告行为方面的感知。报告的另一部分应包括更具描述性的市场层面的信息，具体如下所示：

- 产品在分销渠道上的运输和流转；
- 零售品类的趋势；
- 相关成本明细单；
- 适当的价格和折扣计划；
- 按相关因素（如地理区域、零售或者顾客类型）细分的销售及市场份额信息；
- 利润评估。

这些信息为研究品牌价值链的市场业绩组成提供了帮助。管理层可以将它们与不同的参照框架作对比——绩效（上个月／上个季度／去年），并分别根据正向、中性或负向的趋势相应标上绿色、黄色和红色。企业的内部评估则可能关注如何给各类营销活动分配时间、资金和人力。[26]

品牌资产责任

为了开发品牌资产管理系统，使长期品牌资产最大化，管理者必须清晰地界定品牌相关的组织责任和过程。品牌的成长需要持续一致的培育。弱势品牌经常是由于缺乏品牌建设中的条例、承诺和投资。本节探讨管理品牌资产的责任和义务的内部议题，以及与营销伙伴适当角色相关的外部议题。品牌科学 9-2 介绍了创建品牌驱动型组织的一些重要原则。

品牌科学 9-2

内部品牌最大化

内部品牌化并不总能像外部品牌化那样获得足够的时间、资金和推广。尽管内部品牌化需要大量的资源，但它确实能带来诸多益处。内部品牌化能够营造一个积极和更有效率的工作氛围，也能成为企业改革和培育组织形象的平台。例如，毕马威（KPMG）在 2014 年启动"目标计划"，要求员工阐释自己工作的"意义"。公司通过员工内部网收到近 4.2 万条"意义"说明，包括员工制作的海报中包含传达工作意义的个人感言，从"我促进科学进步"到"我帮助农场成长"。该计划取得成功，该年成为公司在其 118 年历史上盈利最大的一年。

品牌专家斯科特·戴维斯（Scott Davis）提供了许多有关建立品牌驱动型组织的独到见解。根据戴维斯的观点，要想使员工成为品牌狂热的支持者，必须让员工了解品牌是什么，品牌是如何建立的，组织的品牌代表什么，以及他们在实现品牌承诺方面的作用。在形式上，他认为帮助组织的员工融入品牌的过程分为三个阶段：

1. 倾听品牌：如何让他们把品牌捧在手心？

2. 信任品牌：如何让他们的脑海中打下品牌的烙印？

3. 伴随品牌：如何让品牌深入他们的内心？

戴维斯同时指出在组织内指导员工品牌融入过程的六大原则，并举例说明：

1. 使品牌具有相关性。每个员工必须理解和领会品牌的含义。例如，诺德斯特龙品牌建立在顶尖的顾客服务上，销售人员不必经管理者批准就有权直接达成交易。

2. 使品牌具有可接近性。员工必须知道在哪里可以获取品牌知识及品牌相关问题的答案。例如，安永会计师事务所在内部网设有"品牌化专栏"，员工能方便获取关于品牌、市场及广告活动的相关信息。

3. 持续强化品牌。管理层必须通过内部品牌计划持续强化品牌内涵。例如，美国西南航空公司通过持续的、与自由主题相关的方案和活动，强化其"自由的象征"的品牌承诺。

4. 使品牌教育成为常规项目。对新员工要进行鼓舞人心的培训。例如，丽思卡尔顿酒店让每位员工都参加一项名为"金牌标准"的集中培训，内容包括提高服务水平、员工满意最大化等。

5. 奖励与品牌相符的行为。作为特别支持品牌策略的员工激励体系，应该和公司内部品牌规划相一致。例如，在与美联航合并之前，在航空公司准点率排名前五的美国大陆航空公司每月会以现金分红的方式奖励员工。

6. 与招聘工作匹配。人力资源部和市场营销部必须紧密合作，共同制定招聘标准和甄选流程，以确保新员工与公司品牌文化相匹配。Pret A Manger 三明治连锁店具有一套严格的员工筛选标准，最终只有 20% 申请者能被录用。

戴维斯还强调了高层管理者在内部品牌驱动中的角色，认为 CEO 应该最终决定品牌文化的基调与氛围，并确保资源和流程的实施。

资料来源：Scott M. Davis, *Building the Brand-Driven Business: Operationalize Your Brand to Drive Profitable Growth* (San Francisco, CA: Jossey-Bass, 2002); Scott M. Davis, "Building a Brand-Driven Organization," in *Kellogg on Branding*, eds. Alice M. Tybout and Tim Calkins (Hoboken, NJ: John Wiley & Sons, 2005); Scott M. Davis, *The Shift: The Transformation of Today's Marketers into Tomorrow's Growth Leaders* (San Francisco, CA: Jossey-Bass, 2009); Becki Hall, "5 Ways to Build Your Internal Branding Strategy," June 23, 2016, www.interact-intranet .com/5-ways-build-internal-branding-strategy/, accessed November 25, 2016.

品牌资产的监督　为了实现整体上的协调，应该在组织内部设立一个品牌宪章或品牌资产管理报告的执行监督职位，以确保不同事业部、不同区域市场的产品和营销活动尽可能反映品牌的精髓并最大化品牌长期资产。具体实施这些监督职权和责任的机构，可以是公司内部一个直接向高层汇报的营销小组。

斯科特·贝德伯里曾经在耐克和星巴克最成功的年代，指导过这两个品牌，他非常强调"自上而下领导品牌"的必要性。[27] 他倡导增加一个首席品牌官（CBO）的职位，直接向公司的 CEO 报告。CBO 应该：

● 具有良好的心智，其职责是在公司内部和外部维护品牌，塑造品牌的外观和感知形式。CBO 必须认识到品牌是一个公司所有作为的总和，并且要确保公司所有员工理解品牌及其价值，在这个过程中培养"品牌信徒"。

● 是一个建筑师，他不仅能帮助创建品牌，而且能够计划、预测、研究、探寻、倾听与告知。他具有高级领导才能，不仅能构想当下什么对品牌运作是最有效的，也知晓什么能把品牌推向未来的发展。

- 通过采取长期（两三年）战略获得并维护品牌声誉。CBO 能对品牌及公司范围的活动负责，如广告、定位、组织设计、公司传播以及消费者、市场洞察。

品牌专家贝德伯里也提倡在困难的情况下对品牌进行阶段性的品牌发展审查（每个季度的全天会议，甚至是每月进行的半天例会）。作为品牌发展回顾的一部分，他对涉及的话题和活动提出以下建议[28]：

- 审查对品牌敏感的材料。例如，应该审查品牌强度监控器或追踪研究、品牌审计、焦点小组，以及非正式的个人观察或内心感觉。
- 审查关键品牌创新性活动的情况。由于品牌创新性活动包括战略性的推动力，要么对一个品牌的优势进行强化，要么充分利用机会使一个品牌在新的方向上成长，相应可能引起顾客感知的变化，因而营销者需要对其进行评估。
- 审查对品牌敏感的项目。例如，评估广告活动、公司传播、销售会议日程和重要的人力资源项目（招聘、培训、留任率，这些会深刻影响组织培育和预测品牌价值的能力）。
- 针对核心品牌价值审查新产品和分销策略。例如，评估品牌进入新市场，合资开发新产品或品牌，向非传统平台（如大型折扣零售商）扩大分销。
- 解决品牌定位冲突。识别并解决渠道、业务单元或市场之间的任何不协调问题。

甚至强势品牌也需要进行细致的监督，以防止经理们过分自信地认为在品牌资产方面"犯一点点小错误"或"放任自流"无关紧要。许多一流公司（如高露洁棕榄、Canada Dry、桂格、Pillsbur、可口可乐、雀巢）一度为其部分或者全部品牌设立了品牌资产守护者一职。[29]

资深管理者的一个重要角色是，确定营销预算，决定公司资源分配的去向及方式。品牌资产管理系统能够为决策者提供信息，以便他们认识到品牌资产决策的短期和长期影响。决定投资于哪些品牌、是否实行品牌建设的营销项目，或通过品牌延伸来利用品牌资产，应该通过品牌追踪和其他的测量方式反映品牌当前的和理想的状态。

组织的设计与结构　公司必须以最大化品牌资产的方式组织营销职能。在组织结构设计方面已经出现几种趋势，这些趋势反映了人们对品牌的重要性和谨慎管理品牌资产的深刻认识。例如，越来越多的公司实行了品牌管理。来自汽车、医疗保健、制药、计算机软件和硬件等行业的越来越多的公司，正在把品牌经理引入组织。不过，因为公司经常会雇用来自顶尖消费品公司的经理人，因此市场上常会看到一些相似的营销实践。

有趣的是，消费品公司（比如宝洁）在继续发展品牌管理系统。宝洁的营销总监成为品牌总监后有四大职能：品牌管理、消费者和营销知识、传播、设计，因此具有"品牌战略、计划和结果方面的责任"。[30] 对于品类管理，制造商可以为零售商提供最优货架安排建议。越来越多的零售商也开始采用品类管理办法。虽然制造商充当品类管理者能增加销售，但专家提醒零售商应发挥自己的见解和价值，以保证其在市场上的竞争优势。

许多公司试图去重新设计营销组织，以便能更好地反映品牌所面临的挑战。同时，由于工作要求和职责的变化，传统的营销部门正在消失，这些公司正在探索通过业务组、多职能团队等其他方式来执行营销职能。[31] 在数字革命的背景下，由于其重点是数据分析和精准定位，许多公司已重组其营销部门以更加敏捷和数据驱动化。[32]

例如，高乐氏（Clorox）进行了以下变革以适应营销领域的数字革命：（1）增加在数字媒体及其分析上的投资；（2）与数字广告代理商合作；（3）改变营销组织以更快地响应市场变化。[33]此外，要使营销获得成功的必备技能正在发生变化，对如何在数字世界中构造和使用数据的认识正变得越来越重要。

在瞬息万变的数字时代，这些新的组织结构和新的营销技能的目标是提高内部协调和效率，关注外部零售商和消费者。尽管这些目标值得称赞，但很显然，这些新设计所面临的挑战之一是确保品牌资产得到保存和培育，并且不会因缺乏监督而被忽视。对于具有多个产品、多个市场的组织，困难通常在于确保产品和地域的平衡。在许多营销和品牌活动中，实现两者的平衡是目标，目的是使两种方法的优点最大化和缺点最小化。

营销伙伴的管理　由于品牌的绩效还取决于外部的供应商和营销伙伴的行为，因而必须慎重处理他们之间的关系。越来越多的公司逐渐加强自己与营销伙伴间的关系，并减少外部供应商的数量，就像上述提及的高乐氏公司。许多公司会将广告与某个在多类社交媒体和数字渠道中积累丰厚的数字广告代理商联合（如高乐氏与 FCB 和 McGarryBowen 合作）。

有许多因素会影响在一个区域内雇用多少外部供应商的决策。例如，成本效益、组织杠杆、创造性的多样化等。从品牌化角度看，只与一家主要供应商（如一个广告代理机构）打交道的优势之一，就是能在品牌理解和处理上实现更高的一致性。

其他营销伙伴也能发挥很大的作用。例如，第 5 章中描述了渠道成员和零售商在提高品牌资产方面的重要性。品牌宪章或品牌圣经的一个重要作用是告知和培养营销伙伴，使他们提供更多的与品牌一致的支持工作。

········| **本章回顾** |········

品牌资产评估系统是一整套对品牌的研究方法。它用于为营销者提供有关品牌的及时、准确、可行的信息，以便他们作出尽可能有效的短期战术决策和长期战略决策。实施品牌资产评估系统包括三个步骤：执行品牌审计、设计品牌追踪研究和建立品牌资产管理系统。此外，随着数字革命的到来，在创建和评估品牌盘查时必须考虑品牌的数字资产。还可以利用持续的追踪系统，利用大量可获得的社交媒体数据产生更深刻的见解。

品牌审计着眼于消费者，目的是评估品牌的健康程度，发现品牌资产的来源，提出改善品牌资产的建议。进行品牌审计需要从公司和消费者两方面来理解品牌资产。品牌审计包含两个步骤：品牌盘查和品牌探索。

品牌盘查的目的在于，对公司所售产品和服务的营销和品牌推广方式提供一个完整的、最新的概述。对于每个产品或服务的描述，都需要识别相关的品牌元素和营销支持方案。品牌探索则是一项旨在了解消费者如何感知品牌以及识别品牌资产来源的研究活动。

品牌审计能够用于为品牌设定战略性方向。对品牌进行战略性分析有助于制定营销计划以最大化长期的品牌资产。追踪研究的定量评估能为营销者提供品牌审计识别出的关键维度的最新信息。

追踪研究在一段时间内按惯例从消费者那里收集的信息，为营销项目和活动提供短期有效的宝贵经验。品牌审计评估的是"品牌过去是什么状态"；追踪研究评估的是"品牌现在是什么状态",以及营销项目是否达到预想的效果。

品牌资产管理系统须有三个主要措施。第一,公司将品牌资产相关观点正式形成文件——品牌宪章。该文件有诸多作用:记载公司对品牌资产的总体理念;总结品牌审计、品牌追踪等相关的活动和结果;为品牌战略和策略提供指导;记录正确处理品牌的方法。品牌资产宪章应该每年更新,以识别出新的机会和风险,并全面反映品牌审计中的品牌盘查和品牌探索活动里所收集的信息。

第二,追踪调查和其他评估的结果应该写入品牌资产报告,并定期(每月、每季度或每年)分发给管理层。品牌资产报告应该提供描述性信息(如品牌现状)及诊断性信息(如为什么会发生)。这些报告往往会出现在营销的仪表板中,以便查阅与回顾。营销分析仪表板正越来越多地用于帮助持续追踪品牌的绩效。

最后,应该委任资深的管理人员监督整个组织内部的品牌资产管理。担任这一职务的人员应该负责监督品牌宪章和品牌资产报告的完成,并尽最大可能保证跨部门和跨地区的产品及营销活动能反映品牌宪章的精神,体现品牌资产报告的实质,最终实现长期品牌资产的最大化。

········| **问题讨论** |········

1. 你觉得进行品牌审计的最大挑战是什么?你会采取哪些步骤去克服它们?
2. 挑选一个品牌。看下你是否能通过咨询不同的社交媒体渠道(如脸书、照片墙和推特),为其组建一次数字化品牌资产盘查。关于品牌在多个接触点中呈现的一致性,你发现了什么?
3. 思考品牌备忘 9-1 中的星巴克追踪调查,你可能会有什么不同做法?你会改变或放弃什么问题?你会补充什么问题?这种追踪调查与用于其他产品的追踪调查有何不同?
4. 对品牌专题 9.0 中劳力士的品牌审计进行评价。你认为它可以如何改进?

品牌专题 9.0

劳力士的品牌盘查

一个多世纪以来,劳力士已成为全球最受认可和追捧的奢侈品牌之一。2017 年,在 BrandZ 全球最具价值品牌百强榜(由明略行或 KMB 评选)中,全球最具价值的手表品牌是劳力士,其品牌估值为 80.53 亿美元。[34] KMB 就大约 10 万个不同品牌采访了全球 50 多个市场中的 300 万名消费者,使用彭博社和凯度(Kantar Worldpanel)的数据来分析公司的财务和经营绩效。劳力士的这个估值也是在结合财务信息和消费者调查的基础上,经由一个复杂的公式计算所得。

需要说明的是,劳力士不在 KMB 的全球 100 强品牌排行榜(该榜单中的品牌至少要达到 113 亿美元价值)中,而是出现在 BrandZ 十大奢侈品报告中,在该报告中排名第五的劳力士是十大奢侈品品牌中唯一一个只卖手表的品牌。

全面的品牌审计可以帮助劳力士把握机遇和挑战,它的品牌资产已经很强大,却依然如履薄冰。

> 劳力士的名字就是质量的同义词。历经每一阶段严格的干扰测试,劳力士重新定义了质量的含义。

——www.Rolex.com

背景

历史

劳力士始建于 1905 年，当时是由德国人汉斯·威尔斯多夫（Hans Wilsdorf）和妹夫威廉·戴维斯（Wiliam Davis）成立的一家名为 Wilsdorf & Davis 的钟表制造公司，总部设在英国伦敦。威尔斯多夫自称完美主义者，从一开始就致力于改进主流的怀表产品。1908 年，威尔斯多夫开发了一款小巧的能戴于手腕的钟表，同年，他注册了劳力士商标，因为他觉得这名字读起来像手表上发条时发出的声响。而且，劳力士也很容易用多种不同的语言发音。

1912 年，劳力士总部迁往瑞士日内瓦，并致力于提高手表的精确性。当时，灰尘和湿气很容易进入表壳，导致手表功能和机芯的损坏。因此，威尔斯多夫发明了螺丝表冠和防水表壳系统，彻底革新了手表行业。1914 年，在经过世界上最严格的测试（包括在极端温度下的测试）后，劳力士手表荣获 Kew 天文台 A 级证书。

12 年之后，威尔斯多夫开发了至今闻名的蚝式（Oyster）防水机械表，并申请了专利。它首次在真正意义上实现了防水、防尘和防污功效。为了引起人们的关注，珠宝店将蚝式手表放进专柜鱼缸中进行展示。蚝式手表于 1927 年 10 月 7 日投入测试，由梅塞迪丝·吉莉丝（Mercedes Gleitze）佩戴该表横渡英吉利海峡。在水中整整浸泡了 15 个小时后，该表仍旧分秒不差，运转如常，这令媒体和公众感到惊奇。吉莉丝也因此成为劳力士手表众多推广大使中的第一人。

多年来，劳力士将手表的创新推到了一个新的高度。1931 年，公司发明了自动上链转动装置，免去了给手表上发条的麻烦。1945 年，公司发明了第一块在 3 点钟位置显示日期的手表，并取名为日历型（Datejust）手表。1953 年，劳力士发布了第一块用于潜水、具有防水功能和耐压水下 100 米的潜水型（Submariner）手表。20 世纪 50 年代，这些运动型手表经常在詹姆斯·邦德的电影中出现，随即成为信誉和耐用的象征。

瑞士手表数十年来一直占据中高端市场，直到 1969 石英表的发明。石英表以更精准的计时和更低廉的造价迅速占据中端市场。在 10 年内，石英表的销量接近世界手表销量的一半。[35] 美国《现代珠宝》杂志编辑乔·汤普森（Joe Thompson）说："1980 年后，人们认为机械表已经消亡了。"[36]

劳力士推翻了这些专家的观点。该公司并未屈服于石英表的风靡。但是为了生存，劳力士被迫转战高端市场，并制定战略来捍卫和巩固其地位。最近，随着智能手表的推出，手表业经历了重大的变化，比如苹果手表，将手表的功能与很多智能手机的特性整合在一起。尽管劳力士被认为是最具价值的手表奢侈品品牌，苹果手表的销售收入却高于劳力士。[37]

产权私有化

劳力士是一家私有公司，在其 100 多年的历史长河中仅由三个人控制。威尔斯多夫在去世之前成立了基金会，确保公司有部分收入用于慈善，并以基金会为基础进行企业运作。[38] 他的举措是劳力士作为高端品牌走向持续成功的关键一步。多年来，不少奢侈品品牌被迫与一些企业集团联合，从而获得竞争优势，但劳力士一直保持独立运作，只关注它的主营业务。整个 20 世纪 80 年代都由安德烈·海宁格（Andre Heiniger）任公司总经理，他说："劳力士的战略是致力于营销并维持质量，对于不擅长的领域，我们从不涉足。"

品牌组合

劳力士手表包括三个子品牌，公司称之为"系列"，每个子品牌又包含一系列品牌（见图 9-4）。

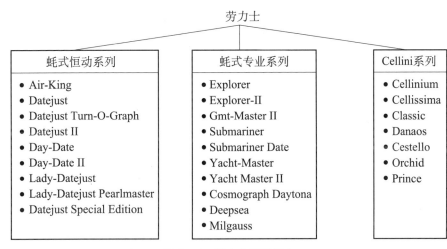

图 9 - 4　劳力士产品组合

● 蚝式恒动系列包括"传统"劳力士腕表，并拥有特色与设计风格各异的九个子品牌。其目标顾客是富裕的男士和女士。

● 蚝式专业系列是通过具体的特点和形象，锁定特定的运动员和冒险家为目标顾客。

● Cellini 系列设计优雅，主要佩戴于正式场合，该系列包括七个子品牌。该系列融合流行与时尚元素，如彩色的皮革表带和大量钻石的使用。

除了这三个系列之外，劳力士还在 1946 年推出了帝舵（Tudor）作为其"防御型品牌"，以避开来自泰格豪雅（Tag Heuer）、西铁城和雷达等中档品牌的竞争。帝舵也拥有众多家族品牌，包括王子系列、公主系列、王者系列和运动系列等，每一个家族品牌下又有许多子品牌。帝舵手表主要通过自有品牌的专卖店销售，也通过劳力士的独家代理经销商网络销售。尽管这些手表已经不在美国销售，但在欧洲和亚洲仍有巨大销量。帝舵定价较低，其目标市场是年轻消费者。显然，这个品牌是有明显区分性的，劳力士的品牌名没有出现在帝舵手表上。

品牌盘查

作为最大的奢侈手表品牌，劳力士的成功可以归功于以下因素。劳力士不仅生产高质量的计时器，还密切关注手表的销售，确保高需求与溢价。此外，劳力士精妙的市场战略塑造了一个令人惊羡的独家高端品牌。品牌盘查将会深入分析每一个因素。

品牌元素

劳力士最与众不同的品牌元素就是它的皇冠标识。皇冠标识于 1925 注册为商标，并于 1939 年首次在手表上亮相。这一标识几乎没有经过修改，多年来一直保持其标志性的五点皇冠形态。劳力士手表的表盘上饰有名称"Rolex"，可追溯至 1926 年。这样的设计有利于提高品牌识别。很多劳力士手表有着经典的外观，即大圆表盘和宽腕带。

产品

一直以来，劳力士钟表一直保持其高质量、强耐用性和好声誉。劳力士始终致力于只使用最优质的高档材料（如金、铂金和宝石）来生产精湛工艺制成的高精度手表。它不断优化机芯性能，提供更加新颖精巧的特性。因此，相较于大众市场的手表，劳力士手表有着更复杂的内部结构。例如，一块石英手表有 50 ～ 100 个部件，而劳力士的蚝式精密手表有 220 个部件。[39]

每块劳力士表都具有十大特性，也称作公司的"十大金科玉律"：

（1）防水表壳；

（2）恒动式摆陀；

（3）表壳后盖；

（4）蚝式表壳；

（5）上链表冠；

（6）最优良和最完美的材料；

（7）质量控制；

（8）劳力士自动上链机芯；

（9）由瑞士计时表质量控制办公室独立测试；

（10）劳力士测试。

劳力士没有对外授权品牌代理，除了手表，也不生产任何其他产品。它的产品组合清晰、简洁和专注。

劳力士比其他任何手表企业都要花费更多的时间与金钱在打击假冒品上。如今，人们通常很难识别出 25 美元的假冒劳力士表和 1 万美元的劳力士正品手表之间的差异。据说全球仿冒品产业价值高达 4 610 亿美元，劳力士（与耐克、雷朋和路易威登一起）是假货最多的品牌。[40]

定价

通过将每天的产量控制在 2 000 块左右，劳力士使消费者的需求和价格都处于高位。一块基本款蚝式恒动手表起价约为 2 500 美元，最高可达 20 万美元，具体取决于钢、黄金和铂金等材料的使用。稀缺性也正向影响着劳力士手表的转售价值。有报告表明，"几乎所有老款劳力士手表的估值都高于其初始售价"。[41]

分销

劳力士非常重视对分销渠道的管理，仅通过全球约 6 万家"劳力士官方授权经销商"进行销售。官方经销商必须满足几个条件，包括高端形象、宽敞的店面、有吸引力的位置和优质的服务。此外，劳力士存在着巨大的二级市场，无论是通过在线拍卖网站（如 eBay）还是在嘉士得和苏富比的现场拍卖中，都可以看到劳力士。

传播

劳力士的营销与沟通战略致力于打造高品质的独家品牌形象。为了建立这样的形象，劳力士将企业与知名艺术家、顶尖运动员、冒险家和探索者联系在一起。劳力士也赞助了许多体育赛事、文化活动和慈善计划，以便与目标市场保持一致，并在消费者心中建立积极的联想。

广告 劳力士是全球刊登广告最多的手表企业。2015 年，该公司在广告上的支出超过 5 600 万美元，比其他任何手表品牌都要多。[42] 企业最大的开支之一是杂志广告。劳力士的平面广告往往是简洁和严谨的，凸显品牌代言人或产品近照并附上标语"劳力士，每个成就的皇冠"。劳力士没有在电视上投放广告，但会赞助一些电视上播放的活动。

最近，在进行了仔细的衡量和考虑之后，劳力士已开始使用数字营销技术与顾客建立联系。劳力士创建了一个脸书页面，并采用内容营销策略，该策略特别注重提供高质量的内容，而不是关注内容的数量。[43] 此前，它还于 2012 年开设了 YouTube 频道，并以此平台发布消费者感兴趣的内部纪录片，主题包括喜马拉雅探险和调查极地冰盖的深海考察。该品牌还使用社交媒体平台（如脸书）来传播劳力士品牌的一些冷知识。例如，劳力士推出"您知道吗"系列，以解释劳力士为何使用 IIII，这是"制表匠专用的 4"，而不是 Ⅳ。这些在社交媒体上的交流旨在维持顾客忠诚，同时向顾客阐明品牌价值。

品牌代言人 劳力士通过品牌代言人为企业带来的绩效来对他们进行适时的增减和筛选。这些品牌代言人主要分为四类：艺术家、运动员、探险家和帆船手。与知名艺术家合作象征着劳力士对完美的追求。与顶尖体育名人合作表明劳力士对卓越的渴望。例如，劳力士对航海比赛的赞助，凸显了企业的核心价值观：卓越、精准和团队精神。[44]探险家在极端环境中检验了劳力士手表的卓越与创新。劳力士的品牌代言人攀登珠穆朗玛峰，打破声速纪录，抵达海洋的深处，甚至还在太空中旅行。为了找到非常具体的目标消费群体，一则平面广告经常会凸显一位品牌代言人的特征和一块特定的手表，针对特定的人口统计学群体或者消费者类别。

2011 年，令业界专家大为吃惊的是，劳力士聘请高尔夫球手老虎伍兹作为品牌代言人。这是他自 2009 年以来的首次代言。在他发生性丑闻声誉下降之后，劳力士还签下了其他品牌代言人，包括职业高尔夫球手简森·戴伊（Jason Day）、菲尔·迈克尔森（Phil Mickelson）和阿诺·帕尔默（Arnold Palmer）等明星运动员。[45]

体育和文化 劳力士赞助各类经典体育文化活动，以强化它与品牌代言人之间一致的信息、价值和联想，包括渴望卓越、追求完美、团队合作性与坚韧性。劳力士赞助了高尔夫球比赛（美国高尔夫公开赛、英国高尔夫公开赛、爱尔兰莱德杯）、网球比赛（温布尔登和澳大利亚网球公开赛）、滑雪比赛（奥地利哈恩卡姆滑雪赛）、赛车比赛（劳力士迪通拿24 小时耐力赛）和马术比赛。

劳力士也赞助一些航海比赛，包括劳力士悉尼比赛、劳力士法斯特奈特比赛和超级帆船杯等。劳力士还和极端勘测探险队合作，包括"最深潜水"和"极地深海"活动。劳力士也是很多机构的主要贡献者，比如伦敦皇家歌剧院和米兰斯卡拉歌剧院这些有着一致文化受众的艺术机构。

慈善事业 劳力士主要通过三个慈善项目回馈社会：

● "劳力士雄才伟略大奖"。该项目会奖励为社群和世界作出贡献的个人。项目聚焦于科学与健康、技术应用、探索与发现、环境和文化传承等领域。[46]

● "劳力士青年雄才大奖"。该项目是"劳力士雄才伟略大奖"的一部分，奖励那些在18 ～ 30 岁的杰出发明家。[47]

● "劳力士推荐资助计划"。该项目旨在发掘全球有天赋的年轻艺术家，让他们与艺术大师进行配对。年轻艺术家将与知名的电影制片人、舞蹈家、艺术家、作曲家和演员合作。[48]

品牌探索

消费者知识

劳力士成功地利用其悠久的历史、卓越的传统及创新，成为全球最负盛名和最受赞誉的手表品牌。消费者对于劳力士积极的品牌联想也许是"做工精良""久负盛名""唯我独尊""功能强大""端庄雅致""质量优异"。一些消费者对劳力士的负面品牌联想也许是"浮华的"或"势利的"。图 9-5 列出了劳力士的心理感知地图。

纽约奢侈品研究所的一项研究发现，消费者对劳力士持积极的购买态度。相较于其他手表品牌，富裕群体更倾向于购买劳力士作为他们的下一块手表。尽管有些竞争对手在感知质量和独特性上高于劳力士，但劳力士（84% 的人知道这个品牌）比宝格丽（39%）和卡地亚（63%）更知名。[49]

Mintel 2008 年的一项调查报告显示，在手表行业，女性仍旧倾向于把手表视为饰品，很多购买者仅根据外观来选择手表。但是，在高端奢侈品市场消费中，越来越多的女性对机械表感兴趣。这项研究还发现，越来越多的女性倾向于选择中性款或男女通用的手表。[50]

无论是新手还是收藏家，许多年长者、富裕者对拥有一块劳力士表都评价甚高。2017

年，在纽约菲利普斯拍卖行，竞标者以 1 780 万美元的价格买下曾经属于演员保罗·纽曼（Paul Newman）的劳力士迪通拿（Daytona）手表，刷新了腕表拍卖的世界纪录。这块手表是纽曼的妻子送给他的，当时他正在拍摄电影《获胜之道：保罗·纽曼的赛车人生》。[51]

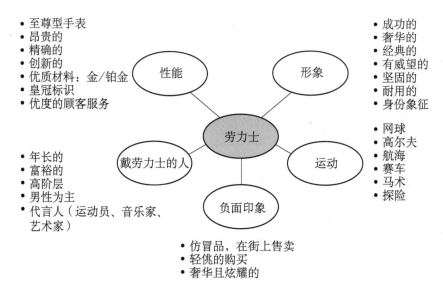

图 9-5　劳力士的心理感知地图

尽管劳力士品牌与产品系列能非常好地与年长富裕的群体产生共鸣，劳力士仍试图和年轻消费者建立联系。NPD 公司的一项民意调查发现，在 25 岁以下的人群中有 36% 不戴手表。[52]Piper Jaffray 的研究显示，59% 的年轻人称从未戴过手表，82% 的年轻人在未来 6 个月不打算购买手表。智能手表的问世，尤其是苹果手表在 2015 年加入竞争，无疑使传统的手表行业备受关注。智能手表的价格大约为 400 美元，能带给消费者很多传统手表无法提供的益处，例如，能通过智能手表进行通讯传达以及手机 App 监控健康和健身指标。

品牌共鸣金字塔

劳力士品牌共鸣金字塔（请参阅第 3 章）的左右两边同等强大。这个金字塔的左右两边存在协同作用。劳力士传递的功能利益和情感利益能够与消费者对品牌的想象和感觉协调一致。这个金字塔自下往上的部分也很强大，享有奢侈品品牌的最高知名度、高重复购买率，顾客忠诚度也高。劳力士成功打造了优异的产品属性和形象联想。图 9-6 强调了劳力士品牌共鸣金字塔的关键要素。

竞争性分析

劳力士身处 265 亿美元产值的手表行业中，有着诸多竞争对手。但是，只有少量品牌能够在高端市场参与竞争。[53]通过定价和分销策略，劳力士将自己定位为高端奢侈手表品牌，在较低端的市场与泰格豪雅和欧米茄竞争，在高端市场与最昂贵的腕表品牌百达翡丽（Patek Philippe）等对手竞争。

泰格豪雅　泰格豪雅是奢侈表行业的领导者之一，其与众不同之处在于它对精密计时的专注以及对体育运动与赛车广告的赞助。1876 年，泰格豪雅由爱德华·豪雅（Edouard Heuer）创立，成为奢侈品手表行业的中流砥柱。1887 年，公司发明第一只振动齿轮，该技术能显著提高计时精度并沿用至今。1895 年发明首个防水表壳并申请专利。1910 年，豪雅进入美国市场，1914 年推出计时腕表，此后也一直致力于计时技术的革新。

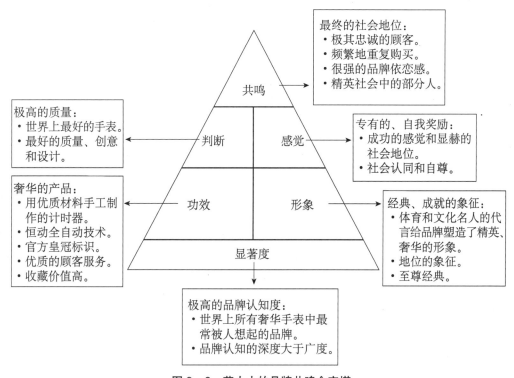

图9-6　劳力士的品牌共鸣金字塔

　　毫无疑问，豪雅的形象与定位和计时精度密切相关。豪雅的计时器也被用作1920年、1924年和1928年奥运会的官方秒表。豪雅是1971—1979年一级方程式赛车法拉利车队的赞助商，也是1985—2002年迈凯轮车队的合作伙伴。它也是20世90年代和21世纪初多场一级方程式赛车的官方计时单位。[54] 多年来，豪雅赞助很多美洲杯的车队和帆船比赛队伍，还赞助了英超足球。

　　豪雅通过官方零售商在实体店和线上出售手表。这些零售商包括独家珠宝商和百货公司（如诺德斯特龙和梅西）。手表制造商通过品牌代言人、赞助体育赛事和投放大量杂志广告来提高品牌知名度。1999年，豪雅被奢侈品巨头LVHM收购。

　　欧米茄　欧米茄由路易斯·勃兰特（Louis Brandt）于1848年创立，一直在手表与计时器的精度方面引以为豪。艾米莉亚·埃尔哈特（Amelia Earhart）在一次横跨大西洋的飞行中选择了欧米茄手表，此后欧米茄被广泛运用到航天以及赛事当中。欧米茄是1936年冬奥会的计时装备，并且首次实现同步计时。1937年欧米茄推出第一块防水腕表，1967年发明了第一款水下触摸屏计时设备，用于奥运会游泳比赛。欧米茄手表协助探险队找到正确的北极点位置，协助完成阿波罗11号飞船的登月使命，并成为唯一登上过月球的手表。欧米茄现已被斯沃琪钟表集团收购。

　　与劳力士和豪雅一样，欧米茄聘请品牌代言人来提高品牌知名度，包括运动员迈克尔·菲尔普斯（Michelle Wei）、塞尔希奥（Sergio Garcia），宇航员巴兹·奥尔德林（Buzz Aldrin）和演员丹尼尔·克雷格（Daniel Craig）。1995年，欧米茄成为詹姆斯·邦德电影系列的官方腕表。

　　欧米茄提供四种不同系列的男女款手表，分别是星座、海马、超霸和帝威系列。即使在同一个系列中，产品的价格差距也很大。帝威系列的价格在1 650美元～10万美元之间。

　　百达翡丽　1839年，安东尼·百达（Antoine Norbert de Patek）和简·翡丽（François Czapek）创立了一家瑞士钟表公司，基于以下10种价值观：独立、创新、传承、质量和工艺、稀缺、价值、美学、服务、情感、威望。企业名称经过革创阶段的更换，最终确定为"百达翡丽"。作为高端手表市场很多技术的革新者，它代表着奢侈品计时器的巅峰。特别是，百达翡丽通过在精密计时技术和万年历技术上的创新创造出世界上最复杂的手表，并引以为豪。

与其他领先的高级钟表制造商不同，百达翡丽不依靠活动赞助或品牌代言人来扩大品牌影响力。但自 1851 年起，百达翡丽就一直为整个欧洲王室制造手表。它的手表仅通过全球 600 家授权零售商出售。1996 年，基于自身的传承和传统，百达翡丽发起名为"代代相传"的营销活动，标语是"没有人能真正拥有百达翡丽，只不过为下一代保管而已"。

百达翡丽会评估每一家授权零售商，以确保其达到制表商的质量标准。它还在价格上与其他制表商区分开来，非定制手表的最低零售价为 11 500 美元，最高超过 600 000 美元。

战略建议

定位

表 9 - 5 总结了一些定位分析和接下来要描述的品牌共同点和差异点。

表 9 - 5　劳力士的品牌定位

品牌真言：经典的设计、永恒的地位

品牌共同点	品牌差异点
瑞士制表匠	创新型产品
耐用的	独特外观（大圆表盘和宽腕带）
优良的材质	皇冠标识
优质的工艺	至尊的、有威望的形象
精准的	丰富的历史和传承
有吸引力的	持久的高价值

共同点　劳力士与其他高端奢侈表制造商在一些方面上是相似的。它们都在瑞士制造手表，那里的制表工艺享有盛名，且产品品质上乘。所有钟表企业都为自己对细节和持续创新的专注感到自豪。

差异点　劳力士与竞争对手的区别体现在以下方面：第一，劳力士手表有独特的外观，如皇冠标识、大圆表盘和宽腕带。第二，劳力士在战略层面加强对分销渠道和产品线的控制，在消费者心中建立了有威望、有价值和至尊的形象。第三，保持品牌纯正性，只专注于手表且杜绝品牌代理。通过认真选择赞助活动与品牌代言人，劳力士披荆斩棘，与全球消费者产生共鸣并享有盛名。

品牌真言　劳力士在不损害品牌诚信的前提下，通过巧妙的营销和传播成功赢得了全球声誉。劳力士树立"拥有一块劳力士手表代表着人生的一个里程碑"的信念，并以其高雅和地位享誉全球。能够体现这些内涵的品牌真言是"经典的设计、永恒的地位"。

策略建议

品牌审计证明劳力士是一个具有丰富品牌资产的强势品牌，同时也指出所面临的一些机会与挑战：

利用劳力士的独立、持续传承与专注精神

● 劳力士是世界上最大和最成功的手表企业。因此，许多消费者没有意识到劳力士是一家和豪雅的母公司 LVMH 以及欧米茄的母公司斯沃琪等大型集团竞争的私有企业。尽管私有化好处良多，但仍面临一些挑战。例如，劳力士必须与规模是它 10 倍的企业竞争。越大的企业就会有越低的人工成本、越广的销售网络和越显著的广告协同效应。

● 在某些方面，劳力士必须更加努力才能获得成功，这是它认同的一个事实。它一直做着 100 年来做的事情——独立制造持久、可靠和超值的手表。由于时下流行的反华尔街风气，这样的定位可能会与消费者产生良好的共鸣。

利用公司的卓越工艺与创新能力

根据奢侈品协会的研究，消费者并不认为劳力士在质量和独特性方面是顶级品牌。但历史已经证明劳力士实际上是工艺和革新的领导者，因此劳力士可能需要开展活动来多关注这些方面。

与女性消费者建立联系

● 女人是手表和珠宝商品的主要目标群体。然而，根据 Mintel 2008 年的研究发现，越来越多女性对中性款式而非女性款式手表的购买兴趣更高。这对劳力士而言是一次机遇，因为劳力士手表原本在设计上就主打男性气概。这使得劳力士能够放弃镶嵌珠宝的装饰性手表，推出更具力量感和中性色彩的手表。劳力士推出的蚝式恒动系列 36 毫米金钢日历型腕表就是一个例子，它坚固耐用，防水深度达 100 米。[55] 但女性视角下的花卉表盘和镶边宝石设计可能是不必要的。

● 劳力士可能要调整其女性品牌代言人的名单，以匹配更多男女通用的产品系列。那些在男性主宰的领域获得成功的女性，比如康多莉扎·赖斯（Condoleezza Rice）和凯蒂·库里克（Katie Couric），将会是强有力的品牌代言人。

打击在线仿冒品产业

仿冒品会损坏公司的品牌资产并给品牌带来巨大风险。电子商务的蓬勃发展，将假冒的劳力士表从街头带进了能接触更多消费者的互联网。因此，伪造问题的威胁比以往任何时候都要严重。为了保持限量发行，劳力士没有授权任何产品在网上销售。然而，为了打击网上假货，劳力士也许会考虑建立网上专卖店，或者是所有线上官方零售商必须链接到专有分销站点。事实上，劳力士动用了广泛的资源来打击非法使用其品牌的活动，包括赞助国际反假冒伪劣联盟以及起诉允许仿冒品出售的公司。

利用营销接触年轻消费者

已有研究表明，年轻消费者不像老一辈那样了解手表的价值。因此，劳力士应该重新研究的问题是：21 世纪的"威望"是如何定义的？谁或者什么象征着威望、坚固或者精准？当"千禧年"一代出生的人渐渐成长为劳力士的目标群体时，原有的方法还适用吗？智能手表的推出震惊了传统手表业。劳力士需要考虑怎样整合智能手表的一些特性是最佳选择。此外，劳力士希望扩张品牌来包含手表以外的各种时尚产品，从而最小化对单一传统手表产品的依赖。

使用数字和社交媒体渠道接触消费者

与许多其他品牌不同，劳力士在使用数字营销技术时采取了更为谨慎的观望态度。若考虑到它是希望确保其数字化方面的努力不会减少其传承积淀或忠实拥护者，这可能就是明智的。但是，随着企业越来越依赖于数字营销，如果要吸引更年轻的受众，劳力士就需要对营销方式和市场覆盖面进行重大改变。

传播长期价值

● 劳力士与众多类型的奢侈品如服装、鞋子和手提包等共同竞争，以抢占奢侈品市场份额。这其中的许多商品并不如劳力士手表能历经久远，而且容易过时。劳力士应该充分利用其优越的保值能力，包括转售价值及"传家宝"式的质量，从而更好地与各类奢侈品竞争。

● 瑞士奢华表品牌百达翡丽使用印刷广告传播其"传家宝"式的品质。劳力士也可以采用类似的方法，也许可以通过更加引人注目的代言人，传播其世代相传的品质。

········ | 第 10 章 | ········

评估品牌资产的来源：捕获顾客心智

学习目标

» 用有效的定性研究方法评估消费者的品牌知识。

» 用有效的定量研究方法测量品牌认知度、品牌形象、品牌响应和品牌关系。

» 概述大数据如何帮助理解品牌感知和品牌定位。

» 说明社交媒体"控制室"作为市场营销研究工具的作用。

» 介绍和对比一些主流的品牌资产模型。

营销者根据对消费者的各类定量和定性营销研究结果来开发新产品。

········| **本章提要** |········

了解消费者现有的和理想的品牌知识结构，对有效创建和管理品牌资产至关重要。理想情况下，营销者能构建详尽的消费者"心理地图"，以准确地把握消费者对品牌的认知——对不同品牌的所有观点、感觉、感知、形象、信念和态度。这些心理地图将帮助管理者基于合适的相同点与差异点的洞察制定可靠的品牌定位，并为作出正确的品牌决策提供战略性指导。遗憾的是，这些品牌知识结构仅仅存在于消费者的头脑中，并不容易评估。

然而，有效的品牌管理要求对消费者进行全面了解。通常，对消费者怎样看待或使用产品和特定品牌的简单洞察，就能使营销方案的盈利性得到提高。因此，为了更多地了解消费者，很多大公司不遗余力地开展调研工作（或者进行诸如第 9 章所描述的品牌审计工作）。

现在有多种精细的、复杂的研究技术和方法，可以帮助营销者更好地了解消费者的知识结构。网上提供大量相关一手数据和二手数据来源。许多行业研究、企业报告和调研都能获取。本章将重点介绍与品牌资产评估相关的一些内容。[1] 表 10-1 列举了了解消费者行为时需要考虑的一些因素。

表 10-1　了解消费者行为

谁购买我们的产品或服务？	顾客何时购买？会受到季节因素影响吗？
谁作出购买该产品的决定？	顾客对该产品的态度如何？
谁能影响购买这个产品的决定？	有哪些社会因素可能会影响顾客的购买决策？
顾客的购买决定是怎样作出的？谁扮演了什么角色？	顾客的生活方式会影响购买决定吗？
顾客购买了什么产品？什么需求必须得到满足？	顾客对该产品的感知如何？
顾客为什么会购买这个品牌？	人口统计因素是怎样影响购买决策的？
顾客会在哪里购买这个产品或服务？	

资料来源：Based on a list from George Belch and Michael Belch, *Advertising and Communication Management*, 3rd ed.（Homewood, IL: Irwin, 1995）.

根据品牌价值链可以知道，品牌资产来源于顾客心智。一般而言，评估品牌资产的来源，要求品牌经理充分了解消费者怎样购买、使用产品或服务，最重要的是，要了解消费者对不同品牌的认知、思考、感受以及所采取的行动。特别是在评估品牌资产来源时，要对品牌认知度和品牌形象的各个方面进行评估，这些不同方面极可能引起顾客的差别化反应，并由此构成品牌资产。

消费者对品牌持有一种整体性的观点，而不是划分为各个组成部分。但很多时候，可以通过分解感知进行更细致的评估。本章接下来将介绍识别品牌资产潜在来源的定性和定量方法，以捕获顾客心智。

10.1　定性研究方法

有多种不同的方法用以揭示与品牌相关的联想类型，以及对应的强度、偏好性和独特性。**定性研究方法**（qualitative research techniques）常被用来识别可能的品牌联想和品牌资产的来源。定性研究方法是一种相对非结构化的调研方法，允许一系列的问题和回答，所以常常是探索消费者对品牌和产品感知的有效的第一步。

定性研究方法在营销中的应用由来已久。消费者心理学研究的先行者之一欧内斯特·迪希特（Ernest Dichter）在20世纪30年代对普利茅斯汽车的研究中首先应用了这种研究方法。[2] 他的研究揭示了先前研究所忽略的女性在购买汽车决策中扮演的重要角色。基于他所做的消费者分析，普利茅斯公司为汽车制作了一则新的平面广告，广告中突出了一对年轻夫妇羡慕地看着普利茅斯汽车，汽车上方还有一个大标题："想象我们就在那辆汽车中！"迪希特之后的研究对许多不同的广告策略都产生了重要的影响。[3]

迪希特的某些研究论断也颇具争议。例如，他把敞篷汽车和青春、自由与对情人的欲望等同起来；认为女性在约会前使用象牙牌香皂是为洗去她们的罪恶；还坚持认为烘焙是女性美的表现，从烤箱中拿出蛋糕或面包对女性而言在某种意义上就像分娩一样。但是他为埃克森石油公司建议了"如虎添翼"这个长期成功的广告。[4]

下面讨论可用于识别品牌资产来源（如品牌认知度、品牌态度和品牌依恋等）的多种定性研究方法。这些研究方法还能识别品牌资产的产出结果，如价格弹性、品牌选择和品牌偏好等。

自由联想

描绘品牌联想最简便、最有效的方法是自由联想，即在不给任何产品类别相关的提示或线索时，让消费者回答当他们想到某一品牌时头脑中会想到什么。如"劳力士对你意味着什么？"或"当你想到劳力士手表时，头脑中会出现什么？"营销者可以用得到的自由联想初步形成品牌的心理地图。图10-1是州立农业保险公司（State Farm Insurance）心理地图的示例。

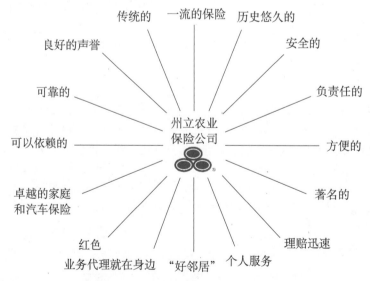

图 10-1 州立农业保险公司的心理地图

资料来源：Logo used with permission of State Farm.

自由联想方法的主要目的是，识别消费者心目中可能出现的品牌联想的范围，而且这种方法也能粗略反映品牌联想的相对强度、偏好性、独特性等。[5] 通过按出现顺序的先后给自由联想编码，至少可以粗略评估联想的强度。[6] 例如，如果在评估"麦当劳餐厅"时，很多消费者的第一联想是"快捷、简便"，那么这可能是个相对较强的联想并将影响消费者的决策。另一方面，出现次序较后的联想则相对较弱，在消费者决策中常被忽略。比较某一品牌与竞争品牌的联想，可以反映品牌的相对独特性。最后，甚至消费者对品牌联想的措辞方式也能在一定程度上反映出品牌联想的偏好程度。

自由联想问题的答案，能够帮助营销者了解可能的品牌联想的范围，并组合成一个品牌的形象。[7] 为更好地掌握联想的偏好程度，还可以让消费者排列出对各联想的喜爱程度，或者说出他们最喜爱品牌的哪些方面。同样，也可以继续让消费者列出联想的独特性或者是该品牌的独特之处。以下是一些有效的问题：

1. 你最喜爱该品牌的哪一方面？它积极的方面或优势是什么？

2. 你不喜欢它的哪些方面？它的负面或缺点是什么？

3. 你认为该品牌的独特之处是什么？它与其他品牌有什么不同？

这些简单、直接的评估方法在决定品牌形象的核心部分时格外具有价值。为了得到更多的结构和指引，我们可以再向消费者追问以下经典问题：

1. 谁使用这个品牌？他是什么样的人？

2. 他们在什么情境下会使用这个品牌？

3. 他们在何时、何地使用这个品牌？

4. 人们为什么使用这个品牌？他们从中得到了什么？

5. 他们如何使用这个品牌？他们的目的是什么？

指导原则 在开展自由联想工作时要考虑两个主要问题：一是对被试进行哪种类型的调查；二是怎样编码和分析所得数据。为了减少结果出现的偏差，最好如前所说先从总体性问题入手，然后再进入具体的问题。因此，首先应当在没有任何特别的产品类别提示的情况下，询问消费者对品牌的总体印象，接着再问有关特定产品或品牌形象某个方面的具体问题。

对消费者进行开放式调查可以采用口答和笔答两种方式。口答的好处在于消费者的回答不是精心准备的，是自然流露的答案。就数据编码而言，每个消费者的报告都将被分解成一个个词组，然后再进行分类组合。这样处理后会进一步聚焦，后续对具体调查和问题的回答会更容易编码。

投射技术

要成功揭示品牌资产的来源，就必须尽可能准确、完整地描绘出消费者的品牌知识结构。遗憾的是，在一些场合下，消费者认为表达自己的真实感受在社会上是难以接受或不受欢迎的，尤其是在面对一个陌生的访谈者时。因此，被调查者更容易依据刻板印象，给出一些觉得访谈者能接受的甚至是期待的回答。

在消费者被问及的品牌以形象联想为主时，他们尤其不情愿或不能透露真实的感受。例如，消费者可能不愿承认某个品牌有声望且能强化自我形象。他们反而会绕开这个问题去谈一些产品的特征作为自己喜欢或不喜欢某个品牌的理由。还有一个可能性是，当消费者被直接问及某一问题时，他们觉得很难确定和表达真实的感受。基于上述原因，如果不采用一些非常规的研究方法，便可能无法获得品牌知识结构的准确描述。

投射法（projective techniques）是用于诊断那些不愿或不能在某些问题上表达自我感

受的消费者真实想法的有效工具。[8] 投射法的主要思路是：给消费者一个不完整的刺激物，让他补充完整；或给一个模糊的刺激物，让消费者理解它的含义。这种方法认为，消费者在进行测试的过程中会暴露真实的观念和感受，因此，它在调查个人深层动机或个人、社会敏感问题时特别有效。在**罗夏墨迹测验**（Rorschach test）中，实验人员先给被试看一些墨迹，然后询问这些墨迹使他们想到了什么，这个测试可以用来评估个体对某个话题的记忆。[9]

投射技术在营销学中的应用由来已久。它始于20世纪40年代末和50年代的动机研究。[10] 投射法在营销学中的一个经典案例是，梅森·海尔（Mason Haire）在40年代末进行的消费者对速溶咖啡的潜在心理实验，品牌备忘10-1对此做了介绍。[11] 虽然投射法并不总能像该案例那样产生强大作用，但它经常能提供一些有用的洞察，帮助研究人员更完整地描绘消费者以及他们与品牌的关系。可以应用的投射方法多种多样。本书重点介绍其中一部分。[12]

品牌备忘 10-1

从前……你即你所选

投射法一个著名的应用实例是20世纪40年代由梅森·海尔展开的一个研究。这个实验的目的是，揭示消费者对雀巢速溶咖啡的真实观点和感受。

雀巢速溶咖啡刚上市的销售状况并不令人满意，该实验的目的就是调查其中的原因。大部分回答不喜欢该产品的理由是他们不喜欢这种口味。然而，在一项消费者口味测试中，公司发现当消费者不知道自己饮用的咖啡品牌时，雀巢的口味是可接受的。由于怀疑消费者没有讲出内心的真实感受，海尔设计了一个聪明的实验，以调查真正的原因。

海尔设计了包含相同6个商品的两份购物单。购物单1中列入麦氏磨制咖啡，购物单2中列入雀巢速溶咖啡。两份购物单如下所示：

购物单1
1.5磅汉堡包
2条Wonder面包
1捆胡萝卜
1听Rumford发酵粉
麦氏咖啡（磨制滴滤）
2听Del Monte桃子
5磅土豆

购物单2
1.5磅汉堡包
2条Wonder面包
1捆胡萝卜
1听Rumford发酵粉
雀巢速溶咖啡
2听Del Monte桃子
5磅土豆

两组数量相等的被试都拿到了一张购物单，并被要求："看你拿到的购物单，尽可能地设想自己处在这个环境中，直到你或多或少地能描述出买这些东西主妇的个性特征。"被试都写下了对购物主妇个性特征的简要描述。

在将提到的特征进行统计后，两个截然不同的形象出现了：

	购物单1（麦氏）	购物单2（雀巢）
懒惰	4%	48%
不会计划家庭购物和时间安排	12%	48%

节俭	16%	4%
不是个好妻子	0%	16%

海尔认为这些结果表明，速溶咖啡意味着在关爱家庭理念方面与家庭自制咖啡背道而驰。换言之，在那个时代，速溶咖啡在"节省劳力"方面与其说是"资产"，不如说是违背消费者传统的"负债"。因此，在直接询问消费者时，他们不愿承认这个事实，而用问及其他人的投射法时，就说出了真实的感受。

上述研究发现的战略意义非常明显。根据原始调查结果，速溶咖啡与普通咖啡相比，其明显的定位是：在"便利性"上建立差异点，在"口味"上建立共同点。通过投射实验，很明显还有必要基于消费者形象确定共同点。因此，一则成功的雀巢促销广告顺势而出：选择速溶咖啡是家庭主妇节约时间的一种方式，使她们将更多时间投入更重要的家务事中。

资料来源：Mason Haire, "Projective Techniques in Marketing Research," *Journal of Marketing* 14, no. 5 (April 1950): 649-652; J. Arndt, "Haire's Shopping List Revisited," *Journal of Advertising Research* 13, no. 5 (1973): 57-61; George S. Lane and Gayne L. Watson, "A Canadian Replication of Mason Haire's 'Shopping List' Study," *Journal of the Academy of Marketing Science* 3, no. 1 (December 1975): 48-59; William L. Wilkie, *Consumer Behavior*, 3rd ed. (New York: John Wiley and Sons, 1994).

补充完整和解释法 经典的投射法是通过使用不完整或含义不清的刺激物来激发消费者的思想与感受。其中一种方法是"气泡练习"，先给出一组卡通画片或照片，上面描绘的是不同的人在购买或使用某种产品或服务。如卡通片中常见的气泡代表某个或多个人的想法、言辞或动作，消费者被要求形象地"填充气泡"，以描述他们认为在这个场景中发生了什么或说了什么话。通过这种形式的故事和对话，能有效地估测一个品牌的使用者和使用情境。

比拟法 另外一种有用的技术称为比拟法。在该方法中，要求消费者将品牌与某个人、国家、动物、活动、织物、职业、汽车、杂志、蔬菜、国籍甚至其他品牌等进行比拟，从而传达出他们的印象。[13]例如，可以问消费者："如果达能酸奶是汽车，它会是哪一种呢？如果是一种动物，它会是什么动物？看这些图片上画的人，你认为哪个人最可能会食用达能酸奶？"在每一种情况下，都会接着问他们作这个比拟的原因。根据被用来代表品牌的对象和比拟的原因，可以发现消费者关于这个品牌的一些心理，对了解品牌的形象联想尤其有用。通过考察这些不同的答案，研究者可以形成品牌的丰满形象，比如，确定核心的品牌个性联想。

扎尔特曼隐喻诱导技术

扎尔特曼隐喻诱导技术（ZMET）是一种能更好了解消费者品牌看法的有趣方法。[14]它基于以下理念：消费者的购买行为经常基于某种潜意识动机。"我们的大脑中有很多我们没有意识到的东西，"哈佛商学院教授杰拉尔·扎尔特曼（Gerald Zaltman）说，"绝大多数影响我们行为和语言的东西，发生在意识层之下。这就是我们为什么需要新技术去探求那些隐藏的知识，那些人们不知道他们为什么知道的知识。"

为了获取这些"隐藏的知识"，他开发了 ZMET 技术。正如美国专利局所描述的，ZMET 是"一种用于引发那些影响人们思想和行为的相互关联的构念的技术"。这里的

"构念"（construct）是指研究人员创建的抽象概念，以捕捉顾客希望表达的想法、观点或主题。比如，"易于使用"这一构念可以表示"操作简单""运作不麻烦"或者"你无须执行任何操作"。

ZMET 方法是从不同领域的研究和知识中延伸出来的，如认知神经科学、神经生物学、艺术评论、文学评论、视觉人类学、视觉社会学、符号学、艺术治疗、语言心理学。这个方法基于一个观点："绝大多数的社会沟通采用非语言方式完成"，因此人们大脑接受的刺激大约 2/3 都是视觉上的。扎尔特曼运用 ZMET 方法将消费者对于某一特定对象的隐藏的想法和感觉进行梳理，经常是用隐喻的手法将其最好地表达出来。

扎尔特曼认为，隐喻对我们非常有用，将隐喻定义为"用另一件事来表征一件事的手段，经常能帮助人们表达出对生活某些特定方面的感觉或看法"。ZMET 方法专注表层的、主题式的和深层的隐喻手法。一些较常用的深层隐喻包括"转化""容器""旅途""联结"和"神圣与亵渎"。

一项 ZMET 研究就是让一组试验者从手头的资料库中（如互联网、杂志、产品目录或者家庭相册等），挑选最能表达其对研究对象的想法和感觉的图片。然后，试验者带着挑选出的图片与受过培训的 ZMET 访谈员进行一对一的 2 小时交谈，研究人员运用先进的访谈技术与试验者共同探讨图片，并且运用一种"导向式交谈"来挖掘图片背后隐藏的真实想法、原型、主题和情感。

导向式交谈包括了一系列步骤，每个步骤都有清晰的意图：

1. 故事描述：探索个体的视觉隐喻；
2. 扩展框架：扩展图片的隐喻含义；
3. 感官隐喻：全面感知并诱发与研究主题相关的隐喻；
4. 插图：用思维（心灵之眼）去创造一个与研究主题相关的短故事；
5. 数字图像：整合图像对研究主题形成直观摘要。

一旦与应答者的交谈结束，研究人员就可以确定关键主题或者构念，对数据进行编码，并且把最重要的构念组成一幅共识地图。通过定量数据分析，可以为广告、促销以及其他营销决策提供信息。

可以通过多种方式应用 ZMET 技术，包括帮助人们了解消费者对品牌、产品和公司的印象。营销者可以将 ZMET 方法运用于各种消费者洞察相关的研究主题。ZMET 有助于理解消费者对以下内容的印象：品牌，产品，公司，品牌资产，产品概念和设计，产品使用和购买体验，生活体验，消费情境，商业态度。

一项应用 ZMET 的有趣案例研究是关于思科系统的，探讨 IT 专业人员和业务决策者如何看待该品牌。该研究的目的是找出这些细分受众与这个似乎偏理性的品牌是否有情感联结。ZMET 被用来揭示问题背后更深层的答案："您对思科系统及它在您生活中的角色有何想法和感受？"事实证明，受访者与该品牌之间存在着包括安心和平静情绪在内的强烈的情感联结，知道思科总会在那里，同时也会担心和恐惧思科万一不再存在的日子。思科使用"联结"的深层隐喻来强调该品牌传递给客户的积极情感。就像"父亲形象"的原型一样，即使思科提供的大部分内容是在互联网基础架构背后看不见的，客户也能感受到思科的保护所带来的安全感。这一发现推动了围绕思科的"人际网络"品牌重塑计划，有助于塑造思科网络产品和服务中感性的一面。品牌重塑大大提高了品牌识别度和品牌价值。

神经研究法

通过 ZMET 可以进一步挖掘潜意识。有些营销学者便绕过消费者的口头回应，利用不同的神经研究方法以书面形式获得消费者内心的真实想法。**神经营销学**（neuromarketing）是一门研究大脑如何回应营销刺激（包括品牌在内）的学科。[15] 例如，有些企业正在使用复杂的技术如 EEG（脑电图），来监控大脑活动和更好地解读消费者对营销活动的反应。还有一些人使用功能性核磁共振成像（fMRI）来追踪大脑的血流，以了解研究中被试对各种刺激的反应。单个功能磁共振成像每台机器每小时的成本为 1 000 美元，明显比 EEG 昂贵，但功能磁共振成像可以帮助研究人员更深入地了解大脑对各种外界刺激的反应。[16] 例如，PayPal 使用神经营销研究来重新设计广告系列，将广告重点从安全性转移到速度和便利性上。

神经学研究已经被用于营销领域的很多方面。[17] 像金宝汤公司和菲多利公司已经使用神经来了解消费者对包装的反应，包括颜色、字体和图像。菲多利发现包装袋的类型会影响消费者的反应。根据这项研究，公司改用磨砂袋包装。菲多利还使用神经营销来深入观察消费者对奶酪味奇多膨化食品的反应。对认真挑选的消费者群体进行大脑扫描的结果显示，他们对凌乱的产品外包装图案的反应最强烈。根据这一研究结果设计的广告活动备受赞誉，重点就是奇多食品的橙色外包装。[18]

神经营销也被用于评估消费者面对营销刺激时所表现的各种情绪反应。例如，营销人员研究了营销活动如何影响所体验到的愉悦或快乐的神经表征。[19] 有人则探索了神经营销如何帮助回答传统营销方法无法很好解决的营销问题。例如，营销人员让消费者接触商品，然后使用血氧水平依赖功能核磁共振测量方法来衡量消费者的反应。[20] 神经学研究发现，相比品牌评估，人们在进行人格特质评估时更容易激活不同的大脑片区。

神经营销学领域的主要发现是：不同于经济学家和营销教材所持有的理性与有意识的信息加工模型，许多购买决策是较少逻辑性的，更多是"很大程度上无意识的习惯性过程"。甚至是对于给车加油这样的基本决策，也受大脑在理性以下活动层面的影响。

但是，鉴于人脑的复杂性，许多研究人员警告说，神经学研究不应成为营销决策的唯一基础。这些研究活动尚未被普遍接受。捕捉大脑活动的测量设备可能会有应用障碍，例如戴上人工模拟的布满电极的头骨帽。其他学者则质疑它们是否为营销策略提供了明确的意义。斯坦福大学神经科学与心理学教授布赖恩·克努森（Brian Knutson）将脑电图的使用比做"站在棒球场外，听着人群的声音就弄清楚发生了什么"的研究方式。

品牌个性和价值

品牌个性如第 2 章中所定义的，是指消费者赋予品牌人的性格或特征。品牌个性可用不同方法进行评估，最简单、最直接的方法是对研究目标征集开放式的回答。如：

> 如果品牌是一个有生命的人，他将是一个什么样的人？他会做什么？他会住在哪里？他会穿什么？如果去参加一个宴会，他会和谁讲话（会说什么）？

如果消费者在初始描述时感到困难，可以用一个简单易懂的例子作为引导。例如，告诉消费者如果将金宝汤描述成一个人时，下面是可能的回答[21]：

> 金宝太太是一个胖胖的祖母，双颊红润，住在一栋温暖而舒适的房子里，她系着一条围裙，正为她的孙儿们准备可口的菜肴。

要捕获消费者的观点，还有其他一些方法。例如，先给消费者各种不同的图片或一叠杂志，然后要求他们拼出一个品牌的概况。广告商经常通过"图片分类"研究，以明确品牌的典型用户是谁。

正如第3章所指出的，品牌个性与用户形象并不总是一致。当《今日美国》（*USA Today*）首次推出时，有关消费者对报纸看法的研究发现，读者和非读者感知的《今日美国》的利益点高度一致；同样，他们感知的《今日美国》的品牌个性，如丰富多彩、友好简约，也是高度相关的。然而，不同群体对其读者形象的感知却截然不同：非读者将典型的《今日美国》读者视为浅薄的"傻瓜"；读者却认为《今日美国》的读者是对各种问题感兴趣的全面人士。基于以上研究，报社开展了吸引非读者的广告活动，向他们展示杰出人士对该报纸的认可。[22]

品牌个性大五模型 通过形容词列表或打分，可以更明确地评估品牌的个性。斯坦福大学的学者珍尼弗·阿克（Jennifer Aaker）在有关品牌个性的研究中，对许多著名品牌的个性特征进行分析，并开发出一种检验品牌个性的方法。她通过广泛的数据收集，选取600个美国人作为代表，基于114个个性特征对37个不同品类的品牌进行评分，从而创建了品牌个性量表，该量表反映品牌个性的五大维度[23]：

1. 真挚（务实、诚实、健康、愉悦）；
2. 刺激（大胆、生机勃勃、想象力丰富、时尚）；
3. 能力（可靠、聪慧、成功）；
4. 精致（高档、迷人）；
5. 粗犷（适于户外活动、坚强）。

图10-2列示了构成阿克品牌个性量表的具体特征条目。在这项调查中，应答者用7分量表对各品牌个性特征的描述性适配程度进行评分（"1"表示毫无描述性；"7"表示极具描述性），再将所有的结果平均化处理，从而得出最终分数。研究发现，有些品牌在某个维度上表现突出，有些品牌如耐克则在几个维度上都很突出，而另外一些品牌则在所有的维度都表现平平。

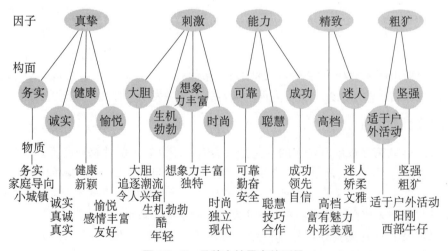

图10-2 品牌个性量表的测量

品牌个性已被证实会以不同方式影响品牌结果。一项针对品牌个性的元分析试图将品牌个性的不同维度和包括品牌态度和品牌承诺在内的不同结果评估关联起来。研究人员发现，真挚和能力维度对品牌态度和品牌承诺的影响相对更大，激情和粗犷维度的影响最小。此外，他们发现相比早期阶段，品牌个性在生命周期的成熟阶段影响最大。[24]

民族志和实验法

研究者比以往任何时候都更加致力于提高定性研究法的有效性，希望尝试在自然环境中对消费者进行。[25] 原因是，无论研究设计多么完美，消费者可能无法在研究中完全表达真实的自我。通过进一步了解消费者的实际家庭情况、工作情况或者购买行为，研究者才能更好地发掘富有价值的消费者反应。[26] 在市场竞争越来越激烈、品牌差异化受冲击的背景下，那些支持强势品牌定位或者建立与消费者更稳固联系的洞见，更具价值（见品牌备忘 10-2）。

品牌备忘 10-2

充分利用消费者洞见

对于以消费者为中心的公司而言，消费者研究在挖掘有价值的信息方面发挥着重要作用。Brand Gym 咨询公司的创始人戴维·泰勒（David Taylor）指出，并不是所有在消费者研究中获得的信息都能被视为洞见。他将洞见定义为"能够解锁机会的明察秋毫的理解"。

泰勒认为，洞见比发现更具潜力。他以微软为例，将"人们需要处理越来越多的信息"的发现和"信息是权力和自由的关键"的洞见做了比较。与公司仅依靠调查得到的发现相比，这种洞见可以帮助微软开发出吸引更多消费者的产品。

泰勒制定了一套评价洞见的准则：

● 新鲜性：洞见可以很明显，但事实上很容易被忽视或者遗忘。要重新审查。

● 相关性：洞见可以和其他的目标消费者产生共鸣。

● 持久性：因为建立在深刻理解消费者的信念和需求的基础之上，所以，真正的洞见可以随着时间的推移而继续适用。

● 鼓舞性：整个团队可以被洞见激励，可以有不同但却一致的适用结果。

洞见可以通过消费者研究（如焦点小组）获得，也可以通过使用泰勒称之为"核心洞见训练法"获得。以下是该方法的一个例子：

● 品牌/品类如何更有助于人们改善生活？

● 人们看重品类的什么方面？他们不会忽视哪些方面？

● 人们的哪些需求是相互冲突的？如何在这些冲突中实现平衡？

● 从消费者的角度来看，品牌实际更大的竞争市场在哪里？品牌如何才能更好地满足这些高阶需求？

● 人们如何看待那些将被发掘的市场？

● 人们如何看待产品发挥的效力？产品的实际表现怎样？

● 在现实中，如何使用产品？有哪些产品取代了该品牌？品牌在哪些市场会表现得更好？

这些训练有助于公司发掘关于消费者的洞见，带来产品和服务的完善并最终建立强势品牌。

资料来源：David Taylor，"Drilling for Nuggets: How to Use Insight to Inspire Innovation," *Brand Strategy*, March 2000. Used with permission of Brand Strategy, www.brandstrategy.co.uk.

我们注意到许多这一类型的研究最初来源于人类学家常用的民族志研究。民族志研究根据参与观察进行深度描述。在营销学领域，民族志研究的目的是通过消费者沉浸、网站访问、店面调研和嵌入式研究等多种研究技术，提炼和解释事件和活动深层的文化内涵。[27]

民族志的倡导者把研究人员送到消费者家中，从早晨开始观察他们如何安排一天的活动，向商务旅客提供数码相机和日记本，让他们记录在酒店房间里的所思所想，并进行"传呼机研究"，即引导试验的参与者记录他们在被传呼或收到短信时所做的事情。[28]

在得到消费者许可后，宝洁公司会安排人员进入消费者家中，了解他们在实际生活中如何使用和体验产品。也有许多其他公司采用民族志方法来研究消费者，如 Best Western 公司对老年人在何时何地进行购买决策的研究，Moen 公司长期追踪消费者如何使用沐浴设备，英特尔公司则研究人们在城市行走时如何使用移动通信。[29] 而一项全面的民族志研究使得杰西潘尼公司的婚介登记业务有了全方位的改变。[30]

民族志和网络志除了运用于 B2C，B2B 公司也可以从参访中受益，这有助于巩固商业关系和补充研究成果。惠普等技术型公司将跨职能客户访谈作为一种市场研究工具以获得竞争优势。表 10-2 是专家艾德·麦奎利（Ed McQuarrie）有关企业访谈的建议。[31]

表 10-2　成功开展客户访谈的建议

---

1. 提前发送带有议程的确认函，以便客户知道要做什么并做好准备。
2. 派遣小型跨职能团队。
3. 根据计划选择客户，至少拜访 12 个。
4. 不要重复采访喜欢的少数客户。
5. 采访代表采购决策各个阶段的人员。
6. 获得当地账户管理的支持。
7. 用 2～3 页笔记作为讨论大纲。
8. 为团队成员分配角色（主持人、倾听者和记录人等）。
9. 使用开放式问题。
10. 不要让客户给出解决方案，而要让他们发现问题。
11. 不要讲太多，也不要炫耀自己的专业知识。
12. 通过后续问题深入调查。
13. 立即总结。
14. 在总结中突出所引用的每句原话。
15. 总结报告应强调重大新发现，并按主题来组织。
16. 将报告与其他营销研究和情报一起在线存档。

美国电视节目《卧底老板》（Undercover Boss）中，高管人员会以新员工的身份卧底来发现公司的问题。同样，服务型公司经常雇用神秘顾客，或付费给冒充顾客的研究者去了解公司的服务体验。有时，研究结果令人备受启发。欧迪办公（Office Depot）的总裁在自己扮演神秘顾客的过程中发现，员工把太多的时间消耗在整理店面和管理库存上，没有足够的时间与消费者建立关系。基于此，欧迪办公缩减店面数量，培训和激励员工把更多精力放在消费者身上，同时新增了满足消费者需求的产品和服务。[32]

近年来，企业获取顾客洞见的方法有所改变。微软采用民族志深入研究消费者在线上搜索时的态度和行为。基于一系列有关室内外消费者的研究成果，企业者开始了解到，消费者在线上搜索和学习新事物的方法正发生改变。德国美诺公司（Miele）用民族志方法发现有过过敏症状的消费者如何持续清洁自己的房间。公司设计了带有红绿信号灯的真空吸尘器，能显示何处表面无尘。[33]

产品的主要用户对许多消费者具有特殊的重要性。许多公司让消费者在线群体通过即时消息或聊天室提供反馈。或者，公司可以设计竞赛从参与度最高的消费者那里获得新的产品设计想法。这种消费者导向的产品设计或广告活动已成为公司吸引顾客的一种流行方式。例如，菲多利公司每年开展"乐味一番"（Do Us a Flavor）竞赛活动，招募薯片迷来识别新口味，已为其乐事薯片开发了多种口味。2017 年的三大入围口味包括混合贝果、炸绿番茄和墨西哥卷。[34]

尽管民族志研究有诸多优点，但两个较显著的缺点是费时和昂贵。小型摄像机可以使捕捉参与者的言行变得更容易，而短片作为研究成果的一部分，有助于使研究变得生动，这些都需要成本。[35]此外，由于它是基于主观诠释，可能存在多种观点。但是，每种研究方法都有其优势和劣势，这很正常。[36]

定性研究法是一种用来识别其他方法难以发现的消费者感知的创新手段。定性研究法的使用范围仅受到研究者创造性的限制。

但是，定性研究法也有缺点。由于调查采用的样本很小，结论不一定能外推到更广泛的群体，这会削弱研究洞见的深刻性。而且，由于这些数据是定性的，不同的研究者对同样的定性调研结果进行分析可能会得出不同的结论，因此在对数据进行诠释时会存在问题。

10.2　定量研究方法

虽然定性评估的方法对于识别可能的品牌联想的范围，以及品牌联想的强度、偏好性、独特性很有帮助，但是，我们还需要对品牌进行更加明确的描绘，以便制定更加可信稳健的品牌战略和战略方案。

有人说定性方法旨在揭露和发现，**定量方法**（quantitative research）旨在证明和反驳。定性方法着眼于消费者的文字描述，定量方法则更多应用了各种量表式问题，从而可以形成对品牌的数值型描述和总结。

通过对品牌知识进行定量研究，可以更好地评估：（1）品牌认知的深度和广度；（2）品牌联想的强度、偏好性、独特性；（3）品牌判断和感受的正面性；（4）品牌关系的性质和程度。定量评估也经常用于第 9 章所述的追踪研究，能监控消费者一段时期的品牌知识结构。

品牌认知

根据前面的定义，品牌认知与消费者记忆中与品牌相关的联想的强度有关，反映为消费者在不同情形下识别各种品牌元素的能力（如品牌名称、标识、符号、形象代表、包装、广告语）。品牌认知反映了不同情境下品牌在消费者脑海中出现的可能性，以及不同提示类型下品牌在大脑中出现的难易程度。

有多种评估品牌元素认知的方法。[37]选择哪种方法取决于：（1）对于不同类别的消费者行为而言，品牌认知的相对重要性；（2）品牌认知对于品牌营销活动的作用，这在第 2 章已有阐述。下面探讨有关品牌认知的一些问题。

品牌识别　品牌识别关系到消费者在各种不同环境条件下识别品牌的能力，包括对各品牌元素进行识别。最基本的识别流程是：给定一些视觉或听觉对象，然后询问消费者是否曾见过或者听说过。有时为了得到更灵敏的测试结果，在被选对象中还要掺杂一些"诱饵"（也就是消费者可能从来没见过或者听说过的对象）。消费者除了回答"是""否"

之外，可能还要给出他们对这种识别的确定程度的评分。

此外，其他更精细的识别评估用于测试在感知上做降级处理的品牌版本，这些版本以某种方式被掩盖或扭曲，或者在极短的时间内展示。比如，在品牌名称识别测试中故意遗漏字母。表 10-3 就是用来检验在提供不完全信息条件下识别品牌名称的能力。这些精细的评估方法对那些具有高识别度的品牌尤为重要，因为这样可以进行更灵敏的评估。[38]

表 10-3　别提示，话已到嘴边

即便在不甚理想的条件下，具有较高认知度的品牌也能被认出来。看看下列不完整的品牌名称，你能识别出哪些？将你的回答与后面的答案进行比较。

1. D _ _ N E _
2. K O _ _ K
3. D U _ A C _ _ _
4. H Y _ T _
5. A D _ _ L
6. M _ T _ E L
7. D _ L T _
8. N _ Q U _ L
9. G _ L L _ T _ _
10. H _ _ S H _ Y
11. H _ L L _ _ R K
12. M _ C H _ _ I N
13. T _ P P _ R W _ _ E
14. L _ G _
15. N _ K _

答案：（1）Disney；（2）Kodak；（3）Duracell；（4）Hyatt；（5）Advil；（6）Mattel；（7）Delta；（8）NyQuil；（9）Gillette；（10）Hershey；（11）Hallmark；（12）Michelin；（13）Tupperware；（14）Lego；（15）Nike。

包装对于品牌识别的影响尤其重要，有些研究人员已经使用创造性的方法来评估包装设计在店内的可视性。首先，他们会考虑测试标准或者包装可视性的"理想条件"，消费者：（1）视力良好；（2）直接面对包装；（3）距离包装 5 英尺内；（4）处于理想的照明条件下。

接下来的关键问题就是：如果这四个条件中的一个或者多个条件被取消，那么包装设计能否保持足够的可识别性。因为购物并不总是在理想的条件下进行，所以这些发现很重要。比如，有一项研究发现，许多戴眼镜的人在超市购物时并不戴眼镜。那么，在这种条件下，包装是否还能和这些购物者保持足够有效的"沟通"。

现在有一些应用视觉记忆测试镜（T-scopes）和眼动追踪技术的研究方法，可以根据特定标准来测试多种备选包装设计的有效性：

- 货架的影响程度；
- 具体设计要素的影响和回忆；
- 感知的包装尺寸；
- 重复可见度和清晰度；
- 包装可以被识别的距离；
- 包装可以被识别的角度；

● 包装可以被识别的速度。

与简单的"是"和"否"相比，上述这些方法能够提供更加灵敏的评估。应用这些直接或者间接的方法，营销者可以确定哪些品牌元素能够存在于记忆中。在某种程度上，还可以在一定程度上确定这些记忆联想的强度。品牌识别度评估相比品牌回忆评估的一大优势是，可以运用视觉识别。让消费者在回忆任务中描述一个品牌标识或者符号也许比较困难，但是让他们在视觉识别任务中对同样的品牌元素进行评估就容易得多。

不过，品牌识别度评估只提供了近似的回忆能力。为了确定品牌元素能否在各种不同环境下被准确回想起来，还需要进行品牌回忆评估。

品牌回忆　品牌回忆要求在测量时先给定一些相关提示或线索，然后消费者从记忆中检索出实际的品牌元素。因此，与品牌识别相比，品牌回忆是一项要求更高的记忆任务，因为不只是简单地给消费者一个品牌元素，还要求他们确认是否曾见过或听过。

根据向消费者提供的提示类型，可以采用不同的品牌回忆评估方法。**无提示回忆**（unaided recall）是提供"全部品牌"，然后让消费者识别出最强势的品牌。**提示回忆**（aided recall）是利用各种形式的提示帮助消费者回忆。提示回忆的顺序可以采取逐渐缩窄式提示（如产品档次、产品品类、产品类型标签），从而洞察消费者的品牌知识结构。

例如，对一个高性能德国赛车品牌"保时捷 911"在非德国市场上进行回忆测试非常有趣。提示回忆从"所有汽车"开始，逐步缩小范围至产品类别"跑车""外国跑车"以至"高性能德国跑车"。也可以这样问消费者："当你想到外国跑车时，会记起哪个品牌？"

其他类型的提示也有助于测量品牌回忆。比如，可提示消费者关于产品的属性（"当你想到巧克力时，会记起哪个品牌？"）或者使用目标（"如果你想到健康快餐，会记起哪个品牌？"）。通常，为了捕获品牌回忆的广度和评估品牌显著性，有必要对购买决策情境或者消费场合（如在不同的时间、不同的地点）进行测试。品牌联想与这些非产品要素联系越紧密，在给出这些情境线索时回忆起该品牌的可能性就越大。

在回忆评估中，将产品属性或品类提示与情境或用途提示得到的结果结合，便可得出品牌回忆的广度和深度指标。还可以根据回忆的次序以及反应时间或速度进一步区分品牌回忆。在很多情况下，当看到一个品牌时，人们才能识别它；当给予足够的提示时，人们才能回忆起它。因此，人的潜在回忆能力是很强的。但更重要的是品牌显著度的问题——消费者在合适的环境中，如当他们购买或使用某产品时，会不会想到这个品牌？他们能多快想到这个品牌？是自然而然、很容易就想到了这个品牌吗？这是第一个想到的品牌吗？

猜测的修正　任何研究评估都会遇到一个问题，那就是消费者可能会编造答案或进行猜测。在进行品牌提示性认知或识别评估时这个问题尤为突出。消费者有时会声称记得某个品牌，其实他们什么也不记得，或该品牌根本就不存在，这时就会产生"虚假认知"。

从营销的角度来看，虚假认知会给品牌的战略方向传递误导信号。例如，市场调研公司 Oxtoby-Smith 发现，它的一个客户正在为 5% 的市场份额而奋斗，但 50% 的受访者表示知道该品牌。从表面上看，应当采取的策略是从某些方面改善品牌形象和人们对它的态度。但一项深入的调查发现，在声称知道该品牌的回答中，几乎有 50% 是虚假认知，所以切实解决真正问题的首要做法是提高品牌认知度。营销者必须对由虚假认知所造成的错误信号提高警惕，特别是对于那些看似熟悉的品牌或新的品牌更是如此。

战略启示　提示回忆的优点是，能深入了解品牌知识在记忆中的组织方式，以及什么样的暗示或提醒对于消费者从记忆中检索出某个品牌是必不可少的。在使用不同产品类别特性作为提示时，了解消费者的回忆状况很重要，因为它对了解消费者的考虑集形成以及产品购买决策制定有着重要意义。

还是以保时捷 911 为例。假定当消费者考虑所有汽车时，很少想到保时捷 911 这一特定汽车类型，而当考虑外国跑车时则非常容易想到它。也就是说，消费者将保时捷 911 归入典型跑车类，并且只从这个方向考虑。如果情况果真如此，为使更多的消费者想到购买一辆保时捷 911，就必须拓宽保时捷的含义，使它与广义的汽车建立高强度的联想。当然这种策略也有风险，会疏远一些现有客户，而这些客户原本是被保时捷 911 "纯粹的"跑车形象吸引的。因此，在决定采用一个策略是否适当时，要综合考虑将这两个细分市场作为目标市场各自的成本和收益。

值得注意的是，品牌回忆结果所反映出的消费者大脑中的品类结构，无论对消费者选择还是对营销战略都会产生深远影响。正如第 4 章和第 6 章所述，从品牌回忆评估中得到的启示对于建立品牌标识和整合营销传播方案都具有相当的价值。例如，对每个品牌元素都可以进行品牌回忆测试，研究任一品牌元素（名称、符号、标识）在多大程度上暗示着另一元素；也就是说，消费者是否认识所有的品牌元素以及它们之间是如何相互关联的。

除了需要全面理解品牌认知，对于品牌形象的完整了解也非常重要，下文将对此进行介绍。

品牌形象

品牌一个至关重要的方面就是品牌形象，它反映消费者对品牌的所有联想。营销者区分"低水平因素"和"高水平因素"非常有用：前者是消费者对于具体产品功能、形象属性和利益的感知；后者是总体性判断、感受和关系。这两个层次间有明显的联系，因为消费者对品牌总体的态度和关系，通常取决于对具体特定属性和利益的感知。本节将讨论如何评估低水平的品牌功效和形象联想。

信念（beliefs）是一个人对某事物持有的描述性意见（如某个特定的软件产品的包装印有许多有用的说明和菜单，并且易于使用）。[39] 品牌联想信念是与某品牌及其竞争者相关的具体的属性和利益。

第 2 章给出了一套结构化的评估方法来评估性能和形象联想。前面所述的定性研究法对于揭示构成品牌形象的各种特定的品牌联想很有用。为了更好地理解定性研究方法对品牌定位的价值及如何为品牌资产做贡献，应根据构成品牌资产来源三个关键维度（强度、偏好性、独特性）中的一个或几个维度对品牌信念联想进行评估。

首先可采用开放式评估法，对品牌联想的强度、偏好性和独特性进行评估，问题如下：

1. 你对该品牌最强的联想是什么？当你想到这个品牌，在你的头脑中出现的是什么？（强度）

2. 这个品牌有什么优点？你喜欢这个品牌的哪些方面？该品牌有什么缺点？你最不喜欢它的哪些方面？（偏好性）

3. 这个品牌的独特之处是什么？它和其他品牌共有的性质和特点是什么？（独特性）

为了得到更具体和深入的信息，可以根据强度、偏好性和独特性按下述方面对这些信念联想进行评分。表 10-4 是对立顿冰茶的评分实例。还可以应用一些间接测试方法评估这些联想的重要性和偏好性（如多元回归法）。

表 10 - 4　品牌联想评估实例

1. 你觉得以下产品特性在多大程度上能用来描述立顿冰茶？（1= 极不同意，7= 非常同意）
　　_____便利
　　_____提神、解渴
　　_____纯正、自然
　　_____味道好
　　_____适合现代生活
　　_____年轻一代的饮品
2. 对于冰茶来说，下列产品特性好不好？（1= 非常不好，7= 非常好）
　　_____便利
　　_____提神、解渴
　　_____纯正、自然
　　_____味道好
　　_____适合现代生活
　　_____年轻一代的饮品
3. 立顿冰茶在以下产品特性中是否具有独特性？（1= 非常不独特，7= 非常独特）
　　_____便利
　　_____提神、解渴
　　_____纯正、自然
　　_____味道好
　　_____适合现代生活
　　_____年轻一代的饮品

　　其他方法　另一种比较复杂的评估品牌总体独特性的量化方法是多维标度法或知觉图法。**多维标度法**（multidimensional scaling，MDS）是确定一系列客体（如产品或者品牌等）相对感知形象的程序。MDS 将消费者对相似性或偏好性的判断转换成知觉空间的距离。例如，如果受访者认为在一系列品牌中品牌 A 与品牌 B 最相似，MDS 算法会对品牌 A 和 B 进行定位，使 A 和 B 之间的距离小于其他任何品牌之间的距离。受访者可以根据任何有形或无形因素来判断品牌间的相似性。[40]

　　图 10 - 3 展示的是在某特定市场中餐馆的一个假想感知地图。细分市场 1 关注健康多于口味，是品牌 B 瞄准的市场。细分市场 2 关注口味多于健康，是品牌 C 瞄准的市场。品牌 A 则位于地图的中间。它要么改善口味，在细分市场 2 中提供比品牌 C 更健康的替代选择；要么改善健康性，在细分市场 1 中提供比品牌 B 更优口味的替代选择。

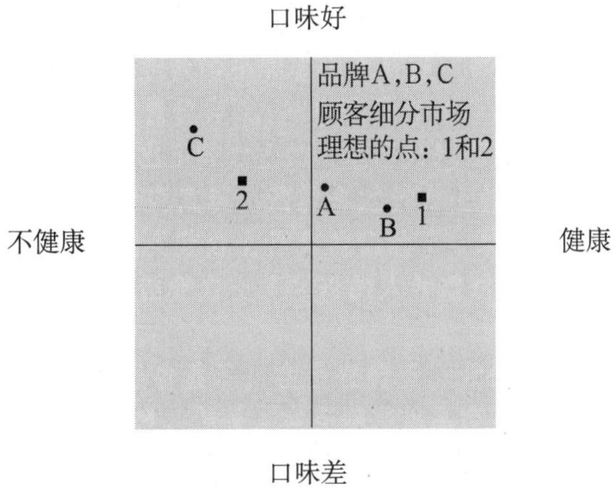

图 10 - 3　假想的餐馆感知地图

由于公司已经建立了复杂的算法，通过社交媒体提供的线索分析消费者想法和感知，下面会概述这种社交媒体监测的最新发展。这提供了一种利用社交媒体对话来衡量和监测品牌形象的方法，品牌营销人员可以以相对较低的成本持续访问社交媒体以获得这些对话内容。

▌ 10.3　社交媒体聆听和监测

社交媒体监测是市场研究中一个快速增长且日益专业化的领域。公司使用社交媒体监测服务来追踪各种线上社交媒体来源的品牌和产品，例如脸书和推特、博客和网上论坛等线上社交网络平台。这些服务通常为公司提供品牌层面上两种类型的时间序列数据：数据量，计算给定品牌（或关键字，更普遍）在各种社交媒体来源中被提及的次数；效价，量化品牌被提及的内容（如情感）正面或负面的程度，它也指示品牌喜爱度。

仪表盘通常是指与品牌相关的关键统计数据的总结，包含以下内容：（1）不同社交媒体平台（如脸书 Likes 或推特 Re-tweets）上品牌信息的提及次数；（2）社交媒体信息的情感倾向（正面的 vs. 负面的）；（3）品牌相关的主题；（4）与品牌相关的关键词列表。通过查看一段时间内的趋势或将品牌主要竞争对手之间的趋势进行对比，可以进一步理解这些信息。[41] 图 10-4 提供了社交媒体仪表盘的示例。

图 10-4　社交媒体仪表盘

说明：社交媒体仪表盘可提供品牌社交媒体呈现的快照，并且可以用作管理数字品牌的有用工具。

社交监测和聆听产业中已经出现一些知名的企业，如 Crimson Hexagon、甲骨文社交云、Sysomos、Salesforce 社交云和 BrandWatch。[42] 这些公司为营销者追踪品牌相关的社交媒体谈话，提供社交媒体监测服务和社交媒体数据分析。相比传统用做品牌追踪的营销研究方法（如调查），社交媒体监测数据具有观察性强和非干扰性的优势，并且在收集数据上更便宜。其明显的缺点是不像其他方法（如焦点小组法或调查法）那样能直接进行调查和质询。

品牌响应

评估品牌更一般化、更高层次联想的目的是，找出消费者如何将有关品牌的具体的低层次联想组合形成不同类型的品牌响应和评价。第 2 章介绍了评估关键品牌判断和感受的示例。在此将重点讲述。

购买意向　购买意向是另一组与品牌态度和考虑紧密关联的变量，它关注的是购买某品牌或者转换品牌的可能性。[43] 心理学研究表明，当下列维度中的两个相一致时，购买意向最可能预测实际的购买行为 [44]：

- 行动（如自己使用或为送礼而购买）；
- 目标（如具体产品或品牌的型号）；
- 情境（如依据价位或其他条件，决定在哪类商店购买）；
- 时间（如一周内、一个月内或者一年内）。

也就是说，当要求消费者预测他购买某产品或品牌的可能性时，必须确切说明具体情境——购买目的、购买场合、购买时间等。例如，可以这样问消费者：

假如你的冰箱在下周末坏了，而且也不值得修理。如果你走进最喜爱的一家电器店，发现所有不同品牌冰箱的价格都极具竞争性，你是否有可能购买通用电气的冰箱？

消费者可以用一个 11 分量表来表明他的购买意图：0= 绝不会买，10= 肯定会买。

推荐意愿　贝恩公司的弗雷德里克·雷奇汉（Frederick Reichheld）认为，只有一个顾客问题是真正重要的："你有多大可能向朋友或同事推荐该产品或服务？"根据雷奇汉的说法，顾客的推荐意愿源于其消费体验的每个方面。[45]

雷奇汉根据这个问题的答案创建了净推荐值（net promoter score，NPS）。在调研过程中，消费者将会在 0 ~ 10 分的量表上填写他们的推荐意愿。然后，营销人员用赞赏者分数（9 或 10 分）减去批判者分数（0 ~ 6 分），得出净推荐值。评分为 7 或 8 分的顾客被视为被动式满意，不列入计算。一般情况下，大部分企业的 NPS 在 10% ~ 30% 之间，世界知名企业则超过 50%。NPS 最高的一些企业包括特斯拉（80%）、USAA（89%）、苹果（77%）、亚马逊（61%）、英特尔（52%）和吉普（59%）。[46]

一些企业已经证实，通过净推荐值来追踪品牌的健康情况是可以获利的。当通用电气医疗事业部整顿了欧洲的呼叫中心并投入更多的专家资源后，通用电气医疗事业部的净推荐值提高了 10% ~ 15%。毕博公司研究表明，给出高净推荐值的客户具有最高的收入增长性。Intuit 公司将净推荐值应用在 TurboTax 产品上，反馈结果发现人们对软件的返利程序感到不满。当 Intuit 公司降低了购买凭证的要求后，销量提高了 6%。

尽管 NPS 有简便性和关于其优点的证据，但当前尚无研究表明 NPS 在追踪顾客体验和满意度方面优于其他可用指标。NPS 当然有其局限性。有些人认为，NPS 可以通过牺牲公司盈利能力等其他方面来提高。[47] 其他人则认为，需要更多的诊断信息来解决 NPS 得分较低的问题。[48] 尽管有上述这些局限，但企业将 NPS 用作系列行动中的一部分，来确保赞赏者的支持及促进以顾客为中心的组织文化是值得的。

品牌关系

在第 2 章中，我们从品牌共鸣的角度介绍了品牌关系，并且介绍了四个关键维度：行为忠诚度、态度依恋、社群归属感、主动融入。本节将对这些维度进行一些分析。

表 10－5 是品牌融入的量表，尽管该量表最初开发是用于测量总体品牌融入，但通过将总体品牌的提及替换为具体的某个品牌，却能容易地被改编为测量品牌共鸣。例如，"我对我喜欢的品牌有特殊的情结"可以换成"我对我的萨博轿车有着特殊的情结"，以此类推。

表 10－5　品牌融入的量表

1. 我对我喜欢的品牌有特殊的情结。	5. 我感觉我和我最喜欢的品牌有很密切的私人关系。
2. 我认为我最喜欢的品牌已成为我的一部分。	6. 我能识别在我生命中的重要品牌。
3. 我经常觉得在我和品牌之间存在私人关系。	7. 我喜欢的品牌和我如何看待自己之间是有关系的。
4. 在我生命中，重要的品牌能够定义我的一部分。	8. 我最喜欢的品牌是"我是谁"的重要象征。

资料来源：David Sprott, Sandor Czellar, and Eric Spangenberg, "The Importance of a General Measure of Brand Engagement on Market Behavior: Development and Validation of a Scale," *Journal of Marketing Research* 46, no. 1 (February 2009): 92-104.

消费行为的忠诚度　要想了解消费者的品牌使用情况和消费行为的忠诚度，可以直接向消费者提出一些问题：在过去的消费中，使用某品牌的比例有多高（过去的购买记录），以及未来购买该品牌的可能性有多大（未来的购买意向）。例如，金霸王电池的营销者或者品牌经理可能会问下述问题：

- 你通常买哪个品牌的电池？
- 你上次买的是哪个品牌的电池？
- 你手头还有电池吗？是什么品牌的？
- 你想买哪个品牌的电池？
- 下次你会买哪个品牌的电池？

这些类型的问题可以为金霸王提供品牌态度和使用方面的信息，并可以指出与竞争对手的潜在差距以及消费者会考虑购买哪些其他的竞争品牌。

营销人员选择开放式、品牌二选一、多项选择或评分量表等测量方式。可将这些问题的答案与消费者行为的实际评估结果进行比较，以评估预测的准确性。例如，如果平均有 30% 的消费者声称在接下来的两周内会每天服用维生素，而实际只有 15% 的人真正这么做了，那么善存的品牌经理可能需要设计策略将购买意图更好地转化为实际行为。

在 B2B 市场环境中，Narayandas 公司提倡通过分析销售记录、与销售团队访谈和调研的方式，评估顾客是否处于"忠诚度阶梯"位置。[49]

态度依恋　有一些不同的方法可测量品牌共鸣的第二个要素，即品牌依恋。[50] 部分研究者喜欢从品牌至爱的角度来刻画它。[51] 有一项研究开发了品牌至爱的量表，包括 10 个题项：（1）这是一个极好的品牌；（2）这个品牌让我感觉良好；（3）这个品牌非常棒；（4）我对这个品牌保持中立态度（反向编码题项）；（5）这个品牌让我感到高兴；（6）我爱这个品牌；（7）我对这个品牌没有特殊的感觉（反向编码题项）；（8）这个品牌令人心花怒放；（9）我对这个品牌有热情；（10）我非常依恋这个品牌。[52]

另一项研究则发现品牌至爱有 11 个维度，分别是 [53]：

1. 热情（对品牌）；
2. 关系的持久性（与品牌有着长期关系）；
3. 自我一致性（自我形象与产品形象的一致性）；
4. 梦想（品牌支持消费者的梦想）；
5. 回忆（被品牌唤起）；

6. 喜悦（由品牌提供）；

7. 吸引力（对品牌的感觉）；

8. 独特性（针对品牌或关系）；

9. 美丽（针对品牌）；

10. 信任（品牌从未令人失望）；

11. 情感宣言（针对品牌）。

我们可以从品牌自我联结和品牌显著度两个潜在构念入手来定义品牌依恋。这两个构念各有两个子维度，如下所示[54]：

1. 品牌自我联结

a. 联结性：你在多大程度上感觉到自己与品牌联系在一起？

b. 定义自我部分：品牌在多大程度上成为你的一部分以及定义了你是谁？

2. 品牌显著度

a. 潜意识：你对品牌的想法和感觉在多大程度上会自动浮现在你的脑海中？

b. 自然性：你对品牌的想法和感觉在多大程度上会立即自然地浮现在你的脑海中？

社群归属感　行为忠诚和态度依恋的测量可能需要结构化的题项，而社群归属感和主动融入的测量因其内涵丰富需要更多的测量方法。

社交货币（social currency）是一个与社群相关的有趣概念，由品牌咨询顾问维瓦尔第·帕特纳斯（Vivaldi Partners）提出。社交货币的定义是"人们在日常工作或家庭生活中分享品牌或者其相关信息的程度"。根据帕特纳斯的观点，表 10-6 展示了社交货币这个概念的不同维度。

表 10-6　维瓦尔第·帕特纳斯的社交货币模型

维度	关键问题	维度的价值
交谈	你的品牌有多少份额是用户认可且引起讨论的？	顾客主动谈论品牌。
倡导	有多少人支持你的品牌？	顾客愿意把品牌告诉其他人并提出建议。
信息	他们和其他人交换了多少信息？	顾客了解的品牌信息越多，就越喜欢这个品牌。
联系	多少用户有社群归属感？	在志趣相投的群体中，品牌价值与社群归属感密切相关。
功效	消费者在与其他人互动的过程中能获得多少价值？	涉及品牌与其他人的社会交流是人们生活中不可或缺的一部分。
认同	多少用户能够与其他用户产生认同？	顾客通过使用品牌来培养强烈的认同感和表达自己的能力。

资料来源：Used with permission from Erich Joachimsthaler at Vivaldi Partners.

主动融入　根据品牌共鸣模型，人们对品牌的主动融入是指在品牌购买和消费期间所花费的那些资源以外，消费者在多大程度上愿意将他们的个人资源，如时间、精力和金钱等投入到品牌中。

例如，基于融入度，可以深入探索口碑传播和线上行为等。对于线上行为，可以评估顾客发起的互动和企业发起的互动之间的差异、顾客发起的教学与企业发起的教学以及顾客间教学之间的差异的程度等。[55]

这些指标的关键在于消费者与品牌互动的定性特征和它如何反映情感强度。许多在互联网初期成立的企业都会犯的一个错误是：过度强调吸引眼球和用户黏性，即过度强调网页浏览数量与持续时间。然而，进行这些访问的顾客与品牌潜在关系的深度，以及这些关系在有利于品牌的行动中表现出来的方式，通常才更重要。

因此，研究者正试图确定不同的线上与社交媒体活动的品牌价值。[56] 例如，脸书用户的一个"赞"有多重要？有企业估算过，脸书一个新增粉丝的价值在 44 美分~ 3.6 美元之间，媒体价值等同于脸书新闻推送增加的曝光度。然而，这项研究的批评者指出：并不是所有的粉丝都创造相同的价值。[57]

已有一些具体方法用于测量品牌融入度。品牌科学 10 - 1 详细介绍了这一概念。

品牌科学 10 - 1

认识品牌融入

回顾第 7 章中定义和概述的线上品牌融入模型。有多种不同的方法用于解读品牌融入。实际的品牌融入指的是消费者当前参与的品牌活动，通常由品牌共鸣模型来测量。还有两种方法提供了有趣的比较视角。理想的品牌融入指的是消费者希望能参与的品牌活动。市场品牌融入指消费者相信其他消费者正在参与的品牌活动。

市场品牌融入与品牌发展潜力的测量密切相关，品牌发展潜力指消费者能为品牌在市场上带来多大的成长。两个概念的测量都涉及消费者对其他消费者如何联结品牌的感知。

对实际品牌融入可以采取两种测量方式：普遍宏观的测量或者具体微观的测量。宏观的测量主要关注所消耗资源的类型，例如：

时间：在品牌上投入更多时间是值得的（或不怕麻烦）。

精力：在品牌上投入很多额外努力是值得的。

资金：在品牌上花费更多资金是值得的。

微观的测量主要关注与品牌相关的活动类型。这些活动能够根据以下 3 个标准分类：（1）收集品牌信息；（2）参与品牌营销活动；（3）与其他人互动和拥有社群归属感。以下是一些可能提到的问题。

收集品牌信息

我喜欢了解这个品牌。

如果这个品牌发布任何新产品或服务，我会倾向于关注它。

如果在报纸或杂志上看到一篇关于这个品牌的文章，我会倾向于阅读它。

如果听到一则关于这个品牌的电台广播，我会倾向于收听它。

如果在线上看到一则关于这个品牌的新故事，我会倾向于打开网页并浏览它。

我喜欢访问这个品牌的官方网站。

我喜欢在线上阅读关于这个品牌的博客。

参与品牌营销活动

如果留意到一则关于这个品牌的广告，我会倾向于关注它。

如果留意到这个品牌的一次促销活动，我会倾向于关注它。

如果收到来自这个品牌的一封邮件，我会倾向于打开它。

如果这个品牌赞助一次体育赛事、娱乐或艺术节目，我会倾向于关注它。

如果看到这个品牌的广告牌或者户外广告，我会倾向于关注它。

如果这个品牌在电视或电影里出现，我会倾向于关注它。

如果有机会去使用这个品牌的新产品，我会倾向于尝试它。

我喜欢购买这个品牌的授权产品。

与其他人互动

我喜欢和其他人谈论这个品牌。

我喜欢和工作的人谈论这个品牌。

我喜欢和我的家人朋友谈论这个品牌。

我喜欢找到其他使用该品牌的人。

我已经或想要和使用这个品牌的其他人一起参加在线社群。

我已经或想要和喜欢这个品牌的其他人一起参加在线社群。

我已经或想要和建立这个品牌的企业员工一起参加在线社群。

我在这个品牌的忠诚计划中表现活跃。

我会倾向于关注人们在什么时候使用这个品牌。

上述仅仅是一些用于评估品牌融入度的有代表性的测量举例。根据不同品类和环境，还能设计出许多其他问题进行有效测量。

福尼尔的品牌关系研究 波士顿大学的学者苏珊·福尼尔（Susan Fournier）认为品牌可以起到伙伴关系的作用，并且建议在此框架内将品牌个性重新概念化。[58] 特别地，福尼尔认为日常的营销组合决策组成了一系列作用于品牌的行为。这些行为引发了对引导消费者和品牌融入的内隐契约关系的系列推论，进而影响品牌关系的形成类型。

在此框架内概念化的品牌个性描述的是品牌在这种伙伴关系中扮演的关系角色。比如，如果品牌表达一种"忠于消费者"的行为承诺，甚至赠送礼物作为感情的象征，那么消费者可能与品牌形成一种类似于"求爱或者婚姻"的关系。

福尼尔识别了 15 种不同类型的关系模式，以刻画品牌和消费者之间的关系类型（见表 10-7）。福尼尔认为相比基于特质的视角，这种关于品牌个性的关系角色视角能为品牌经理提供操作性更强的指导原则，因为品牌经理希望能创建并且管理与营销活动一致的品牌个性，能确定总体的品牌个性趋势与营销战略和目标是否产生关联。

表 10-7 消费者-品牌关系类型

关系类型	示例
包办式婚姻：由第三方偏好强加的非自愿婚姻。意在长期、专一的承诺。	凯伦（Karen）的丈夫偏爱的品牌（如雅诗兰黛）；凯伦被赠予礼物的雅诗兰黛；琼（Jean）按照制造商建议使用的 Murphy's Oil 香皂。
临时朋友：低亲密关系的友谊，特征是很少或不定时的互动，对互惠或回报几乎没有期待。	凯伦与她的家用清洁品牌。
便利式婚姻：长期承诺的关系是受环境影响而非审慎的选择促成，受满意度规则支配。	薇姬（Vicki）放弃喜爱的 B&M 品牌转换到本地品牌 Friend's Baked Beans；琼对 DeMoulas 沙拉酱的忠诚度不及酒吧顾客。
承诺的伙伴关系：长期的、自愿的、社会支持的关系，喜爱、亲密、信任和承诺，即使遇到不利情况仍然专一，坚守排他性规则。	琼与烹饪、清洁与家用电器品牌；凯伦与佳得乐品牌。

续表

关系类型	示例
最佳友谊：基于互惠原则的自愿联合，通过持续提供积极奖励来确保其持久性。表现为自我的真实表露、诚实、亲密。相互印象和个人兴趣一致。	凯伦与锐步运动鞋；薇姬与佳洁士或象牙（Ivory）。
有区别的友谊：高度专业，受到环境的限制，有持久性，亲密度较低，但是有更高的社会情感回报和相互依存度。进退都很容易。	薇姬与她喜欢的洗发水、香水、内衣品牌。
血缘关系：具有血缘联系的非自愿联合。	薇姬喜欢 Tetley 茶；凯伦喜欢 Ban, Joy, Miracle Whip，所有这些都是从她们母亲那里继承下来的。
补偿性关系：由于渴望替换先前的伴侣而引起的，而不是吸引替代伴侣。	凯伦对 Comet, Gateway 与 Success Rice 品牌的使用。
童年的友谊：不常互动，让人联想到童年时代的情感性关系。给过去的自己带来舒适感和安全感。	琼与 Jell-O 布丁。
求爱：通往承诺的契约之路的临时关系状态。	薇姬与她的 Musk 香水品牌。
依赖：源自强迫性的、高度情绪化的、自私的吸引力，会因为觉得对方是不可替代的而被强化。与对方分离会产生焦虑，对其犯错行为的容忍能力强。	凯伦与玫琳凯；薇姬与 Soft'n Dry。
偶得：短期的、有时间限制的高情感回报。完全没有承诺和互惠的要求。	薇姬与试用装洗发水品牌。
敌意：相当强烈的负面感觉，想把痛苦和仇恨强加给对方。	离婚后，凯伦与她丈夫喜欢的品牌；琼与其他人推荐但是被拒绝的品牌（如火腿、花生酱、水槽）。
奴役：完全受伴侣欲望支配的非自愿关系。	凯伦与 Southern Bell、Cable Vision 品牌；薇姬与适合丰满胸部的内衣品牌 Playtex。
秘密事件：高度情感化的私人关系，如果曝光会有很大风险。	凯伦与她在工作时偷偷吃的零食品牌 Tootsie Pops。

　　福尼尔还进行了一项非常著名的研究，严格按照关系术语重新拟定了品牌强度这个概念及其测量方式。福尼尔提倡使用多维构念**品牌关系质量**（brand relationship quality，BRQ），从消费者 - 品牌关系联结的强度、深度和持久度的角度来定义品牌强度。大量的验证性研究都支持多维层级构念 BRQ，包含六个主要维度，许多维度还有重要的子维度。这六个维度包括：（1）相互依存；（2）自我概念联结；（3）承诺；（4）爱与激情；（5）亲密；（6）品牌伙伴质量。

　　福尼尔认为上述维度及其子维度（如伙伴质量中的信任、消费者与企业间的亲密关系）比竞争强度的测量有着更优的诊断价值，它们还有更大的管理应用价值。根据她的经验，BRQ 方法可以成功地应用于品牌追踪研究，提供相对于竞争者的品牌实力简况，提供关联市场绩效的有效指标，提供强化和稀释品牌资产的市场管理举措指引。虽然品牌关系质量和品牌共鸣有一些共同之处，但是品牌关系质量还提供了许多其他富有价值的视角和洞见。

品牌关系质量主要的六个主要维度如下：

● 相互依存：品牌融入消费者日常生活的程度，既包括行为方面（如互动的频率、范围和强度），也包括认知方面（如对期望品牌互动的渴望和痴迷）。依存性经常通过购买和使用时的行为细节，以及缺少品牌产品时的焦虑程度表现出来。在极端的情况下，相互依存会变成依赖和上瘾。

● 自我概念联结：品牌通过对重要问题、任务或主题的传达，成为自我概念表达的重要组成部分，既包括过去的（包括怀旧物品和品牌记忆），也包括当前的；既包括个人的，也包括社会的。极端的情况就是品牌概念和自我概念的融合。

● 承诺：不管境况是可预见的还是不可预见的，都希望致力于持续的品牌关联和关系改进。承诺不单单意味着沉没成本，或者不可回收的投资等，还有退出障碍的含义。

● 爱与激情：对品牌的亲密程度或者是崇拜程度，特别是在存在替代品牌的情况下。爱包含着这样的信念：品牌是不可替代的独特的关系伙伴。

● 亲密：对品牌作为伙伴关系和消费者－品牌关系本质的深度熟悉与了解。亲密是一个二维的概念：（1）消费者形成对品牌的亲密认知；（2）消费者个体所感受到的来自品牌的亲密感。

● 品牌伙伴质量：感知伙伴质量是对品牌在伙伴关系中角色履行能力的概括性判断。

10.4 基于顾客的品牌资产综合模型

本书所提出的基于顾客的品牌资产模型为创建品牌和品牌资产提供了一套综合性和一体化的轮廓。其他研究人员和咨询专家也提出了一些基于顾客的品牌资产模型，尽管形成的方法不同，但和本书提出的模型在原理和理念上有些相同。品牌专题 10.0 详细介绍了最为成功和具有行业影响力的行业品牌化模型——扬罗必凯（Young & Rubicam）的品牌资产评估系统（Brand Asset Valuator）。

·········| **本章回顾** |·········

根据品牌价值链，品牌资产来源于顾客心智。一般而言，对品牌资产来源的评估，要求品牌经理能充分了解顾客如何购物，如何使用产品和服务，最重要的是要了解顾客对各种品牌的认识、想法以及感受。在评估基于顾客的品牌资产的来源时，需要评估品牌认知和品牌形象的各个方面，因为这些都会导致构成品牌资产的顾客反应的差异。

本章论述了评估消费者品牌知识结构和确定品牌资产潜在来源的各种定性和定量方法，也就是捕获顾客心智的方法。定性研究法是一种确定可能的品牌联想的方法；定量研究法能更好地估测品牌认知的广度和深度、联想的强度、偏好性和独特性，以及品牌关系的性质。这两种方法比较而言，定性法的结构性较弱，因此特别适合在对有关品牌和产品对消费者的作用意义进行深入了解时使用；当然，要想得到更精确、全面的信息，还是需要使用定量法。

表10-8总结了本章讨论的各种类型的评估方法。

表10-8 定性、定量评估方法的总结

Ⅰ.定性研究方法	Ⅱ.定量研究方法
自由联想	A.品牌认知
形容词评分和核查清单	品牌识别的直接和间接测量法
投射法	品牌回忆的提示和无提示测量法
照片分类法	B.品牌形象
气泡填图法	品牌具体属性和利益的开放式量表测量法
讲故事	强度
拟人化练习	偏好性
角色扮演	独特性
实验法	总体判断和感受
	总体关系测量
	强度
	活跃度

········| 问题讨论 |········

1. 选择一个品牌，用投射法识别品牌资产的来源。哪些评估最有效？为什么？
2. 进行一次实验，看看你能否重复梅森·海尔所进行的速溶咖啡的实验（见品牌备忘10-1）？还有相同的归因吗？如果没有，你能否用其他产品类别的品牌组合来代替咖啡并产生所说的差异？
3. 选择一个品类。利用阿克的品牌个性量表，你能否将此产品类别中领导品牌的品牌个性描述出来？
4. 描述如何将社交媒体数据用于理解品牌感知。
5. 描述社交媒体监控如何改变品牌对消费者想法和看法的监控方式。这种趋势总体上对品牌管理有何影响？
6. 描述什么是归因模型。为什么在当今的交流沟通环境中如此重要？
7. 思考你的品牌关系。你能否找到符合福尼尔不同类别的品牌例子？

品牌专题 10.0

扬罗必凯的品牌资产评估系统

本文总结了品牌资产评估系统（BAV）的相关内容，该系统由扬罗必凯发明并由BAV咨询公司监管和发扬光大。[59]它是世界上最大的有关品牌的消费者信息数据库。BAV模型是一个具有发展性的模型，它解释品牌如何成长、如何陷入危机并如何恢复。

BAV通过四个基本的品牌资产指标以及丰富的消费者感知维度来衡量整个品牌。它提供了涵盖数百个品类的数千种品牌之间的资产价值比较指标以及一整套用于规划的战略品牌管理工具：品牌定位、品牌延伸、组建联合品牌以及评估和引导品牌成长。BAV还采用一套财务分析方法，以研究品牌对公司价值的贡献。

自1993年开始，BAV已经对52个国家近120万名消费者进行了调查，这使BAV能确定真正的全球品牌趋势。它收集了大约5.6万个品牌在75个维度上的消费者感知数据，其中包括 48 个形象属性、用途、考虑因素、文化与顾客价值。这些要素已经纳入一套专门开发的品牌忠诚度测量体系中。

BAV 代表了一种独特的品牌资产研究工具。与研究狭义品类的传统品牌形象调查不同，被调查者是在不知道品类的情况下对品牌进行评估。因此，通过比较各个品类间与各个品类内的品牌，BAV 能够从消费者视角最广泛地获得关于品牌资产如何创建、建立或流失的结论。在美国，数据是按季度从 1.8 万人的数据池中收集的，这样就能够识别和分析短期内品牌化的趋势和现象。

四大支柱

BAV 中品牌健康有四个关键的组成部分（见图 10 - 5），被称为"品牌支柱"。每个支柱都来自对消费者不同方面的品牌感知的测量，这四个支柱可以追踪品牌发展的进程。

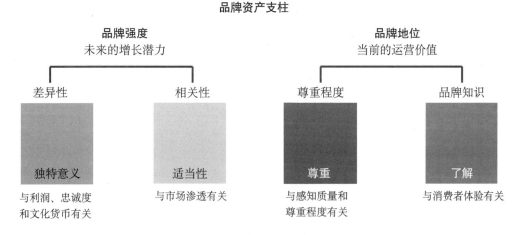

图 10 - 5　用于评估品牌健康、发展和动力的四大支柱 *

资料来源：BrandAsset Consulting. Used with permission.

● 差异性评估的是消费者认识到的某一品牌与其他品牌的差异程度，以及把握品牌方向和势头的能力。这是建立盈利性品牌的必要条件。它与定价权有关，并且常常是解释市场销售值等的关键品牌支柱。

● 相关性评估的是品牌与消费者的适合程度以及品牌潜在特许经营与渗透力的总体规模。

● 尊重程度评估的是品牌被重视和受到尊重的程度，简而言之，就是其受欢迎程度。尊重程度与忠诚度相关。

● 品牌知识评估的是消费者对品牌的熟悉和亲密程度，与品牌显著度相关。有趣的是，消费者所掌握的有关该品牌知识的多少与品牌的潜力负相关。

支柱间的关系

对四大支柱之间关系的检验——品牌的支柱模型——揭示了很多有关品牌现在和未来状况方面的信息（详见图 10 - 6）。独立分析每一个品牌支柱是不够的。支柱之间的关系讲述了一个有关品牌健康和机遇的故事。以下是一些关键的关系。

---

* 第 11 章讨论了 BAV 的五个维度，其中能量被列为一个单独的维度。扬罗必凯将能量和差异性维度结合在一起，称为赋能差异性。

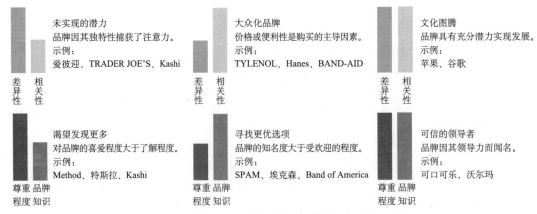

图 10-6 用支柱模式讲述的品牌故事

资料来源：BrandAsset Consulting. Used with permission.

● 当差异性高于相关性时，品牌会在市场上脱颖而出，引人注目。它有潜力依靠差异点和自身的能量，并通过提升相关性为消费者带来价值。

● 但是当差异性低于相关性时，品牌就被大众化了。尽管品牌在消费者的生活中是适当且有价值的，它仍可以被其他同品类的竞争者所替代。由于缺乏我们所说的差异性，消费者不会再为这个品牌费尽心思，忠实于这个品牌，或者为它支付溢价。在这样的情境下，便利性、习惯和价格成为品牌选择的驱动力。

● 领导品牌在这两个支柱上都很强势，从而引起高度的消费者热情与市场渗透。

品牌经常致力于建立认知，但如果品牌支柱没有在适当的区位，那么消费者对品牌的知识就会成为障碍，以至于可能需要在品牌能继续营造健康势头之前克服它。

● 当尊重程度远高于知识时，消费者会喜欢他们迄今为止所了解的品牌，并想了解更多，说明品牌有成长潜力。

● 但是当尊重程度远低于知识时，消费者会觉得他们对品牌的了解足够多，没有兴趣了解更多。在这一情况下，如果想吸引更多消费者，就必须尝试克服品牌知识这一阻碍。

能量方格

扬罗必凯将品牌强度（差异性和相关性）和品牌地位（尊重程度和品牌知识）这两个宏观维度整合到一个可视化分析工具——"能量方格"中（见图 10-7）。"能量方格"在依次的四象限中描绘了品牌发展周期中的不同阶段，每个阶段都有独特的支柱模式。

品牌通常从左下方的象限开始发展，这时，它们的首要任务是发展相关的差异性，建立其存在的理由。一些品牌由于商品形象或专业化营销而受困于此象限，例如林肯人寿（Lincoln Financial）和 Marvin Windows。最常见的是，象限的移动是从这里上移到左上象限。差异化的增加以及随之而来的相关性，启动了品牌强度的增长。这些变化通常是在品牌获得较高的尊重程度或者知名度之前发生的。

这一象限代表两种类型的品牌：面向大众市场的品牌，如 Method、illy 和 Apple Pay，这是一个新兴潜力阶段。但是，专业品牌或者目标市场比较狭窄的品牌也倾向于停留在这一象限（从公众的角度看），并能凭借它们的力量占领可盈利的利基市场。Square、Kimpton 和 Snapchat 就是这一类型的品牌。从领导者品牌的角度看，新的潜在的竞争者会在这一象限中出现。

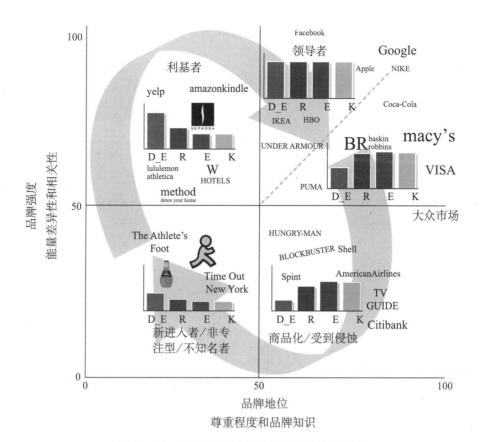

图 10 - 7 基于"能量方格"的品牌发展周期图
资料来源：BrandAsset Consulting. Used with permission.

右上方象限，即领导者品牌象限，是众多领导者品牌（拥有高水平品牌强度和品牌地位的品牌）集中的区域。老品牌以及相对较新的品牌都会出现在这一象限，这意味着品牌领先程度是支柱评估值的一个函数，而不仅仅是品牌存在时间的函数。如果能够对品牌进行恰当的管理，该品牌就能建立起领先优势，并可以无限期地保持领先地位。苹果、NFL 和迪士尼就是处于领导者品牌象限的品牌。

虽然品牌资产下降并不是不可避免的，但实力下降的品牌（通常由不断下降的差异化所驱动）也可以在同一象限中看到。一些品牌的实力已经开始低于它们的地位，这是它们表现出的第一个疲软迹象。但这一现象很可能被其仍然强劲的销售和广泛的市场渗透所掩盖。梅西百货、V8 和维萨等品牌属于此类。

未能保持其品牌强度（相关差异化）的品牌开始衰退并向下移至右下象限。这些品牌不仅容易受到现有竞争者的挑战，而且会受到折扣品牌的冲击。因此，它们经常会频繁地进行大幅度、持续的价格促销来留住顾客，并维持原有的市场份额。美国航空、花旗银行、埃克森美孚和凯马特（Kmart）属于此类。

能量方格还可以用于衡量不同区域之间的品牌资产。图 10 - 8 描绘了《华尔街日报》对应不同用途或受众特征（包括性别、年龄、收入和政治观点）的品牌资产。《华尔街日报》是品牌地位很高的知名品牌，但根据受众群体的不同所对应的品牌强度也不同。《华尔街日报》在不同人群，尤其是在读者、共和党派人士、男性、年龄在 55 岁以上及收入在 10 万美元以上的群体中更具差异性和相关性。所以，它的确是识别品牌机会和目标受众的强大工具。

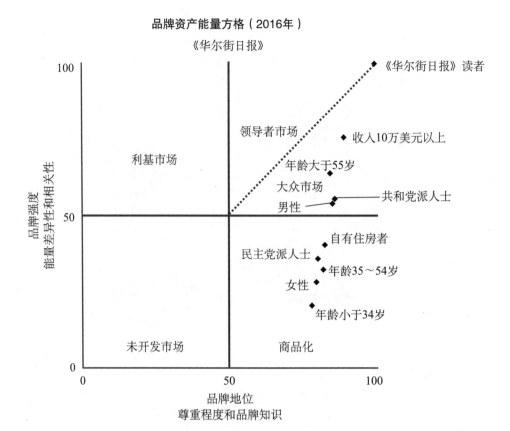

图 10-8 《华尔街日报》简况

资料来源：BrandAsset Consulting. Used with permission.

　　已有大量调查研究了 BAV 指标与财务绩效和股票价格之间的关系。首先，能量方格中的品牌位置表明每一美元销售额的无形价值水平（品牌的市场价值或企业投入资本）。在领导者品牌象限里，每一美元销售额的无形价值最大。接着，通过大量建模，BAV 能够显示品牌资产的变化对股票价格的影响。从宏观上看，品牌资产 2/3 的变化会直接影响股票价格和对未来收益的期望。品牌资产 1/3 的变化影响当期收益。品牌资产对股票价格和企业估值的重要性主要取决于品类情况或经济状况。

谷歌的 BAV 应用

　　理解 BAV 模型的最好方法是将它应用于一个品牌和品类。谷歌是一个好例子。在 BAV 评估的所有品牌中，谷歌是获得领导者地位最快的品牌。谷歌建立了每一个品牌支柱，其中最早的是"差异性"，发展十分快速和强势。快速建立了差异性后，谷歌才建立其他三个支柱。最终，谷歌只花了 3 年时间，将 4 个支柱的百分比提高到 90% 以上。

　　与此同时，美国在线（AOL）开始没落，最先失去差异性，继而失去相关性和尊重程度。总体上看，美国在线的认知度保持很高水平，但随着相关性、差异性和尊重程度的减少，消费者开始失去兴趣，最后美国在线的品牌知识支柱也紧随其他支柱之后开始下降。图 10-9 展示的是两个品牌在发展过程中的鲜明对比。

　　谷歌是如何实现和维持品牌的领导者地位的？基于 BAV 能总结出三个主要的成功因素：（1）始终如一的可转换为竞争优势的强大品牌属性；（2）成功向新品类延伸；（3）基于差异性成功扩张到全球市场并成为领导者品牌。

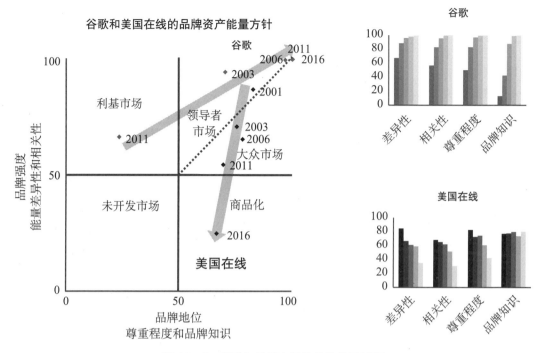

图 10 - 9 谷歌与美国在线的品牌发展过程

资料来源：BrandAsset Consulting. Used with permission.

品牌属性的竞争优势

谷歌的领导力来自关键属性上的竞争优势。正是这些关键属性支撑着四大支柱和顾客忠诚。BAV 使用 48 种情感属性破解消费者在选择谷歌与其竞争品牌时的权衡。

正如图 10 - 10 所示，谷歌在创新性和远见方面强于竞争对手的平均水平。这些属性构成了谷歌和对手的强大差异性。谷歌在"值得信赖"和"有帮助的"方面的优势让其相关性支柱保持强大，而在"可靠性"和"领导力"方面的优势则同时支撑着相关性和尊重程度这两个支柱。

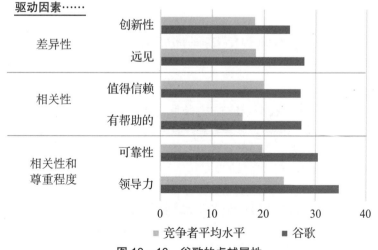

图 10 - 10 谷歌的卓越属性

资料来源：BrandAsset Consulting. Used with permission.

成功的品类延伸

谷歌擅长依靠子品牌来进入新的品类市场。在诸如谷歌文档、谷歌浏览器和谷歌邮箱等品类中，谷歌已成为品类的领导者。大多数子品牌都有非常强的品牌实力，从而增强了谷歌公司品牌的实力（见图 10-11）。在这种情况下，子品牌的领导力能够支持母品牌的发展。同样，强势的母品牌也能支持子品牌的发展。

谷歌强大的实力形象使得它更容易进入新品类市场。谷歌不会像弱势品牌那样遇到市场进入的问题，弱势品牌自身的形象不够强大，难以在新品类市场中创造差异性，而这恰恰是品牌延伸获得成功的关键。

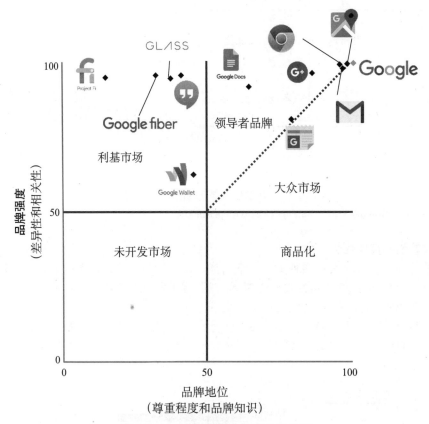

图 10-11　谷歌的新产品成功引入图

资料来源：BrandAsset Consulting. Used with permission.

成功的全球扩张

品牌资产评估 BAV 指标独到地评估了全球营销机会的本质。BAV 表明全球品牌必须在每个市场中建立持续强势的品牌实力、品牌地位与品牌含义。具体地说，全球品牌的财务分析表明，品牌强度和品牌含义一向较高的品牌，能提供更高的利润增长率，并在创造税前利润上也更有效率。

谷歌已经在全球市场获得领导者地位，与在美国市场中的实现方式相同，都是通过在品牌强度和品牌地位上超越竞争对手。在最近调查的所有国家中，谷歌都是能量方格中的超级领导品牌，如图 10-12 所示。根据每个区域市场的消费者调研，在回顾不同国家中关键形象因素评估结果后，发现谷歌在可靠性和智能性上的排名高度一致，都非常高。这是真正意义上的一致，是建立伟大战略的基础。

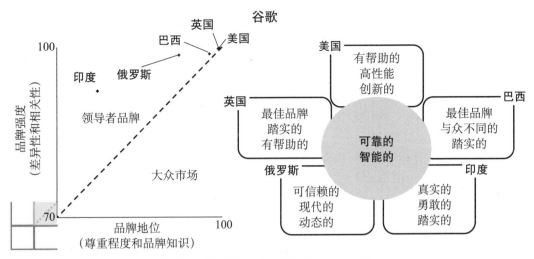

图 10－12 谷歌一直是全球品牌的领导者

资料来源：BrandAsset Consulting. Used with permission.

总结

基本的 BAV 模型和品牌共鸣模型之间有很多相同之处。BAV 模型的四个支柱能够很容易地与品牌共鸣模型的特定要素联系起来：

- BAV 的差异性与品牌卓越相关；
- BAV 的相关性与品牌考虑相关；
- BAV 的尊重程度与品牌忠诚度相关；
- BAV 的品牌知识与品牌共鸣相关。

可以注意到，品牌认知和熟悉程度在两种方法中的处理方式是不同的。品牌共鸣金字塔认为品牌显著度、品牌认知的宽度与深度是创建品牌资产的第一步。BAV 处理熟悉程度的方式则更加有效——几乎就从热情和友情的感觉出发——因此将其看作创建品牌资产的最后一步，更类似于共鸣的组成部分。

BAV 模型的主要优点是，它提供了对许多品牌的详细介绍和描述。同时，还将注意力集中在建立品牌的四个关键维度上。它所提供的品牌现状，可以让营销者看到品牌相对于其他主导品牌而处的市场位置，以及在不同的市场上所占据的地位。

但是，BAV 模型的描述性本质，意味着它缺乏对品牌如何能在这些要素上得到较高评价的见解。由于评估值体现的四个支柱要素需要与迥然不同的各个品类相关，因此评估（包括支柱要素）可能会变得抽象，与产品的属性或者利益以及具体的市场营销活动并不直接相关。尽管如此，BAV 模型仍是一项具有里程碑意义的研究成果，营销者可以通过这种方法，更好地理解产生顶级品牌的驱动力及品牌在广阔品牌世界中的适应能力。

STRATEGIC BRAND MANAGEMENT

| 第 11 章 |

评估品牌资产的成果：获得市场业绩

学习目标

» 识别品牌资产的多个维度及多种测量方法。

» 对比品牌资产测量的不同方法。

» 解释联合分析法的基本逻辑。

» 回顾评估品牌资产的不同方法。

» 描述品牌化和财务之间的关系。

英特尔采用相较于竞争对手获得的溢价来衡量其品牌强度。

·········|　**本章提要**　|·········

　　要对品牌资产进行评估，最理想的方案是建立一个"品牌资产指数"，这样，评估者只需进行简单计算，就可以了解品牌的健康程度，并可获得品牌资产的准确数值。但是，就像体温计测量人体体温仅从一方面反映人们的身体状况一样，任何品牌资产的评估方法也只能从某一方面反映品牌的健康程度。品牌资产是一个多维的概念，其内容非常复杂，需要用多种不同的方法进行评估。多种评估方法的使用，不仅增强了市场调研的诊断能力，而且使经理们可以更好地了解品牌的现状及造成目前状况的原因。[1]

　　在论述调研者应采用多种方法对品牌资产进行评估时，作者在品牌资产的评估与飞机在飞行中状态或汽车运行状态的确定之间作了有趣的比较，例如：

　　　　在飞机飞行时，飞行员要综合考虑仪表所显示的一系列数据。飞机上安装了油压计、高度仪及其他许多重要的指示器。所有这些刻度盘和计量器都从不同角度向飞行员汇报飞机的状况，不存在任何一种仪表可以概括反映有关飞机的所有信息。飞机需要高度仪、罗盘、雷达和油压计，它们缺一不可。飞行员在飞行时必须重视所有这些仪表所反映的重要信息。[2]

　　正如必须把汽车或飞机上的各种仪表结合起来才能综合反映它们在驾驶和飞行过程中的健康状况一样，在评估品牌资产时，也必须采用多种方法，以全面评估品牌的健康程度。

　　前面几章讨论了评估品牌知识结构以及顾客心智的不同方法，以识别和量化品牌资产的潜在来源。通过应用这些评估技巧，营销者可以更好地了解品牌认知的深度和广度，品牌联想的强度、偏好性以及独特性，品牌响应的积极作用以及品牌关系的本质。就像在第 1 章和第 2 章中谈到的那样，具有积极的品牌资产的产品，可以获得以下六种与顾客相关的重要利益：

　　1.更好的产品或服务的感知性能。

　　2.享有更高的忠诚度，不易受竞争对手营销活动和营销危机的影响。

　　3.可以获得更大的利润，当价格上涨时，需求反应的弹性较小；当价格下降时，需求反应的弹性较大。

　　4.得到更多来自中间商的合作和支持。

　　5.增加营销传播的有效性。

　　6.获得许可授权和品牌延伸的成功机会

　　基于顾客的品牌资产模型认为，能否获得这些好处，即能否获得品牌的最终价值，取决于品牌知识的基本组成部分以及品牌资产的来源。就像第 10 章介绍的那样，这些组成部分都是可以评估的。但是，为了更加直接地进行预测，最终的价值必须通过某种方法进行评估。本章提出了评估的步骤，以评估品牌知识结构对品牌绩效的影响。[3]

　　首先，本章介绍比较法，它是更好地评价营销活动中的消费者感知和偏好效应的方法。接下来讨论整体法，该方法可以用来预测品牌的总体价值。[4] 品牌化和财务因素两者之间的相互影响，将在品牌专题 11.0 中讨论。

▌ **11.1　比较法**

　　比较法（comparative methods）主要用来测试消费者对于某一品牌的态度和行为，它能更直接地估测高度的品牌认知和强有力的、偏好的、独特的品牌联想所产生的收益。比较法可分为两种：

● **品牌比较法**（brand-based comparative approaches）是采用实验法或分析法形式，让一组消费者对目标品牌的营销项目要素或者一些营销活动做出反应，让另一组消费者对竞争品牌或者虚构品牌中相同的营销项目要素或者营销活动做出反应。

● **营销比较法**（marketing-based comparative approaches）是采用实验法或分析法形式，让消费者对目标品牌或者竞争品牌的营销项目要素或者营销活动的变化做出反应。

在品牌比较法中，营销项目保持不变，着重测试消费者对品牌识别的变化反应；而在营销比较法中，品牌保持不变，着重测试消费者对营销项目变化做出的反应。下面依次介绍这两种比较方法，然后介绍联合分析法，联合分析法实际上是两种方法的综合应用。

品牌比较法

竞争性品牌是品牌比较法中较为有用的基准。尽管消费者可能会根据自有的品类知识，对虚拟品牌或不知名品牌产品的营销活动进行理解，但他们还是会在大脑中设定一个特定品牌，或称为**样本**（exemplar）。这个样本可能是该类产品中的主导品牌，或者其他一些消费者认为能够代表该类产品的品牌（如最喜欢的品牌）。消费者在信息缺失的情况下，会通过对某个特别品牌的知识进行推断。因此，这种方法对于测试消费者怎样评价一个或多个主要竞争者的新广告活动、新促销活动以及新产品是很有效的。

应用 品牌比较法一个经典的例子就是"盲试"研究，即消费者在知道品牌和不知道品牌的情况下分别检验或者使用产品。知道和不知道品牌情况下的选择结果无一例外地存在着差异。比如，在 Business Insider 进行的一项小样本实验中，被试被要求对不同品牌的廉价啤酒进行"盲试"。出乎意料的是，盲试中最廉价的啤酒 Natural Light 获得了最高分。[5]

品牌比较法惯用于产品购买或者消费的过程中——只要在"无品牌"对照组中能将品牌标识以某种方式隐藏即可。品牌比较法还可以用来检测品牌资产从利润和高价中获得的收益。

T-Mobile

维珍移动品牌资产的实力表现在，虽然维珍移动和 T-Mobile 使用相同的网络，但是维珍移动的客户对信号质量的评分显著高于 T-Mobile 的客户评分。

荷兰电信近年来花大量时间投入巨资，用以创建 T-Mobile 移动通信品牌。然而在英国市场，该公司却将网络租赁或共享给竞争对手维珍移动（Virgin Mobile），因此，T-Mobile 客户在拨打电话时所接收信号的质量与美国维珍移动客户接收信号的质量相同，毕竟是由同一家网络发送信号。然而，研究却发现，维珍移动的客户对信号质量的评分要显著地比 T-Mobile 客户评分高。很明显，维珍公司的强势品牌形象对其下属的其他产品产生了晕轮效应，客户改变了对产品性能的印象。[6]

　　评价　品牌比较法最主要的优点是，由于保持品牌营销项目的所有方面不变，因此在现实环境中将品牌价值单独分离出来。准确了解品牌知识如何影响消费者对价格、广告等的反应，对在这些不同的领域中制定相应策略是十分有帮助的。同时，可用来研究的营销活动的种类尽管很多，但实际上我们能掌握的方法受到能应用方法数量的限制。

　　如果准备开展的营销活动意味着以前的营销方式将有所变化，比如新的推销、中间商促销、新的广告活动或者品牌延伸，品牌比较法就尤其适用。如果营销活动已经紧紧地与品牌相联系（如已经连续播放多年的广告），则很难以一种可信的方式将营销项目指定给虚拟品牌或者无品牌的服务或产品。

　　因此，在使用品牌比较法时，要重点考虑实验方法的现实意义。比如，品牌比较法可能过于强调突出产品的某些属性，而导致实验结果失真。下面介绍另一种比较法——营销比较法。

营销比较法

　　营销比较法是使品牌保持不变，检验消费者对营销项目变化所做出的反应。

　　应用　营销比较法是学术界和实业界长期采用的研究溢价的方法。20 世纪 50 年代中期，埃德加·佩西米尔（Edgar Pessemier）通过逐步提高顾客通常购买的品牌与替代品牌之间的价差，开发了一种测试品牌忠诚度的价格测量法。[7] 为了揭示品牌的转换行为和消费者的忠诚度模式，佩西米尔利用消费者从一个品牌转向另一个品牌的百分比绘制了品牌的价格上涨图。

　　同时，一些公司也使用该方法来评估不同品牌的价格敏感度及愿意支付的最低价。[8] 比如，英特尔经常调查电脑的购买者，看看公司提供多大的折扣才能让他们转而购买不采用英特尔微处理器（如 AMD 芯片）的个人电脑，或者为了购买采用英特尔微处理器的电脑，他们愿意多支付多少钱。

　　营销比较法的应用范围较大。消费者对不同的广告策略、执行情况或者媒体计划的反应，可以通过多个试销市场进行评估。比如，IRI 的电子试销市场和其他类似的研究方法，可以测试不同的广告影响和广告宣传。通过控制其他因素，品牌和产品的影响可以被分离出来。越来越常见的线上营销比较法是 A/B 测试。通过 A/B 测试，数字营销者对营销项目或活动的不同版本进行拆分测试（如网站的两个版本，版本 A 和版本 B），向网站访问者展示网页 A 或网页 B，最终采用网站转化率高的版本。

　　营销比较法还可以通过一些描述品牌延伸的概念或句子，由消费者对其进行评估，然后汇集顾客评估的不同意见，用以研究品牌延伸的潜力。比如，表 11 - 1 显示了消费者对 Planters 坚果品牌延伸的反应。将消费者认同的延伸与不认同的延伸相比较，就可以在一定程度上反映出该品牌的品牌资产。

　　在这个例子中，调查结果显示，消费者希望 Planters 的品牌延伸都能"与坚果相关"。Planters 品牌延伸的产品特点应该是"松脆的""甜的""咸的""辣的""涂有黄油的"。关于消费者最希望在商店的哪个地方买到新的 Planters 产品，得到最多的回答是：零食和糖果区。另一方面，消费者不太希望在早餐食品摆放处、面包制作区、冷藏区或者冷冻食品区看到新的 Planters 产品。与该调查结论一致，Planters 以美味和营养小吃的形式出售各类坚果（腰果、花生、开心果、杏仁和混合坚果）。Planters 还将甜品混合在小吃中（如 Planters 巧克力花生酱布朗尼），从而将商店中小吃和糖果摆放的感知关联结合在一起。

表 11 - 1　对 Planters 品牌延伸的反应

平均得分值*	建议的品牌延伸
10	花生
9	零食组合，烘焙用坚果
8	—
7	椒盐脆饼干，巧克力坚果糖，甜玉米
6	零食脆薄饼干，薯条，营养燕麦片
5	玉米饼，糕点配料（冰淇淋 / 甜点）
4	午餐食品 / 午餐零食包，甜点组合（小甜饼 / 蛋糕 / 果仁巧克力饼）
3	冰淇淋 / 雪糕，糕点配料（沙拉 / 蔬菜）
2	麦片，烘焙糕点，东方菜 / 沙司，混合馅，冷冻生面团，果酱 / 果冻
1	酸奶

　　* 消费者对建议的品牌延伸项目通过 11 点量表进行打分，最低是 0 分（最不希望 Planters 出售该产品），最高是 10 分（最希望 Planters 出售该产品）。

　　评价　营销比较法最主要的优点是易于实施。事实上，所有品牌的营销行为都可以进行比较。该比较法主要的缺点是，很难断定消费者对于营销刺激变化做出的反应是由品牌知识引起的，还是由更普遍的产品知识引起的。换言之，对于某一品类中的某一品牌，消费者可能愿意或者不愿意支付一定的价格，接受特定的品牌延伸等。检验消费者的反应是否针对具体品牌的方法是：测试消费者对竞争品牌的反应。下面介绍一种适合这种做法的统计学方法。

联合分析法

　　联合分析法（conjoint analysis）是基于调查的多元变量分析方法，使营销者能够描绘出与产品和品牌相关的消费者购买决策过程。[9] 具体来说，就是营销研究人员通过询问消费者的偏好，或者让其在很多精心设计的产品中做出选择，了解消费者在不同品牌的属性之间所做出的权衡，从而得出消费者对这些属性的重视程度。[10]

　　向消费者展示的每种产品，是由一组不同的属性标准组成的。这些属性标准都基于实验所得，而且都满足一定的数理原则。消费者赋予每个属性标准的值（从联合公式中得到的数据）称作**部分值**（part worth）。部分值可以用于多种方法，以预测消费者会怎样评价一个新的属性组合。例如，属性之一是品牌名称，"品牌名称"的部分值可以反映出它的价值。

　　格林（Green）和温德（Wind）报告了运用联合分析所做的一项经典研究。该研究考虑了消费者对去污产品的评价，并对五种属性进行了研究：包装设计、品牌名称、价格、《好管家》标签、退款凭证。[11] 这些学者运用联合分析法对万豪连锁酒店庭院设计进行了里程碑式的研究。[12] 自此，联合分析法被应用于从肥皂、草坪化学品、相机到公寓设计的各个工业领域。该方法还被应用于健康保险设计和酒店设计之中。[13]

　　应用　联合分析法可以有多种用途。过去，奥美广告公司曾经使用品牌 / 价格权衡法来评估广告效果和品牌价值。[14] 品牌 / 价格权衡法可以被看作联合分析法的简化版本，只有两个变量——品牌和价格。消费者在不同的品牌和价格组合之间进行模拟购买选择。每种选择都会引起所选品牌价格的上升，迫使消费者在喜欢的品牌和较低的价格之间做出选择。这样就可以反映出他们对品牌的忠诚度到底有多高；反过来，也可以看出他们愿意放弃哪些品牌，从而可以获得较低的价格。学术研究人员运用联合分析法对品牌名称延伸的方法进行研究，评估了公司形象项目的有效性，并对驱动消费者偏好的相关属性进行了识别。[15]

评价　联合分析法的主要优点是，能够同时研究不同品牌以及产品或者营销项目（产品组成、价格、分销渠道等）的不同方面。因此，可以获得消费者对目标品牌和竞争性品牌不同营销活动的反应的信息。

联合分析法的一大缺点是，向消费者介绍的营销方案概况也许违背了消费者自己对品牌的认知所产生的期望。因此，如果采用联合分析法，就应该注意不要让消费者对非现实的产品或者情境进行评价。此外，虽然已经提出了一些有用的原则，以更有效地将联合分析法应用于品牌定位中，但难点在于对品牌属性或功能的合理解释。[16]

▌ 11.2　整体法

比较法用于估计品牌资产的具体收益，**整体法**（holistic methods）则通过抽象的效用或者具体的财务数据估算整个品牌的价值。因此，整体法试图"过滤出"各种因素，以确定品牌的独特贡献。其中，**剩余法**（residual approach）通过从消费者的品牌总偏好中减去由于产品物理属性产生的品牌偏好，来检验品牌的价值；**估价法**（valuation approach）则为品牌资产赋予经济价值，以满足会计、合并、兼并或其他要求。

剩余法

剩余法的基本原理是，将品牌资产视为消费者偏好和选择减去实物产品影响后的剩余值。这些方法背后的基本理念是，通过观察消费者的偏好和选择推断品牌的相对价值，就能尽可能多地将测得的属性价值纳入考虑范围。一些研究者将品牌资产定义为相对未知品牌产品的偏好增量。根据这种观点，品牌资产的计算方法是从总体偏好中减去对客观的实物产品特征的偏好。[17]

扫描平面数据　一些研究者基于超市对消费者购买数据的记录分析品牌价值。早期的研究中，卡马库拉（Kamakura）和拉塞尔（Russell）提出了一种测量方法，即通过剩余法从超市扫描数据中估算品牌资产。[18] 他们的模型试图将观察到的一组消费者的选择作为商店环境（实际的货架标价、促销、商品陈列等）、所购品牌物理性质和剩余项即品牌资产的函数。通过控制营销组合的其他因素，他们希望估算出只对某一品牌产生的品牌偏好，而且其竞争对手目前无法模仿。

最近，由艾拉瓦第（Ailawadi）、莱曼（Lehmann）和内斯林（Neslin）提出的方法是，将实际零售额数据用于计算"收入溢价"，作为品牌资产的估值。[19] 斯瑞拉姆（Sriram）、布兰查德（Balachandar）和卡尔瓦尼（Kalwani）类似地采用商店销售数据追踪品牌资产和它伴随时间推移的关键驱动因素。[20]

选择实验　斯维特（Swait）、瓦德姆（Erdem）以及他们的同事提出了评估品牌资产的一种相关的方法。他们设计了各种选择性实验，用以解释品牌名称、产品属性、品牌形象，以及消费者的社会人口统计特征和品牌使用的差异。[21] 他们将**均衡价格**（equalization price）定义为等同于无品牌差异的同类产品效用的价格。均衡价格可以视为品牌资产的代表值。[22]

多属性态度模型　斯瑞尼尔森（Srinivasan）、帕克（Park）和常（Chang）提出了综合性剩余法——根据多属性态度模型来计算品牌资产。[23] 他们将品牌资产分成三个组成部分：品牌认知、属性感知差异和非属性偏好，从中揭示不同基础品牌资产的相对规模。

● **品牌资产的属性感知差异成分**（attribute-perception biased component）是主观感知到的属性价值与客观评估到的属性价值之差。客观评估到的属性价值通常由独立的测试服务得到，比如《消费者报告》或者该领域中权威的专家所进行的测试。

● **品牌资产的非属性偏好成分**（nonattribute preference component）是主观感知到的属性价值与总体偏好之差，它反映了消费者在产品属性效用之外对某一品牌的评价。

研究人员还考虑了提高品牌认知及偏好的效应，他们提出了调查的步骤，以收集信息，评估不同的感知和偏好。

狄龙（Dillon）及其同事提出一套模型，将品牌的属性评估分为两个部分：（1）品牌的具体联想，是指顾客与品牌相关联的特点、属性或者利益；（2）基于更广义品牌观点的一般品牌印象。[24]

评价　剩余法为解释品牌资产提供了一种有用的基准。尤其在必须对品牌资产进行评估，或者研究者对品牌资产的经济价值很感兴趣的情况下，这种方法显得颇有价值。这种方法的缺点是，因为它不能识别不同类型的非产品相关属性联想，仅适用于具有显著产品相关属性联想的品牌。因此，剩余法对在其他情况下战略决策的价值比较有限。

从更普遍的意义上来说，这一方法聚焦于消费者偏好，对品牌资产的观察是比较静态的。该方法与基于顾客的品牌资产理论提倡的"过程"观点形成了鲜明的对比。品牌比较法和营销比较法，强调消费者对品牌营销的反应，并试图找出品牌知识影响反应的程度。

上面提及的区别还和许多研究者提出的品牌价值的"可分离性"有关。比如，由于某种政策、受欢迎的广告、公共活动或人们的议论，使某一品牌因提供特别的客户服务而远近闻名（如新加坡航空公司、丽思卡尔顿酒店）。由此产生的消费者对客户服务的积极看法和有利态度，可以通过影响消费者对价格政策（如愿意支付较高的价格）、新的广告活动（如接受广告宣传的顾客满意率）、品牌延伸（如有兴趣尝试从新的零售渠道购买）的反应，来创造基于顾客的品牌资产。

估价法

一些分析结果显示，人们普遍认为许多公司的企业价值很大程度上取决于其品牌价值。据估计，标准普尔 500 指数市值 17.9 万亿美元中，有 8 万亿美元或将近一半来自无形资产。[25] 此外，品牌是这些无形资产的重要组成部分，在标准普尔 500 指数中可能占据公司股票市值的 30% 或更多。[26]

世界经济论坛所做的一项调查强调了品牌的重要性——大约 3/5 的跨国公司 CEO 认为，公司的品牌和声誉占公司市值的 40% 以上。[27] 表 11-2 基于 2017 年数据介绍了品牌价值在公司总价值中所占比例。

表 11 - 2　品牌价值在公司市值中所占百分比

公司	品牌价值 （十亿美元）*	总价值 （十亿美元）**	品牌价值在总价值中所占百分比（%）
苹果	184.1	868.88	21
谷歌	141.7	729.1	19
微软	79.9	659.9	12
可口可乐	69.7	195.5	36
亚马逊	64.7	563.5	11
三星***	56.2	300	19
丰田	50.3	188.2	27
脸书	48.2	420.8	11
梅赛德斯	47.8	79.3	60
IBM	46.8	142	33

* Data are for 2017; http://interbrand.com/best-brands/best-global-brands/2017/ranking/.
** Market capitalization information based on data from CRSP Monthly.
*** 三星市值由韩元转换为美元．

如表所示，品牌价值在总价值中所占百分比差异很大，但这也恰恰证明了品牌是公司价值的关键源泉。

对于品牌重要性的认知激发了研究人员对估价的研究。对品牌资产进行估价的原因如下：

● 兼并和收购：不但用于交易评估，而且能促使交易达成。

● 品牌授权：内部出于税收目的，而且便于第三方使用。

● 募集资金：作为贷款或售后回租业务的抵押品；向当前和未来的投资者说明公司的努力是如何创造价值的，这一点可以从公司旗下品牌的价值评估中得到证明。

● 品牌组合决策：分配资源，制定品牌战略，或者准备财务报告。

● 内部资源分配决策和投资回报率：公司内部根据不同的品牌估价进行资本分配，品牌估价有助于确定营销支出的投资回报率。

为了阐明与品牌估价相关的问题，首先对与公司资产会计相关的问题进行简要概述。

会计学基础　公司的资产可以分为有形资产和无形资产。**有形资产**（tangible assets）包括：（1）房地产、厂房设备；（2）流动资产（存货、可流通证券、现金）；（3）在股票和债券上的投资。有形资产的价值可以通过账面价值、重置成本的报表测算等进行测定。

无形资产（intangible assets）的定义是，任何可以让公司获得超过有形资产收益的现金流的生产要素或者特殊资源。换句话说，无形资产增强了公司实物资产的盈利能力。无形资产通常列在**商誉**（goodwill）栏中，包括专利权、商标和许可协议，以及"更软"的要素，如管理技巧和客户关系等。

在收购过程中，商誉一栏通常还包括为了得到控制权所支付的溢价；在有些情况下，这部分价值甚至会超过有形资产和无形资产的价值。品牌资产是无形资产，受到与无形资产报告相同的会计准则约束。与之相矛盾的是，在美国，内部产生的品牌在资产负债表中没有明确的估值。然而，由于品牌收购相关的成本已经确定，因此品牌收购会在资产负债表中报告，且将其列为支出。这会导致品牌会计出现异常，从外部兼并或收购的品牌会被详细地列在资产负债表上，然而内部产生的品牌却没有被记录。美国财务会计准则委员会（FASB）标准（以及国际会计标准）规定：

> 内部产生品牌的支出不能与整体业务发展的成本区别开。因此，此类条目不能作为无形资产。

值得比较的是，相对于国际财务报告准则，FASB（按照其公认会计原则，GAAP）是如何看待品牌资产的。在美国，根据公认会计原则，无形资产以公平的市场价值确认。相反，国际财务报告准则（IFSR）则考虑了无形资产未来可能带来的经济利益。[28] 准则上的差异为美国与海外对于品牌作为无形资产这一观点存在差异的原因提供了依据。

会计准则委员会缺乏指导是因为，由于多种原因，品牌本身的估值可能很复杂且具有挑战性。首先，品牌估价至少部分是基于消费者的认知，然而消费者的认知是易变的，且是难以测量的；其次，品牌只是公司众多无形资产之一，品牌价值可能会基于驱动其他无形资产（如专利、商誉权等）的方法和相对价值的假设而不同。

品牌未在资产负债表中报告的第三个原因是，资产负债表上的品牌价值可能会受到损害。[29] 负面公众事件和名誉损失所造成的损害很难在资产负债表中进行量化和调整。会计师一直抗拒修改资产负债表上的品牌价值，进而导致了"垂死效应"① (moribund)。[30] 比如，2005 年，宝洁以 240 亿美元的价格收购了吉列。虽然在收购后宝洁整体市值发生了显著的变化，但是吉列的品牌价值没有改变。

在美国，依据 FASB，私人公司可以在 10 年或更短的时间内（即在其使用寿命内）为账面价值摊销商誉。此政策要求每年进行减值测试（称为商誉减值测试）。有人指出，FASB 不允许在财务报告中使用品牌资产，原因是"缺乏可验证的成本，无法证实某笔交易或一系列交易（广告的滞后效应），每个无形品牌的独特性以及由此带来的困难"。[31] 尽管存在这些顾虑，估价仍具有巨大的管理意义，并且在量化品牌价值方面做出了大量的努力。

品牌评估发展简史　对品牌资产价值的评估始于鲁伯特·默多克（Rupert Murdoch）的新闻集团。1984 年，它在资产负债表上对其一系列杂志的价值进行了评估，并得到了澳大利亚会计准则的许可。大都会公司（Grand Metropolitan）是最先对品牌价值进行评估并将该值列入资产负债表的英国公司之一。英国公司使用品牌价值，主要是为了使它们的资产负债表更好看。通过记录品牌资产，公司努力使股东的资金更接近于公司的市场资本。但另外一些国家（包括加拿大、德国和日本）同意在税前扣减从收购中获得的一部分或者所有商誉的账面价值。

常用方法　在确定收购或兼并的品牌价值时，主要有三种方法：成本法、市场法和收入法。[32]

在成本法中，品牌资产是重新创建品牌或者替代现有品牌所需的费用（包括研发、试销、广告等所有费用）。对该方法采用历史或者替代成本的主要批评是，过去的业绩与未来的获利能力没有很大的关系——比如，许多品牌花了大价钱进入市场，但最终失败了。另一方面，就一些老品牌（如亨氏、家乐氏和香奈儿）而言，几乎不可能找出对品牌开发

① 这是一种会计现象，指那些被收购的品牌不管为公司做出了什么贡献，它们的价值一直在账面上保持不变。

的投资有哪些——而且大部分投资与品牌是不相关的。

对有形资产成本的预测显然比无形资产要简单很多，但是后者往往是品牌资产的核心。同样的问题存在于替代成本法中，比如，替代现有品牌的成本在很大程度上取决于该过程的进度，以及可能遇到的竞争、法律和物流障碍。

根据第二种方法，即市场法，品牌资产是资产所有者能够取得的未来经济收益的现值。换言之，就是在活跃的市场上，购买者和出售者之间愿意交易该资产所达成的价格。该方法的主要问题是，缺乏品牌名称资产的公开市场交易，而且品牌具有独特性，从一个市场的交易来推断另一个市场的交易会出现很多问题。

决定品牌价值的第三种方法是收入法，它认为品牌资产是品牌未来收入中所得的现金流的贴现值。收入法有三种，具体为：

1. 将从品牌名称中得到的特许权收益资本化（如果可以确定）；

2. 将从品牌产品中得到的额外利润资本化（通过与无品牌产品业绩的比较）；

3. 在考虑到维持成本和税收影响的情况下，将品牌的真正获利能力资本化。

例如，在第一种收入法中，品牌咨询公司 Brand Finance 采用特许权减免法对品牌进行估值。这种方法的前提是，品牌价值可被视为企业避免支付的商标许可费。这种方法基于第三方交易，因为品牌价值是通过会计、律师和税务专家进行评估的，可信度较高。他们使用公开可用的信息来估算品牌未来的特许权使用的税后费用，从而得到净现值和整体品牌价值。[33] 接下来对于一些主要的且具有影响力的估价方法进行介绍。

11.3 品牌估价：主要方法回顾

研究人员提出了很多方法系统地对品牌进行评估。一个具有开创性的研究通过估计财务市场中与品牌相关的利润，得出了一个评估公司品牌资产的方法 [34]。这种方法将品牌资产定义为：品牌产品销售所得的现金流超出非品牌产品销售所得的现金流的部分，并假定可以通过公司证券的市值对公司所有资产能够产生的未来现金流做出公平的预测。进一步，品牌资产被视为能够为公司创造价值的无形资产。通过考虑各种因素，比如品牌的历史、进入行业的次序、现在和以前的广告份额等，这种方法估算出品牌资产的价值。除了这种来自学术界的估价方法，还有一些行之有效的品牌估价方法是从行业中衍生出来的，比如 Interbrand，BrandZ 和 Brand Finance。这三种方法都是结合品牌资产测量和财务估值进而得出品牌价值。下面对这三种品牌估价方法进行详细介绍。

Interbrand

Interbrand 是世界顶级的品牌估价公司之一。表 11 - 2 列出了由 Interbrand 评出的全球最具价值的品牌。Interbrand 公司的方法考虑了各种不同的方法。这些方法权衡了品牌对组织内部和外部的价值——从吸引、保留顾客到传递顾客期望的全过程。品牌价值评估的三个关键步骤是：（1）财务预测；（2）品牌的重要性；（3）品牌强度分析。[35]

财务预测 这一步骤的基本原理是，像公司拥有的任何其他资产或公司的总价值一样，品牌价值可以根据其未来现金流量的现值估算来计算。对于每个针对品牌重要的细分，评估过程都涉及识别和预测净收入（或潜在现金流量）。经济利润的计算涉及对品牌产生的净收入的三项进一步调整：（1）运营成本，以得出净运营利润；（2）从营业净利润中扣除税款；（3）减去资本费用，以计算用于产生品牌收入的资本。然后，将计算出的经济利润与品牌的重要性（以下所述的百分比）相乘，以确定对估价总额有贡献的品牌收益。

品牌的重要性 品牌的重要性用于衡量顾客的购买决策是否因为品牌——不包括其他的购买驱动因素，如价格或产品特性。从概念上而言，品牌的作用反映了有品牌的产品或服务的需求超出无品牌的产品或服务的需求部分。Interbrand 以不同的方式得到品牌重要性，包括初级研究，审查公司在该行业的品牌历史作用，专家组评估确定品牌的作用。用品牌产品或服务的经济利润乘以品牌重要性的百分比得到品牌收益计入总价值。

品牌强度分析 品牌强度测量品牌确保未来预期收益交付的能力。品牌强度来自对包含 10 个内部和外部维度的品牌活动的评估，分值介于 0 ～ 100 之间。其中，内部维度包括透明度、承诺、治理和响应能力；外部维度包括真实性、相关性、差异性、一致性、知名度和契合度。Interbrand 公司的估价方法认为这 10 个方面相结合，可以评估一个品牌的强度。对这些维度上的评估相对于同行业中其他品牌，包括国际品牌进行判断。品牌强度通过特定算法根据折现率反向决定了品牌风险。关键在于，品牌强度的增加可以转换为贴现率的变化，进而应用到现金流中。预估贴现率是根据品牌能够承受的挑战并交付预期收益的可能性，将品牌收益折现为现值。

BrandZ

BrandZ 测量品牌资产的方法是基于有意义的不同的框架。如果品牌可以提供以下三个关键优势，品牌则能创造价值：（1）品牌是有意义的（可以满足消费者的需求）；（2）品牌是与众不同的（是独特的并且可以引领趋势）；（3）品牌是显著的（能够占据人们心智）。[36] 这些优势能够转化为实力（通过增加销量）、溢价（通过制定高价）和潜力（有助于未来持续增长）。BrandZ 的发现表明，有意义的、与众不同的品牌能够获得更高的销量（5 倍），能够获得 13% 的溢价，并且更有可能增加价值份额。[37]BrandZ 估价方法的关键步骤如下。

计算财务价值 品牌价值评估过程的第一步是在品牌组合中分配公司的收益。通过分析年度报告和其他来源的财务信息确定归因率。然后，将公司收益与归因率相乘得出品牌收益，即特定品牌所带来的公司收益。接着，必须确定未来收益的前景。彭博数据提供的信息有助于品牌倍数的计算，品牌倍数是将未来收益前景评估为当前收益倍数的组成部分。BrandZ 计算品牌收益，然后将该数值与品牌倍数相乘得出财务价值。[38]

计算品牌贡献 在上一步对财务价值进行估算后，该方法试图将品牌本身的价值（存在于消费者心智中的无形资产）与其他可能会推动品牌业务的市场或物流驱动因素（如可获得性、分销或价格）分离开来。这需要计算消费者心智中的品牌贡献或品牌联想能力。BrandZ 的方法依赖于全球范围内众多消费者样本中收集的大量数据（涉及 200 万名消费者和 1 万多个品牌），以分类别和国家/地区的方式评估消费者的品牌认知。[39] 正如前面所提到的，BrandZ 的方法关注品牌的三个方面：有意义的、与众不同的和显著的。这三个方面可以使消费者购买更多商品并为品牌支付更多费用。该方法确定了由品牌联想产生的购买量和溢价。品牌扮演的独特角色称为品牌贡献。

计算品牌价值　BrandZ 用计算出的财务价值与品牌价值相乘来表示品牌价值。品牌价值是品牌为公司整体价值贡献的美元金额。

Brand Finance

Brand Finance 基于"特许权减免"方法来衡量品牌资产。[40] 这种方法假设公司不是品牌所有者，品牌价值是公司为从第三方获得该品牌许可而应支付的特许权使用费。预期特许权使用费的净现值是对品牌价值的估计。该方法可以总结如下。首先，Brand Finance 使用 Brand Asset Valuator 数据库中的数据（第 10 章中所提到的），以 1 ～ 100 的量表计算品牌强度，进而得出品牌强度指数（或 BSI 得分）。[41] 其次，该方法通过应用适用于特定行业的特许权使用费率的 BSI 得分来对品牌特许权使用费率进行评估。包含类似许可协议的数据库可以确定这些特定行业的特许权使用费率。比如，如果该行业的特许权使用费率在 1% ～ 5% 之间，并且品牌强度得分为 80 分（满分 100 分），那么对于该行业该品牌合适的特许权使用费率为 4%。[42] 第三，预测收入时，这些特许权使用费率有助于品牌价值的确定。基于历史收入、资产分析预测以及经济增长率对收入进行进一步预测。最后，通过将预测收入折现为净现值来确定品牌价值。

品牌估价主要方法的比较

对这三种品牌估价方法进行比较发现，其中有一些相似性与差异性值得注意。

1. 这三种方法均基于收入法的某些变化来进行品牌估价，因为它们都是基于对可预期的未来品牌收入的预测。Interbrand 和 BrandZ 均采用经济利润法，Brand Finance 则采用特许权减免法。

2. 这三种方法都是根据品牌强度的估计值和折现率来计算预期未来收益的现值。但具体的方法不同，Interbrand 和 Brand Finance 使用的是折现率，BrandZ 使用的是品牌倍数。

3. 这三种方法均使用可获得的财务和市场数据，并对经济附加值进行计算。Interbrand 评估品牌的重要性，以从预期的收入流中获取与品牌相关的收益。BrandZ 将品牌的重要性与可能影响品牌价值的其他市场因素相分离，并使用大量的消费者研究数据来了解独特的品牌联想。独特的品牌联想是品牌价值的关键驱动力。Brand Finance 通过将品牌强度应用于给定行业的特许权使用费率来获取品牌收益。

4. 这三种方法在衡量品牌认知时使用的数据类型有所不同。Interbrand 的品牌强度得分依赖于从全球品牌样本中的消费者所收集的数据。BrandZ 的方法在很大程度上取决于对大量消费者和众多品牌收集的消费者研究。Brand Finance 的方法则依赖于从 Brand Asset Valuator 获得的品牌强度数据。特许权使用费率也是利用二手数据确定的。[43]

尽管这些方法存在一些相似之处，但是这三种方法的差异足以使同一品牌的品牌价值评估产生相当显著的差异，进而引起大量对于这些方法效度的批判。运用这三种方法对 68 个可获得真实财务交易数据的品牌样本进行评估对比发现，评估结果存在明显的异常，所有方法均将品牌价值高估了近两倍或三倍。[44] 此外，这些方法彼此也存在不一致性。表 11 - 3 显示了运用三种方法对 5 个品牌的品牌价值评估的变化。

表 11 - 3　2016 年品牌价值比较（百万美元）

	Interbrand	BrandZ	Brand Finance
谷歌	133 252	245 581	109 470
苹果	178 119	234 671	107 141
亚马逊	50 338	139 286	106 396
可口可乐	73 102	78 142	31 885
丰田	53 580	28 660	46 255

　　为什么估价结果差异如此之大，为什么这些方法之间存在不一致？随着不同方法和定义的增加，有时候这些方法潜在的假设也可能会导致评估结果的变化。所包含样本的变化或者品牌的类型可能会使估值发生倾斜。比如，对 Interbrand 的一种批评是这种方法仅限于具有跨国业务的大型知名品牌。根据 Interbrand 的标准，品牌要想被纳入研究范围，必须是全球性的，即品牌收入的 30% 必须来自品牌本国以外的地区，并且必须在新兴市场中占有一席之地。[45] Brand Finance 的估值基于"特许权减免"方法，因此，可以应用于可获得特许权使用费信息的品牌。BrandZ 则会考虑较小的、低调的以及在单个国家 / 地区运营的品牌。BrandZ 涵盖了零售品牌和行业排名，从而使竞争对手之间的比较变得容易。

　　对于所有品牌估价方法，许多批评的焦点在于先前提到的可分离性问题。《经济学家》的一位编辑说："品牌作为资产分离出来是不合适的。以吉百利的牛奶制品为例，有多少价值来自吉百利这个名字？多少来自牛奶制品？又有多少仅仅来自产品（可复制的）的内容或设计？"[46] 用体育进行类比的话，提取品牌价值可能与确定教练对团队绩效的价值一样困难。品牌的管理方法能对其价值产生积极或消极的影响。

　　总之，品牌估价和"资产负债表上的品牌"两者之间的关系存在争议。目前，没有一种得到普遍认可的估价方法。[47] 许多营销专家认为，将品牌简化为单纯的、有意义的数字是不可能的，并且任何尝试这样做的规则都太抽象、太武断。为了缓解其中的一些问题，国际标准化组织（ISO）将 ISO 10668 确立为"元标准"，进而开发衡量品牌价值的标准程序和方法。该标准于 2010 年 9 月首次发布。[48] 另外，为了解决关于品牌估价的一些批评和局限性，已经建立了营销责任标准委员会（MASB），其目标之一就是开发一种统一的品牌估价方法。品牌科学 11 - 1 将会对 MASB 的目标和品牌估价方法进行介绍。

品牌科学 11 - 1

理解品牌估值

　　营销责任标准委员会（Marketing Accountability Standares Board，MASB）最初是由行业专家和学者于 2007 年发起创立的一个组织。MASB 的目标是通过提出营销绩效衡量标准，确定将营销活动与财务绩效联系起来的流程，进而增加组织内部营销职能的贡献。

　　MASB 的一个项目为品牌估价建立了一套标准。该委员会召集了部分知名学者，以及来自不同公司的市场营销和财务从业人员，进行了为期 18 个月的追踪研究。对 120 个品牌的研究确定了品牌强度的关键指标，并展示了如何将该指标与市场份额和现金流联系起来。使用品牌偏好衡量的品牌强度解释了 120 个品牌单位份额变动的 77%。MASB 研究人员称，通过将份额与价格相乘，并对生产成本和品类规模 / 品类渗透率进行假设，可以将对于市场份额的估算转化为品牌估价。该模型基于以下假设，将消费者品牌强度与财务绩效联系起来：

1. 品牌实力决定市场份额；

2. 市场份额决定速度（资金流入企业）；

3. 速度和市场份额共同决定营运现金流；

4. 实物期权（在各个品类和国家 / 地区利用品牌的实力的能力）和营运现金流决定品牌价值。

总而言之，品牌偏好决定着品牌现金流量的净现值，品牌价值则取决于消费者对品牌的偏好，即在整个竞争者集合中选择该品牌的消费者所占百分比。根据这一观点，MASB 前主席戴维·斯图尔特（David Stewart）教授指出，将品牌选择或偏好与指标（如市场份额、价格溢价和分销覆盖率）相关联，有助于对未来营运现金流作出估计，进而对品牌价值进行评估。综上所述，MASB 的方法试图通过提供系统的框架来帮助公司评估品牌，进而将决定品牌价值的各种因素联系起来。未来，在资产负债表上报告品牌价值可能成为世界各地公司的标准。

资料来源：Frank Findley, " Brand Investment and Valuation: A New, Empirically-Based Approach, " MASB White Paper & Presentation at ARF RE!think Conference, March 2016; Jack Neff, " One Marketing Metric to Rule Them All? Group Believes It Has One. Lengthy Test Across 100 Brands Is a Step Toward Linking Marketing to Cash Flow, " *Advertising Age*, November 23, 2015, http://adage.com/article/cmo-strategy/marketing-accountability-group-finds-simple-metric-predicts-marketshare/301464/, accessed October 29, 2017.

--------| **本章回顾** |--------

本章讨论了评估品牌资产收益或成果的两种主要方法：比较法（评估顾客感知和偏好对营销活动所产生影响的一种较好方法）和整体法（用于预测品牌的整体价值）。表 11 - 4 对这两种不同但能相互补充的方法进行了总结。实际上，通过比较法了解某一品牌的特定收益范围是十分有用的，可以作为整体法中估计品牌整体价值的输入信息。

表 11 - 4　品牌资产产出的评估

比较法：使用实验法检验消费者对品牌的态度和行为，从而更加直接地评估具有较高水平的品牌认知、强有力的品牌偏好，以及独特的品牌联想所能产生的收益。
- 品牌比较法：在实验中，一组消费者对某一特定品牌营销组合的某一要素做出反应，另一组消费者对竞争性品牌或虚拟品牌的同一要素做出反应。
- 营销比较法：在实验中，消费者对特定品牌或竞争性品牌的营销组合要素的变化做出反应。
- 联合分析法：使用调查的多变量方法，使营销人员能够描绘出消费者关于产品和品牌的购买决策程序。

整体法：通过抽象的效用价值或者具体的财务数据，得到品牌的整体价值。因此，整体法试图通过"提炼"各类考虑因素，以确定品牌的独特贡献。
- 剩余法：从消费者对品牌的总偏好中减去其对实物产品特性的偏好，以检验品牌的价值。
- 价值法：出于会计目的、并购或其他原因，从而赋予品牌财务价值。

将这些结果评估与第 10 章中作为品牌价值链一部分的品牌资产来源评估相结合，可以得到有关市场行动有效性的一些见解。但是，评估市场活动的投资收益率 ROI 仍然是一个挑战。[49] 有四条一般准则可以用来提高从品牌营销活动中创造和探测 ROI 的能力：

1. 精明的支出——有重点，有创造性。要想评估投资收益率，首先要有收益。投资独特和精心设计的营销活动，能更好地保障投资收益，而且这些投资收益也更易识别。

2. 寻找基准——检验竞争性的支出水平和公司在历史上的标准。了解市场或者产品种类的情况，对于确定期望边界是非常重要的。

3. 富有战略性——运用品牌资产模型。采用模型（如品牌共鸣模型和品牌价值链），来获取计划、执行和解释营销活动的原则以及结构性方法。

4. 善于观察——正式和非正式的追踪。定性化和定量化的见解有助于更好地理解品牌性能。

本章和先前章节的主题是，采用各种评估和研究方法以了解品牌资产大小及其复杂程度的重要性。不管如何完美地运用这些方法，单一的品牌资产评估法只能从一两个方面提供对某一品牌和风险的见解，总会遗漏品牌资产的一些重要方面。对此，可以回忆可口可乐由于过度依赖随机口味盲测所遇到的问题（见品牌备忘 1-1）。

没有单个的数据或者评估方法可以完全评估品牌资产。[50] 品牌资产应该是一个多维的概念，取决于顾客拥有的有关该品牌的知识结构，以及公司利用该知识结构的潜在影响力所采取的行动。

由于生产者的技巧和创造性不同，品牌资产有许多不同的来源和可能产生的结果。公司或多或少都可以根据营销活动的类型和性质，使品牌的潜在价值最大化。正如沃顿商学院彼得·法代（Peter Fader）所言：

> 品牌的真正价值取决于它与收购方的公司结构及其他资产的匹配程度。如果收购公司拥有能与该品牌结合形成具有协同效应的制造和分销能力，品牌就值得高价收购。英国经理保罗·费尔德威切（Paul Feldwick）将品牌和大富翁游戏中的财产作了类比。如果你已经拥有亚特兰大和温特诺大道，就愿意以更高的价格购买马文花园。[51]

相应地，基于顾客的品牌资产的结构强调采用一系列研究和评估方法的重要性，以全面衡量品牌资产的多种潜在来源和可能产生的结果。

……┃ 问题讨论 ┃……

1. 选择一种产品，进行品牌和非品牌实验。你能从中得到该类型产品中有关品牌资产的哪些信息？
2. 能否列举出比较法的其他优势和劣势？
3. 选择一个品牌，进行与 Planters 品牌类似的分析，说说你对该品牌产品可延伸性的看法。
4. 浏览 Interbrand 的网站（www.interbrand.com）。比较列表中当前年份和上一年份的前十大品牌。哪些品牌进入了前十，哪些品牌退出了前十？是什么因素促成其品牌价值发生变化？哪些品牌的品牌价值增加或减少最多？为什么？
5. 从 Interbrand 排名前 100 的品牌中挑选一个品牌（该品牌在证券交易所公开交易）。再去财务网站（如 Google Finance 或 Yahoo Finance）找到其市值。确定该品牌的品牌价值在其市值中所占百分比。阐述该百分比的含义，以及它与品牌价值的关系。

品牌专题 11.0

金融视角下的品牌和品牌价值链

品牌化是从原材料开始到产品生产，最后以公司价值结束的价值创造链中的关键环节。

正如第 3 章所描述的，品牌和品牌资产以不同的方式为品牌价值链贡献了价值。[52] 相应的品牌价值链有四个组成部分或阶段：（1）公司做什么；（2）消费者想什么，感受到了什么；（3）消费者做什么；（4）金融市场如何反应。以下是与品牌价值链的不同方面相关的研究概述。

品牌质量信息

品牌质量信息有助于推动股价上涨，因为该信息可以使投资者更好地了解会计方法无法捕获的公司价值。[53] 阿克和雅各布森（Jacobson）研究了年度股票收益和年度品牌变化之间的联系（正如 EquiTrend 测量 34 家公司的感知质量比率和当前投资回报率的变化）。研究发现，品牌态度变化与股票收益变化有关，股票的收益平均在 30% 左右，然而与股票收益相关的损失约为 10%。

品牌质量信息可以对公司股票收益的风险产生影响。共有两种类型的风险：非系统性风险和系统性风险。其中，非系统性风险是指股票收益率的波动性，系统性风险则是指公司收益率在整个股票市场上的波动性。巴拉德瓦杰（Bharadwaj）和同事发现，品牌质量变化与股票收益直接相关，品牌质量的提高可以减少与公司相关的非系统性风险。他们使用 2000—2005 年 132 家公司的样本对该研究结果进行测试。测试结果显示，意料之外的变化也可能增加对系统性风险的感知。[54] 在高度竞争的市场中以及公司绩效短期增长时尤其如此。

要点：品牌质量信息可以推动股价上涨，增加股票市场收益。质量的改善降低公司风险或股票收益的波动性（如非系统性风险）。

品牌质量和评级离散度

除了质量平均评级外，质量评级在消费者中的差异性是另一个值得考虑的因素。为了探究这个问题，罗学明（Xueming Luo）及其同事使用 YouGov 2008—2011 年的品牌指数，对来自美国、英国和德国的 960 个品牌进行了大规模的研究。他们揭示了品牌质量评级存在离散度有利有弊，类似于 Janus 效应。

评级离散度可以降低与品牌相关的收益，也可以降低公司风险。[55] 当品牌质量平均评级增加而评级离散度减小时，股票收益率最高为 5.6%。此外，离散度的增加（按一个标准差）能够使一家普通公司的市值损失 369 亿美元，并在 10 天后损失 220 万美元。这些研究结果阐释了质量平均评级和评级离散度（或差异性）是会对股票收益产生影响的。因此，管理者应该关注消费者对于品牌的质量感知是如何分布的，而不是只关注平均值。

要点：品牌质量评级离散度可以降低股票市场收益和公司风险。

品牌资产维度和股票市场估价与收益

米齐克（Mizik）和雅各布森研究了品牌资产维度是如何影响股票市场收益的。回顾一下第 10 章，由扬罗必凯提出的品牌资产估价模型（BAV）中的品牌资产维度。米齐克和雅各布森使用 BAV 的品牌资产维度来论证其对公司股票市场收益的影响。通过对 1998—2004 年的 890 个数据进行分析，他们发现品牌资产的相关性和能量维度对股票市场收益能够产生显著影响。[56] 同时，他们发现相比能量维度，相关性维度能够产生更强的影响。相关性每增加一个单位，股票收益平均增加 8.2%，而每单位能量维度的增加仅能使股票收益增加 6%。在会计方法中，品牌地位和品牌认知度对股票收益有直接的影响，而差异性维度在随后的一段时间内影响会计绩效。总之，不同的 BAV 品牌资产维度具有不同的作用，其中，相关性维度和能量维度的影响最大。[57]

管理者需要关注的关键是在兼并和收购时，如何对品牌进行估价。有时候，估价可能过高。例如，虽然汽车品牌法拉利估价为 98 亿美元，但有人认为这个估价太高。那么，它到底被高估了多少？[58] 此外，使用类似于 BAV 的品牌资产维度可以使公司构造一个可以提高估价准确性的乘数吗？

2000—2006 年，米齐克和雅各布森对 200 个属于单一品牌公司（如单一品牌占销售额大部分的公司）的品牌进行研究后发现了一个有趣的模式。他们使用了 BAV 的扩展版本，增加了品牌资产的第五个维度能量，包括差异性、相关性、品牌地位、品牌认知度和能量，进而使估价准确度相对于仅使用会计变量（投资和收益）提高了 16%。[59]

要点：品牌资产的维度——特别是 BAV 的相关性和能量——能够增加股票市场收益。尤其是在兼并和收购这种估价准确率是成功的关键的情况下，使用品牌资产的所有维度有助于公司提高估价的准确性。

品牌资产和风险

雷戈（Rego）、比勒特（Billet）和摩根（Morgan）研究了 2000—2006 年间 252 家公司的品牌资产在两种类型公司风险（非系统性风险和系统性风险）中的作用。研究结果发现，品牌资产对于降低非系统性风险具有重大影响，并且可以降低下行趋势下的系统性风险。他们总结出这样一个结论：品牌资产可以降低公司面临的风险。

要点：品牌资产可以降低公司面临的风险。

负面新闻（如召回）和竞争者表现

博拉（Borah）和特利斯（Tellis）在召回公告大约 16 个月后分析了 1 000 多个汽车网站的每日流量、主题和情绪。他们发现，召回事件甚至增加了竞争对手间，特别是同一个国家的竞争对手间的负面言论，进而导致竞争对手销量和股票市场表现的下降。围绕召回的在线聊天将召回对于销量的负面影响放大了将近 4.5 倍。[60]

要点：品牌的负面新闻能够产生溢出效应，进而影响与之紧密相关的竞争对手及其股票市场表现。

品牌组合特征

摩根和雷戈分析了品牌组合的各个方面（拥有品牌的数量、细分市场的数量、品牌如何竞争、顾客对于品牌质量和价格的感知）是如何影响营销和财务绩效等结果的。他们对于 10 年间（1994—2003 年）72 家上市公司进行分析。主要研究了对 7 个绩效产出的影响：（1）顾客忠诚；（2）市场份额；（3）营销效率（广告支出占销售额的比率）；（4）销售比率，通常指行政支出与销售额之比；（5）财务表现（托宾 q，定义如下）；（6）现金流量；（7）现金流量变动性。研究结果表明，几个产品组合特征有助于解释绩效收入。例如，更大的品牌组合能够增加财务表现并能减少现金流量变动性。具有高质量定位的品牌组合享有更高的绩效，相反，那些具有高价定位的品牌组合的财务绩效较低。

要点：品牌组合的特征能够影响公司绩效和股票市场产出。

品牌架构

拉奥（Rao）及其同事对三种类型的品牌架构策略（品牌屋 vs. 品牌之家 vs. 混合品牌）对于托宾 q 的影响进行了对比。托宾 q 是获取公司股票市场表现的一种方法。[61] 托宾 q 是对于无形资产前瞻性的计量。计量方法如下 [62]：

$$\frac{资产的市场价值 + 公司优先股清算价值 + 债务}{总资产账面价值}$$

混合品牌战略是指公司的一些产品采用公司名称（品牌屋），另一些产品使用产品的名称（品牌之家）。

在他们的样本中，相比混合品牌，公司品牌的托宾 q 系数更高。公司品牌的主要好处之一是，提高了企业参与其产品组合中产品交叉销售的能力，从而提高了在各种品类中利用品牌名称的效率。尽管这种效应在 B2B 的环境中更强，但在 B2B 和 B2C 的环境中同样有效。

之后的研究通过考察更广泛的品牌战略（包括子品牌战略和品牌背书战略）对股票市场收益和股票市场风险的影响，对这些品牌架构战略的含义进行了探究。这项研究发现，品牌架构战略能够对大量不同类型的公司风险产生显著的影响，并且可能与对声誉、稀释、蚕食和品牌延伸的影响有关。[63]

　　要点：品牌战略类型和品牌架构会对股票市场收益产生影响。

营销支出

埃德林（Edeling）和费希尔（Fischer）通过对 83 项前人所做的研究进行分析，研究了营销支出和品牌关系的变化对公司价值的影响。他们发现，平均而言，品牌关系的变化对公司价值的影响显著。[64] 一般情况下，营销经理和财务经理没有共同语言，不会朝着同样的目标努力。营销侧重的是销售影响，而财务主管关注的是财务成果（如资本成本）。公司应该想办法将这两个功能区域联系起来。费希尔和希姆（Himme）[65] 研究了营销指标和财务指标如何相互作用后发现，广告可以增加基于顾客的品牌资产，进而影响财务杠杆和信用扩散的方式，产生更高的财务资源。因此，他们得出结论，财务和营销目标是高度相关的。

　　要点：鉴于财务和营销目标是紧密相关的，管理人员应说明营销目标和财务目标的关系，以增强公司内部的跨部门协调。

品牌延伸

莱恩（Lane）和雅各布森表明，股票市场对于品牌延伸的反应很大一部分取决于品牌态度和品牌熟悉度。[66] 例如，股票市场对于高地位、高熟悉度（如好时、可口可乐）以及低地位、低熟悉度的品牌延伸（也许是因为这些延伸风险较小）的反应更加积极。当消费者对于品牌非常熟悉但并未高度重视该品牌时，股票市场不利于品牌延伸，甚至会对品牌延伸产生负面影响。

霍斯基（Horsky）和斯温盖杜瓦（Swyngedouw）研究发现，特别是在工业品领域或公司先前业绩不佳时，公司名称的变更能产生积极的回报。研究还表明，当具有高营销投入的公司进行公司名称更改时，会从股市反应中获得更多回报。[67]

　　要点：股票市场对于品牌延伸和公司名称变更的反应因先前所具有的品牌资产大小而异。当先前品牌资产很高时，品牌延伸和名称变更都能引起投资者的积极反应。

品牌联盟和营销协议

像可口可乐和耐克之间达成的营销协议，苹果和乐高在儿童视频游戏方面的营销联盟，都可以视为品牌积极的发展，都能够产生较高的股票市场收益。然而，研究表明，这些收益可能会由于推出环境和公司本身特征不同而有所不同。

斯瓦米纳坦（Swaminathan）和穆尔曼（Moorman）使用 1988—2005 年间 230 个高科技行业的营销联盟样本进行研究。[68] 研究发现，在宣布营销联盟后，平均而言，股票市场收益率增加 1.4%（平均资本化为 490 亿美元的公司样本），公司价值可以增加 6 亿美元。他们还发现联盟伙伴在加强成果方面的积极作用。当宣布联盟的公司拥有先前合作伙伴强大的网络后，这些联盟网络也可以从既定的营销联盟中获益。例如，当《愤怒的小鸟》和《星球大战》宣布推出新的游戏时，新的顾客还可以购买《愤怒的小鸟》其他视频游戏。这样的联盟使得整个联盟网络都能受益。

曹（Cao）和索雷斯库（Sorescu）[69] 的研究聚焦于品牌联盟合作伙伴关系以及对公司价值的影响。他们发现，股票市场对于联盟品牌产品公告的反应平均为 1%。当然，当公司签订联盟品牌协议时[70]，合作伙伴的品牌形象一致性（无论该协议是否为合伙人专有）以及产品创新性能够加强联盟品牌合伙企业的价值。

　　要点：投资者通常对公司建立营销联盟或联盟品牌合作伙伴关系持有积极态度。然而，股票市场收益则因既定公司网络的特征、合伙企业的排他性以及合伙产品的创新程度而有所不同。

品牌兼并和品牌收购

研究通常会考察品牌收购或品牌兼并的情况，这些情况会增强或削弱股票市场反应。纽迈耶（Newmeyer）、斯瓦米纳坦和胡兰德（Hulland）使用 20 年间 138 个收购数据集对这个问题进行了研究。他们发现，平均而言，宣布品牌和产品收购的公司股票收益率增长 1.2%。通常，相比未明确提及收购品牌名称，提及收购品牌名称的品牌收购能获得更高的收益率。他们还发现，当目标公司与收购方都具有强大的营销能力、品牌组合多样性很高时，目标公司的品牌价值更高。[71] 目标公司与收购方的产品越相关，品牌收购的价值也就越高。[72]

当公司收购一个价格和质量定位均高于现存产品组合的品牌时，收购方可以获得丰厚的股票市场收益。[73] 怀尔斯（Wiles）、摩根和雷戈对 1994—2008 年间的品牌收购和处置进行调查，调查结果发现收购方的异常收益率平均为 0.75%（约 1.37 亿美元的股东价值），而出售所产生的收益约为异常股票收益率（平均价值 2.83 亿美元）的 0.88%。这或许是奢侈品收购受欢迎的原因之一，例如蔻驰收购了凯特·丝蓓（Kate Spade），迈克·高仕（Michael Kors）收购了 Jimmy Choo。[74] 又或是使用内部开发的品牌名称进入高价点是一项非常艰巨的任务，因此投资者对收购这些类型的品牌持积极态度。

要点：从投资者的角度看，品牌收购和品牌处置都是公司的大事件。在适当的条件下，两者都能够增强收购方或目标公司的股票市场价值。

品牌资产和客户获取或保留

施塔尔（Stahl）、海特曼（Heitmann）、莱曼（Lehmann）和内斯林（Neslin）[75] 使用传统的 BAV 四支柱模型（差异性、相关性、尊重程度和品牌知识）对一系列汽车品牌的品牌资产维度与顾客获取，顾客保留以及顾客生命周期的关系进行探究。研究结果显示，差异化是非常关键的因素，在提高顾客获利能力的同时也会降低顾客获取和保留率。因此，差异化是一把双刃剑。另一个维度"品牌知识"对于顾客获取、顾客保留和顾客获利能力具有较强的正向影响。

要点：品牌资产的和各个维度都能提高顾客保留率、顾客获取率以及顾客的盈利能力。

社交媒体上的营销支出和顾客思维模式指标

研究还探讨了社交媒体支出如何通过影响顾客思维模式指标（如顾客认知、购买意愿和顾客满意）进而影响股东价值。研究发现，使用社交媒体会影响品牌认知和购买意愿，但不会对顾客满意产生影响。自有的社交媒体会影响品牌认知和顾客满意。购买意愿和顾客满意都会对股东价值产生影响。[76]

德夫里（DeVries）、亨斯勒（Gensler）和莱夫朗（Leeflang）的研究表明了脸书上传统广告和社交媒体广告的相对影响，以及 C2C 对话对品牌建设和顾客获取的影响。当公司利用传统广告进行品牌建设和顾客获取、利用社交媒体改善传统媒体的影响力时，公司绩效是最好的。[77]

要点：营销支出可以通过对品牌和顾客的影响来影响企业绩效和股票市场的估值。

STRATEGIC BRAND MANAGEMENT

第Ⅴ篇

提升和维系品牌资产

第 12 章　设计和执行品牌战略

第 13 章　新产品导入、命名及品牌延伸

第 14 章　长期品牌管理

第 15 章　跨区域与细分市场的品牌管理

··········· | 第12章 | ···········

设计和执行品牌战略

学习目标

» 定义品牌架构的关键要素。

» 定义品牌 – 产品矩阵。

» 描绘构建一个好的品牌组合的准则。

» 构建一个基本的品牌层次。

» 区别公司品牌和产品品牌。

» 解释品牌架构在增强品牌价值和公司绩效中的重要性。

» 理解可持续发展举措、企业社会责任以及绿色营销如何提升品牌。

　　在早期将品牌延伸到太多品类的战略陷阱凸显后，古驰等奢侈品牌正在采取谨慎的方法来延伸品牌。

·········| **本章提要** |·········

本书的第Ⅱ篇、第Ⅲ篇和第Ⅳ篇讨论了品牌资产的建立和评估战略；在第Ⅴ篇，将从一个更加广义的角度，考虑如何在不同的条件和环境下维持、培育、发展品牌资产。

成功推出新的产品和服务是企业长期经济发展至关重要的因素。企业必须通过覆盖不同品牌的产品和服务以实现品牌价值最大化。它们的品牌架构战略决定了哪些品牌元素用于所有新的和现有的产品及服务，哪些方式能够帮助消费者了解产品和服务并在记忆中存储。

许多公司采用了复杂的品牌战略。比如，品牌名称可能包含多种品牌名称元素（如佳能 EOS 5D Mark IV 相机），并且每个元素都可能表示品牌架构的重要方面。在这种情况下，应当如何制定最佳品牌架构战略呢？应该按照什么原则正确选择品牌名称及其他品牌元素组合，以更好地管理公司品牌资产？

本章首先介绍品牌架构战略构建的三个步骤。然后，描述两个重要的战略工具：品牌组合和品牌架构，通过定义各种品牌和产品的关系，系统地阐明品牌战略。我们还提出了一些如何设计最佳品牌战略的建议。我们考虑了公司品牌化战略，在概述企业形象后，具体考察了企业品牌管理中的三个问题：企业社会责任、企业形象宣传和企业名称变更。品牌专题 12.0 特别关注了企业社会责任及其在成功品牌战略中的重要作用。

12.1 形成品牌架构战略

公司的**品牌架构战略**（brand architecture strategy）帮助销售人员确定哪些产品和服务需要介绍，哪些品牌名称、标志、符号等需要应用于新的和已经存在的产品中。正如下面描述的，品牌架构决定了品牌的边界（宽度）和品牌的复杂性程度（深度）。哪些不同产品应该共用同一个品牌名称？公司到底该用多少个不同的品牌名称？确定品牌战略和品牌架构具有双重作用：

● 明晰品牌认知：提高消费者的理解力，传播产品的相似点和差异点；
● 提升品牌形象：最大化品牌资产转移至单个产品的能力，提高试用率和重复购买率。

本章内容的总览如图 12-1 所示。

可以用三个主题概述本章观点，这三个主题是发展品牌架构战略的核心。包括：

步骤 1：根据品牌的"市场足迹"识别品牌潜力；
步骤 2：识别品牌延伸机会，选择产品或服务延伸以实现该潜力；
步骤 3：新产品或服务的品牌化，包括指定品牌元素和品牌定位。

虽然引入上述三个步骤，但本章集中于对第一和第三个步骤的分析和指导。第 13 章侧重于第二个主题，以及如何进行成功的品牌延伸。品牌科学 12-1 介绍了一个有用的工具，用来描述品牌架构战略。

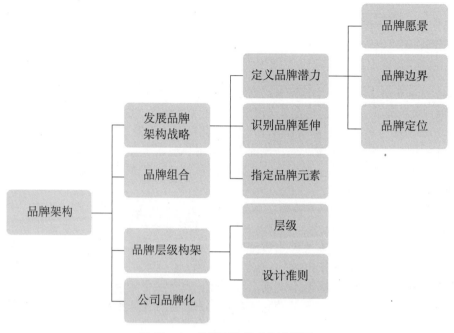

图 12 - 1　品牌架构策略和决策图

品牌科学 12 - 1

品牌 - 产品矩阵

　　制定公司的产品和品牌战略时，可以借助一个有用的工具——品牌 - 产品矩阵。**品牌 - 产品矩阵**（brand-product matrix）是以图表的形式来表现公司出售的品牌和产品。其中，矩阵的行表示公司的品牌，列表示相应的产品（见图 12 - 2）。

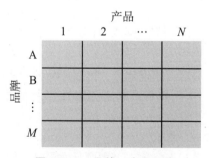

图 12 - 2　品牌 - 产品矩阵

- 该矩阵中，行代表**品牌 - 产品关系**（brand-product relationships）。该品牌下出售产品的数量和性质可以反映出品牌的延伸战略。**品牌线**（brand line）是某一品牌下出售的全部产品——包括原始产品、产品线和品类延伸产品的组合。矩阵的一行就代表一条品牌线。一个潜在的品牌延伸是否可行，要看新产品能否有效地提升现有品牌资产，即该产品延伸能否有效地增加母品牌的资产。

- 矩阵的列代表**产品 - 品牌关系**（product-brand relationships），每一品类下所营销的品牌数量和性质可以反映品牌组合战略。**品牌组合**（brand portfolio）是指公司出售的每一特定品类所包含的所有品牌和品牌线的组合，因此，矩阵中的一列就是一个品牌组合。公司设计和营销不同的品牌，是为了吸引不同细分市场的顾客。

公司的品牌战略可用广度（品牌 – 产品关系及品牌延伸战略）和深度（产品 – 品牌关系及品牌组合或品牌分类）来度量。如果某公司拥有多种品牌，并且其中许多种品牌已延伸到多种品类，就可以认为该公司的品牌战略既有深度又有广度。

其他几个方面对于理解公司品牌架构战略的特征也是有帮助的。

- **产品线**（product line）是指品类中一组关系较为密切的产品的组合。这些产品功能相似，目标客户群相同，营销渠道一致，或处于同一价格档次。一条产品线可以包含不同的品牌，也可以只包含一个家族品牌或单个品牌。金宝汤根据偏好、类型和容量打造了种类丰富的汤料产品。

- **产品组合**（product mix）（或产品分类（product assortment））是指某一公司可供出售的所有产品线和产品的总和。因此，品牌 – 产品矩阵的每一列代表一条产品线，所有这些产品线集中起来，共同形成了产品组合。除了汤品之外，金宝汤还销售番茄酱、沙拉酱、曲奇和薄脆饼干。

- **品牌组合**（或品牌分类（brand assortment））是指某一公司可供出售的所有品牌线的总和。金宝汤的品牌线包括帕戈（Prego）、佩丝（Pace）、V8 和非凡农场。

像金宝汤这样的公司需要对应该保留多少种不同的产品线（产品组合广度），以及每一个产品线下应该生产多少种产品（产品组合深度）作出战略决策。

了解品牌 – 产品矩阵，并且制定正确的品牌架构战略是许多大公司获得成功的关键。在公司确定"市场足迹"时必须作出三个决策。决定关注哪些业务领域和相关目标市场，如何使品牌架构满足预先确定的目标市场的需求，以及如何剥离未被选作关注领域的业务领域。比如，雀巢作为世界最大的食品生产商，2016 年收入超过 900 亿瑞士法郎，增长率为 2% ~ 4%。雀巢的组织与架构如下：

- **确定（重新确定）关注领域**：虽然历史上保留了许多核心业务，但是随着时间的推移，雀巢的关注领域发生了变化。最近，雀巢决定更多关注与消费者健康和福祉相关的产品，因此提供了更窄的产品组合。为了支持这一战略，雀巢的品牌组合由 Optisource、Novasource 和 Isosource 等品牌组成，为各类病患提供营养品。

- **根据目标市场定制品牌**：雀巢的品牌组合随着所服务的市场而变化，并且通过独特的品牌吸引国外市场。比如，雀巢印度公司的 Nestlé Everyday 有六种天然香料口味来迎合印度消费者，包括豆蔻、生姜、黑胡椒、丁香、肉桂和月桂叶。在中国，雀巢怡养推出一种添加多种成分的奶粉，以吸引中老年消费者。

- **剥离非关注领域**：正如最近雀巢对其糖果业务一样，品牌架构调整的一个关键是战略性地剥离不能对整个公司增长做出贡献的业务。

总之，雀巢通过不断调整产品和品牌组合以适应市场变化，进而成功实现了对品牌架构的管理。

资料来源：Phillip Kotler and Kevin Lane Keller, *Marketing Management*, 14th ed. (Upper Saddle River, NJ: Prentice Hall, 2012); Beth Kowitt, " Nestle: Tailoring Products to Local Niches, " *Fortune*, July 2, 2010, http://archive.fortune.com/2010/07/02/news/companies/nestle_refreshes_brand.fortune/index.htm, accessed November 20, 2018; Ralph Atkins, " Nestle Sales Growth Continues to Fall Short, " *Financial Times*, October 20, 2016, www.ft.com/content/abce2c4e-99bb-3c74-86cc-7cd0bed19b3a; Phillip Kotler and Kevin Lane Keller, *Marketing Management*, 14th ed. (Upper Saddle River, NJ: Prentice Hall, 2012); Bloomberg, " Nestle Launches YIYANG Powder to Target China's Ageing Population, " May 31, 2017, www.business-standard.com/article/international/nestle-launches-yiyang-powder-to-target-china-s-ageing-population-117053101870_1.html, accessed November 19, 2018.

第一步：定义品牌潜力

开发一个品牌架构战略的第一步是通过三个重要特征定义品牌潜力：（1）品牌愿景；（2）品牌边界；（3）品牌定位。

制定明确的品牌愿景 品牌愿景是管理层对品牌长期发展潜力的看法。它受到企业当下和未来可能的品牌资产的影响。由于企业没有能力或者不愿意去思考品牌能够或者应该达到的状态，许多品牌资产因此从未被关注而最终被埋没。

从各大公司对品牌边界的重新界定可以看出，品牌边界的不断变化导致了品牌架构的改变。我们来看看星巴克。公司曾讨论过由咖啡公司转换为一家生活方式公司，以提供更多种类的产品。尽管星巴克已经成功地从咖啡领域转型到其他领域，但是也有一些不成功的延伸，如通过门店售卖啤酒、葡萄酒和茶瓦纳（Teavana）。[1] 由于意识到股东价值可能会因为这些不成功的延伸遭受损失，星巴克最终决定聚焦咖啡和咖啡体验的核心业务。星巴克的问题在于延伸超出了咖啡的范畴。就现有的品牌而言，它的咖啡店文化和体验以外的延伸都没有完全取得成功。

有时候，营销者采取循序渐进的方式来扩展品牌，从而逐步扩大品牌的含义。比如，绘儿乐以蜡笔闻名。它首先寻求扩大品牌内涵，直接将品牌延伸到其他绘图着色工具，如记号笔、铅笔、颜料、笔、刷子和粉笔。然后，公司进一步超出颜料和绘画领域，延伸到美工艺术，如绘儿乐粉笔、黏土、面团、闪光胶和剪刀。这些延伸使绘儿乐建立了新的品牌内涵"儿童丰富多彩的艺术和工艺品"，而它的品牌真言是：为每一个孩子找到"如果"。

对现有品牌资产没有清晰的认识，就很难明确品牌的发展方向。比如，谷歌品牌发生了很多变化，好的战略需要通过明确涉及过去和未来的广阔的品牌愿景来实现。品牌愿景需要理想化，才能在未来有提升和生长的空间，但也不能无法到达。诀窍是要在品牌当下和未来之间平衡，并且能确定达到目的的正确步骤。

从根本上说，品牌愿景涉及品牌的"高阶目的"，它在对消费者的愿望和对品牌的深刻理解基础之上形成。它超出品牌的物理产品类别描述和边界。宝洁的首席营销官吉姆·斯蒂格尔（Jim Stengel）主张，成功的品牌拥有清晰的"理想"，例如，"引起喜悦，促进沟通，激发探索，唤起自豪感或影响社会"——有较强的建立顾客忠诚和推动收入增长的目的性。[2]

识别品牌边界 一些世界超强品牌，如通用电气、维珍和苹果，都横跨多个类别。识别品牌边界的含义是：基于品牌愿景和定位，识别品牌应该提供的产品或服务，应该满足的利益和需求。

虽然有些产品类别看似不错的品牌延伸，这将在第 13 章中详细介绍，但营销者应该明智地遵从"氨纶规则"。耐克广告部前副总裁和星巴克营销部前副总裁斯科特·贝德伯里信奉："仅仅因为你可以……并不意味着你应该！"因此，营销者必须仔细评估品牌延伸，选择性地推出新产品。

"广"的品牌具有抽象的定位，可以用于支持多产品组合中的高阶承诺。由于多种可信理由和支持属性带来的相对宽泛的利益，它往往有一个可转让的差异点，例如，三角洲龙头公司采取了"时尚"和"创新"的核心品牌联想，并成功地将品牌从水龙头扩大到各种厨卫产品及配件。

然而，所有品牌都有边界。让三角洲企业推出汽车、网球拍或者割草机将是非常困难的。日本汽车制造商本田、日产和丰田选择在北美推出豪华轿车时，分别选用新品牌名称讴歌、英菲尼迪和雷克萨斯。考虑到自身的成长，耐克选择购买科尔哈恩（Cole Haan）进军时尚的、较正式的鞋业市场。

为了提高市场覆盖率，公司针对不同细分市场采用多品牌组合。但也必须控制品牌数量，不能过多。许多顶级的营销公司近年来专注于更少的、更强的品牌。每一个品牌应该是明确区分的，并且吸引一个相当大的细分市场，以保证营销和生产的成本值得投入。

各具特色的品牌定位　品牌定位将一些个性特征加入品牌愿景之中。第 2 章详细介绍了品牌定位的四个关键要素：（1）竞争参照系；（2）差异点；（3）相同点；（4）品牌口号。品牌口号对建立产品边界或品牌"保护栏"是非常有用的。它能够提供理性和感性的利益，并且具有足够的稳定性保持成长，吸引消费者和零售商的兴趣，并保持足够的差异性以求长期的发展。

第二步：识别品牌延伸机会

步骤一确定品牌愿景、品牌边界和定位，以帮助定义品牌潜能并为品牌提供一个明确的方向。步骤二则是通过一个精心的设计和可操作性强的品牌延伸战略定义新产品和服务以发挥品牌全部的潜能。

品牌延伸是在已有品牌名称下推出新产品。我们将品牌延伸区分为在已有品类下的延伸，即**产品线延伸**（line extensions），如汰渍全护理洗衣液；以及向品类外的延伸，即**品类延伸**（category extensions），如汰渍干洗店。

规划最优的品牌延伸顺序对获得品牌潜能是非常重要的。关键是要了解每一个延伸行为对相同点和差异点的影响。秉承品牌承诺，细心经营品牌成长的"每一小步"，销售人员才能确保品牌覆盖更广的范围。

例如，耐克公司 25 年多来通过执行精心的品类延伸规划，已经由 20 世纪 80 年代中期面向北美年龄在 12 ～ 29 岁之间的顾客销售跑步鞋、网球拍和篮球鞋的公司，转变为面向全球男女消费者的运动鞋、服装和装备的销售公司。公司还采用可以提高健康水平的技术，与苹果合作推出 Nike+iPod 追踪设备和移动应用程序。

启动品牌延伸远比想象困难。鉴于绝大多数新产品延伸以失败告终，一个最明显的教训是品牌延伸不能过多。未来竞争日益激烈的市场将对定位和销售不良的品牌延伸更加残酷。为了增加成功的可能性，销售人员必须谨慎分析和发展品牌延伸。第 13 章介绍了成功品牌延伸的战略指南。

第三步：新产品和服务的品牌化

建立品牌架构的最后一步是确定与品牌相关的指定新产品或服务的特殊品牌元素。新产品和服务的品牌化应该让品牌整体清晰度更高，并使消费者对品牌的理解最大化。什么样的名称、外表和其他品牌元素应该被应用到一个品牌的新产品或现有产品中？

区分公司品牌架构战略的常用方法是，观察公司是否在所有产品上都使用伞形的公司或家族品牌（即品牌屋），或是拥有不同名称的独立品牌的集合（即品牌家族）。

- 大部分采用了品牌屋战略，包括 B2B 工业企业，例如 SAP、西门子、甲骨文和高盛。
- 消费品企业也主要采用品牌屋战略，例如宝洁、联合利华和康尼格拉（ConAgra）。

现实情况是，大多数企业采用的战略介于两个极端之间，经常采用不同类型的子品牌。**子品牌**（sub-brands）是新产品品牌延伸常用的方式，新产品往往会将母品牌名称和新名称一起使用，如苹果 iPad、福特 Fusion 和美国运通 Blue 卡。

一个好的子品牌策略有利于整体的公司或家族品牌，同时还允许在新类别的品牌扩展中创建新的品牌信念。例如，好时亲吻巧克力在质量传承上与好时品牌相似，与此同时，它又具备更加俏皮有趣的品牌形象。相似地，联邦快递在各个子品牌上都采用了独立的标识和独特的配色方案，谷歌近些年来也已推出许多子品牌。

子品牌在品牌架构体系中扮演着重要角色。它可以向消费者传递新产品与现有产品所具有的异同点。为此，子品牌通常需要较大投资，并应通过一致的营销活动与消费者建立起品牌的恰当意义。如果没有财务支持，营销者可能会采用简单的品牌组合策略，例如采用品牌屋的方法，使用公司或家族品牌名称和产品本身特征来描述新的产品。要注意的是，只有当子品牌具有独特的、与之前相比有补充性的利益时，才能运用子品牌战略，否则只能用作新产品或新服务项目的产品描述。

总结

我们总结了三个步骤，提供了一个详细可行的构建品牌架构战略的方法。要成功执行这一过程，需要营销者运用品牌组合分析步骤一并确定品牌潜能，运用步骤二和三为特定产品和服务制定品牌化的具体方案。下面将描述这两种分析工具。

▍12.2 品牌组合

品牌组合是公司同一品类下销售的所有品牌的集合。我们以品牌资产最大化能力来判断品牌组合：品牌组合中任何一个品牌都不能损害或降低其他品牌的资产。理想情况下，组合中每一个品牌都能够因为和其他品牌的组合而获得品牌资产的最大化。

为什么公司会在同一个品类中包含多种品牌呢？首要的原因与市场覆盖率有关。虽然多品牌的做法是通用汽车公司首创的，但人们普遍认为，是宝洁公司使这一做法得到了推广。当初，宝洁的汰渍洗衣粉已取得很大成功，随后它又将 Cheer 洗衣剂引入市场，此举使品类的销售结合得更加紧密，在认识到这一点之后，宝洁成为多品牌的倡导者。

由于公司不同的目标市场对某一品牌的偏好各不相同，因此公司有必要采取多品牌的做法。多品牌战略促使企业能够追求不同的价格细分市场、不同的分销渠道和不同的地理划分等。[3]

在设计最优的品牌组合时，销售人员必须首先定义相关的客户群。细分市场存在多少重叠，产品多大程度上能够交叉销售？[4] 品牌备忘 12-1 介绍了万豪如何采用不同品牌和子品牌占领不同的市场。

▎品牌备忘 12-1

万豪的品牌扩展

万豪国际是在 20 世纪 20 年代由约翰和爱丽丝·万豪（John and Alice Marriott）在华盛

顿创立的一家平民啤酒小店，随后成为酒店行业中的国际火公司。当初，他们的小店除了卖啤酒，还销售熟食，并且改名为 Hot Shoppe。当 Hot Shoppe 连锁餐厅的数量逐步增加时，万豪在 1937 年开始增加了东欧、美国和首都航空公司的航空配餐服务。之后，Hot Shoppe 开始餐饮管理服务业务，并在弗吉尼亚州的阿灵顿开了第一家酒店 Twin Bridges Marriott Motor Hotel。1967 年 Hot Shoppe 改名为万豪公司（Marriott Corporation）。万豪公司通过战略并购和进军新的服务业务，在国内和国外逐渐成长起来。到 1977 年，公司的销售额已经达到 10 亿美元。

为了获得更大的成长空间，万豪公司继续它的多元化业务发展战略。考虑到传统酒店市场的高渗透率不能给公司提供太多的增长机会，公司引入一项新的业务策略，那就是 1983 年推出合理定价的万豪品牌的庭院酒店。在酒店行业中，尽管面对着假日酒店、华美达、品质酒店之类的竞争对手，合理定价的酒店占据了美国酒店行业最大的细分市场。针对这个平价细分市场搜集了消费者对酒店最不满意方面的看法之后，庭院酒店专门为游客提供更多的便利和设施，如阳台、庭院、大型书桌、沙发、游泳池和温泉。

庭院酒店的成功促使万豪进一步扩张。1984 年，通过收购美国度假村集团，公司开始进入度假市场。次年，公司购买了霍华德约翰逊公司，出售旗下的酒店，保留旗下的餐厅和休息站。第一家以 JW 命名的万豪豪华酒店在华盛顿哥伦比亚特区宾夕法尼亚大道上开设，作为向创始人的致敬。

1987 年，万豪酒店增加了三个新的细分市场：万豪套房酒店，提供全方位服务的套房住宿；公寓酒店，为商务旅客提供长住客房；费尔菲尔德酒店，属于经济酒店品牌。

1993 年，万豪公司一分为二，形成万豪酒店业务和万豪国际。万豪酒店业务负责管理酒店物业，而万豪国际负责业务管理和品牌的特许经营。万豪国际在 1995 年购买了丽思卡尔顿酒店的少数股权，1997 年再次扩大，收购复兴酒店集团和推出城镇套房、费尔菲尔德套房和万豪行政公寓。万豪酒店于 1998 年增加了一个新的酒店品牌，创办温泉山庄酒店。温泉山庄酒店提供中等价位的套房，房间的面积比标准酒店客房大 25%。次年，公司收购了在公寓领域经验丰富的 ExecuStay Corporation，并提供万豪行政公寓。这项业务现在是特许经营的业务。

万豪公司在新世纪找到了新的增长点。公司于 2007 年推出时尚版酒店业务，这让万豪酒店进入豪华精品市场。时尚版酒店风格独特，由著名酒店设计师伊恩·史拉格（Ian Schrager）设计。公司于 2011 年推出酒店收藏专集，这本专集收录了公司不同种类的高档酒店设计图。AC 万豪酒店是公司在 2011 年推出的另外一种风格，定位于中高档水平，目标客户是欧洲年轻的旅行者，酒店风格时尚和都市化。

今天，万豪国际集团是一家世界领先的酒店业务公司，在全球 130 个国家和地区拥有 6 700 家酒店，2017 年全球收入近 170 亿美元，市值达 350 亿美元。万豪多年来的增长得益于各类收购，包括 Protea 酒店集团（2014 年）、德尔塔酒店（Delta）及度假村（2015 年）以及喜达屋酒店（Starwood）（2016 年）。万豪国际形成一个正式的品牌架构，并通过网站与潜在消费者共享资源，以帮助他们作出住宿决策（见表 12 - 1；https：//hotel-development. marriott.com/brands-dashboard/）。随着 2016 年的临近，万豪酒店的总预订量增长了 57%，总计超过 30 亿美元。2016 年，万豪以 130 亿美元的价格收购了 Starwood Hotels and Resorts，成为全球最大的连锁酒店。尽管每个品牌中的一些酒店都有兼并和整合的机会，喜达屋酒店和万豪酒店的合并体现了有多种方式可以兼并完成万豪架构。总体而言，万豪酒店以系统性的方法做出了品牌架构决策，以确保市场覆盖率并最大限度地减少重叠，从而确保了其在行业中的成功。

表 12 - 1　万豪国际化组合架构

品牌种类	品牌
标志性豪华	宝格丽、丽思卡尔顿酒店、丽思卡尔顿俱乐部
豪华	JW 万豪酒店
贴近生活风格 / 收藏	艾迪逊（Edition）、傲途格精选（Autograph）、万丽酒店（Renaissance）、AC 酒店
标志	万豪酒店
时尚要素	万怡（Coutyard）、万豪春丘（SpringHiu）、费尔菲尔德套房
延长停留时间	万丽 Inn、唐普雷斯（TowneStay）、ExecuStay、万豪行政公寓
假日俱乐部	万豪假日俱乐部、万豪大酒店（Grand Residences）

资料来源：Marriott International, Inc. Used with permission.

资料来源：Marriott International, www.marriott.com; Kim Clark, "Lawyers Clash on Timing of Marriott's Plan to Split," *Baltimore Sun*, September 27, 1994, http://articles.baltimoresun.com/1994-09-27/business/1994270134_1_marriott-corp-host-marriott-marriottexecutive, accessed November 20, 2018; Neil Henderson, "Marriott Gambles on Low-Cost, Classy 'Corporate History,'" *Factbook*, n.d; "Suburban Motels," *The Washington Post*, June 18, 1994; Neil Henderson, "Marriott Bares Courtyard Plans," *The Washington Post*, June 12, 1984; Elizabeth Tucker, "Marriott's Recipe for Corporate Growth," *The Washington Post*, June 1, 1987; Paul Farhi, "Marriott to Sell 800 Restaurants," *The Washington Post*, December 19, 1989; Stephane Fitch, "Soft Pillows and Sharp Elbows," *Forbes*, May 10, 2004, 66; Associated Press (2016), "Marriott Closes $13-Billion Purchase of Starwood to Become World's Largest Hotel Chain," September 23, 2016, www.latimes.com/business/la-fi-marriott-starwood-20160923-snapstory.html, accessed November 20, 2018.

在同一品类中采用多品牌战略的其他原因还有 [5]：

- 增加店内货架陈列范围及零售商的依赖性；
- 吸引那些追求多样化的消费者，否则他们有可能会转向其他品牌；
- 增强公司的内部竞争；
- 在广告、销售及分销等方面获得规模经济。

营销者一般需要在市场覆盖面以及有关成本、利润的相关方面进行权衡。如果可以通过删减品牌数目来增加利润，那么品牌组合就太大；如果可以通过增加品牌数目来增加利润，那么品牌组合就不够大。如果某一品牌线内品牌间的区别不明晰，很容易产生拆东墙补西墙的现象，就需要适当的"修剪"。[6]

设计品牌组合的基本原则是市场份额最大化，这样才不会忽略那些潜在的消费者，同时要使品牌重叠最小化，以防止品牌在同一个消费群体之间产生竞争。每一个品牌应有明晰的目标市场和准确的市场定位。[7]

例如，在过去的 10 年左右，宝洁公司通过在现有核心品牌中追求有机增长，使市场覆盖率最大化而品牌重叠最小化，而不是导入许多新品牌。该公司致力于核心品牌"十亿美元"的创新努力——带来超过百亿美元的收入。导致随后出现大量成功的市场领导者延伸品牌和产品线延伸，如佳洁士增白产品、汰渍洗衣球、吉列锋速剃须刀以及帮宝适尿不湿。[8]

除此以外，品牌作为品牌组合中的一部分，还可以发挥其他许多作用。表 12 - 2 对此做了总结，接下来会对此进行回顾。

表 12-2　品牌在品牌组合中可能起到的特殊作用

1. 吸引公司其他品牌目前尚未覆盖到的某一特定细分市场。
2. 作为侧翼品牌保护旗舰品牌。
3. 作为"现金牛"品牌，为公司产生利润。
4. 作为低档进入市场的产品，吸引新顾客。
5. 作为高端权威产品，增加整个品牌组合的威信和信誉。
6. 增加商场的货架铺货率及零售商依赖水平。
7. 吸引那些寻求多样化的消费者，否则他们有可能会转向其他品牌。
8. 增加公司的内部竞争。
9. 在广告、销售及分销等方面获得规模经济效应。

侧翼品牌　某些特定品牌作为保护性侧翼品牌或"斗士"品牌而存在。[9] 一般来讲，侧翼品牌的目的是创造与竞争品牌更多的相似之处，以使更重要的（或更盈利的）旗舰品牌能保持其理想的定位。特别是，正如第 5 章中提到的，许多公司都开发了一些较低价位的品牌作为侧翼品牌，以便更好地与商店品牌及自有品牌竞争，从而保护公司其他较高价位的品牌。在澳大利亚，澳洲航空推出捷星航空（Jetstar）作为折扣品牌与近期获得成功的低价航空品牌维珍蓝竞争，以保护旗舰品牌澳洲航空。公司也会对现行品牌进行重新定位或收购新品牌，以发挥侧翼品牌的作用。例如，温德姆酒店（Wyndham）收购戴斯（Days Inn）来吸引价值细分市场，最近又收购了 AmericInn 以在中端市场获得立足之地。[10]

侧翼品牌在保护主品牌方面发挥着重要的战略作用，侧翼品牌的缺席会对核心品牌造成威胁。例如，吉列的高价剃须刀为低成本的 Dollar Shave Club 和其他产品提供了一个进入低端市场的机会。Dollar Shave Club 获得了 5% 的市场份额，使吉列因销售损失付出了巨大的代价。此时，吉列以低价引入侧翼品牌有助于缓解其在低端市场的竞争威胁。宝洁公司也对曾经定位高端的 Luvs 尿不湿进行重新定位，作为价格竞争者阻击自有品牌和商店品牌的进攻，从而保护其高价位的帮宝适品牌。

在设计这些斗士品牌时，营销者必须谨慎。斗士品牌不宜吸引力太大，否则有可能抢占公司较高价位或相关品牌的销售市场。同时，如果斗士品牌被视为组合中其他品牌的延伸（如根据同一品牌战略的宗旨），就不宜过分廉价，否则会对其他品牌产生不良影响。

现金牛品牌　有些品牌虽然销量在萎缩，但因为仍保持有相当数量的消费者，而且在无营销支持的情况下仍能维持一定的盈利，因而被保留下来。通过利用现有品牌资产的"蓄水池"功效，可以有效发挥现金牛品牌的盈利作用。例如，尽管由于技术进步大部分销售转移到流媒体上，但网飞仍向约 430 万忠实粉丝提供 DVD 服务，他们更喜欢通过邮件接收 DVD 并通过 DVD 播放器观看。与此相比，流媒体服务拥有 9 300 万用户。[11] 网飞并没有支出任何费用来推广 DVD 服务。因此，DVD 作为现金牛业务占据营业利润的 50%。鉴于 DVD 用户对这种形式的忠诚度，撤销 DVD 服务并没有经济意义。用户不一定会转换到其他类型的产品上，例如流媒体。因此，作为现金牛策略的典型，网飞通过保留传统 DVD 业务而不是撤销获得更多利润。

低档的入门品牌或高档声望品牌　许多品牌通过价格和质量的差异化，在特定品类中进行品牌延伸或实施品牌差异化策略。这些附属品牌与其他品牌间存在一定的联系，但彼此之间在价格和质量上又有所差别。在这种情况下，品牌线两端的品牌通常发挥着特殊的作用。

处于品牌组合较低价位一端品牌的作用，通常是将消费者吸引到品牌经销点。零售商喜欢突出这些"交易制造者"，以借机劝说消费者购买更高价位的品牌。例如，威瑞森（Verizon）无线计划允许消费者对旧版进行升级，即使低价手机升级到新版本可能更昂贵，但仍然比零售便宜。

宝马在其三个系列的轿车中引入一些特定的型号，目的是把新的消费者引至经销点，并希望在他们看中该型号以后，劝说他们购买较高价位的车型。当 3 系移向高端市场后，宝马于 2004 年引入和宝马 3 系产品共用一条生产线的 1 系产品，售价在 3 系和 MINI 之间。

另一方面，在品牌家族中较高价位品牌的作用，是为整个品牌组合增加威信和信誉。例如，一份研究报告认为，雪佛兰 Corvette 高性能跑车的真正价值在于"它能将好奇的消费者吸引到橱窗前，同时帮助提高其他雪佛兰轿车的形象。它并不能为通用汽车公司带来多少利润，但它无疑是一个交易制造者"。[12] Corvette 的高科技形象和威信，有助于提高整个雪佛兰品牌线的形象和威信。

小结　多品牌可以扩大覆盖面、提供保护、延伸形象，或者为公司完成其他一些功能。在品牌组合的决策中，最基本的准则很简单，但应用起来可能很复杂。这些基本准则是：为了使品牌的相互重叠最小，并发挥品牌组合的优势，要求每一个有品牌名称的产品都必须：（1）有一个明确定义的职责，以确定它应该为公司做些什么；（2）同时，还必须有一个好的定位，以表明能为消费者提供的利益或者承诺。正如 13 章所揭示的，许多公司发现，近年来由于产品增加太快，公司在削减品牌和产品种类的情况下，依然可以满足顾客并获得利润。

12.3　品牌架构

品牌架构（brand hierarchy）是个有用的图形工具，通过展示公司产品中共同和特殊品牌元素的数量及种类，描绘出公司的品牌战略，并清晰展现品牌元素的次序。品牌架构的基本假设是：可以通过多种不同的方式塑造产品品牌，而这取决于有多少新的和既有的品牌元素可以利用，以及如何组合的问题。

例如，一台戴尔 Latitude E7450 笔记本电脑包含三个不同的品牌名称元素，分别是"戴尔""Latitude"和"E7450"。这些品牌名称元素中，有一些可以被多种不同的产品共有，一些则受到限制。戴尔将公司名称用作许多产品的品牌，但"Latitude"只用于特定型号（"商务人士使用的安全性高、可管理、可靠的"笔记本电脑），并且"E7450"是为识别 Latitude 的具体型号（"具有卓越性能和优质功能的超轻薄笔记本电脑"）。

可以构建一个品牌架构图，表明有多少产品因为共同的品牌元素而和其他产品相互嵌套。图 12-3 展示了苹果品牌架构的简单特征。如图所示，品牌架构包含多个层次。

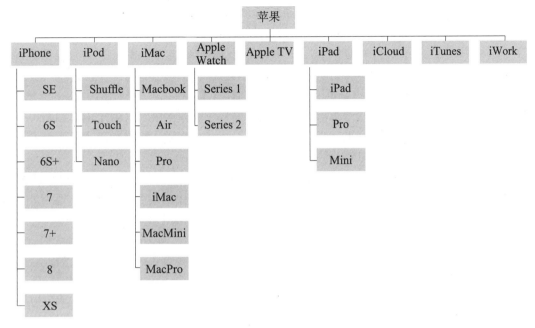

图 12 - 3 苹果品牌架构

有多种不同的方法定义品牌元素和品牌架构的层次。从顶端到底部最简单的层次表示如下：

1. 公司或公司品牌（如通用汽车）；

2. 家族品牌（如别克）；

3. 单个品牌（如别克君威）；

4. 修饰品牌（指某一款式或型号，如 GS）；

5. 产品描述（中型豪华型运动轿车）。

品牌架构的层次

正如前面提到的，不同的架构层次有不同的问题。

公司或企业品牌层次 品牌架构的最高层次通常只有一个品牌——公司或企业品牌（corporate or company brand）。为了简单起见，我们将公司和企业品牌互换，考虑到消费者可能较难区别两者，此处公司可以包括多个企业。

鉴于法律原因，在产品或包装上，总会印上公司或企业的品牌——有些情况下，也可用子公司的名称代替母公司的名称。例如，Fortune Brands 拥有众多品牌，诸如摩恩（Moen）、玛斯特（Master Lock）、金喜（Jim Beam）威士忌、Vox 伏特加以及 El Tesoro 龙舌兰酒等，但是它的产品线所有产品都没有使用公司名称。

对于有些公司来说，公司品牌是其在产品上使用的唯一品牌（如通用电气公司和惠普公司），其他一些公司则将公司品牌名称与家族品牌或单个品牌结合起来使用，如西门子的众多电力工程部门和电子事业部以描述性的修饰品牌命名，西门子交通运输系统就是其中一例。在有些情况下，公司名称虽然在技术上仍是品牌架构的一部分，但其实质上是无形的，不受任何营销计划的支持，如百得（Black & Decker）的高端产品得伟（DeWalt）专业动力工具就没有使用公司名称。

正如下面详细介绍的，**企业形象**（corporate image）是消费者对企业或公司提供的产品或服务的联想。当企业或公司品牌在品牌战略中起重要作用时，企业形象更为重要。

家族品牌层次　接下来的一个层次是**家族品牌**（family brand），也称为**范围品牌**（range brands）或**伞形品牌**（umbrella brands），它不必是公司或公司自己的名称，而是一种用于多个品类的品牌。例如，ConAgra 的"健康选择"家族品牌，就应用于众多的食物产品，包括：袋装肉食、汤料、面食调料、面包、爆米花和冰淇淋。其他年销售额超过 10 亿美元的著名家族品牌还有：KitKat（雀巢）、激浪、多力多滋、桂格食品（百事）、奥利奥、吉百利和麦斯威尔（卡夫）。

因为一个家族品牌可能是不同企业或公司的品牌，公司层次上的联想就并不显著。多数企业通常只支持少数家庭品牌。如果把企业的品牌应用到一系列的产品，那么它的功能也作为一个家族品牌，此时，对于这些产品而言这两个水平重叠了。

营销人员用家族品牌代替公司品牌的原因有许多。当产品间的差别越来越大时，就很难仅仅使用单一的公司品牌，同时又保留某种产品含义或者有效区分产品。而另一方面，采用独特的家族品牌，能够在一组相关的产品中激发一系列具体的品牌联想。[13]

家族品牌是为多种相互独立的产品建立共同联想的有效手段。采用家族品牌作为新产品的品牌名称，可以降低新产品的市场导入成本，提高市场接受的可能性。

另一方面，如果某产品使用家族品牌，而其支持性营销方案考虑或设计不周，也会削弱该家族品牌的联想，影响其偏好性。而且，一个产品的失败可能会伤害该公司同一品牌下的其他产品。

单个品牌层次　单个品牌仅限于在一个品类中使用，但这一品类可以包含不同型号、不同包装或不同风格的多种类型的产品。例如，在咸味零食这一产品等级中，菲多利拥有的品牌包括：菲多利玉米片、多力多滋和托斯蒂多滋（Tostitos）墨西哥玉米片、SunChips 多谷物薯片、乐事薯片、Ruffles 薯片和 Rold Gold 咸脆饼。在宽泛的咸味零食产品类别中，这些品牌都在各自的品类中占有主导地位。

创造和使用单个品牌的主要优点是，可以使品牌个性化，并使所有营销活动满足特定顾客群体的需求。因此，品牌名称、标识、其他品牌元素、产品设计、营销传播计划、定价、分销策略等，都可以聚焦于某个特定的目标市场。而且，在这种情况下，当品牌遭遇困难或失败时，给其他品牌及公司带来的风险也是最小的。采用单一品牌的缺点是，需要为建立足够的品牌资产而设计单独的营销方案，这一过程十分复杂，困难重重，而且花费很多。

修饰层次　不管是否已使用公司、家族或单个品牌，都有必要根据产品款式或型号的不同类型进一步对品牌加以区分。**修饰品牌**（modifier）是标示某一具体产品款式、型号、特殊版本或产品配置的方法。因此，Land O'Lakes 的黄油有"混合""无盐"和"普通"几种口味；Yoplait 酸奶也包括"清淡""奶油"或"原味"几种口味。

增加一个修饰成分，往往可以达到表现品牌在某些方面完善或区别的目的，如质量水平（如尊尼获加（Johnnie Walker）的红方、黑方及金方，还有蓝方的苏格兰威士忌酒）、不同的属性（如箭牌的薄荷味、双重口味、果味以及清晰口味的口香糖）、不同的功能（如多克斯休闲服饰经典、笔挺、小号和特小号的裤子）等。[14] 也就是说，品牌修饰的作用之一，就是在同一品牌家族内表现品牌差异。

品牌修饰还有助于消费者更好地理解产品，并与消费者甚至是经销商发生关联。当品牌修饰能够在其与母品牌间建立独特的联想时，它们甚至可以成为强势品牌。例如，只有 Uncle Ben 才有"Converted Rice"，只有 Oriville Redenbacher 才会卖"Gourmet 爆米花"。[15]

产品描述 尽管产品描述本身不是品牌的组成元素，但为已确定品牌的产品进行产品描述是品牌战略的重要部分。产品描述可以帮助消费者熟悉产品，了解产品的功能，并明确产品的相关竞争者。

有时，可能很难简洁地描述产品本身，在新产品具有特殊功能或者现有产品发生极大改变时尤其如此。公共图书馆不再是检索书籍或者学龄前儿童的故事天地，一座全方位服务现代社会的公共图书馆应该是教育、文化、社会和娱乐社群中心。

对一个真正新产品而言，以熟悉的产品名称导入新产品，也许可以加快对产品的熟悉和理解，但相应的代价也许就是，进一步了解新产品与紧密相关的既有产品两者之间的区别却很困难。

设计品牌战略

对于品牌架构的不同层次，公司根据其使用方式的不同，有多种品牌战略可供选择。正确的品牌架构设计非常重要。品牌备忘 12-2 介绍了网飞公司如何通过调整品牌架构来扩大吸引力，提高盈利能力。

品牌备忘 12-2

网飞公司的品牌化之挫

里德·哈斯廷斯（Reed Hastings）是网飞公司的创建者和 CEO。作为媒体的宠儿，他在公司青云直上的大部分时间里似乎没有做错什么。创建于 1997 年的网飞首创 DVD 邮件服务，成功挑战了传统的音像店，并且使行业领导者 Blockbuster 公司进入破产程序。网飞的成功归功于其结合国家最先进的电影推荐引擎，为用户提供完美的服务。该公司甚至举办了一个著名的比赛，把比赛的 100 万美元奖金颁给任何一个可以有效改善影片推荐引擎的参赛者。

在网飞的网站上可以找到两点经营理念：避免降低快速增长业务的枷锁；勇敢做出决定并专注于伟大的结果而不是过程。进取心十足并且不断寻求创新的网飞公司马上开始发展在线流媒体技术。它很快便找到了一群能够接受并且准备瞬间下载和观看视频的人——这也是麻烦的开始。

邮件订购（37%）和流媒体租金（65%）在毛利率上的差异是显著的。为了更好地考量这些收入差异，管理层决定在 2011 年 4 月将公司拆分成两个品牌和企业。作为第一步，用户在 2011 年 7 月 12 日被告知他们将为每种形式的租金分别付 7.99 美元，而不是总共付 9.99 美元，实际上这对于 2 400 万想同时使用光盘和流媒体的用户来说价格增加了 60%。一个不幸的巧合是，在大致相同的时间，有线电视频道 Starz 电视台公开与网飞结束续约，不再提供电影和电视节目。

用户感到他们将付出更多，因而十分不满。在接下来的几个月里，超过 60 万用户注销账户，这令网飞猝不及防。

哈斯廷斯宣布电影邮件服务将更名为 Qwikster，并且还要将电子游戏加入其中，而网飞品牌将专门用于流媒体视频服务，这使问题更加复杂。而且，消费者对于这个策略的反应显然是消极的，甚至新的品牌名字也是如此。经过几个星期的负面批评，公司改变了方向，宣布不再分为两个服务。

虽然网飞的品牌架构明显减缓了公司在市场上的发展势头，但是公司很快就解决了问题。很快，公司稳定下来，分析师对网飞能够解决其问题持谨慎乐观的态度。

分析师的观点是正确的。尽管在定价方面存在失误，但多年来网飞精心执行的品牌延伸在强化品牌方面一直具有战略性的意义。它的一项成功策略是涉足原创节目，并且已经推出许多节目，获得一致好评，吸引了众多观众。例如，热门节目之一是 2013 年首次推出的《纸牌屋》。该系列取得巨大的成功，并赢得多项"黄金时段艾美奖"。当网飞的股票价值翻三倍时，公司也获得了成功。网飞还推出了许多原创电视节目和电影，其中包括《好监狱》和《怪奇物语》。2014 年和 2015 年，网飞将业务扩展到多个新国家，直到 2016 年扩展到全球范围。

总而言之，尽管存在价格问题，可能会影响该品牌并损害其成就，但网飞通过改变方向来面对失败，证明了其可以从失败中快速学习的能力。同时，它还通过精心执行的品牌延伸加强在娱乐品类中的品牌知名度，再次证明了其作为强势品牌的地位。

资料来源：Netflix Media Center, " About Netflix," https://media.netflix.com/en/about-netflix, accessed November 20, 2018; Michael V. Copeland, " Reed Hastings: Leader of the Pack," *Fortune*, December 6, 2010, 121-130; Ronald Grover and Cliff Edwards, " Can Netflix Find Its Future by Abandoning the Past?," *Bloomberg BusinessWeek*, September 22, 2011, https://www.bloomberg.com/news/articles/2011-09-22/can-netflix-findits-future-by-abandoning-the-past, accessed November 20, 2018; Cliff Edwards and Ronald Grover, " Can Netflix Regain Lost Ground?," *Bloomberg Businessweek*, October 20, 2011, https://www.bloomberg.com/news/articles/2011-10-19/can-netflix-regain-lost-ground, accessed November 20, 2018; John D. Sutter, " Netflix Whiplash Stirs Angry Mobs—Again," CNN, October 10, 2011, https://www.kshb.com/money/business-news/netflix-whiplash-stirs-angry-mobs-again, accessed November 20, 2018; Doug Gross, " Customers Fume Over Netflix Changes," September 21, 2011, https://www.cnn.com/2011/09/20/tech/web/netflix-reaction/index.html, accessed November 20, 2018; Logan Burruss and David Goldman, " Netflix Abandons Plan for Qwikster DVD Service," October 10, 2011, https://money.cnn.com/2011/10/10/technology/netflix_qwikster/index.htm, accessed November 20, 2018; Stu Woo and Ian Sherr, " Netflix Recovers Subscribers," *The Wall Street Journal*, January 26, 2012, https://www.wsj.com/articles/SB10001424052970203806504577183303393083214, accessed November 20, 2018.

品牌架构每一层次上的品牌元素都有可能创造品牌认知，为产品培养强有力的、偏好的、独特的品牌联想，从而增加品牌资产。建立品牌架构需对以下问题做出选择：

1. 每一个品牌需要介绍的特定产品；
2. 品牌架构中包含的层次数目；
3. 每一层次理想的品牌认知和品牌形象；
4. 来自品牌架构不同层次的品牌元素组合方式；
5. 将一个品牌元素与多个产品联系起来的最佳方式。

我们将对这五个问题逐一进行讨论，表 12-3 归纳总结了品牌架构设计的五项原则。

表 12-3 品牌架构的决策原则

1. 决定计划导入的产品
   - 增长性原则：根据投资回报率，决定是市场渗透、市场扩张还是产品开发。
   - 生存性原则：品牌延伸必须在所属品类中获得品牌资产。
   - 协同性原则：品牌延伸应能改善母品牌的品牌资产。
2. 决定层次数目

续表

- 简洁性原则：层次越少越好。
- 清晰性原则：所有品牌元素的逻辑关系必须透明和一目了然。

3. 决定每一层次的品牌认知水平和品牌联想类型
- 相关性原则：建立抽象的联想，要尽可能在单个品牌之间具有相关性。
- 差异性原则：使单个品牌之间实现差异化。

4. 决定从产品的不同层次如何与品牌发生关联
- 显著性原则：品牌元素的相关显著性会影响产品的感知以及新产品的形象。

5. 决定如何在产品之间与品牌发生关联
- 共同性原则：产品共享的元素越多，它们的联系就越紧密。

具体的产品引入　与其他章节介绍企业对某一个品牌引入何种产品一致，我们给出三个原则。

增长性原则认为，应该根据投资回报率（ROI），决定品牌是市场渗透、市场扩张还是产品研发。换句话说，公司必须对多卖出一个现有品牌产品和推出品牌新产品的成本收益进行权衡。例如，在传统网络业务发展放慢时，思科决定对新的网络视频放手一搏。另外两个原则是品牌成功扩展的动力，将会在第 13 章中详细介绍。生存性原则指出，品牌延伸必须在所属品类中获得品牌资产。协同性原则指出，品牌延伸应该改善母品牌的品牌资产。

品牌架构的层次数　一般来说，在既定产品边界和品牌延伸战略下，定义品牌战略时的首要决策是，品牌架构应该使用多少个层次。多数公司通常选择使用多层次品牌，这是因为：每使用一个连续的品牌层次，就可以使公司传播更多、更具体的产品信息。因此，创建架构中较低层次的品牌，能使公司在传递产品独特信息方面更具灵活性。创建架构中较高层次的品牌，则可使得品牌跨越多个产品使用，这无疑是一个在公司内外传播产品共有信息、协调公司运作的经济手段。

正如上文所说，将现有品牌与一个新品牌进行组合的方法，叫做子品牌法。在这里，子品牌的作用是修饰主品牌。子品牌或复合品牌战略能够建立具体的品牌信念。百事正努力创建更多佳得乐的子品牌。

佳得乐

- 20 世纪 60 年代中期，佛罗里达州立大学的研究人员首创了佳得乐，并且采用他们的运动队名称 "Gators" 为佳得乐产品命名，旨在为学校运动员激烈运动后补充电解质碳水化合物。作为运动型饮料市场的首创，佳得乐成为运动场上和场外的主要产品。百事在 2000 年收购了桂格麦片和这一品牌，但是 10 年之后，销量开始下降。大量新能量饮料竞争者的进入蚕食了佳得乐的销量。2009 年 "什么是 G" 广告活动仍然未能重新提升佳得乐的销量。这一年，百事营销人员决定推出创新 "G 系列" 应对运动型饮料竞争对手的冲击，并将佳得乐塑造为并非 "给父亲的运动饮料"。G 系列被认为 "能在运动、训练和比赛的前、中、后激发你的体能"，包括 3 种产品组合：
- 准备 01，赛前 4 盎司包含碳水化合物的饮料提供运动所需消耗的钠和钾。
- 表现 02，传统的止渴饮料，G2 饮料生产线用于剧烈劳动、运动和比赛过程中的能量补充。

● 恢复 03，富含蛋白质的饮料，有助于运动后补充水分和肌肉恢复。

G 系列还推出了其他版本。G 专业系列最初只适用于专业运动员，后来扩展到相对专业的业余运动员。G 天然系列富含自然元素，例如海盐、水果和天然甜味剂。G 健康系列是更加健康和低卡路里的产品，用于个人运动过程。此外，佳得乐还向佳得乐运动科学研究所（GSSI）投资，以确保其能够不断开发和推出新产品，从而有助于维持和巩固佳得乐在运动饮料领域的领先地位。

资料来源：Natalie Zmuda, "Another Gatorade Product Line, Another Dedicated Ad Blitz," *Advertising Age*, May 2, 2011; Natalie Zmuda, "Gatorade Planning Another Facelift, New Products in 2010," *Advertising Age*, December 14, 2009; Beverage Industry, "Sports Drink Sales Get Into Shape," July 12, 2011, https://www.bevindustry.com/articles/84828-sportsdrink-sales-get-into-shape, accessed November 20, 2018; Gatorade Sports Science Institute, "About GSSI," accessed July 2, 2017, http://www.gssiweb.org/en/about/about-gssi.

由此可见，子品牌战略在公司或家族品牌及与其相关的所有联想之间建立的联系更为紧密。同时，发展子品牌还可以建立具体的品牌信念。子品牌所提供的更加详细的信息，能够帮助消费者更好地理解产品差别，确定哪一种产品真正适合自己。

子品牌还有助于销售力量的组织，帮助销售人员和零售商明确产品线的组织方式及最佳销售方法。例如，耐克持续不断地在篮球产品线（如 Air MaxLebron、Nike Zoom Kobe 和非常受欢迎的乔丹）创造子品牌的主要好处之一，就是可以激发零售的兴趣和热情。这些子品牌帮助耐克在运动鞋市场保持领导者地位。例如，2016 年耐克占据全球运动鞋市场 31% 的市场份额[16]，在篮球鞋品类中占据了 90% 的美国市场。[17]

营销人员可以在子品牌中采用母品牌的主要品牌元素，包括名称、产品形式、外形、图形、颜色和版本。通过将新的品牌元素和现有品牌元素巧妙结合，有效传递新的品牌扩展与其母品牌的相似性。

简洁性原则的基础是：有必要为消费者提供恰当数量的品牌信息——不多也不少。品牌架构的理想层次数目不仅取决于产品线的复杂程度，或者产品组合，而且依赖于公司产品线中共享品牌联想与独立品牌联想的结合程度。

简而言之，低融入度产品——如电灯泡、电池、口香糖——的品牌战略通常由单个品牌或家族品牌以及表述产品特点差异的修饰品牌组成。例如，通用电气有三个灯泡品牌（Edison，Reveal，Energy Smart），由基础功能（standard，reader，three-way）、外形（soft white，daylight）及功率（40 瓦、60 瓦、100 瓦）组成。随着 LED 技术革命的到来，通用电气发布了许多新产品，其中包括专门用于日常生活和睡眠照明的新型灯泡。C by GE 是一个可与消费者智能手机相连接的智能灯泡，消费者可使用手机控制房间的照明。C-Life 专用于房屋中的每个房间，可提供最佳亮度。C-Sleep 可根据人体自然睡眠周期进行亮度调节。总之，通用电气扩大了品牌服务范围，根据消费者的需求为其提供通用产品和特殊产品。[18]

对于轿车、计算机或其他耐用消费品等复杂产品而言，品牌架构的层次数量则要求更多。三星在智能手机上有家族品牌（如盖乐世），在智能手表和健康追踪方面的家族品牌是 Gear。具有强势公司品牌的企业销售较窄范围的产品，例如豪华轿车，可以容易地使用非描述性的字母数字产品名称，因为消费者对此与其母品牌有强烈的认同。这正如讴歌（Acura）案例所示。

讴歌

本田从一个生产摩托车的无名小卒，已成长为美国最具竞争力的汽车进口商。意识到今后的销售增长可能来自高档车，本田从 20 世纪 80 年代早期就开始了与欧洲豪华汽车的竞争。由于本田觉得自己可靠的经济型汽车的功能形象缺乏活力和魅力，可能对高档轿车购买市场缺乏吸引力，所以，本田设立了新的讴歌分部。

在初步的成功之后，销售开始下降。一项研究揭示了部分问题：本田讴歌的 Legend，Integra 和 Vigor 等子品牌未能成功地传播产品豪华的特性，也未能实现针对竞争对手——宝马、梅赛德斯、雷克萨斯和英菲尼迪——的营销计划。本田公司认为，品牌强度存在于讴歌的品牌名字中，因此，尽管在过去 8 年中公司已花费近 6 亿美元为那些讴歌子品牌做广告，为它们构建品牌资产，但公司在 1995 年冬天又宣布了一项新的计划：推出 2.5TL 和 3.2TL 两种型号的豪华旅游轿车，以及 3.5RL，2.2CL，3.0CL 和 RSX 系列。到 2017 年，所有的讴歌汽车均以 3 个字母的组合编码，"L"代表轿车系列，"D"代表运动型多用途汽车，"S"代表跑车。所有字母组合均以"X"结尾，例如 NSX 超级跑车。讴歌的发言人迈克·斯潘塞（Mike Spencer）说

讴歌的品牌名称采用字母数字的组合来区分多种豪华车型。

道："过去人们习惯于拥有或者驾驶一辆 Legend……现在人们声称驾驶讴歌，而这正是我们想达到的。"采用新的名称推出新车型获得成效，随后销量也上升了。尽管讴歌解决了品牌问题，但它的品牌形象仍不够强大。近年来，企业一直在努力追赶豪华轿车市场的竞争对手。

资料来源：David Kiley, "I'd Like to Buy a Vowel, Drivers Say," *USA Today*, August 9, 2000; Fara Werner, "Remaking of a Legend," *Brandweek*, April 25, 1994, 23-28; Neal Templin, "Japanese Luxury-Car Makers Unveiling Cheaper Models in Bid to Attract Buyers," *The Wall Street Journal*, February 9, 1995; T. L. Stanley and Kathy Tryer, "Acura Plays Numbers Game to Fortify Future," *Brandweek*, February 20, 1995, 3; Michelle Krebs, "Acura: Can Style Save Honda's Luxury Brand," *Edmunds Auto Observer*, March 20, 2008; Alan Ohnsman, "Honda Hopes New Acura ILX Helps Keep Gen-Y Out of Lexus, BMW," *Bloomberg News*, December 12, 2011; Richard Bremner, "BMW Mulls New Naming Strategies for Car Brands," www.insideline.com, July 28, 2011; Stefan Constantinescu, "Nokia to Change How They Name Devices Yet Again, Switching to BMW-like 500/600/700 Series Model Numbers," www.intomobile.com, June 28, 2011.

但不管怎样，如果使用超过三个层次的品牌名称来为某个产品冠名，那么无论其复杂程度如何，都很容易让消费者迷惑。在这种情况下，比较好的解决办法就是，在同一品牌层次引入多品牌（如多家族品牌）或扩展品牌深度的战略。

品牌架构各层次的理想认知和形象 每一层次的品牌元素应该创建多高的品牌认知度以及什么类型的品牌联想？要想达到理想的认知水平以及品牌联想适当的强度、偏好性和独特性，需要假以时日，同时还需要在较大程度上改变消费者感知。如果采用某种包含两层或两层以上品牌架构的子品牌战略，那么在创造品牌知识的过程中应遵守两条

通用原则——相关性原则和差异化原则。

相关性原则建立在效率和经济性优点的基础上。一般来讲，创建的品牌联想与该层次中越多的品牌有关联就越好，在公司或家族品牌层次尤其如此。如果某一联想在公司出售产品的营销活动中越有价值，那么把这一含义纳入某一个与所有这些产品相关的品牌中就越有效率，越具有经济性。[19] 例如，耐克的口号"Just Do It"为其品牌赋予了关键的差异点——品质，而这一点事实上与耐克出售的所有产品都相关。

通常，品牌联想越抽象，就越有可能在不同的产品情境中发生关联。因此，利益联想是最具有优势的联想，因为这些联想能跨越众多的品类。然而，具有强势品类及属性联想的品牌，却很难创建一个十分强劲的品牌形象并在新品类中进行成功的品牌延伸。

例如，Blockbuster 力图由"录像带出租商店"发展为"你身边的娱乐中心"，从而创造与更多产品紧密相关的范围更广的伞形品牌。在拍卖给卫星电视提供商 Dish 网络之前，2011 年 4 月最终宣告破产。[20]2017 年，Blockbuster 在美国仅有几家商店。

差异化原则基于冗余带来的劣势。在同一层次内部最好将品牌尽可能地区分开来，以确保消费者能够清晰地看到差异。否则，品牌差异就可能失控。[21] 对通用汽车公司营销活动的批评之一，就是它没有将汽车的家族品牌清晰地区分开来，也许这就是奥兹莫比尔（Oldsmobile）、庞蒂克（Pontiac）和土星（Saturn）品牌消亡的诱因。为了更好地控制库存并避免品牌泛滥，宝洁终止了 60 多个品牌的经营，现金流由此得到改善。[22]

旗舰产品最能体现或代表品牌向消费者传递的内容。它往往是品牌被广泛接受、声名鹊起或受到高度赞扬的第一个产品。例如，虽然其他产品也与品牌相关，但旗舰产品指象牙香皂、美国运通信用卡和贝蒂·克罗克蛋糕粉。[23] 因此，设计品牌架构的关键是选择哪个产品作为核心或旗舰产品。

旗舰产品在品牌组合中扮演重要角色，它们能够提高短期利益（增加销量），同时也能够带来长期利益（增加品牌资产）。最近，维亚康姆（Viacom）宣称，有意针对 6 个旗舰品牌 MTV，Nicklodeon，Nick Jr.，Comedy Central，BET 和 Paramount 做出统一的努力。[24] 有时候，在单个伞形品牌下合并几个产品能够显著提高效率。例如，好时最近宣布了主品牌战略，该战略将统一好时主品牌下的所有广告。这与可口可乐最近所做的所有产品统一广告语活动"Taste and Feeling"相吻合。之前，克莱斯勒对 300 个车型投入大量的营销努力，尽管这对其总销售额仅有 22% 的贡献，但这 300 个车型对公司其他产品线影响较大。在通用汽车销量下降 4% 时，克莱斯勒的销量却上升 10%。[25]

不同层次品牌元素的组合　如果将来自不同品牌层次的多个品牌元素组合在一起，必须决定对每个品牌应有的重视程度。例如，如果决定采用子品牌战略，应该在多大程度上以牺牲企业或家族品牌为代价来突出单个品牌？

显著性原则　品牌元素的显著性是指它与其他品牌元素相比而言的相对显著程度。例如，品牌名称元素的显著性取决于多个因素，如排列的次序、大小、外观及其语义联想。通常，如果品牌名称首先出现，图案较大，比较突出，它的重要性一般也就比较高。当耐克采用子品牌战略，将公司家族品牌名称耐克与新的单个品牌名称如 Air Max 相结合时，对耐克和 Air Max 的相对重视有助于将耐克或 Air Max 作为包装上的主品牌名称。如果 Air Max 是更显著的（如 Air Max by Nike），将更强调子品牌名称而不是家族品牌名称。

显著性原则是指品牌元素间的相对显著性程度，也就是决定哪个（些）要素是重要的，哪个（些）要素是次要的。主要品牌元素用来传递产品定位和产品差异点等主要信息，而次要品牌元素常常起着辅助作用，用来传递一些范围更窄的联想信息，如产品的共同点或对产品个性的补充。次要品牌元素还可以增进品牌认知。

根据显著性原则，品牌元素越显著，消费者在形成品牌意见时就会越重视。单个品牌和公司品牌的相对显著性将会被消费者非常文字化地看待，进而影响到新产品认知和形象的创建。例如，相比于"Courtyard by Marriott"，"Marriott's Courtyard"的名字更能体现与万豪酒店的关系，原因是把公司品牌放在了首位。公司或家族品牌更显著的时候，反馈影响就可能很明显。

在有些情况下，品牌元素之间的关系可能并不明确。**品牌背书战略**（brand endorsement strategy）是指某一品牌元素以某种方式出现在包装、标志或产品外观上，但不直接作为品牌名称的一部分。例如，通用磨坊公司在其谷物包装上印有"Big G"标识，但仍保留有独立的品牌名称，如 Cheerios，Wheaties 以及 Lucky Charms 等。品牌背书战略在公司或家族品牌和单个品牌间形成了最大的距离，这样，公司或家族品牌联想与新产品之间的联系降到了最小，同时，负面的反馈影响也降到最低。

品牌战略显示屏　营销者可以利用如图 12-4 所示的品牌战略显示屏，调整不同的品牌元素。如果潜在的新产品或服务与母品牌联系紧密，那么母品牌资产转移的可能性很大，或者说资产风险较小，此时采用产品描述或母品牌第一子品牌比较合理。[26]

另一方面，如果潜在的新产品或服务从母品牌获得资产转移的可能性较小，或者说资产风险较高，那么母品牌第二的子品牌或新品牌策略将更加适合。这里，母品牌只是充当背书者的角色。

上述考量可以帮助我们决定是否采用"品牌屋"或"品牌家族"策略。同时，消费者希望从品牌中了解和获得什么？他们将如何使用它？这些问题同样重要。

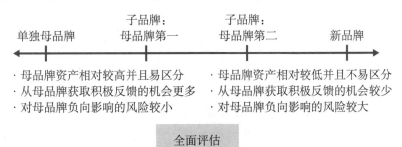

图 12-4　品牌战略显示屏

品牌元素如何与多种产品关联　至此，我们已经强调了如何将不同的品牌元素应用到某个具体产品中——品牌架构的纵向层面。接下来，将考虑某一品牌元素如何与多种产品发生关联——品牌架构的横向层面。共同性原则表明产品共用的品牌元素越多，产品之间的联系就越紧密。

连接产品最简单的方法是在不同的产品上直接使用品牌元素。其他可能的方法还有：按照某种方式使用品牌元素或品牌元素的一部分，从而建立联系。

● 惠普的激光喷墨打印机获得很大的成功，随后它又花费巨资推出了许多新产品，这些新产品都用"Jet"作为品牌名称的后缀，如 DeskJet，PaintJet，ThinkJet 及 OfficeJet 打印机。

● 麦当劳用"Mc"作为前缀推出许多产品，如 Chicken McNuggets，Egg McMuffin 和 McRib 三明治。

● 唐娜·凯伦的 DKNY 品牌、卡尔文·克莱恩的 CK 品牌，以及拉尔夫·劳伦的 Double RL 品牌都出自首字母缩写。

● 苹果使用 i 作为前缀来对品牌名称进行统一，如 iPod，iPhone 以及 iPad。

采用共同的标识也可以在品牌和多种产品之间建立联系。例如，公司品牌中常常更注意突出公司标识，而非公司名称（如纳贝斯克），由此可以建立一个强有力的品牌背书战略。

最后，产品线各品牌间的逻辑顺序有助于表达不同品牌间的联系，并简化消费者的决策过程。这一相对顺序可以通过颜色（如美国运通公司提供红卡、蓝卡、绿卡、金卡、白金卡和"黑卡"）、数字（如宝马提供 3，5 和 7 系列轿车）或其他方式传达给消费者。这种品牌战略在发展品牌转移策略时尤为重要。这里的品牌转移策略研究的是消费者一生中如何在公司提供的品牌之间进行转换。品牌在品牌线中的相对定位也会影响消费者的感知和偏好。[27] 表 12 - 4 是对本节所讲述的多种设计原则的总结。

表 12 - 4　品牌架构设计原则概要

设计目标	原则	定义
具体的产品引入	增长性原则	根据投资回报率（ROI）作出市场或产品开发的投资决定
具体的产品引入	生存型原则	品牌延伸必须在所属品类中获得品牌资产
具体的产品引入	协同性原则	品牌延伸应该提高母品牌的品牌资产
品牌架构的层次数	简洁性原则	为消费者提供恰当数量的品牌信息，平衡共享的和独立的品牌联想
品牌架构各层次的理想认知和形象	相关性原则	创建的品牌联想与该层次中越多的品牌关联越好
品牌架构各层次的理想认知和形象	差异化原则	在同一层次内部最好将品牌尽可能区分开来
不同层次品牌元素的组合	显著性原则	品牌元素的相对显著性决定了其在消费者认知中的重要性
不同层次品牌元素的组合	共同性原则	产品共用的品牌元素越多，产品之间的联系越紧密

12.4　公司品牌化

在对品牌架构的重要性有了基本了解后，我们具体讨论公司品牌化问题。公司品牌与产品品牌的区别在于，前者具有更宽泛的品牌联想。如下所述，公司品牌名称更容易激发和启动消费者的联想，包括产品属性及利益、人与人之间的关系、公司规划与价值观、公司信誉等。

这些联想对于品牌资产和单个品牌的市场绩效具有重要影响。例如，已有研究表明，对杜邦公司有着良好印象的消费者，对其 Stainmaster 地毯清洁剂的广告评价较高，因此，这些消费者会购买杜邦的产品。[28]

然而，为了创建和管理强势的公司品牌，公司必须保持良好的公共形象，特别是要形成一些更加抽象的品牌联想。与公司品牌资产有关的董事会主席或者执行总裁应该通过新闻和信息传播建立良好的公司形象，并执行有象征意义的市场活动；同时，如果要创造具有更大影响力的公共形象，公司的价值观、活动及计划就需要更透明，并且要主动接受公众的监督。因此，公司品牌与更高层次的开放性相辅相成。

虽然公司品牌资产会带来诸多潜在的市场优势，但是要精心地呵护与培育公司品牌资产是一个极大的挑战。未来市场的成功者必然是那些合理建立和管理公司品牌资产的公司。品牌备忘 12 - 3 描述了一个与公司形象紧密相关的概念——公司声誉，以及如何从消费者和其他公司的角度来看待这一概念。[29]

品牌备忘 12 - 3

公司声誉：美国口碑最佳的公司

两年一度的企业商誉调查为企业提供了反思的机会。《财富》杂志每年都会对声誉最好的公司进行一次综合调查。2017 年的调查对象涵盖美国和非美国 64 个行业中 1 500 个最大的公司。有 3 800 余名高级主管、外部专家及财务分析师接受采访，要求排列出他们最看好的 10 家公司（忽略行业因素）。他们从九个方面对参评公司进行考察：（1）质量管理；（2）产品或服务的质量；（3）创新；（4）长期投资价值；（5）财务状况；（6）吸引、发展和留住人才的能力；（7）社区及环境责任；（8）公司资产的正确使用；（9）全球竞争力。

自 2010 年以来，许多公司的排名都发生了变化。2017 年，《财富》杂志排出的前 10 名口碑最佳的公司及其排名如下：

排名	公司	排名	公司
1	苹果	6	Alphabet
2	亚马逊	7	通用电气
3	星巴克	8	西南航空
4	伯克希尔－哈撒韦	9	脸书
5	迪士尼	10	微软

另一个信息调查是 RQ2017 企业商誉研究。从 1999 年起，Harris Interactive 和纽约的咨询机构 Reputation Institute 每年都会进行公司声誉调查。它们的声誉调查研究证实了公司声誉持久的特性以及快速应对变化的能力。研究者确定公司声誉排行的程序是：首先进行初步采样，由 Harris Poll 在网上对 30 万多名美国公众调查。被调查者确定 60 家"最显著公司"；再根据声誉指标的 20 个属性进行评分，这套声誉指标经过科学设计，用于测度公司声誉的 6 个关键维度：情感吸引力、产品（服务）质量、社会责任、愿景和领导力、工作环境、财务绩效。2017 年度的排名结果如下：

排名	公司	排名	公司
1	亚马逊	6	UPS
2	Wegmans	7	迪士尼
3	Publix	8	谷歌
4	强生	9	特斯拉
5	苹果	10	3M

资料来源：Fortune, "World's Most Admired Companies," http://fortune.com/worlds-most-admired-companies/, accessed November 20, 2018; "Corporate Reputation Is Politically Polarized: The Reputation of America's 100 Most Visible Companies," *The Harris Poll*, N.D.

公司品牌资产（corporate brand equity）可以定义为消费者、顾客、员工、其他公司或任何相关支持者，对由于公司品牌资产所形成的言论、行为和提供的产品、服务所产生的差异化反应。换句话说，当顾客对公司广告活动、以公司品牌命名的产品或者服务、公司的公共关系等，比对不知名或虚构公司的上述行为的反应更加积极和良好时，正面的公司品牌资产就产生了。

公司品牌是公司通过非产品（或服务）方式表达自我的强有力工具。品牌科学 12 - 2 从股票市场收益和公司风险两方面，介绍了品牌架构决策在公司绩效中所发挥的重要作用。

品牌科学 12 - 2

品牌架构战略：品牌家族还是品牌屋？

如前所述，公司通常使用两种品牌架构战略。一种是品牌屋（BH）战略，即在组合的所有实体中（如 GE，3M，IBM）使用单个公司的品牌名称。另一种是品牌家族（HOB）战略，即针对特定细分市场开发与公司品牌没有关联的独特品牌（如宝洁的汰渍和 Cheer）。还有结合了所有其他品牌命名方法的混合架构。在一项研究中，研究人员发现 BH 战略能够产生最高的财务价值（使用股票市场收益），并得出结论，认为市场可能无法恰当地评估 HOB 战略，因为投资者可能没有意识到众多品牌能够将风险分配给更多品牌。

后来的研究考察包括子品牌和品牌背书战略在内的更广泛的品牌战略对股票市场收益以及股票市场风险的影响，研究这些品牌架构战略的意义。研究发现，品牌架构战略可以对与公司相关的各种不同类型风险产生重大影响，并且与品牌声誉、品牌稀释、品牌蚕食和品牌延伸的影响有关。子品牌策略可能会导致品牌过度扩张，从而加剧公司的相关风险。因此，虽然诸如联邦快递之类的品牌可能会受益于拥有多个子品牌，但也应注意潜在的风险，如品牌被过度延伸或稀释。

研究人员还研究了品牌组合的特征如何影响公司的营销和财务绩效，包括：（1）拥有的品牌数量；（2）细分市场的数量；（3）公司投资组合中的品牌相互竞争的程度；（4）消费者对公司产品组合中品牌质量和价格的认知。这项研究表明，这些特征可能会对各种指标产生重大影响，这些指标反映了公司在市场上的有效性、营销支出的效率以及整体财务绩效。

总体而言，管理人员应注意，品牌架构战略可能会影响公司的股票收益以及与这些收益相关的波动性和风险敞口（即风险）。BH 战略似乎提供了投资者重视的显著的效率，进而转化为更高的股市收益。品牌架构（如使用子品牌策略）对品牌风险的影响也会波及公司的整体股市风险。最后，应牢记环境因素（如目标受众的规模）以评估品牌对公司整体绩效和股票市场估值的影响。这些见解在很大程度上归因于品牌在塑造公司未来潜力方面的重要作用，而品牌架构战略可以向投资者传达公司品牌资产的价值或风险。

资料来源：Vithala R. Rao, Manoj K. Agarwal, and Denise Dahlhoff. "How Is Manifest Branding Strategy Related to the Intangible Value of a Corporation?," *Journal of Marketing* 68, no. 4 (2004): 126-141; Liwu Hsu, Susan Fournier, and Shuba Srinivasan, "Brand Architecture Strategy and Firm Value: How Leveraging, Separating, and Distancing the Corporate Brand Affects Risk and Returns," *Journal of the Academy of Marketing Science* 44, no. 2 (2016): 261-280; Neil A. Morgan and Lopo L. Rego, "Brand Portfolio Strategy and Firm Performance," *Journal of Marketing* 73, no. 1 (2009): 59-74.

公司形象维度

公司形象维度依赖于众多因素，例如公司的产品和行为，与消费者沟通的方式。这里将重点突出几个可能与公司品牌相关联并可能影响品牌资产的联想类型（见表 12 - 5）。[30]

表 12 - 5 重要的公司形象联想

1. 常见的产品属性、利益或态度	● 社会责任
● 质量	4. 公司信誉
● 创新	● 专业程度
2. 人与关系	● 可信度
● 顾客导向	● 吸引力
3. 价值观与规划	
● 环境意识	

共同产品属性、利益或态度　与单个品牌一样，公司品牌可以引起消费者强烈的联想，这包括产品属性（如好时与"巧克力"）、用户类型（如宝马与"雅皮士"）、使用情境（如地中海俱乐部与"娱乐时间"），或者总体评价（如 3M 与"创新"）。

如果某一公司品牌与多种不同品类的产品相关，那么它某些最突出的强势联想，便很可能是那些不同品类所共有的无形属性、抽象利益或者态度。例如，某些公司可能与解决某些特殊问题的产品或服务有关（如百得），可能为某些特定活动带来兴奋与乐趣（如任天堂），可能代表着最高质量标准（如摩托罗拉），可能具有某些先进或创新的特征（如乐柏美），或者是市场的领导者（如亨氏）。

要特别重视的是两个具体与产品相关的公司形象联想：高品质与创新。

高品质公司形象联想（high-quality corporate image association）需要建立"该公司制造的产品质量最好"这一消费者感知。有许多机构会以质量为标准，对产品（如 J.D.Power、《消费者报告》及许多汽车出版物）和公司（如马尔科姆·鲍德里奇奖）进行排名。现在，许多评论和评分网站提供了有关产品和服务的质量得分。例如，Yelp 和 Travelocity 分别为餐饮和旅游部门提供有价值的评分信息。即使质量不是最重要的，也一定是消费者决策中重要的影响因素之一。

创新型公司形象联想（innovative corporate image association）需要建立"公司正在发

展新的、独特的营销计划，尤其是新产品导入或产品改进等"这一消费者感知。凯勒和阿克通过实验法研究表明，不同的公司形象战略（创新型、关注环境型或者关注社区型），在增加品牌延伸的接受性时，对公司信誉和战略性收益的影响完全不同。[31] 有趣的是，对于具有创新性的公司，消费者不但认为其专业，而且认为其值得信赖和具有吸引力。因为创新意味着现代、与时俱进，积极投资于研发，采用最先进的生产设备并提高生产能力，推出最新的产品等。

许多日本公司都被视为创新型公司——无论是花王这类消费类产品公司，还是佳能这类科技含量较高的公司。[32] 对于其他国家的公司来说，创新形象的感知是公司关键的竞争武器和优势。米其林公司（"更好地前进"）说明了它是如何致力于环境、安全、价值和驾驶乐趣，并一直专注于创新驱动。品牌备忘 12 - 4 介绍了 3M 公司是如何培育创新文化和塑造创新形象的。

品牌备忘 12-4

3M 公司的创新

3M 公司在创立初期就培育了创新和即兴创造的公司文化。1904 年，公司的采矿业务出现失误，但公司将矿砂等废弃物转变为革命性的新产品：砂纸。现在，3M 公司生产包括砂纸、黏合剂、电脑光盘、隐形眼镜、光学镀膜等在内的 5 万多种商品。20 世纪，它推出了一些有影响力的产品，包括 Scotch 面具、透明胶带、Scoth 放油防水剂和便利贴。

3M 公司每年都有新产品面世，发明的专利数量长期位于美国前 10 大公司之列。在新任首席技术官阿希什·汉普（Ashish Khandpur）的领导下，公司的研发支出预算从 2012 年销售额的 5.5% 提高到 2017 年的 6%，每年增加约 1.6 亿美元。3M 公司之所以能够持续创新，在某种程度上是由于公司鼓励有利于创新的氛围形成。以下是 3M 公司借以保持创新性文化的部分策略：

● 公司鼓励每一个人成为产品创新者，而不仅仅是工程师。公司的"15% 法则"允许员工可以有 15% 的时间用于与个人兴趣有关的项目。高积极性动机的健康竞争环境帮助 3M 公司创新。

● 每一个潜在的新想法都可以指派给一个由创新经理领导的多部门团队。公司给那些美国本土销售额在三年商业推广期内超过 200 万美元或全球销售额超过 400 万美元的新产品授予"Golden Step"奖。

● 公司容忍失败，并认为失败是成功之母。进行有选择性的收购，并将它们视为成长的和内部创新与发展的补充。

● 从 2010 年起，3M 将社交网络引入创新过程中，每年的未来市场头脑风暴会都要求全球 75 000 名员工和 1 200 名其他人士参加。共有超过 700 个新的想法产生，引导企业开发九大市场。

2017 年，3M 重点关注的创新包括使用信息通信技术（ICT）来促进创新，经济增长和进步，帮助欧洲实现工业 4.0 计划，该计划将通过进一步的计算机化提高制造部门效率和组织基础设施的可持续性。

资料来源：3M 2010 Annual Report, www.3m.com; Chuck Salter, " The Nine Passions of 3M's Mauro Porcini," *Fast Company*, October 10, 2011, https://www.fastcompany.com/1777592/nine-passions-3msmauro-porcini, accessed November 20, 2018; Kaomi Goetz, " How 3M Gave Everyone Days Off and Created an Innovation Dynamo," *Fast Company Design*, February 1, 2011, https://www.fastcompany. com/1663137/how-

3m-gave-everyone-days-off-and-created-aninnovation-dynamo, accessed November 20, 2018; Trefis Team, "What Trends Will Ensure Growth for 3M in Western Europe in the Future?," *Forbes*, June 9, 2017, accessed June 19, 2017, https://www.forbes.com/sites/greatspeculations/2017/06/09/what-trends-will-ensure-growthfor-3m-in-western-europe-in-the-future/#6156c5ea1548; Lewis Krauskopf, "3M's New Technology Chief Has a Bigger Budget, Bigger Goal," *Reuters*, June 1, 2015, accessed June 19, 2017, http://www .reuters.com/article/us-3m-research-idUSKBN0OH3BV20150601.

人与关系　公司形象联想也可以反映出该公司员工的特点。这本来是航空（如美国西南航空）、汽车租赁（如安飞士）、酒店（如丽思卡尔顿）以及零售商（如 L.L.Bean 和诺德斯特龙）等服务性公司采用的策略，但许多制造性公司（如杜邦等）也开始在传播策略中关注员工。这是因为，公司员工所反映出的特点，有可能直接或间接地影响顾客对公司产品或服务的看法。相反，员工满意度的缺乏会损害强有力的公司形象。最近，飞速发展的科技公司伏步成为备受争议的焦点，被指控为"有毒的办公室文化"，这种文化让女性员工受到各种骚扰。

消费者还会形成有关公司的更加抽象的判断，甚至是感受，如对于公司品牌个性的感知。比如，消费者对一家大型公用事业公司的描述如下："男，35 ～ 40 岁，中产阶级，结婚有子，身着法兰绒衬衫和卡其布米色长裤，能力强，可信任，富有专业技能，勤奋，诚实，品行端正，以工作为中心。"对于其不好的方面，同样的一群消费者也会形容说："难以接近，缺乏感情，以自我为中心。"这也反映出该公司的品牌形象中需要改进之处。

许多零售商还从组织内部的员工身上发掘出许多品牌资产。例如，以西雅图为基地的诺德斯特龙从最初的一个小型鞋店，发展成为如今领导全美时尚的特色商店之一，就是依靠其对质量、价值、选择，尤其是服务的承诺。诺德斯特龙品牌以其"个性化接触"及不惜代价满足顾客的精神而闻名，而其品牌资产大多来自销售人员的努力及他们与顾客建立的关系。

因此，建立**以消费者为中心的公司形象联想**（customer-focused corporate image association），需要建立"公司对消费者负责，公司关心消费者"的顾客感知。具备了这种公司形象联想后，消费者就会相信"他们的呼声有人倾听"，并时刻考虑到他们的最大利益。通常，这样的理念反映在公司所有的营销计划中，并通过广告对外进行传播。

价值观与规划　公司形象联想有可能反映出与其出售产品不直接相关的公司价值观和规划。公司可以利用公司形象广告，向消费者、员工及其他人描述其在组织、社会、政治或经济问题方面的理念和行为。

例如，近期许多公司的广告活动都聚焦于环境和社会责任问题。**公司的社会责任形象联想**（socially responsible corporate image association）是指在消费者心中建立公司致力于社区事业、支持社会活动和改善社会整体福利的感知。**公司的环保形象联想**（environmentally concerned corporate image association）是指在顾客心中建立公司保护或者改善社会环境、高效利用稀缺自然资源的感知。下面将更详尽地讨论企业责任。品牌专题 12.0 讨论公益营销问题以及英国航空公司对公益营销的开拓。

公司信誉　对于公司品牌而言，尤其重要的一组抽象联想是公司信誉。第 2 章已对公司信誉下过定义，**公司信誉**（corporate credibility）是指消费者相信公司能够设计和提供满足消费者需求的产品和服务的程度。公司是在市场中获得信誉的，公司信誉像获得成功和领导地位一样，取决于以下三个因素：

1. 公司的专业化程度：人们认为公司有能力制造和出售产品或提供服务的程度；

2. 公司的可信度：人们认为公司诚实、可信赖、关心消费者需求的程度；

3. 公司的吸引力：人们对公司有好感，认为公司有吸引力、有威信、有活力等的程度。

当消费者感知一个品牌可信时会增加选择可能性，强大的信誉会给企业带来额外收益。[33] L.L.Bean 就是一个拥有较高声誉的企业。

信誉良好的公司还会受到外部其他组织的优待，如政府或司法部门等，并有可能吸引更高素质的员工，激发现有员工提高效率和忠诚。在壳牌石油公司的一次公司内部调查中，一位员工这样说："如果你真正为你所工作的地方感到自豪，我认为你就会在工作中花费更多的心思帮助公司更上一层楼……"

强大的公司信誉可以帮助公司在可能影响销售、鼓励合并或阻碍扩张计划的品牌危机中生存下来，避免引起公众愤怒。哈佛大学的史蒂夫·格雷斯特（Steve Greyster）说："公司信誉……可以当做一种有利的资金账户，这一账户可以起到缓解公司困境的作用。"

小结 这些无形的联想可能为品牌资产提供有价值的来源，也有可能成为关键的共同点和差异点。[34]公司拥有很多方法创建这些联想，包括直接或间接的方法。在这一过程中，很重要的一点就是公司必须"说应说的话，走该走的路"。也就是说，要与消费者保持沟通，同时实施消费者能够理解的甚至可以体验的具体营销活动，以实现公司的承诺。

管理公司品牌

公司品牌管理的特殊问题有许多，这里考虑三个问题：企业社会责任，企业形象宣传和企业名称更换。

企业社会责任 一些营销专家相信，消费者对公司整体社会角色的感知，已成为消费者购买决策中越来越重要的考虑因素。例如，公司如何对待员工、股东、社区居民等。[35]一家大型广告代理机构的总裁这样说："任何行业中唯一持久的竞争优势就是它的声誉。"[36]

一项大型全球金融分析和其他社团投资的调查结论也与此一致，其结果表明，91%的样本一致同意：如果一个公司失去信誉，就会遭遇财务危机。此外，96%的分析师认为，公司 CEO 的声誉对于公众对公司的评价来说非常重要。[37]

认识到消费者也许会对产品特性及其联想以外的问题产生兴趣以后，许多营销活动开始着眼于建立良好的公司形象。[38]一些企业将企业社会责任纳入现有核心业务当中。[39]本杰瑞公司通过各种各样的产品和计划来创造"行善者"这一强势联想，并将其税前利润的 7.5% 捐赠给各种慈善事业。它的年度社会和环境评估报告中详细介绍了企业主要社会目标并指出如何实现该目标。

品牌专题 12.0 介绍了公益营销的优点和面临的困境，以及如何成功设计和宣传公益营销，并对绿色营销也做了特别说明。

企业形象宣传 企业形象宣传可从整体上为企业品牌创建联想，而在这一过程中倾向于忽略或不强调单个产品或子品牌。[40]可以想象，在此类宣传上花费最多的，是那些在品牌战略中突出使用其企业名称的知名企业，如苹果、谷歌、通用电气、丰田、英国电信、IBM、诺华制药和荷兰银行。

有人指责企业形象宣传纯粹是自吹自擂、浪费时间，消费者也很容易忽视这些营销活动。然而，正如飞利浦（Philip）所做的一样，强大的公司品牌通过表达自我、美化产品含义与品牌联想，能够为企业带来无价的市场和财务收益。

飞利浦

近年来，飞利浦专注于简化产品和业务运营。2013 年 11 月，飞利浦对品牌标志进行简化，发布了新的流线型盾牌徽标，进而使品牌标志与其整体创新观保持一致。通过重新设计，飞利浦还推出了新口号"创新为你"，突出了公司用有意义的创新改善人们的生活这一使命。[41]
它的最新产品 Norelco OneBlade，通过将口号简化为 "你只需要 OneBlade" 来推动创新的使命。2004 年，为了将自己重新定位为对顾客更加友好的品牌，飞利浦消费类电子产品公司发起了一场全球范围的广告活动。该活动集中在新的广告语："感性又简洁"，并取代使用长达 9 年的"让我们做得更好"，广告所呈现的具有创新性的飞利浦产品轻松迎合了用户精致的生活方式。该活动均使用飞利浦现有的旗舰产品，如具有 Ambilight 的平面电视、配有内置硬盘的 HDRW720 型 DVD 录像机以及 Sonicare Elite 牙刷。飞利浦总裁兼 CEO 杰拉德·克莱斯特李（Gerard Kleisterlee）在谈到重新定位活动时说："我们创新的路径不是复杂化，而是简洁化，我们相信简单才是新的潮流。"[42]

飞利浦将创新和简约作为其消费者友好型品牌定位的两个关键支柱。

为了使成功的可能性最大化，必须明确企业形象宣传的目标，并根据这些目标对结果进行仔细评估。[43] 企业形象宣传有多个不同的目标 [44]：

- 建立公司及其业务属性的品牌认知；
- 形成对公司信誉的良好态度和感知；
- 建立能够通过营销具体产品而增长的信念；
- 给金融机构留下良好印象；
- 激励现有员工，吸引高素质人才；
- 影响公众对某些问题的看法和意见。

在创建基于顾客的品牌资产时，前三个目标尤为重要，因为公司形象宣传能提高公司知名度和建立公司品牌的正面形象，而公司知名度和品牌形象又会影响消费者评价，并增加与单个产品及任何相关子品牌相关联的品牌资产。但在特定情况下，后三个目标更加重要。[45]

企业形象宣传在合并或收购变更中也有作用。苏黎世和瑞银（UBS）通过实施强有力的品牌合作战略促进了金融领域的整合。

正如产品广告，企业形象宣传越来越具有创造性，经常会包含一些数字化战略。其中许多宣传都包括慈善活动以增强对消费者的吸引力。例如，康尼格拉食品公司（ConAgra Food）"消除儿童饥饿"的宣传，强生公司"关心回收"的宣传。

不像企业形象宣传没有指定的产品而呈现抽象术语，**品牌线宣传**（brand line

campaigns）强调与品牌线相关的一系列产品。通过向消费者展现同一品牌不同产品的用途和利益，品牌线广告和促销对构建品牌认知、明确品牌含义和提供附加应用方面的效果显著。有时候，品牌线宣传强调所有产品共同为主品牌宣传，如通用磨坊就是这样的例子。

通用磨坊

通用磨坊公司 2004 年决定用全麦生产谷物产品，这样每份产品里面至少有一半（8 克）是全麦的。尽管全麦有许多好处，包括降低慢性疾病的风险（如心脏病、某些癌症和糖尿病），但当时仅有 5% 的美国消费者接受美国膳食指南推荐的每天至少三份的建议。许多消费者对什么是全麦食品以及它为什么这么重要依然感到困惑。研究显示，消费者阅读谷物包装盒平均为 2.7 次，通用磨坊决定在其产品包装上采用美国农业部门食品指南 "金字塔" 来宣传全麦食品的健康利益。广告宣传也将重点转向全麦食品。这个计划取得了巨大的成功，在美国市场每年大约增加 150 亿份全麦产品。2011 年，通用磨坊与一位非常受欢迎的日间脱口秀节目主持人特维斯·斯托克医生（Travis Stork）合作，捐助 100 万份全麦食品给有需要的家庭。[46] 2015 年，通用磨坊进一步承诺去除所有谷物中的人工香料和色素，以期未来两年内在所有谷物中使用纯天然成分。[47]

企业名称更换　企业名称更换的原因很多，但应该以合理的原因、正确的方式进行名称更换。

原因　合并或收购常常是企业更换名称的原因，重新评估命名策略，权衡各个品牌在现有形势下已有的和潜在的资产。[48]

● 当两个现有较强企业合并或收购时，一个新的企业名称往往会将两者组合。例如，当联邦快递与金考快印（Kinko）合并时，新公司成为联邦快递金考（FedExKinko）。J.P. 摩根公司和大通 – 曼哈顿公司合并后成为摩根大通。

● 如果品牌资产不平衡，企业通常会选择固有品牌资产更多的企业名称，把另一个品牌降低至子品牌或者整体退出。当花旗集团收购 Travelers 后，后者的名称就被抹去，只留下一个小红伞标志作为新花旗集团的品牌。

● 最后，如果两个名称具有所期望的品牌资产，一个全新的名称是它们具有新功能的信号。

显然，在确定要收购的品牌名称、为新收购的品牌命名以及管理新收购的品牌方面有许多细微差别。品牌科学 12 – 3 概述了研究人员在品牌收购方面的发现。

品牌科学 12 - 3

品牌收购

品牌收购的案例比较常见。通常，从内部建立产品和品牌进展缓慢，且成本高昂。而且，新产品的失败率也会很高。在品牌的成长过程中，有一点很重要，它的前景取决于它的母公司——这在兼并或收购中尤其值得关注。许多公司通过从外部收购品牌来提高竞争力或在新市场中立足。例如，雅诗兰黛宣布，它已收购巴黎知名香水品牌克利安（By

Kilian)，但交易金额未公开。目前由 Dr. Pepper Snapple 集团拥有的 Nantucket Nectars 是从吉百利史威士股份有限公司（Cadbury Schweppes PLC）收购来的，吉百利史威士股份有限公司又是从优鲜沛（Ocean Spray）收购的。表 12-6 列出了一些在过去几年中引人注目的收购以及收购价格。随着品牌收购的频率和范围不断增加，一系列学术研究探讨了关于此类收购的问题。

表 12-6　主要收购清单

年份	收购方	收购目标	收购价格（亿美元）
2000	通用磨坊	Pillsbury	105
2005	宝洁	吉列	570
2006	强生	辉瑞	166
2007	可口可乐	Vitaminwater	41
2010	通用磨坊	Mountain High yogurt	8 480
2013	Fairfax Financial	黑莓	50
2016	微软	领英	281

其中的关键问题是：这些收购是否会通过增加其市场份额和股东价值而使收购公司受益？如果是的话，又需要什么条件？

研究人员发现，当收购公司的整体营销能力更高时，投资者会增加对品牌收购的估值。一项研究收集了 20 年间多个 B2C 行业品牌和产品收购公告的股市数据，以了解股东对收购公告的反应。研究结果表明，管理人员应该仔细考虑内部可用资源的性质，以确保品牌能成功地从目标公司转移到收购公司。这些研究人员认为，管理人员应确保拥有以下条件以实现成功收购：（1）具有大量品牌资产的强势目标品牌；（2）收购公司内部强大的组织营销管理能力；（3）企业多元化程度。品牌名称的变更也是影响收购成功的一个因素。因为投资者意识到，被收购品牌名称变更对品牌资产有很大风险。

总而言之，品牌收购是实现有机增长的可行方案，特别是对于面临着新产品开发的高成本和高失败率的管理人员而言。收购的成功很大程度上取决于对所收购品牌的持续关注和资源倾斜。许多品牌即使在被收购之后，也可能会被忽视或遗忘，在公司拥有大量品牌的情况下更是如此。除了关注和资源外，还应仔细考虑对品牌架构的影响和更名的潜在影响，以及收购公司的营销和品牌能力，以确保收购成功。

资料来源：Kevin Lane Keller and Don Lehmann, " Assessing Brand Potential, " in special issue, " Brand Value and Valuation, " of *Journal of Brand Management* 17, eds. Randall Raggio and Robert P. Leone (September 2009): 6-17; Kevin Lane Keller and David A. Aaker, " The Effects of Sequential Introduction of Brand Extensions, " *Journal of Marketing Research* 29 (February 1992): 35-50; Randle Raggio and Robert P. Leone, " The Theoretical Separation of Brand Equity and Brand Value: Managerial Implications for Strategic Planning, " *Journal of Brand Management* 14 (May 2007): 380-395; Yana Damoiseau, William C. Black, and Randle D. Raggio, " Brand Creation vs. Acquisition in Portfolio Expansion Strategy, " *Journal of Product & Brand Management* 20, no. 4 (2011): 268-281; Michael A. Wiles, Neil A. Morgan, and Lopo L. Rego, " The Effect of Brand Acquisition and Disposal on Stock Returns, " *Journal of Marketing* 76, no. 1, (2012): 38-58; S. Cem Bahadir, Sundar G. Bharadwaj, and Rajendra K. Srivastava (2008), " Financial Value of Brands in Mergers and Acquisitions: Is Value in the Eye of the Beholder?, " *Journal of Marketing* 72 (November) 49-64; Casey Newmeyer, Vanitha Swaminathan, and John Hulland (2016), " When Products and Brands Trade Hands: A Framework for Acquisition Success, " *Journal of Marketing Theory and Practice* 24 (2), 129-146.

兼并和收购可能需要品牌改名，剥离、融资买入或资产出售也可能需要品牌改名。2000 年，安达信咨询公司从安达信律师事务所分离，年底就必须停止使用安达信名称。通过广泛的命名征集和品牌重塑工作的开展，企业采用了员工的建议，使用"埃森哲"寓意"accent on the future"。在 2002 年爆出安然丑闻事件后，安达信被禁止商业运营。对安达信一些负面的评价会转移到安达信咨询品牌。幸好，这时安达信咨询已更名为埃森哲。

公司战略发生巨大转型时也会导致公司更名。美国钢铁把名称改为 USX 以淡化其产品组合中钢和金属的重要性。阿勒格尼（Allegheny）航空公司从区域化向全国化发展后把名称改为 USAir，类似地，当它开始国际化发展战略时，则把名称改为 USAirways。最后，公司希望摆脱丑闻也会导致更名——尽管一个新的名字不能修复丑闻对企业声誉的损害。要注意的是，新的名字尽量不要牵扯其中，否则，新的品牌一样会遭受因丑闻带来的怀疑和否定。兰斯阿姆斯特朗基金会（Lance Armstrong Foundation）将其名称更改为顽强生活基金会（Livestrong Foundation），以和有丑闻的前自行车手大使保持距离。

指南 尽管重新命名可以带来成长的机会，但是专家建议应采取谨慎态度。名称变更非常复杂，耗时较长，花费也大，因此，只有当企业的营销和财务成熟，并且有适当的配套营销方案可以实施时才考虑更名。新公司名称不能隐藏产品或其他方面的缺陷，要求合法并经过 URL 审批确认是合适可用的。品牌更名也会丧失原有品牌的知名度和忠诚度。

第 4 章中讨论的品牌问题与企业名称选择和变更相关。鉴于企业品牌战略和营销目标，企业应该从可记忆性、有意义性、可爱性、可保护性、适应性和可转移性等方面对备选名单进行评估。企业名称应基于公司的品牌战略和营销目标，反映特定的产品特征、利益和价值。例如：康莎莉食品公司（Consolidated Foods Corporation）变成莎莉集团（Sara Lee Corporation），Blue Ribbon Sports 变成耐克，Starbucks Coffee 变更为 Starbucks，Apple Computers 变为 Apple。名称的变更有助于企业的战略方向更加清晰。2015 年，谷歌宣布在其母公司 Alphabet 下进行重组，将核心业务的管理与正在推出的新业务分离开来。

一旦公司选择新名称，向员工、顾客、供应商、投资商和公众传递新名称是一项持续的工作——通常需要新的营销宣传，并要有好的市场机会。企业品牌名称变更是一个时间资源密集型的过程，需要企业全部投入才能成功。

不要过于着急品牌更名。不论品牌架构升级的方法是什么，目标至少是保持品牌资产，如果能够增加则尽可能增加。例如，2005 年 8 月，梅西百货收购了 May 和芝加哥百货公司 Marshall Field。它在品牌更名方面作出的努力并没有引起消费者的共鸣。因为人们抵触变革，品牌重塑的初始反应总是负面的。有时负面反应甚至会导致企业直接放弃新名称。GAP 尝试改变品牌标识，使其变得更加现代化。但是新标识却因外观过于平淡、廉价和庸俗而饱受批评。无奈之下，GAP 在一周内又将品牌标识恢复原状。

美国联合航空公司（United Airlines）的母公司 UAL，在收购赫兹汽车租赁、威斯汀酒店和希尔顿酒店时，认为有必要改名以反映其一站式旅行的特点，它选择"Allegis"作为新名称。新名称是"Allegiance"和"Aegis"的组合。公众的反应非常负面，他们指出新名称不好发音，过于炫耀，且与旅行毫无关系。UAL 前股东唐纳德·特朗普（Donald Trump）更是认为这个新名字"更适合下一次世界流行病"。6 个月之后，在花费 700 万美元的研究和推广费用后，公司决定放弃租赁和酒店业务，并且再次使用美国联合航空的品牌名称。[49]

不过，随着时间的推移，如果选择和处理得当，新名称会获得熟悉和认可。指南的目的是通过品牌外观和使用的一致性提高实施效率。这些规则可见第 8 章的相关内容。

12.5 建立品牌架构指南

品牌架构是诠释营销"艺术和科学"本质的经典例子。建立规则和框架并能一致性地按规则执行非常重要。与此同时，保持灵活性和创造性也同样重要。几乎没有一个品牌架构方案能无差别地应用于不同企业的所有产品。即使同一个企业也可能会采用混合战略，针对不同的产品采用不同的品牌化策略。

例如，米勒虽然一直用公司名称加上一个附属品牌作为各种不同类型产品的品牌（如米勒豪华啤酒、米勒淡啤和米勒正宗生啤），但它还是小心地对其不含酒精的啤酒替代品冠以 Sharp 品牌，还有冰啤 Icehouse，以及低价啤酒 Milwaukee's Best 等也是如此，都没有使用米勒标识。这是因为公司认为家族品牌名称与目标市场的关联性不大或价值不匹配。

品牌架构也有可能是不对称的。受公司目标、消费者行为或竞争活动等因素的影响，针对不同产品或不同市场所采用的品牌战略与品牌架构的组织方式之间可能会产生很大的偏差。

由于产品和市场的不同，对品牌元素的强调可能有重有轻，有些甚至根本不会出现。例如，在一个杜邦品牌极具价值的细分市场中，对"杜邦"这一品牌名称的强调就会比子品牌多一些。而在吸引消费者的细分市场中，像特富龙（Teflon）这样的子品牌可能就比"杜邦"更有意义，因而，当面对杜邦的目标市场时，就会更多地突出"杜邦"的标识。

评价一个品牌架构时，我们应该问一些问题，例如：

● 对于品牌组合而言，是否所有的品牌各得其所、各谋其职？品牌覆盖率是否最大化，品牌重叠率是否最小化？

● 对于品牌架构来说，品牌是否具备延伸的潜力？在品类之中和之外，其延伸潜力如何？品牌是否过度延伸？

● 母品牌到现有单个产品的正面和负面可转换的是什么？单个品牌对母品牌的反馈效应是怎样的？

● 不同品牌战略的利润来源是什么？每一个品牌的收入是多少？成本是多少？是否存在现有品牌交叉销售的机会？

为了回答以上问题，制定并实施最优的品牌架构战略，营销人员必须谨记以下六点：

1. 完全聚焦于客户。识别消费者知识和需求，以及他们的行为方式。

2. 建立宽广、灵活的品牌平台。强大的伞品牌是非常可取的，资源可以最大化地协作与流动利用。

3. 避免过度品牌化和拥有过多的品牌。例如高科技产品常常被认为对每一个要素和整体效果都做品牌化宣传，正如纳斯卡（NASCAR）赛车的标志总是无处不在。

4. 有选择性地采取子品牌战略。子品牌是具有关联性与独特性的沟通方式，也可作为补充型和强化型品牌。

5. 有选择性地进行品牌延伸。正如第 13 章所介绍，品牌延伸应该建立新的品牌资产，并强化现有品牌资产。

6. 确保品牌收购与现有品牌架构保持一致。对收购品牌更名所付出的短暂努力可能会产生消极的结果，进而导致顾客的流失。

········|　**本章回顾**　|········

品牌资产管理的关键是采用适当的品牌战略。通常，产品的品牌名称是一个包含多个不同品牌名称及其他品牌元素的组合。公司的品牌架构战略决定了该公司将在其出售的各种不同产品中选择应用哪些品牌元素。把品牌－产品矩阵和品牌架构结合起来，再结合消费者、公司及竞争等因素，就可以帮助营销经理制定出最佳的品牌战略。

品牌－产品矩阵以图的形式表现公司出售的所有品牌和产品。其中，矩阵的行表示公司的品牌，列表示相应的产品。矩阵的行代表着品牌－产品关系，反映出公司某个品牌的品牌延伸战略。判断潜在延伸是否可行的依据是，新产品能否有效地提升现有品牌资产，亦即品牌延伸能否有效地增加现有母品牌的资产。矩阵的列代表着产品－品牌关系，通过每一品类下营销的品牌数量和性质反映出品牌组合战略。

我们根据品牌－产品关系和品牌延伸战略所反映的广度，以及产品－品牌关系和品牌组合所反映的深度来描述品牌战略的两个特征。即品牌战略的广度反映公司的产品组合及公司生产或出售的所有产品，品牌战略的深度反映品牌组合及卖方出售给买方的所有品牌和品牌线。

公司有可能在一个品类中提供多个品牌，以吸引不同的、相互独立的潜在细分市场。品牌在组合中也可以起到非常特殊的作用。例如，侧翼品牌用来保护其他更有价值的品牌；低档的入门级品牌可以吸引消费者；高档权威品牌有助于提升整个品牌线的价值；现金牛品牌则能够培育所有潜在的可实现的利润。公司必须深刻理解每一品牌为公司做了些什么。而更重要的是，自己希望为消费者做些什么。

品牌架构通过说明公司产品的普通和特殊品牌名称元素的数量和性质，清晰地反映出所有品牌名称的次序。采用品牌架构可以反映出公司出售的不同产品间潜在的品牌关系。所以，它是用图表形式描述品牌战略的有效手段。品牌架构中可能的品牌元素及潜在层次，可简单地从上到下描述为：公司品牌、家族品牌、单个品牌、修饰品牌。

在设计品牌架构时，必须确定品牌不同层次的数目（通常是 2～3 层），以及当原有品牌与一个新的产品相结合时，各个层次中品牌的相对重要性。新产品冠名的一个常用战略是子品牌战略，或者将现有的公司或家族品牌与新的单个品牌结合使用，作为新产品的品牌。当采用多品牌名称时，例如使用子品牌时，某一品牌元素与其他要素相比较而言的显著度决定了它的重要性。品牌的显著度和重要性取决于品牌的次序、大小、颜色及其物理外观等因素。为了构建品牌体系的结构，充实其内容，还必须向消费者解释清楚品牌在不同产品中使用的方式，不同产品是否采用了不同品牌，以及这些品牌之间的关系等问题。

在设计品牌架构的营销支持方案时，还必须明确品牌架构中每一层次产品的理想认知度和品牌形象。在采用子品牌战略的情况下，品牌任一层次的理想认知度都将决定品牌的相对重要性，以及与品牌相关的联想转移到产品上的程度。在创建品牌资产时，对每一层次应与哪些联想相关联的决策，应当建立在相关性与差异化这两项原则的基础之上。通常，如果创建的联想能与该层次以下更多的品牌元素相关，能在同一层次中更加突出某些品牌，这样的联想就更好。

公司或家族品牌可以建立起许多有价值的联想，如共同产品属性、利益或态度、人和关系、计划和价值、公司信誉等。这些联想有助于使品牌差别化。公司形象取决于许多因素，如公司制造的产品、采取的行动、与消费者沟通的方式等。传播活动的重点可以是抽象的公司品牌，也可以是组成品牌线的多种不同的产品。任何公司名称变更或品牌重塑都要非常小心。在品牌兼并或收购的情况下，品牌名称变更可能导致品牌资产的骤减。对于收购后关注（并据此惩罚品牌）品牌名称变更存在的固有风险的顾客和投资者来说都是如此。

许多品牌关注的一个越来越重要的领域是企业社会责任。企业越来越重视其言行对环境、经济和社会的影响。许多企业采用公益营销旨在让顾客将品牌与公益建立联系。许多消费者也越来越关注企业产品和服务，以及企业的生产过程与出售方式对环境的影响。

········| 问题讨论 |········

1. 以一个公司为例，尽可能完整地说出其品牌组合和品牌架构的特点。你认为应当如何改进该公司的品牌战略？
2. 科技公司是如何确定品牌名称的？它们所遵循的品牌架构的关键特征是什么？例如，可以对比近些年来谷歌和雅虎的品牌架构。
3. 比较两个行业中市场领先者的品牌战略和品牌组合。例如，可以将安海斯－布希及其百威的做法与家乐氏的做法作一个比较。
4. 如果通用汽车公司希望进一步深化分部之间的差别水平，它可以采取哪些产品策略和传播策略？如何利用线上数字营销和社交媒体来强化特定品牌组合间的差别？
5. 找出一个品牌架构包含多个层次的公司。回顾图 12－1 中品牌架构设计准则，然后阐述该公司品牌架构的设计是否遵循了这些准则。如果没有，如何改善该公司的品牌架构？
6. 找出最近有关品牌收购的新闻，获取品牌收购公告，并从收购者的角度说出此次收购发生的原因。阐述此次收购的利弊。
7. 思考品牌备忘 12－3 列出的具有较高品牌声誉的公司。浏览公司的网址，你能判断为什么这些公司具有较高的公司声誉吗？

品牌专题 12.0

企业社会责任和品牌战略

近年来，许多公司采取的一项关键举措是提升企业社会责任（CSR）。美国和英国《财富》500 强在企业社会责任方面的投入超过 150 亿美元。[50]许多公司（如谷歌、微软、甲骨文、默克、强生）以企业社会责任活动著称。CSR 活动可以为消费者提供公司商品的质量信号，进而增强消费者对公司商品的偏好。同时，CSR 活动还可以创造消费者所重视的光环效应。[51]这也对公司品牌形象的建立具有重要意义。然而，在探究其意义之前，有必要对企业社会责任是什么进行界定。

在广义层面上，CSR 是指商业行为对社会的影响。[52]具体一些，CSR 被定义为"组织具有将其对社会的积极影响最大化，消极影响最小化的义务"。[53]因此，CSR 活动被广泛地定义，并且包含了一些相关的活动，例如公益营销、绿色营销、可持续发展等。之前分析过企业参与 CSR 活动的各种原因。2015 年尼尔森（Nielsen）报告指出，在全球范围内，66% 的消费者愿意为参与可持续发展的品牌支付更多，73% 的千禧一代愿意在参与企业社会责任活动的产品上消费。[54]以下列出 CSR 可以提高消费者品牌认知的一些原因。

● 增加合法性。CSR 为公司提供了合法性。消费者更喜欢与具有高道德与道德标准的公司进行互动。采用公益营销的品牌能赢得更高的知名度，更容易纳入消费者的考虑范围。汰渍洗涤剂在其"荷载希望"（Loads of Hope）计划中纳入公益营销，为救灾筹集资金。比如，在卡特里娜飓风过后，汰渍为数百名新奥尔良居民提供干净的衣物。随后，汰渍扩展其计划，到 2017 年已经帮助了超过 20 个遭受自然灾害的地区。汰渍的"荷载希望衣物"计划帮助当地社区收集、清洗以及捐赠衣物，为汰渍洗涤剂赢得积极的公众反应，增强了消费者品牌认知。[55]

● 影响可信度的多个维度。消费者认为，愿意投资 CSR 计划的公司相比其他公司会更关心顾客，也更值得人们信赖。退一步说，因为"做好事"而更受欢迎。惠而浦公司与仁人家园（Aabicat for Humanity）合作的"不仅仅是房子"公益项目（为每一个新家捐冰箱）获得了巨大商誉。在 16 年中，该计划捐赠了 8 500 多万美元，8 000 多名公司志愿者帮助了 10 万多个家庭。[56]

● 建立品牌认知。品牌是公开的，不一定具有回忆作用，但 CSR 计划可以提升品牌认知度。与赞助营销和其他间接创建品牌的传播形式一样，绝大多数 CSR 计划比较适用于增加品牌的曝光度，而不适用于在具体消费或使用情境中试用品牌，因为在公益营销中很难或者不适合传递产品相关的信息。同时，由于 CSR 计划可以不断增强品牌曝光率和突出点，从而能促进品牌的再认。

● 提升品牌形象。由于大多数 CSR 计划不会包括太多的产品相关信息，因而它们不能对产品的性能和业绩产生影响。另外，两种抽象或者与形象相关的联想可以通过 CSR 与品牌发生联系，即使用者情况（如 CSR 可以使消费者形成友爱、大度、行善的积极的品牌用户形象，而这也正是消费者希望契合的）及个性和价值观（如 CSR 能够清晰地支撑品牌个性的真诚维度，从而使消费者认为品牌背后的人是真诚和富有同情心的）。

● 唤起品牌感受。CSR 可以唤起社会认同和自我尊重两种品牌感受；换句话说，CSR 可以帮助消费者确认自我尊重及对他人的尊重。为了强调社会尊重，CSR 计划需要为消费者提供外在符号，以表达他们与其他人之间的关系，比如，丝带、小礼品、T 恤等。对于自我尊重，CSR 希望给人们这样一种感受，即他们正在做正确的事并以此为荣。当然，外在符号无法与消费者亲身体验的内心感受相提并论。向消费者传播他们能够为公益事业贡献力量的光荣感，能够激发这种体验。因此，必须向消费者说明他们实际贡献的大小和实际行动（消费者实际贡献的收入百分比或具体数额），以突出强调消费者所做的贡献。

● 建立品牌社群归属感。CSR 和精心选择的公益事业，是品牌使用者与其他消费者或公司员工分享经历的兴奋点和途径。[57]在线网络是消费者找到品牌归属感的虚拟社群。品牌营销者可以点击进入公益事业（如阿尔茨海默病、癌症及自闭症等在线团体）的在线社群。品牌可以组织这些在线社群或者和这些在线活动联盟，以获得社会积极关注。

企业方面已经采取一系列环保营销措施。汽车行业通过引入节油和减排的混合动力车型，以应对油价上涨和吸引关注环保的顾客。麦当劳近年来推出一系列众所周知的环保措施，例如采用原色纸作为外卖包装，用包装纸和轻便可回收盒子代替塑料泡沫包装。

然而，从品牌的视角看，绿色营销计划并不是都获得了成功。[58]绿色营销到底遇到了什么障碍呢？

过度曝光和缺乏信誉

有过多的公司发表自己的环保宣言，以至于公众开始怀疑它们的真实性。当一个产品宣称它是"有机的""交易公平的"或"生态友好的"，究竟意味着什么呢？政府对某些"绿色"宣言的调查结果（如废包装袋的降解能力）以及媒介对其他环境问题的追踪报道，也增加了消费者的疑虑。这些负面信息使许多消费者认为，环境宣言不过是公司的营销手段而已。

有时，努力为消费者提供更多信息只会使情况更复杂。太多的产品商标被介绍给消费者。例如，为了未来成为环保领袖，沃尔玛 2009 年推出环境保护和可持续发展指数，利用环境和可持续因素对企业进行划分。但沃尔玛发现很难用量化指标对企业进行评价，后来又宣布这一做法只是为了给消费者提供更多关于产品的信息。[59]

所有产品都面临生产和消费权衡的挑战，不论多么"绿色环保"，都会对环境产生影响。全面了解产品对环境的影响，需要对从原料投入到最终成品的生产和消费过程有充分的了解。

"绿色"行动的效果并不总是显而易见。石原农场（Stonyfield Farm）创始人兼 CEO 加里·赫什伯格（Gary Hirshberg）指出，尽管许多企业采用可回收包装，但是，原石农场使用不能回收的酸奶瓶开启降低碳排量之路。这些瓶子由被填埋的植物制作而成，比可回收塑料包装产生的碳排量还少。

类似地，Patagonia 对其户外服装生产线中纤维对环境影响的检测中发现，对环境危害最大的不是以石油为原料的合成材料，而是棉花——因为其种植过程中使用农药。公司开始使用合成棉，但它的缺点是会耗费更多的水资源——生产一条牛仔裤竟然需要 1 200 加仑水。[60]

处理环境纠纷问题是非常棘手的，美国政府要求企业对环境纠纷问题更加明确，以提供清晰的帮助。"回收"纠纷必须明确多少产品和包装被回收，它们是未使用的"postconsumer"还是工业废料"preconsumer"。美国联邦经贸委员会（FTC）负责处理模糊不清、未经证实的独立产品测试纠纷。例如，企业不能在产品包装上使用政府的能源之星标志，除非获得的第三方测试能表明其产品确实比同类常规产品更有效。[61]

消费者行为

正如许多已出版的社会趋势报告所言，公司的环境意识事实上非常复杂，并不总是能与公众的感知相符。目前已有一些研究开始关注消费者对环境的态度。

尽管消费者总是愿意支持环保的产品，但他们的行为并不总是与期望一致。[62]在更多的细分市场中，他们不愿意为了绿色环保而放弃其他更优的选择。例如，有些消费者不喜欢回收纸张和环保型家居产品的功能、外观或质地；还有些消费者不愿意放弃使用如尿不湿这类一次性产品的便利。

实施不力

在一窝蜂跟风绿色营销的过程中，许多公司的营销计划并没有得到良好的贯彻实施：产品设计不能充分表达出环保价值，产品价格过高，促销手段不当等。一旦产品质量提高，广告有时反而失去重点，显得过于激进而没有说服力。一份研究显示，对涉及重大环境问题的产品，传达确凿可靠的环保信息最有效；否则，则应适可而止。[63]

可能的解决方法

相比美国，环保运动在欧洲和日本的历史更加悠久，渊源更加深厚。宝洁在欧洲的许多基本家居产品项目（包括清洁剂和洗涤剂）都采用可降解的简易可弃包装袋形式。宝洁公司称，美国的消费者可能不会买这种包装的产品。在美国，各个企业正在不断努力，以满足消费者希望产品具有环保功能的愿望，同时兼顾必要的盈利能力。

················ | 第13章 | ················

新产品导入、命名及品牌延伸

学习目标

» 定义不同类型的品牌延伸。

» 列出品牌延伸的主要优点和缺点。

» 总结消费者如何评价品牌延伸，品牌延伸如何对母品牌资产提供利益回馈。

» 概述品牌延伸的关键前提和成功的考虑因素。

品牌在受到过度延伸的伤害之后，古驰决定回撤并小心翼翼地
进行品牌扩张，以获得更大的成功。

资料来源：Lou Linwei/Alamy Stock Photo.

·········| **本章提要** |·········

第 12 章介绍品牌架构的概念，并描述了营销者如何对其进行扩展的过程。在这个过程中，如何通过新产品导入帮助一个品牌成长并发挥它的潜能值得引起重视。因此，本章将详细探讨产品策略在创建、维护和提升品牌资产中的作用。特别重要的是，本章还提出新产品导入的命名及品牌延伸的指导原则。

从历史上看，在很长一段时间里，许多公司都追随宝洁、联合利华及其他大型消费品生产厂家的做法，在推出新产品时避免使用现有品牌。后来，严峻的经济环境、对增长的要求以及竞争的现实状况，促使公司不得不重新考虑"一个品牌一个产品"的策略。许多公司开始意识到，品牌是最有价值的资产之一。自此之后，它们就决定以最出色的一些品牌推出一系列新产品，由此提升品牌资产。

许多公司试图创建"能量型"或者"巨大型"品牌，从而涉足更广泛的市场，以多个产品吸引多个细分市场。联合利华多芬品牌在"寻找真正的美"广告的支持下，取得了从香皂到系列护肤产品的成功。与此同时，营销者也意识到太多的产品变化也会产生副作用，而且，没有差异化的产品扩张只会令顾客反感。

关于品牌延伸的最佳实践管理已有很多研究。本章从介绍品牌延伸的一些基本问题入手，分析品牌延伸的主要优缺点，然后给出消费者评价品牌延伸的一个简单模型，同时介绍新产品导入、命名和品牌延伸的管理原则。最后还将全面总结目前品牌延伸方面的学术研究成果。

13.1 新产品和品牌延伸

作为背景资料，我们有必要首先研究一下公司得以成长的原因。安索夫（Ansoff）的产品／市场扩张矩阵提供了一个有益的视角（见图 13-1）。它根据用现有产品还是新产品，针对现有市场还是新顾客或新市场，对增长战略进行分类。品牌备忘 13-1 介绍了麦当劳根据这些原则制定的成长战略。

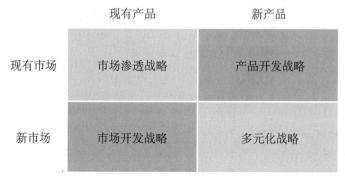

图 13-1 安索夫的成长矩阵

品牌备忘 13-1

麦当劳品牌的成长

在过去的十年里，麦当劳面临着环境的挑战。其中，对于快餐引起的健康问题的意识不断增强，导致消费者选择更健康的食物，这是麦当劳面临的主要挑战。市场饱和以及经济不景气也阻碍公司的成长。为了应对这些问题，麦当劳制定了一系列不同的增长策略（可以根据安索夫矩阵对这些策略进行分类），即使在面临挑战和不确定性的情况下，公司的财务状况仍有所回升。人们甚至把产生的晕轮效应——推动了整个快餐行业的增长归功于麦当劳。麦当劳通过成本领先优势实现差异化。它还为低收入家庭提供超值餐点。即使面临激烈的竞争，麦当劳仍继续提供新的产品来满足消费者的需求，并通过重新授予特许经营权，削减销售成本、综合开销以及行政管理费用来降低成本。

市场渗透

在很长的一段时间里，麦当劳仅依靠每年新增数百个门店的策略增加市场份额。但是到了 2002 年，市场变得饱和、衰退。2004 年，新上任的 CEO 詹姆士·斯金纳（James Skinner）采取新的企业理念"越做越好，而不是越做越大"。麦当劳要通过在现有门店达到更高的回报率增加收益，而不是以增加门店数量的方式来实现增长。

因此，公司对现有门店的设施和运作进行大量投资，而不是继续新增门店。麦当劳通过在很多门店开设 24 小时服务的重要措施，让消费者很轻易地消费更多的金额。为了更好地适应这些增加的营业时间，菜单一直在不断微调以求满足任何餐饮或零食需求。

早餐已经成为麦当劳收入的一个重要组成部分。美国国内收入的 1/4——约 60 亿美元——和近 1/2 的利润来源于早餐的销售，其中包括非常成功的麦满分（McMuffin）和 McGriddle 早餐三明治。2015 年，麦当劳开始全天 24 小时供应早餐食物。有调查显示，1/3 在早餐时段外购买早餐食物的顾客上个月没有光顾这家餐厅。全天早餐供应可以为麦当劳持续带来销售收入。同时，通过全天销售的鸡蛋麦满分以及午餐或其他时段销售的薯饼，销售实现增长。

快餐卷和冰沙在正餐之间的时段吸引着顾客，快餐卷是那些需要一手操作方向盘的顾客的理想选择（60% 的销售额来自于此）。麦当劳在全球范围内推出长达十年之久的"我就喜欢"（I'm Lovin'It）广告活动完美支持了新产品的推出，并提升顾客忠诚度。它被译成多种语言，取代了原来用于不同地区的 20 多种不同的广告版本。

市场开发

近年来，麦当劳始终努力保持着全球扩张，并取得令人震惊的成就。到目前为止，麦当劳在美国、欧洲、中东、亚太地区、非洲、加拿大以及拉丁美洲 119 个国家拥有超过 33 000 个门店、150 万名员工，每天为 6 900 万名顾客提供服务。

麦当劳能够取得全球性的成功，非常关键的一点是，它持续改进菜单以迎合文化和宗教差异带来的口味偏差。为不同的地区提供专门的菜单项，例如，在日本有照烧汉堡包；在英国有蔬菜麦乐鸡；进入印度市场的时候，由于当地人不吃牛肉（牛被视为神圣的象征），所以公司推出由羊肉制成的 Maharaja Mac 汉堡包。此外，公司还推出新的辣味沙司，如 McMasala 和 McImli。

麦当劳同时也瞄准了不同的人口和心理细分市场。"快乐套餐"的供应多年来不断调整以同时吸引儿童和他们的父母。最近麦当劳还通过提供纽曼食品公司（Newman's Own）优质沙拉酱、其他清淡类菜单，吸引 20 ～ 30 岁的女性，开拓美国国内市场。麦当劳已经快速成为美国排名第一的沙拉品牌。

产品开发

麦当劳发现自己在核心市场上的声望，受到人们对快餐不利于健康、导致发胖的担心的影响，此外，2001 年出版的 Fast Food Nation 一书和 2004 年发行的电影 Super Size Me，强化了快餐在公众心目中的负面影响。因此，麦当劳开始关注更健康的产品如沙拉或全麦卷，进而吸引注重健康的顾客。

公司新关注并强调健康饮食和锻炼活动，重塑了麦当劳大叔"首席快乐官"的形象，他是体育爱好者，在电视节目中身穿更具有运动特色、红黄相间的外衣，吃着水果溜冰、滑雪。

麦当劳还把握了美国高档咖啡逐渐流行的趋势，推出麦当劳"优质烘焙咖啡"，单杯零售价比星巴克低 35%。同时，还推出全新优质汉堡包和鸡肉三明治系列——招牌菜单包括墨西哥风味牛油果汉堡包和第戎风味腌肉汉堡包。这些新式汉堡包的营销活动还包括推出"薯叉"，一种用薯条做成的叉子，用来蘸取新汉堡包的酱汁和馅料。20 块麦乐鸡的套餐使得麦当劳进入了肯德基占主导地位的共享餐细分市场。

多元化

麦当劳通过市场渗透、市场开发以及产品开发吸引顾客，也采取多元化策略，以新产品吸引新顾客。2001 年，麦当劳进行品牌延伸，开设美国国内第一家麦咖啡——极品咖啡店，它的灵感来源于星巴克咖啡在葡萄牙和奥地利的成功亮相。在取得初步成功之后，麦当劳现在把重点放在将麦咖啡扩展到餐厅和零售连锁店，以及在全球开设更多独立的麦咖啡门店。随着更多的优质咖啡在美国销售，以及更多面向家庭的餐厅，麦当劳相信可以从星巴克抢占市场份额。麦当劳甜品站是公司的另一项品牌延伸。

尽管在瑞士开设的几个金色拱门酒店并未成功，最终以抛售结果，麦当劳在品牌延伸上的探索仍在继续。在中国香港，有三家麦当劳为忠实伴侣提供婚庆服务，这个价值近 1 300 美元的"温馨甜蜜婚礼套餐"可容纳 50 位客人，另有 165 美元的"珍珠白气球"婚纱租赁。

资料来源：Joanna Doonar, "Life in the Fast Lane," *Brand Strategy*, 186 (October 2004): 20-23; Gina Piccolo, "Fries with That Fruit?" *Los Angeles Times*, July 18, 2005, F1; Pallavi Gogoi and Michael Arndt, "Hamburger Hell," *BusinessWeek*, March 3, 2003, 104; Kate MacArthur, "Big Mac's Back," *Advertising Age*, December 13, 2004, S1; Michael Arndt, "McDonald's 24/7," *Bloomberg BusinessWeek*, February 5, 2007; "McDonald's to Diversify into 'Shared Meals' Segment," www.room54.co, February 13, 2011; Dan Malovany and Maria Pilar Clark, "McSmart and McSnackable: McDonald's New Product Strategy Boosts Bottom Line," *Stagnito's New Products Magazine*, June 2007; Stefan Michel, "McDonald's Failed Venture in Hotels," www .knowledgenetwork.thunderbird.edu, July 11, 2008; Hillary Brenhouse, "Want Fries with That Ring? McDonald's Offers Weddings," *Time*, March 7, 2001; Trefis Team, "Here's Why McDonald's Is Increasing Focus On McCafe," Nasdaq, December 7, 2016, https://www.nasdaq .com/article/heres-why-mcdonalds-is-increasing-focus-on-mccafecm718236, accessed November 22, 2018; Sarah Whitten, "McDonald's Invents 'Supremely Superfluous' Frork Utensil to Pitch Its New Burgers," CNBC, May 1, 2017, https://www.cnbc.com/2017/05/01/mcdonalds-invents-the-frork-to-pitch-its-new-burgers.html, accessed November 22, 2018; Gene Marcial, "McDonald's Turnaround Signals Accelerating Long-Term Growth," *Forbes*, January 31, 2017, www.forbes.com/sites/genemarcial/2017/01/31/mcdonalds-turnaround-signals-accelerating-long-term-growth/#794d3d4e6c84; Michal Addady, "McDonald's All-Day Breakfast Is Succeeding," *Fortune*, December 9, 2015, http://fortune.com/2015/12/09/mcdonalds-all-daybreakfast-sales/, accessed May 21, 2017; Team Trefis, "'Healthy' Food Options in the Core Menu Can Drive Revenues for McDonald's, www.forbes.com/sites/greatspeculations/2016/07/25/healthy-food-optionsin-the-core-menu-can-drive-revenues-for-mcdonalds/#7726f3e17726, accessed May 31, 2017; Craig Smith, "42 Interesting McDonald's Facts and Statistics (October 2018)," DMR Business Statistics, https://expandedramblings.com/index.php/mcdonalds-statistics/, accessed November 22, 2018; John Kell, "McDonald's Struggles to Repeat Success of All-Day Breakfast Launch," *Fortune Magazine*, January 23, 2017, http://fortune. com/2017/01/23/mcdonalds-us-sales-slow/, accessed November 22, 2018.

虽然现有产品也可以向消费者市场进一步渗透，或拓宽至新的消费者市场（这是第14章的重点），但导入新产品通常是公司长期成功的关键。关于有效管理新品牌发展以及新品牌导入的探讨在本章内容范围之外。本章简单介绍新产品对品牌资产的一些影响。[1]

首先介绍一些术语。当公司推出一种新产品时，品牌战略有三种方式可供选择：

1. 单独为新产品开发一个新品牌；

2. 使用现有的某个品牌；

3. 将新品牌与一个现有品牌结合使用。

如果公司利用一个已建立的品牌推出新产品（方式2或者方式3），这种方法就叫做**品牌延伸**（brand extension）。如在第12章中提到的，如果新品牌与现有品牌结合使用（方式3），那么这一品牌延伸也叫做**子品牌**（sub-brand），实施品牌延伸的现有品牌称为**母品牌**（parent brand）。如果母品牌通过品牌延伸已经与多个产品联系，它还可以称为**家族品牌**（family brand）。

产品延伸大致可分为两大类[2]：

● 产品线延伸：是指将母品牌应用于新产品，针对母品牌所在的新的产品细分市场。产品线延伸通常是增加了品牌的不同口味、不同成分、不同形式或大小，或者不同用途。例如，2017年苹果推出具有新功能的iPhone 8，星巴克推出冷咖啡饮品作为咖啡品类的产品线延伸。

● 品类延伸：是指将母品牌应用于另一个不同的品类。例如，奥普拉·温弗瑞利用其节目的成功推出杂志 O 和《奥普拉杂志》。奥利奥将品牌从饼干扩展到冰淇淋棒。

所有新产品中，80%～90%是典型的产品线延伸。[3] 在欧洲和美国，消费品行业的产品失败率在80%左右。[4] 缺乏公认的品牌名称被认为是产品失败的关键因素。例如，在AC尼尔森所做的全球消费者调查中，近60%的消费者提到更喜欢产品线延伸的产品，因为他们对该品牌认可且熟悉。[5] 近年来，日用消费品中一些著名的产品均进行产品线延伸和品牌延伸。例如高乐氏马桶清洁剂、老香料Hydro Wash沐浴露以及汰渍去污笔。[6] 在其他品类中也存在大量的品牌延伸，例如，iTunes Radio、阿迪达斯手表以及三星游戏显示器。所有这些新产品都是品牌延伸的结果。[7] 尽管如此，每年仍有许多新产品以新的品牌进入市场。大量的技术类品牌也开始在这方面有所作为，如SurveyMonkey在线调查服务网、Spotify音乐网、Lookout手机安全软件以及Twilio的语音、文字消息推送应用。

即使是在一个类别简单如汉堡包的产品上，也有许多已经取得成功的竞争者，如In-N-Out Burger，Five Guys，Big Boy，Smashburger，Fatburger以及Shake Shack。每个品牌都有独特的利基市场。例如，Shake Shack更新后的"路边汉堡包站"通过提供优质天然食材，按需烹饪食物以及强调消费者和员工的幸福，获得持续的成功。[8]

尽管有这样一些成功的故事，很多新产品仍以品牌延伸的方式推向市场。为了更好地理解品牌延伸的原因，接下来探讨品牌延伸的一些主要优缺点。

▍13.2　品牌延伸的优点

对于多数公司来说，问题不是品牌是否应该延伸，而是该何时、何地以及如何延伸品牌。精心策划、良好实施的品牌延伸有许多优点，这些优点大致有两类：能提高新产品的可接受度；能为母品牌和公司提供回馈利益（见表 13 - 1）。

表 13 - 1 品牌延伸的优点

提高新产品的可接受度	为母品牌和公司提供回馈利益
提升品牌形象	明确品牌含义
减少消费者的风险感知	提升母品牌形象
增加分销和试销的可能性	吸引新顾客，扩大市场覆盖面
提高促销费用的使用效率	激活品牌
降低产品导入及后续营销活动的成本	为后续延伸作铺垫
避免创建新品牌的成本	
提高包装和标签的使用效率	
满足消费者的多样化需求	

提高新产品的可接受度

在实践中，新产品推出失败的例子比比皆是。营销专家估计，新产品成功率可能只有两成，甚至更低，只有一成。当然，新产品存在的一些共同缺陷，对品牌延伸可能产生负面的影响。不过，考虑到下面将介绍的一些优点，新产品以品牌延伸的形式进入市场，至少在某种程度上还是有把握的。

提升品牌形象 第 2 章曾经提及，知名或受欢迎品牌的一大优势就是，消费者形成了对其品质的长期预期。与此相类似，对于品牌延伸，消费者也会根据他们对母品牌已掌握的信息，以及他们认为该信息与新产品的相关程度，对新产品的结构和品质做出推断或形成预期。[9]

这些推断也许能改善延伸品牌联想的强度、偏好性以及独特性。例如，当微软首次推出 Xbox 电视游戏机时，消费者会出于对其他微软产品的了解以及使用经验，而更有可能对其预期品质感到放心。

减少消费者的风险感知 一项研究发现，影响新产品试销预测的最重要因素是它与知名家族品牌相关联的程度。[10] 如 3M、亚马逊、谷歌、苹果或其他知名公司品牌的延伸，本身就传递了经久耐用的信息。虽然公司品牌由于产品广度较广而缺乏具体产品联想，但由于它们拥有能够推出优质产品的声誉，消费者可能认为，坚持选用这些品牌，有助于降低风险。[11]

对公司专业水平和可信度即公司信誉的感知，是品牌延伸时极具价值的联想。[12] 同样道理，虽然家乐氏、卡夫及 Pepperidge Farm 这些已广泛延伸的超市家族品牌可能缺乏具体的产品含义，但它们在消费者心目中仍然代表了产品品质。它们通过降低消费者感知到的风险，而增加了品牌延伸的可接受度。

增加分销和试销的可能性 由于以延伸形式推出新产品可能会增加消费者需求，因而在说服零售商储存及推广某种产品延伸时相对较为容易。一项研究表明，品牌声誉是超市进行新产品决策时的关键性筛选标准。[13]

提高促销费用的使用效率 从营销传播的角度来看，以品牌延伸推出新产品的一个明显优势是，在导入阶段的传播活动不必同时建立品牌和新产品的认知度，而只需着力于新产品本身即可。[14]

　　有几项研究成果都谈到了品牌延伸的这一优点。一项综合研究发现，品牌延伸的平均广告／销量比率为 10%，而新品牌的这一比率为 19%。[15] 以下电影续集的例子解释了如何利用品牌延伸来有效地使用广告费。

电影续集的品牌延伸

　　成功的电影往往会为了利用原始热门电影的销量而引入续集。续集的成功和流行是显而易见的，因为票房收入越来越多的来自续集（见图 13 - 2）。这些观点与典型品牌和产品线延伸的观点基本相同。电影通常利用观众对于故事情节和角色的现有认知，从而降低与推出新电影有关的风险。鉴于电影观众的减少以及失败的可能性较大，这种降低风险的方法可能会有很多优势。

　　此外，从续集的广告销售比率来看，推广续集的支出通常要比推广新电影低得多。2015年，《星球大战 7：原力觉醒》是一部续集，广告与销售收入比率在当年所有电影中是最高的。在广告上每花费 1 美元，其国内收入就能获得 2 540 万美元。广告销售比率紧随其后的是《侏罗纪世界》，每 1 美元的广告支出可带来 1 580 万美元的国内收入。这些成功强化了电影续集可以节省成本的观念。如果续集能够有效地利用早期电影的成功因素来实现品牌承诺，那么与电影推广相关的效率的提高（即较低的成本）能够带来非常有利的广告销售比。研究人员亨宁 – 图劳（Henning-Thurau）、豪森（Houson）和海特扬斯（Heitjans）表明，续集也可能有益于原始电影相关的 DVD 销售，从而显示出显著的溢出效应。

　　显然，所有续集都不一样，续集的营销方式也有所不同。学者苏德（Sood）和德雷泽（Drèze）认为，编号的续集（如《超胆侠 2》）比命名的续集（如《超胆侠：走上街头》），受到与母电影（原始电影）相似性的影响更大。

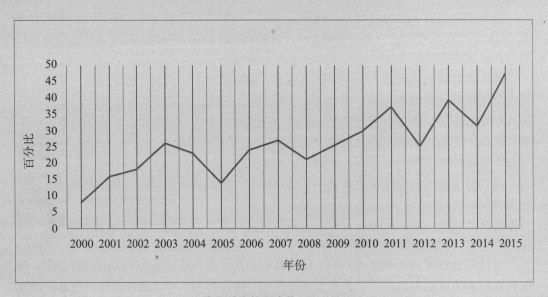

电影续集的票房收入百分比

　　尽管续集受到了普遍的欢迎，但并不能保证所有续集都能获得成功。与小型热门电影相关的续集通常并不能获利,这似乎辜负了好莱坞对这些续集的信任。为提高成功率,续集和其他艺术作品也可以通过一套与产品或服务延伸类似的指南,对延伸机会进行深入评估。

资料来源: boxofficemojo, jackdaw research; Dawson, Jan "Hollywood Clings to Sequels Despite Diminishing Returns," June 7, 2016. http://variety.com/2016/film/features/hollywood-franchises-sequels-box-office-1201789704/. Accessed June 3, 2017. Sanzo, Nick, "May the Force Be With Your Sequels". Kantar Media. 14 January 2016. www.kantarmedia.com/us/thinking-and-resources/blog/may-the-force-be-with-your-sequels. Accessed May 21, 2017. Thorsten Hennig-Thurau, Mark B. Houston, and Torsten Heitjans, "Conceptualizing and Measuring the Monetary Value of Brand Extensions: The Case of Motion Pictures," *Journal of Marketing* 73 (November 2009): 167-183. Sood, Sanjay, and Xavier Drèze. "Brand extensions of experiential goods: Movie sequel evaluations." *Journal of Consumer Research* 33, no. 3 (2006): 352-360.

降低产品导入及后续营销活动的成本 据估计,由于在分销和促销中可以采用"推"和"拉"战术,公司如果希望通过品牌延伸在美国范围内推出一种新产品,它能够在 3 000 万~5 000 万美元的总成本中节省 40%~80%。而且,在产品上市后,还可以获得其他方面的效率。比如,当一个品牌与众多产品相关时,由于家族品牌是作为一个整体,因此广告成本效率就会更高。

避免创建新产品的成本 创建新品牌元素是一门艺术,也是一门科学。进行必要的消费者调研,聘用技术人员设计高质量的品牌名称、标识、符号、包装、代言人和广告语,这些都要花费巨额成本,而且并不一定能保证成功。随着可利用的、富有吸引力的品牌名称不断减少,这方面的法律摩擦也越来越多。为了避免纠纷,任何大的新品牌推出或者重新命名,都必须在全球范围内搜索商标,而这成本高昂,有的可达数百万美元。

提高包装和标签的使用效率 品牌延伸采用类似或完全相同的包装和标签,因此可以降低生产成本,如果它们彼此相互协调,还可以创造出"广告牌"效应,提高它在零售商店的地位。例如,金宝汤出售的各种不同口味的汤,都采用相似的包装,使得这些食品在冷柜中放在一起时更加醒目。可口可乐软饮料和嘉宝婴儿食品,也具有显著的"广告牌"效应。

满足顾客多样化需求 当消费者感到厌倦、腻烦,希望转换一种产品时,如果营销者在同一品类内向消费者提供多种具有差异化的品牌,可以使顾客不离开原品牌家族就能得到满足。

为母品牌提供回馈利益

除了可以增加新产品的接受程度,品牌延伸还可以以多种方式向母品牌提供正面的回馈效益。

明确品牌含义 品牌延伸有助于向消费者阐明品牌含义,作为品牌建构过程的第一步,界定其参与竞争的市场类型。因此,对于消费者而言,通过品牌延伸,多芬就指"个人护理",强生就指"婴儿护理",普拉达就指"奢侈品",乐高就指"创造力、想象力、有趣"。表 13-2 列出了其他一些通过延伸在消费者中扩展含义的产品品牌。

表 13 - 2　通过延伸品牌扩展品牌含义

品牌	原始产品	延伸产品	新的品牌含义
慧俪轻体	瘦身中心	低热量食品	瘦身和保持体形
新奇士	柑橘	维生素，果汁	有益健康
家乐氏	谷类食品	营养谷粒棒条，特别 K 能量棒	健康快餐
Aunt Jemima	薄煎饼粉料	糖浆，冷冻蛋奶甜饼	早餐食品

如第 12 章所提及的，宽泛的品牌含义通常十分必要，它可以使公司避免患上"营销近视症"，不会错误地缩小品牌边界，避免错失市场良机，或有能力经受精心策划的竞争性战略的挑战。因此，正如哈佛大学的特德·李维特在一篇开创性的文章中所指出的，铁路并非仅仅与"铁路"生意相关，而是事关整个"运输"行业。[16]

将产品置于更宽泛的情境中思考，更易于激发不同的营销计划和新的产品机会。例如，施乐推出口号"文件公司"后，其业务不仅包括复印，还扩展至数字印刷、文件服务等。同样，通用电气将业务从涡轮、发动机等工业产品转向数字服务，进而为终端用户提供更好的服务。[17] 在印度，Titan 有限公司（由 Tata 集团拥有，以制造手表、珠宝和眼镜闻名）通过推出 SKINN Titan 精美香水来拓展其在个人生活方式细分市场的影响力。[18] 通过改变业务以适应各自行业发生的根本变化，施乐通用电气以及印度品牌 Titan 扩展了其对于消费者的含义，为未来产品线延伸和品牌延伸开辟了道路。

在某些情况下，建立相关产品的组合，在某一特定领域完全满足消费者需求，也可以形成市场优势，例如，许多特定用途的清洁产品也扩展了含义，成为多用途的产品（如 Clorox，Mehtod，Lysol，Comet 和 Mr. Clean）。

提升母品牌形象　根据基于顾客的品牌资产模型，成功品牌延伸的理想成果之一就是，它可以加强现有品牌联想，改善现有品牌联想的偏好性，增加新的品牌联想，从而提升母品牌形象。

品牌延伸通常是借助于阐明核心品牌价值和联想，从而对母品牌形象产生影响。核心品牌联想在第 3 章已有定义，是指那些在品牌线中能代表所有产品特征的属性和利益，因而，常常也是消费者头脑中最强有力的联想。例如，耐克已经从跑鞋延伸到其他运动鞋、运动衣和运动器械，并通过这一过程强化了其"巅峰表现"和"运动"的联想。

另一种可以通过成功的品牌延伸得到改善的联想类型是，消费者对延伸背后公司的信誉感知。例如，一项研究表明，成功的品牌延伸可以改善消费者对公司专业水平、可信度和吸引力的感知。[19]

吸引新顾客，扩大市场覆盖面　产品线延伸可以扩大市场覆盖面，从而使母品牌受益。比如，产品线延伸可以创造新的产品优势，如果没有这一优势，则有可能阻碍消费者使用该品牌。例如，当泰诺推出咀嚼片时，就能够吸引那些吞服药片有困难的儿童，否则这些孩子就有可能不会选用该品牌。

通过创造"闪光点"为母品牌带来关注，能够使家族品牌作为一个整体从中受益。凭借高超的品牌延伸，从 20 世纪 50 年代至今，汰渍作为一个母品牌成功地保持着市场领先地位及其实际市场份额——大约 40% 的美国市场。[20] 另一个利用品牌延伸来开拓新市场的例子是 2005 年可口可乐引入的零度可乐。

激活品牌　有时品牌延伸也可以作为提高品牌兴趣和吸引力的手段。豪华运动轿跑系列 CTS 以及浮华的多功能车凯雷德（Escalade）SUV 的推出，完全颠覆了昔日凯迪拉克的品牌形象。

为后续延伸作铺垫　成功延伸的优点还在于——尤其对于某一品类而言——能为后续延伸打好基础。例如，当苹果推出 iPod 后，iPod 很快成为市场领导者，代表了该公司成立以来最成功的新产品之一。苹果品牌还带来光环效应，大大提高了现有计算机和软件产品的销量，使公司推出 iPhone 智能手机和 iPad 平板电脑更加容易。

13.3　品牌延伸的缺点

虽然品牌延伸有许多优点，但它也存在不少缺点（见表 13-3）。

表 13-3　品牌延伸的缺点

可能使顾客感到困惑或遭受挫折	可能成功但削弱了品类的认同
可能遭到零售商的抵制	可能成功但伤害到母品牌形象
可能失败并伤害到母品牌形象	可能稀释母品牌的含义
可能成功但挤占了母品牌的销售	可能错过开发新品牌的机会

可能使消费者感到困惑或遭受挫折

产品线延伸带来了多样化的产品，让消费者可能会因为搞不清到底哪一款"真正适合"自己而感到困惑甚至遭受挫折。例如，一项研究发现，在试样后（或者给予优惠券）的购买决策中，6 种产品样式比 24 种更容易让消费者购买产品。[21] 因此，在有些情况下，过多的产品种类可能会导致顾客买得更少。对于"试行的全新品牌延伸"或者声称"能替代各种具体用途的产品"的延伸，消费者可能会采取拒绝的态度。高露洁的全效牙膏在全球的成功部分得益于它反映在名称中的定位——几乎涵盖了牙膏产品应有的所有利益。

尽管零售商也希望能多引进品牌，但货架和陈列空间的确有限。因此，当零售店不能或不愿意陈列广告中宣称的延伸产品时，消费者通常会因找不到这些品牌而感到失望。如果消费者认为公司的延伸产品不恰当，则表明品牌的诚信或能力可能存在问题。

可能遭到零售商的抵制

包装类产品库存单位数量，超过了每年零售货架的增长。同时自有品牌或自有商标产品在商场的整体销售中持续增长。现在许多产品都有多种形式。例如，金汤宝公司已推出一条不同种类汤料的产品线——包括 Go 型、浓缩型、家庭烹饪型、健康型、选择型、简单家庭型、自助经典型、东方型以及便携型——每种类型都有多种口味。

因此，这在事实上使得无论哪一家百货商店或者超级市场都无法提供某一品类中所有品牌的全部产品。而且，零售商们常常感到，许多产品线延伸只是简单地复制某个品类的现有品牌，不过"依然故我"而已，即使有富裕的货架空间，也不值得经销。美国最大的零售商沃尔玛就尽量只进最好卖的货，并每年从货架撤下 20% 销售最慢的商品。[22]

可能失败并伤害到母品牌形象

品牌延伸最坏的后果不仅是延伸失败，而且在延伸过程中对母品牌造成了某种程度的伤害。遗憾的是，这种负面作用有时确实会发生。

即使延伸开始时取得成功，将品牌与多种产品联系起来，公司的风险也会随之增大。品牌家族中如果有一种产品发生意想不到的问题或者悲剧，就有可能使其他某些或全部产品的形象受损。奥迪便是一个经典的案例。多年前，奥迪 5000 车型出现的"突然加速"问题，损害了奥迪 4000 车型的形象，Quattro 车型也受到影响，只是由于相对独立的品牌和定位受到的伤害较小。

企业有必要深入理解什么时候不成功的品牌延伸会危害到母品牌。为了说明这一问题，我们将提出一个概念性模型，并介绍几个重要的研究成果。不过，从一个比较乐观的角度来看，不成功的品牌延伸也并不一定会影响到母品牌，这是因为品牌延伸可能从一开始就不成功，因而几乎没有人听说过它！所以，当一个品牌延伸因无法保证足够的分销或未能实现足够的品牌认知度而失败时，积极的一面是母品牌有可能受到的损害较小。由此可见，那些因性能上的缺陷使得延伸不力从而造成的产品失败，比那些"市场"本身的失败更有可能对母品牌的知名度产生负面冲击。

可能成功但挤占了母品牌的销售

即使某一品牌的销售额很高，并达到预期目标，这一成就的实现也有可能仅仅是因为消费者从母品牌下的现有产品转移到该品牌的延伸产品上而已。也就是说，品牌延伸实际上挤占了母品牌的销售，使母品牌的销售萎缩。产品线延伸通常与母品牌下的现有产品在设计上存在共同点，这种类型的产品线延伸可能导致挤占现象。在碳酸饮料品类中，健怡可乐具有可乐的共同特点"好味道"，同时又有自己的差异点"低卡路里"。这无疑会使它的部分销售来自普通可乐的饮用者。事实上，自 1980 年以来，虽然可口可乐公司的可乐产品在美国的销售起伏不大，1980 年的收入只来自可乐，但现今大部分收入贡献来自健怡可乐、不含咖啡因的可乐和樱桃可乐。由此可见，如果没有这些延伸产品的进入，可口可乐的一部分销量可能已经转到百事可乐或其他软饮料和含酒精的饮品等竞争对手的名下。

不过，有时这种存在于品牌之间的销售转移并非坏事，可以把它们看成是一种先发挤占；或者说，如果没有品牌延伸，消费者也许就会转移到其他竞争品牌上去了。苹果的联合创始人史蒂夫·乔布斯对这种观点作出回应："在别人这样做之前，挤占你自己。"[23]

可能成功但削弱了品类的认同

将众多产品与单一品牌相关联的风险之一就是，可能使品牌与任一产品间的关联变得疏远。因此，品牌延伸可能使品牌识别与原始品类的关联变得模糊，从而降低品牌认知度。[24] 例如，吉列推出了女士专用剃毛刀维纳斯（Venus），这就可能削弱了男性目标受众对该品牌的认同。

不过，一些很有名也很值得注意的反面案例说明了这些稀释效应的存在。有些公司的某个品牌下虽然也拥有各式各样众多的产品，但仍能在消费者头脑中达到合理水平的感知质量。正如第 11 章所述，许多日本公司采用了公司品牌战略，并拥有一个十分庞大的产品组合。例如，有着良好声誉的雅马哈拥有一条极为多样的品牌线，包括摩托车、吉他和钢琴；三菱用它的名称作为银行、汽车和飞机的品牌；佳能成功经营了照相机、复印机和办公器材等产品。

与此相类似，维珍唱片的创建者理查德·布兰森（Richard Branson）已经推行了一项雄心勃勃但有一定风险的品牌延伸计划。在以上例子中，所有这些品牌似乎都能在没有强势产品识别的情况下，保证消费者头脑中质量联想的主导地位。而且，过强的产品关联反而会使质量联想受到限制。

可能成功但伤害母品牌形象

如果品牌延伸的属性或者利益联想与母品牌的相应联想不一致，甚至发生冲突，消费者或许就会因此而改变对母品牌的感知。蔻驰虽然最初是奢侈皮革手袋制造商，但随后在品类中进行产品线和品牌延伸，包括女士和男士皮革配件等多个类别。还开始在经常有品牌折扣活动的直销店和百货商店中出售更多的商品。虽然这些产品和价格吸引了"负担得起的奢侈品"这一细分市场的消费者，但同时也损害了蔻驰作为奢侈品的品牌形象，因此导致其品牌认知度下降。近年来，公司特意放弃这些渠道以挽回利润，恢复其作为真正奢侈品的品牌形象。[25]

可能稀释母品牌的含义

对于高品质或声望品牌来说，品牌延伸与品类缺乏识别，以及弱化品牌形象，可能是品牌延伸尤为显著的潜在缺点。来看看古驰是怎么陷入过度延伸的危险的。

古驰

古驰品牌在全盛时期象征着豪华、地位、优雅和品质，但到了 20 世纪 80 年代，由于其粗糙的生产、无数次的降价，甚至在管理层古驰兄弟间出现的家庭纠纷，这一品牌逐渐失去了光彩。古驰的产品线包含 22 000 个品种，经由各种类型的百货商店广泛分销。古驰不仅存在产品项目太多的问题，有些项目根本不符合古驰的形象。例如，有一种很容易被仿制的带有双 G 标识的廉价油画小笔记本，其仿制品在市面上的售价只有 35 美元。后来，古驰重新整顿品牌，将产品线削减到只剩 7 000 种高档产品，并仅通过公司自有商场销售，这项战略推动古驰达到时尚行业的高峰。2016 年，古驰的销售额达到 43 亿美元。在国际品牌排行榜中，以品牌价值为衡量标准，古驰一直稳居前 50 名。[26]

为了避免品牌稀释，许多通过品牌延伸获得增长的时尚行业公司，现在通过只与单一零售商合作的方式进行独家授权。塔吉特百货与建筑师及设计师迈克尔·格雷夫斯（Michael Graves）签订独家协议。塔吉特还与意大利传奇时尚公司米索尼（Missoni）达成一项协议，即以限量版购买女性、男性、少女、婴儿的服装和配饰，以及家居用品（包括床上用品、餐具、文具和饰品）。[27] 这种独家经销的方式，使授权方能更好地控制存货、避免降价，尤其重要的是，能够保护品牌。

可能错过开发新品牌的机会

品牌延伸还有一个常被忽视的缺点，即以品牌延伸的形式推出新产品，可能会使公司放弃创建拥有自己独特形象和资产的新品牌的机会。例如，想想亚马逊从 Kindle 获得的好处，它使亚马逊超越传统的在线零售领域，为消费者提供了一个独特的产品。

所有这些品牌都创造了自己的联想与形象，并且以与公司其他现有品牌完全不同的面目进入市场。由此可见，以品牌延伸的形式推出新产品，由于放弃了创建新品牌的机会，因而存在着巨大的隐性成本。同时，如果要求延伸品牌与母品牌的承诺和形象保持一致，就会失去延伸品牌定位的灵活性。新品牌定位的引入和更新可以用最具竞争优势的方式实现。

13.4 理解消费者如何评价品牌延伸

哪些因素决定了品牌延伸能利用潜在优点、避免潜在缺点或者至少将缺点限制在最小范围内呢？表 13-4 给出一些成功和失败的品牌延伸的例子。进行品牌延伸是十分困难的，这从众多拥有良好动机但最终惨遭失败的公司数目中就可见一斑，即便许多市场领导公司也难免失手。

在这一部分，我们将要研究消费者是如何评价品牌延伸的。我们将提出一些理念，以帮助营销经理更好地预见和提高品牌延伸成功的可能性。[28]

表 13-4 品类延伸举例

成功的品类延伸	失败的品类延伸
多芬洗发水和护发素	金宝汤番茄酱
凡士林特效润肤露	Life Savers 口香糖
好时巧克力牛奶	Cracker Jack 谷物
Jell-O 布丁	哈雷 – 戴维森葡萄酒饮品
维萨旅行支票	Hidden Valley Ranch 冷冻食品
新奇士橘子汽水	Ben-Gay 阿司匹林
高露洁牙刷	舒洁尿不湿
玛氏冰琪淋	高乐士洗衣剂
Arm & Hammer 牙刷	李维斯 Tailored Classics 服装
Bic 一次性打火机	Nautilus 运动鞋
本田割草机	达美乐果味泡泡糖
Mr.Clean 汽车自动干洗系统	Smucker 调味番茄酱
芬迪（Fendi）手表	Fruit of the Loom 洗衣剂
保时捷咖啡机	Coors Rocky Mountain 矿泉水
吉普婴儿车	吉百利香皂

管理假定

在分析消费者对品牌延伸的潜在反应时，一般从"基线案例"着手，即假定消费者对品牌延伸的评价仅仅基于他们对母品牌和延伸品类已有的了解，而且在评价之前对所有广告、促销或产品详细信息都已经了解。这种"基线案例"为延伸概念本身提供了最"纯净"的检验，为经理们决定是否实施延伸以及如果实施，哪些类型的营销计划可能是必须作出的决策提供指导。

在这些基线条件下评价一个品牌延伸时，可以认为消费者是根据他们对现有品牌的知识、对延伸品类的了解，来推测延伸产品的前途的。为了能够形成消费者对延伸品牌的有利评价，通常要求下面四个基本假设都能成立。

1. 消费者在记忆中对母品牌有一些认知和正面的联想。也就是说，除非消费者头脑中存在某种对母品牌潜在的良好印象，否则很难指望消费者对延伸形成良好预期。

2. 该品牌延伸至少能唤起一些正面的联想。关于母品牌的哪些联想被激起，取决于多种不同的因素，但是一般来讲，如果品牌延伸与母品牌相近或非常匹配，消费者就会在强度、偏好性和独特性方面产生与母品牌相似的联想。

3. 负面联想不是源于母品牌。在理想的情况下，任何有关母品牌的负面联想都会留下，并不会对品牌延伸的评价产生重要影响。

4. 负面联想并非由品牌延伸引起。任何消费者所想到的与母品牌有关的正面或至少中性的属性和利益，最终都不会对延伸内容不利，也不能使消费者产生母品牌没有（但却对延伸存在潜在障碍）的任何新属性或利益联想。

这四个假设中的任何一个与现实不符，问题便会随之而来。接下来，我们将考察影响这些假设有效性的几个因素，详细介绍品牌延伸对品牌资产的影响。

品牌延伸和品牌资产

品牌延伸最终能否获得成功，取决于其在新品类中创建自己的品牌资产和发展母品牌资产的能力。

创建延伸品牌资产　对于品牌延伸创建的品牌资产，必须拥有足够水平的品牌认知度，并获得必要的、理想的共同点和差异点。品牌认知度主要取决于"传播"品牌延伸的营销计划和资源。第12章曾经提及，品牌认知度在很大程度上还受到所采用品牌战略的影响——已经具有一定认知度和形象的现有品牌在延伸品牌中越突出，在消费者记忆中为品牌延伸创造认知度和形象就越容易。

首先，为品牌延伸创造正面的形象，主要取决于以下三个与消费者相关的因素：

1. 在延伸情境下，母品牌联想在消费者大脑中有多突出？亦即当消费者想到有关延伸品牌时，会在脑海中出现哪些母品牌信息，以及这些联想的强度如何？

2. 关于延伸内容所产生的任一联想的偏好性如何？亦即这些信息是否具有启发性，是否能据此联想起品牌延伸的产品或服务类型，以及这些联想对于延伸内容的影响是正面的还是负面的？

3. 在延伸品类中产生的任一联想的独特性如何？也就是这些感知与其他竞争者相比怎么样？

对于任何品牌来说，要想实现成功的品牌延伸，就必须创造理想水平的共同点和差异点。如果没有突出的差异点，品牌就可能成为没有特色的"依然故我"式的产品，经受不起有着良好定位的竞争对手的挑战。[29] 陶伯（Tauber）提出"竞争杠杆"的概念，含义是品牌传递给新品类延伸产品的一系列优势组合——"只要消费者知道这一品牌，他们就能察觉新品牌在哪些重要的方面比同一品类的竞争品牌更好。"[30]

在 Square 和 PayAnywhere 推出后，PayPal 在移动支付产品类别中推出了移动支付解决方案。PayPal 利用其品牌认知度、易用性、广泛的用户基础以及财务资源成功进入移动支付领域。

同时，还需要建立必要的共同点。而且，延伸产品与母品牌的差异性越大，定位时就越有可能优先考虑两者间的共同点，对确定品类共同点的有效建立也越重要。消费者对延伸产品的差异点可能有清晰的了解，因为它采用了一个原有的品牌名。但是通常他们需要确认的，以及这个营销计划应该聚焦的点，是这个延伸是否包含了必要的共同点。

举一个例子，妮维雅以"温和""轻柔""关爱""保护"——这些消费者关心的特性创造了强烈的差异点，并成为护肤品行业的领导者。通过巧妙的产品开发以及市场营销，妮维雅在护肤品及个人护理领域进行了成功的品牌延伸。当利用品牌资产的强势延伸至除臭剂、洗发水、化妆品行业的时候，妮维雅发现，在推广差异性之前，有必要建立起它们的共同点。只有当消费者相信妮维雅除臭剂的除臭功能足够强大、洗发水能够使头发变美丽、化妆品能够呈现足够多的色彩时，差异化才是有效的。一旦建立起共同点，妮维雅的核心品牌联想就能如差异点一样引人注目。

发展母品牌资产 为了发展母品牌资产，品牌延伸必须加强或增加与母品牌之间的偏好且独特的联想，同时还不能削弱母品牌现有联想的强度、偏好性或独特性。品牌延伸对消费者品牌知识的影响，取决于以下四个因素。

1. 在延伸情境下，相应属性或利益联想的显著性如何？亦即对于联想的产品性能或形象方面的信息，引起注意、容易明确理解的程度。显著性强烈意味着引起注意、信息明确；显著性微弱则意味着既不能得到注意，又含糊不清，这就可能被忽略。

2. 延伸显著性对母品牌的属性或利益的相关性及诊断性如何？也就是说，在消费者看来，某一品类的产品性能或者产品形象，在多大程度上可用于推断其他品类中品牌的性能或形象。当消费者感知延伸性能对于母品牌可起到预示作用时，这种显著性就会影响对母品牌的评价。

3. 品牌延伸与对应的母品牌联想的一致性程度如何？一致的延伸显著性不太可能改变对已有母品牌的评价。不一致的延伸显著性则有产生改变的可能性，其改变的方向和程度取决于显著性的相对强度和受欢迎程度。然而，要注意的是，高度不一致的延伸显著性如果不相关，就可能被消费者忽略。[31]

4. 消费者记忆中有关母品牌的现有属性或利益联想的强度如何？亦即某一联想可能改变的难易程度。

当消费者认为有关信息不仅反映品牌延伸，也反映了母品牌状况，而且消费者对母品牌有关方面的联想又较弱时，较有可能产生改变品牌知识的反馈效应。[32] 必须注意，负面的反馈效应并不局限于与产品相关的性能联想。正如前面曾经提到的，如果品牌拥有有利的"威信"形象联想，那么，"垂直"延伸，例如在较低价位上推出产品新版本等，就会引起现有消费者群体的不满甚至愤怒。成功的品牌延伸战略应该包括推出一系列精心策划的、完美的品类和产品线延伸，以确保其未来的增长和盈利能力。品牌科学 13-1 是基于先前对于品牌延伸的研究得出的品牌延伸评分框架。本章后面对相关的研究发现进行了总结。

品牌科学 13－1

评价品牌延伸

用一个总结性工具去评价品牌延伸的可行性会方便很多，表 13－5 提供了几条指导性原则：

1. 母品牌是否有强大的品牌资产？
2. 延伸的品牌匹配性是否有强大的基础？
3. 延伸必然会产生共同点和差异点吗？
4. 营销方案如何能提高延伸的品牌资产？
5. 延伸对母品牌的品牌资产和收益会有什么影响？
6. 延伸对母品牌的反馈效应如何进行最佳管理？

表 13－5 成功推出品牌延伸的步骤

1. 确定实际的和理想的顾客品牌知识（如构建心理地图并识别品牌资产的关键来源）。
2. 根据母品牌联想、整体相似性或延伸的匹配性，识别可能的延伸方案。
3. 根据以下三因素模型，评估延伸方案创建品牌资产的潜力：
   - 母品牌联想的显著性；
   - 延伸联想的有利性；
   - 延伸联想的独特性。
4. 根据以下四因素模型，评估延伸方案的反馈效应：
   - 延伸证据的说服力；
   - 延伸证据的相关性；
   - 延伸证据的一致性；
   - 延伸证据的强度。
5. 考虑消费者感知的竞争优势，及竞争者引发的反应。
6. 推出品牌延伸时，要制定营销方案和计划。
7. 评估品牌延伸的结果及其对母品牌资产的影响。

采用数据分析的方法对提出的延伸进行分析也十分有效。品牌延伸计分卡旨在帮助营销者对品牌延伸进行全面透彻的分析（见表 13－6）。如同任一营销工具，但它是作为达到目的过程中的手段，旨在告知决策，而非"白或黑""走或不走"的决定。

品牌延伸计分卡中，四个主要标准中的三项遵循经典的"3C"观点——消费者、公司和竞争力——来判断品牌定位。第四个标准是比较特别的——衡量品牌资产的反馈。

每一标准都包含两个主要因素和一个次要因素。主要因素采用十分制计算，次要因素采用五分制计算。无论是采用公司或行业标准，如果被评价的延伸在某点上表现突出则给予最高分。

在使用这个计分卡的时候，考虑绝对表现的相对性是很重要的。根据分数为候选延伸排名能够提供清晰的优先选择。我们也许还想设置一些潜在的分界点去指导延伸决策，这个分界点或许就是最近的自己或竞争者进行的一个成功或不成功的延伸。这个步骤将有助于营销团队更熟悉计分卡。

表 13－6　品牌延伸计分卡

根据新产品概念在以下几个方面具体维度上的完成情况确定得分：

消费者角度

10 分＿＿＿＿产品类别吸引（规模，增长潜力）

10 分＿＿＿＿股权转让（品牌的知觉契合度）

5 分＿＿＿＿感知到的消费者目标契合度

公司角度：产能

10 分＿＿＿＿资产运用（产品技术，组织能力，渠道和沟通的营销效率）

10 分＿＿＿＿盈利潜能

5 分＿＿＿＿推出的可行性

竞争的角度：差异性

10 分＿＿＿＿比较性吸引（很多优势，很少劣势）

10 分＿＿＿＿竞争反应（可能性，免疫力，不受伤害）

5 分＿＿＿＿法律、法规、制度壁垒

品牌角度：资产反馈

10 分＿＿＿＿强化母品牌的品牌资产

10 分＿＿＿＿促进额外的品牌延伸机会

5 分＿＿＿＿提升资产基础

总分＿＿＿分

垂直品牌延伸

品牌延伸能够扩大市场覆盖率，为品牌带来新客户。垂直品牌延伸是指向上延伸至高端细分市场，或者向下延伸到价值敏感细分市场。垂直延伸也是吸引新顾客群体的常用方法。垂直延伸背后的中心逻辑在于：母品牌的品牌资产也可以按方向进行转移，从而吸引那些原本不会考虑这个品牌的顾客。

优点和缺点　垂直延伸有许多优点。向上延伸可以提升品牌形象，因为品牌的高端版本通常能带来积极的品牌联想。进行方向上的延伸，可以为消费者提供多样性选择，从而激活品牌，或者在一个既定方向上进一步深入延伸。

然而垂直延伸也会受到品牌延伸诸多缺点的影响。垂直延伸到新的价位时，无论高低，都会令消费者感到困惑或失望，因为他们对品牌都有一定的价格预期。如果向上延伸的品牌是基于新属性增加的子品牌，则同具有该属性的竞争品牌可能会进入消费者的对比中，进而对母品牌产生影响。[33] 消费者有可能会拒绝品牌延伸并使母品牌形象受到损害。尤其是知名品牌，企业必须经常在可用性和稀缺性上取得平衡，因为人们总是希望自己被看成顾客而不是被排除在外。

对于向下的品牌延伸来说，即便获得成功，也可能因为低价格品牌带来劣等质量或缩减服务的联想，从而可能损害到母品牌的形象。然而非常有趣的是，研究表明，更高质量的品牌延伸更可能提升母品牌的评价，而相对于低质量的品牌延伸，也更容易伤害母品牌评价。[34]

垂直延伸最大的风险在于，尽管延伸会成功，但是会抢走母品牌的销售。虽然延伸可能吸引新的顾客，但也许会从母品牌既有顾客群体中抢走很大一部分。

在技术环境中，经常可以看到另一种类型的垂直延伸。公司免费提供软件的基本版本，之后通过产品线延伸推出其他价格昂贵的附加功能。免费增值模式在一系列软件产品中都获得了成功。例如，云端存储平台 Dropbox，免费提供最多 2GB 的存储空间。随后，用户通过以每月 9.99 美元的价格将该服务升级到 Pro 计划，以拥有大量的存储空间。[35] 这种垂直延伸仅在庞大的用户基础与免费产品之间定期互动，且公司与这些用户相联系可以获得巨大收益的情况下才有效。之后，可以将这些用户作为销售基本产品的高价延伸产品的目标人群。

案例 尽管垂直品牌延伸存在问题，仍有很多公司在不同价位上成功地将品牌延伸到新的市场中。这些公司已经确保在现有的品牌延伸中存在明显的差异，以最小化品牌重叠的可能性、消费者困惑和品牌挤占。每次品牌延伸都不能损害对于母品牌的核心承诺，进而减少任何可能损害母品牌形象的可能性。以下介绍了垂直延伸如何帮助两个品牌吸引更多的受众。

● 作为升级计划的一部分，环球假日酒店把国内的酒店分成 5 个独立的连锁酒店，进军 5 个不同的利益细分市场：高档皇冠假日酒店、传统假日酒店、快捷假日酒店、面向商务的假日精选酒店（尽管很快便被逐步淘汰）、假日酒店及套房。不同的连锁酒店有不同的营销计划和重点。

● 特斯拉是一家大型汽车制造商，在 2012 年推出 S 型豪华电动汽车。这款非常成功的电动汽车在 2017 年售价为 6.8 万美元。利用这款汽车的成功，特斯拉推出 X 型全尺寸 SUV，零售价为 13.2 万美元。3 型主要是面向更多受众的环保品牌，售价为 3.5 万美元。

命名策略 公司经常采用子品牌策略来区分它们的低价品牌。例如，零售奥特莱斯 Nordstrom Rack 通常出售便宜的商品和打折的服装，价格往往低于提供高价商品的母品牌零售商诺德斯特龙。这种品牌延伸必须谨慎对待。通常这个时候，母品牌只担任次要的角色。

一种更困难的垂直延伸是品牌的向上延伸。通常，要改变消费者对品牌的印象并提高到向上延伸品牌是很困难的。消费者不愿意更新品牌知识，而这正是本田、丰田、现代和日产为什么要以品牌独立的方式引入它们的豪华车系（讴歌、雷克萨斯、雅科仕、英菲尼迪）。事实证明，这些新的品牌使升级的产品差距缩小，从而更容易进入高端市场。

同时，也可以用特定的品牌修饰语来表示某一值得注意的——尽管可能性不是很大——质量改进，例如，iPhone SE、超级干爽帮宝适、强效泰诺或 PowerPro Dustbuster Plus。采用间接延伸或"超品牌策略"的手段，比直接延伸的风险小。

为了避免垂直延伸的困难，有时公司需要选用新的或者不同的品牌名称。GAP 品牌采用三级划分的方法，用 Banana Republic 品牌获得 40% 的溢价，而这是 GAP 品牌本身也许永远难以企及的。此外，GAP 还推出折扣 40% 的 Old Navy 品牌。

通过采用独特的品牌名称，公司在垂直延伸中能避免将负面的品牌资产从"低价"品牌转移到"高价"品牌，但也在一定程度上牺牲了将正面联想从现有品牌转移到新品牌的能力。然而，在垂直延伸中只要母品牌的所有者广为人知，就如同 GAP 和丰田的例子，那么，由于母品牌充当"具有庇护作用的背书人"，还是能将一些联想转移到新品牌。[36]

13.5 评估品牌延伸机会

学术研究和行业经验为如何恰当推出品牌延伸提供了许多原则。品牌延伸战略的制定，必须经过系统性的审慎考虑，一般应遵循以下原则。在这些原则中，每一项都可以借助管理人员的判断及消费者调研来辅助决策（见表 13 - 7）。

表 13 - 7　基于学术研究的品牌延伸原则

1. 当母品牌具有有利的品牌联想，而且消费者感到母品牌与延伸产品相互匹配时，就能实现成功的品牌延伸。
2. 匹配包括许多方面：产品相关属性和利益，非产品相关属性和利益（如与使用情境或者用户类型相关）。
3. 根据品类知识，消费者会基于技术或生产上的相通之处或者更加表面的一些因素（如必要的或情境方面的互补性等），形成对匹配性的感知。
4. 虽然高质量的品牌和一般质量水平的品牌都有自己的边界，但前者可延伸的范围比后者更大。
5. 如果一个品牌被视为某一品类的原型，该品牌就很难向该品类以外延伸。
6. 具体的属性联想在延伸时比抽象的利益联想更困难。
7. 消费者可能会转移对原产品的积极联想，而对其延伸内容产生负面的联想。
8. 消费者可能会对品牌延伸产生负面联想，而且，这种负面联想有时甚至是在其他正面联想的基础上产生的。
9. 如果某一品类被认为很容易生产，向这一品类实施延伸就比较困难。
10. 成功的品牌延伸不仅有利于母品牌形象，而且能为母品牌的进一步延伸创造条件。
11. 只有当母品牌与延伸品牌之间具有较强的匹配性时，不成功的品牌延伸才会伤害到母品牌。
12. 一次不成功的品牌延伸并不会影响公司"重蹈覆辙"，再另外推出一个类似的延伸品牌。
13. 垂直延伸比较困难，通常需要子品牌战略的支持。
14. 对延伸最有效的广告策略，应该着重强调有关延伸的信息，而不是帮助人们回忆母品牌信息。
15. 个体差异会影响消费者的延伸决策，从而影响延伸效果。
16. 市场中的文化差异会影响延伸的成功。

确定实际的和理想的顾客品牌知识

充分了解母品牌认知的深度、广度及其联想的强度、偏好性和独特性至关重要。此外，还必须知道品牌定位的基础以及让顾客满意的核心利益。描述出实际的和理想的知识结构，有助于找出可能的延伸方案，并对关系到延伸能否成功的决策具有指导意义。同时，在品牌延伸评价的过程中，理解品牌长期的发展方向也是十分重要的。由于实施延伸之后可能改变品牌的含义，因此，延伸也会影响到消费者对此后所有营销活动的反应（见第 14 章）。

列举可能的延伸方案

第 12 章给出了公司在产品选择和市场进入决策时有关消费者、公司和竞争者的一系列标准。对于消费者因素，应该考虑母品牌联想——尤其当它们与品牌定位及核心利益相关时——以及在消费者头脑中看上去与品牌形象匹配的品类。[37] 虽然考察消费者对某一延伸概念的反应要比让他们提出延伸建议的效果更好，但是直接询问消费者在推出新产品时应当把品牌提供给哪些产品，还是很有建设性意义的。头脑风暴法和消费者调研是产生品类延伸方案的其他可行途径。

一个或多个联想通常能作为匹配的基础。Allegra 是一种著名的抗过敏药物，通过推出 Allegra 止痒凉爽缓解剂和抗瘙痒强化缓解剂来对品牌进行延伸。这些产品充分利用 Allegra 产品的成功，并在包装上采用类似的配色方案。泰森（Tyson）的早餐香肠品牌

Jimmy Dean 通过利用其与冷冻食品的关联性，推出专为午餐和晚餐设计的新产品系列。[38]这些例子说明，识别关键的品牌联想可以成为识别潜在品牌延伸机会的起点。

评估候选延伸方案的潜力

预测计划中的品牌延伸能否成功时，营销者有必要通过判断和调研评估延伸的可能性，认识到品牌延伸的优缺点（如表 13-1 和表 13-3 所总结的）。对于新产品而言，分析 3C——消费者、公司和竞争因素以及品类因素非常有用。

消费者因素 评价计划中品牌延伸的成功机会，需要对其实现自身品牌资产的能力及其影响母品牌现有品牌资产的可能性进行评估。首先，营销者必须预测品牌延伸所有联想的强度、偏好性和独特性；换句话说，母品牌联想在计划延伸情境下的显著性、偏好性或独特性如何？同时，其他任何相关联想的强度、偏好性和独特性怎样？延伸方案评价的三因素模型和评价延伸方案反馈效应的四因素模型，能够在消费者反应的研究中提供指导。

为了缩小可能的延伸方案的范围，一般需要进行消费者调研（见第 10 章）。在调研中，可以直接询问消费者的意见，例如，"建议的延伸与母品牌是否匹配？"或者"您希望该母品牌推出这一新产品吗？"甚至可以问消费者，他们认为目前哪些产品属于该品牌。如果多数消费者认为某一计划延伸的产品已经在该品牌下出售，那就可以得出结论：品牌延伸在推出过程中风险很小，至少消费者对其最初的反应不会太差。

为了更好地理解消费者对建议延伸的感知，在消费者调研中通常会采用开放式联想，例如，"当您想到这一品牌延伸时，脑海中会出现些什么？"或者"当您听说母品牌正在推出这一延伸时，您的第一印象是什么？"然后根据对回答问题的反应进行量表评分。一个很有趣的新统计方法采用贝叶斯因素分析法区分品牌和品类影响，以更好地评估品牌契合。[39]

在评价延伸机会时常常会犯的一个主要错误是，没有通盘考虑所有消费者的品牌知识结构，营销者通常会错误地聚焦在一个或几个品牌联想上，并以此为品牌延伸匹配性评价的基础，从而忽略其他甚至更重要的品牌联想。

品牌延伸评估的另外一个常见错误是，忽视了消费者在评价延伸时会多么仔细。虽然消费者最终关心的是品牌延伸的好处，但他们常常也会注意并对延伸属性尤其是具体属性进行评价；品牌经理们在预测消费者反应时，则倾向于强调消费者感知到的好处，因此，可能会忽视一些潜在的破坏性的属性联想。

公司和竞争因素 不仅要从消费者角度对品牌延伸进行评估，而且要从公司和竞争的角度进行考虑。在延伸过程中，公司资产的使用效率如何？现有的营销计划、消费者感知利益和目标顾客与品牌延伸的相关性如何？消费者对延伸感知的竞争优势有哪些？竞争对手的反应会是什么？

营销者在推出延伸产品时最大的错误是失败地估计竞争对手的行动和反应。[40]太多的延伸产品和过度的竞争，会使公司的资源使用变得紧张。Arm & Hammer 的品牌延伸计划遭受极大的阻力，例如除臭剂遭遇竞争对手的回击。

反击式品牌延伸——当延伸品类中的竞争品牌选择在母品牌的品类中推出延伸产品的时候，会形成重大的威胁。好时的草莓味调味酱推出后，盛美家（Smucker）的巧克力酱推出了；Dixie 纸盘推出后，Chinet 就推出纸杯。成功的延伸可以减少品类间感知到的契合度，使得反击策略更加简单。[41]

品类因素 营销者必须为品牌做好优化产品线策略。他们需要对市场和产品间相互依赖的成本有清晰的了解。[42] 这反过来意味着监测产品线中的每一类目所贡献的销售占比及利润，以及承受竞争、满足消费者的能力。

如果管理层可以通过增加类目来实现利润增长，那意味着产品线太短；同样的，如果删减类目能增加利润，则意味着产品线太长。[43] 通过增加细分类目延长产品线通常能够扩大市场覆盖率及市场份额，但同时也增加了成本。从品牌的角度来看，在长的产品线中，如果所有的小类目都采用相同的品牌名也许会降低互相关联的品牌形象的一致性。

雷迪、霍拉克和巴特（Reddy，Holak，and Bhat）通过对 34 个香烟品牌的 75 条产品线延伸超过 20 年的研究 [44]，他们得出以下重要结论：对影响延伸成功的决定性因素进行了探讨。

- 强势品牌的产品线延伸要比弱势品牌的产品线延伸成功；
- 象征性品牌的产品线延伸会比缺乏象征意义的品牌获得更大的市场成功；
- 得到强大的广告及推广支持的产品线延伸要比只获得微薄支持的延伸更成功；
- 对强势品牌而言，较早进入细分市场比晚进入者更能获取成功；
- 公司规模以及营销能力对母品牌的扩展也有重要影响；
- 早期的产品线延伸有助于母品牌的市场拓展；
- 产品线延伸带来的销量增加也许能够弥补替代品带来的损失。

尽管产品线延伸有许多缺陷，管理时也需要考虑很多注意事项，但其诱惑力仍然巨大，这主要是由于创造一个全新的品牌会产生更大的成本和潜在风险。一份研究报告表明，与开发新品牌相比，产品线延伸只花费一半的时间，远低于前者的成本，却能享受两倍的市场成功率。[45]

设计实施延伸的营销方案

许多公司通常会把延伸看成推出新产品的一条捷径，而对发展能够使品牌延伸资产最大化并且提高母品牌资产的品牌和营销计划重视不够。对于新品牌而言，为品牌延伸创建品牌资产，需要选择品牌元素、设计实施延伸的最优营销计划，以及提升次级品牌联想。

选择品牌元素 从定义上看，品牌延伸保留了现有品牌的一个或多个元素。还应该认识到，在延伸时不仅应考虑品牌名称，同时还需要提升其他品牌元素。例如，像亨氏和金宝汤这样的公司，就已经进行了一揽子设计，其目的不仅仅在于赋予不同的产品线延伸或品牌类型以特色，同时还为了反映它们共同的来源。[46]

包装在品牌资产中有时是一个相当重要的组成部分，以至于人们无法想象没有统一包装设计元素的品牌延伸会是什么样子。在这种情况下，品牌经理的处境实际上进退两难，因为如果选择使用同种类型的包装，延伸就可能没有自己的特色；如果选择使用不同类型的包装，则又会闲置一个重要的品牌资产来源。

品牌延伸可以保留或修改母品牌的一个或多个品牌元素，也可以使用自己的品牌元素。在为延伸产品创造新的品牌元素时，同样可以遵循第 4 章所介绍的品牌发展中的可记忆性、有意义性、可爱性、可转换性、可适应性、可保护性几条原则。

一般来讲，新品牌元素有助于将延伸品牌与母品牌区别开来，从而建立自己的认知度和品牌形象。第 12 章曾提到，现有母品牌元素和新延伸品牌元素之间的相对重要性，决定了母品牌向延伸品牌传递的力度，以及延伸品牌对母品牌的反馈效应。

设计最优营销计划　设计品牌延伸营销计划应当遵循的原则，与第 5 章和第 6 章介绍的创建品牌资产应遵循的原则一致。定价策略、渠道策略应以消费者的价值感知为指导原则，同时必须考虑"推"和"拉"两种因素。此外，公司还必须通过传播方案的组合和匹配进行整合营销传播。

在为品牌延伸选择合适定位的时候，延伸品牌与母品牌之间的相似性越小，就越需要建立必要的、有竞争力的共同点。在许多情况下，品类延伸的差异点直接从母品牌的差异点中沿袭发展而来，并且很容易为消费者所感知。因此，当妮维雅延伸至洗发水、护发素、体味清新剂、化妆品和其他美容产品时，其关键的"柔和"差异点很轻易就得以成功传递。另一方面，对品牌线延伸来说，则往往需要创造一个新的联想，作为品牌延伸额外的差异点，以使其与母品牌区别开来。

对于产品线延伸来说，为了使销售挤占或消费者困惑等风险最小化，有必要使消费者理解新品牌与现有产品之间的联系。

提升次级品牌联想　品牌延伸往往能提升与母品牌一致的次级联想。有些情况下，面对延伸品类内的竞争，公司还有必要再采取一些额外的巩固行为，如与其他实体发生关联等。从定义上看，品牌延伸的特殊之处在于，延伸时通常伴随着其他品牌联想或公司联想的提升，不过，这些其他联想与延伸关联的程度取决于所采用的品牌战略及延伸的品牌。如上文所述，品牌元素越普通，受到的重视程度越高，母品牌联想就越有可能得到传递。

评估延伸结果及其对母品牌资产的影响

评价品牌延伸机会的最后一个步骤是，对品牌实现自身资产的同时发展母品牌资产的能力进行评估。为帮助衡量延伸的结果，可以使用基于顾客的品牌资产模型的品牌追踪或其他消费者反应评估中的方法，将延伸品牌和母品牌作为一个整体衡量。下述即是一个可以帮助企业评估品牌延伸机会的简明检查清单及关注要点。

13.6　基于学术研究的品牌延伸原则

幸运的是，学术机构对品牌延伸的研究十分重视。以下是关于品牌延伸更加具体的指南。表 13-7 对一些重要的研究结论进行了总结，本节进行详细阐述。

1.当母品牌具有有利的品牌联想，而且消费者感到母品牌与延伸产品相互匹配时，就能实现成功的品牌延伸。为了更好地理解消费者评价品牌延伸的过程，许多学术机构的研究人员都从"分类"的角度着手进行研究。分类研究源于心理学研究，这类研究认为，人们通常根据能否将刺激归入某一先前定义好的心理类别之中，进而对刺激进行评价。

如果把分类的概念应用到营销范畴，就是指消费者运用自己的品牌和产品分类知识，简化、构造并解释自己所处的营销环境。[47] 例如，有一种观点认为，消费者把品牌看做一些长期以来与若干具体属性相联系的分类，而这些具体属性是以与代表品类中单个成员的不同产品相关联的属性为基础的。[48] 比如，Method 扩大了清洁产品的品类，消费者可能会产生更强的"现代设计""环境友好型"的品牌联想。

根据分类的观点，如果消费者认为品牌延伸与该品类紧密相关或者相近，那么消费者就很容易将自己对母品牌的现有态度转移到延伸品牌上。另一方面，如果消费者对两者之间的相似性并不肯定，就有可能以一种更加细致的、逐个处理的态度来评价延伸。在这种情况下，消费者对于有关延伸的任何具体联想的强弱、好恶及独特性，都将成为延伸评价的决定性因素。[49]

与这些观点相一致，阿克和凯勒收集了 6 个著名品牌 20 个建议延伸的消费者反应，从中发现：消费者对原品牌和延伸品牌之间匹配性的感知，以及消费者对母品牌高品质的感知，有助于形成积极的延伸评价。[50]

很多后续的研究根据这些发现，在美国以外的市场进行了一般性的推广。以类似的 7 项研究为基础，博顿利（Bottomly）和霍尔登（Holden）全面分析了全球 131 个品牌延伸的案例，得出的模型具有明显的推广性，尽管跨文化差异会影响模型中各因素的相对重要性。[51]

因此，一般来讲，如果消费者认为打算进行的延伸与母品牌之间存在着一些"匹配"或相似的基础，他们就比较有可能对品牌延伸作出有利的评价。[52] 非常有趣的是，在某些特定的情况下，适度不一致的延伸比高度一致的延伸更能唤起有利的评价，例如当消费者高度参与其中，以及当延伸与其他竞争对手没有明显差别的时候。[53]

2. 匹配包括许多方面：产品相关属性和利益，非产品相关属性和利益（如与使用情境或者用户类型相关）。消费者记忆中的任何有关母品牌的联想，都有可能是"相互匹配"的一个潜在基础。许多学术研究人员都假定，消费者对于相似程度的判断是母品牌与延伸品牌间重要共享联想的函数。而且，存在的特色联想越普遍，数目越少，对总体相似性的感知就会越强烈。这些相似程度的判断，可以基于产品相关属性和利益，也可以以非产品相关属性和利益为基础。[54]

为了论述匹配性在多大程度上不必仅以产品相关联想为基础，帕克（Park）、米尔伯格（Milberg）和劳森（Lawson）研究显示，声望型品牌（如劳力士）比功能型品牌（如天美时）更容易向落地式大摆钟、手镯和戒指等品类延伸，而另一方面，天美时更容易向秒表、电池和计算器等品类延伸。

布罗尼亚齐克（Broniarczyk）和阿尔巴（Alba）在识别突出品牌联想的重要性的问题上，提出了另一个值得注意的论点。[55] 他们认为，如果母品牌关键联想在所延伸的品类中重要而且相关，那么，母品牌品类与延伸品牌之间匹配性的感知缺乏可以得到弥补。例如，Froot Loops 谷物——拥有较强的"甘甜""好味道"和"儿童"的品牌联想——向棒棒糖、冰棒这种较大的品类延伸，要比向蛋奶甜饼、热谷物等类似的品类延伸更好，这是由于那些差别较大的品类与其品牌联想具有相关性的缘故。

因此，延伸的匹配性不仅仅指母品牌和延伸产品品类之间具有共同的、特色的品牌联想的数量。[56] 上述这些研究说明了采用更宽泛的分类法和匹配性视角的重要性。例如，布里奇斯（Bridges）、凯勒和苏德（Sood）提到"品类一致性"的概念，具有一致性的品类是指那些"相近"并且"相关"的产品类别。根据他们的观点，费雪公司产品线的一些产品，如玩具、浴室用品及汽车座椅等，在物理属性上差别很大，但都可以通过"儿童用品"这一关联相互联系起来。[57]

研究者还探究了与匹配性相关的其他更具体的因素，并且发现了影响匹配性判断的应用情境。例如，布施（Boush）提供了与"匹配性"判断内容敏感性相关的实验性数据。人们发现，品类组合之间的相似性判断并不是对称的，品牌名称的联想能够改变非对称的方向。比如，更多的人同意"《时代》周刊就像《时代》书籍"而不是"《时代》书籍就像《时代》周刊"这样的表述，但是如果没有品牌名称，喜好顺序就反过来了。史密斯

（Smith）和安德鲁斯（Andrews）通过调查工业品营销者发现，匹配性与顾客对新产品的评价并不直接相关，而是受到顾客对于公司推出新产品确定性感知的调节。[58]

3. 根据消费者的品类知识，顾客会基于技术或生产上的相通之处或者更加表面的一些因素（如必要的或情境方面的互补性等），形成对匹配性的感知。消费者也会对属性和利益之外的考虑点形成匹配性感知。阿克和凯勒从需求和供给两个角度对消费者感知进行了考察，他们的研究结果表明，母品牌与延伸产品间感知到的匹配性，可能与产品使用过程中的替代性和互补性这些经济学概念（从需求的角度看）有关，也与公司所拥有的制造延伸产品所必需的技术和资产的能力（从供给的角度看）有关。

因此，消费者对本田制造的割草机、汽车及其他设备的马达的专业水平的感知，有助于本田在希望推出带有小型马达的其他机器时匹配性感知的建立。同样道理，Food Network 利用在食物方面的专业性，推出 Food Network 炊具。还有其他一些延伸的例子，它们的生产能力不高，但在使用上具有互补性，如高露洁从牙膏延伸到牙刷，金霸王从电池延伸到手电筒等。哈雷 – 戴维森服装和水宝宝（Coppertone）太阳镜是利用各自母品牌（如摩托车和防晒霜）特定的使用场景而延伸出的产品。在其他情况下，品牌可能会利用相似的目标受众进行延伸，如维萨的旅行支票。

对匹配性的这些感知，也许取决于消费者对品类的了解程度。穆索克里斯南（Muthukrishnan）和韦茨（Weitz）认为，有知识的"专家型"消费者，更倾向于根据技术或生产的相通之处进行判断，从生产过程中的技术、设计和构思、材料和成分等角度考察相似性。而另一方面，知识较少的"新手型"消费者，更倾向于考虑那些表面的、显而易见的因素，如共同的包装、形状、颜色、大小或用途等。[59] 张（zhang）和苏德的研究显示了基于年龄的相似的知识模式所带来的影响。相比成年人，儿童拥有更少的品牌知识，他们会更倾向于用表面的线索去评价延伸（如某一延伸品牌名的语言特性，比如这个品牌名是否押韵）；而成人则倾向于用更深层次的线索（比如母品牌和延伸品牌之间品类的相似性）。[60]

匹配性感知因消费者类型和他们看待品牌延伸的方式不同。约克斯通（Yorkston）、努内斯（Nunes）和马塔（Matta）发现，相比认为品牌特征是固定不变的消费者（即实体理论家），认为品牌个性具有延展性的消费者（即增值理论家）更能接受品牌延伸。由卡特赖特（Cutright）、贝塔曼（Bettman）和菲茨西蒙斯（Fitzsimmons）所做的另一项研究发现，当消费者的个人控制感较低时，更有可能拒绝接受那些看起来与母品牌不太匹配的品牌延伸。最后，蒙加（Monga）和居尔汗 – 詹勒（Gürhan-Canli）发现，交配的思维模式（考虑伴侣）可以增加对于延伸匹配的认知，尤其是对于适度不一致的延伸，因为它诱发了消费者的"关系处理"。[61]

4. 虽然高质量的品牌和质量一般的品牌都有自己的边界，但前者可延伸的范围比后者更大。人们通常认为高质量的品牌更可靠、更专业、更值得信任。因此，即使消费者认为一个相对较远的延伸并不真正适合该品牌，他们还是比较愿意给高质量品牌以"信任和支持"。不过，如果某一品牌的质量被认为处于平均水平，就不会出现这么好的情况了，而且，多数消费者可能会质疑公司的能力和动机。[62]

由此可见，建立强势品牌的一个重要优点就是，它可以更容易地向多个品类延伸。[63] 弗德罗金、帕克和汤姆森（Fedorikhin, Park, and Thomson）发现，消费者对一个品牌的依恋程度越高，他们愿意为延伸产品支付更多，更愿意推荐给其他人，还会更轻易原谅它的过错。[64] 相似地，杨和怀尔（Yeung and Wyer）也说，如果一个品牌唤起了消费者积极的情感反应，消费者受到延伸品牌与母品牌匹配性程度的影响就较少。[65]

不过，应该注意的是，所有的品牌都存在边界。许多观察者指出了一些可笑的，甚至是滑稽的假想品牌延伸来说明这一问题。例如，正如陶伯所说，很少有哪个消费者愿意买 Jell-O 鞋带或汰渍冷冻食品。

5. 如果一个品牌被视为某一品类的原型，该品牌就很难向该品类以外延伸。作为对前面结论的一个警示，如果品牌在很大程度上被视为品类的代表或典型范例，就很难使消费者改变他们对品牌的看法。品类领导者延伸失败的例子有很多。[66] 拜耳，一个与阿司匹林同义的品牌，在推出拜耳 Select 专用止痛药产品线时遇到了大麻烦。[67] 最极端的例子是 Thermos 和舒洁品牌，它们因此失去了商标的独特性，沦为品类中平庸的一员。为了说明原型品牌在延伸时可能遇到的困难，来看一下高乐氏的例子。

高乐氏

高乐氏是一著名品牌，它实际上是漂白剂的同义词。1988 年，高乐氏首次推出漂白剂产品，向消费产品巨人宝洁和联合利华公司发出挑战。在接下来的 3 年中，高乐氏花费 2.25 亿美元，用以发展和分销洗涤剂产品，但仅实现了 3% 的市场份额。宝洁公司虽然在市场上受到冲击，但它后来推出的汰渍增白洗衣粉还是占领了 17% 的市场份额。出于无奈，高乐氏不得不退出市场。虽然有许多因素最终促成了这一决策，但有一点可以确定，即高乐氏的失败部分是由于消费者认为高乐氏的产品仅仅局限于漂白剂。高乐氏延伸失败可能还有一个原因，即对于"带有漂白功能的洗衣剂"这种综合产品，消费者会认为洗衣剂是主要成分，而漂白剂是次要成分。因此，当进入带有漂白功能的洗衣剂这个综合产品大类时，洗衣剂的延伸（如汰渍增白洗衣粉）要比漂白剂的延伸（如高乐氏）更具有优势。而在另一方面，高乐氏曾成功地将品牌延伸到家用清洁产品（如卫生间清洁剂），人们认为，这一领域与漂白剂的相关性更大。[68]

高乐氏品牌的主要成分和次要成分之间的关系也可以用来解释为什么 Aunt Jemima 成功地从很受欢迎的薄煎饼配料产品延伸到薄煎饼糖浆，而 Log Cabin 从颇受好评的薄煎饼糖浆延伸至薄煎饼配料时却不太成功——人们认为，薄煎饼配料在早餐中是比糖浆更重要的成分。

6. 具体的属性联想在延伸时比抽象的利益联想更困难。由于市场领导品牌都拥有较强的具体产品属性联想，这一事实使领导品牌延伸受到的限制更大。有些情况下，品牌名称也会使这些属性联想得到加强（如 Liquid Paper，Cheez Whiz，Shredded Wheat）。[69] 比如，La-Z-Boy 就曾经努力摆脱躺式椅狭窄的产品线形象。

一般来讲，与比较抽象的属性联想相比，具体属性联想在向延伸品类传递时范围较窄。[70] 例如，阿克和凯勒的研究表明，消费者对下列一些品牌延伸不以为然：喜力爆米花延伸，因为感觉味道不会太好或者感觉像啤酒；味道像牙膏或总体上讲味道不够吸引人的佳洁士口香糖延伸。另一方面，比较抽象的联想出于其本质无形的缘故，也许会与较广范围的品类相关联。

不过，有关具体和抽象联想的延伸能力，还有几点需要说明。首先，母品牌的具体属性能够向某些品类传递。[71] 一个具体属性联想因为能够创造独特的风味、成分或部件，从而在延伸品类中受到很高评价，那么建立在这一基础之上的延伸往往可能取得成功。

根据法夸尔（Farquhar）和赫尔（Herr）的研究，这样的例子有：泰诺鼻窦药剂、奥利奥甜饼和奶油冰淇淋、Arm & Hammer 地毯除臭剂。[72]

其次，抽象联想也并非总能很轻松地传递。这一观点出自布里奇斯、凯勒和苏德的研究。他们对抽象品牌联想和具体品牌联想所代表的两种产品相关品牌信息的转移、传递能力进行了考察。虽然这些研究者原本以为具有抽象利益联想的品牌会占些优势，但他们后来发现，这两种类型的品牌形象都同样延伸进了一种差别很大的产品大类（如手提包），而且水平不相上下。其中的原因有几个，但最重要的原因也许是消费者不相信抽象的属性在延伸品类中也具有同样的含义（即"持久性"并不一定会"传递"到延伸品类中，因为一只手表的持久性与一只手提包的持久性是不一样的）。[73]

最后，乔伊纳（Joiner）和洛肯（Loken）在品牌延伸情境"包含效应"的实证中，说明了消费者通常更倾向于根据一个特定范畴的特性（如索尼电视机）来推断更宽泛范畴的特性（如所有索尼的产品），而不是根据一个特定范畴的特性（如索尼电视机）来推断另一个特定范畴的特性（如索尼自行车）。具体延伸品类越能代表一般品类，这种包含效应就越明显（如索尼相机就比索尼自行车更具有代表性）。[74]

7. 消费者可能会转移对原产品的积极的联想，而对其延伸内容产生负面的联想。消费者的消费动机不尽相同，对延伸产品的使用情况也不同，因此，他们对品牌的联想可能无法达到其对原始产品一样高的评价。举例而言，金宝汤公司通过对使用金宝汤商标销售的番茄沙司的调查发现，此举并不成功。很明显，金宝汤品牌强有力的联想暗示消费者新产品将是水质的。为了赋予产品更大的可靠性，金宝汤公司将产品改名为"Prego"（一个具有意大利语发音的名字），结果使该产品取得了长期成功。

8. 消费者可能会对品牌延伸产生负面联想，而且，这种负面联想有时甚至是在其他正面联想的基础上产生的。即使消费者将母品牌的正面联想传递到品牌延伸中，他们仍有可能会产生其他负面联想。例如，布里奇斯、凯勒和苏德的研究证明，即使消费者认为从具有持久性的手表向手提包的延伸意味着经久耐用，他们还是会断定该手提包可能不时尚。这种联想也是造成对延伸评价不高的原因之一。[75]

9. 如果某一品类被认为很容易生产，向这一品类实施延伸就比较困难。阿克和凯勒的研究发现，一些表面看似不错的延伸，可能因为延伸产品的性质而得不到消费者的认可。如果人们认为产品生产起来相对容易——因此很难创造品牌差异——那么一个高质量的品牌就可能被视为是不协调的或者可替换的，消费者就会觉得延伸品牌定价不合理，价格偏高。

如果人们认为延伸品类很难生产，各品牌在质量上相差很大，那么，即使消费者可能对延伸品牌确切的质量水平不能完全肯定，品牌延伸仍会有很多机会为自己创造差别。[76]

10. 成功的品牌延伸不仅有利于母品牌形象，而且能为母品牌的进一步延伸创造条件。品牌延伸通过改善母品牌联想的强度、偏好性或独特性，从而提升其形象。[77]例如，斯旺米纳森（Swaminathan）、福克斯（Fox）和雷迪（Reddy）的研究反映，如果消费者还没有形成强烈的态度，那么，成功的品牌延伸将会对原本很平常的母品牌的评价起到改善作用。

如果延伸改变了品牌的形象和含义，那么，原来被消费者认为是不适宜的延伸也有可能变得更有意义，并且感觉更加匹配。凯勒和阿克认为，通过"小步"前进，即通过推出一系列紧密相关但越来越远的延伸，有可能使品牌最终进入原本直接进入非常困难甚至不可能进入的品类。[78]

由此可见，成功的品牌延伸能够在这几个重要的方面帮助品牌成长：

1. 为品牌建立一个新的市场；

2. 为品牌强化现有的市场；

3. 为品牌随后进入新市场增加可能性。

例如，当丰田推出普锐斯（Prius）油电混合车，不仅为丰田的企业品牌冠上创新、环保的光环，同时也为普锐斯整个品牌（包括四种不同的车型）的推出铺平了道路。

不同的因素影响着多元化延伸的成功与否。布施和洛肯发现已经延伸到许多不同品类的"宽泛"品牌基础上的远距离延伸比还未广泛延伸的"狭窄"品牌基础上的延伸评价更高。[79] 与此相关，达辛（Dacin）和史密斯（Smith）的研究说明，消费者对品牌组合中不同品牌质量水平的感知越一致，他们对推出的品牌延伸评价就越高，越具有信心。[80] 此外，如果某一公司证明它在多种品类中的产品质量差异很小，那么它在延伸时就能比较容易地克服因缺乏匹配性感知而带来的障碍；换句话说，在这种情况下，消费者会认为"不论做什么，他们都会做得很好"。

在对11个非耐用消费品品类的95个品牌的实证研究中，沙利文（Sullivan）发现就品类生命周期的阶段而言，生命初期即进入品牌延伸的产品的表现通常没有初期采用新品牌产品或晚期再进行品牌延伸的产品好。[81]

夏因、帕克和怀尔（Shine，Park，and Wyer）论证了一个有趣的多元化延伸的协同效应。同时推出两个品牌延伸（如两款数码相机），消费者对形似性或匹配性独立于母品牌的延伸评价有影响（如施乐公司）。消费者似乎会从单一制造商（其固有的吸引力）来看待相关的产品。[82] 毛和克什曼（Mao and Krishman）指出，当一个品牌在多个产品领域中经营的时候，消费者会对延伸形成很不一样的看法。[83]

11. 只有当母品牌与延伸品牌之间具有较强的匹配性时，一个不成功的品牌延伸才会伤害到母品牌。在学术研究和行业经验中，形成了一条通用原则：只有当品牌延伸与母品牌间存在较高水平的相似性或匹配性时，失败的品牌延伸才有可能伤害到母品牌，例如那些在同一品类中失败了的产品线延伸。

罗德·约翰（Roedder John）和洛肯发现，在健康和美容用品领域中，如果在相近品类（如洗发水）中推出较低质量的延伸产品，消费者对母品牌的感知会降低。但如果上述延伸发生在差别较大的品类（如面巾纸）中，母品牌的质量感知就不会受到影响。[84]

凯勒、阿克和罗密欧（Romeo）也发现，在差别较大的品类中失败的延伸，不会影响到消费者对母品牌的评价。[85] 罗德·约翰、洛肯和乔伊纳发现，旗舰产品和产品线延伸很少出现稀释效应，但不同品类的延伸却未必如此。[86]

居尔汗－詹勒和马赫斯瓦兰（Maheswaran）通过考虑消费者动机和延伸典型性的调节效应，扩展了这些研究的成果。[87] 他们发现，在高动机条件下，如果忽略延伸典型性因素，不一致的延伸将被详细考虑，并导致消费者对家族品牌评价的修正。然而在低动机条件下，品牌评价在高典型性背景中表现得更加极端（与低典型性相比）。因为人们一般认为缺乏典型性的延伸是一个例外，所以不考虑它的影响。

与高动机条件下的发现相一致，米尔伯格和他的同事认为，负面的反馈效应在下面两种情况下存在：（1）消费者对品类的感知延伸，与家族品牌之间存在差异；（2）延伸属性信息和与家族品牌相关的形象信念不一致。[88]

就个体差异而言，莱恩和雅各布森发现，品牌延伸存在负面的相互影响效应，对于高认知需求的产品而言更是如此，不过他们并没有探究延伸相似性的差异。[89] 基尔马尼

（Kirmani）、苏德和布里奇斯发现当引入低价延伸品牌时，对具有声望形象的汽车公司存在稀释效应，对不具有声望形象的汽车公司则没有这种稀释效应。[90] 最后，莫林（Morrin）的研究表明，获得品牌延伸信息的消费者会增强而不是减少记忆中的母品牌联想，那些在原始品类中具有支配力的母品牌尤其如此。[91]

12. 一次不成功的品牌延伸并不会影响公司"重蹈覆辙"，再另外推出一个类似的品牌延伸。凯勒和阿克的研究还发现，失败的品牌延伸，并不必然阻止公司减少和再次推出类似的延伸。例如，李维斯公司推出的 Tailored Classics 产品线最初是失败的，失败的原因在于目标市场的选择、分销渠道和产品设计。或许最基本的问题还是李利维斯品牌形象与目标市场期望的延伸产品的理想形象之间缺乏匹配性。尽管最后该产品以失败而告终并且撤出市场，但李维斯后来又推出了一种延伸服装产品——Dockers 长裤，一个更强的并且与母品牌更加匹配的子品牌。[92]

李维斯这些品牌延伸的经历说明，失败并不会导致公司永远丧失推出新品牌延伸的能力——对于像李维斯这样的品牌更是如此。但是，一次不成功的延伸，确实创造了一个所谓的"感知边界"，反映了消费者头脑中可能需要克服的品牌的界限。事实上，帕克（parker）和他的同事研究表明，如果在失败的品牌延伸过程中能够成功地改变并拓展品牌概念，那么，随着时间的推移，这将有助于推动更多不同的延伸。[93]

13. 通过品牌联盟进行品牌延伸可以利用两个品牌的成功和品牌资产。正如第 7 章所提到的，品牌联盟能为股票品牌在消费者认知和财务绩效方面创造积极的影响。帕克、尤尔·尤恩和肖克（Park，Youl Jun，and Shocker）提出，通过品牌联盟进行品牌延伸能够利用多种品牌的优势，来增强消费者的品牌态度。[94] 例如，像手游《愤怒的小鸟：星球大战》这样通过品牌联盟进行品牌延伸，同时利用了《星球大战》和《愤怒的小鸟》的声望。曹和索雷斯库（Cao and Sorescu）发现，股票市场对于新品牌联盟的宣布反应积极。[95]

14. 在品牌联盟延伸中，相同的和不相同的品牌可以成功合作，以实现更大的协同效应。斯旺米纳森等的一项研究表明，即使是高度相似的品牌（具有相似的品牌形象）联盟，同样可以通过利用它们相似的品牌吸引力和诉求获得成功。相比之下，互补品牌（具有不同的优势）在联盟过程中，可以弥补它们相对于另一品牌的弱势，进而创造一个更加成功的联合品牌延伸。因此，无论是相同品牌的延伸还是互补品牌的延伸均可以成功，尽管品牌的相对成功取决于消费者如何处理品牌联盟产品信息。[96] 如果品牌在知名度上是不同的，那么知名度较小的品牌必须要小心，以防其知名度被知名度较高的品牌所遮盖。[97]

15. 垂直延伸比较困难，通常需要子品牌战略的支持。学术界已有针对垂直延伸的研究，在对美国山地车行业的实证研究中，兰德尔、乌尔里希和赖伯斯坦恩（Randall，Ulrich，and Reibstein）发现，对于低质细分市场来说，品牌价格溢价与产品线中质量最低的产品质量具有显著的正相关性；对于高质细分市场来说，品牌价格溢价与产品线中质量最高的产品质量也显著呈正相关关系。因此，他们认为希望最大化品牌资产的经理应该只提供高质产品，避免提供低质产品，尽管整体利润最大化可以制定不同的战略。[98]

汉密尔顿和切尔内夫（Hamilton and Chernev）表明，当消费者只是浏览时，向上的品牌延伸会提升品牌的价格形象，反之向下的品牌延伸则会降低形象，而当消费者仔细观察并有购买计划的时候就不再成立。在另一个案例中，这个影响甚至是相反的：当消费者有着清晰购买目标的时候，向上的品牌延伸实际上降低了品牌的价格形象，而向下的延伸则提升形象。[99]

基尔马尼、苏德和布里奇斯（Kirmani, Sood, and Bridges）在品牌线延伸的情境下，分析了"所有权效应"——为什么所有者比非所有者更倾向于品牌延伸。他们发现非声望品牌（如雅阁）的前向和后向延伸以及声望品牌（如卡尔文·克莱恩和宝马）的前向延伸都将发生所有权效应。然而就声望品牌的后向延伸而言，所有权效应并没有发生，因为所有者希望单独拥有品牌。在这种情况下，子品牌战略有助于防止所有者对母品牌态度的稀释。[100]

16. 对延伸最有效的广告策略，应该着重强调有关延伸的信息，而不是帮助人们回忆母品牌信息。许多研究都表明，品牌延伸提供的信息通过引发选择性回忆，可以为消费者决策过程"形成构架"，并影响到对品牌延伸的评价。一般来讲，最有效的战略应该抓住消费者一想到延伸立刻就会想起的有关品牌的重要信息，并且强调那些不经提醒就会忽略或误解的附加信息。

阿克和凯勒发现，简要地叙述某些消费者不能肯定或者关心的具体延伸属性，有助于产生较好的评价。布里奇斯、凯勒和苏德以及克林克和史密斯（Klink and Smith）的研究发现，当消费者觉得品牌与延伸之间的匹配性较低时，通过提供信息可以在两种情况下改善这种消费者感知。[101] 莱恩发现，引起品牌主要利益联想的广告重复，能够克服高度不一致的品牌延伸的负面感知。[102]

研究还探究了品牌延伸营销计划的其他方面。苏德和凯勒发现，尽管来源于母品牌知识的"品牌化效应"（branding effect）极少被提及，无论消费者之前对延伸产品已有明显的负面经验或毫无相关经验，"品牌化效应"在对延伸品牌有和没有经验的两种情形中都会发生作用。[103]

布坎南、西蒙斯和比卡特（Buchanan, Simmons, and Bickart）在考虑零售商铺货效应时发现，在下列情况下，"高资产"品牌的评价会被不熟悉的竞争品牌抵消：（1）混合铺货结构致使消费者认为，竞争性品牌在选择高资产品牌中具有诊断性作用；（2）铺货中的品牌优先使得品牌差异性或相似性期望可行；（3）不熟悉的竞争品牌使得这些期望不可行。[104]

17. 个体差异会影响消费者的延伸决策，从而影响延伸效果。消费者因短期动机、长期动机、能力、机会等方面的不同而对品牌延伸有着不同的评价。研究人员已经发现了这些差异如何影响延伸的匹配性和评价，如下所示。

蒙格和约翰（Monga and John）论证了在评价延伸中一个重要的个体差异——消费者是细节分析型（关注母品牌和延伸品牌之间特定属性的比较）还是整体分析型（更关注于比较母品牌和延伸品牌之间的总体态度和判断差异）的思考者。这两种方式都给予声望品牌较大的延伸空间，而对于功能品牌而言，整体型的思考者则给予更大的延伸空间。[105]

类似地，约克斯顿、努涅斯和马塔（Yorkston, Nunes, and Matta）发现，那些认为品牌个性特征有延伸性的持有增值观的消费者，比那些认为品牌特质是固定不变的消费者更容易接受品牌延伸。[105]

另外一个重要的个体差异是自我建构——人们如何看待生活，如何使生活变得有意义。[107] 倾向于独立的自我建构的人会更看重个体的独特性；而依赖性的自我建构的人则更关心个体之间的关系。

在单一品牌的背景下，阿鲁瓦里亚（Ahluwalia）假设一个依赖型自我建构的消费者应该能够更好地发掘品牌延伸与母品牌之间的关系，从而对品牌匹配度和品牌喜爱度有更正向的看法。她的研究发现，只要给予依赖型心理建构的消费者充分鼓励，这些影响便会发生。[108]

同样，普利格达、罗斯和格雷瓦尔（Puligadda，Ross，and Grewal）认为，品牌图解型消费者会比其他人更倾向于用他们的品牌知识处理和组织信息。而非图解型消费者则会用其他的信息，例如产品特征、属性来作为参照系。品牌图解型消费者倾向于关注品牌延伸概念的相似性。[109]

消费者之间另一个重要的个体差异在于调节定向，指个体在实现目标的自我调节过程中表现出的特定方式或倾向。持有预防定向的消费者聚焦负面结果，避免安全、责任等方面的损失；而持有促进定向的消费者则关心积极结果，寻找收获和愉悦，避免错失机会。[110]

约和帕克（Yeo and Park）表明，聚焦于促进的消费者往往比聚焦于防御的消费者更容易赞成不同的延伸，这是他们对风险的不同理解造成的。[111]与此相关，常、林和常（Chang，Lin，and Chang）认为，促进定向的消费者在判断延伸时更倾向于抽象地关注利益的重叠，而防御定向型消费者则会具体地聚焦在纯粹的类别相似性上。[112]

其他因素也可以影响延伸的评价。巴龙、米尼德和罗密欧（Barone，Miniard，and Romeo）通过实验论证积极的情绪会引导消费者以积极的态度去评价品牌延伸——他们会认为与某一积极正面的品牌适度相似，而不是非常相似或非常不相似。[113]

18. 不同市场的文化差异会影响品牌延伸的成功。最近的品牌研究成果有部分基于个体差异，探究文化差异如何反映在品牌延伸上。蒙格和约翰（Monga and John）以及恩奇和休斯敦（Ng and Houston）的研究结果已经表明，东方文化背景下的消费者（如中国）有着全局思考的观念，他们会比西方文化背景下的细节分析型消费者（如美国）有更高水平的延伸匹配性感知。[114]

典型或相似延伸的稀释效应也会因文化和消费者动机的不同而有所不同：当动机强烈时，东方文化下的消费者明显地表现出更大的稀释效应；而西方文化下的消费者则表现出更小的稀释效应。[115]

此外，托雷利和阿鲁瓦里亚（Torelli and Ahluwalia）认为，文化一致性可以在感知的匹配性效应之外帮助那些文化一致的品牌延伸。他们指出，文化一致的品牌延伸可能像索尼电动车那样，而不一致的则可能像索尼卡布奇诺 - 玛琪朵机器。据研究，除了所有电子制造商拥有的与电动车的内在契合度，索尼还有另一个在契合度和评价方面的优势——日本的原产国效应以及日本与电子产品之间强大的联想。[116]

········| **本章回顾** |········

品牌延伸的含义是指公司以已建立的品牌名称推出新的产品。品牌延伸可以按照推出的新产品是属于母品牌当前所处的品类（即产品线延伸），还是属于一个完全不同的品类（即品类延伸）进行分类。品牌延伸的形式多种多样。品牌延伸具有许多潜在的优点，但也存在很多问题。本章对这些优点和缺点进行介绍，并且给出一些目的在于使延伸成功的可能性最大化的简单的概念性指导原则。

有关品牌延伸的最基本的假设是，消费者在记忆中对一些母品牌具有正面联想，而且其中至少有一部分可以被品牌延伸利用；同时，负面联想不会由母品牌传递过来，也不会由品牌延伸所产生。

品牌延伸建立自身资产的能力，取决于消费者头脑中延伸情境下母品牌联想的重要性，以及由此而形成的所有联想的偏好性和独特性。品牌延伸发展母品牌资产的能力，取决于延伸情境下相应属性或利益联想的显著性、延伸重要性对于母品牌属性或利益的相关性及诊断性意义，以及消费者记忆中母品牌相关属性或利益联想的强度。

评估品牌延伸机会，制定品牌延伸战略决策时，必须借助于管理人员的判断和消费者调查进行慎重的考虑，同时还应系统地遵循以下步骤：（1）确定实际的和理想的顾客品牌知识；（2）列举可能的延伸方案；（3）评估候选延伸方案的潜力；（4）设计实施延伸的营销方案；（5）评估延伸结果及其对母品牌资产的影响。最后，对品牌延伸、影响品牌接受程度的因素及对母品牌反馈的性质等方面的研究成果进行了总结。

┈┈┈┈┈ | 问题讨论 | ┈┈┈┈┈

1. 选择一个品牌延伸，运用本章给出的模型，评价其实现自身资产的同时增加母品牌资产的能力。如果你是该品牌的经理，你的做法会有哪些不同？

2. 你认为维珍品牌属于过度延伸吗？为什么？

3. 你认为最近一些计划中的品牌延伸的成功程度如何？为什么？

   a. 万宝龙（以钢笔闻名）和香水及其他附件（手表、护腕、墨镜和小刀）

   b. 依云（以矿泉水闻名）和高档疗养地

   c. 星巴克（以咖啡闻名）和电影制作及促销

   d. 类似于领英的公司（能够将就业机会互联网化）和商业杂志

4. 思考并讨论以下每个品牌的延伸能力：

   a. 哈雷－戴维斯

   b. 红牛

   c. 汤米·希尔费格

   d. 全食

   e. 网飞

   f. U.S. Marines

   g. 灰雁伏特加

   h. 乐高

   i. 黑莓

   j. 拉斯维加斯

   k. 凯特·丝蓓

   l. 权力的游戏

   m. ESPN

5. 下列清单中有四个假想的品牌延伸，另外六个则处于市场中的某个阶段，你能找出那四个假想的品牌延伸吗？[117]

   a. Ben-Gay 阿司匹林：缓解伴随轻微发烧的疼痛

   b. 博柏利婴儿推车：区别对待新生婴儿

   c. 史密斯威林（Smith & Wesson）山地车：无畏骑行

   d. 亚特兰大扑克牌：涂抹滑石，便于洗牌

   e. 旁氏（Pond's）牙膏：凝聚美酒的外观

   f. Slim Jim 牛肉风味止咳糖浆：适用于喜欢唱歌的食肉爱好者

   g. 菲多利柠檬汁：香气扑鼻、令人渴望的饮料

   h. Cosmo 酸奶：用匙喝完，苗条身材

   i. Richard Simmons 运动鞋：使你可爱的小物品成为陈旧之物

   j. Madonna 避孕套：供男士挑选

STRATEGIC BRAND MANAGEMENT

| 第14章 |

长期品牌管理

学习目标

» 了解强化品牌需要重点考虑的问题。
» 描述可行的品牌振兴的几种方法。
» 提出几种不同的策略，以提高品牌知名度和品牌形象。
» 定义处理品牌危机的关键步骤。

像巴诺这样的公司，在面对强劲竞争对手和其他对抗力量的时候，也很难保持市场领先地位。

········| **本章提要** |········

品牌管理所面临的明显挑战之一，是近几年的市场环境发生了很大的变化。消费者行为、竞争策略、政府的方针政策及其他营销环境等方面的变化，都会深刻地影响品牌的命运。除了这些外部因素，在营销品牌的方式上，公司本身也会在战略重点上采取或大或小的调整。因此，有效的品牌管理需要前瞻性的战略规划，以使公司在所有这些不同因素的影响之下，至少能够维持——如果不能有实质性提高的话——基于顾客的品牌资产。

想一想 MySpace、雅虎、百视达（Blockbuster）和巴诺这四个品牌的命运。在 2000 年中期，如果说不是绝对的市场领导者，它们也占据着强大的市场地位。然而在短短的几年内，它们分别被脸书、谷歌、网飞和亚马逊挑起了生存危机并被超越，最终后者取得了市场优势。尽管有许多解释，但这些品牌的管理方式一定是造成这些结果的原因之一。

本章将讨论怎样最佳地进行长期品牌管理。公司的任何营销方案，都有可能从品牌认知或品牌形象等方面改变消费者对于品牌的认识。消费者品牌知识的改变，将会对未来营销活动的成功产生间接影响（见图 14-1）。例如，在促销中频繁应用降价的手段，可能会形成或者强化该品牌"打折"的联想，从而对顾客忠诚产生不利影响，并对未来的价格变动或非价格导向的营销传播策略产生影响。[1]

遗憾的是，营销者很难推测消费者的未来反应。如果在采取短期的市场行为之后，才能获得可能影响消费者反应的因素，那么如何才能逼真地模拟消费者反应，以进行精确预测？

本章的主要观点是，营销者必须通过强化品牌含义，如果必要的话，还要通过对品牌的营销计划进行调整以识别品牌资产的新来源，以达到全过程地积极主动维持品牌资产的目的。

图 14-1　品牌资产营销活动的长期效果

14.1　强化品牌

如何长期地强化品牌资产？营销者怎样才能使消费者拥有所期望的知识结构，以确信他们的各种品牌依然具有必要的品牌资产来源？从一般意义上说，品牌资产通过向顾客持续传递品牌含义，包括品牌认知和品牌形象的市场营销行为得以强化。像之前讨论过的一样，营销者要考虑如下问题：

● 该品牌代表了哪些产品？提供哪些利益？满足哪些需求？营养谷物 Nutri-Grain 是从麦片到格兰诺拉麦片及其他产品扩展而来，强化了该产品"健康早餐和快餐的制造者"的声誉。迪士尼通过一系列高调收购来持续更新品牌组合，2005 年收购皮克斯动画

（Pixar），2009 年收购漫威。迪士尼以 40 亿美元收购卢卡斯影业（Lucasfilm）和整个星球大战系列。这些收购帮助迪士尼保持竞争优势，且扩大了对于受众的吸引力。

● 品牌怎样使产品更出色？消费者的脑海中具有哪些强有力的、偏好的、独特的品牌联想？通过产品开发和成功地推出品牌延伸，百得现在被看做小家电产品中提供"创新设计"的公司。

以产品、利益和需求表示的品牌含义及以产品差别化表示的品牌含义，都受公司的产品研发、品牌战略和其他战略战术的影响，这些曾在第 12 章和第 13 章中有所提及。

本节将讨论强化品牌的三个重要原因，包括保持品牌一致性的优点、保护品牌来源和品牌资产的重要性，以及巩固和利用品牌之间的权衡。总之，对于现代品牌而言有一个规则，那就是永远不能固步自封，品牌必须始终保持前进的状态。

维持品牌的一致性

维持品牌一致性有两个重要的方面：（1）营销支持的一致性；（2）品牌联想的一致性。毫无疑问，强化品牌最重要的原因，是为了保持品牌在营销支持活动属性和数量上的一致性。品牌一致性对于维持品牌联想的强度和偏好性至关重要。保持一致性诉求的另一种方法是怀旧营销，或是使消费者信服那些传统品牌具有怀旧诉求，能够帮助消费者想起过去。具体如下所述。

市场领导者的营销支持一致性　提高价格而又缺乏营销支持是非常危险的战略。一个粗略的调查表明，对于一个在最近 50 年或 100 年保持市场领先地位的品牌来说，保持品牌一致性是十分重要的。像迪士尼、麦当劳、梅赛德斯和其他一些品牌，都十分注重保持那些曾使它们取得显著市场领导地位的战略的一致性。

为什么要保持一致性？也许更令人信服的例子是，那些因不断重新定位或改变广告代理而导致失败的品牌结局。

品牌一致性和品牌变革　品牌一致性并不意味着市场营销方案的一成不变。恰恰相反，为了管理品牌资产中各个维度的一致性，反而需要多种战术转换，以保持战略目标和品牌方向。比如：价格可能上下波动，产品特色也会有所增减，广告活动的创意战略和口号会有所不同，不同的品牌延伸可能进行也可能停止。这些长期的管理活动，都是为了在消费者心目中建立一致的理想认知结构。

然而，许多领先品牌的战略定位仍长期保持着明显的一致性，营销方案中的某些关键因素及品牌含义总是被保留下来。事实上，许多品牌多年来在自己的营销传播方案中都拥有一个关键的创新元素，从而有效地创造了某种"广告资产"。

正如接下来对怀旧品牌的分析一样，品牌有时候会回归根本去提醒现有的或者流失的顾客，又或者去吸引新顾客。通过这样的努力来更新消费者的品牌认知是非常有意义的。同时，营销者需要确定这些旧的广告元素对于年长的顾客是否具有持久的意义，对于年轻的顾客是否具有相关性。一般情况下，应该考察哪些元素对有整体营销方案的品牌资产有较大贡献，从而予以保留。

品牌倒叙　历史悠久的品牌能够以不同的方式深入它们的历史从而开发出新的营销活动。其中一个方法是重温过去知名的受欢迎的广告活动，给它们一点改变或者是在其过程中进行更新。

营销学者所称的"复古品牌""复古广告"或"怀旧营销"，就是将现在的广告与过去作为品牌资产重要来源的广告相关联。肯德基桑德斯上校出现在新广告中，新包装更关注公司的南方基因，用较瘦的脸庞和红色的围裙替换了原来经典的三件套先生，这些传统元素的回归正体现了旧广告的潜在价值。

复古品牌可以激活和强化品牌联系，这是重新创造新广告几乎无法达到的。在某些情况下，一个关键差异点也许是传统的或是怀旧的，而不是任何与产品相关联的差异。传统是很强大的差异点，至少它传达的可以是专业、寿命、经验，而不仅仅是年龄！

纪念日和里程碑可以为庆祝活动创造非常好的机会。营销者应该像注重品牌历史一样注重品牌未来，当然，强调品牌过去的经历将会有利于未来的消费者。2012 年，奥利奥成立 100 周年纪念日以"庆祝内心的小孩"的活动为标志。广告中对很多细节进行特写，强调了小孩子给沉闷公交车上或早上通勤的成年人端上奥利奥后，奥利奥如何使他们快乐起来。广告和店内竞赛营造了生日派对的气氛，并着重于搭配牛奶吃奥利奥的"扭一扭、舔一舔和泡一泡"的方法。奥利奥营销活动还包括为期 100 天的"每日扭一扭"促销活动，该促销活动将品牌与各种文化的图像和图标配对。奥利奥在脸书上的生日页面获得 2 500 万个赞，销量增长 25%，成为最成功的品牌页面之一。奥利奥还对其全球市场进行了调整。在"扭一扭、舔一舔和泡一泡"的广告创意中，制作了以家庭成员共度时光为特色的广告，描绘出一对父子间分享奥利奥饼干的互动场景。它还鼓励父母签署"奥利奥相伴承诺"，承诺与孩子共度美好时光。此外，在印度市场，一辆奥利奥相伴巴士在各城市漫游，为父母和孩子提供了一个能够捕捉家庭快乐场景的平台。[2]

研究表明，怀旧广告可以对消费者产生积极的影响。一项实证研究证实，有意图的怀旧广告唤起了消费者对广告和品牌的好感。另一项研究发现了怀旧型购买行为的一个可能来源——品牌的代际影响，也就是父母的购买行为以及品牌态度对孩子的行为和态度的影响。

手游 Pokémon GO 获得成功的关键因素是唤起了消费者的怀旧情愫。[3]Pokémon GO 中的人物特征与首次推出时的人物特征相同。许多千禧一代喜欢与曾经熟悉的游戏人物重新建立联系，并能将他们的记忆带回年少时的游戏。

一些品牌试图让那些流失的顾客对它们的持久影响力仍有回应。卡夫通心粉以及奶酪晚餐长久以来作为孩子喜爱的餐饮受到父母的青睐，通过"你知道你喜欢它"来唤起长大了的孩子们的记忆。在电视、印刷品、在线广告、广告牌、官网（www.youknowyouloveit.com），以及脸书、推特等社交媒体上发动 5 000 万美元的活动来支持整条产品线。

保护品牌资产来源

品牌一致性具有战略方向的指导性作用，因此不必对品牌营销支持方案的具体战术及时间规划做出具体规定。除非消费者行为、竞争对手或是公司本身发生了变化，从而使得品牌的战略定位有误——例如品牌的差异点或相似点不够理想，从而使品牌的可传递性较差——否则似乎就无须偏离成功的品牌定位。

虽然品牌应该总是寻求新的强有力的品牌资产来源，但在这种情况下，最应当优先考虑的是保护和维持已有的品牌资产来源。但品牌也可能成为丑闻和违规行为的主体，最终给公司带来不可挽回的损失。

品牌危机 无论品牌有多强大，危机事件都是不可避免的。这些危机涉及从因产品或服务失误导致产品召回，到因道德违规导致消费者质疑公司的价值。例如，2009 年，丰田因刹车踏板故障导致汽车突然加速而经历了一次重大危机。丰田品牌危机造成了有史以来最大规模的召回，2004—2010 年共召回近 900 万辆汽车。[4]

这些危机事件如何影响品牌声誉，品牌又将如何恢复声誉？研究人员对品牌危机（或违规）进行了研究，以解释它们如何影响消费者的认知和偏好。品牌科学 14 - 1 对一些关键的发现进行了重点介绍。品牌在遇到这种危机时应采取什么策略以恢复声誉？接下来的部分重点介绍了品牌从此类危机中恢复的具体策略及每种策略的示例。

品牌科学 14 - 1

认识品牌危机

1. 有大量的研究阐明品牌危机对于品牌资产和品牌声誉会产生影响。某些品牌类型和某些消费者对于品牌危机的反应更加负面。阿克、福尼尔和布拉塞尔（Brasel）发现，当品牌危机发生时，特定类型的品牌，例如像金宝汤这样拥有真诚品牌个性的品牌，更容易受到影响。

2. 某些消费者更容易因品牌违规而惩罚品牌，尤其是那些与品牌拥有强关系的消费者。不过，这一效应仅当消费者直接经历了这一危机才会体现。在这种情况下，消费者会有不公平和背叛的感受。

3. 当消费者与品牌有很强的关系，并且危机没有直接影响他们时，他们更愿意原谅品牌。研究人员发现了一种有趣的现象叫做"抗辩"（counter-argumentation），这种现象发生在消费者对一个品牌非常忠诚的时候。在这种情况下，消费者实际上会提出自己的理由，说明品牌对危机不负责任。这表明，当负面信息被视为对自我和身份的直接挑战，导致消费者想要捍卫品牌时，他们会使用抗辩权。

4. 涉及相关品牌的危机会产生溢出效应，对母品牌的声誉产生影响，特别是当品牌在产品线延伸时采用相同品牌名称的情况下。

5. 品牌危机也能够为强化品牌和消费者的关系提供机会。如果品牌危机处理得当，公司能够采取道歉或补偿之类的措施，也可能使某些消费者对品牌的态度更为积极。

在大多数情况下，危机事件会严重损害品牌声誉。在社交媒体充当媒体信息放大镜的今天，更是如此。

资料来源：Yany Gregoire, Thomas M. Tripp, and Renaud Legoux, "When Customer Love Turns Into Lasting Hate: The Effects of Relationship Strength and Time on Customer Revenge and Avoidance," *Journal of Marketing* 73, no. 6 (2009): 18-32; Rohini Ahluwalia, Robert E. Burnkrant, and H. Rao Unnava, "Consumer Response to Negative Publicity: The Moderating Role of Commitment," *Journal of Marketing Research* 37, no. 2 (2000): 203-214; Rohini Ahluwalia, "Examination of Psychological Processes Underlying Resistance to Persuasion," *Journal of Consumer Research* 27, no. 2 (2000): 217-232; Niraj Dawar and Madan M. Pillutla, "Impact of Product Harm Crises on Brand Equity: The Moderating Role of Consumer Expectations," *Journal of Marketing Research* 37, no. 2 (2000): 215-226; Vanitha Swaminathan, Karen L. Page, and Zeynep Gurhan-Canli, "'My' Brand or 'Our' Brand: The Effects of Brand Relationship Dimensions and Self-Construal on Brand Evaluations," *Journal of Consumer Research* 34, no. 2 (2007): 248-259; Mary Sullivan, "Measuring Image Spillovers in Umbrella-Branded Products," *The Journal of Business* 63, no. 3 (July 1990): 309-329; Matthew Thomson, Jodie Whelan, and Allison R. Johnson, "Why Brands Should Fear Fearful Consumers: How Attachment Style Predicts Retaliation," *Journal of Consumer Psychology* 22, no. 2 (2012): 289-298.

从品牌危机或丑闻中恢复过来　在出现品牌危机或丑闻后，公司会采取许多方法来重建品牌声誉。然而，在做出回应时应牢记两个原则：迅速和真诚。对于品牌危机的回应必须迅速。公司对于品牌危机回应所花费的时间越长，消费者越有可能基于不利的媒体报道或口碑对公司形成负面印象。更坏的情况是，消费者可能不再喜欢该品牌，并且永远不再购买该品牌。在大众汽车柴油排放危机背景下，大众汽车采用了道歉策略。尽管这是对已经不断发酵的危机最好的回应，但还是有消费者认为这个道歉太微不足道，太晚。其次，迅速的行动必须是真诚的。公开承认危机对消费者的严重影响，并愿意采取任何必要和可行的措施来解决危机，可以减少消费者对企业行为产生负面归因的可能性。

正如表 14-1 所述，企业在发生丑闻之后已经采取了多种重建策略。在选取特定的策略之前，公司必须认真地对危机本身的性质进行分析。[5]危机的严重性和可能造成的后果将会决定采用哪种策略。

表 14-1　品牌危机下的重建策略

重建策略	本质	举例
道歉和承认	为丑闻或危机负责。	2017 年 4 月 9 日，数以千计的乘客目睹了来自肯塔基的乘客陶大卫（David Dao）博士被芝加哥安保人员从美联航航班上强行拖走。手机视频记录下了这一突发事件，并且在社交媒体上广为传播，数百万的观众观看了这一视频，进而引发了公众的愤怒和公司的退让。航空公司表示，这起事件是由于超额预订造成的。这引发了竞争公司的联合抵制，甚至出现恶搞的广告。总体而言，此事件是美联航公共关系的灾难，对品牌产生了严重的损害。即使美联航 CEO 进行了道歉，这一事件后公司即损失 2.5 亿美元市值。*
提升品牌形象	提升品牌形象的回应需要公司通过一些正面宣传来反击负面报道。	当美极方便面（Maggi Noodles）（雀巢旗下的一家公司）在印度市场受到负面报道时，它通过开展广告活动来赢得顾客的支持，进而抵消负面影响。Chipotle 试图在大肠杆菌爆发，并且对其品牌声誉产生威胁后赢回顾客。疫情扩散至多个州的几十名顾客，Chipotle 将在餐厅分发的食品数量增加了一倍，以留住顾客。
不仅仅是我	这个回应有助于为消费者建立为什么违规不仅限于单个品牌的全局印象。	2013 年，西南航空被迫承认航班延误问题。现在西南航空至少承认了其做法的错误："回想起来，我们所做的改变过于激进，以至于影响了我们的整体绩效——使我们的准时绩效延后了大约 10 分钟。"公司设法将其最近的欠佳表现归咎于天气，并表示 2013 年底出现的挑战性天气和高假日负荷因素加剧了其在接机和转机时间所做的调整。这个例子展示了西南航空公司如何在某种程度上诉诸"不仅仅是我"的回应，以减轻负面报道的影响。
淡化危机	淡化危机包括解释危机发生的原因或缓解因素，并试图淡化事件本身造成的损害。有时这可能涉及指责或责备转移。	三星在盖乐世 7 手机过热，并且在电池爆炸造成火灾事件中，为了减轻指责，将矛头指向了供应商。

续表

重建策略	本质	举例
控制损失	当无法完全避免丑闻时,一些公司会尝试将损害限制在某些品牌、型号、产品或给定的地理区域。	当福特探险者 SUV 因翻车事故而被召回时,福特试图将损害限制在仅装有火石(Firestone)轮胎的车辆上。
全面否认	断然否认该丑闻属实。	汤米·希尔费格被错误地指控为种族主义者,其做出了如下直率的否认:"听说我应该上'奥普拉',我已经告诉她,如果知道黑人会买我的衣服,我不会当设计师。我从没参加过'奥普拉',也从未这么说过。而且我永远也不会相信,也永远不会那样说。这是谣言,是一件虚构的事,奥普拉邀请我(参加节目以应对这个问题)。"
反击或攻击控告者	品牌或公司可以对控告者进行攻击,以抹黑负面信息的来源。	惠普和施乐曾相互提起专利侵权诉讼,结果这两个品牌都遭受了负面报道。

* The recovery strategies are adapted from Gita V. Johar, Matthias Birk, and Sabine Einwiller, " Brand Recovery: Communication in the Face of Crisis, Columbia Case Works," April 1, 2010.

理想地说,品牌资产的关键来源具有持久性价值。遗憾的是,当营销者试图扩展其品牌含义并加上新的产品相关或非产品相关的品牌联想时,它们的价值会被轻易忽略。我们将在下一部分考察这些权衡折中的形式。

防御与杠杆经营

正如第 4 章至第 7 章中所描述的,有很多不同的方法可以提高品牌认知,并在顾客记忆中创造强有力的、偏好的、独特的品牌联想,从而建立起基于顾客的品牌资产。在管理品牌资产的过程中,重要的是在以下两者之间进行权衡,即或者利用能强化品牌资产的营销方案,或者利用能使现有品牌资产资本化的营销方案,以获得财务利益。

营销者设计营销方案,主要是利用或者最大化品牌认知和品牌形象。例如,减少广告费用,寻找日益增长的高溢价或者引进大量的品牌延伸等。然而,过于追求这种战略,就更容易忽略和减少品牌及品牌资产的来源。品牌资产失去了来源,品牌本身就无法持续产生具有价值的利益。这就如同无法对汽车进行妥善保养,而最终会影响其性能一样,不论何种原因忽略品牌,最终受到惩罚的都将是营销者自己。

调整营销支持计划

与改变品牌的基本定位和战略方向相比较,营销者更可能对具体的战术和营销支持计划进行调整。但是,应当只有在有证据表明这些战术和计划已经不能再为维持或者增强品牌资产作出预期贡献时,才进行调整。强化品牌含义的方法受品牌联想属性的影响。接下来将讨论产品相关性能和非产品相关形象联想的一些具体问题。

产品相关的性能联想　对于核心联想主要是产品相关属性或者利益的品牌而言，在产品设计、制造和销售方面的创新对维持或增加品牌资产有至关重要的意义。

对于属于高科技、玩具和娱乐、护理及保险等产品多元化品类的公司而言，创新是成功的关键。例如 Progressive 已经是最成功的汽车保险公司之一，部分原因是它在服务方面的持续创新。作为在线保险直销的先行者，它是第一家为潜在顾客提供与其他三家保险公司进行即时比价的公司。

创新失败可能产生严重的后果。Smith Corona 公司在日益增长的个人电脑市场上销售打字机和文字处理器，经过一番商战，最终宣告破产。正如一位行业观察家所说："Smith Corona 公司从未意识到它是处在文件处理行业，而非打字机制造行业。如果当初能充分了解到这一点，也许它会转向软件行业。"[6] 视频租赁公司 Blockbuster 也遭遇了类似的命运，其零售地的视频和 DVD 租赁模式很快被基于订阅的流媒体服务所取代。网飞抓住机会，通过引入基于订阅的服务模式来转变业务，并有效超越了根深蒂固的竞争对手 Blockbuster。[7]

所以，产品的创新对于以业绩为基础的品牌来说至关重要，其品牌资产的来源主要存在于产品相关的联想之中。在有些情况下，产品改善还包括增加或改良产品配方或产品特点的品牌延伸。事实上，在许多品类中，一种强势子品牌已经从与品牌延伸有关的产品创新中出现，如 Wilson Hammer 宽体网球拍。

同时，不要使产品变化过多，尤其是在对用户而言品牌的含义与产品的设计和结构密切相关时。可以回忆一下第 1 章所描述的可口可乐公司遇到的来自消费者的巨大抵制力。在对品牌进行产品改变时，重要的是要使忠诚的用户觉得重新构想出来的产品是一种更好的产品，而不一定是不同类的产品。产品改进后，对外宣布和推出市场的时机也很重要：如果对品牌改进宣布得太早，消费者就会停止购买当前的产品；如果宣布得太晚，则竞争对手可能已经在利用市场时机优势推出自己的产品。

非产品相关的形象联想　对于某些核心联想主要是非产品相关属性、象征性或体验性利益的品牌来说，使用者和使用者形象之间的关联性至关重要。由于非产品相关联想的无形性特点，因此它们更容易改变。比如，通过一个新的广告能够传播不同的使用者和使用情况。MTV 是一个努力和年轻消费者关联起来的品牌。

不过，不恰当的或者过于频繁的重新定位，可能会破坏一个品牌的形象，让消费者迷惑甚至感到陌生。把产品相关性能和非产品相关形象混为一谈是特别危险的，因为每一种产品的营销策略和广告策略有着本质上的区别。喜力啤酒一度因广告在产品层面（广告语："这是啤酒的全部"）和消费者层面（广告语："给自己一个好的名字"）频繁摇摆不定而受到指责。

大幅度地重新定位也可能是危险的。品牌形象极具黏性，一旦形成强势的品牌联想就很难改变。当脑海中已经存在强有力的、不同的品牌联想时，消费者可能会对产品的新定位视而不见或无法接受。[8] 地中海俱乐部多年来一直想尝试超越它在消费者心目中原有的品牌形象，希望能够吸引更多的消费者。

要使完全重新定位的策略发挥作用，必须以令人信服的方式表达出新品牌的诉求。

小结　加强品牌资产需要在品牌营销支持计划的数量和属性上保持一致性。虽然具体的战术可能发生变化，但是要适当地对品牌资产的关键来源予以保存和扩大。产品创新和品牌关联在维护品牌连续性和拓展品牌含义上处于首要地位。

在每天、每个星期、每个月、每个季度、每一年，营销者都要反省：我们已经做了什么去创新我们的品牌和营销，并使它们之间更加有关联性？如果对这个问题回答不明确，后果就会很严重。从前的行业巨人 Blockbuster 和雅虎，近几年在拼命追赶技术和营销已经发生根本性变革的市场。[9] 品牌备忘 14 - 1 介绍了英国品牌博柏利是如何在时尚界中重塑自我的。下面我们将考虑哪里需要更强有力的品牌活动。

品牌备忘 14 - 1

重塑博柏利品牌形象

博柏利品牌在 1856 年由 21 岁的托马斯·博柏利（Thomas Burberry）创建，并在 20 世纪 90 年代中期成为真正的"时尚摧毁者"。对于许多中年人来说，对它的了解更多是乏味的、受挫的生产雨衣的品牌，是"时尚界雷达网之外的品牌"。然而，几年之后，在现代设计和最新营销的帮助下，该品牌摆脱了人们眼中的形象，再次变得时尚起来。公司的新格言是"设计永不停止"，这句话浓缩了公司的新策略：在消费者变幻莫测的流行和时尚中建立联系，维持关联。

博柏利重塑品牌的首要举措就是，对其经典米色格子花呢系列产品进行改进，这些产品很快畅销，包括手袋、丝巾、头巾等。激活品牌的另一项举措是在设计中采用不同的颜色、样式、尺寸和材料。博柏利在现代与传统之间小心翼翼地维持平衡，后者对于现代消费者仍能产生共鸣。此外，它还试图发挥其他图案形象的杠杆作用，如风衣和 Prorsum horse 等。这些品牌图案的运用，反映出管理层认识到"托马斯·博柏利的天资和创意，使今天的博柏利品牌与主流的气质及审美观相关联"。

博柏利转型的另一关键是对广告的更新。它聘请知名的时尚摄影师马里奥·特斯蒂诺（Mario Testino），为身着经典博柏利雨衣的超级模特（如凯特·莫斯）拍摄，该广告的效果使之成为"反叛的、在现代都市中能够生存的品牌"。为了与新设计的现代感觉相匹配，公司对零售店的形象也进行了重新设计。

这些努力使公司命运发生转变——简直是华丽转身。任何品牌复兴都会遇到的挑战之一就是保持动力，博柏利也不例外。2002 年成功首次公开募股（IPO）后，博柏利遭遇了过度曝光以及假冒品的冲击。伴随着 2004 年假日销售出现低迷，博柏利意识到必须设计一个不一样的东西。

一系列市场变化迅速实施。褐色、黑色、白色、红色相间的格子商标被削减，用得更加谨慎，只出现在 10% 的商品类目上。重心更多地放在了高利润的配件上——非服装类产品以及高端时尚产品贡献了 30% 的收入。昂贵的 Prorsum 系列仅占品牌销售额的 5%，却是代表着时尚的旗手以及创造性的可信来源。

得益于像中国这样充满活力的新兴市场、不断推陈出新的产品和新产品渠道，以及奢侈品品牌中最先进的数字化战略的应用，博柏利在 2011 年实现超过 20 亿美元的年收入，远远超出预期。2015 年，博柏利与 Barneys New York 合作推出了 40 件胶囊系列，称为 Burberry XO Barneys New York。该系列的灵感来自 Prorsum 系列的精神，通过 Barneys 微型网站、数字街拍和照片墙推出。通过与苹果公司和微信的合作，博柏利还对移动营销进行了大量投资。总之，博柏利不断进行自我重塑，以与消费者的时尚和品味变化保持同步，为品牌带来了巨大的益处。图 14-2 的时间线概述了博柏利随时间的战略转变。

1856

21岁的托马斯·博柏利创建品牌。

1900s—1990s

成长为英国标志性的和传统的零售商，以经典的格子图案和风衣闻名，在世界范围内获得认可。

1990s

经历动荡，被贴上"乏味的"标签。年轻的顾客认为该品牌更适合中年人。随着该品牌成为"时尚界雷达网之外的品牌"，开始陷入困境。

1997—1999

引入新的管理人员和设计师来对品牌形象进行更新。公司决定在经典的米色格纹产品线中增加手袋、丝巾和头巾等配饰，还决定在经典格纹上增加各种色彩选择，以在现代与传统之间达到微妙的平衡。

1998—2000

对广告进行更新，聘请知名的时尚摄影师马里奥·特斯蒂诺，为身着经典博柏利雨衣的超级模特（如凯特·莫斯）拍摄。该广告的效果使之成为"反叛的、在现代都市中能够生存的品牌"。为了与新设计的现代感觉相匹配，公司对零售店的形象也进行了重新设计。这是公司的关键转折点之一。

2000s

公司的新格言是"设计永不停止"，浓缩了公司新的增长策略。管理层认识到"托马斯·博柏利的天资和创意，使今天的博柏利品牌与主流的气质及审美观相关联"。

2002

成功首次公开募股后遭遇过度曝光以及假冒品的冲击。博柏利意识到比以往更有必要聚焦于可持续战略。

2000—2011

一系列市场变化迅速实施，包括产品重新设计、添加高端时尚产品线以及更多的人员变动。经过不断努力重塑品牌，博柏利继续蓬勃发展，收入超过20亿美元，标志着所有战略计划都得到了回报。

2016

宣布对零售系列进行更改，还推出一款名为Mr.Burberry的新香水。

2017

宣布与科蒂（Coty）合作，开始从事美容业务。

图 14-2 博柏利时间线

资料来源：Sally Beatty, "Plotting Plaid's Future," *The Wall Street Journal*, September 9, 2004, B1; Mark Tungate, "Fashion Statement," *Marketing*, July 27, 2005, 28; Sharon Wright, "The Tough New Yorker Who Transformed a UK Institution Gets Her Reward," *The Express*, August 5, 2004, 17; Kate Norton, "Burberry, Plaid in Check, Is Hot Again," *Bloomberg BusinessWeek*, April 16, 2007, https://www.bloomberg.com/news/articles/2007-04-16/burberry-plaid-in-check-is-hot-againbusinessweekbusiness-news-stock-market-

and-financial-advice, accessed November 24, 2018; Kathy Gordon, "Global Demand Buoys Burberry," *The Wall Street Journal*, July 13, 2011, https://www.wsj.com/articles/SB10001424 0527023049111045764431226 20649828, accessed November 24, 2018; Nancy Hass, "Earning Her Stripes: Burberry CEO Angela Ahrendts Balances Life and Work," *WSJ Magazine*, September 9, 2010, http://magazine. wsj.com/features/the-big-interview/earning-her-strips/, accessed November 24, 2018.

14.2　激活品牌

实际上，在每个品类中，有很多一度显赫、令人交口称赞的品牌，也会陷入困境，甚至完全消失。然而，近年来一些品牌通过消费者特许（customer franchise）注入新的生命，获得了令人印象深刻的回归。[10] 最近，诸如微软、通用电气和老香料之类的品牌就是成功进行品牌重塑的例子。

有时，品牌必须返璞归真，才能收复失去的市场份额。有时，品牌含义必须从根本上转变，才能收复失地，乃至重新获得市场领导者地位。不管通过什么途径，品牌在复苏的征途上，进行"革命式的变革"比进行"渐进式的变革"更能强化以上所说的品牌含义。

通常，逆转品牌命运的第一步是，必须清楚品牌资产的来源。在描述品牌知识结构的轮廓并用来指导品牌重新定位时，精确、全面地刻画存在于消费者记忆中品牌认知的广度和深度，品牌联想的强度、偏好性和独特性，以及顾客品牌关系的性质是必不可少的。正如第 9 章中谈到的，一个全面的品牌资产评估体系，应该能揭示品牌资产来源的现状。如果不能，而仅为了提供另外一种深刻的见解，那么就有必要进行专门的品牌审计。

尤其重要的是，哪些关键品牌联想依然可以作为品牌定位的差异点或共同点，它们差异或相似的程度如何？积极的联想是否正失去它们的强度或独特性？由于营销环境的某些变化，是否已有消极的联想与品牌发生了关联？

这时，必须作出是否保持相同的定位或者创造一个新定位的决策。如果是后者，又应当采取怎样的定位？第 3 章介绍的定位考虑因素，能够根据消费者、公司和竞争的不同，对不同定位方案提供有益的见解。

然而，当原有的定位不再可行时，就需要重新定位。如果定位没有问题，而是因为营销策略没有成功地传播和实现定位，那么营销策略就是需要解决的问题根源。在这种情况下，"回归基础"的战略可能比较有意义。品牌备忘 14 - 2 描述了哈雷 - 戴维森是怎样用"回归基础"来维持品牌的牢固地位。全面的重新定位是一种相对极端的情况。品牌备忘 14 - 1 博柏利所面临的则是介于营销策略调整和全面重新定位之间的问题，因此它的策略也介于两者之间。

最后，要注意的是，由于品牌不能吸引足够多的消费者所带来的市场失败给公司造成的损害，比产品失败要小得多。产品失败是因为品牌未能从根本上兑现对消费者的承诺，因此带来的消费者强烈的、消极的联想可能很难克服。相反，市场失败可以通过重新定位而得以扭转。

品牌备忘 14-2

哈雷－戴维森摩托公司

哈雷－戴维森是世界上极少数宣称有一大批品牌支持者的公司。他们中的有些人甚至把品牌的标志文在身上。更加令人印象深刻的是，哈雷－戴维森以极少的广告投入赢得了一批忠诚的顾客。1903 年，哈雷－戴维森公司在威斯康星州的密尔沃基成立，曾两次勉强摆脱破产的窘境，现在成为世界上最著名的品牌之一。

从财务危机中恢复过后，哈雷意识到它的产品需要更好地兑现品牌承诺。20 世纪 70 年代，质量问题困扰着产品线。尽管消费者很喜爱品牌所呈现的文化，他们还是很厌恶反复维修。为此，人们彼此打趣：你需要拥有两辆哈雷摩托，因为总有一辆正在维修！

为了兑现品牌承诺，哈雷实施了"回归基础"的战略，改进工厂和生产过程以实现高品质。公司通过采取与传统自行车不同的策略，吸引不同的顾客群。它改变进入市场的方式，建立了更多的销售点，强化营销，拉近和消费者之间的关系，以更好地销售产品。

20 世纪 80 年代以前，哈雷公司的销售几乎是靠口碑相传及用户的形象宣传。1983 年，公司成立了消费者俱乐部——哈雷俱乐部（HOG），并发起了摩托车队、慈善巡游等摩托车活动。每一个哈雷摩托的车主都可以免费加入俱乐部，并登录哈雷的网站 www.hog.com。第一年，HOG 就拥有了 33 000 名会员。到如今，HOG 已经在世界各地 1 400 个分会拥有了 100 多万名会员。

20 世纪 80 年代，哈雷－戴维森开始对产品实施特许经营，以保护商标、发展品牌。早期主要是通过 T 恤衫、珠宝、小的皮革制品以及其他产品来吸引车手，支持驾驶体验活动。现在，顾客购买哈雷授权产品主要是通过哈雷的经销商网络。为了吸引新顾客，哈雷已经在儿童服装、玩具、游戏及其他许多儿童产品上进行授权，并不只是通过经销商网络销售。在特许经营的世界里，哈雷是个"长青"品牌，摩托车公司每年的收入达数亿美元。

只要有摩托车的地方，就会有摩托车的传动装置。随着哈雷－戴维森业务的发展，公司成立了哈雷－戴维森摩托车服装公司，包括传统的传动装置、男女休闲运动服及相关配件，这使车手和非车手市场都得到了扩张，并获得了多元化的效果。比如，哈雷－戴维森摩托车服装公司成为重要的事业部，销售收入从 2000 年的 1.51 亿美元翻倍到 2011 年的 2.74 亿美元。

哈雷－戴维森继续通过"草根"营销活动推动品牌发展。哈雷公司的大多数管理人员和消费者一样骑着哈雷摩托，这种与消费者亲密无间的行为使传统的广告宣传几乎变得没有必要。像从前一样，哈雷的俱乐部成员一直在无偿地为公司进行宣传和推广。另外，许多营销者都借用哈雷的标志和摩托，给哈雷产品做免费宣传。

哈雷最新的增长领域来自女性。哈雷为女性和年龄小的车手设计了更低的车型：座椅更小巧，离合器更柔和，车把手和挡风玻璃可调试。哈雷每年为女性举办几次车库派对以帮助她们了解自己的摩托。2010 年 3 月，世界各地举办的 500 次派对吸引了 27 000 名女性。她们中几乎一半的人是第一次做哈雷的经销商，销售了 3 000 辆新车。1995 年女性经销商仅占 2%，如今哈雷的女性经销商贡献了约 12% 的销售额。

哈雷在美国仍保持着 50% 的市场份额，在欧洲的市场份额则为 10% 左右。2015 年，哈雷开设了 40 个新的国际经销商店，并计划到 2020 年新增 150 多家店。然而，哈雷在 2015 年也受到召回的困扰，这让人想起了 20 世纪 70 年代的品牌困境。虽然 2016 年初哈雷股价和收入均呈下跌态势，但是之后哈雷继续反弹，股价和收入一直上涨。

哈雷通过顾客访谈了解他们对新款旅行用摩托的需求，随后据此推出了 Milwaukee-

Eight 引擎。这个新引擎给哈雷的销售增长带来信心。新发动机有着更大的动力，更舒适、更平稳的驾驶体验以及更小的噪声。这些变化可能是该公司成为年轻人、女性、非裔美国人和西班牙裔美国人中最大的公路摩托车销售商的部分原因。

资料来源：Bill Tucker, Terry Keenan, and Daryn Kagan, "In the Money," CNNfn, January 20, 2000; "Harley-Davidson Extends MDI Entertainment License for Lotteries' Hottest Brand," *Business Wire*, May 1, 2001; Glenn Rifkin, "How Harley-Davidson Revs Its Brand," *Strategy & Business*, October 1, 1997, https://www.strategy-business.com/article/12878?gko=ffaa3, accessed November 24, 2018; Joseph Weber, "He Really Got Harley Roaring," *BusinessWeek*, March 21, 2005, 70, https://www.bloomberg.com/news/articles/2005-03-20/commentary-he-really-got-harley-roaring, accessed November 24, 2018; Rick Barrett, "From the Executive Suite to the Saddle," *Chicago Tribune*, August 1, 2004, CN3; Clifford Krauss, "Harley Woos Female Bikers," *The New York Times*, July 25, 2007; Mark Clothier, "Why Harley Is Showing Its Feminine Side," *Bloomberg BusinessWeek*, September 30, 2010, https://www.bloomberg.com/news/articles/2010-09-30/why-harley-isshowing-its-feminine-side, accessed November 24, 2018; Richard D'Aveni, "How Harley Fell Into the Commoditization Trap," Forbes, March 17, 2010, https://www.forbes.com/2010/03/17/harley-davidson-commoditization -leadership-managing-competition.html#706481635e87, accessed November 24, 2018; "Harley Motorcycle Sales Up in 2011," *Classic American Iron*, January 25, 2012; Harley-Davidson MotorClothes, https://motorclothes. harley-davidson.eu/education/heritage/, accessed November 24, 2018.

在理解品牌当前的和期望的品牌知识结构时，需要重新回到基于顾客的品牌资产框架模型，它能就如何更新旧的品牌资产来源和创建新的品牌资产来源提供指导。根据该模型，能够得到两种方法：

1. 在购买和消费情境中，通过提高消费者对品牌的回忆和再认，扩展品牌认知的深度和广度。

2. 改进构成品牌形象的品牌联想的强度、偏好性和独特性。这可能需要针对现有的或新的品牌联想的不同方案。

通过这些方式提高品牌显著度和改善品牌含义，可以获得更加良好的品牌响应和品牌共鸣。

战术上，可以通过改变品牌元素、改变营销活动和提升新的次级联想三种途径实现对旧的品牌资产来源的更新或者重新创造新的品牌资产来源。接下来，介绍几种可供选择的战术来实现这些目标。

拓展品牌认知

对于一个不断衰退的品牌来说，问题常常不在于品牌认知的深度，因为消费者在特定环境中依然能够识别或想起该品牌。更确切地说，品牌认知的广度才是真正的绊脚石，因为消费者只是在很狭窄的范围内才想到该品牌。因此，正如本书第 3 章所指出的，一个强有力的创建品牌资产的手段是，增加品牌认知的广度，确认消费者没有忽略该品牌。

假设品牌拥有合理水平的顾客认知和正面的品牌形象，那么最合适的出发点就是扩大使用范围。这种方法往往是"最小阻力"的路径，因为在品牌形象或品牌定位中，不需要进行艰难和成本昂贵的改变，而在品牌显著度和认知度方面可能比较容易实现改变。

使用范围既可以通过提高消费数量或水平（有多少消费者在使用该品牌）而扩大，也可以通过提高消费的频率（消费者多久使用一次该产品）而扩大。一般来说，增加消费者使用产品的次数，可能比改变消费者每一次使用的数量要容易。当然，刺激购买产品可能会是一个特例，比如软饮料或者快餐，当这些产品更容易获得时，使用的数量就会增加。另一方面，提高使用频率，需要识别以同一基本方法使用该品牌的新机会，或者找到该品牌使用的不同方法。提高使用频率对于那些占有较大市场份额且在该品类中居领导地位的商品，是尤其具有吸引力的方法。

识别新的或其他的使用机会　为了识别消费者使用品牌新的或者其他更多的机会，即便是相同的方法，也可以在设计营销方案中包括以下两个方面：

- 更频繁地告诉消费者在现有的或新的环境中使用该品牌的好处；
- 提醒消费者使用该品牌时尽量接近上述环境。

就许多品牌而言，增加使用提醒性的广告（如 V-8 蔬菜汁和它著名的"哇！我本该有一罐 V-8"的广告语），可以十分简单地改善品牌认知。在某些情况下，更具有创造性的补救提示也是很有必要的。之所以需要提醒，是因为消费者对品牌具有"功能固定"效应，在特殊的消费环境中他们很容易忽视品牌。

例如，有些品牌被看做仅仅适合某些特定的场合。比如对于乔巴尼（Chobani）希腊酸奶，一种有效的策略是确定新的消费场合，并使用新颖的社交媒体和数字营销技术来强调这一点。

另一个增加使用频率的潜在机会，出现在消费者的使用感觉不同于他们实际使用情况的时候。对于许多寿命相对较短的产品，消费者也许不会及时或者频繁地更换它。[11] 这里有两个可能的解决方案：

1. 将更换产品的行为与某个假日甚至一年的某一时刻联系起来。例如，像欧乐 B 牙刷这样的一些品牌，在促销中将季节更换改变为白天 / 晚上更换，从而缩短了更换产品的时间。

2. 提供给消费者更好的信息：（1）何时第一次使用该产品，或者何时需要更换；（2）产品性能的当前水平如何。例如，在电池产品中提供内置式量表，以显示剩余电量；牙刷则以颜色指示器来反映产品的使用时间。

最后，也许是最简便的增加使用的方法，是在一个产品的用途少于理想的或所推荐的用途的时候。在这种情况下，必须让消费者相信有规律地使用产品的优点，而且，任何对增加使用的障碍都必须被克服。在后一种情况下，产品的设计和包装都能使产品更方便、更容易使用。

找出新的和完全不同的使用品牌的方式　增加品牌使用频率的第二条途径是，找出全新的和不同的用途。许多食品公司已经以一种完全不同的方式为自己品牌的新配方做广告。也许再找一个创造性的新用途方面最典型的例子，就是 Arm & Hammer 烘焙用苏打，它的除味和清洁的特性使得该品牌具备了许多新用途。

还有一些品牌借鉴 Arm & Hammer 品牌的经验：高乐氏通过广告，强调其漂白剂的许多好处，比如能清除厨房气味；箭牌口香糖的广告则声称，它的产品是香烟的替代品；而 Tums 为它的抗酸剂做广告，突出了它作为钙的替代品的优点。以下是蔻驰即使是在经济衰退时期也为其品牌和品类扩展用途、增加使用频率的案例。

蔻驰

在过去的 10 年中，美国女性购买手提包的数量在增长，如今大多数人每年人均购买 3 个包，而蔻驰在这个过程中功不可没。蔻驰的增长战略就是通过大量的、可供不同选择的手提包，来填充"使用空白"——现有手提包不适宜的场所，这些产品种类包括晚装包、背包、书包、公文包、零钱包以及露营包等。与"拥有少量合适的包，提供有限用途"的理念不同，蔻驰鼓励女性这样对待手提包："像对待 21 世纪的鞋子一样对待手提包：不用购买新衣服，就可以有不同的风格频繁更新衣柜。" 2008 年的经济萧条使很多奢侈品牌受到影响，很多公司开始大打折扣，而蔻驰是个例外。它的原产品线价格保持不变，而新产品线则以较低的价格推出。蔻驰总是进行大量的调研，这次它实施的消费者研究旨在确定两件事：第一，新的产品不会贬低或破坏自己的形象；第二，毛利率降低所带来的减损能够通过增加的销量来抵消。经过与供应商以及皮革、布料、硬件和其他原材料的新供应商协商，公司能够保证手提包在相应的价格带拥有合适的设计。因此，年轻、运动型的产品线（Poppy）以平均 260 美元的价格推出，比经典的蔻驰线大约低 20%。因为消费者愿意接受价格的改变，较低价格手提包的销售占比从 1/3 上升到 1/2，手提包几乎占蔻驰销售额的 2/3。[12]

随着时间的推移，蔻驰在产品类别上取得的成功被其在定价和渠道战略上出现的问题所抵消。例如，蔻驰发现身处这样一种窘境之中，虽然零售店和百货商店的数量在增加，但相同商店的销售额却在下降。[13] 尽管 2016 年北美商店的销量在增加，但是消费者已经习惯于打折的手提包，这可能会损害蔻驰作为奢侈品的品牌形象。在推出新的高端产品后，价格在 400 美元以上的手提包弥补了 4% 的销售额，相比 2015 年上涨 30%。"蔻驰多年的扩张和降价损害了其作为奢侈品的品牌形象，为了对品牌形象进行重塑，蔻驰才会有以上的举动。公司还削减直销店特价，关闭表现不佳的商店，推出具有更优质量和更高价格的新产品。"[14] 虽然手提包的种类增长最小化，但是限量版、高价位和高质量的产品却获得了成功。[15]

蔻驰的营销策略是将促销手提袋作为关键的时尚配饰。

有新用途的产品可能不仅需要新的广告活动或新的储运方式，可能还需要新包装。例如，Arm & Hammer 为它的天然烘焙用苏打推出一种经特殊设计的"冰箱 - 冷冻库包装"（带有保鲜孔），以使冰箱和冷冻库的保鲜除臭效果更好。

改善品牌形象

虽然改变品牌认知可能是创造新的品牌资产来源的最简单方法，但是，往往还需要做许多根本性的改变。为了改善构成品牌形象的品牌联想的强度、偏好性、独特性，制定新的营销方案也许是必不可少的。作为品牌重新定位或者复议现行定位的一部分，任何已经消失的积极联想也许都需要加以扶持，任何已经出现的消极联想都应予以纠正，这样，才能建立积极的品牌联想。这些重新定位的决定要求我们明确目标市场和竞争的性质，以设定具有竞争力的参照框架。

识别目标市场　营销者常常针对四个关键的细分目标市场中的一个或几个采取行动，并将此作为品牌振兴战略的一部分：

1. 保留易流失的顾客；

2. 夺回流失的顾客；

3. 识别被忽略的细分市场；

4. 吸引新顾客。

在战略目标的选择中有着清晰的层次结构。为了扭转销售状况，部分公司会错误地首先集中在第四个市场，追逐新顾客，这是最危险的选择。如果失败，会导致两种可能的结果：不能吸引新顾客，流失原有的顾客。

Talbots 是一个销售西装、衬衫和礼服的女性品牌，以乡郊地区为主，大约在 580 个地方进行销售。当在 2008 年经济危机遭遇销售困境的时候，它决定扩大目标市场。大胆的珠宝和金属感的套装出现在经典的珍珠和季节性毛衣旁边，试图吸引那些比 35 岁以上的传统女性更年轻的一代。然而结果却是，原有的顾客感到混乱，销售暴跌。当优衣库投资流行产品线，将太多前卫时尚的产品囤积在货架上时，这个亚洲领先的连锁低价休闲品牌也遭遇了几乎同样的困境。[16]

为了避免这种双重打击，面对销售下跌的状况还能够保持平稳，最好是尽量阻止侵蚀，确保在寻找新顾客之前不要再流失原有的顾客。那些留住原有顾客的类似的营销努力也能帮助品牌重新夺回那些原本不再使用品牌的顾客。这也许意味着简单地使消费者记起他们已经忘记或快要忘记的品牌的优点，回忆一下第 1 章所讲的新可乐——以一种迂回的方式达成目标，尽管原来并没有那么打算。家乐氏玉米片曾经做了一个成功的广告活动，标语是"再次尝试第一次"。

第三种方法——根据人口变量或其他特征划分并识别出被忽略的细分市场，是下一个最可行的品牌振兴方式。当然，最后一个振兴衰败品牌的战略目标选择，是或多或少放弃过去的支持者，从而开辟一个全新的细分市场。

许多公司都已经成功吸引了新的顾客群体，建立了品牌资产。家庭购物网（HSN）通过向追求时尚的购物高手倾销大量不知名品牌的仿制品，使得有线电视频道显得与诸如巴吉雷·米其卡（Badgley Mischka）、吹牛老爹（Sean "Diddy" Combs）、史蒂芬妮·格林菲尔德（Stefani Greenfield），以及塞雷娜·威廉姆斯（Serena Williams）等名流有着友好的联系而获得成功。[17]

市场在进行细分的时候，提供其他产品的公司也许代表着品牌潜在的增长目标。然而，有效捕获这些细分市场通常需要营销方案有所改变，尤其是在广告以及其他的传播上，是否要做这样的决策最终还要取决于成本－效益分析。

吸引一个新的细分市场会遇到预料不到的困难。吉列、哈雷－戴维斯和 ESPN 等公司的营销者，经过多年的艰苦努力，才找到把产品与广告正确结合起来以建立品牌的方法，这些广告以男性形象为主，为的是能吸引女性。这种以吸引女性为目标进行营销方案的设计，已经成为从汽车公司到计算机公司的首选方案。

营销者还推出针对不同的族裔群体、年龄群体和收入群体的新营销方案。这些文化细分市场也许需要不同的信息、具有创新性的战略和媒体。

品牌重新定位　在不考虑目标市场细分的情况下，品牌重新定位需要建立更多引人注目的差异点。在另外的情况下，品牌需要重新定位，以便在某些关键的形象维度上建立一个共同点。

要建立这样的共同点，通常的问题是，需要通过建立相应的使用情境，使成熟的品牌更加符合现代的潮流和现代消费者的心理，或者更具有现代品牌的个性。存在多年的传统品牌尽管值得信任，但也可能令人生厌，显得乏味无趣，不讨人喜欢。

使品牌升级，也许需要对新产品、新广告、新促销、新包装进行一些组合。2013 年是高乐氏的 100 岁生日，它是一个需要定期采取措施进行自我更新的传统品牌。为了能够随时随地接触到年轻的父母，它开发了一款致力于去污的智能手机应用软件。以家庭为导向的形象，例如脸上沾了意大利面酱的孩子们的照片，让这个 App 更加活泼有趣。许多解决方案为用户提供多种便捷的高乐氏产品的替代品，比如把苏打水作为餐厅中的除污用品。[18]

改变品牌元素　由于产品或营销方案的某个方面已经发生变化，因此常常需要改变一个或多个品牌元素，以便传递新信息，或者表明品牌已经具有的新含义。品牌名称一般都是最重要的品牌元素，也是最难改变的。尽管如此，品牌名称还是会被废弃或以首字母重新组合，以便反映出营销战略的转变，或者更便于发音和记忆。缩短名称或使用首字母，还可以最小化潜在的负面产品联想。

例如，联邦快递公司后来将名字正式缩短为"FedEx"，并采用了新的标识，因为消费者实际上已经这样称呼它了。[19] 为了形成一种清洁卫生的印象，肯德基被缩写为 KFC。KFC 还用了一个新的复合型人物视觉标志：桑德斯上校——成为维持其传统并使其充满魅力、更现代的一种手段。然而当公司开始在全国广告中强调烧烤鸡肉和三明治而非传统的带骨炸鸡的时候，一些加盟商提出异议，说 KFC 已经过于偏离了它的根本。[20]

其他品牌元素比较容易改变，而且可能也需要改变，尤其是当它们发挥着维持品牌知名度和形象的重要作用时更是如此。第 4 章已经阐述了如何随着时间改变而更新包装、标识、品牌及产品的特色。值得注意的是，这些改变应适度，而且应当是渐进式的，并应十分注意保留品牌元素中最突出的部分。

14.3　调整品牌组合

管理品牌资产和品牌投资组合，必须持有长期的观点。作为长期发展的一项内容，一定要从长计议，仔细考虑投资组合中不同品牌的作用和不同品牌的关系。有时，品牌更新只是需要清理品牌架构。

2008 年经济危机发生时，宝洁公司发现具有 30 亿美元收入的洗护发品牌潘婷市场低迷。为此，公司实施了大规模的调查研究和升级策略以改善和重整洗护发产品线。为了测定不同成分如何对不同发质产生作用，公司采用通常用于医学和空间研究的调查技术进行广泛的消费者测试，以开发新产品和对原有产品进行升级。后来，宝洁减少了洗发水、护发素、定型剂的 1/3 的数量，并围绕四种细分发质——染发、卷发、优质、中厚型对产品线进行重组及编码。[21]

转移策略

转移策略有助于帮助消费者在需求随时间发生变化后，或者在公司的产品和品牌本身发生变化后，更好地理解产品组合中的品牌以满足自己的需求。在快速变化的技术和市场面前，对品牌转换的管理非常重要。理想的情况是，所有的品牌都能在顾客的脑海中占有一席之地，当他们的需求和期望发生改变时，他们至少能潜意识地知道自己该如何转换到新的品牌。

公司或家族品牌战略如果能让品牌按逻辑顺序排列，就会在顾客心目中形成等级结构，从而推动品牌的转移。汽车公司对这一点非常敏感。就像宝马这样的品牌，它的 3 系、5 系和 7 系计数系统所表示的质量持续提升就是该项策略的极好例子。

赢得新客户

所有公司的营销活动，都是在吸引新顾客和留住老顾客之间权衡取舍。在成熟的市场中，建立顾客忠诚和留住现有客户，通常比尝试开拓新市场更重要。然而，某些顾客即使仅仅出于习惯的原因，也不可避免地会最终放弃品牌。因此，公司必须发展吸引新顾客的策略，尤其要吸引年轻顾客。不过，赢得新顾客的市场挑战在于，如何使品牌表现得与来自彼此间可能存在巨大差异的消费者世代、消费者群或不同生活方式的顾客相适应。当这种品牌有着很强的个性或用户形象联想，如果针对某一特定的消费群时，这种挑战将表现得更加严峻。

遗憾的是，即使是更年轻的顾客，也无法保证他们能采取与以前的老顾客相同的态度和行为。2011 年，"婴儿潮"一代庆祝了他们的 65 岁生日，并且正式进入"高端市场"。很多专家预计，这个群体将要求公司重视他们独特的价值，提供特别的产品和服务。正如一位人口统计学专家所说："说这些'婴儿潮'一代的人像他们的父母，是天下最荒诞的话。"

为应对跨越各代人和各种顾客群的营销挑战，人们采取了各种各样的策略。有些营销者试图摆脱历史的影响，如汤米·希尔费格在 20 世纪 90 年代就与都市风格断绝了关系。其他一些品牌也都竭力制定更多同时针对新老顾客的综合性营销战略。布克兄弟（Brooks Brothers）致力于创新产品组合，对门店进行更新，并通过特许连锁进入海外市场。它利用公司的第一个设计师品牌 Black Fleece 留住忠诚的老顾客，同时也以此吸引新的、更年轻的消费者。它还和诺德斯特龙结成了排他性的伙伴关系，以销售一些精选的更加现代的货品。[22]

品牌退役

由于营销环境恶化，一些品牌成了不值得挽救的品牌。它们的品牌资产来源可能已经枯竭，或者已经恶化，而形成新的联想变得更加困难。品牌特许的规模——不论是否忠诚——不能再为品牌提供支持。在这种不利的情况下，管理层就有必要作出让该品牌退役或"榨干"该品牌的策略。

对于衰退中的品牌，可能有几种选择。剔除衰败品牌的第一步就是减少产品类型的数量，如包装尺寸或款式。这样做的目的是减少该品牌的成本，从而节约出费用以更好地让品牌前进，获得利润。如果品牌还有一个足够大的和忠实的顾客群存在，则可以对这些"现金牛"品牌削减营销费用，从而获取品牌利润。

"孤儿品牌"（orphan brand）是指一度知名，但现在由于母公司缩减营销费用而致使其品牌资产萎缩的品牌。通常情况下，这些"孤儿品牌"由于顾客基础太小，无法保证其广告和促销费用。例如，"Take 5"是好时公司曾广受欢迎的咸甜巧克力品牌，最初于 2004 年推出。2011 年，尽管该品牌很受欢迎，但好时还是决定撤回对它的营销支持。[23] 虽然"Take 5"的营销支持被撤回，但由于该品牌仍持续受到消费者的喜爱，最终好时改变了决定，于 2016 年以新包装和针对千禧一代的新营销活动重新推出该品牌。

最后，一个永久性的解决方案则是终止产品的生产。市场上充斥着垃圾品牌：它们要么是未能创建出足够水平的品牌资产，要么是由于营销环境变化而致使品牌资产的来源消失。丰田决定于 2016 年（即在赛恩（Scion）推出 13 年后）停止生产赛恩。这个面向年轻人的汽车品牌无法跟上年轻人对丰田品牌名称的态度转变。赛恩目标市场中的许多千禧一代对该品牌都不满意。[24] 有些公司在销量下滑的时候通常剥离孤儿品牌，例如金宝汤公司剥离了 Vlasic 酸菜、Swanson 冷冻食品品牌。其他一些公司会出售与战略目标和聚焦领域不一致的品牌，像宝洁就把它的美容品牌（包括知名品牌如封面女郎、伊卡璐和威娜）以 125 亿美元的价格卖给科蒂，目的在于在品牌组合中聚焦于其他更大的品牌。[25] 类似地，宝洁也将金霸王电池品牌出售给伯克希尔 – 哈撒韦、Iams 宠物食物品牌卖给玛氏（Mars）。通过剥离这些品牌，宝洁能够消除其增长缓慢和衰退的品牌，进而腾出更多的资源专注于高绩效的品牌。[26]

哈佛大学教授南希·克恩（Nancy Koehn）解释说，旧品牌之所以能保持一定的价值，是因为消费者从幼年时就始终记得这些品牌。"至少存在一种潜意识的关联。"克恩说。[27] 可能这种现象能帮助解释为什么一个叫 www.mybrands.com 的网站的成功，该网站提供了几百种孤儿品牌，如 Chupa Chups Cremosa Lollipops。只要这些孤儿品牌能在特定的消费者中保持其受欢迎程度，那么公司将愿意销售这些品牌。[28]

淘汰现有的产品

技术变化和消费者品味的变化会给那些跟不上市场变化的品牌带来问题。在这种环境下，公司可能会由于没有尽快停产产品（或故意淘汰）而感到不满。停产这样的产品可能是一种大胆的举动，但也可以为新产品的推出做好准备。2016 年，黑莓决定停止生产曾一度很知名的手机，原因是在竞争对手（如苹果）在创新功能方面取得领先的时候，它未能跟上触屏技术的发展。[29] 柯达在消费者转向数码相机的时候也面临着重大的挑战。此时，柯达尽管拥有数码相机的技术和投资，但依然专注于销售传统胶卷。它对于数字技术的转变不够快，导致富士抓住了创造和推出新产品的机会，进而领先于柯达。因此，在快节奏的技术行业中，有时候淘汰现有产品是公司需要采取的一项必要战略。[30] 淘汰一个品牌需要考虑许多因素。

从根本上来说，这个问题涉及品牌现有的和潜在的资产。作为消费品行业之前的领导者，联合利华解释了该公司决定出售 75% 的品牌和生产线的理由："如果业务不能创造财富，我们就不应该继续保留它。这就如同一个美丽的花园里长满了杂草，你必须清理它，这样鲜花才能吸收到阳光和空气，才能长得更好。"[31]

·········| **本章回顾** |·········

有效的品牌管理，要求具有长远的观念，并认识到品牌支持营销方案的任何变化都可能会改变消费者知识，进而影响到未来营销方案的成功。长远的观念还要求具有前瞻性的战略，在外部营销环境和公司内部营销目标、方案发生变化的情况下，能持久地维持和提高品牌资产。

品牌资产可以通过持续不断地在以下几个方面传递品牌含义而得以强化——品牌代表了什么样的产品，它提供什么样的核心利益，能满足什么样的需要；品牌如何使产品更优越，在消费者的心目中存在哪些强有力的、偏好的和独特的品牌联想。在强化品牌的过程中，最重要的是要考虑品牌所获得的营销支持的一致性，这种支持不仅指数量，也包括质量。一致性并不意味着营销者不能在营销方案上作出任何改变。事实上，许多策略性的变化对于保持品牌战略的信誉和方向常常是必要的。然而，除非营销环境发生变化，又或者战略方向有所转变，一般没有必要去改变一个成功的市场定位。对于那些代表品牌资产的关键共同点和差异点，都应该积极地加以保持和维护。

强化品牌含义的战略取决于品牌联想的本质，对于那些核心联想主要是产品相关属性和功能性利益的品牌而言，产品设计、生产和销售方面的创新对于品牌资产的保持和发展至关重要。对于那些核心联想主要是非产品相关属性、象征性或体验性利益的品牌而言，用户的相关性和使用形象对于维护和发展品牌资产至关重要。

在管理品牌资产时，必须在以下两者之间获得平衡：（1）巩固品牌和强化品牌含义的营销活动；（2）为获取财务利益，对现有品牌资产杠杆化经营的营销活动。有时，不能巩固品牌就会降低品牌知名度，削弱品牌形象。而品牌资产失去来源，品牌本身就不能持续产生有价值的利益。图14-3总结了品牌强化策略。

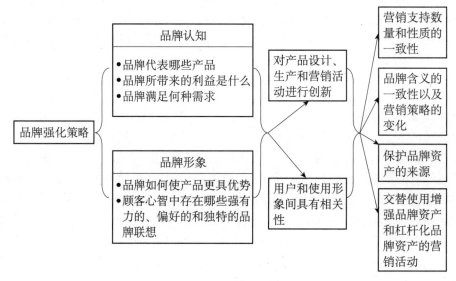

图14-3 品牌强化策略

要激活一个品牌，要么需要重新抓住失去的品牌资产来源，要么需要确认和建立新的品牌资产来源。根据基于顾客的品牌资产模型框架，通常有两种可行的方法：（1）通过在购买和消费情境中提高顾客对品牌的回忆和认知水平，扩大品牌认知的深度和广度；（2）改善那些构成品牌形象的品牌联想的强度、偏好性和独特性。后一种方法也可以包括那些针对现有或新的品牌联想的方案。

对于一个处于衰退中的品牌来说，品牌认知的深度不像广度那么重要——消费者倾向于以一种非常狭隘的方式对待这一品牌。尽管品牌认知的改变也许是创造品牌资产新来源的最简单的方法，但是，为了改善品牌联想的强度、偏好性和独特性，往往不得不实施一个新的市场营销方案。

作为重新定位的一部分，必须慎重分析目标市场。往往最好是先留住老顾客，然后尽量吸引流失的顾客或者是原来没有注意到的细分市场，最后才是尝试吸引完全不同的细分市场。所有这些改善品牌形象的努力所面临的挑战在于：不能毁掉已有的（品牌）资产。图14-4总结了品牌激活策略。

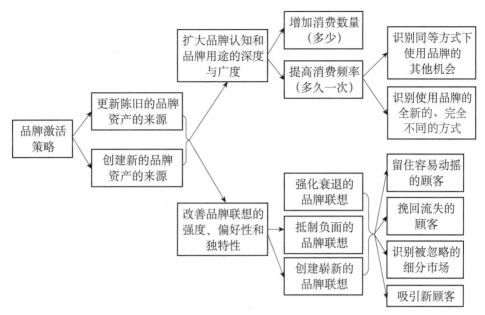

图 14-4 品牌激活策略

营销者还必须关注组合中不同品牌的作用和品牌之间的相互关系。尤其重要的是,当消费者历经岁月磨炼而发生变化,或者品牌和产品发生变化时,品牌转移策略应该确保让消费者相信,组合中的不同品牌仍然能够满足他们的需求。本章讨论了不同的可行策略,目的是放弃那些品牌资源已经"耗尽"或者那些联想遭到破坏和难以扭转的品牌。

如果品牌遇到危机,反应迅速和表现真诚是最重要的。那些反应迟钝、对顾客漠不关心的公司很容易遭遇困难。在社交媒体环境下公司声誉面临着很大的风险,在危机事件蔓延的几天内公司声誉就会遭到破坏。公司应该仔细审查并利用各种恢复策略,以消除品牌的负面报道。

········| 问题讨论 |········

1. 选出一个品牌,评价其过去五年中的管理情况。它采取了哪些适当的和创新的举措?你能对其市场策划提出一些改进的建议吗?

2. 挑选一个品类,考察该品类中领导者品牌在过去十年中的历程。你如何归纳该品牌在强化或者激活品牌资产方面所做的努力?

3. 找一个处于衰退中的品牌。对于该品牌资产的激活你能提出何种建议?试着运用本章中的不同理论来解释。哪种策略最有效?

4. 思考一下其他的一些例外品牌,它们可以采用"回归基础"或"重新发明"的激活策略。策略是如何在品牌竞争中占有重要地位的呢?

5. 选择一个最近遇到市场危机的品牌,谈谈你如何评价其反应机制。它在哪些地方做得很好,哪些地方欠佳?该公司该如何利用社交媒体来控制这次危机?尤其是在社交媒体环境下,它们采用哪种恢复方法效果更好?

| 第 15 章 |

跨区域与细分市场的品牌管理

学习目标

» 了解区域营销战略的作用，重点关注基于地理人口统计学、种族和年龄的营销。

» 理解发展跨国品牌的逻辑。

» 总括标准化的全球营销计划的优点和缺点。

» 定义跨国品牌，描述发展跨国品牌的战略步骤。

» 描述如何为跨国品牌量身定制营销组合元素。

» 描述在中国和印度这样的发展中国家建立品牌的独特性。

KFC 作为中国最受欢迎快餐品牌，
在全球已开设 5 000 多家餐厅。

··········|　**本章提要**　|··········

　　品牌资产管理中有一点很重要，即在制定品牌营销方案时，必须识别出不同类型的消费者，并能对此作出合理解释。在前面的章节讨论了如何及为什么需要：（1）制定品牌组合以满足不同的细分市场；（2）基于品牌和消费者的生命周期制定品牌转移策略，以保持现有消费者并吸引新顾客。本章将着眼于在不同市场细分中的品牌资产管理，包括国内市场和国际市场。

　　首先讨论美国市场内地理、人口统计和文化细分市场下的品牌管理问题。鉴于千禧一代的独特特征及与营销战略的相关性，将其作为一个人口群体进行深入研究。

　　接下来特别关注国际问题和跨国品牌战略。在回顾品牌国际化的基本理论之后，将讨论制定全球品牌战略的主题，并阐述全球标准化营销方案的优缺点。以"全球品牌营销的十大戒律"为核心，着重探讨建立基于顾客的全球品牌资产的战略战术问题。为了进一步阐释这些观点，对可口可乐等品牌的全球化运作进行了分析。品牌专题 15.0 介绍了在中国市场的品牌化问题。[1]

15.1　区域市场细分

　　区域化（regionalization）看上去与国际化的运作方式正好相反。但是，如今营销者对区域化产生了浓厚的兴趣，这是因为在线下和线上都能够获得消费者购买行为的高质量数据。例如，类似于脸书和谷歌的在线平台都将定位作为一项关键功能，可以识别并追踪消费者的具体位置。这些定位选项使针对不同细分的消费者提供不同的产品成为可能，营销者可以根据消费者需求动态地改变产品属性与价格。AC 尼尔森等公司提供的辛迪加数据对于消费者住在哪里、在哪里购物、使用什么媒体等数据进行了分析。因此，区域化策略能让品牌与个体实现更好的匹配，增加对个体的吸引力。但区域化营销也存在一些缺陷。在运用区域化营销时，市场成本会增加，营销效率会受到影响。不仅如此，区域化营销活动会迫使当地生产商之间的竞争更为激烈，品牌的国别身份也可能因此变得模糊。区域化营销的好处是可以产生更大的影响。以下阐述品牌营销人员如何使用尼尔森的 Spectra 数据以更深入地了解区域细分。

15.2　其他人口与文化细分市场

　　无论如何定义，任何一个细分市场都可能成为一个特别的营销或品牌活动的对象。例如，人口统计维度（如年龄、收入、性别、种族和心理因素等）通常与品牌购买行为、态度的基本差异性相关。这些在态度及行为上的差异，通常是分别制定品牌和营销方案的依据。市场细分最终取决于定制化营销成本和收益的考虑。

基于年龄的营销

第 14 章介绍了年龄细分市场对公司的重要性，以及怎样才能使年轻的群体成为消费者。近年来，营销者对于千禧一代细分市场有着特别的兴趣。出生于 1980[2] 年之后的消费者有着多种多样的特征，因此从营销的角度来看，他们可以脱颖而出（见表 15 - 1）。

表 15 - 1　千禧一代的营销

关键特征	千禧一代的特征
规模	千禧一代共有 8 300 万人，占美国人口的 1/4 以上。
特征	千禧一代所具有的特征包括环境意识、理想主义、宽容、创业、浪费、热衷于自己想法、愤世嫉俗、贪婪。
技术使用	千禧一代对技术非常精通。超过 80% 的人拥有社交媒体（有脸书主页）[3]，75% 的人拥有并使用智能手机，44% 的人经常使用文字信息进行沟通。他们使用智能手机研究产品的可能性是非千禧一代的 2 倍。与之相矛盾的是，83% 的千禧一代更喜欢在实体店购物，而非网上购物。
教育	千禧一代更重视大学教育（占比 63%），并计划获得大学学位。
多样性	千禧一代是极具多样性的，相对于以英语为主（31%）或者西班牙语为主（31%）的人，千禧一代更多是双语者（38%）。
消费	千禧一代每年消费 6 000 亿美元。据预测，到 2020 年，千禧一代的消费能力将达到 1.4 万亿美元。
家庭价值观	相比其他同类群体（如 X 一代或婴儿潮一代），许多千禧一代对于家庭责任承担的时间较晚。只有很少一部分千禧一代拥有自己的住房，60% 的人都选择租房。 千禧一代高度关注健身和健康。很大比例的千禧一代（超过 70%）反对吸烟和饮酒。他们对健康进行投资，并在运动装备上花费很多。
品牌	千禧一代寻求高质量的产品（占比 75%），89% 的千禧一代表明他们喜欢参与社会责任实践的品牌。
购物影响	千禧一代在购买产品或品牌时，更容易受到来自同龄人或朋友的口碑影响。他们对传统的广告持怀疑态度，但是他们中 50% 愿意尝试喜欢的名人所代言的产品。68% 的千禧一代会受到朋友社交媒体信息的影响，进而尝试购买产品或品牌。

基于族裔的营销

为什么向不同族裔群体进行营销是一种有效的战略？不同的族裔有自己的特征、品味和偏好，因此定制的品牌往往更具有吸引力。接下来对每个子族群进行描述。表 15 - 2 描述了美国主要族裔细分的关键特征。

表 15 - 2　美国族裔细分 [4]

族裔群体	人口（美国）	购买力（美元）	最佳营销实践
非裔美国人	4 630 万	1.2 万亿	• 使用以非裔美国人为特色的广告，特别是在使用电视、广播和社交媒体时更是如此。 • 利用非裔美国人的影响力直接与消费者交流。

续表

族裔群体	人口（美国）	购买力（美元）	最佳营销实践
西班牙裔和拉丁裔美国人	5 660 万	1 万亿	• 使用双语广告。 • 使用流行文化影响者来呈现西班牙裔和拉丁裔的骄傲。 • 识别地区差异。
亚裔美国人	2 100 万	9 620 亿	• 聚焦于不同的子细分市场（如华裔美国人、印度裔美国人）。 • 利用在线亚洲名人的影响。

非裔美国人　虽然有许多针对婴儿潮、老年人、西班牙裔和其他人口统计特征或心理特征群体的营销活动，但是许多专业人士指出，针对非裔美国人的市场，许多公司还没有做到位。

几乎所有的非裔美国人都以英语为第一语言或主要语言，收看大量的网络电视，因此，许多公司依靠传统的营销活动来接近这些消费者。同时，他们常有的独特态度和行为，使之与其他群体区分开来。黑人媒体公司的一些管理人员，如美国最大的黑人拥有的广告代理机构芝加哥 Burrell 广告公司的主席托马斯·伯勒尔（Thomas Burrell）认为：“黑人不是黑皮肤的白人。我们有不同的喜好和习惯，我们需要特别的营销努力。”许多观察家注意到宗教、教堂和家庭对于非裔美国人的重要作用。由于历史经历，非裔美国人常被认为有着强大的凝聚力，为他们的传统而感到自豪。尤其是在年轻群体中，他们也被视为时尚潮流的领导者。营销人员越来越关注这一群体，2011—2015 年，针对非裔美国人的广告收入几乎增长了 3 倍。[5]

从创建品牌资产的角度来讲，挑战在于如何设计与非裔美国人相关的营销方案和传播活动，如何准确地描绘品牌个性，避免刻板印象、冒犯感或将细分市场混为一谈。对此，一家黑人所有的广告公司的总裁说，向黑人营销的公式是：贴切＋认知＋尊敬。正如全球品牌营销的思路一样，对非裔美国人的营销也要适当将标准化和定制化结合起来。[6]

西班牙裔和拉丁裔美国人　西班牙裔指的是母语说西班牙语或具有西班牙血统的人。拉丁裔是指拉丁美洲裔，包括讲葡萄牙语的人，如巴西人。我们广泛地将这些群体统称为西班牙裔和拉丁裔美国人。大量的公司针对这些群体设计出独特的营销和广告战略。例如，丰田“不仅仅是一辆汽车”活动，充分利用西班牙裔使用反映汽车属性的描述性名字为汽车命名的特点，从而为车主提供了个性化的汽车品牌名字。有研究表明，针对某一特定族裔群体（如西班牙裔美国人）所开发的独特广告，效果要比翻译成西班牙语的广告效果好 3 倍。[7]

社会网络对于美国的西班牙裔和拉丁裔美国人会产生特别的共鸣。这是一种与其他地方家庭成员保持联系的一种方法。最近的一项关于脸书使用情况的研究发现，美国西班牙裔和拉丁裔美国人脸书的好友有 46% 是家庭成员，而美国脸书用户中这一比例为 36%。[8] 西班牙裔和拉丁裔美国人平均每月花费 8 个多小时观看在线视频，比美国平均时间长 90 分钟以上。尽管存在重要的差异，但西班牙裔和拉丁美洲裔市场，尤其是在数字营销和广告支出方面，仍处于供不应求的状态。SMG Multicultural 高级副总裁和数字创新总监马拉·希克希科（Marla Skiko）表示：“许多营销人员可能会认为他们（美国，西

班牙裔 / 拉丁裔）在采用新技术方面落后于所谓的一般市场，但事实上，他们遥遥领先，并且他们所在的市场应该是那些寻求扩大用户基础的营销人员的首选"[9] 为了更好地吸引该细分市场的消费者，诸如酩悦·轩尼诗（Moët Hennessy）等公司与纳斯（Nas）和曼尼·拉奎奥（Manny Pacquiao）等嘻哈艺术家合作，以增强其对于西班牙裔和拉丁裔美国年轻人的吸引力。其他公司则转向数字渠道，例如 MiTu（一个多元渠道的 YouTobe 网络）和 Young California（一个由西海岸 DJ 和专注于嘻哈内容创作者组成的网络），进而吸引千禧一代西班牙裔和拉丁裔美国人。[10]

亚裔美国人　亚裔美国群体是美国增长最快的群体，2015 年增长率为 3.4%。相比之下，西班牙裔美国人增长率为 2.2%，非裔美国人增长率为 1.3%，高加索人增长率只有 0.5%。亚裔美国人家庭拥有一些特征，如：互联网设备拥有率高于平均水平、更重视婚姻、家庭观念强、辛勤工作以及职业成功。[11] 开市客和丰田等许多公司已经专门针对这些族裔群体开发出特定的营销活动。表 15 - 2 强调了对于各类族裔群体的最佳营销实践。

值得强调的是，针对特定族裔或文化细分市场进行营销存在适得其反的可能性。营销批评者说一些消费者可能不喜欢他们与众不同的地方被作为宣传素材，因为这样会强化他们作为外人的形象。此外，不在目标消费群体中的消费者可能会因此感到与这个品牌的疏远。[12]

15.3　品牌国际化

有关品牌国际化的这一部分，主要回答以下三个问题：

1. 品牌为什么要关注全球市场？进行国际扩张有什么利弊？
2. 跨国品牌的定义是什么？哪些因素会影响跨国品牌资产？
3. 标准化与定制品牌产品有什么利弊？品牌应如何有效地定制营销组合的各个方面？

鉴于中国在全球市场中的规模和战略重要性，将对中国进行讨论。

品牌为什么要关注全球市场？

许多全球知名品牌的大部分销售和利润均来自国际市场，如苹果、谷歌、可口可乐、微软、丰田等。这些品牌的成功鼓舞了很多公司加入品牌国际化行列当中。促使全球营销兴趣日益增长的还有其他一些因素，主要包括：

- 预计到本国市场增长趋缓、竞争加剧；
- 对海外市场的强劲增长和利润机会充满信心；
- 希望通过规模经济降低成本；
- 需要分散风险；
- 重新认识到消费者的全球流动性。

在越来越多的品类中，建立全球形象的能力实际上正成为成功的前提。一个全球性的品牌营销方案应当包括产品设计、包装设计、广告方案、定价方案以及分销计划等，在理想情况下，要求这些方案能在品牌所能到达的每一个国家和地区都取得最好的效果。然而遗憾的是，这种到处都适用的战略几乎是不存在的。

先看看为品牌创建国际化标准营销方案的优缺点。

全球营销的优点

表 15 - 3 列出了开展全球营销方案的潜在好处。[13]

表 15 - 3　全球营销方案的优点

● 获得生产和分销的规模经济	● 品牌形象的一致性
● 较低的营销成本	● 迅速有效产生新观念的能力
● 强大的实力和范围	● 营销实践的一致性

生产和分销的规模经济　从供方或成本的角度看，全球营销方案最首要的优点是，生产效率的提高和成本的降低，这些都来自产量和销量的增加。经验曲线效应越强烈（即制造和销售产品的成本会随着产量的增加而迅速下降），标准化的全球营销方案就越能体现生产和分销的规模经济。[14]

较低的营销成本　另外一组成本上的优势，来自采用统一的包装、广告、促销和其他营销传播活动。而且，各国采用的品牌战略越一致，成本降低的潜力就越大。品牌专家认为，只使用一个品牌名称将可以使一年的营销成本减少数百万美元。[15]

实力和范围　全球品牌形象可以赢得消费者的信赖。[16]消费者会认为，在许多不同的市场上销售产品，意味着厂商实力雄厚，能被众多消费者广泛接受。到处都能买到该品牌的事实，很可能表明产品质量上乘、使用方便。显赫的全球品牌还意味着社会地位和威望[17]，并且可以使消费者，特别是世界公民，显示出自己的身份。[18]

品牌形象的一致性　在世界各地保持共同的营销平台，有助于维护品牌和公司形象的一致性。对于那些顾客流动性大、靠媒体跨国传递形象的市场来说，这一点非常重要。例如，美国运通公司的声誉便来自在世界各地为旅行者提供便捷的旅行金融服务。

迅速有效产生新观念的能力　无须精确开发当地市场的产品种类，能加速品牌国际化市场的进入过程。只要适当的知识传递系统应用到位，就可以方便地把来自不同市场中绝好的灵感加以整合提炼。万事达营销团队促进了整个组织的信息沟通和最佳实践。[19]

营销实践的一致性　最后，标准化的全球营销方案可以简化协调事宜，更好地控制品牌在不同国家的销售。在保持营销方案核心内容一致的基础上，营销者可以投入更多精力关注营销方案在各地区的地方化和一致性问题，以发挥其最大效用。

全球营销的缺点

也许对标准化的全球营销方案最具说服力的批评是：它会忽略不同国家、文化间的根本差异（见表 15 - 4）。评论家认为，为所有的市场设计一套营销方案，会导致战略缺乏想象、效率低下。国家间的差异有许多种，具体如下所述。

表 15 - 4　全球营销方案的缺点

● 消费者需求、欲望和产品使用方式的差异	● 法律环境的差异
● 消费者对营销组合要素反应的差异	● 营销规则的差异
● 品牌和产品开发及竞争环境的差异	● 行政管理程序的差异

消费者需求、欲望和产品使用方式的差异　不同国家之间在文化价值观、经济发展水平和其他一些因素方面存在差异，使得不同国家的消费者行为存在差异。例如，营销研究表明，不同国家的消费者在碳酸软饮料、啤酒和矿泉水的人均消费量方面存在很大差异：就每年人均消费的升数来看，捷克共和国（8.51）和爱尔兰（7.04）消费最多的啤酒；法国（8.14）和葡萄牙（6.65）则消费了最为大量的白酒；同时，韩国（9.57）和俄罗斯（6.88）消费最多的则是蒸馏酒。[20]

品牌科学 15-1 介绍了一些研究，为跨文化消费者间存在主要差异提供了具体的证据。

品牌科学 15-1

研究发现的跨国品牌战略的关键洞见

1. 不同文化对自我和群体的重视程度不同，进而影响消费者–品牌关系。学术研究人员关注到了文化维度如何影响消费者和品牌的关系。文化不同的重要维度在于，文化更多强调的是关注独立的自我（聚焦于个人而不是集体），还是关注相互依存的自我（聚焦于与个人相对的集体）。研究人员发现，在独立文化中的消费者更可能由于该品牌可以增强个人的身份而使用它，而在相互依存文化中的消费者使用该品牌更有可能是为了加强个体与社会群体的联系。也许正是由于这些差异的存在，拥有粗犷和个人主义品牌个性的哈雷–戴维森在日本组织了许多聚会和集会，为车手提供乐趣和社群感。

2. 垂直和水平文化环境会对消费者与高地位品牌间的关系产生不同影响。基于权力距离的跨文化差异在消费者对品牌的反应中也扮演着重要的角色。权力距离维度是指在权力分配中社会接受不平等的程度，反映了社会等级或垂直性质的程度。当权力距离较大时，每个人都有独特的社会地位，具有较高或较低社会地位的人进行比较的情况更为普遍。在高权力距离文化中，像阿玛尼和梅赛德斯这样的跨国品牌有助于消费者反映自己的社会地位。相比之下，研究发现，水平文化更多强调的是平等。这可能导致消费者更偏好那些能够传达独特性，但又没有很高地位的品牌，如 Abercrombie & Fitch 和 Hollister。

3. 品牌是文化的象征，这对于品牌经理具有战略意义。品牌可以是文化身份的象征，这种象征会对跨国品牌战略产生影响。例如，像百威和李维斯这样的品牌更多代表的是美国文化，而新百伦和 JanSport 则是中立文化的象征。学术研究人员发现，当消费者对特定文化具有较高的文化认同，或是社会身份受到威胁时，他们更喜欢具有文化象征性的品牌。研究还发现，品牌的文化象征性（或品牌象征文化群体的程度）是影响个体对使用多语言的广告（如双语广告）的反应的重要环境因素。

4. 不同文化中的品牌具有不同的品牌个性。一个重要的发现是，消费者会将自己在不同文化中的个性偏好投射到跨国品牌上。一项大型跨国研究表明，来源于品牌和品牌个性的品牌含义是特定于文化的。例如美国的品牌是"耐用的"，日本的品牌是"平和的"，而西班牙的品牌则是"热情的"。

资料来源：J. B. Nezlek, K. Kafetsios, and V. Smith, " Emotions in Everyday Social Encounters, " *Journal of Cross-Cultural Psychology* 39, no. 4, (2008): 366-372; Marieke de Mooij and Geert Hofstede, " Cross-Cultural Consumer Behavior: A Review of Research Findings, " *Journal of International Consumer Marketing* 23, no. 3-4, (2011): 181-192; Vanitha Swaminathan, Karen Page, and Zeynep Gürhan-Canli, " My Brand or Our Brand: Individual- and Group-Based Brand Relationships and Self-Construal Effects on Brand Evaluations, " *Journal of Consumer Research* 34, no. 2 (2007): 248-259; Chris Betros, " Harley-Davidson

Gains Popularity in Japan, " *Japan Today*, August 10, 2009, www.japantoday.com/category/executive-impact/view/harley-davidson-gains-popularity-in-japan; Sara Loughran Dommer, Vanitha Swaminathan, and Rohini Ahluwalia, " Using Differentiated Brands to Deflect Exclusion and Protect Inclusion: The Moderating Role of Self-Esteem on Attachment to Differentiated Brands, " *Journal of Consumer Research* 40, no. 4, 657-675.; Angela Y. Lee and Carlos J. Torelli, " Crosscultural Issues in Consumer Behavior, " *Frontiers of Social Psychology* (2008): 227; Sharon Shavitt, Carlos J. Torelli, and Jimmy Wong, " Identity-Based Motivation: Constraints and Opportunities in Consumer Research, " *Journal of Consumer Psychology* 19, no. 3 (2009): 261; Marieke De Mooij and Geert Hofstede, " The Hofstede Model: Applications to Global Branding and Advertising Strategy and Research, " *International Journal of Advertising* 29, no. 1 (2010): 85-110; Theodore M. Singelis, Harry C. Triandis, Dharm PS Bhawuk, and Michele J. Gelfand, " Horizontal and Vertical Dimensions of Individualism and Collectivism: A Theoretical and Measurement Refinement, " *Cross-Cultural Research* 29, no. 3 (1995): 240-275; H. C. Triandis, *Individualism and Collectivism* (Boulder, CO: Westview, 1995); Michelle R. Nelson and Sharon Shavitt, " Horizontal and Vertical Individualism and Achievement Values: A Multimethod Examination of Denmark and the United States, " *Journal of Cross-Cultural Psychology* 33, no. 5 (2002): 439-458; Carlos J. Torelli and Rohini Ahluwalia, " Extending Culturally Symbolic Brands: A Blessing or a Curse?, " *Journal of Consumer Research* 38, no. 5 (2012): 933-947; Umut Kubat and Vanitha Swaminathan, " Crossing the Cultural Divide through Bilingual Advertising: The Moderating Role of Brand Cultural Symbolism, " *International Journal of Research in Marketing* 32, no. 4 (2015): 354-362; C. J. Torelli, H. T. Keh, and C. Y. Chiu, " Cultural Symbolism of Brands, " in *Brands and Brand Management: Contemporary Research Perspectives*, B. Loken, R. Ahluwalia, and M. J. Houston (Eds.) (Psychology Press, 2009); Jennifer Aaker, Veronica Benet-Martinez, and Jordi-Garolera, " Consumption Symbols as Carriers of Culture: A Study of Japanese and Spanish Brand Personality Constructs, " *Journal of Personality and Social Psychology* 81, no. 3 (2001): 492-508.

　　跨文化消费者间所存在的差异导致在一国有效的战略可能并不适用于其他国家。Krispy Kreme 的例子强调了在推出跨国品牌之前了解当地文化和习俗的重要性。2003年，Krispy Kreme 甜甜圈从美国穿越大西洋到达英国时，面临着对英国甜甜圈市场不熟悉的情况。公司并没有将 Krispy Kreme 作为早餐食物推出，而是决定利用英国在特殊场合带甜点去工作的传统习俗，将甜甜圈定位为一种公共体验，可以批量购买并与同事共享。公司还推出礼品卡以支持共享的创意，持有礼品卡的人可以获得一盒共 12 个甜甜圈。这种针对英国市场的创新使 Krispy Kreme 克服了在陌生市场推出早餐食品的潜在障碍。[21]

　　消费者对于品牌元素反应的差异　各个国家语言的差异可以扭曲或者改变品牌名称的含义。各个方言的发音系统可能使一个词在一个国家有问题，而在另一个国家则不存在。文化语境是其中的关键点。消费者的确有可能对一个存在潜在问题的品牌名产生好的联想。但问题是，这种联想有多普遍、多迅速？最后到底会产生多大的影响？

　　知名品牌顾问公司 Lexicon 聘请诸多语言学家来帮助其客户评估这个问题。[22] 该公司发现有些名字在哥伦比亚的西班牙人中带有性侮辱，在海地则有被亵渎的意思，而在日本它的含义是无能的，在希伯来语中则被译成"妓女"。[23] 鉴于此，研究人员发现说中文的消费者与说英文的消费者对于品牌名称的处理方式不同也就不足为奇了。一项研究结果显示，在中文使用者中，言语信息的心理模拟主要是通过视觉进行编码，而在英语使用者中则主要是通过语音的方式进行编码。另一项研究发现，当品牌名称的外围特征（"文本"方面，如采用的字体类型，或"声音"方面，如品牌名称发音的方式）与品牌联想或品牌含义相匹配时，品牌属性会被认为更积极。母语为中文的人更容易受到文本匹配的影响，而以英语为母语的人主要受到声音匹配的影响。

消费者对营销组合要素反应的差异 世界各地的消费者对营销活动的态度和意见可能有所不同。[24] 例如，一般来说，美国人对广告的态度是冷嘲热讽；日本人对广告的态度则好得多。研究还表明两国间的广告风格有所不同：日本的广告在格调上更加柔和、更加抽象；美国的广告则包含丰富的产品信息。消费者在社交媒体使用方式上也存在差异。拉丁美洲是第四大移动市场，一半以上的智能手机都在访问社交媒体。[25] 而在阿根廷有62% 的人使用社交媒体，公司从社交媒体活动中获得了丰厚的回报。汉堡王在 Snapchat上发起了"火焰烧烤"竞争对手的汉堡包的社交媒体活动，要求参与者在竞争对手的汉堡包上绘制烧烤标记以换取免费的代金券。这项活动为汉堡王在 Snapchat 平台上赢得了 410万新粉丝。[26] 总体上看，在拉丁美洲，数字营销技术（如搜索引擎营销）是传统营销经济高效的替代方案。

除了广告和社交媒体，价格敏感性、促销反馈、赞助支持及其他活动都有可能因为国家的不同而不同。而这些对于营销活动的不同反应，也可能在消费者行为和决策的差异中得到体现。

品牌和产品开发及竞争环境的差异 在不同的国家，产品可能处于生命周期的不同阶段。以宝洁如何调整汰渍洗衣粉品牌营销战略为例，当宝洁进入印度市场时，它不得不面对仅有 10% 的印度消费者使用洗衣机这一现实。[27] 大多数消费者仍使用洗衣粉手洗衣物。

尽管汰渍在许多发达国家推出的都是适用于洗衣机的洗衣粉，但是汰渍将印度市场的目标人群锁定为更喜欢自己洗衣的中产阶级消费者。汰渍还推出具有本地吸引力的多样化产品（如茉莉和玫瑰香型洗衣粉），汰渍 Naturals 的推出则是为了吸引偏好低价产品的消费者。正是由于这些针对本地市场的战略变化，尽管洗衣粉品类被其他根深蒂固的竞争对手所占领，但是汰渍仍然成为印度该品类的市场领导者。[28] 由此可见，在推出跨国品牌之前，了解产品品类所处的发展阶段至关重要。此外，根据当地市场情况，不同国家对特定品牌的认知和定位也有很大的不同。例如，在美国麦当劳和肯德基都被视为廉价的快餐店，但是它们的定位在印度和中国却很高。[29]

竞争性质也发生了变化。品牌经理必须对每个国家的竞争性定位进行重新审视，并制定相应的计划以应对市场中意想不到的竞争对手。

法律环境的差异 开展全球性广告活动遇到的挑战之一就是，各个国家变化无常的法律限制。例如，加拿大禁止在电视上做药品广告，波兰要求广告歌曲必须用波兰语演唱，瑞典不允许对儿童做广告。巴西最近也颁布了类似的法律。马来西亚禁止律师或者律师事务所做广告。奥地利对广告中使用儿童作了限制。新加坡不允许做比较性的广告。德国禁止在公共电视频道制作植入式广告。

在社交媒体广告环境下，美国联邦贸易委员会和其他国家（如新加坡）要求消费者或任何第三方在社交媒体上为品牌或公司作出的付费推荐或背书应明确披露。[30] 欧盟已经颁布了许多数据隐私法律，这可能会对营销人员利用消费者层面的数据来制定和实施数字营销战略产生影响。[31]

虽然上述法律中有一些已经或即将放松限制，但法律上的显著差异依然存在。

营销规则的差异 一些基本的营销设施条件在各国可能极不相同，所以在不同国家实施同一项营销战略是很困难的。例如，分销渠道、零售状况、可利用的媒体以及媒体成本等，都有可能存在明显不同。在日本，外国公司长期以来努力去打破其严密的分销体系，正是这种分销体系将外国产品拒之门外。在不同的国家，在线购物、智能手机、超市的普及程度也有很大的差别，尤其是在发展中国家。

行政管理程序的差异　实际上，要想对实施标准化的全球营销方案进行必要的控制是困难的。当地的办事处也许会拒绝任何可能损害它们自治权的决定。当地经理可能受"非本地发明"综合征的影响，因而对某些提案表示反对（不管是对的还是错的）。当地经理一旦感到自己的自主权被削弱，就会丧失动力，认为自己注定要失败。

15.4　创建和管理全球品牌战略

前面阐述了全球市场的发展逻辑以及全球营销计划的利弊。接下来，介绍创建全球品牌资产的一系列关键原则。在进入战略考虑之前，需要对全球品牌进行定义。虽然已经存在很多定义，但大多数专家都认为，一个成功的全球品牌应该具备以下两点：至少有一半的收入来自国外市场，并且大部分增长均来自这些全球市场。[32]

创建全球品牌资产

使用第 3 章中提到的创建品牌共鸣的方法，同样可以创建强势全球品牌资产。创建全球品牌资产必须做到以下几个方面：

（1）建立品牌认知的广度与深度；

（2）创建共同点和差异点；

（3）引导积极的品牌响应；

（4）建立牢固的、积极的品牌关系。

要完成这四个步骤，就必须建立下面六个品牌关键点：品牌显著度、品牌功效、品牌形象、品牌判断、品牌感受和品牌共鸣。对于市场上的每一个品牌，必须考虑如何达到这四个步骤和建立六个品牌关键点。例如，品牌经理应该意识到，推出产品的时间顺序能够对不同市场中的品牌显著度和品牌认知产生影响。推出产品顺序的不同对消费者的品牌认知能产生深远的影响，如品牌提供的利益、需求满足程度等。由于品牌历史和传承的不同，整个市场上的品牌形象联想可能存在很大差异。此外，在制定品牌形象战略时，需要谨记在一个市场中理想的品牌个性，在另一个市场也许未必如此。20 世纪 90年代初期，耐克竞争、上进、积极的用户形象成为它进入欧洲市场的决定因素，在公司后来更加强调团队精神的品牌形象时，则取得了更大的成功。

在新的市场上，品牌判断必须是积极的、正面的，这样消费者才会觉得该品牌品质优良、可靠，并值得考虑购买。最后，在新的市场产生品牌共鸣，意味着消费者必须有足够的机会和动因购买和使用产品，并与其他消费者和公司互动，去主动了解、体验公司品牌及其营销活动。可以采取数字营销和社交媒体传播以增强品牌共鸣。然而，在建立品牌与消费者关系方面，数字的工作不能完全替代传统的营销努力。

全球品牌定位

为了更好地捕捉消费者行为的差异，用以指导营销方案的修订，强烈建议公司发展全球品牌定位，这种定位源于对品牌如何在各个市场中定位的深刻理解。回想一下，建立品牌定位就意味着建立心理地图、界定品牌核心价值、识别品牌与竞争品牌的差异和相似之处，并提炼品牌真言。许多公司都有一个全球品牌定位文件，文件中通常会强调许多问题。这些问题的答案能够指导公司如何构建全球品牌定位，有助于公司根据当地市场情况，确定品牌定位的哪些方面可以做出修改。这些问题包括：

1. 心理地图在与新市场相关的国内市场中如何发挥作用？定位怎样才算适当？品牌认知的现有水平如何？品牌核心价值、共同点、差异点的价值何在？

2. 现有定位要如何改变？是否需要建立新的品牌联想？不应该重建现有品牌联想吗？现有联想是否需要调整？

3. 通过什么方式建立新的心理地图？相同的营销活动能否应用？应该做哪些改动？还需要哪些新的营销活动？

在发展品牌全球定位的过程中，需要建立品牌联想的架构，从而确定不同国家消费者适用的品牌联想。同时，还必须决定在不同市场上如何创建这些联想，以适应不同消费者的感知、偏好以及他们所处的环境。因此，营销者必须认清各市场的相似点和不同点。哈根达斯是一个很好的全球品牌定位示例，它采用了本地化相关的战略。接下来，针对品牌如何修改营销组合的不同方面来提高对全球各个市场的吸引力提供了一系列建议。

全球品牌哈根达斯：放纵的味道

哈根达斯推出一种新的有多种口味的冰淇淋棒，以适应当地市场的口味。

风靡全球的冰淇淋品牌哈根达斯在 50 多个市场上获得了 2.09 万亿美元销售收入。哈根达斯归属于通用磨坊公司旗下，后由雀巢在某些市场进行销售。[33] 它在全球广告活动中利用自己的顶级形象，并且围绕以下三个关键主题拥有统一的全球品牌定位：放纵、负担得起的奢侈以及热情的享受。这种全球范围内标准化定位策略与口味定制化、产品线延伸以及广告执行多元化相结合。例如，它在不同的国家 / 地区使用独特的口味，包括亚洲的绿茶口味，法国的香蕉焦糖可丽饼和澳洲坚果脆皮，中国的月饼和针对欧洲各个市场的不同口味。在中国（和巴西一样是全球最大的冰淇淋市场之一）你还能找到寿司冰淇淋。上海商店的软冰淇淋的成本是附近麦当劳的 7 倍，这也再次证明哈根达斯作为顶级冰淇淋的地位，仅适用于那些渴望放纵自己的消费者。尽管公司越来越多地采用国际营销的观点，但是营销战略的许多方面都需要进行调整以适应当地的市场状况。

在提供有关如何建立全球基于顾客的品牌资产的一些具体战术指导之前，先重点介绍一下有关标准化与定制化的讨论。例如，品牌备忘 15 - 1 概述了可口可乐如何在全球化品牌与本地化执行间取得平衡。

可口可乐：经典的全球品牌

可口可乐——全球知名度最高的品牌——源于亚特兰大的一个药房，在那里每杯售价 5 美分。"可口可乐"这个名称于 1893 年 1 月 31 日被正式注册为商标。很快，可口可乐在美国声名鹊起，到 1895 年，公司已经在芝加哥、达拉斯和洛杉矶建立了原浆厂。

20 世纪 20 年代，可口可乐开始致力于成为全球品牌，在许多新的地方都出现了可口可乐的标识，例如在加拿大狗拉的雪橇上，在西班牙斗牛竞技场的墙上等。生动有趣而又具有说服力的广告带给可口可乐一种全美国饮料的形象，加快了可口可乐成为全球品牌的步伐。可口可乐早期进入了当时受政府管制的市场，如 1978 年进入中国，1979 年进入苏联，这些都支持了可口可乐的全球品牌形象。到 1988 年，可口可乐被评为世界上最具知名度、最受尊敬的品牌。也许可口可乐最标准化的元素就是其产品形象，可口可乐在世界各地切实地保持了产品外观与包装的一致性（有些国家法律规定使用当地语言除外）。同时，公司强调品牌的相关性以及相对于竞争产品的正确定位。为了保持品牌的相关性，可口可乐在不同的市场选择不同的广告代理公司，力求使品牌适合本地特色。

1999 年，可口可乐新的全球营销口号是"本地化思考，本地化行动"——这与它过去的口号差别很大。之前的"全球化思考，本地化行动"意味着可口可乐回到根本，意味着它会雇用更多的本地员工并允许当地管理人员根据他们的区域进行策略调整。过于本地化的做法失去了一些目标市场，并且，有些本土化的广告并不完全符合可乐的形象，如意大利一群"裸泳者"在沙滩上奔跑的广告。公司用混合策略取代了"本地化思考，本地化行动"，各区域的管理者组成一个全球营销网络从可乐的亚特兰大总部获得指令，而各区域一级享有解释权。

2016 年，可口可乐宣布了一项统一的创意活动，名为"品味感觉"。该活动强调可口可乐是一种简单的快乐，可以使每天的每个时刻都变得特别。广告活动聚焦于消费者生活的真实时刻。同时，可口可乐拥有一个国际广告代理商网络，通过电视广告、数字广告、印刷品和购物者资料等各种方式在不同的本地市场对这一主题活动进行宣传。

今天，可口可乐在世界上 200 多个国家拥有 400 多个品牌，公司超过 3/4 的收入来自美国以外的地区。例如，可口可乐产品在亚洲地区拥有越来越多的消费群体。但是可口可乐公司依旧会在各地推出当地的产品品牌，比如在日本取得巨大成功的格鲁吉亚冰咖啡。事实上这一产品的销量在当地已经超过了可乐和其他新品，如绫鹰（Ayataka）绿茶。在印度，销量最好的可口可乐公司饮品是"Thums Up"——一种当地的可乐变种。在南美，可口可乐公司试行了一种名为"Coca-Cola Life"的新口味，该口味随后在阿根廷推出，并扩展到智利、英国和美国的一些直销店。有研究表明阿根廷人更关注环境，这也是对该研究结果的回应。Coca-Cola Life 品牌包含糖和甜叶菊的混合物，是一种装在可回收瓶中的低热量饮料。从推特的追随者数量、脸书的点赞数和 YouTube 的观看人数中可以看出，自推出以来，Coca-Cola Life 吸引了众多追随者。通过将本地品牌和全球品牌相结合，可口可乐在充分利用全球品牌和全球口味趋势的优势的同时，还可以利用传统品牌进入国内市场。

资料来源：Duane Stanford, "Africa: Coke's Last Frontier," *Bloomberg BusinessWeek*, October 28, 2010, https://www.bloomberg.com/news/articles/2010-10-28/africa-cokes-last-frontier, accessed November 25, 2018; Mehul Srivastava, "For India's Consumers, Pepsi Is the Real Thing," *Bloomberg BusinessWeek*, September 16, 2010, https://www.bloomberg.com/news/articles/2010-09-16/for-indias-consumers-pepsi-is-the-real-thing, accessed November 25, 2018; "Coke Profit Fails to Meet Expectations," *The New York Times*, April 20, 2010; "The Story of Coca-Cola," www.coca-cola.com; Betsy McKay, "Coca-Cola Restructuring

Effort Has Yet to Prove Effective, " *Asian Wall Street Journal*, March 2, 2001; Kate MacArthur, " Coke Commits $400M to Fix It, " *Advertising Age*, November 15, 2004; Theresa Howard, " Coca-Cola Hopes Taking New Path Leads to Success, " *USA Today*, March 6, 2001, 6B; Michael Flagg, " Coca-Cola Adopts Local-Drinks Strategy in Asia, " *The Wall Street Journal*, July 30, 2001; Dylan Kissane, " Four Tips for Marketing to Australians, " DOZ.com, January 27, 2016, https://www.doz .com/marketing-resources/tips-marketing-australian, accessed November 25, 2018; The Coca-Cola Company, " Coca-Cola Announces " One Brand " Global Marketing Approach, " January 19, 2016, https://www.coca-colacompany .com/press-center/press-releases/coca-cola-announces-one-brand-globalmarketing-approach, accessed November 25, 2018; Kristin Kovner, "6 Marketing Lessons Learned in Argentina, " Mashable, April 15, 2015, https://mashable. com/2015/04/15/marketing-argentina/#7MzggoonhOqf, accessed November 25, 2018; Yuri Kageyama, "Coca-Cola No. 1 in Japan with Drinks Galore, But Not Coke," December 1, 2016, https://japantoday.com/category/features/food/coca-cola-no-1-in-japan-with-drinks-galore-but-not-coke, accessed November 25, 2018; Kent Landers, " Coke VP on Assignment in Japan Gushes About Vending Variety," The Coca-Cola Co., September 17, 2014, https://www.coca-colacompany.com/stories/coke-vp-on-assignment-in-japangushes-about-vending-variety, accessed November 25, 2018; Campaign Asia, " Coke Tightens Grip on Drinks Market, " February 16, 2001, https://www.campaignasia.com/article/coke-tightens-grip-on-drinks-market/180665, accessed November 25, 2018; The Coca-Cola Co., "2012 Per Capita Consumption of Company Beverage Products, " www.coca-colacompany.com/cs/tccc-yir2012/pdf/2012-per-capita-consumption.pdf; Soni Satpathy-Singh, " A Big ' Thums Up ' to India's Beloved Cola: A Brief History and Recipe," April 1, 2016, www.india.com/food-2/a-big-thums-up-to-indiasbeloved-cola-a-brief-history-and-recipe-1058524/; Coca-Cola India, " Maaza Mango Juice, " www.coca-colaindia.com/our-products/product-listdescriptions/maaza/; Statista, " Annual Per Capita Consumption of Coca-Cola Company's Beverage Products from 1991 to 2012 (in servings of 8-fluid ounce beverages), " www.statista.com/statistics/271156/per-capita-consumptionof-soft-drinks-of-the-coca-cola-company-by-country/.

15.5 全球品牌在本地市场的定制化营销组合要素

许多品牌需要对营销组合的特定方面进行定制化，以更好地吸引本地市场的消费者。接下来回顾营销的四大要素——产品、定价、促销和分销策略方面的适应问题。

产品策略

许多公司在进入海外市场之初都遇到了困难，原因之一是它们不知不觉，甚至有意地忽视了消费者行为的差异。由于营销调研的费用昂贵，有时一些小市场的调研行业还不成熟，因此，许多公司都跳过了最基本的消费者调研这一步，而将产品直接摆上货架，然后再看效果怎么样。结果，直到问题出现后才认识到这些消费者的差异。为了更好地理解消费者偏好，避免犯这类错误，营销者需要在当地市场开展调研。例如，雀巢的 KitKat 调研并开发了 300 多种口味，其中的许多口味都是日本市场独有的。[34]

事实上，在许多情况下，营销调研显示，在某些国家不必有那么多的产品差异。例如，Palmolive 肥皂一度在全球销售，但它有 22 种香型、17 种包装、9 种形状和各种各样的产品定位。在做了全球营销分析后，公司获得很多利益。公司现在只使用 7 种香型、1 种核心包装设计和 3 种主要形状，而且这一切都围绕两个相关定位（一个是为发达国家制定的，一个是为发展中国家制定的）进行。[35]

从公司的角度看，平衡全球品牌和当地品牌一条显然的途径是，在某一品类的品牌组合中既有全球品牌，又有当地品牌。即使那些有成功全球品牌的公司也认为，标准化的国际营销方案只在某些时间、某些地点，对某些产品有效，而不能完全替代具有本地魅力的品牌和广告。[36] 因此，尽管发展趋势是全球化，但优秀的当地品牌还是有机会的。

促销策略

广告是世界上许多公司在营销传播领域所遇到的巨大挑战。虽然在不同国家品牌的定位也许相同，但在广告创意策略上也许要在某种程度上存在区别。不同的国家有不同的特点，它们所能接受的观念、风格等也不同。例如，在美国和英国，广告中的幽默比在德国更容易被人们接受。在欧洲国家如法国、意大利，人们更能接受在广告中出现的性感或裸露的画面。[37] 在印度，许多广告都是以家庭或"母子"为主题，因为家庭导向和归属感是印度集体主义文化的基础。例如，来自史克必成（Smithkline Beecham）的品牌Horilicks，在广告中使用"母子"关系来推动其促进儿童全面成长的主张（"更高大、更强壮、更聪明"）。[38]

随着社交媒体和数字营销的发展，公司应仔细评估使用在线媒体与消费者进行交流的这一选择。一个普遍的误解是，许多低收入消费者无法访问互联网。事实上，智能手机的普及已经让上网变得非常容易。例如，据世界银行报告称，至 2012 年，98% 的拉美人口可以使用蜂窝移动通信，并且大多数家庭都订阅了某种形式的移动服务计划。此外，秘鲁、墨西哥和厄瓜多尔等国家或地区的互联网信息亭、社区访问中心和多媒体通信亭也增加了居民对互联网的访问。[39]

卫星电视和有线电视的渗透，大大增加了传播媒体的可选择性。这样，可以很容易实现不同国家在同一时间播出某品牌的商业广告。美国的有线网络如 CNN，MTV，ESPN和 Cartoon Network，以及其他一些网络如英联邦国家的天空广播公司（Sky Broadcasting）和亚洲的星空卫视或 Zee TV 等，可以让广告到达世界的每一个角落。

每个国家有其独特的媒体机会和挑战。例如，当高露洁棕榄决定进一步渗透到印度6 300 万人口的农村市场时，它必须克服一个困难：印度的农民一半以上是文盲，仅 1/3的家庭有电视。最后，公司不得不通过开着带有视频的敞篷车奔走于乡间，以解决信息的传播问题。[40] 在美国以外的许多国家由于缺乏广告媒体，赞助活动已有很长的历史。现在，赞助活动更是在全球范围内展开。例如，FIFA 世界杯足球赛有众多杰出的合作伙伴和赞助商，其中包括阿迪达斯、可口可乐、现代、索尼和维萨等全球品牌。娱乐和体育赞助活动对于年轻人群非常有效。

分销策略

许多公司还面对着渠道的挑战，因为全球性的零售商尤其是超市和杂货商场少之又少。[41] 分销面临着许多挑战，特别是像消费者居住在城乡地区的非洲。为了应对分销这一挑战，英国早餐谷物品牌维他麦（Weetabix）在肯尼亚采用了独特的分销系统。它雇用一支销售队伍，销售人员骑着自行车向零售商店分发仅有两块饼干的小样。努力得到回报，维他麦在肯尼亚谷物市场占有 70% 的市场份额。[42] 同样，在东非，可口可乐已经建立了一个微型配送中心（MDC）网络，该网络可为成千上万道路连接不畅的小型农村直销店提供配送。MDC 所有者使用手推车将可口可乐产品运输到所在地区较小的农村商店。可口可乐公司表示，MDC 网络能够处理其在东非一些国家 80% 以上的分销，同时为 13 500人提供就业机会。[43]

定价策略

在制定全球定价策略时，第 5 章中介绍的价值定价策略仍然适用。也就是说，必须了解每个国家的消费者对品牌价值的感知是什么，他们是否愿意为此付钱，他们对价格变化的敏感度如何。这些因素的不同有时会导致不同的定价策略。例如，李维斯、喜力和巴黎水等品牌，在海外市场上的价格比国内市场高得多，因为在其他国家，这些品牌的形象截然不同（因而品牌资产也不同），消费者的感知价值往往会高一些。但是，要在不同国家之间制定差异很大的价格越来越困难。[44]国家间价格差异被拉平的压力越来越大，部分原因是随着合法进出口数量的增加，零售商和供应商通过"灰色进口"利用价格差异的能力越来越强。在不同的全球市场中，有三种不同的价格可供选择。第一种是创建一条国际"价格走廊"，以考虑国家间的内在差异以及拉平价格的压力。具体地说，"价格走廊"是由公司总部及其各国子公司通过综合各个国家的市场数据、价格弹性、由于价格差异而带来的进口、货币汇率、成本以及竞争和分销方面的数据计算出来的。各国不允许将价格设定在"走廊"之外。第二种是在高价格、高收入的国家和低价格、低收入的国家分别推出不同的品牌，这取决于标准化和定制化交易的相对成本。[45]第三，使用本地材料为当地市场开发全新产品是提供竞争产品的另一种方法。例如，为了向医院提供负担得起的产品，通用医疗（GE Healthcare）为新兴市场开发了一种便携式超声仪，该超声仪比现有产品便宜得多。[46]

15.6 发展中市场与发达市场中消费者的营销

或许在全球品牌营销环境中最大、最基本的差异在于是发展中的还是发达的。尽管相对于发达地区，一些市场例如中国，基础设施和资源仍然有限，但拥有较高的 GDP。因此，发展中市场与发达市场的界限越来越模糊。一些最重要的发展中市场被缩写为 BRICS（即巴西、俄罗斯、印度、中国和南美）。[47]关于新兴市场和发展中市场的消费者的一些有趣事实如下：

1. 新兴市场中 80% 的消费者是从大小不超过壁橱的小杂货店、小摊、售货亭和家庭杂货店购买产品。

2. 当收入和住房空间有限时，更小的包装和更低的售价至关重要。

3. 许多公司（如宝洁和联合利华）已经设计出更便宜、更巧妙的方法来生产满足消费者需求的产品。

4. 在智能手机普及率较高的情况下，移动和数字战略可能变得更加重要。

15.7 创建基于顾客的全球品牌资产的十大戒律

在设计和执行营销方案以创建强势全球品牌时，认识到全球营销方案优势的同时，也必须尽可能看到它的一些缺陷。[48]围绕"全球品牌营销的十大戒律"（见表 15-5），本节详尽探讨如何更好地创建全球品牌。

表 15 - 5　全球品牌营销的十大戒律

1. 理解全球品牌营销环境的异同点	6. 平衡标准化与定制化
2. 品牌创建无捷径	7. 平衡全球化与本土化
3. 建立营销基础设施	8. 制定可实施的品牌指导方针
4. 采用整合营销传播策略	9. 实施全球品牌资产评估系统
5. 建立品牌合作关系	10. 发挥品牌元素的杠杆作用

1. 理解全球品牌营销环境的异同点　首要而又最基本的，是要认识到全球市场的差异很大，主要表现在品牌发展、消费者行为、营销基础设施、竞争激烈程度以及法律法规等方面。每一个顶级全球品牌或公司在部分市场都会调整营销方案，而在另外一些市场上却使用同样的策略。优秀的全球品牌通常都会根据每一个国家或地区的竞争环境及消费者行为，在保证根本策略不变的情况下，调整营销因素组合中的某些要素。营销者还应抵制将单个洲或国家视为具有相似品味的统一市场的尝试。例如，拉丁美洲由许多特定国家和地区差异组成。麦当劳、可口可乐和彪马等许多公司已经意识到在拉丁美洲市场上开展本土化和区域化活动的益处。[49]

2. 品牌创建无捷径　关于创建基于顾客的全球品牌资产，在本书第 Ⅱ 篇中已经讨论的一些基本策略在这里仍然有效。特别是要在每一个市场为每一个品牌建立品牌认知和正面的品牌形象，这意味着国别不同，或者品牌资产来源自身可能具有较大的差异。因此，在每一个国家建立足够的品牌认知和强有力的、偏好的、独特的品牌联想，对于找到品牌资产的来源至关重要。德国大众公司一直努力试图在美国市场获得一个强大的立足点，因为它不大愿意为了美国的买家修改设计，这与其在亚洲的一些主要竞争对手的理念并不相同。有行业分析家指出，尽管大众公司有着争夺全球汽车霸主地位的雄心壮志，但"它需要花更多的时间来了解美国的消费者"。[50]

在新市场建立品牌需要从基础工作做起，无论在战略上还是战术上都是如此。战略上，在建立品牌形象以前必须集中精力建立品牌认知；战术上或者说操作层面上，要决定如何在新的市场上建立最优的品牌资产来源。也就是说，在一个市场上建立品牌的方式和手段（包括分销、传播和定价策略等）在另一个市场上不一定合适，即便两个市场有望建立同样的品牌形象。当品牌处于发展的初级阶段时，与其改变品牌或广告以适应当地偏好，不如尽量去影响消费者行为，以符合品牌的使用习惯。品牌的发展通常伴随着对消费者进行教育和引导。

无捷径可循的原则意味着：当品牌发展可能后退或者需要制定大量远离最初市场的营销方案和活动时，要有耐心。然而，企业也许忘了在本国市场，是通过几十年不断强化与顾客之间的关系，才建立了品牌的基础。尽管在新市场创建品牌的周期可以缩短，但仍需假以时日。

最大的诱惑或者说经常犯的错误是，直接将其他市场的营销方案运用于新市场，因为这似是有效。即便有时这样做可能成功，这仍然不是建立强大的、持久的全球品牌资产的正确方法。成功的关键是理解消费者，想消费者所想，确认消费者对品牌的评价，从而根据消费者的偏好调整营销计划。

3. 建立营销基础设施　许多全球品牌成功的关键原因是，它们在生产、分销和物流方面具有优势。这些公司自一开始就建立了适当的营销基础设施，并且在其他国家充分发挥了现有基础设施的作用。我们曾经提到不同渠道在其发展的不同阶段，表现会差异很大。在中国，连锁商店所占比例达到 50%，在俄罗斯这一数字是 40%，而在印度只有 15%。[51] 由于担心欧洲零售店的制冷设备较差，哈根达斯最终向这些零售店免费提供成千上万台制冷设备。[52]

许多公司竭尽全力希望保证各个市场间产品质量的一致。麦当劳超过 90% 的原材料来自当地供应商，如果当地不能供应，公司还要进行投资以保证原材料的必要来源。例如，由于炸薯条是麦当劳的核心产品和关键的品牌资产来源，所以麦当劳在俄罗斯投资以改善土豆种植农场便成为常见的做法。在很多情况下，公司为了在国外市场获得成功，不得不调整生产和分销渠道，包括向国外合作伙伴投资。例如，20 世纪 90 年代，通用汽车公司在巴西获得成功，部分原因是采取了精细化生产工艺，制定了正确的经销商策略并建立了适当的营销基础设施。[53]

4. 采用整合营销传播策略　许多全球顶级公司都制定了全面的整合营销传播方案。由于国外市场没有美国那样强大、高度发达的传媒市场，不可能有同样的广告机会，因此，在那些市场的美国营销者不得不借助于其他传播方式，如赞助、促销、公共关系、销售现场活动等。

为了使 Vermont 品牌更本土化，本杰瑞在英国举办了一场比赛来制造一种"英国典型的冰淇淋口味"。进入决赛的口味名称涉及英国所有的文化领域，包括皇室（如 Cream Victoria 和 Queen Yum Mum）、摇滚乐（如 John Lemon 和 Ruby Chewsday）、文学（如 Grape Expectations 和 Agatha Crispie）和苏格兰传统（如 Nessie's Nectar 和 Choc Ness Monster）。其他名称还有 Minty Python，Cashew Grant 和 James Bomb。最终的获胜者是 Cool Britannia，它源于一幕戏剧——英国的军事赞美诗" Rule Britannia"。这种冰淇淋由香草冰淇淋、英国草莓和苏格兰巧克力脆皮饼制成。[54]

跨国公司可以利用整合营销传播方法来满足多语种人群的需求。例如，许多西班牙裔美国家庭会说西班牙语和英语。虽然通过单个广告吸引多个族裔和文化身份存在潜在的陷阱，但这种方法也可以产生丰厚的回报。在品牌备忘 15 - 2 中，我们介绍了使用双语传播对处在二元文化下的消费者进行营销的一些研究，这也凸显了整合营销传播方法的重要性。

品牌备忘 15-2

用双语广告与二元文化下的消费者进行沟通

玛丽亚·佩雷斯（Maria Perez）与她的丈夫以及两个不到 2 岁的孩子住在纽约。玛丽亚和丈夫米格尔（Miguel）说着流利的西班牙语，他们都是十几岁时从墨西哥来到美国生活。他们观看西班牙语电视网络 Univision，并通过脸书与在墨西哥的大家庭保持联系。像玛丽亚和米格尔这样的多元文化消费群体很大，占美国人口的近 40%。在全球范围内，有近 2.32 亿人居住在本国以外的地方。这些人口的存在对公司构成了独特的挑战。

在决定如何向多元文化型的消费者做广告时，首先要考虑的是，这些具有族裔差异的消费者可能处于被同化为宿主文化的不同阶段，这意味着他们对二元文化营销活动的接受程度不同。二元文化的人对自己的本土文化和宿主文化一视同仁，双语广告是混合着母语单词的广告。在某些情况下，双语广告可能会对二元文化人群产生额外的吸引力。

然而，需要特别注意的是，双语广告仅在与恰当类型的品牌或不具有很强的单一文化内涵的品牌相匹配时才有效。例如，麦当劳和可口可乐是美国身份的强文化象征。当人们看到麦当劳和可口可乐时，就会想起"美国人"的含义。相反，Coors Brewing 和 GAP 服装在文化象征意义上是中立的。研究发现，居住在美国的二元文化人群对广告的反应有着鲜明的差别。当双语广告中的品牌具有较高文化象征意义时，在这些消费者中表现平平；而当广告与具有较少文化象征意义的品牌搭配使用时，会受到消费者的欢迎。

从本质上讲，向二元文化受众进行营销就是在吸引两种身份，确保品牌与双语或多元文化广告主题相关联是非常重要的。同样重要的是要设计一种整合传播方法，在包括传统广告、赞助、促销以及在线数字和社交媒体广告在内的一系列营销活动中融入双语和多元文化主题。

资料来源："Number of International Migrants Rises Above 23 Million, UN Reports," *UN News*, September 11, 2013, www.un.org/appsnewsstory .aspNewsID=45819#.VeRmS5eYFSN; Umut Kubat and Vanitha Swaminathan, "Crossing the Cultural Divide through Bilingual Advertising: The Moderating Role of Brand Cultural Symbolism," *International Journal of Research in Marketing* 32, no. 4 (2015): 354-362.

---

5. 建立品牌合作关系　在国际市场上，绝大部分全球品牌都以某种形式建立了营销合作关系，如合资伙伴、特许经营者、经销商、代理商以及其他营销支持人员等。巴怀斯（Barwise）和罗伯逊（Robertson）认为通过下列三种方法可以进入一个新的全球市场[55]：

- 将公司现有产品出口到新的市场（如引入一种"地理延伸"）；
- 收购新市场的现有品牌，品牌不再由对方公司拥有；
- 与其他公司建立某种形式的品牌联盟（如合资公司、合伙公司或特许经营协议）。

如何在这些进入战略中进行选择，在一定程度上依赖于公司的资源和目标与每种战略的成本、利润之间的匹配关系。例如，宝洁公司通常愿意进入在品类上具有优势（如尿不湿、清洁剂和卫生巾等）的新市场，建立起营销基础设施，然后再向新市场引入其他品类的产品，如个人护理和卫生保健产品。喜力公司的战略则有所不同：首先通过出口到新市场，建立品牌认知和品牌形象。如果市场反应较好，公司将通过授权当地啤酒商生产喜力牌啤酒，以扩大品牌的市场占有率；如果这一步也成功了，公司将在当地建立合资公司。通过这种方式，喜力公司将其高端定位品牌与当地品牌相结合，以获得理想的销售额。[56] 现在，该公司已经是世界上第三大生产量的啤酒酿造商，并在 170 多个国家销售250 多个品牌的产品，随着其酿造业务遍布约 70 多个国家并对全世界进行出口，如今喜力已经是世界上最具国际性的酿酒集团。[57]

建立品牌合作伙伴关系的一个普遍原因是为了获得分销渠道。星巴克通过与印度企业集团 Tata 建立合资公司以进入印度市场。Tata Starbucks Ltd. 是一家 50∶50 的合资企业，由 Tata Global Beverages 和 Starbucks Corporation 共同拥有。通过建立合资企业，它们共同拥有和运营星巴克在印度的门店。这就是星巴克如何在本地合伙人（Tata）的帮助下，利用其广泛的分销和知识进入印度市场的一个例子。[58]

还可以利用合伙人的品牌资产和品牌联想来建立在外国市场的品牌形象。例如，安德玛（Under Armour）取代彪马向托特纳姆热刺（Tottenam Hotspur）（一家位于伦敦北部的著名专业足球俱乐部）供应鞋类和设备。这是安德玛于 2012 年推出的一项五年计划，成功帮助企业迅速获得品牌再认。

有些国家的法律规定外资公司必须与当地公司合作，这种情况在中东国家较为常见，或者当进入特定的市场时必须与当地公司合作，如印度的保险和电信市场。在另外一些情况下，建立合资公司是一种通用的进入战略，它被认为是进入复杂的海外市场最迅速、最便捷的方式。合资公司在日本非常普遍。日本错综复杂的分销系统、与供应商之间千丝万缕的联系以及政府与公司的密切合作关系，一直以来都使外国公司乐于与当地知名公司建立合作关系。[59] 有时候，进入战略还涉及兼并。

正如这些例子所示，不同的公司、同一家公司对不同的市场都会采用不同的进入战略。这些进入方式随着时间的推移也在不断演进。

6. 平衡标准化与定制化 就像在前面详细探讨过的，全球营销环境存在的异同点表明，在营销方案中需要综合考虑本土化因素和全球化因素。当然，其中的挑战是在本土化和全球化之间取得恰当的平衡——也就是决定哪些因素需要标准化，哪些因素需要定制化，或者需要调整。

更倾向于标准化营销的主要原因包括：

- 共同的消费者需求；
- 全球的消费者和渠道；
- 有利的贸易政策和共同规定；
- 兼容的技术标准；
- 可转移的营销技术。

有哪些产品种类在标准化的全球营销中容易销售呢？下列产品和品牌常被视为比较适于实施相同的全球战略：

- 具有强大功能形象的高科技产品，如电脑、手表、照相机、汽车。
- 具有"潮流、财富或地位"强势联想的高形象产品，如化妆品、服装、珠宝、名酒等。
- 全球营销活动中强调公司形象的服务业和 B2B 产品，如航空公司和银行。
- 向上层人士出售商品的零售商，或意在满足那些显而易见但未得到满足的需求的零售商。例如，玩具反斗城以消费者可接受的价格出售各类玩具，它改造了欧洲市场，使欧洲人认为并非只有在圣诞节才可以给孩子买玩具，而是一年内的任何时候都可以，这迫使竞争对手不得不降低价格。[60]
- 主要以原产地为基础进行定位的品牌，如澳大利亚的 Foster 啤酒，它在美国进行了多年"如何讲澳大利亚语"的广告活动。
- 不需要定制化的产品，或者其他功能正常的特殊产品。ITT 公司发现可以独立使用的产品在世界各地销售都很容易，如心脏起搏器；需要整合使用的产品则不然，如电信设备必须与当地电话系统的功能相匹配。[61]

7. 平衡全球化与本土化 在全球市场上创建品牌资产需要谨慎的设计和执行过程。开展全球市场营销的关键是，为全球品牌管理选择合适的组织结构。一般而言，全球营销的组织设计主要有三种方法：

- 由母国公司或总部实行集权式管理；
- 由海外的当地机构进行分权式决策；
- 中央集权化和区域授权的结合。

一般而言，公司会选择中央集权化和区域授权相结合的方式，以较好地达到本土适应性和全球标准化之间的平衡。[62] 在组织上，金佰利（Kimberly-Clark）创建了促进跨地区信息共享的机制。具体做法是，创建一个全球营销网站，该网站提供不同地区组织最佳实践的信息。此外，它还建立全球营销大学，汇集来自各个地区的高管，这一做法加强了知识和最佳实践信息的共享。总体方法就是在为子公司提供自治权的同时，利用集权来增强品牌一致性。

雷克萨斯（Lexus）与金佰利的做法类似，也全面改革了全球营销方法。[63] 其 NX 紧凑型跨界车和 RC 运动型双门跑车的推出采用了新的全球统一方法。以前，每个国家 / 地区的广告和品牌信息是单独设计的。但是，NX 和 RC 推出时的品牌定位则是由全球营销人员共同开发的，以确保主题和信息的一致性。共享的策略和创造性的执行方式还提高了效率。尽管在 2014 年初落后于宝马和梅赛德斯，但 2014 年其在美国的销售业绩增长19%，超过了这些竞争对手。

一些类似于通用电气、英特尔和阿斯特拉 – 捷利康的公司已经开始在一个国家运用一种 T 形组织，这种组织将面向用户的操作尽量本地化，以便能够在拥有相同后端活动（如制造、研究）的不同国家进行更快捷、更详细的营销行动。[64] 在决定对哪些国家进行哪方面的元素调整时，成本和收益是主要的考虑因素。

许多全球化公司都将市场大概分为五个区域，如欧洲、亚洲、拉丁美洲、北美洲和非洲 / 中东。关键是要在全球化和本土化的控制之间取得平衡。以可口可乐为例，应区别出两种不同的本地营销活动：一种营销活动会稀释品牌资产；另一种则并非像预期的那样有效。公司总部会决定停止前一种，而将后一种营销活动交由地方经理，并令其对成败负责。同样，李维斯采用"温度计"模型来平衡全球市场和本土市场的控制力。那些低于"冰点"的营销元素是固定的："品牌灵魂"（类似于品牌真言或口号）和标识在全球是标准化的。高于"冰点"的元素，如产品质量、价格、广告、分销渠道和促销等比较随意，各地区可以根据全球化的营销战略，结合自己的实际选择营销组合元素。

8. 制定可实施的品牌指导方针 必须建立、传播并妥善执行品牌概念和品牌指导方针，以便于不同区域的营销者清楚该做什么、不该做什么。其目的在于使组织的所有成员能理解品牌的含义，并能将它转化为满足当地顾客需求的实际行动。品牌概念和传播通常围绕两个方面的问题：第一，必须在文件（如品牌宪章或全球品牌定位声明文件）中详细界定品牌是什么、不是什么；第二，产品线应该且只能反映出与品牌概念相一致的产品。

迪士尼是一个从品牌概念中制定产品策略的例子，所有去过迪士尼乐园的人都能看到迪士尼的品牌真言——"有趣的家庭娱乐"（见品牌备忘 2 - 3）。为了制定全球的方针政策，迪士尼的营销团队要与消费者产品生产部门共同工作数月，以此来保证所有可能的产品都能归属于三个类别：

● 不需许可就能经营的（如 T 恤）；

● 不被准许经营的（如卫生纸）；

● 需要总部批准生效的（大约 20 个品类，如空气清新剂）。

最后，要使这些原则发挥作用，还必须具备有效的沟通体系。可口可乐公司强调人的重要性，因为只有人才能与亚特兰大总部进行和谐的沟通，从而有效地管理品牌。为了增强协调性，总部需要开展各种培训，先进的电子邮件系统和电子会议系统，以及投入使用全球数据库。集成式信息系统的目的在于：加强区域经理进入任何一个"相关"市场的能力，并能与总部保持良好的沟通。

9. 实施全球品牌资产评估系统 正如第 9 章所指出的，全球品牌资产评估系统将会是一系列的研究过程，这些过程被设计用来为品牌营销者提供及时、准确并可以作为依据的信息。这样，品牌营销者就可以制定适应所有相关市场的最优短期可行战术和长期战略决策。正如前面全球品牌管理所言，作为该系统的一部分，全球品牌资产管理系统需要在全球化情境下定义品牌资产，阐述如何解释品牌定位，以及不同市场中的营销方案。[65] 随着全球性品牌战略模块的实施，品牌追踪可以用来评估正在进行的过程，特别是建立理想的品牌定位、引发合适的品牌响应并增加品牌共鸣。

10. 发挥品牌元素的杠杆作用　恰当地设计和应用品牌元素（如品牌名称和所有与商标相关的品牌标识），对于成功创建全球品牌资产通常是至关重要的。如表15-2所示，许多品牌由于在名称、包装设计、口号或其他品牌元素方面引入另一种文化时出现困难，而在进入市场中遇到阻力。一般来说，非语言的品牌元素，比如标识、符号和字符等，相对于需要融入另一种文化的语言性品牌元素来说，只要它们的含义看起来清晰，就能够比较容易地进行直接有效的转移。然而，非语言的品牌元素更有利于创建品牌认知，而不是品牌形象。品牌形象的创建需要更清晰的含义和更直接的表述。如果一个品牌元素的含义非常清晰，那么这样的含义就是全球品牌资产非常宝贵的价值源泉。即使是品牌网站也可能是品牌资产的重要来源，可以标准化网站的某些方面，多样化另一些方面。因此，网站也是管理面向全球市场的品牌的重要考虑因素。

········| **本章回顾** |········

营销者拟定和实施全球品牌战略，越来越迫在眉睫。全球化营销的优点有：生产和分销的规模经济、低廉的营销成本、实力和范围的扩大、品牌形象的一致性、迅速高效执行良好理念的能力、营销实践的统一性，以及由此获得的更大的竞争力。通常，营销活动标准化程度越高，公司在实践中就越能获得这些不同的优势。

但同时，标准化全球营销的主要缺点是：它可能会忽略国与国之间在消费者需求、欲望和产品使用方法上的差异，忽视消费者对营销组合各因素反应的不同，忽视产品开发和竞争环境的不同，忽视法律环境、营销规则和行政程序的不同。

在制定全球营销方案时，营销者希望尽可能获得优点，而尽量避开缺陷。建立基于顾客的全球品牌资产，意味着在该品牌出售的每个国家创建品牌知名度和正面的品牌形象。

越来越多的情况是，营销者将全球化目标与本土化或区域性问题结合起来。在不同国家创建品牌资产的方式不尽相同，或者就具体属性和利益联想而言，品牌资产自身的实际来源在不同国家有所差异。然而，品牌认知必须达到足够的水平，在出售该品牌的每个国家都要具有强有力的、偏好的、独特的品牌联想，才能具备品牌资产的源泉。

如今全球市场上最显著的差异表现在发达市场和发展中市场——或者说新兴市场。由于相较于发达市场而言，在发展中市场中的消费者收入低，消费行为也有所差异，营销者必须从根本上重新审视营销方案。

通常来说，在进入任何一个新市场的时候，都有必要识别消费者行为的差异（如消费者如何购买和使用产品，他们对品牌的了解和感觉如何），并据此调整品牌战略的方案（如通过选择品牌元素、营销支持方案的性质和利用品牌次级联想）。

表15-6列出了"建立全球品牌的十条戒律的自我评价"，以及一系列有助于有效进行全球品牌管理的问题。

表 15 - 6　建立全球品牌的十条戒律的自我评价

---

1. 理解全球品牌营销环境的异同点。
   - 是否已经尽可能地找出不同市场之间的共同点?
   - 是否已经识别出各个不同市场的独特性?
   - 是否已经检验了营销环境的方方面面(如品牌发展所处的阶段、消费者行为、营销基础设施、竞争行为以及法律约束等)?
   - 是否已经以最小的成本和品牌建设方式来协调这些异同点?
2. 品牌创建无捷径。
   - 战略方面,在塑造品牌形象之前,是否首先通过创建品牌认知的方式确保自下而上地创建品牌?
   - 战术方面,是否针对每一个特定的战略目标确定适当的营销方案和活动,以确保自下而上地创建品牌?
3. 建立营销基础设施。
   - 是否从一开始就建立了必要的生产、分销和物流等方面的营销基础设施?
   - 是否对他国营销基础设施进行了适应性调整和利用?
4. 采取整合营销传播策略。
   - 是否考虑过那些超越传统广告、非传统形式的传播方式?
   - 是否确保对每一市场的所有传播方式进行了整合,并保证所有传播方式与品牌的预期定位及传统相一致?
5. 培育品牌合作关系。
   - 是否已经与全球性和地区性的合作伙伴建立了合作关系,以改进营销方案中可能存在的不足?
   - 是否可以确保所有合作伙伴都会信守品牌承诺,且不会以任何方式损害品牌资产?
6. 平衡标准化与定制化。
   - 是否谨慎地保留所有市场中相关联且能增加品牌价值的营销元素?
   - 是否尽力寻找本土化适应性调整及增加方案,以补充和完善全球化营销元素,从而在当地市场获得更大的吸引力?
7. 平衡全球化与本土化。
   - 是否已制定所有全球经理必须遵守的管理方针?
   - 是否已经仔细地描述了区域经理在制定决策时所具有的判断力和自主权?
8. 制定可实施的品牌方针。
   - 是否清晰、简练地以文件形式说明了全球营销人员使用的品牌管理方针?
   - 是否在总部和区域性营销组织之间建立了无缝沟通方法?
9. 实施全球品牌资产评估系统。
   - 是否在适当时机对海外市场进行了品牌审计?
   - 是否设计了品牌追踪系统为相关市场提供及时、准确和可行的品牌信息?
   - 是否建立了具备品牌资产宪章、品牌资产报告和品牌资产监督的全球品牌资产管理系统?
10. 发挥品牌元素的杠杆作用。
    - 是否检查了全球化市场中品牌元素的相关性?
    - 是否已经建立了可以在不同市场之间相互传递的可视化品牌标识?

········ | **问题讨论** | ········

1. 选择一个品类。不同的领先品牌是如何针对不同的地理人口进行市场细分的?品牌是如何通过广告针对不同族裔群体进行营销的?
2. 选择一个在一个以上国家销售的品牌,评估该品牌标准化和定制化营销的程度。(注:

Interbrand 进行的年度全球品牌调查是确定全球品牌的绝佳资源，可通过 www.interbrand.com 访问。）

3. 选择一个品类。分析市场领导者在不同国家的战略。它们有哪些异同点？

4. 消费者在不同的市场使用社交媒体和数字营销渠道有哪些不同？品牌经理如何利用这些信息来改善不同全球市场中的品牌知名度？

品牌专题 15.0

中国的全球品牌雄心

成长于本国

中国以 13 亿人口位居全球人口数量之首，1978 年实行改革开放政策，2001 年中国加入世界贸易组织。改革开放以来，中国的工业增长迅速，现已成为世界第二大经济体、制造业巨人，2016 年，中国实现贸易盈余 410 亿美元。[66]

中国制造业有一连串令人惊愕的数据：中国制造业占全球制造业 25%；此外，中国还生产了全球约 80% 的空调、70% 的手机和 60% 的鞋。[67] 中国具有制造优势的主要原因是有大量的廉价劳动力。最近，由于劳动力短缺，一直在努力提高工资。在中国最低工资最高的金融中心上海，每月工资从 2010 年的 1 120 元人民币增长到 2016 年的 2 190 元人民币（327 美元）。[68] 下面分析现代中国的成就与难点。

消费一族日益庞大

毫无疑问，中国发展为全球经济大国，能使大多数民众富裕起来。中国拥有世界最多的亿万富翁，百万富翁也有将近 400 万。[69] 随着这些新兴富人对新生消费兴趣的日益显现，为国外的奢侈品制造商带来了巨大商机。随着中国中产阶层的迅速扩展，中国在全球奢侈品消费量中所占的比重将从 2001 年的 1% 上升至预计中的 2015 年的 20%，使得中国成为世界上最大的奢侈品市场。[70] 粗略估计这些奢侈品一半直接在中国内地购得，一半来自海外市场。[71] 此外，中国的独生子女（被称为"小皇帝"）人口众多，由于多数受父母宠爱，也将拉动未来中国奢侈品的消费需求。[72]

奢侈品牌纷纷涌向中国，试图分一杯羹。欧莱雅收购了中国市场最流行的化妆品品牌羽西和二线品牌小护士，而小护士拥有令人羡慕的 25 万个商店的分销网络。欧莱雅还在上海浦东投资建设 32 000 平方英尺的实验室，用以研发针对中国市场的产品，包括含有当地成分（如银杏叶和人参）的产品。欧莱雅在中国市场面临最大的挑战之一就是，教育消费者不同化妆品所包含的产品利益。"在其他国家，女人是从母亲那里学会如何使用化妆品，"欧莱雅中国区总裁保罗·加思帕里尼（Paolo Gasparrini）说，"但是在中国，情况并非如此，我们必须充当母亲的角色。"尽管如此，欧莱雅的销售额仍在过去的 11 年中每年以两位数的百分比增长，截至 2015 年，其年销售额已经达到 23 亿美元。[73] 欧莱雅还有效利用数字营销策略来促进其销售。大多数中国消费者使用手机来搜索信息（80% 的百度搜索是在移动设备上进行的）、购买产品甚至订餐。欧莱雅利用这一点，创建了一个名为 Makeup Genius（https：//youtu.be/iSdU9jmscBg）的独特应用程序，在该应用程序中，女性可以看到自己脸上试用化妆品后的效果，还可通过品牌网店订购产品。[74]

然而，事实是，幸运的少数人的财富获得了几何级数的增长，大多数城市居民，尤其是农村人口仍然落后。农村劳动力的收入只有城市工人平均薪资的一半，仅够供其子女上学。因此，大量中国农民工进入城市寻找高收入的工作，这使城市变得拥挤并导致更高的失业率。到 2016 年，预计中国人口的 55% 将居住在城市，将加剧这些问题。[75] 尽管对富裕群体有这些担心，中国的消费阶层对于外资品牌仍然具有强大的吸引力。

目前，已经有大量的外资品牌进入中国市场。美国最受欢迎的品牌包括通用汽车，例如雪佛兰、别克和凯迪拉克。上海汽车工业集团公司所拥有的 GE 中国占据中国市场份额的 15%，在中国销售了 360 万辆汽车。[76] 另一个在中国占据主导的外资品牌是苹果，其平板电脑品类的市场份额为 83%。星巴克在中国目前拥有 2 300 家门店，预计到 2020 年将增加到 5 000 多家。用星巴克前首席执行官兼董事长霍华德·舒尔茨的话来说，"毫无疑问，中国将超过美国"。[77] 下面重点介绍一个中国品牌——联想的实力。联想积极有效地与外资品牌竞争，并击败了国外竞争者。

中国品牌——联想

如果你去参观北京的电子产品交易中心中关村，你将会发现联想门店随处可见。不过这也不足为奇（在这个电子产品售卖区拥有 100 多家店），毕竟联想是中国第一大个人电脑销售商，拥有超过 15 000 家商店的网络，27 000 名国际劳动力（2017 年有 4 000 名全球工程师），10 个国际实验室以及遍布全球 160 个国家/地区的业务。在世界范围内，联想还是最大的个人电脑生产商，占据世界将近 19% 的市场份额。最近，它在韩国、中国台湾、泰国和印度等对游戏有大量需求的国家推出了游戏笔记本电脑（称为 Legion）。除了个人电脑、笔记本电脑（ThinkPad）和摩托罗拉智能手机，联想还有 VR 耳机和联想智能音箱等一系列产品。联想智能音箱是新产品线智慧家庭的一部分。总体上看，联想的产品组合表现出愿意保持在个人电脑和其他电子产品方面的领导者地位。

1984 年，联想的创立者柳传志成立了中国科学院计算机技术研究所北京计算机新技术发展公司，并与 AST 建立了合作伙伴关系。该公司于 1990 年进行重组，到 1997 年，联想成为中国销量最大的个人电脑制造商。2005 年，联想以 17.5 亿美元的价格收购了 IBM 的个人电脑业务，这一收购使柳传志成为全国英雄。决策速度，复盘能力，或者着眼于检查每项战略举措以求改进是其成功的关键。它还对如戴尔和惠普这样的竞争对手的每项战略举措进行研究以提高成功率。联想的全球方法包括召集来自各国的前 100 名高管开会。

广告活动围绕"为了行动派"的口号而构建，并且将计算机作为"行动的机器"，使人们能够以不同的方式使用。不同市场的广告主题相同，但具体的执行方式不同。日本的广告活动将笔记本电脑变成了日本的火车站。而在印度尼西亚，广告牌上贴有"行动派"可以使用的联想品牌攀岩墙。

总体而言，联想在谨慎对待全球市场的过程中，为产品确定了合适的市场，并结合本地执行情况部署其全球广告策略。这种"防守和进攻"的方法不仅产生了丰厚的回报，并很有可能保障联想的未来。

资料来源：http://economictimes.indiatimes.com/magazines/panache/motorola; Gartner, Inc., "Gartner Says Worldwide PC Shipments Declined 9.6 Percent in First Quarter of 2016," April 11, 2016, www.gartner.com/newsroom/id/3280626; Patrick Moorhead, "Lenovo Enters the Smart Home, Gets Aggressive in Gaming, AR and Premium X1 Line at CES 2017," *Forbes Magazine*, January 3, 2017, www.forbes.com/sites/patrickmoorhead/2017/01/03/lenovo-enters-the-smart-home-gets-aggressive-in-gaming-ar-and-premiumx1-line-at-ces2017/#6f93f23c2471; Chuck Salter, "Protect and Attack: Lenovo's New Strategy," *Fast Company*, November 22, 2011, Issue 161, pp. 116-155, https://www.fastcompany.com/1793529/protect-and-attacklenovos-new-strategy, accessed November 25, 2018.

第VI篇

展望

第 16 章 进一步的探索

-------- | 第 16 章 | --------

进一步的探索

学习目标

» 理解未来的品牌戒律。

» 描述品牌管理中的七大致命错误。

　　在一些工具的帮助下，战略品牌管理是一个深思熟虑、精心实施的过程。

·········|　**本章提要**　|·········

最后一章将对战略品牌管理作进一步的专门探讨和论述。首先简要回顾基于顾客的品牌资产的框架。然后，重点总结前几章展开讨论的品牌管理准则及要旨。为实现这一目标，将利用一些工具来帮助品牌经理了解各个主要的品牌维度并以此评价自己的品牌。这一章将以品牌营销的未来作为结束语。品牌专题 16.0 聚焦于品牌在不同领域的应用。

16.1　战略品牌管理准则

基于顾客的品牌资产框架的总结

战略品牌管理（strategic brand management）包括设计和执行营销方案、活动，以创建、评估和管理品牌资产。在回顾战略品牌管理的一些准则之前，有必要先简单总结一下——也是最后一次——基于顾客的品牌资产框架。

该框架的理论基础在于，要认识到顾客在创建和管理品牌资产中的重要性。正如一位高级营销主管所说："品牌掌握在消费者手中，你的品牌是经过消费者认可才建立起来的。"根据这种观点，本书第 2 章把基于顾客的品牌资产定义为：消费者品牌知识对于该品牌营销活动与没有标明品牌的产品相比的差异化反应——比如，该产品只有一个虚假的品牌或根本没有品牌，顾客更倾向于标明品牌的产品，并会对它的市场营销作出更积极的反应。

基于顾客的品牌资产的基石是，品牌的力量存在于顾客心中，是顾客随着时间的推移对该品牌的感受和认知。在第 2 章中对品牌知识有一种更规范的描述，即品牌知识是一种关联网络记忆模型，正如一个由许多节点连接的网络一样，品牌是该记忆网络上的一个节点，并有各种不同类型潜在的联想与之连接。正如图 16-1 所总结的，品牌知识包括两个方面：品牌认知和品牌形象。

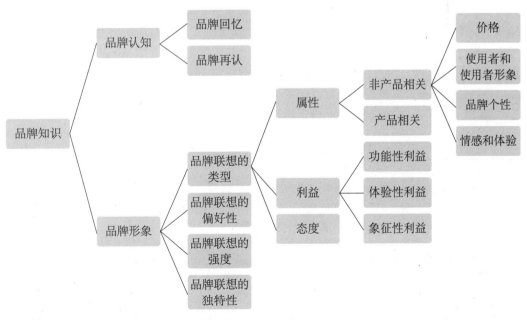

图 16-1　品牌知识总结

品牌认知是记忆中品牌节点或线索的强度，反映了消费者在不同条件下对某品牌回忆或认知的能力。品牌认知具有深度和广度：品牌认知的深度是指该品牌被回忆起来的可能性的大小；品牌认知的广度是指想起该品牌时能联系起来的购买或消费情境的多少。

品牌形象是指消费者对品牌的感知和偏好，由消费者记忆中品牌联想的不同类型来衡量。尽管品牌联想具有多种形式，但总体上可以分为与性能相关（或产品相关）及与形象相关（或非产品相关）的利益和属性两大方面。一种针对利益的有用的区分方式是将其分为功能性的（产品内在优势）、象征性的（产品外在优势）和体验性的（产品的消费优势）利益。这些属性和利益关系有的较为理性而易于认知，有的则更为情绪化。

品牌资产的来源　当顾客对某个品牌具有较高水平的认知和了解，并在记忆中存在强有力的、偏好的、独特的品牌联想时，基于顾客的品牌资产就随之产生。在某些情况下，仅有品牌认知就已足够引起顾客的良好反应，比如在低介入度的购买决策中，由于消费者在这种情况下缺乏购买的动机或辨识能力，便会仅仅选购自己熟悉的品牌。在另一些情况下，品牌联想的强度、偏好性及独特性，则在构成品牌资产的差异化反应中对决策起着关键作用。品牌联想的这三个维度由以下因素决定。

1. 强度。品牌联想的强度是初始接收信息大小、数量与信息加工性质、质量的函数。某人对一个品牌信息思考得越深而且更多地与现有品牌知识相关联，由此而产生的品牌联想的强度就越大。有助于增强品牌联想强度的两个因素是：信息与个人的相关性、信息的一致性。

2. 偏好性。偏好的品牌联想是那些满足消费者需求，并能成功地通过产品和营销活动传递给消费者的品牌联想。品牌联想可直接与一种产品相关，也可与无形的、非产品因素（如用途或使用者形象）相关。但并非所有的品牌联想都被消费者认为是有效的和喜爱的。在不同的购买或消费环境下，不能对所有的品牌联想同等评价。

3. 独特性。最后，要想建立基于顾客的品牌资产的差异化反应，就必须将该品牌与独特的、有意义的差异点联系在一起，从而形成竞争优势，并为顾客提供购买的理由。然而，对另外一些品牌联想而言，在偏好度方面也许与竞争者的品牌联想旗鼓相当即可。这些品牌联想可以充当顾客心智中建立品类成员的共同点，并能抵消竞争者的潜在差异点。换言之，这些品牌联想可以告诉顾客"没有理由不选择"这个品牌。

表16-1总结了建立理想的品牌知识结构的一些概念性准则。

表16-1　理想的品牌知识结构的决定因素

1. 品牌认知的深度：取决于品牌是否容易再认和回忆。
2. 品牌认知的广度：取决于所能记起该品牌的购买或消费情境的多少。
3. 品牌联想的强度：取决于是否在任何地点、任何时间都能向消费者传递一致性信息的营销方案。
4. 品牌联想的偏好性：取决于是否有能高效传递顾客期望的产品相关和非产品相关利益的营销方案。
5. 品牌联想的独特性：强有力的、偏好的、独特的品牌联想能使品牌与众不同。然而，非独特的品牌联想能形成具有价值的共同点，从而创建必要的品类联想，或者抵消竞争者的差异点。

品牌资产的产出　假如通过市场营销活动已经建立了一个积极的品牌形象，使该品牌能保留在消费者的记忆中，并将其与强有力的、偏好的、独特的品牌联想连接起来，这样的品牌就能带来一系列好处，例如：

- 更好的产品绩效感知；
- 更高的消费者忠诚度；
- 对竞争性营销活动的免疫能力；
- 对市场危机的免疫能力；
- 更大的边际收益；
- 消费者对涨价缺乏弹性；
- 消费者对降价更具有弹性；
- 更多的商业合作和支持；
- 提高营销传播的效果；
- 可能的特许经营机会；
- 额外的品牌延伸机会；
- 更好的员工吸引和保留率。

策略准则

第 1 章就如何创建、评估和管理品牌资产强调了基于顾客的品牌资产模型的主要因素，下面将更详细地加以讨论。

创建品牌资产　从策略角度看，可以通过三种主要途径创建品牌资产：（1）通过对品牌元素的初步选择；（2）通过营销活动和营销方案的设计；（3）利用次级联想将品牌与其他实体相关联，这些实体包括公司、地理区域、分销渠道、其他品牌、人物和事件等。第 4 章至第 7 章已分别对这三种方法进行过论述，总结如图 16 - 2 和表 16 - 2。

1. 品牌资产创建的关键。互补性和一致性是贯穿于创建品牌资产不同方法中的一个重要主旨。互补性是指要选择不同的品牌元素和不同的营销活动，这样，某方面对品牌资产的潜在作用，就可能弥补其他方面存在的不足。例如，一些品牌元素主要用来加强品牌认知（如容易记忆的品牌标识），而另一些品牌元素也许主要用来促进品牌联想之间的关联（如有意义的品牌名称或聪明的口号）。同样，一则广告也许能形成品牌联想的差异性，零售促销则主要是形成品牌联想的关键共同点。最后，可以将一些实体与品牌发生关联，从而产生次级品牌联想杠杆效用，为品牌资产提供其他来源，或者进一步强化现有联想。

因此，对不同的品牌元素和营销活动、方案进行妥善设计和执行，对于建立品牌资产、创建理想的品牌认知和品牌形象具有重要意义。与此同时，品牌元素间高度的一致性有助于建立高度的品牌认知和强有力的、偏好的品牌联想。通过传递相同的信息（如由高度整合的营销传播方案强化的利益联想），一致性能够确保不同的品牌和营销组合元素共享一个核心意义。

2. 评估品牌资产。品牌资产可从间接和直接两方面进行评估，间接评估可以通过品牌资产的潜在来源进行测量，直接评估可以通过品牌资产的可能产出进行测量。评估品牌资产的来源需要测量品牌认知和品牌形象的众多方面（因为它们能形成产生品牌资产的顾客差异化反应）：品牌认知的广度和深度；品牌联想的强度、偏好性和独特性；品牌响应的显著度以及品牌关系的性质。衡量产出需要对建立品牌资产来源的各种不同利益进行评估。品牌价值链通过考虑以下因素更广泛地描述了这种联系：营销活动怎样影响这些品牌资产来源，所得成果如何影响投资者。

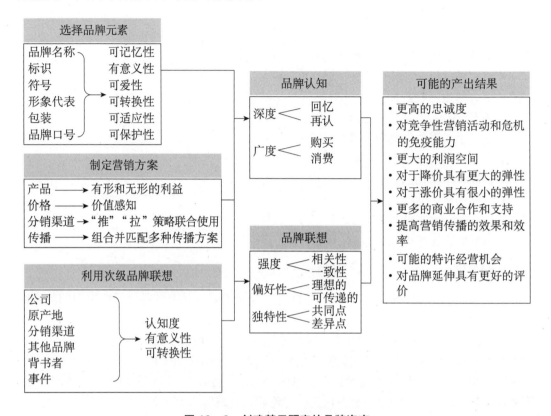

图 16 - 2　创建基于顾客的品牌资产

表 16 - 2　创建品牌资产的准则

1. 组合并匹配各种品牌元素，包括品牌名称、标识、符号、形象代表、口号、广告曲和包装等。通过选择不同的品牌元素实现不同的目标；通过对品牌元素的设计尽可能使品牌元素之间起到相互强化作用。
2. 通过将有形的产品相关联想、无形的非产品相关联想与品牌进行结合，确保获得较高水平的感知质量，并创建丰富的品牌形象。
3. 采用价值定价法确定价格，并以此作为折扣定价长期政策的指南，从而反映出消费者的价值感知以及支付溢价的购买意愿。
4. 考虑直接和间接的系列分销方案，将通过零售商和其他渠道成员建立品牌的推动策略，与通过消费者建立品牌的拉动策略结合起来使用。
5. 各种不同的营销传播方案对于影响品牌认知和建立、维持或强化偏好的、独特的品牌联想具有不同的作用，必须根据传播方案的这种影响作用进行广泛的选择和组合，从而确保传播方案的一致性，并通过传播方案之间的相互作用而直接起到增强效果的作用。有效地利用数字营销和社交媒体渠道与消费者建立联系。
6. 利用次级品牌联想弥补营销方案中的不足之处。次级品牌联想能使品牌与其他一些实体发生关联，这些实体包括：公司、分销渠道、其他品牌、形象代表、代言人或其他背书者，或者是能强化品牌形象的各种事件等。

　　恰当地设计并实施品牌资产评估系统很重要。品牌资产评估系统是一系列调查程序的组合，用来为营销者提供有关品牌的及时、精确、有效的信息，帮助营销者制定出最好的短期战术及长期战略决策。实施品牌资产评估系统包括三个步骤：（1）开展品牌审计；（2）设计品牌追踪研究；（3）建立品牌资产管理系统。表 16-3 概括了以上三项准则。

表 16-3　品牌资产评估指导原则

---

1. 将公司有关品牌资产的观点正式化，并形成文件，制定品牌资产章程，为营销经理提供相关的品牌概要。
2. 进行品牌盘存，描述出公司所销售产品的品牌化状况；通过品牌调研，了解顾客对于品牌的看法及感觉。将品牌盘存和品牌调研作为一项定期的品牌审计工作，以评估品牌的健康状况，掌握品牌资产的来源，并建议改善、提升品牌资产的方法和路径。
3. 将顾客追踪调研作为一项日常工作，并就品牌审计中所识别出的品牌资产关键来源和主要产出提供及时信息，以了解品牌运行状况。
4. 将追踪调研结果和其他相关的产出评估综合成一篇品牌资产报告，并将该报告定期分发，从而为品牌的运行状况、诊断结果及原因提供分析。
5. 设立专人或部门监管品牌资产章程及品牌资产报告，尽可能确保跨越部门和区域范围的营销活动能按照章程的精神和报告的主旨进行，从而使长期的品牌资产最大化。

---

3. 品牌资产评估的关键。目的是要利用一整套调研技术及步骤，尽可能透彻地了解品牌资产的丰富性和复杂性。要想了解品牌资产的各种来源及其产出，就必须使用多种技能和方法，这也将有益于分析品牌资产的调研结果，也可以确保准时地把有用的信息传递给适当的人员。随着社交媒体聆听重要性的日益增加，一些传统的品牌审计和追踪活动工作可以采用社交媒体聆听和其他数字研究工具作为替代和补充。

管理品牌资产　最后，需要从宽泛、长远的视角进行品牌资产管理。首先要对品牌资产进行广泛的观察，那些在多个市场销售多种产品、多种品牌的公司更应如此。在这种情况下，品牌架构应该对不同"嵌套式"产品中共同的和特殊的品牌元素进行界定，并设计新产品及品牌延伸战略，以确保最优品牌及产品组合。而且，必须进行跨地区、跨目标细分市场的品牌及产品管理，在每一个目标市场上建立良好的品牌认知和积极的品牌形象。

其次，关于品牌资产的长期观点也不可或缺，因为现有的营销方案、活动及销售环境都会发生变化，这些变化会对消费者的品牌知识结构产生影响，同时也会影响他们对将来营销活动的反应。对品牌进行长期管理，需要增强品牌含义并按需要调整品牌方案。对于那些资产在不断衰减的品牌而言，需要采取一系列的品牌激活策略。

表 16-4 和表 16-5 列举了品牌资产管理的一些重要指导原则。

1. 品牌资产管理的关键，是在长期的营销活动和营销活动的适度变化之间进行平衡。营销规划如果完全没有变化地推行，品牌可能就会过时或与消费者无关。但从另一个角度看，变动幅度过大的品牌战略无疑也会存在使消费者感到困惑和陌生的风险。因此，在营销规划过程中必须坚持一条能让消费者识别的主线，这条主线要贯穿始终并能反映品牌资产的主要来源和核心品牌联想。

表 16-4　管理基于顾客的品牌资产

---

1. 确定品牌架构
   a. 简洁性原则：品牌架构层级越少越好。
   b. 透明性原则：所有采用品牌元素的逻辑性和相互关系，必须一目了然且透明清晰。
   c. 相关性原则：尽可能多建立和产品相关的抽象联想。

续表

d. 差异性原则：使产品和品牌与众不同。

e. 增长性原则：应该根据投资回报率的状况，决定在市场渗透（或扩展）和产品开发两种战略之间进行投资。

f. 生存性原则：品牌延伸必须在其品类中获得品牌资产。

g. 协同性原则：品牌延伸必须能够强化母品牌资产。

h. 显著性原则：对显著性的调整能影响对产品距离的感知。

i. 共同性原则：通过共享的品牌元素，将产品关联起来。

2. 确定品牌－产品矩阵

a. 品牌延伸：建立新资产，并强化既有资产。

b. 品牌组合：使市场覆盖率最大化，使品牌重叠最小化。

3. 长期地改善品牌资产

a. 品牌强化：对产品设计、制造和销售进行创新。使用户和使用者形象发生关联。

b. 品牌激活："回归基础"战略，"重新创造"战略。

4. 通过市场细分创建品牌资产

a. 识别消费者行为的差异性：他们如何购买和使用产品？对于不同的品牌，消费者感知如何？

b. 调整品牌方案：品牌元素的选择，辅助营销方案的特点，对次级联想实施杠杆化。

表 16 - 5 管理品牌资产的原则

1. 确定品牌架构层次，明确品牌层次的数目以及不同层次品牌用于某一产品时的相对重要程度。

2. 对于品牌架构中低层次的品牌，尽可能创建宽泛的品牌联想，但对品牌架构中同一层次的品牌，则要严格加以区分。

3. 通过品牌延伸，补充完善公司的产品组合，利用母品牌联想，强化母品牌资产。

4. 清晰界定品牌组合中各品牌的角色和作用，必要时可增加、删除并调整某些品牌。

5. 通过营销活动不断增强品牌资产，这些营销活动要能持续地传递品牌含义，包括品牌所代表的产品是什么，品牌能提供何种利益，它能满足何种需求，以及它为什么优于竞争品牌等。

6. 通过持续地对产品设计、制造和销售进行创新，并通过使品牌用户和使用者形象持续发生关联，来不断增强品牌资产。

7. 识别不同细分市场消费者行为的差异性，并相应地调整营销方案。

16.2 什么造就了强势品牌

要想创建一个强势品牌并且使品牌资产最大化，营销经理必须做到以下几点：

- 以正确的方式理解品牌含义，并提供适当的产品和服务；
- 正确定位品牌；
- 对理想的利益点进行高效传递；
- 利用全部互补性品牌元素，支持营销活动和次级联想；
- 采用整合营销传播方式并保持传播的一致性；
- 评估消费者的价值认知并制定相应的定价策略；
- 建立信誉，创建恰当的品牌个性和品牌形象；
- 保持品牌创新和相关性；
- 从战略的高度设计、实施品牌架构策略；

● 采用品牌资产管理系统以确保营销活动能够正确地反映品牌资产概念。

相反，品牌建设中的哪些错误阻碍了公司建立强大的品牌呢？表 16－6 从另一个角度列举了更常见的品牌问题——"品牌管理中的七大致命错误"。[1]

表 16－6　品牌管理中的七大致命错误

1. 没有全面理解品牌的含义。	5. 未能充分控制品牌。
2. 没有履行品牌承诺。	6. 在品牌的变化性和一致性之间缺乏适度的平衡。
3. 没有给予品牌充分的支持。	7. 未认识到品牌资产评估和管理的复杂性。
4. 对品牌成长缺乏耐心。	

1. 没有全面理解品牌的含义。如果消费者拥有了"自己的"品牌，就应充分了解消费者对品牌的感知，相应地计划并实施营销活动。事实上，营销经理常常自认为他们的营销活动是有效的，例如，新的品牌延伸、广告活动、提高价格策略等经常建立在对消费者的错误认识或者营销人员对品牌想当然的认识基础之上。营销经理通常会忽视品牌联想（包括有形联想和无形联想），而这正是品牌的特色。

2. 没有履行品牌承诺。品牌应该是对消费者的一种承诺，但是这个承诺常常没有兑现。经常犯的错误是设立过高的品牌期望值，然而营销计划不能如期实现。与其过度承诺和不兑现承诺，不如不设立品牌期望值。

3. 没有给予品牌充分的支持。建立和保持品牌知识结构，需要进行营销投资。然而，许多经理却常常希望"不劳而获"，即希望不必开展什么营销支持活动，就可以创建品牌资产。或者是一旦创建了品牌资产，就希望不必再进行投资，也能保持一个强大的品牌地位。

4. 对品牌成长缺乏耐心。品牌资产的创建自始至终都需要细心和耐心。要为品牌资产打下坚实的基础，就需要让顾客在心目中对品牌形成一定深度、广度的认知以及强有力的、独特的、偏好的品牌联想。然而营销经理更希望"走捷径"，企图避开那些最基本的品牌元素，比如达到一定程度的品牌认知，却将大部分精力放在与品牌形象相关的表面工作上。

5. 未能充分控制品牌。公司的所有员工都应当理解本公司的品牌资产，公司活动必须能够从长远的角度反映公司状况，还必须从更具体的视角反映产品的状况。然而，大多数情况下，公司决策的风险在于，没有真正地理解当前的和理想的品牌资产，也没有意识到这些决策对其他品牌及品牌相关活动的影响。如果每个品牌都可能面临社交媒体危机，那么，在社交媒体危机发生之后，跨职能部门（市场、公关、销售）人员应做好准备，展开协调一致的沟通工作，以确保从长远来看公共关系后果不会对品牌资产造成损害。

6. 在品牌的变化性和一致性之间缺乏适度的平衡。品牌管理必须在营销活动的一致性和变化性（以创新产品和形象）之间维持平衡，这个平衡的过程虽然艰难，却很关键。经常会出现的错误是，经理们或者因为不肯随着市场环境变化而"落伍"，或者因为变化过多而使品牌变成一个"移动靶"，使消费者无所适从。

7. 未认识到品牌资产评估和管理的复杂性。有效的品牌管理需要原则性、创造性、集中性，及以最佳方式进行数百次决策的能力。遗憾的是，营销人员有时过于简化程序，并想在品牌管理中一劳永逸，品牌资产因此得不到优化。

最成功的品牌创建者之一是宝洁公司，品牌备忘 16-1 介绍了宝洁公司近年来是如何改变营销活动及营销哲学，以适应新的营销环境。

品牌备忘 16-1

宝洁公司的品牌重振

宝洁公司创建 160 多年来，一直是市场中的领导者，并一直被称为"全球唯一最大的营销公司"。作为世界上最大的消费品公司，宝洁在 2005 年以 570 亿美元并购吉列公司之后，规模更加庞大。尽管获得全面成功，但由于市场营销变幻莫测，宝洁一直在努力保持其作为领导者的地位。为了适应这些变化，宝洁正在尝试将其最佳实践与新实践相结合，为未来成功的品牌管理创建现代蓝图。宝洁领导层对品牌战略作出了许多更改，首先是鲍勃·麦克唐纳（Bob McDonald）（担任 CEO 至 2013 年），然后是戴维·泰勒（David Taylor）（2015 年担任 CEO）。这些变化使宝洁随着时代的变化而发展。以下部分描述了宝洁公司近年来的重点工作。

建立品类增长

改变消费者习惯是品类增长的关键，宝洁战略的关键是从根本上重新思考在某一产品类别中消费者是如何与产品互动的。例如，畅销产品速易洁（Swiffer）就是基于对消费者如何清扫房间、在拖把上花费时间的深刻理解开发出来的。宝洁采用这种方法对业务的每个品类都进行了分析，以期找到促使业务增长的创新方法。

精简产品组合

宝洁积极削减产品组合，并重新评估业务。例如，公司决定剥离封面女郎、伊卡璐和威娜品牌，将其出售给科蒂。通过剥离这些品牌，宝洁摆脱了那些难以制定成功战略、拖累利润率和增长的品类，更加聚焦于有发展前景的品类。

驱动产品创新

新产品开发仍然是宝洁关注的重点。宝洁已经在小品类获得了许多非常成功的创新成果，例如海飞丝丝滑洗发水和汰渍洗衣球。基于在相对小的品类中的创新，Febreze 除臭剂也已成为宝洁"十亿美元收入俱乐部"的成员。

新的传播策略

宝洁不断地平衡线上线下传播渠道以推广品牌。公司为护舒宝（Always）所做的广告"Like a Girl"打动了目标受众，将之前被视为屈尊俯就的——"Like a Girl"——变成一种力量的宣言，给予世界各地的年轻女孩鼓励和信心。该广告不仅利用超级碗这样的传统媒体进行传播，还有效利用社交媒体广告，比如创建一个话题 #LikeAGirl，在线上获得广泛的关注和众多女性运动员的支持。尽管宝洁已经采用新的数字媒体与受众进行沟通，但仍然十分小心谨慎，以确保品牌定位和品牌吸引力不会受到损害。例如，2017 年，出于对品牌安全性的考虑，宝洁削减了近 1.5 亿美元的数字广告投入，因为这些品牌广告并未按照预期投放至相应的媒体平台上。宝洁数字化战略的另一个特征是专注于搜索，并且保证数字广告在在线零售网站（亚马逊和实体店的网店）的投放。这种考虑周全且以结果导向的数字媒体策略可能会继续成为宝洁数字品牌战略的特色。

新的品牌管理架构

2014 年，宝洁对营销职能进行重组，并且用品牌管理架构取代了营销组织（以及营销主管的头衔）。以前，宝洁的营销重点在创收和促销支出，这次品牌管理策略的转变也意味着将关注重点转移到发展品牌识别和提高品牌价值上。宝洁的营销主管变为品牌主管。这一转变的关键在于，宝洁围绕婴儿、女性与家庭护理、织物与家居护理、美容与健康清洁四个主要部门进行重组。同一部门内的品牌在目标受众和竞争对手方面是紧密联结的。这些变化有助于对品牌的战略、计划和结果建立独立的责任，从而为更快的决策制定和更好的战略执行做好准备。

资料来源：Sofia Pitt，"One Year Later: How P&G Has Changed under New CEO David Taylor，" October 27, 2016, https://www.cnbc.com/2016/10/27/one-year-later-how-pg-has-changed-under-new-ceo-david-taylor.html; Jack Neff，"P&G Makes It Official with Beauty Divestiture to Coty，" July 9, 2015, http://adage.com/article/adroll/p-g-makes-officialbeauty-divestiture-coty/299408/; Leonie Roderick，"P&G: We Need to Build Stronger Brand Identities Online，" July 27, 2017, https://www .marketingweek.com/2017/07/27/pg-digital-investment/; Michael Lee，"Does P&G's Reorganized Marketing Department Go Far Enough?，" July 8, 2014, www.forbes.com/sites/michaellee/2014/07/08/does-pgsreorganized-marketing-department-go-far-enough/#6441b62c5e88; Jack Neff，"It's the End of 'Marketing' as We Know It at Procter & Gamble，" June 30, 2014, http://adage.com/article/cmo-strategy/endmarketing-procter-gamble/293918/.

▎16.3　未来展望

在更好地理解战略品牌管理的行程即将结束之际，还有一些值得思考的问题：未来的品牌战略会发生什么变化？品牌化的最大挑战是什么？怎样才能建立成功的"21世纪品牌"？

总的来说，创建品牌的重要性不会改变。这是因为消费者将会继续高度评价品牌所发挥的功能。在越来越复杂的世界，管理良好的品牌对消费者能起到简化、沟通、保证和提供重要含义的作用。[2] 品牌概念的诞生已有数百年，它始终为一个根本性的目标而存在。当品牌作用发挥到极致时，消费者购物的风险将大大降低，而他们的满意度将极大提高。强健的品牌能让消费者的生活在一定程度上，或者说在很大程度上得到提高。品牌的角色和功能在根本上得到普及并为消费者所重视。现在，很难想象品牌的重要性会受到挑战。

然而，作为品牌管理者，要挖掘品牌巨大的潜力依旧困难重重。[3] 市场环境始终在变化，而近十年来变化的速度越来越快。消费者越来越多样，也更有主见。而随着跨国公司、自有品牌和来自相关品类的大型品牌的进入，几乎所有市场的竞争都变得无比激烈。同时，迅速发展的技术改变着人们的生活和购物方式，也改变着营销者了解消费需求并据此管理品牌的方式。最终，来自市场环境、社交群体和社会的挑战越来越严峻。

因此，品牌游戏的规则已然改变。[4] 营销者开始重新反思品牌策略的实施方案，甚至对此从根本上进行一定程度的改变。应用品牌调查表中的基本原则和避免前述品牌管理中的七大致命错误，对于品牌管理大有裨益。在前面章节介绍的概念和例子的基础上，最后一节将审视品牌所需的六个必要条件，以帮助管理者应对未来几年中来自品牌管理的挑战（见表 16-7）。[5]

表 16-7　未来品牌管理要诀

1. 全面而准确地将消费者加入"品牌方程式"。
   专注于消费者，充分了解对于品牌而言，什么是他们知道的，什么是他们不知道的，什么是他们希望从品牌中获得的和什么是他们所不希望见到的。然后将他们引入"参与营销"这一过程中来。
2. 不仅仅拘泥于产品性能和功能性价值。
   提供既有功能性价值也有情感性利益的工艺设计出色的产品和服务。

续表

3. 让营销计划整体效果大于各个部分之和。
　制定完全集成的渠道和沟通策略以充分扬长避短。
4. 清晰了解身处何处并通过何种方式创建品牌。
　设计并实施新的产品开发及品牌架构的策略，这一策略应当能够最大限度地使产品供应、消费者
　细分市场和区域市场得到发展。
5. 为品牌做"对的事情"。
　时刻紧随企业的社会责任并以长远的眼光进行品牌管理。
6. 全局考虑品牌的影响。了解什么在起作用及其原理。
　使品牌投资合理化，更深入地理解品牌的力量。

全面而准确地将消费者加入品牌方程式

　　品牌管理最重要的规则之一就是"消费者是品牌真正的持有者"，这在全世界范围内被一次又一次地证明。因为消费者观念和信仰的力量而导致品牌管理遭到打击的案例比比皆是，从新可口可乐的失败到一些公司面临的消费者对其产品质量的质疑，无不印证了消费者作为市场主导者的地位。

　　目前，社交媒体平台作为 C2C 交互平台的增长，可以增强消费者表达对于品牌积极情感的能力（通过正面口碑的分享），也可以贬低甚至摧毁品牌（通过负面口碑的传播）。消费者所拥有的前所未有的权力极大地转变了品牌经理的观念。他们必须将消费者视为潜在的品牌含义的创造者，并将消费者对品牌的解释纳入对品牌的战略考虑之中。

　　从管理的角度来看，消费者的声音必须与品牌决策始终紧密联系。为了达到这一点，不妨考虑使用品牌架构决策。管理者经常在为新产品取名时犯错。他们通常习惯于从公司的角度来命名并赋予其各个层次和水平上复杂的品牌含义。而消费者在看到品牌时则会自动将其简化。事情有可能更糟糕：消费者也许因此而选择竞争对手那些更为简洁明了、更容易掌握并接受的品牌。高露洁全效牙膏的吸引力部分来自其提供十分简单的解决方案。它的品牌名称直接表明牙膏能顺利通过管口——实际上这一问题困扰着许多消费者。

　　在为产品和服务命名，以及在为打造品牌而开展市场活动时，管理者应该充分融入消费者的观点。这需要非常透明的消费者调查及敏锐的营销洞察，以正确理解调查中的发现，并采取正确的行动。最优秀的营销者能够通过对消费者的洞察，巧妙地管理品牌和消费者，以最大化地获得品牌资产和消费者资产。对于零售商和其他渠道成员而言，品牌是他们吸引顾客、赚取价值的"诱饵"；对于营销者而言，消费者是他们获取品牌价值的实实在在的利润引擎。

　　然而，即便是最以消费者为中心的企业，日益增长的消费者多样性和"消费者授权"依旧为品牌化带来严峻的挑战。

　　消费者多样性　多种多样的细分市场和次级细分市场为消费者的品牌权益提供了基础。我们可以用多个维度定义这些细分市场。"文化"和"地域"是其中最具挑战性的两个维度。在当今多元化世界，为了直接影响到不同的目标消费群体，品牌的多元文化视角必不可少。这种视角也有助于营销者专注于品牌的"整体性"，并将这种"整体性"有效地运用于所有目标市场。正如第 15 章所提到的，品牌可以采用多种方式调整产品，进而适应不同类型目标细分市场的需求。

意识到消费者的多样性和日益细分性，营销专家引入了一些概念，如许可营销、一对一营销、品牌新闻和个性化数字营销。这些概念都强调了这样的事实：所有的品牌权益都受多种因素影响，应充分理解并从市场中发现这些构成的因素。

然而，在运用这些概念的时候要加倍小心。以品牌新闻为例，就像记者从多个角度讲述一个故事以吸引多元受众和读者那样，在品牌新闻中，营销者应对不同的细分市场传递不同的信息。个性化数字营销是通过使用消费者的浏览历史和在线购买行为的大量数据，进而提供一系列适合单个消费者的独特利益。但是，这个概念或许太过重视品牌的细分性和差异性。真正强大的品牌，在几乎所有的营销活动中都可以找到一致的核心品牌承诺。丽思卡尔顿的口号"以淑女和绅士的态度为淑女和绅士服务"，时刻影响着这一连锁酒店为住客所提供的服务质量。

消费者授权　授权给消费者的现象逐渐普遍起来。这一趋势背后的驱动因素之一是营销环境越来越透明。互联网和社交媒体的出现——同时伴随着传统媒体的发展与普及——使消费者能够更好地得到他们所认为的"真实"的关于产品、服务和品牌的信息，这是前所未有的。仅仅通过简单的了解，消费者就能找出并判断产品或服务的好坏，或者了解到公司所从事的业务是否对环境或他们的社区有影响。信息和观点可以在短短几分钟内传遍全世界。营销者必须时刻预计到他们的任何举措或言论都可能随时被审视、被质疑、被传播分享。

在这种透明度下，消费者无疑对品牌的命运产生更加积极的影响。但事实是，只有一部分消费者愿意在特定的时间段参与到所使用的品牌的事务中。对于那些希望有更深层次互动的消费者，营销者应该竭尽全力地通过社交媒体或其他营销工具来鼓励他们的这一做法。但是很多消费者会拒绝参与到这种互动中。因此，如何在拥有多样性的消费倾向、多样性的兴趣和不同活跃度的市场中最理想地管理品牌变得尤为关键。

此外，那些愿意参与品牌互动的人也具有相当的不确定性，他们可能有模棱两可甚至互相矛盾的偏好。他们在形成和表达自己对某个公司的偏好过程中，可能需要引导和协助。在这种情况下，"参与营销"可能是营销者可以选择的合适概念。因为在这一概念下，营销者和消费者将一起工作并找出能够使消费者拥有最高满意度的市场方案。在"参与营销"中，消费者和公司可以自由地交换意见并最终达到双赢的局面。[6] 亚瑟王面粉就是这样一个相当成功的案例。它充分认识到烘焙是一项消费者乐于学习并与其他消费者或者专家进行交流的活动。根据这一发现，亚瑟王面粉创建了一个忠诚的在线品牌社群。

不仅仅拘泥于产品性能和功能性价值

卓越的产品和服务是卓越品牌的心脏。这在今天高度透明的市场更是一条真理。许多企业越来越将产品和服务的设计视作其价值主张的重要组成部分，包括相当多的成熟企业：苹果、耐克、丽思卡尔顿、新加坡航空和三星。开发拥有更佳设计的产品和服务需要清晰、全面、实时地理解消费者、消费者行为及消费者对品牌的想法和感受。

产品设计不仅包括产品是如何工作的，同时也包括外观、感觉甚至是声音和气味。类似地，服务设计也应该包括消费者在特定品牌中能够接触到或者体验到的所有感官性方面。设计可以有效提供全方位便利的产品和服务始终是最重要的，也是提供强有力竞争优势所必不可少的。就像宝洁公司最新的成功品牌汰渍、速易洁和 Venus 所展示的那样，这在很多市场都是真理。

优良的品牌和服务的设计来自敏锐的消费者洞察力及充满灵性而有创造力的解决方案。设计良好的品牌能够为产品和服务的表现加分，能够在消费者脑海中产生可用性强、心理上易于接受的形象。心理上的加分是极具影响力的，特别是当这种加分与实用性直接挂钩的时候。

来看看宝洁公司成功品牌之一的帮宝适是怎样成功地重新定位的。这款一次性尿布在很多年内都是通过经典的产品比对广告来展现基本的干燥能力和吸湿性能。通过一次消费者调查，帮宝适决定通过产品出色的性能建立与消费者的情感联系。它将帮宝适重新定位在如下消费者信念基础之上：（1）屁股干燥的宝宝睡得更好；（2）休息好的宝宝在第二天能够更好地学习和玩耍。换句话讲，对于父母来说，功能性的好处"干燥"直接指向了情感上所喜闻乐见的"照顾好你的宝宝"。这种重新定位使帮宝适树立起"照顾宝宝全面发展"的印象，这对品牌来说是极为有利的。

设计上的考量将更多地推动创新。竞争优势和品牌实力将更多地来自那些设计良好的产品和服务，这也将为消费者带来更为普遍的引人注目的价值。

让营销计划整体效果大于各个部分之和

最近几年，企业与消费者沟通、销售产品或服务的媒介和方式成倍增长。主流媒体的收视习惯已经发生改变，其原因有很多：数字媒体渠道的增长；零散的电视收视率；越来越多地使用流媒体服务、视频游戏；越来越多地使用移动电话；网络上爆炸性增长的社交媒体、博客和社群，以及事件、体验和口碑营销的重要性的日益增加。

这些发展已经从根本上改变了企业与消费者交流产品和服务的方式。现今的企业可以利用各种方式线上或线下地、直接或间接地发布并销售产品。营销者正在拥抱不同类型的个人和大众媒体，并将数字营销技术、真实世界的交流和传统大众媒体实践相结合。营销者同时采用线上和线下渠道，以最大限度地提高覆盖率和影响力。他们直接通过邮件、互联网、固定电话、手机和公司门店进行销售。同时，他们也通过批发商和零售商进行间接销售。

顶尖品牌所面临的挑战是如何最好地整合渠道和沟通方案，以获得短期的销量最大化和长期的品牌资产最大化。关于整合营销，它的艺术而又科学之处在于通过对单一渠道或沟通活动的优化设计和实施，不仅因此产生直接效益，也间接地对其他的渠道和沟通方案产生积极影响。一个令人惊叹的电视广告可能会改变观众对品牌的看法，同时也很有可能促使观众浏览品牌的官方网站，或者对品牌在推特上发布的推文或公司的脸书帖子做出更有利的回应。

企业拥有日益多样的沟通渠道选择的结果之一就是，消费者能够根据不同的渠道和沟通的历史记录形成不同层面的品牌知识。这是一个挑战——对于聪明的营销者来说，这同时也是一个机会。理想情况下，无论消费者的消费历史或者过去的经验如何，任何一种沟通渠道或沟通方案都足以用于营销工作的有效开展。事实上，不管消费者个人的购买历史或通讯记录是怎样的，精心设计的网站可以通过良好的交互性达到与消费者交流并成功销售的目的。

例如，耐克公司在市场上惊人的成功部分取决于它对其广泛分销渠道和一个大规模的线上线下营销沟通方案的成功整合。这些沟通方案不仅与世界精英运动员保持着联系，同时也与那些只是希望把耐克运用于日常娱乐生活的普通受众保持着紧密的联系。

数字化传播 随着越来越多的消费者把更多的时间花费在网上，如何通过网络及互动沟通来直接影响消费决策的各个阶段，并借此加强线下营销力度就变得尤为重要。在线互动的沟通计划通常包括以下部分或全部的内容：设计良好的网站站点（包含消费者生成的内容及反馈）、搜索广告、电子邮件、横幅、多功能媒体、视频广告以及社交媒体。其中最新也最具挑战性的是社交媒体。

社交媒体方案——包括社交媒体广告（像脸书、推特、照片墙、YouTube 等），还有在线社群（像脸书群组）、博客（像赞助博客）——提供了与消费者建立动态联系的机会。通过提供准确的在线信息、个人经历和为品牌搭建的平台，营销者可以帮助消费者对特定品牌有更好的了解，并引导他们表达个人的品牌忠诚度及其他问题或观点。然而，引导消费者加入进来有可能会带来潜在的危险。比如，在这些信息中会有来自小群体的颠覆性的观点和行为，或者一些莫须有的负面反馈。尽管营销者不希望出现的负面影响无论是否使用社交媒体都会出现，但保持在线并提供正面观点的确有助于平衡甚至弱化这些负面影响。采用"厚皮"（thick skin）在线立场是十分必要的，因为出现一个消费者苛刻的评论或消极的反馈只需一次鼠标的点击，公司应预期并容忍这类个别情况的发生。

移动平台使营销者与消费者建立联系，可以在适当的时间和地点为消费者提供正确的品牌信息。类似地，公司使用地理围栏和基于位置的广告之类的技术，为靠近零售店的消费者发送优惠券和促销。更进一步，移动信息可以发送给世界上的每个消费者，也是将品牌优惠提供给消费者的强有力的工具。移动营销的一个创新应用是家得宝（Home Depot）和 The Weather Channel 合作推出的 App。根据给定地点的天气情况，家得宝可以更改推荐的自定义设置，并针对给定区域的天气量身定制设置和建议。The Weather Channel 的交互 App 拥有 1 000 多万的消费者，能够对其受众细分，并且以精确的方式定位受众群体，这使其对于广告主极具吸引力。[7]

基于位置的营销使用移动设备使消费者在适当的时间和地点收到优惠信息。幸运的是，一个日益强大且详细的在线测量方式出现了。营销者可以通过它追踪公众情绪的性质、程度和状态。在这种方式下，通过监测线上的口碑和活动，营销者能够更为有效地进行评估并对潜在的破坏性的线上或线下事态做出适当的回应。多芬决定对洗发水瓶进行重新设计以反映其适用于不同体型的做法，在社交媒体上遭到强烈反对，这无意间也暗示了存在一种最佳的体型。[8] 这个例子指出密切注意不断发展的危机的重要性（如果确实要发生），并且应确保社交媒体和公共关系团队能够以恰当的方式应对这些危机。

清晰了解身处何处并通过何种方式创建品牌

从长期的财务视角来看，成功推出新的产品和服务，以及将已有产品打入新市场和消费者细分群体都十分重要。从品牌化的角度来看，品牌发展需要经过深思熟虑且精心实施的品牌架构战略，这一战略应明晰以下三点：（1）品牌在"市场足迹"广度上的潜力；（2）能够让品牌实现这一潜力的产品和服务类型及其延伸；（3）能够在任何市场、任何消费者群体中被识别、联系起来的品牌要素、品牌定位和品牌形象。

品牌潜力 好的品牌架构决定了品牌的"边界"：这个品牌能够代表什么产品和服务，它能为消费者带来什么样的益处，以及它能够满足怎样的需求。同时，它对"什么是适当的，什么是不适当的类别拓展"等进行了清楚的界定。它也强化了品牌对消费者的意义和承诺，并且能够帮助消费者选择适合他们的产品和服务。

充分理解品牌承诺以及如何让它适应不同的产品和市场是一件充满挑战的事，同时这也是至关重要的。所有同一品牌旗下的产品或服务应该传递相同的单一的品牌承诺。如果你能令任意营销方案中的特定品牌被其他同样具有竞争力的品牌所替代，而且在替代之后营销方案依旧足够有效并能正常工作，那么这个营销方案很可能在很大程度没有与品牌承诺和品牌含义进行对接。

秉承品牌的承诺并谨慎地使品牌小步发展，营销者可以覆盖广阔的领域。以乐高为例，它的成功说明深思熟虑的品牌战略对扩展品牌并使其更好发挥潜力具有重要价值。《乐高大电影》的成功为乐高开辟了新的收入来源，即通过戏剧娱乐获得收入。同时也使乐高品牌的销售额增长约 25%。[9] 这部电影帮助乐高巩固了品牌"创造力、欢乐和乐趣"的关键联想，进而加深了目标顾客对品牌的亲和力。

品牌延伸 绝大多数的新产品属于延伸产品，而且绝大多数的新产品都以失败告终。换句话说，大多数的品牌延伸失败了。这是为什么呢？因为它们没有创造出足够的具有针对性和差异性的新式产品或服务类别。在接下来的几年里，竞争日益激烈的市场将对定位不清或者销售不佳的延伸产品更加无情。要想成功，营销者应当在分析和实行品牌延伸时严谨而有规则。

在品牌延伸领域，已经有一些学术研究成果。在这些研究成果的基础上，表 13 - 6 展示了一种用以评估品牌延伸的计分卡标准模型。建立这一模型的目的是为了提供一个思考的出发点，尤其是如何加入特定的项目和权重以适应特定的市场环境。其中的关键点在于，通过采用某种类型的形式化模型或计分卡，能够系统地判断某一品牌延伸的优点并因此提高其成功的可能性。

品牌元素 品牌架构战略中的第三个方面包括名称、形象以及其他用于新产品的品牌要素。一个关键的概念是要学会正确地利用子品牌。通过将新的品牌要素和已存在的母品牌要素相结合，可以有效地利用子品牌的形式来表明新产品与母品牌的相似性和相容性。消费者对于字面的信息是相当敏感的。比如说，在一个新的、独立的品牌名字前加上母品牌的名字，能够使这一新品牌与母品牌的相关性更强。万豪庭院更多地被人理解为万豪酒店而非万豪的独立庭院品牌，其原因正是这一品牌将公司的名字放在了最前面。

好的子品牌策略能够很方便地获取关于公司或整个品牌家族的联想和态度，同时也能够在新的领域类别里创建新的品牌理念来定位其延伸产品。此外，子品牌可以通过屏蔽某些延伸产品的负面信息而保护母品牌。一项研究表明，数年前奥迪 5000 被发现有突然加速的问题，而这一问题直接重创了其姐妹品牌奥迪 4000 的销售。但是奥迪 Quattro 所受的影响则相对较小，因为奥迪 Quattro 是一个更具有区分度的子品牌。

然而，为了最大化公司的收益，往往需要向子品牌进行大量的投资并执行规范且一致的营销策略，以在消费者中建立恰当的品牌理念。如果没有这样的经济支持，建议营销者尽可能地采用最简单的品牌层次架构，比如说使用本公司或本家族的品牌名称再加上对产品的描述。[10]

为品牌做"对的事情"

媒体对商业报道的覆盖范围日益扩大，这直接提高了有关公司内外部的行动和言论的透明度和公众意识。许多消费者坚信本地企业应该对当地的社群甚至周边的自然环境做出贡献。同时,来自投资界的更严格的审查导致许多企业对品牌采取过于短视的短期规划。品牌营销人员需要同时解决上述两个问题。

公益营销 品牌营销人员应当时刻谨记社会责任及道德伦理上的正确行为。尤其是应当在保持盈利的前提下,通过公益营销方案和其他活动来提高消费者、社会或者环境的福利,达到共赢。有效的公益营销计划能够实现许多和品牌相关的目标:建立品牌知名度,提升品牌形象,树立品牌信誉,激起品牌情感,创建品牌社群感,以及引发消费者参与到品牌建设中。公益营销获得长期成功的一个例子是通用磨坊"Box Tops for Education"计划,该计划从 1996 年开始为学校筹集了近 8 亿美元。[11]

保护品牌资产 为品牌做正确的事,有时候等同于做一些更为简单而直接的事:保护并尊重基于消费者的品牌承诺和品牌理念。即使是简单的字体的改变也会引发消费者大量的负面情绪,正如推特和 GAP 品牌所经历的那样。这说明消费者和品牌的关系是非常敏感的。

当品牌经理过度利用品牌,如对品牌过度曝光、过度延伸、过度现代化、过度折扣时,问题就会出现。然而,那些备受推崇的最棒的营销者明白品牌的商业目的和社会目标,懂得理解和充分尊重品牌。他们会将品牌的盈利和发展与消费者以及社会的整体利益紧密相连,并在两者之间建立映射的纽带。迪士尼的一个内部口号是"有趣的家庭娱乐活动",并以此为标准帮助员工随时判断营销活动是否始终"在品牌上"。就迪士尼而言,对品牌的担忧不是一次错误的决定对品牌所造成的伤害,而是一些在品牌原则上的不断让步和妥协会最终显著削弱品牌资产。

全局考虑品牌的影响,了解什么在起作用及其原理

合理的品牌投资 如今的营销者普遍要求在更少的预算下做更多的工作,并要对每一项营销支出提供有说服力的理由。在实现品牌问责时的一大挑战就在于:品牌营销活动总是趋向于长期、广泛而又多样的效果。任何特定的营销活动都有可能全部或部分地达到以下效果:在深度和广度上增强品牌意识,建立或加强与性能或形象相关的品牌联想,形成正面的判断和积极的情感,建立起与品牌更强有力的联系或纽带,启动与品牌相关的行动,如搜索、口碑以及购买行为。这些效果的影响可能是经久不衰的。

营销者必须采用深入、可靠且可操作的模型来帮助自身洞察和诠释 ROI。举例来说,在第 2 和第 3 章介绍过的三个相互联系、环环相扣,可以被营销者用来做品牌策划、品牌追踪和品牌测量的模型是:

1.品牌定位模型描述如何通过差异点和共同点来建立竞争优势。差异点是深植于消费者头脑中受到赞誉的,并且认为不可能找到与之相媲美的属性或优势的品牌联想,而共同点是与其他品牌共享以弱化竞争对手的差异点、克服品牌感知的缺陷或建立品牌类别的联想。

2.品牌共鸣模型主要描述如何与消费者建立高度积极的忠诚关系。基本前提是建立强大的品牌需要一系列步骤,就像攀爬"品牌阶梯"那样,同时也需要一系列逻辑构成的"品牌积木"。品牌共鸣会在消费者觉得与品牌完全"同步"的时候出现。该模型的第二个层次是从品牌定位模型延伸出来的,无论差异点或共同点都是由品牌表现或 / 和品牌印象产生的联想。

3.品牌价值链模型介绍如何追踪价值创造的过程，以更好地理解营销支出和投入所带来的财务影响。该模型考察了品牌价值创造过程的四个不同阶段。它同时也讨论了营销活动如何影响消费者心智——就和品牌共鸣模型里所有的"积木块"测量的一样——并在此基础上影响各种市场产出和股东价值。

相比起这三个模型的具体内容，它们展现出的目的和视角更为重要。这些模型既可以用来协助品牌规划和测量，也可以用于捕捉品牌的全方位营销活动。特别是通过了解消费者心智模式及诸如溢价、忠诚度、销售额、市场份额和盈利能力等各种市场产出追踪营销活动的效果，营销者便能对市场营销做得如何及其原因有一个清晰的了解。

获得更深的品牌认知　品牌化显然是一个复杂且需要许多营销努力的过程。为了能够更好地掌握其所有属性，我们采用一种多学科的观点来解释品牌效应，以便更加全面地理解品牌的概念、品牌创造的价值以及品牌应该如何管理。可以从各种不同的，包括经济、心理和社会学的观点来为品牌营销作出指导。

从根本上来说，市场营销应该创建或提升品牌资产和品牌价值，其所有的参与者均会因此受益。越强健的品牌，营销者相较于经销商和零售商所拥有的权力也越大，也越容易实施市场方案以时刻掌握品牌资产。获得适当的、能够反映品牌价值的价格溢价是品牌营销最关键的财务考量之一。

找到品牌的最佳状态

由于庞大的无形价值，品牌很有可能仍是一个组织的首要考虑要素。品牌领域一直受到较多的学术关注，而研究者们正在通过研究老问题以找到应对新挑战的途径。21 世纪的成功品牌营销，必须重视新的领域并培养起如前所述的六种必要技能。最后，透过这六项必要技能来讨论一个更为广泛的主题：通过寻找品牌的最佳状态来实现品牌的平衡管理。

品牌平衡　要找到品牌的最佳状态，管理者必须协调品牌管理，并要在品牌策略和执行的简单性和复杂性上取得平衡。权衡在品牌营销中无处不在——短期销售额还是长期品牌资产，全球控制还是本地定制，标准化产品还是由消费者定制，投资线上还是线下广告，以上仅仅是涉及权衡的少数几个例子而已。

现代品牌营销的艺术与科学性在于充分理解并创造性地解决上述取舍问题。要做到这一点，企业需要采用多种策略：产品和服务突破性的创新，改进业务模式，扩张资源或发挥资源的杠杆效应，强大的或精准的市场营销，正确的感性路径，或者纯粹的创意和灵感。

举例来说，权衡销售额的增加和品牌建设活动时，需要营销者同时顾及企业短期的（即销售额）以及长期的（即品牌建设）的利益。许多企业通过以下几种不同的方式来解决这一问题：加利福尼亚州的"你喝牛奶了吗？"活动不仅愉悦了消费者，也取得了良好的销售额；宝洁的象牙香皂"浮于水上"的宣传活动鼓励消费者尝试寻找浴缸里面加重的木制棒状物，以强调人之所以能够漂浮起来的关键原因所在；老香料视频广告活动中的广告"你的男人味道也可以像他一样"引起轰动。通过老香料广告，宝洁使用互动视频跟进，要求粉丝发布问题。这种互动营销方式为该视频带来 6 500 多万次观看量。老香料营销活动是品牌与年轻受众契合的绝佳范例。[12]

另一个需要权衡的是差异点和相似点的多少。要想有效地进行定位，品牌必须有过人的差异点，并在与竞争对手相似点的水平上至少持平。沃尔沃和西南航空不约而同地采用了同一个策略：建立特有的差异点（分别是安全和低价），同时与其他竞争对手在关键竞争点上持平（对于沃尔沃来说是它的风格，对西南航空来说则是良好的服务、到达的准时性）。当第一款苹果电脑面世的时候，其功能并不十分强大，但苹果非常轻易地利用了市场要素并迅速崛起。苹果对何谓功能强大重新进行了定义：功能强大并不在于电脑本身有什么，而在于操作者使用它能够做些什么。

在为品牌平衡制定解决方案时，以下几点是非常重要的：（1）品牌不要过于简单，否则会剥夺其所拥有的丰富性；（2）品牌不能过于复杂，以致营销者不堪重负。最佳的品牌营销能够充分认识上面讨论的品牌化的方方面面；同时也要注意前面提到的一些需引起注意的关键点。

品牌营销者的新职能

品牌管理正在发生变革，本书各章节重点介绍了品牌管理的各个方面以及品牌经理的角色转变。管理品牌所需的许多技能也同样是公司和组织中作为领导角色所需的技能。我们重点介绍以下一些关键技能。

1. 分析与定量能力。正如整本书中所讨论的，由数据驱动的品牌管理将成为未来发展的趋势。品牌经理应具有与数据科学家、统计建模人员和计算社会科学家互动的能力，进而从数据中获得洞见。数据可以为那些希望通过品牌个性化来满足单个客户需求的品牌经理提供有用的指导。因此，未来的品牌经理应该能够设想出需要哪种类型的数据来改善用户界面，并与数据科学家保持联络以确保获取正确类型的指标和数据。第 7 章概述了品牌经理在数字营销和社交媒体背景下使用的工具和技术类型。

2. 表达力与创造力。消费者将品牌用作与他人交流的方式，同时，品牌在消费者生活中扮演着关键的角色。因此，品牌故事是吸引消费者的关键因素。品牌经理应创造性地表达吸引顾客注意力的价值主张。第 2 章至第 4 章重点介绍了几个已经创建品牌资产，并引起消费者共鸣的品牌示例。第 7 章概述传播品牌故事的多种渠道选项。

3. 协作与团队合作。品牌管理就是协调与协作。无论是与销售人员、广告代理商、数字营销合作伙伴、研发、供应链、产品还是消费者，品牌经理通常都是"迷你CEO"，其角色是管理既定品牌的损益表。因此，协作与团队合作是该角色不可或缺的部分。未来，品牌管理可能会被合并到各种 C 级职位中，例如首席体验官 CExO、首席设计官 CDO 等。现在，许多数字公司都设有首席体验官 CExO，负责从始至终管理顾客体验，并且该角色可能与更传统的品牌管理职能对接，以帮助加强公司与顾客的互动。第 5 章和第 6 章讨论了品牌经理如何实施营销计划、以建立品牌资产并更好地利用传播渠道。

4. 战略思维，理解现在和未来的趋势。要想成功地实现品牌管理，就必须与消费者的趋势保持同步，并调整品牌以融入这些新趋势。实际上，成功的品牌将是那些能够成功解释趋势并将这些见解纳入品牌属性和收益的品牌。品牌经理应能总览全局并制定品牌战略，以适应瞬息万变的时代。第 12 章至第 15 章介绍了如何战略性地管理品牌并有效利用市场趋势。

5. 共鸣与理解。品牌经理的一个关键角色是获取并留住顾客。保留顾客尤其取决于能否以令人满意的方式满足顾客需求并化解抱怨。未来的品牌经理应该从顾客的角度对问题产生共鸣，对问题有深刻的理解，以便最大化客户体验并产生最高的顾客满意度。大客户经理和销售人员通常是直接面向客户的，因此，品牌经理应与销售人员合作，以提高品牌对客户或终端消费者的吸引力。第 8 章至第 10 章介绍了评估品牌资产结果的方法，品牌经理可以对顾客满意度和品牌资产进行追踪。

6. 数字营销、技术和计算技能。鉴于广告正在向数字和社交媒体渠道转移，广告在本质上已经变得越来越算法化。大型公司越来越多地将在各种数字、社交和移动平台上投放广告的过程自动化。同时，使用搜索引擎优化 / 搜索引擎广告需要对社交媒体应用程序编程接口（API）中拥有大量技能，以理解分析报告等。此外，品牌经理应保持敏感，并对数字和社交营销格局的变化迅速做出反应。品牌经理也应了解这些实体所执行的功能，并有效地与其保持联系。在第 7 章中特别展示了数字营销和社交媒体的作用，其他章节重点介绍了品牌重塑的各种示例。

········| 本章回顾 |········

现代市场所面临的挑战性与复杂性，使高效率并卓有成效的营销更加显得必不可少。品牌资产概念的提出，是聚焦所有营销活动和努力的反映。能在 21 世纪获得成功的企业，将是那些能成功创建、评估和管理品牌资产的公司。本章回顾了本书中提到的帮助实现这些愿望的重要原则。

有效的品牌管理要求在营销方案的各方面都能持续、一致地执行这些原则。然而，在某种程度上，规则有时会被打破，这些原则也只是创建一流品牌艰难过程的起点。每个品牌的环境和应用都有独特之处，都需要谨慎和仔细地分析怎样才能最完善地应用，或者在怎样的条件下也许可以忽略这些不同的建议和原则。聪明的营销者会利用其能使用的每一种工具，设计现在还没有的工具，并不懈地追求以创建杰出的品牌。

········| 问题讨论 |········

1. 你认为是什么造就了强大的品牌？你还能增加书中以外的其他标准吗？
2. 品牌管理的致命问题是什么？你认为除表 16-6 所列示的七项之外，还有什么其他问题？
3. 挑选品牌应用的一个案例，并且在品类中选择一个代表品牌。该品类运用文中的五项指导原则的情况如何？你能列举出其他的指导原则吗？
4. 你认为品牌战略的未来会怎样？品牌的作用会如何变化？在创建、评估与管理品牌资产方面会出现哪些不同的战略？你认为什么是最大的挑战？社交媒体的出现和数字营销工具的可用性将如何改变品牌管理？
5. 回顾实现营销平衡的诸多权衡。你能找出在权衡方面表现优异的公司吗？

品牌专题 16.0

品牌在一些专门领域中的应用

在第 1 章中已经为产品引入了更广义的概念，它不仅包括有形商品，还涵盖服务、零售店、人物、组织、地点和思想等。前面介绍的有关品牌资产的创建、评估及管理的要点，对于各种不同类产品基本都适用。在此，本书还将对一些非传统产品类别进行更加详尽的论述——在线品牌、工业品和 B2B 产品、高科技产品、服务、零售商和小公司。

在线品牌

创建在线品牌有诸多特殊挑战。根据在线品牌的业务性质，上文的 B2B、高科技、零售、小公司的品牌指导原则都可以发挥作用。同时，还有一些其他的指导原则值得强调一下（见表 16 - 8）。

表 16 - 8　在线品牌的指导准则

1. 不要忘记品牌建立的基础。	4. 选择性地寻找品牌合作伙伴。
2. 创造强势品牌识别。	5. 使关系营销最大化。
3. 创造强有力的消费者拉动力量。	

不要忘记品牌建立的基础。对于在线品牌而言，重要的是不要忘记品牌建立的基础，如品牌建立的共同点（如方便、价格和多样性等）和品牌建立的差异点（如顾客服务、信誉和品牌个性等）。正如前面章节所述，众多失败的在线品牌所犯的错误都是没有耐心培育品牌和没有从基础开始。

在一个了解在线服务质量（指网站促进富有成效的购物、购买、配送的程度）的研究中，研究人员确定了在线服务质量的四类影响因素：网站的设计、实现、服务和安全。[13] Land's End 通过将网络作为自己成功的目录销售的电子版，确保正确提供货物和优质服务，从而成为一流的在线公司品牌。

创造强势品牌识别。由于消费者并不像在实体商店里那样真实地面对品牌，因此品牌认知和品牌回忆就显得很关键。为此选择正确的 URL 无疑就可赢得先机。网络革命导致在线品牌名称注册的爆炸式增长，因而很难找到最好的、新颖的 URL。URL 必须根据心中基本的品牌元素标准合理地进行选择，选择时可能要把更多的重点放在品牌回忆上（如 1-800-FLOWERS 就直接与网站相连）。简单但具有提示性的品牌名称就很有效，例如，Amazon Mom 就可以让人联想到为现在是亚马逊顾客的年轻父母提供孕婴信息的网站。

创造强有力的消费者拉动力量。在线品牌要注意的是，需要将线下需求转变为在线需求。在线品牌需要尽可能地整合营销传播方案，包括使用社交媒体、公共关系、赞助和电视、广播、印刷广告，也需要为消费者提供样品及其他试用设备。

选择性地寻找品牌合作伙伴。通过与大量品牌合作伙伴建立相互链接关系，可以使在线品牌从中受益。这些链接可以驱动销售、提高信誉和提升品牌形象。澳大利亚的在线运营商 Seinor Club 与读者杂志社合作，为 60 岁以上的消费者提供各种娱乐活动和免费的促销赠品。[14]

使关系营销最大化。最后，为了发挥在线品牌的定制化和互动性的杠杆优势，应采用一对一、参与式、体验式及其他形式的关系营销。通过博客、在线比赛和社交媒体在顾客与品牌之间、顾客与顾客之间建立强势的品牌社群，有助于获得品牌共鸣。在线品牌可以提供许多潜在的顾客信息。例如，亚马逊提供专业化建议以及顾客的评论、购买周期和整体销售排名、试读以及个性化的购买建议。

工业品和 B2B 产品

工业品和 B2B 产品需要具有不同的品牌实践。[15] 表 16 - 9 为工业品提供了一些基本的品牌原则。

表 16 - 9　工业品的指导原则

---

1. 利用公司品牌或家族品牌战略，构建完善的品牌架构。
2. 利用非产品相关的形象联想。
3. 使用整套营销传播方案。
4. 利用客户品牌杠杆提升品牌资产。
5. 仔细定义细分市场，制定适应性的品牌战略和营销方案。

利用公司品牌或家族品牌战略，构建完善的品牌架构。因为进行工业品销售的公司通常拥有大量复杂的产品线和产品种类，所以设计合理的、组织良好的品牌架构就显得尤为重要。鉴于公司产品组合的广度和复杂性，进行工业品营销的公司（如通用电气、惠普、IBM、巴斯夫、约翰迪尔等），更应当侧重于强调公司品牌或家族品牌。因此，对于工业品营销而言，尤其具有效果的战略是：通过将知名的、信誉高的公司名称与描述性的产品修饰语相结合，创建产品的子品牌。

利用非产品相关的形象联想。创建工业品品牌资产的方式和创建消费品品牌资产的方式有所不同，因为考虑到组织购买的流程特性，产品相关联想相对非产品相关联想变得更加重要。工业品品牌通常强调功能性和成本/收益的因素。不过，非性能相关联想对于形成公司其他方面的感知也会产生作用，如公司的威望或者其他使用产品的公司类型等。

公司或家族品牌必须传递可信赖性，并拥有良好的全球化联想。公司信誉是工业品买家用以降低风险的主要手段。一直以来，IBM 品牌资产的一个关键来源就是，存在"你决不会因为购买 IBM 而被解雇"的市场感知。一旦这个特别的威望消失，品牌就会深陷竞争之中。为工业品买家创建安全的感知是品牌资产的重要来源。有一些公司除了产品质量以外，还通过为顾客提供的服务将自己与竞争者区别开来。

使用整套营销传播方案。工业品和消费品另一大区别体现在销售方式上（见表 16 - 10）。工业品营销传播需要传递更详细的产品信息，使用更直接的面对面的方式。因此，人员推销将发挥重要作用。同时，其他传播方式也能改善品牌认知或者品牌联想的形成。直接销售信息与间接的形象相关的信息相互结合，是一种有效的工业品营销传播方式，并能借此传递有关公司和业务的信息。

表 16 - 10　传播方案选择：B2B 市场

媒体广告（电视、广播、报纸、杂志）	产品展示录像带
贸易期刊广告	免费样品
工商名录	赞助或事件营销
直邮广告	展览会、贸易展销以及会议
产品手册和销售资料	公众宣传或公共关系

利用客户品牌杠杆提升品牌资产。工业品品牌可以差异化地利用次级品牌联想。例如，通过公司客户的顾客来传播产品和服务的信誉。然而，这类广告的挑战在于，要确保广告中有关客户的信息不会稀释公司或品牌的信息。

仔细定义细分市场，制定适应性品牌战略和营销方案。最后，对于任何品牌而言，对不同细分市场的顾客是怎样看待产品或品牌的理解是十分重要的。对于工业品而言，不同组织中的顾客群体各不相同，如工程师、会计师和采购经理等，而每一类品牌资产的来源也有所区别。掌握不同细分区域的共同点尤为重要，这样，关键的差异点便能发挥作用。

营销方案必须能够反映购买中心所有个人的角色，或者是发起者、影响者、购买者、使用者等。有些人可能更关心与公司建立长期联系，因而更关注公司的可靠性和信誉；有些人可能仅仅希望实现交易，因而更关注产品质量和专业能力。

高科技产品

在消费品和工业品市场中，另一类有形产品的特殊品类是技术密集型或高科技产品。高科技产品最突出的特点是，由于科技革新和研发突破，产品本身的更新速度极快。高科技产品并不仅仅局限于与计算机或微处理器相关的产品。科技在各种产品的品牌战略和营销方面都起了极其重要的作用，无论是吉列剃须刀还是耐克运动鞋，都离不开高科技。

高科技产品较短的生命周期，对品牌战略有重大的意义（见表 16-11）。

表 16-11　高科技产品的指导原则

1. 建立品牌认知和丰富的品牌形象。
2. 创建公司信誉联想。
3. 提升产品质量的次级联想。
4. 避免产品过度品牌化。
5. 选择性地推出作为新品牌的新产品，明辨品牌延伸的特性。

建立品牌认知和丰富的品牌形象。很多高科技公司都认识到品牌化的重要性，不再单纯依赖产品特征来提高销售额。尤其是，不能认为"你有一个很好的产品，销售就会好起来"。应当正确运用设计良好和资金充足的营销计划，以建立品牌认知和强势的品牌形象。同时，关于品牌个性或其他形象的非产品相关联想也很重要，对于区分同质产品而言更是如此。

创建公司信誉联想。产品的迅速流通意味着必须创建具有强有力的可靠性联想的公司或家族品牌。由于高科技产品特性复杂、新产品层出不穷、现有产品经常改进，消费者对于公司专业能力和信誉的感知就显得尤为重要。在高科技产业中，信誉也意味着公司具有持续经营和可持续竞争的能力。高科技公司的 CEO 或总裁是品牌的一个重要组成部分，对品牌创建和品牌传播起着重要的作用，在有些情况下，甚至是技术的支持者，史蒂夫·乔布斯就是这样一个例子。

提升产品质量的次级联想。由于消费者通常缺乏判断高科技产品质量的能力，因此会以品牌声誉为降低风险的依据，这意味着次级联想也许能有效地传播产品质量信息。来自知名厂商、主流消费杂志或产业专家等的第三方"背书"，也能帮助获得必要的品牌质量的感知。然而，要想保留这些"背书"效应，产品性能就必须能保持显著的更新，这也说明了不断进行产品革新的重要性。

避免产品过度品牌化。高科技公司的误区之一就是，利用太多的品牌元素和"背书"而使产品"过度品牌化"。有一种"NASCAR 效应"，即不同的产品构件或要素都用同样的品牌和品牌元素会让消费者困惑或不知所措，任何一个品牌元素都没有增加新的价值。

选择性地推出作为新品牌的新产品，明辨品牌延伸的特性。高科技产品生命周期较短的特性，意味着最优化地设计品牌组合和品牌架构更为重要。随着新产品不断涌现，如果每一次都为新产品建立新品牌，花费将非常大。通常，对于新产品，常用现有产品的修饰词作为名称，如字母（微软 Xbox One X）、数字（特斯拉 Model 3）、时间（Intuit Premier Desktop 2018 会计软件）等。如果新产品与之前的产品有重大改变，则应使用新的标识和名称区别开来。

因此，家族品牌是产品分组的一种重要方法，但是必须在那些家族品牌中清晰地区分出个体产品，并且制定能反映产品进入市场的策略和市场趋势的品牌迁移策略。但高科技公司过于频繁地推出新的子品牌，会使消费者难以形成对产品或品牌的持久忠诚。

服务

在第 1 章中我们注意到，近年来服务品牌的复杂程度在不断提高，这可以从以下指导原则中看出来（见表 16－12）。

表 16－12 服务的指导原则

1. 识别影响顾客服务感知的方式，使服务质量最优化。
2. 采用整套品牌元素，以增强品牌回忆，并尽量凸显品牌的有形方面。
3. 建立并传播强势的组织联想。
4. 设计公司传播方案，增加消费者的接触和体验。
5. 创建清晰的家族品牌、单个品牌和具有意义的成分品牌，从而建立品牌架构。

识别影响顾客服务感知的方式，使服务质量最优化。从品牌化的角度来看，服务面临的一个挑战就是其无形性的本质。无形性的一个结果是，消费者难以形成质量评估，并最终将评估建立在猜想，而不是与他们的服务经历直接相关的因素之上。

营销者专门为服务质量定下了许多标准，具体如下 [16]：

- 有形性：实物设备、装置及人员的外貌等；
- 可靠性：及时执行已承诺的服务的能力（标准化设施和运作）；
- 反应性：愿意为消费者提供帮助和服务；
- 胜任性：员工的知识和技能；
- 诚信度：可信度和诚实性（能够传递信任的能力）；
- 共鸣性：关心他人，提供个人关注；
- 礼貌：与顾客接触时的友好性；
- 沟通：用消费者能听懂的语言向消费者传递信息，并聆听消费者的心声。

因此，对服务质量的感知依赖于顾客的实际服务经历所形成的各种联想。[17]

采用整套品牌元素，以增强品牌回忆，并尽量凸显品牌的有形方面。因为选择服务的决策和安排经常不在实际服务现场产生（如在家或工作时），品牌回忆便显得格外重要。在这种情况下，便于记忆和发音的品牌名称就能起到很大的作用，因为尽管服务提供者的物质装备——基本或次要标记、环境设计、接待区、服饰、间接材料等可被视为一项服务的外"包装"，但真正的实物产品的确并不存在。

其他品牌元素——标识、符号、形象代表、口号——必须加以充分利用，并与品牌名称相互补充，以强化品牌认知和品牌形象。这些品牌元素通常试图让服务和服务的主要利益变得更有形、具体和真实，例如，联合航空的"友好的天空"，Allstate 的"优秀的双手"，美林证券的"蓝色公牛"。服务提供过程的全部组成部分都可以品牌化，这就是 Allied Moving Lines 在意驾驶员和搬运工的形象，UPS 以卡车的褐色构建强势的品牌资产，Doubletree 酒店提供温暖、新鲜的饼干作为公司关怀和友爱的象征的原因。

建立并传播强势的组织联想。组织联想在建立顾客的服务质量感知过程中非常重要。它包括对公司可信度、专业性、可信赖度，以及对组织中的个人，包括服务人员喜爱程度的感知。

设计公司传播方案，增加消费者的接触和体验。服务型公司应该设计营销传播和信息计划，从而使消费者不仅能从自己对服务的经历中获得一定的信息，而且能得到更多有关该品牌的知识。这些方案包括广告、直邮等有助于公司建立适当品牌个性的活动。传播计划应该实行整合，并且随着时间的推移进行适当的改进。曾经，花旗集团停止"花旗永远不睡觉"的广告活动，它建立起的强有力的品牌信誉因此受损。后来，在经济困难时公司又重启这一广告活动以重塑品牌信誉。

创建清晰的家族品牌、单个品牌和具有意义的成分品牌，从而建立品牌架构。 服务也必须考虑建立品牌架构和品牌组合，并基于价格和服务质量对服务的目标市场进行定位。垂直延伸通常需要采取子品牌战略。在这种战略中，公司名称与单个产品品牌或修饰词结合在一起。在酒店和航空业中，品牌线和品牌组合可以通过品牌延伸和引入品牌而得以建立。例如，达美航空将商务类服务定名为 Business Elite，将经常性的飞行项目称为 Skymiles，将 East Coast 飞机为其短途航班所用。在另一个例子中，希尔顿酒店引入"希尔顿花园酒店"，目标瞄准有明确预算的商务旅行者，以与著名的万豪连锁酒店竞争。

零售商

第 5 章和第 8 章回顾了零售商和其他渠道中间商怎样影响自己所销售产品的品牌资产问题，以及它们怎样通过建立产品组合（广度和深度）、定价和赊销政策、服务质量等来创建品牌资产。例如，沃尔玛被视为低价格、高质量的生活用品供应商，从而成为美国主要的零售商品牌。以下是一些零售商创建品牌资产的指导原则（见表 16 - 13）。

表 16 - 13　零售商的指导原则

1. 通过从整体上建立商店品牌，并为各分部、服务等级、零售服务或购物体验的其他方面确定品牌，创建品牌架构。
2. 通过传播和展示差异点，以及强势、积极和独特的品牌联想，增强生产商的品牌资产。
3. 在商品挑选、购买和配送过程中提供附加值，从而在品牌架构的所有层次上创建品牌资产。
4. 创造全渠道购物行为。
5. 避免品牌泛滥。

通过从整体上建立商店品牌，并为各分部、服务等级、零售服务或购物体验的其他方面确定品牌，创建品牌架构。 建立品牌架构能在品牌发展中产生协同作用，这对零售商一样有用。沃尔玛引入"山姆会员店"，以面对正在成长的折扣或仓储式零售市场。同样，各个分店也可用它们独特的联想组合来吸引特定的目标市场。诺德斯特龙有许多零售分部，每一个分部都有独特的形象和定位设计。其中服装分部 t. b. d 为最新女性流行趋势而设计，BP 针对青少年女孩，Encore 是加大码女装，Individualist 则是提供时尚的职业女装。诺德斯特龙可将这些分部单独命名，也可将这些分部作为自己的"成分品牌"而存在。由此，这些分部或成分品牌均受一个全国性生产商的设计和技术支持（如大百货商店中的 Polo 专卖店只销售拉尔夫·劳伦品牌）。

通过传播和展示差异点，以及强势、积极和独特的品牌联想，增强生产商的品牌资产。 零售商应尽可能地开发和利用所经销的生产商品牌的品牌资产，传播并展示这些品牌的差异点和其他强有力的、偏好的、独特的品牌联想。通过与生产商的合作及强化生产商的"推式"策略，零售商应能够以更高的价格和利润空间出售这些商品。

在商品挑选、购买和配送过程中提供附加值，从而在品牌架构的所有层次上创建品牌资产。 零售商必须建立自己强有力的、偏好的、独特的品牌联想，这些联想应超越商品本身。维多利亚的秘密因提供时尚的女性服饰而声名远扬。开市客则建立了强大的折扣联想。为了传播广泛的联想，形象广告活动通常集中宣传在商店中购物的消费者所能获得的总体利益，而不是促销具体款式。例如，Ace 硬件一直宣传自己是乐于为用户提供帮助的硬件设备购买提供商。

创造全渠道购物行为。消费者可以通过各种类型的渠道进行购物。通常消费者通过一个渠道收集信息，却通过另一个渠道进行购买。零售商的销售渠道越来越多，如实体商店、目录销售、在线网站等。无论何种渠道方式，必须让消费者从寻找、挑选、支付和收货的各个环节获得愉悦的购物体验。有些情况下，与竞争者相比，这些体验也许恰恰能成为有价值的差异点，或者至少是必要的共同点。

避免品牌泛滥。最后，如果零售商以自有品牌出售商品，就必须注意不要造成"品牌泛滥"，即不要使用太多的品牌。零售商容易受到"自下而上品牌化"的损害，这种方法是指由各部门设定自己的品牌。例如，诺德斯特龙发现必须支持不同部门的多种品牌，有时这些品牌之间互不相关。记得在第 5 章中说过，商店品牌的一个好处是，它能够代表一种跨品类的联想。一个抽象的联想——价值、时尚等——越是能够跨品类地获取与传递，就越是应当集中在少量主要品牌。

小公司

小公司品牌的建立是具挑战性的，因为它们的资源和预算有限。大品牌通常有更多资源可供选择，小公司通常经不起犯错，必须更加小心谨慎地设计与实施营销方案。[18] 不过还是有许多成功的例子，有些小公司将品牌从一个无名小卒发展成强大的品牌。

谢家华创建的 Zappos 是一个在线鞋子零售商。在大约 10 年的时间里，由于聚焦消费群及企业文化，目前已经成为一个顶尖的品牌。由于它的免费邮购和退货服务，每周 7 天、每天 24 小时的顾客服务，以及来源于 1 200 个供应商的 200 000 个鞋款，Zappos 发现它获得了顾客的回馈，每天有 3/4 的销售来自老顾客的回购。虽然 2009 年被亚马逊以 8.5 亿美元的报价收购，但它现在依然独立运营，并将产品线延伸到服装、手袋和饰品。[19]

由于小公司用于品牌的资源有限，营销的聚焦与持续性就非常重要。同时，创造性思维对获得顾客与市场也很有价值。表 16-14 描述了一些小公司进行品牌化的具体指导原则。

表 16-14　小公司的品牌化原则

1. 重点创建一两个强势品牌。
2. 集中为一两个关键品牌联想设计营销方案。
3. 使用一套组合良好的品牌元素，增强品牌认知和品牌形象。
4. 创造性地设计建立品牌的推式策略以及围绕顾客的拉式策略，从而引起关注，产生需求。
5. 尽可能多地利用次级联想。

重点创建一两个强势品牌。因为品牌背后的资源有限，所以从战略上说，有必要重点创建一两个强势品牌。采用公司品牌战略便是创建品牌资产的一种有效方法，尽管重点也可以集中在很少的几个家族品牌上。例如，Intuit 公司将其营销集中于为软件建立"Quicken"品牌名称。

集中为一两个关键品牌联想设计营销方案。小公司必须经常依靠一两个关键品牌联想作为差异点。这些联想必须随着时间的推移不断地通过营销活动加以强化。前海豹突击队队员奥尔登·米尔斯（Alden Mills）开发的强吸力旋转式俯卧撑，在原 U 形俯卧撑架的基础上增加旋转功能，使运动时身体肌肉能得到自然的锻炼并减少关节损伤。其印刷广告、电视购物和网站始终将产品的开发者和独特的产品设计为消费者带来的价值作为宣传重点，以建立品牌信任。[20]

使用一套组合良好的品牌元素，增强品牌谁知和品牌形象。 从战术上说，小公司应当尽量使每一种创建品牌资产的主要方法的贡献达到最大化。首先，独具特色、组合良好的品牌元素，能同时增强品牌认知和品牌形象。例如，Smartfood 爆米花推出第一款产品时，没有做任何广告，只是用了一种独特的包装，在货架上形成强烈的视觉冲击，同时开展声势浩大的赠品活动，鼓励人们试吃。采用合适的品牌名称或家族名称可以为小公司创造独特性，但如果品牌名称不利于拼读、没有意义、不利于记忆或存在其他不利因素时，公司就应选用新的名字和新的品牌元素。

创造性地设计建立品牌的推式策略以及围绕顾客的拉式策略，从而引起关注，产生需求。 小公司必须设计具有创造性的推式和拉式策略，以吸引消费者和其他渠道成员的注意力。很显然，这是对有限预算的一个重大挑战。如果没有强大的拉动活动引起消费者对商品的兴趣，零售商就不会有足够的动力进货并支持这个品牌。同样，如果没有强大的推动攻势说服零售商认识产品的优点，该产品也将得不到足够的支持，或许根本无人会愿意进购这种产品。因此，创造性的推式与拉式营销活动必须能增加品牌的可视性，让消费者和零售商都有意谈论和关注这个品牌。

小公司常常依靠人们的口碑传播来创建强有力的、偏好的、独特的品牌联想，公共关系、低成本促销与赞助也是相对节约的提高品牌认知和品牌形象的方法。推荐计划可以使小公司转变为行业领导者。Dropbox 通过推荐计划在 2008—2017 年间增长 3 900%。Dropbox 的推荐计划专注于为参与推荐的用户提供免费空间，进而在最初几年里实现用户群的翻倍。Dropbox 允许用户在社交媒体上发布邀请，从而使推荐过程变得非常简单。[21]

PowerBar 是一种高营养、低脂肪的"能量棒"产品，它有选择地赞助了一些顶级马拉松选手、自行车选手、网球运动员以及波士顿马拉松赛事，以提高认知、改善形象。针对"意见领袖"有选择性的分销方法，也是应用推式策略中成本低、效率高的途径。例如，巴黎水、宝美奇（Paul Mitchell）和 Nexus 洗发水等品牌在进行广泛分销之前，都曾精心挑选了一批分销商。

内容营销是小公司可以采用的另一种可以用来建立声誉并将自身打造为该领域市场领导者的方法。内容营销需要打造不同形式的内容，包括视频、电子书、信息图表、白皮书和报告以及调查数据，以吸引目标受众。内容营销是小企业可以用来吸引网站流量、提高知名度的最佳方法之一。[22]

尽可能多地利用次级联想。 最后，小公司创建品牌资产的另一种方法是尽可能多地利用次级联想。公司应利用任何可能增强品牌联想的元素——颇受关注的位置、知名的顾客或与声誉相关的奖项——这些尤其有助于彰显出产品质量或产生消费者信任感。同理，如果要使公司看上去比实际规模"更大"，设计良好的公司网站将起到巨大作用。

Pearson

尊敬的老师：

您好！

为了确保您及时有效地申请培生整体教学资源，请您务必完整填写如下表格，加盖学院的公章后以电子扫描件等形式发我们，我们将会在 2～3 个工作日内为您处理。

请填写所需教辅的信息：

采用教材				□ 中文版　□ 英文版　□ 双语版	
作　者			出版社		
版　次			ISBN		
课程时间	始于　年　月　日		学生人数		
	止于　年　月　日		学生年级	□ 专科　　　□ 本科 1/2 年级 □ 研究生　　□ 本科 3/4 年级	

请填写您的个人信息：

学　校			
院系/专业			
姓　名		职　称	□ 助教 □ 讲师 □ 副教授 □ 教授
通信地址/邮编			
手　机		电　话	
传　真			
official email（必填） （eg：×××@ruc.edu.cn）		email （eg：×××@163.com）	
是否愿意接受我们定期的新书讯息通知：　□ 是　□ 否			

系/院主任：＿＿＿＿＿＿＿＿（签字）

（系 / 院办公室章）

＿＿年＿＿月＿＿日

资源介绍：

——教材、常规教辅资源（PPT、教师手册、题库等）：请访问 www.pearsonhighered.com/educator。（免费）

——MyLabs/Mastering 系列在线平台：适合老师和学生共同使用；访问需要 Access Code。　　　　（付费）

地址：北京市东城区北三环东路 36 号环球贸易中心 D 座 1208 室（100013）

Please send this form to：copub.hed@pearson.com

Website：www.pearson.com

中国人民大学出版社　管理分社

教师教学服务说明

　　中国人民大学出版社管理分社以出版经典、高品质的工商管理、统计、市场营销、人力资源管理、运营管理、物流管理、旅游管理等领域的各层次教材为宗旨。

　　为了更好地为一线教师服务，近年来管理分社着力建设了一批数字化、立体化的网络教学资源。教师可以通过以下方式获得免费下载教学资源的权限：

★　在中国人民大学出版社网站 www.crup.com.cn 进行注册，注册后进入"会员中心"，在左侧点击"我的教师认证"，填写相关信息，提交后等待审核。我们将在一个工作日内为您开通相关资源的下载权限。

★　如您急需教学资源或需要其他帮助，请加入教师 QQ 群或在工作时间与我们联络。

中国人民大学出版社　管理分社

🔔　**教师 QQ 群：** 64833426（仅限教师加入）

☎　**联系电话：** 010-82501048，62515782，62515735

✉　**电子邮箱：** glcbfs@crup.com.cn

📍　**通讯地址：** 北京市海淀区中关村大街甲 59 号文化大厦 1501 室（100872）